贪污贿赂犯罪及其侦查实务

Tanwu Huilu Fanzui
Jiqi Zhencha Shiwu

（第二版）

詹复亮◎著

人民出版社

第一版序

王建明[*]

复亮同志的新作《贪污贿赂犯罪及其侦查实务》将要付梓，请我写个序。读了他送来的书稿后，我很是高兴。这本书理论与实践兼顾，侧重于实践，有很强的操作性，汇集了我国检察机关反贪侦查的实践经验和作者十几年来孜孜不倦研究的反贪侦查理论成果，对丰富中国特色反贪侦查理论，从理论上指导反贪侦查工作深入健康开展，无疑具有一定的意义和作用。这对于处在业务一线、工作十分繁忙的他来说，确实难能可贵。

贪污贿赂犯罪是国家公职人员利用职务便利实施的一类贪利性犯罪。这类犯罪危害国家机关管理秩序，侵害国家机器正常运作和国家公职人员的勤政廉洁性，是我国现阶段腐败现象的最突出表现，也是削弱党的执政基础、降低党的执政能力、动摇党的执政地位的不容忽视的一个重要因素。中国共产党与腐败现象水火不容。她自诞生以来就十分强调反对腐败现象，对腐败现象一直保持高度的警惕。特别是我国改革开放以来，在党中央的正确领导下，党风廉政建设和反腐败斗争不断深入发展，贪污贿赂犯罪等腐败现象的滋生蔓延趋势得到了一定遏制。但从目前看，由于贪污贿赂犯罪滋生的土壤和

---

[*] 王建明，现任中共山西省委常委、省委政法委书记，时任最高人民检察院检察委员会委员、反贪污贿赂总局局长。

条件依然存在,这类犯罪活动仍然比较严峻。因此,研究贪污贿赂犯罪及其对策的理论和实践问题,对于深入开展反腐倡廉工作,进一步密切党和人民群众的血肉联系,有力推动经济社会又快又好地发展,着力维护改革发展稳定大局等,都将具有重要意义。

本书运用了法学、政治学、社会学等多学科领域的相关原理,参考了古今中外有关贪污贿赂犯罪的方法、惩办等资料,借鉴了国内外相关专家学者的学术观点,吸收了最新的研究成果和侦查实践经验,系统总结了新中国成立以来特别是改革开放以来惩治和预防贪污贿赂犯罪的实践经验,从贪污贿赂罪的法律特征及其认定处理和贪污贿赂犯罪侦查实务两大方面,对贪污贿赂犯罪的特点、滋生条件和原因、法律特征及其认定处理、侦查实务(包括程序、措施和方法、侦查终结等内容)进行了详细深入的探讨。全书内容丰富,是一部研究贪污贿赂犯罪及其侦查理论和实务的具有较强实践指导价值的著作。它既能启发、指导执法执纪和司法部门及其决策者、侦查指挥者和具备一定侦查经验的实务工作者创造性地开展侦查工作,更能为刚迈入侦查门槛的侦查新生力量引路,还能为理论研究工作者提供学术参考。

是为序。

2006 年 3 月于北京

第二版修订说明

腐败与反腐败是一种政治博弈,古今中外概莫能外。从性质上讲,腐败的防治属于历史范畴。当前,腐败现象最严重形态及表现系贪污贿赂犯罪尤其贿赂犯罪。贪污犯罪使大量国有或者公共的财产流入有权者手中,而贿赂犯罪把交易规则带入政治领域,引发政治秩序及正常的国家治理和社会管理之混乱。随着形势变化,贪污贿赂犯罪又衍生出许多新花样。同时,尚有一个不容忽视的问题,即在和平年代,国家工作人员特别是各级领导干部,如果被摘掉了"官帽子",其中腐败则是很重要因素。如何有效防治腐败,为各国执政者及广大民众所关注,业已成为现时国际社会的共同难题。

《贪污贿赂犯罪及其侦查实务》一书,以腐败现象最严重表现的贪污贿赂犯罪为研究对象,着眼数千年的历史源流和多学科视角,充分考虑到犯罪学意义上的贪污贿赂行为形态,充分考虑到刑法学意义上的贪污贿赂罪立法及其演变轨迹,充分考虑到刑事诉讼法学和刑事侦查学意义上的贪污贿赂犯罪侦查以及诉讼程序立法及其演化规律,整体上体现出了学术视野和思考钻研的历史深度、全球广度、政治高度及时代宽度。此书自 2006 年由人民出版社公开出版以来,深得广大读者和同仁关注。

本书第二版的出版,正值我国进入全面建设小康社会的新阶段。对于本书的修改,是在这样的时代背景和历史条件下进行的:首先,党的十八大对反对腐败、建设廉洁政治作出了新部署,提出了新举措,明确了新要求。中共中央总书记习近平对深入推进反腐败斗争作出了一系列重要讲话和指示。这是本书修改的指导思想,并已全面贯穿于全书之中。其次,随着我国反腐败斗争的深入推进,贪污贿赂犯罪手段、方法以及规避法律的策略等发生了深刻变化,犯罪活动的隐蔽化、智能化、高技术化、有组织化以及跨区域、国际化等趋势越来越明显,反腐败形势日趋复杂严峻。要有效惩治和预防贪污贿赂犯罪等腐败现象,就必须根据形势发展变化新的实际,对反腐败政策和策略进行调整和完善。我国立法机关自1996年以来,对反腐败法制建设进行了较大幅度的调整和推动。从实体法方面,主要是刑法1997年修正案、刑法修正案(六、七、八)以及最高人民法院和最高人民检察院相关司法解释等对贪污贿赂犯罪进行了较大幅度调整;从程序法方面,主要是刑事诉讼法1996年修正案、2012年第二次修正案对刑事诉讼制度和程序包括侦查措施等进行了较大幅度调整。这为加强对贪污贿赂犯罪的惩治和预防、深入推进反腐败斗争提供了重要法律依据。这些立法新变化新规定,都已全面落实到全书修改之中。此外,笔者自20世纪90年代初期以来,一直致力于对腐败及反腐败问题的研究,并从21世纪初开始负责全国检察机关反贪污贿赂工作业务指导至今。本书第二版,笔者将学习贯彻党的十八大和习近平总书记关于反腐败斗争重要讲话和指示精神、晚近10余年中国反贪污贿赂实践情况,以及对新形势下反腐败战略和技战术的对策研究体会也都融入其中。

本书在修改过程中,对第一版结构布局作了全面调整,建立起总论、罪刑论和侦查论三大模块,构成第二版自成一体的反贪污贿赂原理体系。全书共3篇、19章。上篇:总论,共3章,主要研究贪污贿赂犯罪现象及其防治战略,具体内容包括:贪污贿赂犯罪的现状、特点、规律及趋势、危害性、滋生蔓延原因和条件,惩治和预防中外考察比较、全球化视野下反腐败国际合作,惩治和预防战略、目标、政策、措施和策略要求等。中篇:罪刑论,共7章,主要研究贪污贿赂罪刑制度,具体内容包括:刑法规定贪污贿赂罪13种罪名的犯罪构成要件、法定刑以及认定处理等。下篇:侦查论,共9章,主要研究贪污贿赂犯罪侦查及程序,具体内容包括:贪污贿赂犯罪侦查的概念和意义、基本原则、职能设置及机构改革和建设、侦查业务建设、侦查队伍建设,证据制度,侦查谋略,侦查决策,侦查管理,侦查管辖与案件受理初查、立案,侦查措施及运用,侦查终结等。

本书的写作始于2000年并历经了5年,此间正值我从地方调京工作前中期,第二版是在2006年第一版基础上修改而成。在撰写、修改的过程中,试图采用实证、历史、比较等多元视角和研究方法，同时吸收运用政治学、法学、犯罪学、侦查学和社会学、经济学、管理学包括现代战略管理等多学科原理。全书本着为丰富和完善中国特色反腐倡廉和反贪污贿赂理论及制度、提升反腐败法治化和科学化水平尽绵薄之力，既有理论上的系统考量，更着眼实践中的操作规范指引，还对反腐败体制机制改革发展提出意见和建议。窃以为，本书可作为执纪执法部门、检察司法机关等各级领导及具体执纪执法工作者、新进人员的指导用书，也可供广大理论工作者、爱好者参考。

需要指出的是，本书在改版过程中，得到了人民出版社李春林编审和李媛媛编辑大力的无私支持，在此致以衷心的感谢！同时，修改中对参阅国内外有关著述及研究成果的注释作了相应调整，主要以第一版为准。因第二版篇幅所限及本人工作繁忙等原因，对一些图书资料出处未能逐一注明。谨此，向有关作者及出版单位深表歉意及谢忱！

最后，我衷心感谢我的各位领导！感谢所有一直以来关心、支持我的师长、同事和好友。特别感谢含辛茹苦的年迈母亲对我之无私培养和时常的牵念！感谢并怀念先父！感谢我的弟妹之无私关爱！也感谢我的妻子多年来的默默奉献。在此，我祝贺儿子于癸巳蛇年之夏完成学业，戴上学位帽，顺利走上了工作岗位！

鉴于本人学力之不逮，以及日常事务繁杂和忙碌等，书中浅陋和讹误在所难免，恳请广大读者、同仁、专家学者和爱好者批评指正。

詹复亮

2013 年 6 月 30 日谨识于北京

目　　录

上篇　总　论

中篇　罪刑论

下篇 侦查论

上篇　总　论

第一章　贪污贿赂犯罪概述

　　贪污贿赂犯罪，是国家公职人员利用职务便利实施的一类贪利性犯罪，是腐败现象最严重、最突出的表现，是当今引发社会矛盾、诱发社会风险、恶化党群关系干群关系及毒化社会风气的重要源头性因素。

　　贪污贿赂罪被规定在《中华人民共和国刑法》分则第八章以及其他相关章节，共16种，具体包括：（1）贪污罪；（2）挪用公款罪；（3）受贿罪；（4）单位受贿罪；（5）利用影响力受贿罪；（6）行贿罪；（7）对单位行贿罪；（8）介绍贿赂罪；（9）单位行贿罪；（10）巨额财产来源不明罪；（11）隐瞒境外存款罪；（12）私分国有资产罪；（13）私分罚没财物罪；（14）非国家工作人员受贿罪；（15）对非国家工作人员行贿罪；（16）对外国公职人员、国际公共组织官员行贿罪。其中，后三种罪主要发生在经济商贸领域，按照现行法律规定由公安机关负责侦查，前13种犯罪由检察机关负责侦查。实践证明，在我国经济体制深刻变革、社会结构深刻变动、利益格局深刻调整和思想观念深刻变化的现代化转型时期，如果有什么能使国家公职人员特别是各级领导干部最容易犯错误、丢掉官帽子的话，贪污贿赂犯罪就是一个很突出的原由。

　　科学有效地惩治和预防贪污贿赂犯罪，是新时期反腐败斗争的一项重要任务。加强研究贪污贿赂犯罪及其侦查实务问题，有利于深入了解贪污贿赂犯罪的法律特征，以及这类犯罪滋生蔓延的特点、规律、趋势和原因，依法及时有效地查处和惩治贪污贿赂犯罪，更好地预防贪污贿赂犯罪，促进党和国家机关及其公职人员的廉洁性，为保证党的肌体健康，巩固执政地位，提高执政权威，完成执政使命，创造一个干部清正、政府清廉、政治清明的廉洁高效的政务环境。

第一节　中国社会贪污贿赂犯罪的现状

新中国成立以来,全国公职人员队伍总体是好的,绝大多数国家公职人员清正廉洁、执政为民、奉公守法,对于推动中国特色社会主义事业作出了积极贡献。但是,国家公职人员尤其是各级领导干部的贪污贿赂犯罪现象绝不容忽视。由于这些国家公职人员经不起各种利欲诱惑,违背党和人民意愿,利用职务便利实施贪污贿赂犯罪,走上违法犯罪的道路,在社会上造成恶劣影响,严重损害了党群关系和干群关系,污染党风、政风并毒化民风,破坏党和国家的形象。实践证明,我国在现代化进程中伴随着市场经济、物质文明建设快速发展,社会文化领域发生深刻变化,贪污贿赂犯罪等消极腐败现象在一些领域易发多发,日益成为影响我国社会政治稳定及社会主义现代化进程的一个重要阻碍因素。

科学有效地惩治和预防贪污贿赂犯罪等腐败现象,是中国共产党长期执政必须解决好的重大历史性课题。据不完全统计,改革开放 30 多年来,我国党政人员中有 420 余万人因违法违纪等腐败问题受处分,包括 465 名省部级高官。❶ 在这些省部级高官当中,原中共中央政治局委员兼北京市委书记陈希同、原中共中央政治局委员兼上海市委书记陈良宇、原中共中央政治局委员兼重庆市委书记薄熙来等 100 余名高官,因贪污贿赂犯罪等腐败被追究刑事责任。其中,全国人大常委会原副委员长成克杰、江西省原副省长胡长清、安徽省原副省长王怀忠、国家食品药品监督局原局长郑筱萸等被判处死刑,立即执行。我国检察机关查处国家公职人员贪污贿赂犯罪案件超过了 100 万件。仅 21 世纪头 10 多年,司法机关平均每年查处贪污贿赂犯罪案件 4 万多件,有的年份超 5 万件。据有关资料统计,仅 2006 年至 2010 年的"十一五"时期,我国检察机关查处贪污贿赂犯罪案件达 207589 人,其中县处级 12550 人,地厅级 943 人,省部级 26 人。❷ 这 5 年中,平均每年查处 41500 多人,其中县处级 2500 多人,厅局级 180 多人,同时涉嫌贪污贿赂犯罪数额增幅大,从以往

---

❶　参见人民网 2012 年 5 月 17 日。

❷　参见新华社电,2006 年以来历年最高人民检察院工作报告有关数据统计。

几万、十几万元直线上升,高达少的上千万、几千万,多的超亿元甚至十几亿、数十亿。比如,2011 年 7 月 19 日被执行死刑的江苏省苏州市原副市长姜人杰,受贿 1.08 亿余元;浙江省杭州市原副市长许迈永受贿超过 2 亿。❶ 2012 年 9 月 19 日,北京市顺义区李桥镇原镇长李丙春因贪污、挪用、受贿数罪并罚,被北京市第二中级法院判处死刑缓期 2 年执行。经法庭审理,查实李丙春利用担任镇长的职务便利,虚构事实骗取高速公路工程拆迁补偿款、私自截留应当退还给政府的拆迁补偿款等 3800 余万元,挪用 1.78 亿余元,受贿 23 万余元,涉嫌贪污、挪用公款、受贿罪,全案金额超过 2 亿元。❷

司法机关为了及时有效查处、惩治贪污贿赂犯罪,与犯罪分子之间反侦查较量也日益加剧。实践中,贪污贿赂犯罪活动往往事先有预谋、事后毁灭罪证,跨部门、跨行业、跨区域作案时有发生,一些犯罪分子横向联手或者上下串通,有的还与黑道结盟甚至与国(境)外违法犯罪分子相勾结。不断被媒体披露出或者尚未被披露的贪污贿赂犯罪大案要案乃至特大案件,每一宗案件的曝光,对全社会都形成震动。无论是发生在基层还是高层,这些案件都牵涉出一小批乃至一大批腐败分子,少则几人、十几人或者几十人,多达上百人、数百人甚至更多,往往形成办一案、带一串、挖一窝的态势,十分令人担忧,着实令人深思。

总之,党和政府以强大的行政力量和司法力量与贪污贿赂犯罪作斗争取得了明显成效,但由于贪污贿赂犯罪等腐败现象滋生蔓延的土壤和条件依然存在,这类犯罪仍然呈蔓延态势。在十七届中央纪委六次全会上,胡锦涛同志精辟分析了反腐败斗争形势,深刻指出反腐败的总体情况是成效明显和问题突出并存,防治力度加大和腐败现象易发多发并存,群众对反腐败的期望值不断上升和腐败现象短期内难以根治并存,反腐败斗争形势依然严峻、任务依然艰巨。

2012 年 11 月 17 日,中共中央总书记习近平在十八届中共中央政治局第一次集体学习时的重要讲话中深刻指出,大量事实告诉我们,腐败问题越演越烈,最终必然亡党亡国!我们要警醒啊!近年来我们党内发生的严重违纪违法案件,性质非常恶劣,政治影响极坏,令人触目惊心。❸ 2013 年 1

---

❶ 参见新华社 2011 年 7 月 19 日电。

❷ 参见人民网 2013 年 1 月 4 日。

❸ 参见新华网 2012 年 11 月 19 日。

月 22 日,习近平总书记在十八届中央纪委二次全会上进一步强调,从严治党,惩治这一手决不能放松。要坚持"老虎"、"苍蝇"一起打,既坚决查处领导干部违纪违法案件,又切实解决发生在群众身边的不正之风和腐败问题。❶

第二节　贪污贿赂犯罪的主要特点

从不同的角度分析,贪污贿赂犯罪活动具有不同的特点。通过实证研究,贪污贿赂犯罪活动最主要的特点,可以归纳为以下几个方面:

一、犯罪领域广泛化

根据近 5 年检察机关查办 20 多万件贪污贿赂犯罪案件所涉领域的分析,这些犯罪案件涉及党政机关、权力机关、司法机关、军事机关,以及国有企业事业单位等各个领域、行业和环节,并向一些新的经济领域、权力领域及资金密集行业蔓延。以往被人们认为是清水衙门的党委宣传部门或者统计部门、被人们视为教书育人神圣领地的教育系统、被人们视为最没有油水和奔头的殡仪行业等等,都有贪污贿赂犯罪分子的足迹和行踪,有的还比较突出。可以说,只要有公共权力和公共管理活动的存在,就会有贪污贿赂犯罪等腐败问题的发生。从某种程度上讲,这表明了贪污贿赂犯罪活动的趋重性。

二、犯罪手段智能化、多样化

大量事实表明,随着党和国家打击腐败犯罪的决心进一步坚定,力度进一步加大,贪污贿赂犯罪分子的作案手段明显地进一步趋于智能化、多样化。实践证明,犯罪分子作案手段不断发生新的变化,规避法律、逃避打击的能力不断呈现新的强化,对抗党纪国法的水平和程度不断得到新的提高。比如,犯罪分子采取以交易形式收受贿赂;收受干股;以开办公司等合作投资名义收受贿赂;以委托请托人投资证券、期货或者其他委托理财的名义收受贿赂;以赌博形式收受贿赂;特定关系人"挂名"领取薪酬;由特定关系人收受贿赂;收受贿赂物品未办理权属变更;收受财物后退还或者上交;在职为请托人谋利,离职后收受财物等等。实践中,这些典型的例子不胜枚举。大量事实证明,犯罪分子作案手段智能化、多样化,是其规避法律、逃避法律制裁的必然

---

❶　参见新华网 2013 年 1 月 23 日,人民网 2013 年 2 月 26 日。

选择。但这种现象,从客观上加大了司法机关查处、惩治及防范犯罪的难度,提高了查处犯罪的成本,从某种程度上也是对反腐败斗争提出了新的挑战。

三、犯罪活动群体化和有组织化

实践表明,贪污贿赂犯罪活动一个十分明显的特点,就是群体化和有组织化作案现象日益突出。通过对 20 世纪 90 年代贪污贿赂犯罪的研究,以及与 21 世纪头 10 年的比较,笔者曾把贪污贿赂犯罪比喻为从地下的"马铃薯"现象发展到地上的"葡萄串"现象,即犯罪活动从隐蔽性演化为半公开甚至公开化态势,犯罪活动牵涉面越来越大,一个行贿人背后往往有一群受贿人、一个受贿人背后往往有一大批行贿人的现象日益突出。司法实践中,查处一案往往带出一串、挖出一窝。比如,2005 年的湖南省郴州系列窝案,查处的官员涉及该市原市委书记李大伦、原市委常委纪委书记曾锦春等党政干部 110 多名。[1] 2011 年查处的广东省茂名市系列腐败案件中,涉及省管干部 24 人,县处级以上干部 218 人,腐败波及党政部门 105 个,该市所辖 6 县、区的主要领导全部涉案。[2] 一些不正之风从个人行为演化为部门和团体行为,集体违纪、集团作案成为贪污贿赂犯罪活动的一种重要特点。比如,湖南省耒阳市矿产品税费征收管理办公室集体腐败一案。该办公室共 770 人,是一个科级事业单位,在这次案发被查处的窝案中有 110 人涉案,55 人受审。从办公室主任到下属收费站站长涉嫌犯罪,涉案金额达 500 余万元。办公室原主任、党组书记罗煦龙因犯贪污罪、受贿罪和巨额财产来源不明罪,被该省石鼓区法院判处有期徒刑 20 年,剥夺政治权利两年,并处没收个人财产人民币 50 万元;罗煦龙之妻匡秀凤因犯掩饰、隐瞒犯罪所得罪,被判处有期徒刑 2 年 8 个月缓刑 3 年,并处罚金 10 万元;办公室原副主任蒋金辉因犯贪污和受贿罪,被判处有期徒刑 4 年;办公室征收股原股长、税费征收大队大队长严溅成因犯贪污和受贿罪,被判处有期徒刑 3 年缓刑 3 年等。[3] 总之,犯罪分子采取上下勾结、内外联合、共同策划作案的现象愈益明显,侦查实践中通过查一案带出几人、十几人、几十人甚至上百人、几百人的案例随手可捡。从某种程度讲,贪污贿赂犯罪的群体化和有组织化现

---

[1] 参见《中国青年报》2008 年 11 月 21 日。
[2] 参见人民网 2011 年 12 月 23 日。
[3] 参见新华网 2011 年 10 月 10 日。

象反映出当今贪污贿赂犯罪易发多发的态势及其严重性。

四、犯罪行为跨区域化、国际化

随着我国社会主义市场经济深入发展，以及加入 WTO 的 10 多年来，国际间交往活动特别是经济商贸活动日益增多，经济进一步趋向全球化的同时，也促进了贪污贿赂犯罪跨地区、跨国境实施甚至犯罪手段及犯罪活动不断国际化。从实践看，近年来司法机关查办的贪污贿赂犯罪特大案件所暴露出的犯罪国际化趋势触目惊心。比如，2008 年 8 月被引渡回国的中国银行中山分行陈满雄、陈秋圆夫妇挪用公款 4.2 亿多元人民币，案发后逃往泰国，后经采取措施并进行多方交涉，被临时引渡回国。2005 年两犯被作出终审判决，分别被判处无期徒刑和有期徒刑 14 年。2009 年 5 月 6 日被美国拉斯维加斯一地区法院判决的中国银行开平支行许超凡、许国俊、余振东等人，涉嫌贪污 4.82 亿美元折合人民币 40 多亿元，曾携款潜逃美国，其中余振东于 2005 年被引渡回国。2009 年 5 月 6 日，美国拉斯维加斯一地区法院以诈骗、洗钱、跨国转运盗窃钱款、伪造护照和签证等罪名，分别判处许超凡、许国俊有期徒刑 25 年、22 年，勒令被告退还 4.82 亿美元涉案赃款。❶ 2011 年 2 月，江西省鄱阳县财政局经济建设股股长李华波等人利用职务便利侵吞涉农专项资产 9400 多万元并逃往外国。❷ 除了犯罪分子作案后逃往国(境)外，还有的在国内为请托人办事、在国(境)外收受贿赂，或者利用职务便利为在华跨国公司谋取不正当利益，而收受在华跨国公司的巨额贿赂等。实践表明，贪污贿赂犯罪的国际化，不仅表现为腐败犯罪分子进行洗钱活动，或者将大量的腐败资金外移，以及腐败犯罪分子纷纷外逃等。更为严重的是，有的国家公职人员竟然在外国利用本人职务便利，大肆侵吞我在境外注册的国有企业资金，造成这些国有企业资金大量流失，甚至使一些境外的我国有企业及其国有资产失去有效控制；有的国家公职人员与境外的黑社会组织相勾结，共同侵吞我国有资产；有的以严重损害我国家经济利益、经济安全甚至国防利益、国家安全为代价，利用职务便利接收外资、外企等人员的贿赂，使外资、外企大占便宜，导致我国有资产严重流失。总之，随

❶ 参见《法制日报》2009 年 5 月 8 日。
❷ 参见人民网天津视窗，2012 年 7 月 15 日。

着经济进一步全球化,贪污贿赂犯罪跨国境作案、与外国犯罪分子共同勾结作案,或者以牺牲国家利益换取个人好处、作案后向境外转移赃款甚至事先将妻子、子女及财产转移境外等现象日益突出。这种现象对于司法机关及时打击、坚决惩治和有效预防贪污贿赂犯罪,提出了新的更为严峻的挑战。

第三节　贪污贿赂犯罪的规律及其趋势

一、贪污贿赂犯罪的规律特征

准确分析和把握贪污贿赂犯罪的规律特征,是认识贪污贿赂犯罪的本质特征、科学制定贪污贿赂犯罪惩治和预防政策的依据和前提。根据我国经济社会发展的实际,以及贪污贿赂犯罪滋生蔓延的内在特征,可以将贪污贿赂犯罪的规律特征归纳为以下几个方面。

(一)贪污贿赂犯罪将长期存在,并在现阶段呈现总量上升的趋势。贪污贿赂犯罪活动的长期性,取决于滋生这类犯罪的各种原因和条件存在的长期性。正如上文所述,在社会主义市场经济体制建立过程中,贪污贿赂犯罪的长期存在与下列因素密切相关:

一是新旧体制交互中的磨合期将在一定时期内存在,国家的政治制度和权力监督体系尚不完善;二是国家公职人员自身素质参差不齐,市场经济的负面因素必将影响国家公职人员队伍,一些意志薄弱者在新的形势面前抵制不住金钱的诱惑,沦为贪污贿赂犯罪腐败分子;三是贪污贿赂犯罪的机会成本低、诱惑力强、控制力低等,致使贪污贿赂犯罪仍然呈现出波浪式上升的趋势。

需要指出的是,这里的诱惑因素主要包括:一是市场经济条件下的物欲强化,加之社会分配不公、心理失衡,诱发和刺激了行为人利用职务便利贪财敛财的动机;二是经济制度、社会管理失控和法律监督机制不健全,导致行为人利用职务便利攫取财物的机会增多;三是社会民众对查处和惩治贪污贿赂犯罪的法制化要求高、对案件质量和办案安全的要求高、对及时查处贪污贿赂犯罪的期望高,而侦查能力、执法水平、侦查装备和办案经费乃至办案人员综合素质等方面都尚不能适应同贪污贿赂犯罪作斗争的实际需要,以致犯罪得逞率高而被查处率低、受到惩罚的成本小,也就是破案成本高而犯罪风险小,强化了贪污贿赂犯罪分子的投机心理,增强了犯罪分子对各种利益欲望的诱惑力。

这里，所谓对贪污贿赂犯罪的控制力弱化，主要体现在：一是立法不科学或者立法滞后，致使一些实质意义上的贪污贿赂行为因"立法不明确、界限模糊、性质难定"，客观上对贪污贿赂犯罪造成某种程度的轻纵；二是思想政治工作虚化，一些国家公职人员包括手中掌握各种大小不一的公权力者特别是"一把手"，由于缺乏正确的人生观、世界观和价值观，"无官不贪"意识被强化，丧失了对物欲的精神抗体；三是社会总体控制失调，缺乏经济、政治、社会、监督和惩罚等各方面有效抗制贪污贿赂犯罪的措施整合，预防贪污贿赂犯罪的疏漏多、失控面大，影响了治理效率和治理效果。

（二）贪污贿赂犯罪将呈现起伏、波浪式滋生之势。按照马克思主义的唯物史观，贪污贿赂犯罪将逐步减少并最终同其他犯罪一样趋于消亡，但这需要经历一个相当长的历史过程。当前和今后一个时期，贪污贿赂犯罪总量将会同其他犯罪一样，保持增长态势，但这种趋势并不是逐年的持续的增长。在某个阶段或某些情况下，贪污贿赂犯罪滋生蔓延势头一旦得到有效控制，便会呈现下降趋势。贪污贿赂犯罪的这种起伏变化，受到国家经济、政治、文化及社会等各种因素的影响，也同国家和社会对这类犯罪的治理态度和治理方法有密切关系。科学有效地控制贪污贿赂犯罪的发生率，取决于法制建设和权力监督制约机制的健全程度，也取决于对这类犯罪的打击力度和治理效能。法制越健全，权力监督制约机制越健全，打击力度越大、治理效果越好，这类犯罪就会减少。否则，这类犯罪滋生蔓延的势头就有可能难以有效遏制和防范，甚至防不胜防。

（三）贪污贿赂犯罪活动的流向轨迹及其"黑数"现象。司法实践证明，贪污贿赂犯罪具有明显的地域流向、行业领域流向轨迹及其"黑数"等现象。

1. 贪污贿赂犯罪的地域流向。贪污贿赂犯罪早期较多发生在沿海地区，继而逐渐向内地移动，最后连一些边远地区也呈现出犯罪人数多、犯罪数额大、犯罪手段狡诈的趋势。其主要原因在于，沿海地区经济发展快，人们追求物质利益的欲望和动机被强化，贪污贿赂犯罪"物质诱因"和"精神诱因"不断增多，国家公职人员利用新旧体制转换中的真空或者漏洞进行贪污贿赂犯罪也就相应增加，这同改革开放、经济建设等各项事业由沿海向内地辐射的规律相似。实践证明，我国改革开放30多年来，贪污贿赂犯罪活动的东西交互感染等现象日渐突出,犯罪手段、方法和特点等已基本趋同。

2.贪污贿赂犯罪的行业及领域流向。贪污贿赂犯罪呈现波浪式上升趋势的源头,起始于生产、经营型的经济部门。这些部门的国家公职人员受"物质诱因"的影响最为直接,利用职务便利攫取钱财的机会最多。接下来,贪污贿赂犯罪由上述经济部门波及与生产、经营部门密切相关的社会服务性事业部门,进而由上述部位流向对生产、经营和服务事业单位行使管理职权、监督职权的经济监督管理部门、行政部门,并继续向司法机关和党的机关渗透,以及向新行业新领域蔓延。其中,最主要的原因在于社会分配不公和部门利益非均衡化以及监督制约体制弱化等。行为人要实现部门及个人利益均衡,唯一的或者最有效的手段,就是利用手中的人权、物权、财权、执法权、司法权等各种权力捞取钱财或实惠。

3.贪污贿赂犯罪的"黑数"现象。"黑数"现象也称隐案现象,是指那些虽有犯罪事实但未被侦查当局即警方或者司法机关所获悉,因而未编入侦查部门犯罪统计的犯罪行为总数。比如,德国犯罪学者们通过对犯罪黑数的研究,得出以下结论:在所有违法行为的种类里,隐案即犯罪黑数基本多于明案即已获悉的犯罪。德国施耐德教授曾形象地说,警方获悉并记录在案的犯罪行为,只是实际犯罪行为这座大冰山之尖。一些国家犯罪学专家的研究表明,犯罪黑数规律呈现的特点是:黑数程度的高低与人们感觉到的犯罪的社会危害性成反比。即社会危害性越明显的犯罪,犯罪黑数越低;社会危害性不明显的犯罪,犯罪黑数越高。由于受贪污贿赂犯罪的社会危害性不易显露、知情人因顾虑受打击报复等而不愿举报、法律规定不明确、行为主体作案手段智能化等"自我保护"能力较强、地方和部门保护主义干扰,以及侦查办案能力不适应等诸多因素的影响,时下贪污贿赂犯罪呈现比较明显的"黑数"现象,问题只在于这类犯罪的实际严重程度及案件大小尚难以估算而已。

二、贪污贿赂犯罪的新态势

深入研究和准确把握贪污贿赂犯罪的趋势特征,是坚决惩治和有效预防贪污贿赂犯罪等腐败现象的一项基础工程。根据改革开放以来打击和预防贪污贿赂犯罪的实践看,贪污贿赂犯罪滋生蔓延主要呈现出以下几种态势:

（一）贪污贿赂犯罪活动在一定时期仍会呈现易发多发态势。在社会主义初级阶段及市场经济建设和发展过程中，规范市场经济的各种配套制度、机制还需要进一步健全与完善，公共权力运作机制的规范和完善也需要进一步加强，社会转型期出现的权力设置交叉甚至制度缺位导致权力扭曲、变形，市场资源配置不合理导致竞争机会不均等，国企改革、股份化改造以及国有资产重组等，导致新经济实体中国有资产界限不明，对规范社会中介组织的制度尚未建立或者健全，导致监管失控、财富分配不公，以及国家公职人员付出和获取报酬失当使其心理失衡等，都将进一步促使贪污贿赂犯罪易发、多发乃至频发。

（二）贪污贿赂犯罪活动的领域出现"新旧交替"，一定时期内可能出现犯罪领域和部位相对集中的现象。贪污贿赂犯罪侦查实践充分表明，我国加入世贸组织（WTO）已 10 多年，贪污贿赂犯罪活动区域发生了一些新的变化。传统的以行政审批手段管理经济的政府管理模式失去原有效力，一些公共权力退出了经济监管领域，另外一些诸如市场准入、监管等行业或部门成为贪污贿赂犯罪滋生蔓延新的相对集中的发案领域和部位。在这一新旧交替的转型过程中，一些传统领域如建筑、金融等行业、领域，仍然是贪污贿赂犯罪的易发多发部位。与此同时，一些新的经济领域如证券交易、国有公司企业股份化改制、资产重组以及政府集体采购乃至重点建设工程、民生工程等领域的贪污贿赂犯罪趋于严重。比如，当前贪污贿赂犯罪出现的由传统发案领域，向较早一些的国企改制高潮期出现的管理层收购，又称"经理层收购"或"经理层融资收购"（Management Buy-outs，简称 MBO），以及近年来明显增多的 BOT（Build-Operate-Transfer，简称 BOT，即建设——经营——转让投资方式）、BT（build-transfer，简称 BT，即建设——移交投资方式）、BOOT（Build-Own-Operate-Transfer，简称 BOOT，即建设——拥有——经营——转让投资方式）、BOO（Build-Own-Operate，简称 BOO，即建设——转让——经营投资方式）以及首次公开发行（Initialpubliccoffer，简称 IPO）、私募股权投资（Private Equity，简称 PE）等工程建设投资领域、资本市场新领域蔓延之势。实践表明，在国有企业改制过程中，由于国家对 MBO 等有关政策缺位或者不健全，以及对管理层收购作弊的具体环节和情形缺乏深入了解，司法机关特别是承担贪污贿赂犯罪侦查职责的检察机关对此研究其少,更勿论对策。这些领域或者环节的贪污贿赂犯罪趋重。其他领域,比如MBO、BOT、BT、BOOT、BOO 和 IPO、PE 等新领域,同样如此。

（三）贪污贿赂犯罪活动将更加趋向复杂化、有组织化、智能化。

1.群体化、有组织化、复杂化趋势。随着我国社会分化程度加速,各种利益集团进一步形成,以及对公共管理活动监督制约的强化,单个人实施贪污贿赂犯罪的机会将逐渐减少,群体化犯罪将更加明显化,贪污贿赂犯罪活动涉及到的社会面将越来越广。有的上下联合,有的横向勾连、结盟,有的甚至与黑社会联手、与国（境）外黑恶势力勾结,从而使这类犯罪日益复杂化,有的甚至影响国家经济安全、金融安全、军事安全及政治安全、政权安全,乃至引发国际问题等。

2.智能化、高技术化趋势。随着科学技术快速发展,以及经济全球化步伐进一步加快,经济领域与科技手段相互交流的途径和机会进一步增多,贪污贿赂犯罪手段日趋智能化、高技术化。

3.隐蔽化趋势。随着党和政府对贪污贿赂犯罪惩治和预防政策措施不断强化,打击这类犯罪的力度逐渐加大,犯罪分子为规避法律、逃避制裁,在犯罪前和犯罪后的各种规避手法也都将进一步强化。

总的来说,当前和今后一个时期,贪污贿赂犯罪活动将更难发现,其所造成的危害也更趋严重化,因此应采取更加有力的措施予以有效惩防。

第四节　贪污贿赂犯罪滋生蔓延的原因和条件

深入研究贪污贿赂犯罪滋生蔓延的原因和条件,是科学有效地采取遏制和防范贪污贿赂犯罪对策措施的重要前提。贪污贿赂犯罪滋生蔓延的原因和条件,是指诱使这类犯罪发生的因素。这里的原因和条件既有联系又有区别。联系的方面是,两者都是诱发贪污贿赂犯罪的因素;区别的方面是,这里的原因是诱使已然贪污贿赂犯罪发生的因素。这里的条件是诱使贪污贿赂犯罪发生的充要性因素,也即有之不必然,无之必不然。为便于论述简明扼要,笔者综合贪污贿赂犯罪滋生蔓延的原因和条件,将其归纳为"四个维度十六项要素"（见下表）:

贪污贿赂犯罪主要诱发因素（原因和条件）分析

权力因素	人的因素	制度因素	环境因素
权力流	不良的动机	制度缺乏	现金流
权力集中	自利的条件	制度混乱	社会环境
权力缺乏制约	作案犯科成本低	制度失效	交易机会
权力红利诱惑	政治及精神等失落感	制度不落实	社会文化

一、权力的因素

权力是从国家的层面按照政体安排配置的,从某种程度讲是贪污贿赂犯罪滋生蔓延的前置性条件。从目前看,主要受以下几个因素的影响:

(一)权力流,即公共权力大量存在。如河南省郑州市,经过审批改革后,仍然拥有 4122 项审批权,分别由 118 家行政执法单位行使。按照现代化理论,在转型期保持公共权力强势是必要的。因为中国的现代化自上而下,需要靠行政力推动。如果没有行政强势,没有强有力的行政职能,就实现不了现代化目标。但公共权力大量存在,也为滋生腐败提供了条件。

(二)权力垄断,即公共权力不适当集中在少数领导干部手中。邓小平对此有过精辟的阐述。他说,权力过分集中的现象,就是在加强党的一元化领导的口号下,不适当地、不加分析地把一切权力集中于党委,党委的权力又往往集中于几个书记,特别是集中于第一书记,什么事都要第一书记挂帅、拍板。党的一元化领导,往往因此而变成个人领导。权力过分集中于个人或少数人手里,多数办事的人无权决定,少数有权的人负担过重,必然造成官僚主义,必然要犯各种错误。对这个问题长期没有足够的认识,使我们付出了沉重的代价。

(三)权力缺乏有效的监督制约。当前,监督权力的制度和机制很多。但由于授受关系不顺、公务行为边界模糊甚至主从关系颠倒,权力难以得到有效监督。从实践看,这些制度和机制大多数是图有虚名,并且有些制度和机制对形式和程序强调多,对是否具有实际功效过问少,真正名副其实、监督有效的不多,甚至有的还以程序的合法掩盖不合法的交易。这也是深入开展反腐败斗争必须解决的一个迫切问题。

(四)权力红利的诱惑力大。实践表明,权力在不受监督的情况下可以产生红利,并且实质就是数额巨大得非同寻常的物质和政治利益,有着很强的诱惑力。从已经揭露出来的案件看,有的一个人手中的权力能产生上亿甚至数亿元红利。要获取这些红利,非一次或几次交易就能实现,这决定了有的经过数年、十几年或者长期"掠夺性经营",致使成千上亿国家资产等被腐败官员侵吞。

二、人的因素

毛泽东说过,政治路线确定之后,干部是决定因素。当下,虽然贪污贿赂犯罪的滋生蔓延与制度的缺位及不到位等有着密切相关,但与人的因素也具有极其密切的关系。古人曰:徒法不足以自行。制度是要靠人去落实和执行的。从目前看,主要受以下几个因素的影响:

(一)不良的动机。从揭露出来的案件看,一些官员上台后的动机是复杂的。绝大多数是为了执政为民,但有的为了当官发财,有的为了收回自己在政治前途上的投资费用等等。这些官员有了不良的动机,一旦条件成熟就会伸手去捞。

(二)自利的条件。人类具有避害趋利的本能。由西方学人提出、滥觞于古典经济学的"经济人"假设,❶在一定程度上对于人的自利性进行解释:认为人类具有自利的本性,自利是推进市场经济发展的原动力。政府官员如果采用合法的方式和措施实现自利,这是无可厚非的,但一旦用歪了心思,利用手中的权力实现自利,这就会出问题,发生贪污贿赂犯罪等腐败问题。从当前权力运行的情况看,官员自利的条件十分便利和优越,在不受监督的情况下必然产生腐败。

(三)作案犯科成本低。从实践看,犯罪成本低,最主要的原因是发现难、查处少、处罚轻。江泽民曾经在 2000 年 12 月召开的中央纪委五次全会上说,现在揭露的某些触目惊心的大案要案,实际上已经存在多年了,却迟迟未能发现,结果愈演愈烈,造成了严重危害。有的地方和部门长期存在团伙性腐败活动,涉案人数很多,活动范围很大,也迟迟未能发现。有的干部刚刚提拔上来,或者刚刚经过考核考察,就发现有重大问题。由于发现难,势必影响案件查处效果,以致一些案件没有及时被查处,反而强化了犯罪分子的侥幸心理,诱使潜在的人们蠢蠢欲动。同时,虽然检察机关每年都查处了许多贪污贿赂犯罪案件,但是撤案一批、不起诉一批及法院免予刑罚一

---

❶ 参见杨建飞主编:《西方经济思想史》,武汉大学出版社 2010 年版,第 72 页。

批、判缓刑一批以及监狱减刑一批、假释一批、暂予监外执行（俗称保外就医）一批等现象,使得对犯罪分子的惩罚被大打折扣,严重降低了犯罪成本。由于惩罚轻,起不到警戒和教育作用,一些将要实施作案活动的或者潜在的官员便跃跃待试,伺机待发。

（四）失落感。有的失去理想信仰,有的对自己的政治前途无望,还有的对一些世俗欲念失望等等,便想从经济上找到一些补偿,故此走上贪污贿赂犯罪之邪路。有关部门对于一些政治前途到顶的被戏称为"天花板干部"群体进行研究后指出,这些干部的心态极易成为腐败的一大诱发因素。❶

---

❶ 参见中新网 2009 年 12 月 7 日电。新一期《人民论坛》杂志关注官员晋升"天花板"现象。《人民论坛》的调查文章说,一些仕途升迁无望的官员,会出现自暴自弃、得过且过,甚至抓紧机会贪污腐败等心态,对官场造成危害。大多数官员达到一定级别后,晋升空间越来越小,从而在不同阶段上遇到自身仕途的"天花板"。处在这种状况的官员被形象地称为"天花板"官员。"天花板"官员的存在,最大的危害是什么?《人民论坛》的调查显示,35%的受访者选择"一些干部觉得升迁无望,开始混日子,得过且过,带坏官场风气",32%选择"阻碍年富力强、经验丰富的人才干事,影响执政能力提高",28%选择"一些干部觉得手中权力时日无多,贪污腐败",3%选择"其他"。有网友留言道,跨过 45 岁门槛的官员,有些人觉得升迁无望后,会珍惜来之不易的成果,有些人则千方百计地保全既得利益,"搞定就是稳定,摆平就是水平,无事就是本事"成为官教条,使得改革锐气下降,甚至连讲话都格外谨慎,常常重复总书记、总理的报告。很多组织部长、党政干部表示,在面对"天花板"困局的时候,大部分干部都能从容应对,但是也有一小部分人没有调整好心态,在工作、学习中产生了负面情绪,有的甚至还做出了违法乱纪的行为。根据他们的表述,《人民论坛》归纳整理出干部面对"天花板"困局的六大负面心态:一是思想上自暴自弃。国家行政学院公共管理教研部教授李军鹏在采访中表示,一些干部因为能力不足,感到升迁无望、前途无"亮",就产生了心理失衡、工作倦怠和职业枯竭的现象。二是行动上自由散漫。"当前有的干部暮气沉沉、安于现状,自己习惯怎么干就怎么干,'脚踩西瓜皮',干到哪里算哪里;有的干部在工作中偷工减料、敷衍塞责、见硬就缩、遇锋就避、效率低下,等等",中共宁化县委常委、组织部长刘小彦在采访中谈到。三是学习上退步不前。"相当一部分'天花板'干部放松对自己的要求,放松世界观的改造,对政治理论和业务学习了无兴致,思想庸俗,作风懒散,满足于'混日子',就等着退休回家",江苏省泰州市委组织部研究室主任陆彩鸣在接受采访时说。四是物质上寻求经济补偿。山东政法学院教授李克杰表示,一些信念不坚、意志薄弱的干部,往往经受不起花花世界的诱惑和别有用心者的引诱,逐渐放松警惕,在交出权力之前大捞一把,进行权力寻租或直接侵吞公共财产,从此走上违法犯罪道路,形成了中国贪官特有的"59 岁现象"。五是升迁上投机取巧。河南省驻马店市一位不愿署名的县处级干部指出:"现在 30—35 岁的年轻人讲实惠,攀比心、虚荣心很强。为了早日实现升迁,避免遭遇年龄'天花板',不计成本,不择手段,成功后趾高气扬,失望后则怨天尤人。一些干部可能为升迁行贿筹借了不少资金,升迁后,首先考虑的不是工作,而是朝思暮想如何收回成本。"六是心态上怨天尤人。采访中,不少官员表示:"从一线到二线,从实职到虚职,是人生的一大转折,这些干部因此心理上容易产生失落感。平时社会应酬少了,参加社会活动少了,出头露面少了,常常产生被冷落、被忽略的感觉。情绪波动大,多愁善感,怨天尤人,动不动容易发脾气,生闷气,这也不顺眼,那也看不惯,心烦意乱,心浮气躁,有时还有点神经过敏。"另外,"天花板"干部还有工作上成为"老好人",施政上急功近利等负面心态。

三、制度的因素

时下,有不少学者和社会人士对于依靠制度反腐败情有独钟。笔者认为,反腐败固然离不开制度,但当今仅仅依靠制度也很难解决根本问题。从目前看,主要受以下几个因素的影响:

(一)转型期制度缺位。由于法律制度具有滞后性,行政管制和市场机制并存,体制机制制度及管理上存在的漏洞,导致权力运行失去必要的透明度及应有的监督制约效力。特别是随着经济社会发展,新情况新事物新问题层出不穷,制度跟不上经济社会发展的步伐,对于有些权力尚关不进制度的"笼子",权力腐败在所难免。

(二)制度混乱。我国改革所采用的是渐进的政策和策略,经历了原轨、易轨、双轨、并轨、分轨等阶段。目前,这些"制度轨道"上的各种"制度车"仍然风采依旧,但在各个"制度轨道"上运行的制度之间有的互相冲突,形成制度体系的一些混乱,大大减弱制度对腐败活动的监控效力。

(三)制度失效。主要体现在制度失灵和制度异化等方面。制度是有生命周期的,同时还有特定的环境和条件要求。如果制度已经完成了自身历史使命,就会自行失灵失效。但在这个时候,如果制度没有被及时更除,那就会使制度成为虚设,甚至从促进反腐败走向影响和阻碍反腐败斗争深入开展。同样的道理,如果制度制定时的环境已经发生变化,但制度仍然存在并且没有作任何修改和调整,那么制度就会被异化,从促进预防腐败秩序的生成功能,走向破坏腐败预防功能的发挥。

(四)制度不落实。从实践看,时下有法不依、执法不严、违法不究等情形比较突出,其根本原因在于制度得不到落实。这其中的影响因素是众多的,比如制度制定脱离实际,没有针对性,缺乏执行力等。对此,需要引起重视。

四、环境的因素

任何贪污贿赂犯罪等腐败活动,离不开活生生的经济社会环境。任何反腐败措施,也都要在经济社会环境下推行。离开经济社会环境,任何反腐败举措都将无法发挥作用。从目前看,主要受以下因素的影响:

(一)现金流,即大量投资活动的存在。当下中国犹如一个大工地,全国各地都在搞建设,可谓轰轰烈烈。这些建设需要大量的投资,这就产生了宏大的现金流,为公职人员利用职权进行贪赃枉法、徇私舞弊创造了条件。

（二）社会环境。目前,社会上产生的分配不公、贫富差距、城乡差别等现象成为严重影响社会和谐的不稳定因素。在这样的环境下,一些公职人员一旦心理不平衡,就会产生利用职权敛财的动机,进而实施贪污贿赂犯罪活动。

（三）交易机会。随着中国经济社会持续深入发展,社会越来越复杂,经济活动交易、合同签订履行、各种纠纷的诉讼处理以及职务升迁等各种问题及其交易机会层出不穷,这就给权钱交易等腐败活动提供大量机会。

（四）社会文化因素。从某种程度讲,时下社会价值、伦理等社会文化发生了某种程度的异化。贪污贿赂犯罪不仅是公职人员个体道德堕落的结果,也是社会道德水准整体下降的产物。在处于转型期的我国社会,实用主义盛行,许多人都在追逐有钱者或者有权者,有的依附求荣,有的卖官鬻爵。上至政府官员,下至平民百姓,对花钱消灾之类传统文化颇为认同甚至纷纷仿效。为政在人、法不责众、畏不忠而不畏贪等传统的非道德化倾向影响深远,贿赂文化及其演化出的各种潜规则遍及各行各业,权钱交易现象甚至被大众默认而普遍化和正常化。

第五节　贪污贿赂犯罪的严重危害性

从实践看,贪污贿赂犯罪等腐败现象已经成为当代中国最大的、最为严重的社会污染,是严重影响社会稳定、国家长治久安的重要因素,对党的执政合法性构成严重挑战,是党实现长期执政所必须解决的一块心病。具体地说,贪污贿赂犯罪的危害主要表现在以下方面:❶

一、严重危害党和国家的政权

实践表明,贪污贿赂犯罪作为腐败现象最严重的表现,是消磨党的意志、瓦解党的队伍、削弱党的战斗力的腐蚀剂,促使执政党中一些成员从人民的"仆人"蜕变为人民的"主人",把自己凌驾于社会大众之上,利用职权便利大搞贪污受贿、卖官鬻爵等腐败活动,严重损害党和政府的形象以及国

---

❶　参见詹复亮:《反贪侦查热点与战略》,人民出版社 2010 年版,第 30 页。

家宪法和法律的权威,严重破坏党群关系、干群关系和党同人民群众的血肉联系,严重影响党的执政合法性基础和社会和谐稳定。从具体的危害机制看,贪污贿赂犯罪使人民群众对党和政府产生对立情绪,部分群众不分局部或全部地将贪污贿赂犯罪等腐败行为视为党和政府普遍存在的一种流行病,致使党和政府在群众心目中的威信降低。在一定条件下,这些问题和矛盾一旦得不到合理解决,就会激发人民群众对党和政府的对立情绪,最终的爆发点也就是对国家政权、执政党地位的具体危害形式,便是诱发社会动乱和犯罪行为。当执政党威信降低,人民群众同执政党对立情绪发展到一定程度,一旦遇上合适的政治气候和政治土壤,这种积聚已久的怒气、怨气就极可能酝酿一场极为严重的社会混乱。❶ 具体地说,主要表现为:

(一)诱使执政党成员蜕变。腐败分子把权力变成个人谋私的资本,把商品交换原则搬到党内政治生活中,搞以权谋私,从事行贿受贿、执法犯法等腐败活动,进而形成既得利益集团,直接冲击执政地位。

(二)干扰政策执行。由于滥用权力,导致执政行为失去公信力,促使行政权威降低,"行政执行力"弱化,以致政策扭曲,政府财政恶化,人财物浪费,国有资产巨大流失,政府行政开支增大。

(三)危及政权安全。由于腐败导致社会利益分配严重失衡,少数权力集团和新生资本家相互勾结,大肆掠夺人民财产,造成贫富差距扩大以及少数人暴富、多数人贫困的严重两极分化,引发社会公众不满情绪,使政权丧失民心,如群体性事件多发,社会监督约束功能弱化,最终造成社会混乱,危及政权稳定。❷

二、严重危害社会主义市场经济

实践证明,贪污贿赂犯罪对经济的危害是多层次的,并且有的无法量化,而对经济秩序的破坏后果比直接经济损失更严重得多,比如可能导致局部的经济规划受阻或者变形扭曲,还可能对全局性经济规划施压,通过扭曲经营搞乱市场经济,破坏经济秩序,阻碍经济建设发展。具体地说,主要表现为:

---

❶ 参见詹复亮:《当代中国反腐败问题与对策》,国际文化出版公司1996年版,第30页。
❷ 参见詹复亮:《新刑事诉讼法与职务犯罪侦查适用》,中国检察出版社2012年版,第35页。

（一）经济成本增加，形成贿赂型经济。由于腐败抑制竞争，限制供给，人为制造垄断，公职人员利用职权敲诈勒索、摊派索要，导致企业大量寻租等。

（二）改革进程受到阻碍和破坏。腐败孕育官僚特权集团和官僚资本家集团，与既定经济体制密不可分，成为改革的障碍，进一步加大改革难度，提高改革的成本。

（三）经济政策走样。腐败分子为谋取私利，不惜一切代价获取私人或小团体的利益，严重损害国家利益。如国家商务部条法司原巡视员郭京毅、外资司原副司长邓湛、国家外汇管理局管理检查司原司长许满刚、综合司原司长兼新闻发言人邹林、国家工商总局外商投资企业注册局原副局长刘伟等人系列受贿串案，严重损害国家经济政策和国家利益。❶

（四）严重影响经济活动。按照《联合国反腐败公约》第 34 条规定，腐败行为对经济活动将会产生两种后果：第一种是废止或者撤销合同等。《联合国反腐败公约》第 34 条规定："各缔约国均应当在适当顾及第三人善意取得的权利的情况下，根据本国法律的基本原则采取措施，消除腐败行为的后果。在这方面，缔约国可以在法律程序中将腐败视为废止或者撤销合同、取消特许权或撤销其他类似文书或者采取其他任何救济行动的相关因素。"第二种是损害赔偿。《联合国反腐败公约》第 35 条规定："各缔约国均应当根据本国法律的原则采取必要的措施，确保因腐败行为而受到损害的实体或者人员有权为获得赔偿而对该损害的责任者提起法律程序。"❷比如 2008 年，时任菲律宾总统的阿罗约（Gloria Macapagal Arroyo）以协议受到贿赂传闻的影响，迫于公众压力取消与中国中兴通讯股份有限公司（简称中兴通讯）签订的一项网络建设协议，不再继续履行与中兴通讯签订的合同。据资料表明，这主要肇始于菲律宾选举委员会（Commission on Elections）主席阿巴罗斯（Benjamin Abalos），被指控向一个内阁成员和一位商人行贿，以便批准与中兴通讯价值 3.3 亿美元的合同。❸ 时隔数年后，中兴通讯在菲律宾的上述行贿案却仍在发酵，包括前总统阿罗约及其丈夫在内的 4 人被

---

❶ 参见新华网 2010 年 5 月 27 日。
❷ 参见詹复亮：《治理商业贿赂简明读本》，人民出版社 2006 年版，第 303—304 页。
❸ 参见《环球时报》/环球网 2011 年 12 月 31 日。

限制出国,前总统阿罗约在病房里被宣布逮捕。❶ 2012 年 5 月前总统阿罗约的丈夫米格尔·阿罗约因涉嫌从中受贿被菲律宾法院批准逮捕。❷ 又如2009 年 1 月 14 日,世界银行宣布对因行贿腐败的 4 家中国企业禁止一定期限参与国际商业竞标。这四家企业包括中国路桥集团、中国建筑工程总公司、中国武夷实业股份有限公司及中国地质工程集团公司,被禁止参与国际商业竞标的时间分别为 8 年、6 年、6 年和 5 年。这不仅严重损害当事企业利益,而且也严重损害了国家形象和在国际上的声誉。❸

三、严重危害社会道德文化

2012 年 11 月,习近平总书记在十八届中共中央政治局第一次集体学习时的讲话中深刻指出:"近年来,一些国家因长期积累的矛盾导致民怨载道、社会动荡、政权垮台,其中贪污腐败就是一个很重要的原因。"❹实践表明,贪污贿赂犯罪等腐败现象将导致社会道德水准的下降、公众法律信念的淡漠、社会凝聚力的降低等,对社会道德文化建设带来严重危害。具体地说,其危害后果主要表现为:

(一)道德水准下降。由于腐败的存在,削弱社会公民自觉遵守道德约束、抵制腐化行为的能力。如在我国古代,出身寒门的人大多被当时的政治腐败同化。而在当下,腐败往往形成"臭豆腐"现象,❺使许多人对腐败分子既嫉妒又羡慕,认为依靠腐败发家的人有本事、有能耐,以致盼望着自己有朝一日掌权也要如法炮制,而廉洁奉公、秉公办事的人往往受到嘲笑甚至鄙视。

(二)法律信念淡漠。社会公众往往认为,法律是政府制定的,如果制定法律的政府官员都背叛和践踏法律,那就很难指望公众及社会面形成坚定的法律信念。从实践看,当前社会公众为追求私利不惜铤而走险的现象突出,以致不法活动增加,犯罪率上升,进而产生社会混乱。比如,在孩子入托、升学及公职人员遇到晋升、工作调动、评职称、分房等等问题时,社会面

---

❶ 参见《新京报》2011 年 11 月 19 日。
❷ 参见《21 世纪经济报道》2012 年 6 月 2 日。
❸ 参见詹复亮:《反贪侦查热点与战略》,人民出版社 2010 年版,第 9 页。
❹ 参见新华网 2012 年 11 月 19 日。
❺ 笔者在 1996 年曾首次提出腐败的"臭豆腐"现象。参见詹复亮:《论市场经济发展中反腐败机制的完善对策》,《政治与法律》1996 年第 4 期。

存在的请客送礼行贿等行为往往成为一种时尚。

（三）凝聚力降低。公职人员如果一心谋取私利，不以实现国家利益和公共利益为目标，社会各阶层如果都关心一己私利，对国家和民族前途漠不关心，这将是一个灾难，整个社会就将丧失凝聚力。政府因公职人员腐败而威信丧失殆尽，失去对民众的号召力，无法凝聚民心，国家就像一盘散沙。

（四）人才埋没或外流。历史经验表明，官员由于腐败，往往采用排他的世袭方法占据并维持较高社会地位，阻断正常流动，优秀人才受到埋没，难以脱颖而出。一些不甘碌碌无为的人才，就会想方设法另寻出路，以致大量外流到国外，严重的甚至成为统治集团的对立力量，对政治体制和政治秩序稳定构成威胁。

（五）影响家庭及社会和谐稳定。由于一些人为实现个人或小团体的利益，往往抛弃道德伦理主义，信奉只要达到目的就不择手段，极其个人功利主义。由于公职人员腐败，因贪图私利放弃职守，有令不行、有禁不止，民众公然模仿而无视法律和违反法纪，政府政策的实施受到阻碍甚至陷入瘫痪，还有的腐败分子因被查处而家破人亡，或者因"包二奶"等致家庭破裂，或者因心理上不堪忍受而自杀等，严重影响社会和谐稳定。比如，2008年5月27日晚上，甘肃省金塔县居民王某与魏某因感情不和诉请离婚，县人民法院行政庭副庭长崔某先后收下王某送的现金3000元和魏某送的现金1000元并5次接受魏某及其亲属吃请。但崔某因王某对自己表现好，故意违背事实、法律和审判程序而枉法裁判，魏某不服崔某的不公正审判，感到绝望在家中服农药后自焚身亡。有的因本人搞了腐败活动，心理不堪忍受重负而自绝于人民。2009年4月15日晚上，农业部草原监理中心原主任张喜武因一家企业向其行贿5万元而案发，由于心理压力过大而携带妻子在家自杀。另据资料表明，由于腐败等各种诱发的全国群体性事件，从1993年的1万起增至2009年的9万起，参与人数从1993年的73万增至2009年的300万。这就严重影响了党和政府的形象与公信力，成为党长期执政的一个施压点。

总之，贪污贿赂犯罪等腐败现象具有严重的危害性。中共十八大报告深刻指出："反对腐败、建设廉洁政治，是党一贯坚持的鲜明政治立场，是人民关注的重大政治问题。这个问题解决不好，就会对党造成致命伤害，甚至亡党亡国。"❶实践充分表明,如果不能坚持不懈地做好反腐倡廉、拒腐防变工作,党的执政地位就有丧失的危险,党就有可能走向自我毁灭,国家长治久安就将面临严重的威胁。而这,绝非危言耸听!

---

❶ 《中国共产党第十八次全国代表大会文件汇编》,人民出版社 2012 年版,第 50 页。

第二章 贪污贿赂犯罪惩治和预防的考察与比较

第一节 古代中国对贪污贿赂犯罪的惩治和预防

贪污贿赂犯罪自古有之。贪污贿赂犯罪主体是国家公职人员,并且通常来说大多是官吏。官吏是阶级社会的产物,是在国家机器中执行国家职能的具有人格的工具。由于种种原因,官吏的产生会不可避免地滋生出利用权力掠夺政治地位、攫取各种有益机会及财物以逞私欲等腐败现象。因此,科学有效地惩治和预防官吏的腐败,是保证国家职能得以顺利实现的不可缺少的条件。历代统治者,都清醒地认识到这一点,把严惩官吏贪污贿赂行为作为巩固政权、维护统治秩序、社会稳定和保证国家长治久安的重要手段。从夏、商和西周等奴隶制国家开始,就已经注意到对官吏腐败的预防,并由"以王治官"发展到"以官治官"。在惩治官吏腐败过程中,除了从法律制度上规定对贪官污吏予以严惩,历代统治者还强化惩治机构、措施和手段等制度建设,以保证反腐败举措的切实有效实施,达到统治者的惩腐目的。具体地说,夏朝时,就有"昏、墨、贼,杀"之刑。昏者,掩饰罪恶,假冒善良;墨者,贪赃败坏官纪;贼者,任意杀人。对这些犯罪,当时规定均要处以死刑。商汤"制官刑,儆于有位"。西周吸收殷商"官刑"经验,强化对"邦盗"、"邦朋"这两类盗取国家财物、结党营私的犯罪官吏的惩处。春秋战国时期,各国从立法、司法上加强对贪污官吏的刑罚。秦朝更重视依法治吏。秦墓竹简中,对官吏"犯令"、"废令"、"以奸为事"及司法官吏的"不胜任"、"不廉"、"不直"、"纵囚"及"失刑"等罪行,分别规定了严厉的刑罚。汉朝订"六条问事"，严禁郡国官吏"侵渔百姓敛聚为奸"和"阿附豪强强行货贿"。其后，各代法律对官吏贪污受贿犯罪的规定，更加具体或严厉。如《唐律》《大明律》都有"六赃"的规定。《唐律》还规定对官吏犯私罪即贪赃枉法加重处罚；明代《大明律》专设"受赃"篇，打击"官吏受赃"、"坐赃致罪"、"事后受财"等犯罪，并要求"揭诸司犯法者于申明亭，以示惩"。清朝则规定，大凡贪污官吏，轻则革职，重则惩办。同时，历代统治者从伦理道德修养方面，要求为官清廉，重视培养、提高官吏的道德素质，用以强化预防机制。对于古代中国的反腐防腐措施，具体可以归纳为以下几个方面：

一、以法惩腐，严刑处之

大量历史事实证明，能否真正有效地惩治和预防腐败，直接关系到一个政权的巩固。历代封建王朝，尤其是开国之君，都有严惩贪官的规定。一些著名的思想家、政治家，对此中的利害也有颇多论述。他们不仅认识到严惩贪官污吏对于巩固政权的重要性，并采取了许多令黎民百姓拍手称快的严厉措施，以及如何严惩贪官污吏的具体操作方法。诸如必须抓住典型；突出重点；既稳又准又狠；必须不避权贵、敢于碰硬；必须赏罚互补、先教后罚；必须宽严相济、坦白从宽、抗拒从严；等等。朱元璋亲身经历了元末农民大起义，深知贪官污吏横行、政治腐败的危害之大，对元末地方官的腐败恨之入骨。他登基即位后，便把澄清吏治作为当务之急，发誓"令严法禁，但遇官吏贪污蠹害君民者，罪之不恕"。对贪污、受贿、失职、害民的大小官吏，均施之严刑峻法。洪武十八年户部侍郎郭桓吞盗官粮被查，朱元璋下令严讯，六部侍郎以下数百人均处以死刑，追赃 700 万担。朱元璋颁布的《大明律》，规定六种贪赃之罪，重者处以绞斩死刑，次者也处以充军刑，即死刑以外的最惨重的刑罚。在刑罚的实际执行过程中，往往采取绞、斩、充军等法定刑更为严酷的刑罚，其中以"剥皮揎草"刑最为著名。史书载曰，朱元璋严于吏治，凡地方州县守令有贪酷不法者，许民赴京越诉，贪赃在 60 两银以上者，枭首示众，然后剥皮，内填杂草。府、州、县衙左侧，特立一庙，以祀土地，为剥皮之场，名为皮场庙。官府衙门公堂旁，各悬一个内填杂草的人皮袋子，使官吏们触目惊心，随时警告各级官吏不可贪赃枉法。如此施法，对吏治的清明产生了积极作用。史称"一时守令畏法，洁己爱民，以当十指，吏治涣然丕变矣"。经过严厉整顿，朱元璋在位的 30 年间吏治比较清廉。

从我国历史看，凡出现太平盛世，往往与严于实施惩腐之法、严于治吏是密不可分的。

二、建立制衡机制，发挥监察机构的作用

自古以来，在中国历史上集权专制的政治体制中，往往缺乏有力的权力制衡机制，以至于更容易产生腐败。尽管如此，监察御史等机构仍然发挥了一定的作用。秦汉时期，监察机关已经形成独立的体系，监察制度也有了一定的规模。越往后发展，历朝监察机关的职掌日趋广泛，监察机关据以察吏的法规不断完备，监察机关的地位更加显赫。在组织机构方面，形成了一套相对独立的专门机构体系。监察官员行使职权时，一般不受同级甚至上级行政长官的干预。元代，在中央机构中，御史台与中书省、枢密院鼎立而三，其职权范围因兼言谏，台谏合一，除纠劾违失、受理狱诉之外，还有谏正封驳之权责。元忽必烈曾说："中书朕左手，枢密朕右手，御史台是朕医两手的。"明太祖朱元璋认为，"国家立三大府，中书总政事，都督掌军旅，御史掌纠察，朝廷纲纪尽系于此，而台察之任尤清要"。至清朝，监察活动直接在皇权领导下进行，出现空前统一的、庞大的监察体系，建立了遍及全国的监察网，设立都察院至各道监察御史中央监察机构的实体，各地总督、巡抚也都兼有都察院右都御史及右副都御史之衔，均构成了中央监察系统的组成部分，中央与地方形成交互为用的监察网络，各级官吏均在其严密监视之下。同时，由于科道合一，加强了监察队伍的力量，扩大了监察范围。此外，清代还在一些重要机构及特殊系统和边远地区，分别设有专门性监察机构，作为对全国监察网的补充。在历朝，由于监察官员有权参劾朝内百官，使他们成为官僚队伍中具有威慑力的人物。虽然历朝的监察官员在履行职责时，受到各种因素的干扰和牵制，遇到的阻力很大，但是历代以来也不乏不避权贵，大胆履行职责，刚正不阿的监察官员，在维护纲纪、反腐惩贪方面给后人以激励，在预防腐败方面发挥了一定作用。

三、监督对象和监督内容的特定性及明确性

历朝在监督对象方面，主要是针对中央和地方各级长官，从事各种具体事务的中、低级官员不是监督重点。在政府各部门的僚属，则不在其监督范围。在监督内容方面，主要是对官吏任职期间的遵守封建国家法规情况进行经常性督促、检查。历代监察官的职掌中，监督的范围相当广泛，主要包括：

（一）贪赃枉法。官吏的贪赃枉法行为往往是激发阶级矛盾、引起农民百姓造反的直接原因。历代统治者，均十分重视对贪官污吏的惩治。

（二）滥用职权。历代封建王朝中，各级官吏的职责范围均有国家以法律形式对其作出明确规定，任何官吏在任期间均不得滥用或者超越权限。否则，会受到监察机关的纠举。

（三）玩忽职守。为了强化国家机器的正常运转，提高统治效率，历代统治者无不要求官吏尽职尽责。任何官吏在任期内有玩忽职守的失职之举，则会受到监察官的追究。唐中宗时，同平章事崔湜和郑愔俱掌铨衡，倾附势要，赃贿狼藉，数外留人授拟不足，逆用三年阙，选法大坏，被御史靳桓、李商隐查获时，靳、李二人便入朝弹劾崔、郑。

（四）淫暴无度、结党营私、败坏风纪等腐败行为。一旦查获，也要受到监察机关的纠举。明世宗时，严嵩为相骄恣专横，操纵国事，引进安插亲信，排斥异己，甚至公开索取贿赂，连皇亲国戚也不能免。他还侵吞军饷，使战备废弛，边境不宁。而凡是弹劾严嵩罪状的，多遭贬斥，以致朝政混乱，吏治败坏，朝臣惴惴不安，百姓怨声载道。最后，严嵩被大学士徐阶、御史林润等人弹劾。

四、惩腐与奖廉相结合，并借助于社会舆论工具

从历朝历代反腐败实践看，具体的惩腐与奖廉措施主要有以下几种：

（一）树立典型。古代社会的统治者，为了澄清吏治，在惩戒赃官的同时，还注意树立清官廉吏的形象，为官吏之范。包拯、海瑞是历史上有名的清官。他们死后，皇帝又谥又彰，包拯赐谥"孝肃"，追赠为礼部尚书。海瑞谥为"忠介"。

（二）建立考课制度。中国古代专门形成了奖廉惩腐的考课制度。考课的内容，主要是官吏"廉否"。晋时考官以"公廉"为首。秦时以"五善"、"五失"考课官吏。如果官吏有"五失"的行为，就要受惩处，有其中一失者削其爵，犯上者要处死。对在监察中发现过失严重的官吏或"恶吏"，要向令丞申报，并记录在案，通报全部，以作为全体官吏的警戒。汉朝承袭秦代的上述考课制度基础上，逐渐将其完善、系统化，使其内容更加丰富，从而更加有效地监督管理官吏，加强廉政建设。

（三）实行分类考课。唐朝对流内官实行"四善二十七最"考课法，以"清慎明著"为四善之一，以"扬清激浊"为二十七最之一。对流外官实行四等考课法，以"清谨勤公"为一等。考课法推崇清廉，贬斥贪酷，体现了国家对官吏的要求和统治者治吏治人的意向，一定程度上发挥了整肃、刷新吏治的积极作用。

（四）注重运用舆论工具和社会监督的功用。为求治世，历代贤明之君也注意到借助舆论工具的作用，重视借助社会的监督来整饬吏治，稳定民心。为了使群众能监督官吏执法，有的采用使民知法、以法察吏的方法，公布法律，便于民众掌握。唐代春秋两季巡察州县，都具有了解舆论、体察民情、考察及监督官吏之意。

五、提高官吏队伍的素质，德教与刑罚并施

（一）基本措施。历朝历代统治者都认识到，官员队伍的素质，直接关系到封建政权的统治效能和社会的稳定。因此，在官员队伍建设和管理方面，主要采用了以下措施：

1.改革科举制度。自宋朝以来，吸取了隋唐盛行的科举制度的经验教训，为杜绝官员阶层的腐败，首先从改革科举制度入手，由原来的重视诗赋等与民政无关的内容，向以法律考试为主的科目转变。至宋神宗时，打破传统的科举考试科目内容，罢诸科而改明法科为"新科明法"，略其诗、赋、礼义，代之以试律令、《刑统》大义、断案规定。对中央高级法官如刑部、大理寺等官吏，则专门有"试刑法"项目，严加考核选拔。吏部每年还要举办"铨试"，选拔任满迁转的各级官吏，其考试内容也基本上是法律，并规定凡是铨试不合格者，不得授予县令、司理和司法等重要亲民官。

2.制定各种防止舞弊的措施。与考试制度相适应，宋朝还规定了严格杜绝权势之家请托授官，注意"精择寒素"。尤其规定，凡在历任中犯过贪污贿赂等赃私罪者，不得再选任为亲民官、司法官。如果有官员再荐此类人员者，则要治以重罪。甚至虽然未犯过赃私罪，但其上任后犯者，推荐者也要与之同罪，虽遇赦降，也要取旨重罚。这在一定程度上避免了贪财好利之辈充任重要官职。

3.重视监察队伍的素质。历代统治者对监察队伍的素质，也十分重视。为保证监察官员自身的清正廉洁，也有一套具体的措施。宋朝严格地方监司、通判等监察官员的选任和考核,以防监察官员贪暴和失职。对此巡违制者,要追究刑事责任,并制定监察官失察或者自身贪暴的责任制,以及监察官司互察法,以互相制约。明代则注意监察官的选举,严格要求监察官的荐举,严密任用监察官的考核程序,并制定了严格的奖罚制度。当然,在封建政治下,监察队伍自身也难以保证清正廉明,往往随着王朝的衰败而走向堕落,监督之职也成为虚设。地方监察官员表现更为突出。因其权重,且远在皇帝身边,或独霸一方,由监察官向地方官方向演化,或被地方官吏收买,与之同流合污。在这种情形下,使得一些正直廉明、欲有所作为的监官无可奈何,忧愤满怀。这是由其历史局限性所决定的。尽管如此,注重官吏队伍的自身素质,把握并使官员互相制约,以此遏制和预防官吏腐败,仍然具有积极的意义。

4.加强对官员队伍的管理。对于官员队伍的管理和教育,历代统治者都有其独特的方式。西汉思想家董仲舒,主张以德化人、以刑禁贪、以教为本、以刑为用的人治思想。隋朝思想家王通颇为赞同董氏之说,认为整顿吏治,首先在于严惩贪官污吏,但是要先德后刑。其次,要惩恶又扬善。司马光则把宽严相济、教刑并用的思想,表达得更加明确。他提出,对贪官污吏决不可姑息迁就,尤其不能权幸之臣有罪不坐,豪猾民之犯法不诛,必须在以法治国、惩治腐败时不避权贵,一视同仁。但是,也不能一味强调严刑峻法,其只可以矫一时之枉,却不能服人心。要治国安邦,澄清吏治,必须教化与惩罚互补,惩罚时要宽猛相济,这才是百世不变的规律。

5.加强对官员队伍的德化教育。在重视严刑禁腐的同时,历代统治者也采取积极措施,加强德化教育,教以成廉、修以成廉。一方面,从教育入手,造成廉洁的社会风气,以培养官吏的清廉之风。另一方面,通过加强道德修养,树立清廉为政的品德。廉即正直不贪、不损公肥私,是道德修养的根本要求之一。修养的方法,是从小廉做起,修小廉而后行大廉。明清之际的思想家顾炎武认为,修廉首先要培植自己的知耻之心。即要有不廉为耻的意识,没有道德上的自觉,要想清廉是不可能的。历代统治者,都十分重视道德教化的抑腐防腐作用和效能。

(二)重要经验。总的来看,历代统治者尤其开国之君,都很重视对官吏腐败的惩治和预防,并且在反腐败中积累了丰富的经验。

1.科学有效地反腐防腐,必须具有完备的法律制度。坚持以法律制度规范官吏的职务活动,并对违法违纪甚至犯罪的官吏科以重刑。我国历代封建王朝都以皇帝的名义公开颁布法令,严禁官吏"犯令"、"废令",以便监察官依照法令实施对贪官污吏的纠察。同时,对于贪赃枉法、失职渎职的官员,历代都制定了严刑峻法加以处罚。

2.充分发挥监督机关对官吏实施监督的效能,必须保证监督机关及其官员的权威和相对独立性。我国古代的监察机构自成体系,直接对皇帝负责,不受地方干涉,有利于监督职权的有效行使。监察官员行使监督权的时候,不受同级行政长官的干预,同时也不受上一级监察长官的左右。这种监督相对的独立性,是历代反腐防腐制度得以正常、有效地运行并取得成效的重要保证。

3.切实加强监督官员自身建设,必须严格选任制度。唐朝以前,御史台长官有自行任用御史的权力。唐时,为保证御史不受牵制地行使监察职权,改由吏部选任,此起由宰相行使。宋时,其收回御史任用权,规定"宰执不得荐举召谏官"。历代统治者都很重视对选任御史的标准条件,并作了详细、严格规定。这在一定程度上保证了监察队伍的廉洁性。

4.解决好监察官员的地位、待遇乃至人身保障等问题。这是使监察官员忠实履行专著的重要保证。对此,我国历代统治者大都采取秩卑、权重、赏厚的原则。除汉代外,历代的监察官品位均不高。但是,虽然监察官的品位较低,但其权力却很大,对各级官吏实行监督时不受品位的限制。自秦汉以来,监察御史有权弹劾上至宰相,下至郎官的官邪。同时,监察官如能尽职尽责地履行纠察职责,可以得到优厚的奖赏。汉代规定,刺史如弹劾郡国守相,则自己可取而代之。这样,"秩卑则其人激昂,权重则能行志","秩卑而赏厚,咸劝功乐进"。以达到统治者稳定队伍、促使监察官员尽心尽力地履行监督职责的目的。

总之,历代统治者推进反腐防腐的举措和策略、方法,无论在反腐防腐理论方面,还是反腐防腐的机构设置、具体举措、手法等制度建设方面,对于当今中国反腐败斗争均有一定的借鉴作用。❶

---

❶ 参见詹复亮:《当代中国反腐败问题与对策》,国际文化出版公司 1996 年版,第 105—115 页。

第二节　外国对贪污贿赂犯罪的惩治和预防

在当今世界,反腐败斗争是一个全球性话题,也是一个国际性顽疾。从实践看,时下国际社会的贪污贿赂犯罪等腐败频发,世人有目共睹。

在早先几年,联合国在援助项目中发生的腐败,如联合国"石油换食品"腐败案件。20世纪90年代,联合国因伊拉克入侵科威特,对其实施经济制裁。从1996年到2003年,为缓解因制裁造成的人道主义危机,联合国制定了"石油换食品"计划,允许伊拉克出口石油用来换取食品、药品等物资改善民生。2005年10月联合国一个调查报告称,在"石油换食品"计划执行过程中,有66个国家2200多家公司为获得伊拉克石油合同,给伊拉克官员支付了18亿美元的贿赂和回扣。2007年1月,"石油换食品"计划前负责人贝农·塞万涉嫌受贿和合谋诈骗被美国司法部门起诉,被指控担任计划负责人期间收受16万美元的回扣。2005年5月13日,时任秘书长的安南对此作了承认,认为计划在执行过程中确实存在不当之处,但认为联合国已吸取教训,采取相应措施加强管理和提高透明度。此案对联合国威信和形象造成损害。自喻民主高度发达并竭力对外输出的美国,近年来也发生了不少腐败案件,如援外重建资金被侵吞案。2008年6月12日,据俄罗斯《观点报》报道,英国广播公司的一项调查结果表明,美国在援助伊拉克重建过程中大约有230亿美元被几家美国公司侵吞。美国法院正在审理涉及贪污等案件70多起。2009年3月2日,美国国会监管机构向外发布警告,援助阿富汗的重建资金300亿美元被严重贪污和浪费,将会重蹈伊拉克援助资金的覆辙。安永纠纷协调与审查服务部门大中华区主管合伙人白长江认为,当前电子商务腐败已成全球问题。美国注册舞弊审核师协会(ACFE)预估,当前欺诈和贪污数额占该公司或企业年总收入的5—7%。❶

韩国前总统卢武铉案,曾在2009年上半年被媒体炒得十分热闹。2009年4月,卢武铉因涉嫌泰光实业总裁朴渊次向其家人行贿600万美元,以"综合受贿罪嫌疑人"的身份接受中央调查部调查,成为继卢泰愚、全斗焕

---

❶ 参见《21世纪经济报道》2013年5月25日。

之后历史上第三位接受检方调查的前总统。5月23日清晨,他与一名警卫人员登山,途中从山上坠落身亡。此案给予人们一定启发。卢武铉案发后,腐败问题再次成为韩国政界和媒体的焦点。韩国报界纷纷以"国家形象腐败化"、"韩国政治看不见的敌人"等标题,谴责韩国政治腐败;前总统李明博曾呼吁"彻底终结腐败",但他的好友"韩联社"总裁千信一后被证实卷入朴渊次案。从韩国看,由于实行政商勾结的裙带资本主义制度,类似腐败案件屡见不鲜。2008年三星总裁李健熙被控建立匿名账户向政府官员行贿;2006年现代集团会长郑梦九同样因涉嫌"非法筹集资金"被起诉,翌年被定罪。20世纪70年代世界第三波民主化以来,韩国历任总统几乎无人能置身政治腐败丑闻之外。全斗焕、卢泰愚在卸任后都因腐败问题被判死刑。金泳三对全斗焕、卢泰愚实行特赦后推动民主改革,但在其任期末,一再传出幕僚与亲属的腐败案,并必须对韩国外汇危机负责。韩国民主运动奠基人金大中曾经推动制定通过《反腐败法》,2002年成立"韩国独立反腐败委员会",最终也因其儿子的腐败问题向国民道歉。卢武铉竞选之初,以反腐败的民粹主义纲领赢得多数选票,卸任后却爆出腐败丑闻,最终自身不保。应当看到,从卢泰愚以来,韩国政治腐败逐步得到遏制,政治愈加清明。2001年7月正式通过《反腐败法案》,2002年1月设立"韩国独立反腐败委员会",专事政治腐败调查。到2008年,"独立反腐败委员会"并入"反腐败和人权委员会"。根据腐败印象指数(即清廉指数CPI)和腐败控制指数(CCI)统计:自民主化改革以来韩国总体的清廉指数(CPI,透明国际)承上升趋势,分别为3.9(全斗焕)、3.5(卢泰愚)、4.3(金泳三)、4.2(金大中)、4.4(卢武铉)。韩国的腐败控制情况(2002年),比泰国和中国要好。但由于民主改革不彻底,加上裙带资本主义的影响,商人包括大公司对政客和政党的利益输送,甚至执政党对反对党的直接收买等问题不可回避,在所难免。

俄罗斯及东欧国家腐败问题严重。一是俄罗斯。据时任俄总检察长的乌斯季诺夫2004年年初估计,俄80%以上的官员有腐败行为。普京在反腐败工作会议上说:"俄的腐败阶层实际上已经组成一个个黑社会,不仅官员腐败,各行各业都有腐败现象。"据有关资料,俄2006年至2007年用于国家采购的拨款有四分之一被贪污,俄军官盗卖军火、克扣军饷、贪污受贿等腐败行为层出不穷,交通警察敲诈勒索、边境检查人员出售假护照等行为屡见不鲜等。二是格鲁吉亚。大企业大多控制在谢瓦尔德纳泽家族等经济寡头手中,"影子经济"占国内生产总值40%以上。许多政府官员把大量外国援助和国有资产装入私人腰包。格前任政府高官包括前能源部长、前电信部长、前副总检察长、前全国铁路公司总裁等,在新总统萨卡什维利"反腐浪潮"中落网。三是乌克兰。乌克兰处于银行控制外的货币流通量,占全国货币总量43%,50%的金融资本都来源于灰色经济,几乎每位行政领导和业务执行人员在商业活动中都绕过公司索取个人回扣。四是吉尔吉斯斯坦。在阿卡耶夫当政期间,着力扶持自己的亲属从政。在"颜色革命"爆发前后,议会选举的75个议席,被提名的就有阿卡耶夫女儿、儿子和几个亲戚、政府总理儿子和总参谋长女婿。阿卡耶夫长子、长女都是经营大型超市和加油站的大企业家。格鲁吉亚、乌克兰、吉尔吉斯斯坦三国,在世界腐败排行榜上处于较前的国家。

2013年1月,总部设在德国柏林、世界知名的反腐败监督机构"透明国际"发布调查报告称,全世界国家国防部门普遍存在腐败问题。包括俄罗斯及其他军贸交易量领先的国家在内,全世界三分之二的国家缺乏有效对抗本国国防部门滋生腐败的工具。这次调查涵盖全球82个主要国家,这些国家在2011年的国防支出占世界当年国防总支出的94%,总量约为1.6万亿美元。"透明国际"的报告认为,世界各国国防部门年度腐败成本高达200亿美元。❶此前的2011年5月,世界足联掀起了腐败与反腐败浪潮。首先,亚足联主席哈曼被指控,其为换取在国际足联主席票选中的支持,会见中北美和加勒比地区35个成员协会中的25个成员协会主席,并向每名足协主席提供4万美元现金的所谓"差旅费"。与哈曼一同被牵扯进国际足联腐败丑闻还有国际足联副主席沃纳。国际足联宣布对沃纳进行调查后,沃纳爆出卡塔尔涉嫌收买2022年世界杯举办权,并将国际足联秘书长瓦尔克拉了进来。他指出国际足联主席布拉特重金贿选,5月3日在迈阿密举行的中北美及加勒比地区足联大会上用100万美元和笔记本电脑等大

---

❶ 参见中国国防科技信息网2013年1月30日。

量电子产品作为礼品送给中北美及加勒比地区足联的成员,换取选票。❶
这使国际足联陷入更猛烈的激流中,导致了国际足联高层人人自危,声誉也
一落千丈。上述案例表明,任何国家在任何体制下,都不能摆脱腐败的侵
蚀,有的直接危及国家政权安全。从反腐败的国际经验看,各国主要重视采
取以下一些行之有效的措施:

一、加强对反腐败斗争的政治领导

反腐败斗争是一项重大的政治任务。任何国家开展反腐败不仅离不开
政治,并且还与政治密切相关。例如美国,采用司法程序对贿赂腐败进行刑
事追究,是在社会、国会、行政府和司法机关四者之间的政治关系中展开的。
无论是联邦检察还是州检察,无论是特别检察官还是独立检察官,都受制于
社会、国会、行政府和司法之间的政治竞争关系而无法逃脱。对于腐败官员
的追究,往往以追究政治责任和行政责任为基础,刑事追究为补充。刑事追
究是作为一种不得已的最后手段,只要作开除公职等政治、行政追究能够解
决问题的,就尽量不用刑事措施。对于这一点,应当引起人们重视。但无论
是何种情形,加强对反腐败斗争的政治领导是必须的。

二、高度重视反腐败法制建设和实践

从国际经验看,为惩治和预防腐败,各国普遍制定相关法律条例,建立
有效的制度规范体系。例如:

美国。1883 年美国颁布《文官制度法》,1978 年修订为《文官制度改革
法》,要求政府公务员奉公守法、廉洁自律、不得贪赃枉法、不得以权谋私、
不得营私舞弊、不得参加政治捐款等政治性金钱收受活动。1925 年,美国
国会通过《联邦贪污对策法》。这是一部预防公职人员腐败犯罪的重要法
律,把选举中的间接贪污行为作为重点惩处的内容,规定总统和国会议员得
到 100 美元以上的捐款必须登记,参议员竞选费用的最高限额为 2.5 万美
元。1985 年制定《政府工作人员道德准则》规定,不得以任何形式用公职做
交易;国家公职人员不得在外兼任与其职责利益相冲突的工作或从事与其
职责相冲突的事务,包括不得利用职权谋求工作;去职的政府官员在离职后
一年内不得回原工作部门为别人从事游说活动。1978 年颁布《监察长法》,

---

❶ 参见《法制日报》2011 年 6 月 9 日。

通过《独立检察官法》，将任命独立检察官的做法制度化、程序化。

德国。对普通议员、议长每月收入到出差和休假允许乘坐交通工具、平时使用办公设备、每次缺席会议应该扣除补贴等都有明确规定。

法国。制定《资产透明法》，规定：政府官员上任后短期内，应向有关部门提交一份财产状况的清单，政府每3年对这些政府官员的财产变化情况作一次评估报告，在政府公报上公布，接受公众监督。

日本。通过《国家公务员法》，严格规定公职人员的行为规范。制定《国家公务员伦理法》，对公务员提出更高的道德要求。为避免公职人员利用职务腐败，实行公务员轮岗制度，轮岗范围不仅限于政府某一部门内，部门与部门之间也有相互轮岗。课（处）级两年轮岗一次，课级以下一般是3年，公务员级别越高，轮岗越频繁。实践表明，任时间越短越不容易发生腐败。同时，日防卫省决定采用卫星定位系统监控防卫省高级官员。

新加坡。制定《防止贪污法》、《公务员法》、《没收非法所得法》、《公务员纪律条例》，对贪污调查局职能作了全面规定，赋予其广泛的权力，强化侦查权限和侦查措施，增大执法权威性。新加坡法律规定，对贪污者，除了没收贪污的钱财，还要给予数倍、数十倍的罚款，并责令贪污者的上司与其一起接受处罚。

韩国。2002年制定《反腐败法》，实行"内部举报"制度，严格保证腐败举报人人身安全和利益安全等。

三、建立反腐败组织机构

从国际经验看，为惩治腐败、遏制腐败蔓延，各国普遍设立专门反腐败组织及机构，包括司法检察机构、立法机关、监察机关、专门的反腐败组织及反腐败协调组织等。例如：

美国。按照美国法律，联邦检察拥有侦查权，但传统上对于案件的侦查主要由联邦警察进行。在美国前总统尼克松涉嫌"水门事件"后，位于合众国大都市的联邦检察非常重视对案件的侦查，许多地方的联邦检察也将一些传统上是由联邦警察进行侦查的案件变为由自己直接侦查。按照联邦检察组织法和公职伦理法分别设立特别检察官和独立检察官等，负责对公职人员贿赂腐败等案件的查处。

俄罗斯。设立总统直属的反腐败委员会，主要任务是研究腐败现象的根源,在立法和执法等方面制定有效对策。同时,在官员会见商人场所安装摄像头、在各机构内部成立专门反腐部门及建立公务员举报网。

法国。1993年通过反贪法,批准成立跨部门的"预防贪污腐败中心",由高级法官及内政部、地方行政法庭、司法警察和税务部门的专家组成,任期一律为4年,定期轮换。基本任务是收集国家政府管理和经济部门有关贪污腐败的蛛丝马迹,分析腐败案件的类型,总结反腐经验,研究利用新科技手段犯罪的各种可能性。

中国香港特别行政区。设立廉政公署,其内设置执行处、防止贪污处和社区关系处,分别执行查、防、教的任务。据有关资料,香港99%以上的市民支持廉署工作。

总体上看,上述各国和地区都形成一套较为严密的反腐败体系,立法、行政、司法等机关都有独立的监督权和办案权,并实行互相监督、协作办案。特别是设立专门反腐败机构,弥补常规监督监察制度的不足,由于任务专一,力量集中,手段强硬,反腐败取得了明显成效。

四、从立法上赋予灵活高效的反腐败措施

从国际经验看,世界各国对于腐败犯罪特别是贿赂犯罪的查处,首要的价值取向是国家的秩序和政权的稳定,而不是人权等其他价值。比如美国,作为西方发达国家之一,其民主程度和民主水平都非常高,并且高调提出对人权的保障。但在权衡打击腐败与保障人权时,其天平往往倾向于前者,而不是中国国内一些学者所大肆呼吁的后者。因为在美国,普遍认为腐败犯罪尤其是贿赂罪,是最为严重的犯罪,对于政权安全和社会稳定具有极大的危害性。由于往往没有直接的被害人,很难从当事者那里获得有关犯罪的证言和其他证据。正因为如此,美国从实际出发,赋予反腐败机构足够的查处措施和手段。一是设立"特别检察官"和"独立检察官"。如1974年侦查前总统尼克松涉嫌"水门事件"时,设立"特别检察官"制度。但由于议会、总统、法院围绕"特别检察官"的任命、职权等问题,往往会进行激烈的政治较量,为了减少总统对"特别检察官"的影响,在1978年制定的公职伦理法中特意增设"独立检察官"这一新的检察官制度。对于任命"独立检察官"后,授予其权力是独立的,任何人都不得干预。同时,为防止"独立检察官"擅权,又规定"独立检察官"一次提名的任期为5年,加以限制。这些制度安排充分体现了灵活性。二是侦查措施。在美国,侦查贿赂犯罪等腐败案件,实行诱惑侦查和刑事免责是最常用的措施。从国际社会看,允许把诱惑侦查作为对付贿赂犯罪的基本方法或者对所有犯罪进行诱惑侦查,除了美国则并不多见。在美国,通常认为"只要法律没有明文禁止都可以作为侦查方法",否认"侦查只能使用法律明文规定的方法"的主张,都是为了有效对付犯罪、维护国家政权稳定和社会安宁的需要。对于刑事免责制度,主要是考虑到美国修正宪法第 5 条规定的被世人称为"拒绝证明自我有罪特权(The Privilege Against Self-Incrimination)",即"任何公民都有拒绝对任何有可能导致自己有罪的事件或者事项进行供述、作证或者提供其他证据"。但是,对于贿赂犯罪的取证又十分困难,如果机械遵守这一宪法精神就无法侦查贿赂犯罪。在这种情形下,美国的立法和司法者们想出了一个办法,就是刑事免责(Immunity),其主要内容是:国家机关面对公民行使其"拒绝证明自我有罪特权"而拒绝供述、作证或者提供证据,从而不能获得证明某一犯罪事实所必需的供述、证言或者其他证据时,通过免除一部分共犯者的刑事责任的办法使其丧失所拥有的"拒绝证明自我有罪特权",强制其进行供述、作证或者提供证据,以此来证明其他共犯者有罪,追究其他共犯者的刑事责任。同时,在给予免除刑事责任这种情形下的公民,如果不作供述或者不提供证据等,规定污辱法庭罪(Contempt of Court)加以对付,对此可以判处行为人民事性拘禁(一直到案件侦查终结,最长拘禁期限为 18 个月)和刑事性处罚。此外,美国法律规定检察官在侦查中可以采用技术侦查等手段。之所以做这样的规定,就是为了更有效侦查犯罪,实现国家刑罚权,维护社会秩序和稳定。在前总统克林顿执政时期,时任司法部长(总检察长)的雷诺说:"必须谨记的一点是如果对侦查过程的每一步都制定严格的规定将会牺牲执法的灵活性,而灵活性恰恰是侦查人员面对多样化的案件事实进行机动反应的必备条件。僵硬的制定法条文将会在侦查程序的每一步上引发诉讼,这些诉讼只能被聪明的个人用来挫败合法的侦查活动,而根本达不到规制侦查活动的初衷。"

五、加强新闻舆论监督和民间力量监督

从国际经验看,各国都十分重视发挥报刊、广播、电影、电视以及社会舆论的反腐防腐作用。在西方国家,新闻媒体是一种独立的实体,作为社会信息传播体系,被称为与立法、行政、司法三权并立的"第四种权力"。新闻媒体在反腐败中的作用,主要是凭借新闻记者职业的敏锐,及时捕捉各种信息,对正在进行的腐败行为予以曝光,迫使腐败者中止不正当行为。时下,有的国家还加强民间反腐败力量。如美国,建立并开通一家名为"国际追踪"的反腐败网站。这个网站作为一个公司团体,主要搜集全球官员索贿信息,帮助公司在拓展国外业务时进行反腐败,获得世界银行及沃尔玛百货公司(全球连锁零售巨头)等多家企业或组织的支持。又如印度。为了对日益猖獗腐败现象宣战,出现一个名为"第五支柱"的反腐败组织,推出反腐新招"零卢比纸币"。这种"纸币",一面印有真币图案,另一面写着"我承诺既不受贿,也不行贿"的运动声明,在"纸币"上标明币值地方印有一个"0",目前印制了2.5万张"纸币"。这是印度普通百姓在不与官员发生正面冲突的情况下,表达自己拒腐的心声。

六、加强对腐败犯罪的预防

从国际经验看,各国都极其重视对腐败现象的事前预防,并制订了一系列的预防措施,《联合国反腐败公约》第13条还专门规定了预防腐败的措施和要求。这些预防措施主要有以下几类:

第一,财产透明。凡政府公职人员都要公开财产,以便进行社会监督。公职人员申报或公布个人财产收入,越来越引起世界各国和国际组织的重视。联合国犯罪预防和刑事司法处编写的《反对贪污腐化实际措施手册》指出:"如果有了法律和规章,规定公职人员应全面公布个人情况(在进入政府部门任职时即公布本人的全部资产、债务和社会关系),或定期提供简要情况(每年的全部收入或商业活动),或公布应予报告的事项(职务以外的收入、出售或购买超过一定数额的资产的单据),那是很有价值的反腐败手段。它有两个方面的作用:一是起到早期警报作用,据此可以看出一个公职人员的消费水平和生活方式是否与其薪金收入水平相符合。如不相符,即应要求本人作出解释,或对其进行认真的观察。二是当明知他有贪污舞弊行为,从而产生非法收入或资产,但拿不到确凿证据时,这也可以作为起诉的根据。"因此,联合国要求"每一国家均可根据本国社会关切的舞弊问题,参与股份或参与社会集团的各利益关系,制订出公布财产的规定。"

第二,建立回避制度。回避是公务人员从政活动准则的重要内容之一。

法律规定回避制度是为了防止公务人员利用其地位和职务为自己的亲属谋取好处和优惠。应回避的亲属范围一般包括：父母、夫妻、子女、兄妹、叔、婶、舅、甥、岳父母、女婿、儿媳、姻兄弟姐妹、继父母子女、异父或异母兄弟姐妹，等等。国外立法所规定的回避制度主要包括任职回避和公职活动回避。回避制度是避开公职人员利用职权谋取私利所采取的预防措施，其目的是消除社会的嫌疑，为廉政建设创造一个良好有序的法制环境。任职回避，如在美国，联邦法律条文一般禁止联邦官员雇用或提升自己的亲属。公职活动回避，如墨西哥《公务员职责法》对公务员的公职回避规定得比较具体。避免以任何方式参与关照和解决公务员个人、家庭或生意有关的事情：包括那些可能对公务员本人配偶、同血缘四代内的亲属；对与公务员有联系的同事、贸易伙伴等。

第三，建立反腐败机构的制衡机制。一些国家和地区在反腐败斗争中，既赋予反腐败机构相应的职权和机构设置的相对独立性，也制定相应的制衡措施，防止反腐败机构自身的被腐蚀和腐败活动。如美国，设立"独立检察官"，但为防止其擅权又限制其任职五年期限，期限届满后如总统不再提请任命，"独立检察官"的使命就告终。又如我国香港特区，廉政专员受特首制约，廉政公署的调查、搜查等权力受法律制衡，不仅有贪污问题咨询委员会、审查贪污举报咨询委员会、防止贪污咨询委员会、社会关系市民咨询委员会等咨询委员会对廉政公署予以制约，并且还有投诉机构对廉政公署的活动加以监督制衡。

第四，加强公职人员廉洁从政物质保障。为防止公职人员以权谋私、贪赃枉法、敲诈索贿等腐败活动，一些国家和地区为公职人员提供了较为充足的物质生活条件及社会保障制度。为公职人员解决了物质生活等后顾之忧，促使其珍惜自己的职务，并明白一旦作奸犯科，失去的将比得到的要大得多，借此为遏制和减少公职人员的腐败现象创造比较重要的物质条件。一般说来，物质保障方面采取了以下几个措施。首先，实行较丰厚的工薪待遇，以俸养廉。根据社会分配的一般情况以法律形式来确定公职人员的薪水。公职人员的薪水平均水平略高于企业职工的工资水平，或者持平，或者虽有差距，但相差不大。其次，建立有效的社会保障制度。建立和完善公职人员的社会保障制度，是廉政建设的一个重要内容。完善的社会保障制度是公职人员廉洁从政的"稳定器"。社会保障制度包括社会保险、社会救济和社会补助三个部分。第一部分是社会保险。对公职人员的社会保险，带有一定的强制性，其目的在于公职人员一旦失去或部分失去经济来源时，提供各种形式的津贴，以此来保证公职人员的经济收入。第二部分是社会救济。社会救济是社会保险的一种补充手段。救济费用由国家财政支付，救济标准低于社会保险津贴。在确定公职人员进行社会救济时，必须经救济部门调查核实后，救济部门方可确定具体的救济数额。第三部分是社会补助。社会补助是对公职业人员及其家庭的补助，还有住房补助、青少年学习补助等，并且绝大部分依靠国家财政收入作为其来源。

此外，加强国际反腐败合作。《联合国反腐败公约》对此作出明确的规定，这也是各国开展反腐败斗争实际需要。为避免政府官员携资金外逃，以及进行跨境转移资金或者跨国"洗钱"，在经济全球化加速的情形下，加强与各国联系合作，共同开展反腐败更为重要，从而顺应国际反腐败合作新的发展趋势。

总之，世界各国在反腐败实践中形成的领导体制、法律制度、组织机构、手段措施、监督机制、预防策略以及反腐败国际合作等方面的经验，值得我国立足国情实际进行有针对性的有选择性的借鉴和运用。

第三节　当代中国对贪污贿赂犯罪的惩治和预防

中国共产党和人民政府与腐败水火不容。党自诞生以来，就十分强调反对贪污贿赂犯罪等各种腐败现象，对腐败一直保持高度的警惕。早在1926年8月4日，中央就向全党发出坚决清除贪污腐化分子的《通告》。这是党第一个反对贪污腐化的文件。《通告》分析了当时的形势，指出自五卅运动以来的一年多时间里，"我们党乘着革命的高潮，有突飞的发展，这自然是可喜的现象。但在这个过程中，也有许多投机腐败坏分子混入党内，这些人在个人生活中表现出极坏的倾向，给党以很恶劣的影响，最显著的事实，就是贪污的行为，往往在经济上发生吞款、揩油的情弊。"《通告》进而指出贪污腐化行为的严重危害和反对腐化的必要性，认为这"不仅丧失革命者的道德，且亦为普通社会道德所不容"。"一个革命的党若是容留这些分子在内,必定会使他的党陷于腐化,不但不能执行革命的工作,而且将为群众所厌恶。所以应该很坚决地清洗这些不良分子,和这些不良倾向奋斗,才能巩固我们的营垒,才能够树立党在群众中的威望。"中央训令各级党组织,"迅速审查所属同志,如有此类行为者,务须不容情地洗涮出党,不可令留存党中",并要求各级党组织接到《通告》后,"立即执行,并将结果具报中央,是为至要。"1927 年,党的五大选举产生了中央监察委员会。这些充分表明我们党坚决同贪污腐化现象作不调和斗争的决心。新中国诞生后,党和政府更加重视同国家公职人员贪污贿赂违法犯罪作斗争。1949 年 11 月9 日,中央发出《关于成立中央各级党的纪律检察委员会的决定》,开展党内纪检工作,惩治和纠正党内明显增多的贪污腐化等行为。从 1950 年开始,全国范围内逐步建立起国家行政监察制度和机构,相继制定、公布了《惩戒违法失职公务员暂行条例》、《国家工作人员惩戒暂行条例》,还开展了影响比较深远的"三反"、"五反"运动和"四清"运动,"文化大革命"时期也曾进行过"一打三反"运动,严惩了一批贪官污吏。

　　中共十一届三中全会以来,邓小平十分重视党风廉政建设和反腐败斗争,多次强调要"两手抓,两手都要硬"。从 1982 年 1 月开始,党中央、国务院针对改革开放后在一些党政干部中存在的走私贩私、贪污受贿等严重违法犯罪行为现象,决定在全党全军范围内开展打击经济领域中严重犯罪活动的斗争,并强调重点处理发生在国家机关的党员干部,特别是领导干部的贪污贿赂等违法犯罪问题。此后,根据形势发展需要,全国人大常委会先后于 1982 年和 1988 年制定实施了《关于惩治贪污贿赂犯罪的补充规定》等法律法规,进一步明确规定了贪污贿赂犯罪的定罪处罚等内容,为反腐败斗争提供了法律依据和保障。中共十四大以来,党中央一再强调在改革开放的整个过程中都要反腐败,反腐败斗争要常抓不懈。中共十五大作出世纪性宣言:"要把反腐败斗争同纯洁党的组织结合起来,在党内不允许腐败分子有藏身之地。"中共十六大进一步指出,坚决反对和防止腐败,是全党一项重大的政治任务。中共十六届三中全会进一步强调要建立健全与社会主义市场经济体制相适应的教育、制度、监督并重的惩治和预防腐败体系。中共十七大报告指出:"坚决惩治和有效预防腐败,关系人心向背和党的生死存亡,是党必须始终抓好的重大政治任务。""一定要充分认识反腐败斗争的长期性、复杂性、艰巨性,把反腐倡廉建设放在更加突出的位置,旗帜鲜明地反对腐败。"

中共十八大以来,我国反腐败斗争进入了一个新的历史时期。中共十八大报告强调指出:"坚定不移反对腐败,永葆共产党人清正廉洁的政治本色。"同时,进一步强调:"反对腐败、建设廉洁政治,是党一贯坚持的鲜明政治立场,是人民关注的重大政治问题。这个问题解决不好,就会对党造成致命伤害,甚至亡党亡国。反腐倡廉必须常抓不懈,拒腐防变必须警钟长鸣。要坚持中国特色反腐倡廉道路,坚持标本兼治、综合治理、惩防并举、注重预防的方针,全面推进惩治和预防腐败体系建设,做到干部清正、政府清廉、政治清明。"当前,按照党的十八大精神,科学有效地遏制和预防贪污贿赂犯罪等腐败现象滋生蔓延,深入推进党风廉政建设和反腐败斗争,是加强党的执政能力建设的一个重要内容,也是体现党的执政规律的根本要求。从中央对反腐败斗争的重大部署和要求讲,加强贪污贿赂犯罪侦查是一项重要的监督职能,也是惩治和预防腐败体系建设中的重要一环。要根据经济社会各领域发生深刻变化的实际和反腐败斗争面临的新形势新任务新要求,进一步加强对贪污贿赂犯罪侦查理论和实践问题的研究,创新侦查理论、侦查制度和侦查机制,提升侦查能力和水平,充分发挥侦查效能,增强侦查效果和侦查威慑力,从而将新时期党风廉政建设和反腐败斗争不断引向深入。

第四节　全球化视野下的国际反腐败与反贪污贿赂国际合作

21世纪以来,经济全球化浪潮正以前所未有的速度和强度席卷全球,尤其是高技术的快速发展和信息高速公路的突飞猛进,使得国家间的相互联系和相互依赖更加密切。在全球化的进程中,贪污贿赂犯罪等腐败现象日益猖獗,无论是在本国还是外国,贪污贿赂犯罪都已经不仅仅是区域性的,甚至不再是一个国家内的社会问题,而越来越呈现出跨国特点,成为国际社会共同关注的一种国际现象。随着贪污贿赂犯罪的国际化,腐败资金外移、外逃等活动加剧,成为当前反腐败斗争的一个重要着力点,也进一步促进国际间不断加强对打击这类腐败犯罪的司法合作。

进入 21 世纪后,我国国内的贪污贿赂犯罪活动伴随着全球化的汹涌浪潮而呈现国际化趋势,洗钱犯罪不断趋重,犯罪分子自感罪行将会暴露,或者由于其他原因而纷纷外逃等现象日益严重。特别是我国加入 WTO 后这 10 多年间,面临更多更复杂的跨国腐败、跨国洗钱等问题。有效控制和解决这些问题,仅仅依靠一国的力量显然已难胜任。这就从客观上对当前打击贪污贿赂犯罪、控制罪犯及赃款外逃的贪污贿赂犯罪机制提出现实的严峻挑战,进一步加强对反腐败国际合作机制的研究和建设被提上重要议事日程。

一、全球化进程中贪污贿赂犯罪的国际化新趋势

改革开放 30 多年来,我国国际交往日益增多。至今,我国已同世界上 150 多个国家建立了外交关系,吸收了大量的外资、外企到国内投资。在加入 WTO 之前我国已与 200 多个国家和地区建立了经济贸易关系,加入 WTO 之后国际经济贸易活动更加频繁和活跃。所有这些,都给贪污贿赂犯罪的国际化提供了现实的可能和条件。一方面引进了国际上贪污贿赂犯罪的一些作案手法,另一方面涉案主体、犯罪行为、犯罪地以及赃款赃物的转移甚至犯罪分子潜逃等方面涉外化,使贪污贿赂犯罪侦查工作环境进一步复杂化,查处活动的难度进一步加大,从而对贪污贿赂犯罪侦查工作提出了严峻挑战。

从实践看,我国近些年来查办的一系列贪污贿赂等腐败犯罪特大案件所暴露出来的国际化趋势令人触目惊心。比如成克杰一案,其曾通过在香港进行洗钱企图隐瞒贿赂款多达 4109 万元。2004 年 4 月 16 日,由美国司法人员移交给中国警方的中国银行广东开平支行原行长余振东涉嫌参与数额巨大的贪污挪用公款案,涉案金额高达 4.83 亿美元。余等先后三任行长,自 1990 年年初开始,利用职务便利,建立了一条长期盗用国家外汇、发放假贷款、汇往境外、转入私人账户的流水线,在长达 10 年的盗用过程中,向美国转移了大量的款项。当今外逃的贪污贿赂犯罪分子中,以金融系统官员、国有公司的官员和财务人员居多,近年来一些国家机关官员,甚至级别较高的领导干部也开始向海外潜逃。有不少人采取先送孩子出国留学,然后将资金秘密流动,再伺机外逃的做法,有的甚至自感罪行即将暴露就不顾一切、不择手段地溜之大吉。

据资料表明,2011 年中国人民银行网站发布《我国腐败分子向境外转移资产的途径及监测方法研究》报告中,提到中国社科院的研究结果:自 20 世纪 90 年代中期以来,外逃党政干部,公安、司法干部和国家事业单位、国有企业高层管理人员,以及驻外中资机构外逃、失踪人员数目高达 16000 至 18000 人,携带款项人民币达 8000 亿元,但目前被遣返并追回财产的只占很少比例。尽管统计数据并不统一,但结果都不甚乐观。❶ 贪污贿赂犯罪国际化,不仅仅表现为腐败分子进行洗钱活动,将大量的腐败资金外移,以及腐败分子纷纷外逃等。更为严重的是,有的国家公职人员大肆侵吞我在国境外注册的国有企业资金,造成这些国有企业资金大量流失,甚至使一些国境外的国有企业和国有资产失去有效控制。有的国家公职人员与国境外的黑社会组织相勾结,共同侵吞我国的国有资产。有的以严重损害我国的经济利益乃至国防利益为代价,利用职务便利接收外资、外企人员的贿赂,使外资、外企大占便宜,导致国有资产严重流失。

大量的案例表明,贪污贿赂犯罪分子外逃、腐败资金外移等国际化活动,大体呈现出以下一些新的趋势和特点。首先,就腐败分子外逃及其去向而言,外逃地集中于北美、澳大利亚、东南亚,大体分为四类:一是涉案金额相对小、身份级别相对低的腐败分子,大多就近逃到我周边国家,如泰国、缅甸、马来西亚、蒙古、俄罗斯等。二是涉案金额大、身份高的贪官大多逃往西方发达国家,如美国、加拿大、澳大利亚、荷兰等。三是一些办不到直接去西方大国证件的,则先暂时龟缩在非洲、拉美、东欧那些不起眼的、法制不健全的小国,以此作为跳板,伺机过渡到西方发达国家;四是有相当多的外逃者通过我国香港中转,利用香港国际航空中心的区位,以及港民前往原英联邦所属国家可以实行"落地签"的便利,然后再逃往其他国家。其次,就腐败资金的外移、外逃来说,腐败分子主要通过八种途径,包括用现金走私转移;替代性汇款体系在中国主要表现为以非法买卖外汇、跨境汇兑为主要业务的地下钱庄,利用经常项目下的交易形式向境外转移资产;利用投资形式向境外转移资产;利用信用卡工具向境外转移资产;利用离岸金融中心向境外转移资产;海外直接收受;通过在境外的特定关系人转移资金等八种形式。

---

❶ 参见《瞭望东方周刊》2012 年 10 月 22 日。

同时,从查处的腐败大案看,通过在海外的特定关系人转移资金成为腐败分子转移资金的新趋势。腐败分子主要通过本人夹带在行李中直接携带出境。这种方式较为简单,费用低,但可走私的数额却有限,风险也比较大。有的腐败分子还通过某些代理机构,比如主要是地下钱庄,利用一些专门跑腿的"水客"以"蚂蚁搬家"、少量多次的方式,在边境口岸、主要是深圳与香港、珠海与澳门海关来回走私现金,偷运过境后再以货币兑换点名义存入银行户头。这种方式虽然比较麻烦,而且还要交给地下钱庄一定的费用,但风险较小,也很难追查。❶ 总之,严重的公职人员失踪、外逃等现象,需要采取强有力的措施和手段进行应对。国家公职人员外逃以及大量的腐败资金外移,不仅使一些国有公司、企业难以为继,而且直接威胁到国家的经济安全、金融安全甚至国防安全,造成了严重的国际政治影响,社会危害极其严重。

上述的统计数据,显然是不全面的。但这些数据明确告诫人们,如果不坚决有效地控制这种"拿了就跑、能奈其何"的腐败外逃等贪污贿赂犯罪国际化现象,我国反腐败斗争的成效就会大打折扣,腐败现象也就难以从根本上得到遏制。这也进一步说明,有力地打击腐败分子外逃、腐败资金外移等活动,提高控制贪污贿赂犯罪国际化趋势的能力,是全面建成小康社会新的历史阶段深入开展反腐败斗争的一个重要着力点,也是决定反腐败斗争能否取得更大成效的一块试金石,因而是反腐败斗争向纵深发展的当务之急。从国际社会看,由于贪污贿赂犯罪等腐败现象跨国、跨地区的趋势日益明显,全球区域性的反腐败法律文件在实际适用过程中暴露出一定的局限性,制定一部全球性的、专门的反腐败法律文件,成为众多国家的共同愿望,我国也不例外。从当今我国的实际看,四法域并存及司法合作多元化,需要从国际合作与区际合作两个层面推进反腐败合作机制建设。《联合国反腐败公约》就是在这样的大背景下应运而生。

二、《联合国反腐败公约》框架、特点和应注意的问题

(一)《联合国反腐败公约》的产生。2000 年 11 月 15 日召开的联合国第 55 届大会审议通过了《联合国打击跨国有组织犯罪公约》。与此同时,国际社会认识到有必要制定一项独立于《联合国打击跨国有组织犯罪公

---

❶ 参见《南方都市报》2011 年 6 月 16 日。

约》的有效打击腐败犯罪的国际性法律文件，便决定在维也纳设立负责谈判这一文书的特设委员会。2002年1月31日召开的联合国第56届大会作出决定，反腐败公约谈判工作特设委员会应当谈判一项广泛而有效的公约，在该公约标题确定之前，应暂时称作"联合国反腐败公约"。同时要求特设委员会在拟订该公约草案时，采取一种全面和多学科的方法，尤其要考虑作为示例的如下一些要素：定义，范围，保护主义，预防措施，定罪，制裁和救济，没收和扣押，管辖权，法人的责任，保护证人和被害人，促进和加强国际合作，预防和打击腐败行为所得非法来源资金的转移包括洗钱活动以及返还这些资金，技术援助，收集、交还和分析资料，实施情况监测机制。自2002年1月至2003年10月，特设委员会共举行了7届会议，最终在2003年9月29日举行的第7届会议上达成了一项能为各方普遍接受的公约草案，从而完成了公约起草工作。2003年10月31日，《联合国反腐败公约》在第58届联合国大会上审议通过，于2003年12月9日至11日在墨西哥梅里达召开的高级别政治会议上开放签署，并决定至2005年12月9日在联合国总部开放签署。2003年12月11日会议结束时，我国在内的95个国家就签署了该《公约》。根据《联合国反腐败公约》第68条规定，该《公约》在自第30个国家向联合国秘书长交存批准书后第90天生效。

（二）《联合国反腐败公约》的主要内容。《联合国反腐败公约》是联合国历史上通过的第一部指导国际反腐败的法律文件，克服了现有的一些区域性反腐败法律文件的局限性，倡导了治理腐败的科学理念和策略，形成了全球打击跨国贪污贿赂犯罪等腐败活动共同接受的准则，确立了被转移他国的腐败资产返还的原则，并首次在全球范围建立了预防和打击腐败犯罪并加强国际合作的预防机制、刑事定罪与执法机制、国际司法合作与执法合作机制、资产返回与追还机制、技术援助与信息交流机制、履约监督机制六大机制，奠定了反腐败国际合作的坚实的法律基础，为全球打击和预防贪污贿赂犯罪事业提供了基本的法律指南和行动准则。从《联合国反腐败公约》正式文本看，其主要内容除了序言共分为8章71条，近3万字，具体包括：总则，预防措施，定罪、制裁、救济及执法，国际合作，资产的追回，技术援助和信息交流，实施机制，最后条款。其中，第三章"定罪、制裁、救济及执法"明确规定，可以定罪的腐败行为包括：贿赂、贪污、挪用公款、影响力交易、窝赃、滥用职权、资产非法增加、对犯罪所得洗钱、妨害司法等。从实践看，贪污贿赂犯罪等腐败分子之所以能够顺利外逃的一个重要原因，就在于国际社会尚缺乏一套有效的打击腐败分子外逃的合作机制，《联合国反腐败公约》作为全球性的专门的打击腐败犯罪国际公约，将会在很大程度上有效地弥补这一缺憾。一方面，《联合国反腐败公约》在建立和完善境外追逃、追赃机制上提出了一些针对性措施，创设了腐败所得资产追回的法律机制，规定一国在缴获贪污受贿或非法转移到国外的资产后，应将其返还原所有国，这意味着从腐败行为中获得的利益都将可能被追回。另一方面，《联合国反腐败公约》在坚持有关引渡的基本法律原则、司法惯例的同时，针对腐败的特点以及预防和打击腐败的实际需要，在引渡的适用、合作上进行了一定的改进和强化，规定在不违背本国法律规定的情况下，各缔约国都不得将《联合国反腐败公约》规定的犯罪视为政治犯罪，从而大大提高了境外追捕外逃腐败分子的效能。但是，需要指出的是，《联合国反腐败公约》只是为国际社会共同打击贪污贿赂犯罪等腐败行为提供了一个法律框架，其效能的发挥，最终还有待有关缔约国之间通过双边条约，或者在国内法中对《联合国反腐败公约》规定的内容加以具体落实。因此，这个公约目前还不能成为缉拿外逃腐败分子的一柄利器，打击和预防贪污贿赂犯罪等腐败分子外逃活动的道路仍然漫长，任务仍然艰巨，责任仍然重大。

（三）《联合国反腐败公约》框架内打击和预防贪污贿赂犯罪等腐败行为的国际合作机制。按照《联合国反腐败公约》的整体框架规定，需要努力构建打击和预防贪污贿赂犯罪等腐败行为的国际合作六大机制。这些机制虽然不都是专门为跨国贪污贿赂犯罪的侦查服务的，但是对于指导打击跨国贪污贿赂犯罪活动，促进打击跨国贪污贿赂犯罪的国际合作，建立反腐败国际化机制，有效地打击和预防贪污贿赂犯罪等腐败行为，具有十分重要的积极意义。

第一，预防机制。

从源头预防贪污贿赂犯罪等腐败现象的发生，是国际反腐败的一项重要战略决策。预防机制的核心是制度建设，主要内容包括：

一是制定预防性的反腐败政策。要求根据本国法律制度的基本原则，从促进社会参与的途径，按照法治、妥善管理公共事务和公共财产、廉正、透明度和问责制的原则,坚持或者制定、执行有效而协调的反腐败政策。对这些政策涉及的有关法律文书和行政措施进行定期评估,确定其能否有效预防和打击腐败,进而决定是否需要进行修正、调整。同时,要在坚持本国法律制度基本原则的基础上,通过参与各种预防腐败的国际方案和项目等途径,加强国家之间、国家与有关国际组织或区域性组织之间的协作。

二是设立专门的预防性反腐败机构。这一机构的主要职责是对反腐败政策的实施进行监督和协调,积累和传播预防腐败的知识。国家要保证这一机构独立履行预防和打击腐败的职责不受任何不正当的影响,要为其履行职责提供必要的物资保障、人力保障和履行职能的培训服务,并将设立用于进行国际反腐败合作的机构名称和地址通知联合国秘书长。

三是制定公务员和非选举产生公职人员的招聘、雇佣、留用、晋升和退休制度。要坚持效率原则、透明度原则和特长、公正与才能等客观标准原则,制定相应的制度;对容易发生腐败的公共职位人员,要建立甄选、轮岗培训和程序;对公职人员的报酬和薪资水平要保持与本国的经济发展水平相适应;按照相关领域的行为守则或准则,制定对公职人员的教育和培训方案,提高其正确、诚实、妥善履行公务和抵御腐败风险、预防腐败的水平和能力;按照本国法律的基本原则采取与其相符的适当的立法和行政措施,明确规定公职的人选资格和当选标准,提高公职竞选候选人经费筹措及相应的政党经费筹措的透明度,并努力采用、维护和加强促进透明度和防止利益冲突的制度。

四是制定公职人员行为守则。按照本国的体制和法律基本原则,参照《公职人员国际行为守则》,制定并适用正确、诚实和妥善履行公务的行为守则或准则,制订和建立对公职人员履行公务中的腐败行为的举报制度,制订和建立公职人员特别就可能与其公职人员的职能发生利益冲突的职务外活动、任职、投资、资产以及贵重馈赠或者重大利益的申报制度,以及明确规定对违反相关守则或标准的公职人员采取纪律措施或其他措施。

五是建立有效预防腐败的公共采购和公共财政管理制度。要根据本国法律制度的基本原则,按照透明度、竞争和按客观标准决定的原则建立采购制度,公开公布采购程序及合同资料,事先确定参加竞争的条件,采用客观和事先确定的标准作出公共采购决定,建立有效的国内复审制度包括有效的申诉制度,酌情采取规范采购负责人相关事项的措施。要根据本国法律制度的基本原则,采取制定国家预算的通过程序、按时报告收入和支出情况、由会计和审计标准及有关监督构成的制度、迅速而有效的风险管理和内部控制制度,以及必要的民事和行政手段等措施,促进和建立公共财政管理的透明度和问责制。

六是建立公共报告制度。根据本国法律制度的基本原则,为提高公共行政部门的透明度,包括酌情在公共部门的组织结构、运作和决策过程方面提高透明度,制定和实施各种相关的程序或者条例,酌情使公众了解公共行政部门的组织结构、运作和决策过程,并在坚持保护隐私和个人资料的前提下,使公众了解与其有关的决定和法规;酌情简化行政程序,公布资料包括公共行政部门腐败风险问题定期报告。

七是加强司法检察机关的廉政建设。在不影响审判独立的情况下加强对审判机关和检察机关的廉政建设,防止审判人员和检察人员发生腐败。

八是采取防止涉及私营部门腐败的相关措施。根据本国法律的基本原则,采取促进执法机构与私营部门的合作,制订各种旨在维护有关私营实体操守的标准和程序,增进私营实体的透明度。防止滥用对私营实体的管理程序,在合理期限内限制原公职人员的职业活动或者对公职人员辞职或者退休后在私营部门的任职。按照私营部门的结构和规模建立内部审计控制制度,并禁止为实施犯罪而进行设立账外账户、账外交易或者账实不符的交易、虚列支出、登录负债账目时谎报用途、使用虚假单据以及故意在法律规定的期限前销毁账簿等犯罪行为,以及奖励拒绝腐败的行为等一系列措施。加强私营部门的会计和审计标准,并酌情对不遵守措施的行为规定有效、适度而且具有警戒性的民事、行政或者刑事处罚。

九是加强社会参与在预防腐败方面的作用。根据本国法律的基本原则,尽可能地采取有效措施促进公众在决策过程中发挥作用,提高决策过程的透明度,确保公众有获得信息的有效渠道,开展有助于不容忍腐败的公众宣传活动及包括中小学生和大学课程在内的公共教育方案,在尊重他人的权利或名誉以及维护国家安全或公共秩序或公共卫生或公共道德的前提下尊重、促进和保护有关腐败的信息的查找、接收、公布和传播的自由,提供贪污贿赂犯罪机构及其接收署名、匿名举报渠道等一系列措施,积极推动包括民间团体、非政府组织和社区组织等公共部门以外的个人和团体积极参与预防和打击腐败,并提高公众对腐败的存在、根源、严重性及其所构成的威胁的认识。

十是建立预防洗钱制度。要参照区域、区域间和多边组织有关反洗钱的举措,在自身的权限内对银行和非银行金融机构建立全面的国内管理和监督制度,建立金融情报机构作为国家中心收集、分析和传递关于潜在洗钱活动的信息,建立包括汇款业务机构在内的资金转移信息监控机制,监测、跟踪现金和有关流通票据跨境转移的情况,并加强司法机关、执法机关和金融监管机关之间在打击洗钱活动的全球、区域、分区域及双边合作,有效地遏制和打击各种形式的洗钱。

第二,刑事定罪与执法机制。

一是明确规定腐败犯罪行为。对腐败中涉及的贿赂、贪污、挪用公款、影响力交易、滥用职权、资产非法增加、对犯罪所得的洗钱行为、窝赃、妨害司法、法人犯罪等腐败行为,以及对参与、未遂和中止,明知、故意或者目的等犯罪要素,犯罪追诉时效等,都作了明确规定,为有效打击和预防腐败行为提供法律依据。

二是建立起诉、审判和制裁规则。按照罪责刑相适应的原则,既注意对公职人员履行职能给予豁免或司法特权,也保证对公职人员腐败犯罪侦查、起诉和审判的有效开展;既注意适当尊重判决前或上诉期间被告人的权利,也注意对已经判刑的犯罪人决定早释或假释应当与其所犯罪行的严重程度相当;既注意对被指控实施贪污贿赂犯罪的公职人员酌情予以撤职、停职或者调职,也应尊重无罪推定原则。同时,明确规定取消实施贪污贿赂犯罪的公职人员的职务资格包括公职和完全国有或部分国有企业中的职务。

三是建立冻结、扣押和没收制度。要求在本国法律制度的范围内尽可能地采取辨认、追查、冻结或者扣押等措施,将贪污贿赂犯罪所得或者价值与这种所得相当的财产、用于或者拟用于贪污贿赂犯罪的财产、设备或者其他工具予以没收,并从法律上规范主管机关对这些扣押物品的管理活动。如果发现这类犯罪所得已经或者全部转变或者转化为其他财产,就应当没收这类财产代替原犯罪所得;如果这类犯罪所得已经与从合法来源获得的财产相混合,则应当在不影响冻结权或扣押权的情况下没收这类财产,没收价值最高可以达到混合于其中的犯罪所得的估计价值；对于来自这类犯罪所得及其转变或者转化而成的财产或者来自已经与这类犯罪所得相混合的财产的收入或者其他利益，也应当予以没收。各缔结国应当赋予法院或其他主管机关下令提供或者扣押银行记录、财务记录或者商业记录的权力，缔结国不得以银行保密为理由拒绝诸如辨认、追查、冻结或者扣押等行动。对是否属于这类犯罪所得由犯罪人负举证责任，并且不得损害善意第三人的利益。

四是建立保护证人、鉴定人、被害人以及举报人制度。在不影响被告人权利包括正当程序权的情况下，各缔结国应当根据本国法律制度，采取措施为犯罪作证的证人和鉴定人、被害人并酌情为其亲属及其他关系密切者提供人身有效保护的程序，规定允许以确保证人和鉴定人安全的方式作证的取证规则，与其他国家订立有关证人和鉴定人、被害人的移管的协定或者安排，同时还要以不损害被告人权利的方式使被害人的意见和关切得到表达和考虑，使其免遭可能的报复或者恐吓，或者对此于合理理由善意向主管机关举报涉及贪污贿赂犯罪的任何事实的任何人员提供保护，使其不致受到任何不公正的待遇。

五是明确规定腐败行为的后果。在适当顾及第三者善意取得的权利的情况下，可以在法律中将腐败行为视为废止或者撤销合同、取消特许权或者撤销其他类似文书或者采取任何救济行动的相关因素，尽可能地消除腐败行为的后果。

第三，国际司法合作与执法合作机制。

加强国际司法和执法合作，是打击和预防贪污贿赂犯罪等腐败行为的客观需要。这一机制的主要内容包括：

一是规定犯罪人与执法司法机关的合作内容。各缔结国应当鼓励参与或者曾经参与贪污贿赂犯罪的人提供有助于主管机关侦查和取证的信息，并为主管机关提供可能有助于剥夺罪犯的犯罪所得并追回这种所得的实际具体帮助，明确规定在对贪污贿赂犯罪的侦查或者起诉中提供实质性配合的被告人，应适当减轻处罚的可能性、允许不予起诉的可能性以及变通为证人、鉴定人和被害人提供的保护。

二是规定国家机关之间的合作内容。国家机关之间的合作，主要包括主动举报和根据请求提供一切必要的信息。

三是规定国家机关与私营部门之间的合作。根据本国法律规定,鼓励本国侦查和检察机关与私营部门实体特别是与金融机构之间就贪污贿赂犯罪实施所涉事项进行合作,以及鼓励本国国民及在其领域内有惯常居所的其他人员向国家侦查和检察机关举报贪污贿赂犯罪的实施情况。

四是建立跨越银行保密的机制。在对贪污贿赂犯罪进行国内刑事侦查时,各缔结国应当根据本国法律建立适当的机制用来克服因银行保密法的适用而可能产生的障碍。

五是建立犯罪记录档案。各缔结国应当采取必要的立法或者其他措施,按照适宜的条件和特定的目的建立另一国以前对被指控罪犯作出的任何有罪判决的档案,以便贪污贿赂犯罪的诉讼中利用这类信息。

六是确立对贪污贿赂犯罪的管辖权。按照属地原则、属人原则以及保护原则等确立对贪污贿赂犯罪的管辖权,并建立各缔结国之间就管辖争议问题的协调机制。

七是建立国际合作渠道。各缔结国应当按照公约的规定在刑事案件中相互合作,并在与腐败有关的民事和行政案件调查和诉讼中相互协助。同时,国际合作事项中,凡将双重犯罪视为一项条件的,如果协助请求中所指的犯罪行为在两个缔约国的法律中均为犯罪,则应当视为这项条件已经得到满足,而不论被请求缔约国和请求缔约国的法律是否将这种犯罪列入相同的犯罪类别或者是否使用相同的术语规定这种犯罪的名称。在国际合作中,主要采取引渡、被判刑人移管、司法协助、刑事诉讼的移交等形式和途径进行,具体在公约第44条至第47条中明确规定。

八是建立执法合作机制。各缔约国根据本国法律制度和行政管理制度,采取以下措施:加强并建立各国主管机关、机构和部门之间的联系渠道,以促进安全、迅速地交换涉及贪污贿赂犯罪的各个方面的情报,在有关缔约国认为适当的时候还可以包括与其他犯罪活动的联系的有关情报;同其他缔约国合作进行有关犯罪嫌疑人身份、行踪和活动等调查;在适当情况下提供必要数目或者数量的物品以供分析或者侦查之用;与其他缔约国酌情交换关于实施贪污贿赂犯罪而采用的包括利用虚假身份等具体手段和方法的资料;促进各缔约国主管机关、机构和部门之间的有效协调,并加强人员和其他专家的交流;交换情报并协调为尽早查明贪污贿赂犯罪而酌情采取的行政和其他措施;各缔约国之间应当按照公约的框架加强国际和区域组织合作,共同应对借助现代技术实施的这类犯罪活动。

九是明确实行联合侦查的方式。为便于有关主管机关对涉及一国或者多国侦查、起诉或者审判程序事由的事项建立联合侦查机构,各缔约国应当考虑缔结双边或者多边协定或者安排,或者在个案基础上商定进行这类联合侦查,并确保拟在其领域内开展这种侦查的缔约各国的主权受到充分尊重。

十是赋予特殊侦查手段。公约第 50 条第 1 款规定:"为有效打击腐败,各缔约国均应当在其本国法律制度基本原则许可的范围内并根据本国法律规定的条件在其力所能及的情况下采取必要措施,允许其主管机关在其领域内酌情使用控制下交付和在其认为适当时使用诸如电子或者其他监视形式和特工行动等其他特殊侦查手段,并允许法庭采信由这些手段产生的证据。"同时,鼓励在充分遵循各国主权平等原则的基础上,为在必要情况下在国际一级合作时使用这类特殊侦查手段而缔结适当的双边或者多边协定或者安排,并应当在个案基础上作出,必要时考虑有关缔约国就行使管辖权所达成的财务安排或者谅解。经缔约国同意,在国际一级使用控制下交付的决定,可以包括诸如拦截货物或者资金以及允许其原封不动地继续运送或将其全部或者部分取出或者替换之类的办法。

第四,资产返回与追还机制。

腐败资产的追回是作为一项基本原则规定在公约中的。这一机制的主要内容包括:

一是预防和监测犯罪所得的转移。为有效监测可疑交易,在不影响预防洗钱措施的情况下,各缔约国应当根据本国法律采取必要的措施,以要求其管辖范围内的金融机构核实客户身份,采取合理步骤确定存入大额账户的资金的实际受益人身份,并对正在或者曾经担任重要公职的个人及其家庭成员和与其关系密切的人或者这些人的代理人所要求开立或者保持的账户进行强化审查。对这种强化审查应当做合理的设计,而不应当将其理解为妨碍或者禁止金融机构与任何合法客户的业务往来。在具体措施方面,主要采取强化审查、特别关注以及适当措施等方式,监测所有的可疑交易。

为预防和监测贪污贿赂犯罪所得的转移,各缔约国都应当采取适当而有效的措施,在监测机构的帮助下禁止设立有名无实和并不附属于受监管金融集团的银行。还可以考虑要求其金融机构拒绝与这类机构建立或者保持代理银行关系,并避免与外国金融机构中那些允许有名无实和并不附属于受监管金融集团的银行使用其账户的金融机构建立关系。同时,各缔约国还要根据本国法律建立有效的公职人员财产申报制度,明确对不遵守者的制裁措施,并考虑采取必要的措施允许本国主管机关在必要时与其他国家主管机关交换这种资料,以便于对这类犯罪所得进行调查、主张权利并予以追回。此外,还可以采取必要的措施,要求在外国银行账户中拥有利益、对该账户拥有签名权或者其他权利的有关公职人员向有关机关报告这种关系,并保持与这种账户有关的适当记录。这种措施还应当对违反情形规定适当的制裁。

二是明确直接追回财产的措施。各缔约国都应当根据本国法律,采取必要措施,允许另一缔约国在本国法院提起民事诉讼,以确立对本公约规定的贪污贿赂犯罪获得的财产的产权或者所有权;允许本国法院命令实施了根据本公约确立的贪污贿赂犯罪的人向受到这种犯罪损害的另一缔约国支付补偿或者损害赔偿;允许本国法院或者主管机关在必须就没收作出决定时,承认另一缔约国对通过本公约确立的贪污贿赂犯罪而获得的财产所主张的合法所有权。

三是建立通过没收事宜的国际合作追回资产机制。各缔约国应当根据本国法律,采取必要的措施,使其主管机关能够执行另一缔约国法院发出的没收令;使拥有其管辖权的主管机关能够通过对洗钱犯罪或者对可能发生在其管辖范围内的其他犯罪作出判决,或者通过本国法律授权的其他程序,下令没收这类外国来源的财产;或者在因为犯罪人死亡、潜逃或者缺席而无法对其起诉的情形或者其他有关情形下,能够不经过刑事定罪而没收这类财产。或者依照缔约国的请求提供设法协助时,在收到请求缔约国的法院或者主管机关发出的冻结令或者扣押令及其合理的根据,被请求国认为理由充分而采取行动时,使本国主管机关能够根据该冻结令或者扣押令对该财产进行冻结或者扣押,以及按照请求国法院的没收令而对有关财产进行没收;考虑采取补充措施,使本国主管机关能够保全有关财产以便没收。

四是建立没收事宜的国际合作渠道。缔约国在收到对公约所确立的贪污贿赂犯罪拥有管辖权的另一缔约国关于没收属于冻结、扣押和没收范围的位于被请求缔约国领域内的犯罪所得、财产、设备或者其他工具的请求后,应当在本国法律制度的范围内,符合并遵守可能约束其与请求缔约国关系的任何双边或多边协定、安排,尽最大可能地予以协助。

五是明确特别合作方式。在不影响本国法律的情况下,各缔约国都应当努力采取措施,以便在认为披露根据该公约确立的贪污贿赂犯罪的所得的资料可以有助于接收资料的缔约国启动或者实行侦查、起诉或者审判程序时,或者在认为可能会使该缔约国根据资产追回的规定提出请求时,能够在不影响本国侦查、起诉或者审判程序的情况下,无须事先请求而向该另一缔约国转发这类资料。

六是明确资产的返还和处分制度。缔约国对符合公约规定没收的财产,应当由该缔约国根据本公约的规定和本国法律予以处分,包括返还其原合法所有人,在考虑善意第三人权利的情况下根据公约的规定返还所没收的财产。对贪污公共资金或者对所贪污公共资金的洗钱行为,被请求缔约国应当按照本公约规定进行没收后,根据请求缔约国的生效判决,将没收的财产返还,也可放弃对生效判决的要求;对本公约涵盖的其他任何犯罪的所得,被请求缔约国应当在依照本公约的规定进行没收后,基于请求缔约国的生效判决,在请求缔约国向被请求缔约国合理证明其原对没收的财产拥有所有权时,或者当被请求缔约国受到的损害是返还财产的依据时,将没收的财产返还请求缔约国,被请求缔约国也可以放弃对生效判决的要求;在其他所有情况下,优先考虑将没收的财产返还请求缔约国、返还其原合法所有人或者赔偿犯罪被害人;在适当的情况下,除非缔约国另有规定,被请求缔约国可以在依照本公约规定返还或者处分没收的财产之前,扣除为此进行侦查、起诉或者审判程序而发生的合理费用;在适当的情况下,缔约国还可以特别考虑就所没收财产的最后处分逐案订立协定或者可以共同接受的安排。

七是建立金融情报机构。缔约国应当相互合作,考虑设立金融情报机构,由其负责接收、分析和向主管机关转递可疑金融交易的报告,以预防和打击根据本公约确立的贪污贿赂犯罪而产生的所得的转移,并推广追回这类所得的方式方法。

八是建立双边和多边协定和安排机制。缔约国应当考虑缔结双边或多边协定或者安排，以便增强根据本公约规定开展的国际合作的有效性。

第五，技术援助与信息交流机制。

建立技术援助与信息交流机制，是提升各缔约国打击和预防腐败犯罪的水平和能力的重要途径和方式。这一机制的主要内容包括：

一是制定具体培训方案及其内容。各缔约国在必要的情况下，为本国负责预防和打击腐败的人员启动、制定或者改进具体培训方案，具体内容包括：预测、监测、侦查、惩治和控制腐败的有效措施包括使用取证和侦查手段；反腐败战略性政策制定和规划方面的能力建设；对主管机关进行按本公约的要求提出司法协助请求方面的培训；评估和加强体制、公职部门管理；防止和打击根据本公约确立的犯罪的所得转移和追回这类所得；监测和冻结根据本公约确立的犯罪的所得转移；监控根据本公约确立的犯罪的所得的流动情况以及这类所得的转移、窝藏或者掩饰方法；便利返还据本公约确立的犯罪的所得的适当而有效的法律和行政机制及方法；用以保护与司法机关合作的被害人和证人的方法；本国和国际条例以及语言方面的培训等。缔约国应当根据各自的能力考虑为彼此的反腐败计划和方案提供最广泛的技术援助，特别是向发展中国家提供援助；并在必要时加强努力，在国际组织和区域组织内并在有关的双边和多边协定或安排的框架内最大限度地开展业务和培训活动；并考虑相互协助，根据请求对本国腐败行为的类型、根源、影响和代价进行评价、分析和研究，以便在主管机关和社会的参与下制定贪污贿赂犯罪惩治和预防战略和行动计划。为便于追回根据本公约确立的犯罪的所得，缔约国可以开展合作，相互提供可以协助实现这一目标的专家的名单；并应当考虑利用分区域、区域和国际性的会议和研讨会促进合作和技术援助，推动关于共同关切的问题的讨论；并考虑建立自愿机制，以便通过技术援助方案和项目对发展中国家和经济转型期国家适用本公约的努力提供财政捐助等。

二是建立有关腐败的资料的收集、交流和分析机制。各缔约国都应当考虑在同专家协商的情况下，分析其领域内腐败方面的趋势以及腐败犯罪实施的环境；考虑为尽可能拟订共同的定义、标准和方法而相互并通过国际和区域组织发展和共享统计数字、有关腐败的分析性专门知识和资料,以及有关预防和打击腐败的最佳做法的资料;考虑对其反腐败政策和措施进行监测,并评估其效力和效率。

三是明确通过经济发展和技术援助实施公约等其他措施。应当通过国际合作采取有助于最大限度优化本公约实施的措施,同时要考虑腐败对社会,尤其对可持续发展的消极影响;应当相互协调并同国际和区域组织协调,尽可能地加强同发展中国家在各级的合作,加强财政和物质援助,向发展中国家和经济转型期国家提高技术援助,酌情鼓励和争取其他国家和金融机构参与根据本公约规定所作的努力,并且应尽量不影响现有对外援助承诺或者其他双边、区域或者国际一级的金融合作安排;各缔约国还可以缔结关于物资和后勤援助的双边和多边协定或安排,同时考虑到为使本公约所规定的国际合作方式行之有效和预防、侦查与控制腐败所必需的各种金融安排。

第六,履约监督机制。

这方面的机制,主要包括以下内容:

一是设立公约缔约会议。目的是为了加强各缔约国之间的合作,促进和审查本公约的实施,实现本公约所列的目标。明确规定会议召开的时间、会议的任务和要求等内容。

二是设立秘书处。目的是为公约缔约会议服务,根据请求协助公约缔约会议提供本公约所规定的信息,确保与有关国际组织和区域组织秘书处的必要协调。

(四)国际反腐败公约衔接机制建设中应当注意的问题。《联合国反腐败公约》中确立的贪污贿赂犯罪,并没有包含我国刑法规定的全部贪污贿赂犯罪种类,而反腐败国际合作中涉及的贪污贿赂犯罪罪种,是按照公约的确立而定的。从本质上讲,贪污贿赂犯罪侦查国际化的核心途径是国际刑事司法协助,虽然形式上讲属于法律问题,但实质上是一个外交问题。因此,贪污贿赂犯罪侦查国际化能否顺利进行并取得实质性成效,必然受到各国之间众多不确定因素的影响。建构有效的贪污贿赂犯罪侦查国际化机制,应当重视加强对国际司法合作的途径、方式和技术、技巧等重要环节和方面问题的研究,并需要包括我国在内的国际社会作出不懈的努力。

第一，国际公约只是一个指导性的文书，是非强制性的，并且有其特定的限制性，要落实好必须依靠缔约国之间的协议以及本国法律与国际公约的衔接。从实践看，长期以来在国际引渡等司法合作中存在的一些法律障碍，如关于双重犯罪、政治犯罪不引渡、国民不引渡和死刑犯不引渡等问题，以及近几十年来西方国家的引渡制度中新兴的人权障碍如关于酷刑危险不引渡、歧视危险不引渡和公正审判无保障不引渡等问题，不可能因为《打击跨国有组织犯罪公约》、《联合国反腐败公约》等国际公约的实施就迎刃而解。要从根本上解决国际司法合作中的各种问题，需要建立全面、有效的国际合作机制。

第二，我国目前已经签署《联合国打击跨国有组织犯罪公约》和《联合国反腐败公约》，并且已经全国人民代表大会常务委员会批准。从我国目前的实际看，由于历史的原因，世界上一些国家对我国的法律还存有不少偏见，比如认为我国的司法审判和执法活动都是"政治行为"等。这些国家担心在与我国进行反腐败国际合作时会受到不应有的干扰，甚至担心我国外逃的腐败犯罪分子被引渡回国后会受到"不公正对待"。在这种情形下，司法协助必将在某种程度上受到影响。

第三，从整体上讲，《联合国打击跨国有组织犯罪公约》和《联合国反腐败公约》与我国的相关法律精神是一致的，但在法律体系的完善和健全以及法律之间的契合、兼容方面，还有很多的工作要做。近年来，我国落实《联合国反腐败公约》措施及力度不断加大，刑法修正案（六）、（七）、（八）的出台，扩大了贿赂罪的主体范围，规定了利用影响力受贿罪、对外国公职人员、国际公共组织官员行贿罪等。2012年修改后的刑事诉讼法规定了违法所得没收程序、证人保护以及技术侦查措施、秘密侦查措施和控制下交付措施等。这些立法措施，有利于推进落实《联合国反腐败公约》，提升反腐败能力和国际合作水平，增强反腐败的实际效果。但是，推动反腐败国际合作、有效打击和预防贪污贿赂犯罪等腐败分子外逃，以及腐败资金外移的任务仍然艰巨。要进一步加强对联合国《打击跨国有组织犯罪公约》、《联合国反腐败公约》的深入研究，结合我国反腐败立法实际，进一步完善刑事诉讼制度，完善刑法有关没收腐败资产方面的制度，加强缺席审判制度可行性研究，加强制定司法协助法问题研究，促进国际司法协助制度化建设等等。

通过立法完善的同时,还需要从理念转变上下工夫,内化为反腐败的指导思想和实践规范,并且提升法律制度的执行力,充分发挥两公约在打击和预防跨国跨境贪污贿赂等腐败行为上的积极效用。笔者认为,我国制定一部统一的反腐败法或者反贪污贿赂法的条件基本成熟,可以着手推动相关工作。

三、反腐败国际合作的形式、内容、途径和程序

从客观上讲,贪污贿赂犯罪国际化的严峻态势,对一国的局部打击和单一防范等措施和手段提出了严峻的挑战,需要从全球视野建构反腐败国际合作机制,提升贪污贿赂犯罪侦查措施、手段和力度,使打击贪污贿赂犯罪分子外逃、赃款外移等活动的水平与控制犯罪的国际化态势相适应,增进反腐败的实际成效。

(一)反腐败国际合作的形式。从实践看,由于贪污贿赂犯罪国际化的趋势日益严重,各国仅依靠自己的力量,已经难以有效地遏制和防范这类犯罪的发生和蔓延。为了保护人类共享的国际共同利益,保护各国自身的利益和安全,寻求并依靠国际性的刑事司法协助,强化打击和控制这类犯罪的措施和力度,联手对付包括贪污贿赂犯罪在内的跨国犯罪,已成为反腐败国际化发展的一种必然趋势。从国际法的角度讲,由于国际法原则包括国家主权原则、互不干涉原则、司法管辖权独立原则等内容上的要求,打击涉外或者国际化的贪污贿赂犯罪活动,只能求助于刑事司法协助,也就是说刑事司法协助是当前贪污贿赂犯罪侦查国际化重要而有效的形式。刑事司法协助,实质上是国家司法权域外延伸、打击国际性犯罪的一种有效途径和手段,既是各国维护国家主权和司法权独立的需要,也是共同对付贪污贿赂犯罪国际化、维护国际社会正常交往秩序等国际共同利益的需要。从国际社会看,欧洲、美洲等国家和地区对刑事司法协助的立法、司法实践和理论研究起步较早。如美洲国家组织在 1996 年 3 月通过了《美洲反腐败公约》,欧洲理事会分别于 1999 年 1 月、11 月通过了《反腐败刑法公约》、《反腐败民法公约》,非洲联盟在 2003 年 7 月通过了《预防和打击腐败公约》。联合国也先后以联大决议的形式通过了《公职人员国际行为守则》、《联合国反对国际商业交易中的贪污贿赂行为宣言》、《联合国打击跨国有组织犯罪公约》、《联合国反腐败公约》等,有关惩治国际犯罪的多边国际公约已超 300 部,但我国参加的此类条约还不到 100 部。自 1986 年开始,我国同外国谈

判签订司法协助条约，从 1993 年开始我国与外国签订引渡条约。1996 年修正的刑事诉讼法第 17 条首次将刑事司法协助问题纳入我国国内法的法律规范，纳入刑事诉讼法调整的领域。进入 21 世纪以来，我国相继加入《联合国打击跨国有组织犯罪公约》和《联合国反腐败公约》。目前，我国现已成为《1961 年麻醉品单一公约》、《1970 年海牙公约》、《1971 年蒙特利尔公约》、《1971 年精神药品公约》、《1988 年联合国禁止非法贩运麻醉药品和精神药物的公约》、《中缅老亚区域禁毒合作议定书》、《亚太经济合作组织章程》、《打击恐怖主义、民族分裂主义、极端宗教主义上海公约》以及《联合国打击跨国有组织犯罪公约》等公约参加国，并与 40 多个国家缔结了 50 多个司法协助条约、引渡条约及移管被判刑人条约。另据资料表明，截至 2013 年 5 月，中国已与 49 个国家签订刑事、民事司法协助类条例，与 36 个国家签订了引渡条约❶。但总体上说，我国在刑事司法协助的立法、司法实践和理论研究方面起步较晚，而且对外开展刑事司法协助的范围和场合也比较有限。

（二）反腐败国际合作的内容。刑事司法协助是反腐败国际化的重要途径和形式，是指不同国家的司法机关之间，根据各国缔结或参加的国际公约，或者按照对等互惠原则以互相请求代为进行某些诉讼行为的制度。从这一定义看，刑事司法协助具有以下一些特性：一是刑事司法协助的主体是主权国家。二是实行刑事司法协助的目的是履行刑事司法职能，就反腐败国际合作的要求而言，就是通过刑事司法协助实现查处贪污贿赂犯罪尤其是犯罪分子外逃、赃款外移之类犯罪案件的目的。三是实行刑事司法协助的依据是国际公约和互惠的承诺性双边条约。四是刑事司法协助的具体表现及其内容是协助或代为履行一定的刑事诉讼程序等行为。当前，反腐败国际合作中刑事司法协助的适用范围及其内容，主要包括以下七个方面：

第一，贪污贿赂犯罪案件的诉讼移管，或称贪污贿赂犯罪案件的诉讼转移管辖。按照我国法律，我国公民如在国外犯有贪污罪、受贿罪等贪污贿赂罪的法定最低刑为 3 年以上有期徒刑的，我国可以对之行使刑事管辖权。但是依照我国和土耳其的协定规定，"缔约一方有义务根据请求，按照其本

---

❶ 参见中国新闻网 2013 年 7 月 1 日。

国法律,对于在提出请求的缔约一方境内犯罪的本国国民提起刑事诉讼。"也就是说,对于我国公民在土耳其境内所犯的罪行,不论是否属于上述范围,只要土耳其方提出移管刑事诉讼的请求,并且符合移管诉讼的条件,我国就有义务对有关犯罪实施管辖。

第二,调查取证。调查取证是联合国《刑事事件互助示范条约》的主要内容。该条约第1条第2款规定了七项"适用范围":向有关人员收集证词或供述;协助提供关押者或其他人作证或协助调查工作;递送司法文件;执行搜查和查封;检查物件和场地;提供资料和证据;提供有关文件和记录的原件或经核证的副本,包括银行、财务、公司或商务记录,基本上都是有关调查取证的内容。这方面涉及各种证据的收集、保全和移转等方面的有关规定。如我国与波兰、蒙古缔结的司法协助条约规定,代为调查取证包括代为向当事人、嫌疑犯、罪犯、证人、鉴定人、其他诉讼参与人调查取证,以及进行鉴定、检查、勘验等。根据我国与土耳其、罗马尼亚、俄罗斯缔结的司法协助条约,代为调查取证还包括使用搜查方式。我国对请求方提供司法协助时,可以按照我国法律规定,慎重选择提供司法协助的方式。关于证据保密和证据使用上的限制问题,通常在条约中加以规定。我国和加拿大的司法协助条约明确规定,"被请求方在与请求方协商后,可以要求对其所提供的情报、证据或这些情报、证据的来源予以保密,或者仅在它所确定的条件和情况下予以公开或使用"。同时,在司法协助条约中一般都有一方境内的证人、鉴定人到缔约另一方出庭作证的内容。我国和加拿大的刑事司法协助条约规定:"请求方可以邀请被请求方境内的人员到请求方境内作证或协助调查。""被请求方应向被请求人转交上述请求,并通知请求方该被请求人是否同意接受该项请求。"在进行此项司法协助时,还要求请求方注意尊重被请求出庭作证的证人、鉴定人的意愿,支付有关费用,并保证其逗留期间的人身安全。关于在押人员赴请求国出庭作证问题,依据我国与土耳其、罗马尼亚缔结的条约规定,"如果缔约一方法院或其他主管机关有必要对缔约的另一方境内的在押人员作为证人加以讯问,应通过缔约双方的中央机关就该人被移送到请求一方境内达成协议,条件是继续处于在押状态,并在讯问后尽快送还",以确保被请求国的法律效力不受影响。

第三,引渡。我国1994年正式批准了与泰国签署的引渡条约;2001年与美国签订的《中美刑事司法协助协定》生效,并于 2004 年 4 月 16 日以与美国司法部门成功合作的首例特大贪污、挪用公款的余振东案押解交接为标志,掀开我国的反腐败国际合作新篇章;2003 年 8 月 27 日我国经十届全国人民代表大会常务委员会第 4 次会议批准了《联合国打击跨国有组织犯罪公约》;2011 年 7 月 23 日,历时 12 年后的厦门远华走私案主犯赖昌星被从加拿大引渡回国,2012 年 5 月 18 日以犯走私普通货物罪、行贿罪数罪并罚,被判处无期徒刑,剥夺政治权利终身。这显示了中国政府打击犯罪、惩治腐败的决心,也表明中国和加拿大在执法领域开展合作具有重要意义。❶总的来看,我国在刑事司法协助的实践中,通常采用的方式有三种:一是根据国际公约有关引渡的条款,通过外交途径向有关国家提出引渡请求,按照引渡程序进行引渡。二是在平等互惠的基础上,通过外交途径向有关国家或地区提出引渡或移交逃犯的请求。这是我国司法实践中比较常用的引渡和移交逃犯的方式。三是我国警方逐案请求有关国家采取驱逐出境等变相引渡等方式遣返逃犯。具体地说,就是由被请求方宣布将逃犯驱逐出境,并通过适当安排,交给请求方处理。由于这种方式比较简便灵活,能够达到引渡的目的,因而在目前我国尚未制定引渡法律的情况下,经常使用。比如,对张振忠贪污案就采用此法,由菲律宾政府将贪污人民币 120 万的张犯遣返我国政府。

第四,送达诉讼文书。在办理贪污贿赂犯罪案件的过程中,需要相互代为送达诉讼文书。这些文书包括由司法机关制作或者签发的传票、法庭通知书、判决书、裁定书等各种司法文书,以及与刑事诉讼案件有关的身份证明、来往信函、公证文书等各种书面材料或文字记录。

第五,移交赃款赃物。在办理贪污贿赂犯罪案件时,往往涉及贪污贿赂犯罪分子携带赃款赃物出逃国境外的问题,由于赃款赃物是这类犯罪案件的重要证据,对指控犯罪具有重要作用,因此,在签订司法协助条约或协定时,必然涉及这方面的内容。我国与加拿大、俄罗斯的协助条约规定,缔约一方根据缔约另一方的请求,将在其境内发现的、罪犯在缔约另一方境内犯罪时获得的赃款赃物,移交给缔约另一方。但此项移交不得侵害与这些财

---

❶ 参见新华网 2011 年 7 月 23 日、2012 年 5 月 18 日;中国网 2012 年 5 月 18 日。

物有关的第三者的权利。如果上述赃款赃物对被请求的缔约一方境内其他未决刑事案件的审理是必不可少的,被请求的缔约一方可暂缓移交。

第六,刑事诉讼结果的通报。我国与加拿大、俄罗斯缔结的司法协助条约等规定,缔约双方应相互递送各自法院对缔约另一方国民所作的生效判决的副本。

第七,被判刑人移管。由于一国关押外籍罪犯,因语言不通、生活习惯不同以及文化隔阂、物质待遇等方面存在的差异,既增加关押国的负担,也不利于对罪犯的教育改造。因此,我国正在与有关国家谈判缔结被监管人移管的条约,以便让外籍罪犯回原籍国服刑,既可以维护我国独立的司法管辖权和刑事判决的权威性,也有利于罪犯出狱后的再社会化,适应本国社会的生活。

(三)反腐败国际合作的途径。一般地说,请求和提供司法协助,应当按照一国缔结或参加的国际条约所规定的途径进行。没有条约规定的,可以通过外交途径进行。当前,我国在反腐败国际合作中加强司法协助的联系途径,主要体现在以下方面:

第一,缔结国际公约。我国目前参加了许多国际公约,其中有关刑事司法协助的条款规定了开展司法协助的内容。联合国等国际组织还制定了许多有关刑事司法协助的示范条约等文件。这些文件虽然没有法律效力,只是供各国参考,但对促进国际间的司法协助却有着不可忽视的作用。如早在 1985 年在意大利召开的第 7 届联合国预防犯罪和罪犯待遇大会制定的《移交外国囚犯的示范规定》,1990 年 8 月在古巴召开的第 8 届联合国预防犯罪和罪犯待遇大会制定的《预防和控制有组织犯罪准则》,对国际间加强打击腐败犯罪等刑事司法合作问题作了一系列专门规定。特别是在制定的《反腐败的实际措施》中,积极倡导各国在发展的条件下,为维护共同的利益,要认真研究加强在反贪污腐败行为方面的国际合作。1990 年 12 月 14 日联合国又制定了一系列加强国际合作的示范文件,如《引渡示范条约》、《刑事事件转移诉讼示范条约》、《关于移交外籍囚犯的模式协定》、《有条件判刑或有条件释放罪犯转移监督示范条约》、《刑事事件互助示范条约》等等。2000 年 11 月联合国第 55 届大会审议通过了《联合国打击跨国有组织犯罪公约》、《联合国反腐败公约》等。打击跨国有组织犯罪公约,是当今世界上第一部针对跨国有组织犯罪的全球性公约,2003 年 9 月 29 日正式生效。至今已有 147 个国家签署该公约,其中批准的有 51 个国家。我国政府于 2000 年 12 月 12 日签署,2003 年 8 月 27 日第十届全国人民代表大会常务委员会第 4 次会议批准。所有这些文件都鼓励各国在打击和控制犯罪包括贪污贿赂犯罪方面进行最广泛的合作。

第二,缔结区域性公约。对于一些地理相邻、经济文化发展水平相似的同一地区或国家之间缔结的区域性的协定或公约,是促进我国开展国际刑事司法协助的重要依据和途径。如"上合组织",即上海合作组织的简称,成立于 2001 年,现有成员国包括俄罗斯、中国、哈萨克斯坦、吉尔吉斯斯坦、塔吉克斯坦和乌兹别克斯坦。成员国签署的《打击恐怖主义、分裂主义和极端主义上海公约》等,是我国开展司法协助的法律依据。

第三,缔结双边条约。从目前看,我国已经先后与加拿大、保加利亚、波兰、蒙古、土耳其、古巴、俄罗斯、埃及、白俄罗斯、哈萨克斯坦、吉尔吉斯斯坦、希腊以及美国等 30 多个国家缔结了刑事司法协助条约或包括刑事司法协助内容的条约,主要涉及司法协助的意愿、原则、程序、权利和义务等内容,是我国开展司法协助的重要法律根据。

第四,参照国际惯例。当前,我国司法机关在查办贪污贿赂犯罪等案件的过程中,在与各国相互提供司法协助方面,一般都是在平等互惠的基础上,参考国际惯例中通行的做法。如主权原则、双重犯罪原则、平等原则、政治犯不引渡原则等国际公认的原则和惯例,都是各国进行司法协助的重要依据。

第五,建立我国警方与国际刑警组织的合作关系。1984 年我国正式加入国际刑警组织,1986 年在广东设立了国际刑警组织中国国家中心局联络处。近些年来,我国增强了与国际刑警组织其他成员国之间的良好合作互动,得到了有关国家实质性的协助,及时地将逃往外国的贪污贿赂犯罪分子引渡回国,同时还在相互提供信息、情报、搜集犯罪证据、协查赃款和逃犯等方面进行了卓有成效的合作。

第六,依据我国国内法的有关规定进行联系。我国与有关国家的司法协助是一项具有国内法与国际法双重性质的活动。就查办贪污贿赂犯罪案件而言,这类案件的管辖、起诉、审判和刑罚执行等一系列活动,既要以打击跨国贪污贿赂犯罪有关的国际条约或公约为依据,又要以国内法的有关规定为依据。由于我国尚未进行刑事司法协助方面的立法,缔结和参加的有关刑事司法协助条约或公约也还有限,因此尽快制定和完善相应国内法就成为当前一项迫切任务。

(四)反腐败国际合作的程序。实践中,刑事司法协助是反腐败国际合作最为常见和常用的形式和手段。在具体运行中,刑事司法协助涉及的程序问题比较复杂。一般地说,主要包含以下几个环节和方面:

第一,刑事司法协助请求。是指一国就特定的刑事事务向另一国提出希望给予某种协助的一种意思表示,并要求这种请求必须以书面的形式提出来。当一国向另一国发出了请求书,就意味着这个国家已经将某种权利授予了另一国,被请求国可以据此行使被请求事项所涉及的司法权。请求书的内容是有固定格式要求的,并使用双方约定的文字制作,主要包括:出具机关及受委托机关的名称,请求提供司法协助的事项,犯罪嫌疑人、受审人、被判刑人的姓名、住址、国籍、出生年月日、职业、父母姓名、个人体貌特征,委托的内容和理由,犯罪嫌疑人或犯罪分子实施犯罪行为的认定,犯罪的性质、手段、过程、结果及有关事实,请求书的效力,出具请求书的官方签字和盖章,请求书签发的日期,其他附件等。

第二,刑事司法协助请求的审查。一是审查主体。从实践看,对刑事司法协助请求事项的审查,主要由主管司法的中央机关负责,我国分别由最高人民检察院、司法部等行使审查权。二是审查的依据。审查时,主要依据条约法或国内法。其中,条约法包括各国缔结或参加的多边及双边条约,国内法主要包括涉及该项请求调整范围的法律、法令和规章等。三是审查的内容。审查的内容包括实质性和程序性两项。实质性审查主要针对该项请求是否有损该国主权、安全、国家利益、公共秩序和法律制度,是否合乎法律要求,是否符合当事国的现实利益等;程序性审查是以该项请求是否符合双方约定或国际惯例通过合法途径办理必要的手续,请求书送达是否合乎程序,办理该项请求是否可行,有无条件完成该项委托等。四是审查的结果。一般有三种:拒绝请求;或接受并执行请求;或不予理睬。

第三,请求拒绝。刑事司法协助是一种附条件的国际间合作,如某一请求不符合被请求国所遵行的条件,被请求国就会拒绝执行。一般地说,请求协助不得有损被请求国的主权、安全或公共秩序等,也不得冒犯被请求国法律的基本原则,也就是既要符合被请求国的实体法,又要符合被请求国的程序法,还不能违反被请求国承担的国际义务。如《欧洲刑事司法协助公约》的缔约国所承担的义务就有:被羁押人不同意,被羁押人需要参加在被请求国境内进行的刑事诉讼,移送可能导致羁押期限的延长,存在某些表明不宜将其移送到请求国境内的重要理由时,被请求国可以拒绝请求国迁移被羁押人。在出现上述情形之一时,有关缔约国如果请求被羁押人暂时出庭作证,将因违反上述义务而得不到协助。同时,请求还不能涉及政治、军事、宗教或种族性质的事项,否则也将会遭到拒绝。

第四,请求的受理和执行。主要程序如下:一是认可。被请求国经过对请求书的审查,认为符合双边刑事司法协助条约或协议,就将予以认可。被请求国一旦认可了请求书,就应立即立案受理,并按照国内程序交付处理。二是受理程序。被请求国经认可后,因受委托而取得相应的权利和义务。权利主要包括:立案权、代理权、交涉权;义务主要包括:负有依法办理请求国的请求事项以及承担因办理该项事项而引发的义务,如回答请求国的查询、通报办理委托程序及其结果等。受理的程序按照国内法的规定进行,一般包括:由接到请求书的主管机关确定办案单位,并将外国请求书连同其内部指示发往办案单位,办案单位收到上述文件后,着手办理该项委托事务,然后将办案结果报告指令机关,最后由主管机关将办案结果转告请求国。三是执行。是指被请求国根据请求国的请求,在本国管辖范围内,依法代为特定司法行为的措施。执行是完成委托的关键,也是刑事司法协助的最后程序和重要环节,通常包括:根据被请求事项的性质确定管辖权,然后交由有管辖权的司法机关依法办理,执行结果应当根据不同情况进行处理。凡依据请求事项全部履行的,应由办案单位报告本国主管机关,再由主管机关裁定并将处理情况转告请求国;凡部分完成请求事项,除了由主管机关将所完成的部分结果转告请求国外,可将其余未完成部分的原因予以说明,以便请求国研究采取其他必要措施;凡未能完成请求事项的,应由主管机关将结果及其理由向请求国说明。

第五,刑事司法协助的终止和撤销。一是协助请求的终止。是指因发生了特定情况,使得无法执行该请求或执行已失去意义,由当事国结束正在进行的刑事司法协助程序。终止可以由请求国提出,也可以由被请求国提出。终止的情形主要包括:当事国一方发生了政府更替,新政府不承认旧政府签订的刑事司法协助条约;当事国双方发生了战争,处于交战状态;当事国之间断绝了外交关系;当事国决定不再追诉请求事项涉及的行为;因当事国大赦或特赦请求事项涉及的当事人;犯罪嫌疑人或被告人死亡,当事国不再追究其责任;在执行请求期间,追诉时效到期;请求引渡的罪犯已经逃往第三国;请求事实已灭失,无法执行该请求;当事国撤销了请求;其他应拒绝执行的情形出现。终止的法律后果是请求国不再援引该请求,执行程序终结,被请求国不再办理该请求所涉及的事务。二是协助请求的撤销。是指由于存在或发生了某种情形而由当事国主动宣布放弃刑事司法协助请求权或执行权。一般地说,贪污贿赂犯罪侦查中凡出现以下情形时,请求国可以向被请求国提出撤销要求:贪污贿赂犯罪案件已经审理终结;被通缉的犯罪嫌疑人已由本国司法机关逮捕,无需再请求逮捕或引渡该犯罪嫌疑人;本国大赦或特赦原请求事项所涉及的案犯;其他类似终结刑事司法协助的情形。

需要指出的是,在反腐败国际合作中,我国地方各级检察机关需要通过国际刑警组织缉捕犯罪嫌疑人、查询有关资料的,应当由相应的检察机关提出申请并层报最高人民检察院审查后与有关部门联系办理。我国边沿地区检察机关与相邻国家的有关司法机关进行司法合作,在不违背我国有关缔结的条约和我国法律法规的情形下,一般可以按照惯例进行,视案情需要和可能而就双方之间办案过程中的具体事务作出安排,开展友好往来活动。

(五)大陆与港澳台地区反腐败合作。我国现已进入四法域并存、多元司法合作的特殊历史时期。大陆在打击贪污贿赂犯罪的过程中,必然涉及香港特区、澳门特区和台湾地区的区际法律协调和司法协助问题。从20世纪80年代开始,大陆检察机关就与香港廉政专员公署、警务处和澳门廉政公署(原反贪污暨反行政违法性高级专员公署)、检察院、司法警察局联手,进行侦破公职人员贪污贿赂犯罪和跨境调查、追赃、移交犯罪嫌疑人等方面的有益尝试,并取得成效。进入21世纪以来,大陆检察机关积极探索与台湾地区检方合作渠道、方式及具体措施,取得了重大的进展和成效。2009年4月26日,大陆的海峡两岸关系协会(简称"海协会")与台湾的财团法人海峡交流基金会(简称"海基会"),针对海峡两岸共同打击犯罪及司法互助达成协议,共5章24条,双方同意就民事司法协助及刑事司法协助包括采取措施共同打击双方均认为涉嫌犯罪的行为,并且着重打击贪污、贿赂、渎职等各种严重刑事犯罪。同时,对一方认为涉嫌犯罪,另一方认为未涉嫌犯罪但有重大社会危害的,得经双方同意可以进行个案协助。❶ 总的来说,时至今日我国检察机关已经基本形成一套行之有效的涉港澳台跨境司法协查制度,成为我国反腐败区际协作的重要组成部分。

1.个案司法协查制度的产生及其发展。我国自 20 世纪 70 年代末开始实行的改革开放政策,促进了我国经济社会快速发展,提高了广大人民群众的生活水平。与此同时,国家公职人员贪污受贿犯罪活动也随之滋生蔓延起来。境内的贪污、受贿等犯罪分子携带巨款潜逃出境或者将大量国有资产转移出境的案件呈不断上升趋势,香港廉政公署和澳门反贪污暨反行政违法性高级专员公署(1999 年回归祖国后改为"澳门廉政公署"),接到涉及我国内地公职人员贪污贿赂犯罪的举报案件明显增多,并以对与香港、澳门相邻的广东省公职人员的跨境举报为最多。由于香港、澳门和我国内地的法律制度存在明显的不同,三方在打击贪污贿赂犯罪过程中涉及异地的调查取证问题,经常产生法律冲突,延长了办案周期,提高了办案费用,严重地影响了侦查效率和效果。为了寻求对策,粤港两地反贪部门于 1986 年开始积极接触,探索在双方之间建立一种对个案进行协查的机制,进行贪污贿赂犯罪情报的交换和打击、预防贪污贿赂犯罪活动等区际合作实践。1990 年 9 月经中央批准,广东省人民检察院与香港廉政公署的代表举行会晤,粤港双方对开展个案协查的实验进行具体的阶段性工作总结,并在香港共同签署了《会晤纪要》,确定了个案协查的范围、协查的方式、联络的渠道及其他相关问题。1990 年 11 月 20 日经有关方面同意,最高人民检察院决定在广东省人民检察院设立"个案协查办公室",对外称"广东省人民检察院个案协查办公室",明确规定全国各级检察机关同香港廉政公署、澳门反贪污暨反行政违法性高级专员公署相互协助开展调查贪污贿赂犯罪案件的工作,都要通过"个案协查办公室"进行联系。"个案协查办公室"负责审核需要境外协查的案件材料,提出意见并呈报出境审批手续;派员陪同办案人员出入境调查取证;协调和负责联络、安排双方官员的会晤以及交涉事宜;整理和储存个案协查档案材料;收集港澳地区社会信息和研究港澳地区的法

---

❶ 参见新华社 2009 年 4 月 28 日。

律规定和司法制度等。1993年2月6日,最高人民检察院下发《关于同港澳地区司法机关进行案件协助调查取证工作程序的规定》,将内地检察机关与香港廉政公署、澳门反贪污暨反行政违法性高级专员公署相互协助调查贪污贿赂犯罪案件的工作纳入法制化轨道。进入21世纪之初,2000年粤港澳三方多次就深化和拓展个案协查合作问题进行磋商,并达成四方面的共识:一是认为有必要加大协查的力度,增加协查的个案数量,简化操作程序,缩短工作周期,提高取证效率,以适应打击跨境贪污贿赂犯罪的需要。二是为及时有效地查处跨境贪污贿赂犯罪分子,同意进行投诉/举报转介,并已商定共同开展实验性的操作活动。三是鉴于跨境相互勾结的团伙性贪污贿赂犯罪时有发生,各方达成加强情报沟通,必要时进行联手打击的默契。四是为继续解决三地之间的法律冲突,各方愿意在缉捕逃犯、涉外金融机构的取证、追缴赃款赃物、安排证人出庭作证等一系列问题上继续探索,寻求区际合作的良好效果。2009年海协会与海基会同意采取措施共同打击贪污、贿赂等双方均认为涉嫌犯罪的行为。2010年年底,最高人民检察院根据个案协查工作的实际需要,决定将广东省人民检察院个案协查办公室更名为司法协助处,负责具体办案协作等工作。对涉外案件,需要赴国境外调查取证或者追逃追赃的,需报经最高人民检察院。2011年4月,最高人民检察院为适应检察机关涉港澳工作的需要,决定成立最高人民检察院涉港澳工作办公室,取代原最高人民检察院个案协查办公室。

2.司法协查制度的内容及其特点。司法协查是我国内地与港澳台四方打击和控制跨境贪污贿赂犯罪的有效途径和手段,主要内容包括:

第一,司法协查的范围和协查活动的内容。广东省人民检察院与香港廉政公署曾于1990年达成了初步共识,确定广东省及内地其他省、自治区、直辖市人民检察院和香港廉政公署,依照法律规定的管辖范围立案侦查并可以请求对方协助调查的案件包括:贪污、贿赂、偷税、漏税、骗税、挪用公款、假冒商标、侵占公司或者企业资产、私拆邮件窃取财物、徇私舞弊、玩忽职守等,以及与贪污贿赂有牵连的走私犯罪、诈骗犯罪和双方特别请求协助调查的其他有关罪案。海协会与海基会签订的海峡两岸司法协助协议,则就以下犯罪进行司法协助:一是双方同意着重打击下列犯罪:涉及杀人、抢劫、绑架、走私、枪械、毒品、人口贩运、组织偷渡及跨境有组织犯罪等重大犯罪;侵占、背信、诈骗、洗钱、伪造或变造货币及有价证券等经济犯罪;贪污、贿赂、渎职等犯罪;劫持航空器、船舶及涉恐怖活动等犯罪;其他刑事犯罪。同时,对一方认为涉嫌犯罪、另一方认为未涉嫌犯罪但有重大社会危害,得经双方同意个案协助。在协查的内容上,除了广东和香港两地直接开展合作之外,香港廉政公署还可以通过广东省人民检察院的安排,派出调查人员到中国内地其他地区,在当地检察机关的协助下调查取证;港澳地区之间的协查合作范围也基本按照上述精神实施。海峡两岸的司法协助,则通过海协会与海基会协作解决。为了解决协查中出现的新问题,广东省人民检察院与香港廉政公署、澳门廉政公署经过磋商,主要就协助会见和询问知情人和证人,向有关部门了解、查询、调取物证、书证,对某些物证、书证进行鉴别、鉴定,对单项证据资料进行核对,提供犯罪嫌疑人的出境入境资料或动向报告,安排本法域居民到境外出席法庭作证,办理举报案件线索的转介,通过法律程序追缴与犯罪有关的赃款赃物等内容形成一些新的约定。1999年4月12日,最高人民检察院根据香港回归祖国、澳门即将回归的现实需要,对1993年《关于同港澳地区司法机关进行案件协助调查取证工作程序的规定》进行新的修改和补充,下发《最高人民检察院关于进一步规范涉港澳个案协查工作的通知》,规定地方各级人民检察院办理的案件需要请香港、澳门特区有关部门协助的,由所在省、自治区、直辖市人民检察院逐案报请最高人民检察院审批。香港特区廉政公署、澳门特区廉政公署和澳门检察院办理的案件需要请内地有关检察机关协助的,直接与最高人民检察院原个案协查办公室联系安排。同时,内地检察机关请香港、澳门特区有关部门代为调查取证的,经审批后,由最高人民检察院原个案协查办公室同香港、澳门特区有关部门联系落实。需派员赴港澳调查取证时,由最高人民检察院原个案协查办公室同香港、澳门特区有关部门联系,并派员指导,或者委托广东省人民检察院派员协助。赴港澳调查取证人员需持最高人民检察院的批件在当地外事部门办理赴港澳通行证。自此,内地与港澳就贪污贿赂犯罪个案协查工作,建立了由最高人民检察院统揽全局、指导内地与港澳地区开展个案协查的高层协调机制。需要注意的是,2009年4月26日,大陆海峡两岸关系协会会长陈云林与台湾海峡交流基金会董事长江丙坤在南京签署了《海峡两岸共同打击犯罪及司法互助协议》。该协议从内容到程序等方面,都更为全面和规范,是海峡两岸之间的重要司法协助。

第二,司法协查的特点。个案司法协查是根据我国多法域并存的实际,开展反腐败区际合作的行之有效的途径和手段,主要具有以下几个特点:一是鲜明的政治性。开展内地与港澳特区、大陆与台湾地区贪污贿赂犯罪侦查的区际合作,是根据我国现阶段的实际所确立的一项司法原则,也是四方建立在平等协商、对等协助、互利互惠原则指导下的一项区际司法合作活动,具有鲜明的政治性质。二是独特的创新性。个案司法协查是解决四地法律制度冲突的一项探索性尝试,实践证明是行之有效的,是解决我国区际法律制度冲突的一项创举。三是很强的针对性。个案司法协查主要是针对因各法域之间的封闭,以及法律制度、证据制度之间的差异既使内地与港澳特区、台湾地区相互之间的交往受到各种进出境签证制度的约束,又增加赴港澳台取证或者港澳台赴内地、大陆调查取证成本等侦查实践中遇到的突出问题而提出来的,是解决多法域国家在不同法域的地区开展侦查区际合作的一种途径和方式。

第三,个案司法协查的操作规程。根据20多年的协查合作实践,目前个案司法协查已经建立了一套简便易行的办案规程,主要内容包括:

一是联系方式。首先,在港澳回归祖国前,区际侦查合作的程序是:内地检察机关提出协查请求经层报最高人民检察院审批后,通过新华社香港分社移交香港政府政治顾问处审查处理,经政治顾问处审查后认为需要提供合作的由其移交具体办案部门执行。涉及澳门特区的案件由新华社澳门分社移交澳门政府的有关部门转达处理。其次,在港澳回归祖国后,开展区际侦查合作,则按照最高人民检察院的有关规定,直接由内地检察机关与港澳特区的廉政公署三方直接联系协查事宜。再次,在海峡两岸签订司法协助协议后,也即2009年4月26日以后,对于两岸涉嫌的贪污、受贿等职务犯罪,由海协会与海基会双方以及海峡两岸检察机关之间进行协助。

二是个案司法协查机制的运行要求。个案司法协查实行原个案协查办公室主任、香港廉政公署执行处、澳门特区廉政公署个案协查首长负责制,并各自指定一位代表办理具体事宜。广东省内各级检察机关认为需要港澳特区有关部门协查合作的,仍由广东省人民检察院原个案协查办公室统一对外联络,内地其他省、自治区、直辖市检察机关认为需要港澳特区有关部门协查合作的,层报最高人民检察院原个案协查办公室、现为国际合作局审查,并与境外对口单位联络,待作出安排后由办案单位具体执行。海峡两岸的个案司法协助相关事宜,由财团法人海峡交流基金会与海峡两岸关系协会联系。

三是个案司法协查的法律依据。开展个案司法协查时,应当尊重各方法律确立的刑事管辖权,在调查取证时要根据被请求协助方的法律程序进行,由当地参与协查的廉政公署或者检察机关出具司法文书。

四是调查取证活动的内容和程序。首先,出入境侦查人员与当地廉政公署的协查人员一起公开参与调查取证活动。在当地廉政公署的安排下,各方派往对方境内从事调查活动的人员与当地的协查人员共同开展侦查、调查工作,但应当以当地的协查人员为主执行调查取证的任务。对内地与港澳特区之间通过协助调查获取的人证、物证和书证资料,三方都视为具有法律效力的证据。为了保证过境取证活动确有成效,根据区际合作中遇到的新情况新问题,三方经协商约定:会见或询问证人时,通常应安排在协助方的办公场所,并有协助方人员在场;询问证人的文字记录或者录音,需要由当事人及协查人员签名;必要时,双方协查人员可以对部分书证或物证作出特别说明,或者制作调查手记;经相应机构或人员鉴别或鉴定的资料,应出具鉴别意见书或鉴定书。凡是具有上述形式要件的证据材料,各方都将其视为可以认定案件事实的合法证据。同时,对于海峡两岸的司法协助,台海双方同意就交换涉及犯罪有关情资,协助缉捕、遣返刑事犯与刑事嫌疑犯等方面进行协助侦查,并于必要时双方合作协查、侦办。在具体协助过程中,比如在调查取证时,双方同意依己方规定相互协助调查取证,包括取得证言及陈述,提供书证、物证及视听资料,确定关系人所在或确认其身份,勘验、鉴定、检查、访视、调查,搜索及扣押等。受请求方在不违反己方规定前提下,应尽量依请求方要求之形式提供协助。受请求方协助取得相关证据资料,应及时移交请求方。但受请求方已进行侦查、起诉或审判程序者,不在此限。同时,对于罪赃移交方面,双方同意在不违反己方规定范围内,就犯罪所得移交或变价移交事宜给予协助。

五是个案司法协查中具体问题的处理。由于到境外调查取证,大量的工作是向有关知情人调录证词。这些知情人往往因担心受到当局追究、惧怕被株连等心理影响,有的尽量回避,有的保持沉默,从而增加了调查取证的难度。为了解决这一问题,排除取证阻力,各方经过协商达成了对知情人事先作出法律承诺的谅解。即知情人只要向调查当局说明真实情况,就应当受到法律的保护,不得因此事件而受到调查当局的刑事追究。即使是某些知情人在案件中有牵连或有某些罪错,只要讲实话,就会受到法律的宽容和赦免。对知情人的这种承诺是宽大的,但具有司法约束力,使知情人的法律地位得到内地与港澳台各方协查机构的有效保护。然而,在个案司法协查的实践中,知情人即证人必须符合相应的约束条件:知情人必须到协查当局接受调查和询问;必须如实全面地提供证词和有关的书证、物证;必须在证词上签名,确保证词的有效性。只要知情人如实提供了证言和证据,协查当局必须承诺不对其进行法律追究。

3.反腐败区际合作机制的发展与完善。港澳特区的成立,以及海峡两岸司法协助协议的签订,使大陆与港澳、台湾之间的反腐败区际合作进入一个新的历史时期。特别是港澳回归祖国分别已有 16 年、14 年,执法与司法的环境发生了许多新的变化,为适应新的合作形势需要,进行了一些新的探索和实践,主要包括:

第一,寻求查询金融资料的简便途径。香港特区政府为了保持“自由港”的地位和美誉,采取了许多保护经济自治、金融自由的严格法律限制措施。因此,贪污贿赂犯罪侦查中涉及查询客户金融资料的问题十分敏感和复杂。通过探索和实践,现在初步形成的做法:一是通常情况下,办案人员将涉案当事人的授权委托书向金融机构出示后,金融机构按照正常的业务程序进行核对,并在核实无误后,同意查询该账户资料或准予提取账面上所存的款项。二是如果当事人不同意合作,或者无法找到当事人时,办案人员可以请求香港廉政公署提供帮助,由其出面同金融机构斡旋,依照银行的正常业务程序获取相关的金融资料。三是在上述两种途径不能奏效的情况下,因案情的特殊需要,为防止节外生枝,办案人员以“涉嫌香港人士共谋作案”为由,请求香港廉政公署立案调查,并表达希望其采取临时紧急措施,及时向内地检察机关转介调查资料的愿望。四是涉及内地在港的中资金融机构时,办案人员出示合法的查询文件,即可通过正常的业务渠道获取必要的资料。

第二,完善证明手段。主要在承认运用视听证据的法律效力、委托调查案件线索和证据、安排内地赴港澳出庭作证等方面达成了一些共识。如安排内地赴港澳出庭作证方面,三方约定:一是内地证人赴港澳时必须由内地检察机关原个案协查办公室的官方人员陪同,但不负责陪同出庭。同时,一切活动按照法律规定进行,规避新闻透视,不公开发表评论,以免妨碍作证的公正性。二是请求合作一方负担证人的旅差费及在港澳期间的费用,并对证人因误工所造成的损失作适当的经济补偿。三是港澳方司法机关要依法切实保护证人的人身安全和在庭辩中的合法权益。四是对证人及陪同人员出境、入境签证给予方便,并确保证人不因他案受到牵连,并能按期返回原地。此外,对于赴台取证,则由最高人民检察院法律政策研究室台湾事务办公室具体协助办理。

第三,改进反腐败区际合作制度。主要内容包括:一是创办原个案协查办公室深圳、珠海办事处。1995 年 8 月经最高人民检察院批准,设立广东省人民检察院个案协查办公室深圳办事处、珠海办事处。受理涉及港澳入境调查取证的个案,应当按照最高人民检察院《关于同港澳地区司法机关进行案件协助调查取证工作程序的规定》办理;如果需要办理与港方或澳方互相代查案件线索或者单项证据资料时,事前需要报广东省人民检察院原个案协查办公室同意,事后向其报备案;办理本院检察长指示交办的涉港澳案件,在完成任务后除向本院领导汇报外,还要报广东省人民检察院原个案协查办公室备案;办理涉及港方或澳方业务交流的事务,事前需要商请广东省人民检察院原个案协查办公室同意,事后要向其通报。二是建立过境联合调查制度。这是指一方调查人员取得对方同意后直接进入对方境内进行调查取证的活动,最早是由香港单方面提出来的,为粤港澳的反腐败协查合作打开了新途径新渠道。三是建立相互接受委托代查案件机制。为了严格按照刑事诉讼法关于有关诉讼时效的规定办案,提高办案效率,缩短办案周期,降低诉讼成本,最高人民检察院和广东省人民检察院原个案协查办公室与港澳廉政公署经过协商,曾就建立委托代查案件机制达成以下共识:对某些时限特别紧迫,调查内容比较简单的案件,采取委托对方调查并将调查结果通报给委托方的方式。这样,可使代查案件在短期内获得充分的证据并加以侦破,按时结案,也能有效地防止有关人员串供、转移证据、销毁证据的情事发生。四是配合调查行动。就是在紧急情况下，一方应对方的请求，迅速派出侦查人员出境或在自己境内协助请求方开展调查工作，完成特殊情况下的协查任务，增强侦查合作的效果。

第四，探索和创新反腐败区际合作新机制。主要体现在以下几方面：一是开辟举报转介新途径。举报转介是我国内地检察机关与港澳廉政公署根据联手打击和预防跨境贪污贿赂犯罪的实际需要而达成的一项司法谅解，具体是指各方在各自的日常工作中，不管哪一方收到的举报控告材料，当案情涉及对方的机构或人员时，应当及时地将该举报材料的相关部分转介给对方调查处理，接受材料一方必须承诺在调查结束后将有关案情和处理结果尽快通报给转介方的一项侦查合作制度。港澳回归前的举报转介活动，主要是在廉政公署之间直接进行；回归后扩大到从警方、审判机关及行政执法部门所掌握的案件信息中获取。这种合作方式的目的是解决调查进程中的犯罪案件涉及跨境贪污贿赂犯罪等所遇到的困难，以便挖出隐藏较深的幕后涉案人员。二是加大技术侦查和与国际合作的力度。从实践看，由于贪污贿赂犯罪人一般都将非法所得通过洗钱方式或经朋友之手转移境外，或存入境外金融机构或托熟人保管。因此，要从预防的角度事先对贪污贿赂犯罪人的不法行为进行控制，侦查机关必须采取一系列技术侦查手段及使用秘密侦察力量与其作斗争。港澳作为国际化大都市，与西方国家有着许多传统的联系，香港还加入了"反洗钱金融行动特别工作组"。这个工作组是由西方七国首倡、于1989年在法国巴黎成立的政府间组织，成员已发展到33个国家（地区）和欧洲委员会、海湾合作委员会两个国际组织。内地检察机关可以充分利用港澳执法机关与国际社会的联系，将打击跨境贪污贿赂犯罪活动的工作延伸到国外，进而形成打击跨境跨国贪污贿赂犯罪的联动机制。三是寻求追缴赃款赃物的新方法新途径。按照香港法律的规定，对涉案款物通常须提起民事诉讼，通过法院判决决定这些款物的归属，其周期长，费用、成本高，效果差，往往会得不偿失。为此，内地检察机关在查明境外贪污贿赂犯罪案件的同时，也在探索挽回发案单位经济损失的新方法新途径。协查实践中，一旦发现涉案的赃款赃物，首先请求港澳廉政公署协助查明其来龙去脉及其存放地点，进而通过多种手段和方法对知情人进行自愿归还的劝导,以达到追赃的目的。四是各方携手缉捕跨境逃犯。按照司法权独立的原则,内地与港澳司法机关不能直接为对方缉捕隐匿在自己境内的逃犯,但可以为对方提供逃犯的动向情报包括逃犯的出入境记录及其走向资料的谅解备忘录,为有效地开展协查合作、打击跨境腐败创造了极为有利的条件。❶ 此外,对于海峡两岸司法协助,包括对于贪污贿赂犯罪的侦查协助,应当按照 2009 年 4 月 26 日海协会与海基会共同签订的《海峡两岸共同打击犯罪及司法互助协议》进行。

---

❶ 关于这方面问题,参见詹复亮:《反腐败侦查国际化若干问题》一文,载赵秉志主编:《反腐败法治建设的国际视野——〈联合国反腐败公约〉与中国刑事法治之协调完善研究》,法律出版社 2006 年版。

第三章　贪污贿赂犯罪惩治和预防战略

第一节　贪污贿赂犯罪惩治和预防战略概述

从战略管理的原理讲,贪污贿赂犯罪惩治和预防战略是反腐败斗争顶层设计和总体规划的重要组成部分,包含了贪污贿赂犯罪惩治和预防战略思维、战略指导思想、战略目标、战略意图、战略方案、战略任务、战略重点、战略方向、战略层次、战略预测、战略规划、战略措施、战略协同、战略管理与战略评估等一系列内容。由于贪污贿赂犯罪是腐败现象的最严重表现,而贪污贿赂犯罪惩治和预防战略作为反腐败战略的重要组成部分,因此与反腐败战略紧密相联,并且有许多内容的重合和交叉,因此加强对贪污贿赂犯罪惩治和预防战略与反腐败战略问题研究,全面把握贪污贿赂犯罪惩治和预防战略与反腐败战略的内涵和要义,有利于提升贪污贿赂犯罪惩治和预防战略与反腐败战略水平、推动战略实践。具体地说,应当着重把握以下几个方面。

一、贪污贿赂犯罪惩治和预防战略的含义与本质

所谓战略,是指筹划和指导有关工作全局的方略。顾名思义,贪污贿赂犯罪惩治和预防战略,是根据贪污贿赂犯罪等腐败现象严重程度,结合国内外经济、政治、文化、社会乃至科学技术等诸因素,进行准确分析、判断及预测贪污贿赂犯罪滋生蔓延态势,科学制定惩治和预防贪污贿赂犯罪的战略方针、战略原则和战略计划,筹划反贪污贿赂的各项准备,指导反贪污贿赂战略实施所遵循的原则和方法。正确理解和全面把握贪污贿赂犯罪惩治和预防战略的含义,可从以下几个方面入手:一是惩治和预防战略制定主体,

是法律赋予惩治和预防贪污贿赂犯罪的职能部门。二是实施惩治和预防战略的目的,是研究解决反贪污贿赂全局性的问题。三是研究解决反贪污贿赂全局性问题的手段同反贪污贿赂相关的计划、策略和方法。可见,这里的贪污贿赂犯罪惩治和预防战略,从本质上讲属于主观对客观的反映,即认识论和方法论的范畴。

二、贪污贿赂犯罪惩治和预防战略构成要素

贪污贿赂犯罪惩治和预防战略,通常由以下四项要素所构成:

(一)战略目的。贪污贿赂犯罪惩治和预防战略目的,是反贪污贿赂战略行动所要达到的预期结果,是制定和实施贪污贿赂犯罪惩治和预防战略的出发点和归宿点。

(二)战略方针。贪污贿赂犯罪惩治和预防战略方针,是指导反贪污贿赂全局的方针,是指导反贪污贿赂行动的纲领和制定贪污贿赂犯罪惩治和预防战略计划的基本依据,是在深入分析贪污贿赂犯罪等腐败形势以及贪污贿赂犯罪与反贪污贿赂双方博弈诸因素基础上制定的,具有很强的针对性。实践表明,每个时期或者每一次的反贪污贿赂行动,都将因不同的对象和条件而异,因此采取的战略方针也应不同。这要求在总的战略方针指导下,制定具体的贪污贿赂犯罪惩治和预防战略方针,进一步确定惩治和预防贪污贿赂犯罪的战略任务、战略重点以及主要的战略方向、力量的部署与使用等。

(三)战略力量。贪污贿赂犯罪惩治和预防战略的力量,是反贪污贿赂战略的物质基础和组织支柱,以国家法治水平及国家的强制力、综合国力为后盾,在经济社会和科学技术发展的基础上,根据惩治和预防战略目的和战略方针的实际需要,确定其规模、发展方向和重点。

(四)战略措施。贪污贿赂犯罪惩治和预防战略措施,是为准备和开展对贪污贿赂犯罪惩治和预防而实行具有全局意义的战略保障,是战略决策机构根据贪污贿赂犯罪惩治和预防的实际需要,在经济、政治、社会、科学技术和战略领导以及战略决策指挥等方面,所采取的切实可行的各种全局性的方法和步骤。

三、贪污贿赂犯罪惩治和预防战略基本属性与特点

贪污贿赂犯罪惩治和预防战略,在反贪污贿赂斗争中具有十分重要的

地位和作用。从基本属性讲,贪污贿赂犯罪惩治和预防战略是国家根本性的反腐败政策以及惩治和预防贪污贿赂犯罪政策及策略的组成部分,是反贪污贿赂的主要依据,是运用反贪污贿赂力量推进与贪污贿赂犯罪作斗争的重要保障,既指导查处和惩治贪污贿赂犯罪,也指导教育、警示犯罪分子并预防贪污贿赂犯罪。贪污贿赂犯罪惩治和预防战略的正确与否,决定着反贪污贿赂成败,最终将事关干部的清正、政府的清廉、政治的清明以及执政党的执政地位巩固和执政使命实现。

根据贪污贿赂犯罪惩治和预防战略的本质特征,对这类犯罪的惩治和预防战略,主要的特点体现在以下几个方面:一是阶级性。贪污贿赂犯罪惩治和预防战略,在本质上属于政治的产物,反映一定阶级、民族、国家或政治集团的根本利益,体现一国与贪污贿赂犯罪作斗争的路线、方针和政策,具有很强的政治目的和鲜明的阶级性,是为一国政治目的服务的。二是全局性。这里的全局性,主要是指贪污贿赂犯罪惩治和预防战略实施各个方面和各个阶段重大的、相对独立的领域,既可以表现在空间上,如全球社会、一个国家、一个区域、一个独立的战略方向,也可以表现在时间上,贯穿于指导贪污贿赂犯罪惩治和预防战略准备与实施各个阶段和全过程。三是对抗性。制定和实施贪污贿赂犯罪惩治和预防战略,针对的是贪污贿赂犯罪分子。反贪污贿赂的最终目的是革除贪污贿赂犯罪等腐败分子的命,这就将产生激烈的对抗。四是预见性。贪污贿赂犯罪惩治和预防战略必须进行谋划,这是惩治和预防战略决策的前提和基础。实践中需要在广泛调查研究的基础上,全面分析、正确判断、科学预测贪污贿赂犯罪滋生蔓延及其消长规律和特点等诸因素,把握贪污贿赂犯罪活动的时代特征,明确贪污贿赂犯罪活动的表现形式、方向、规模及趋势等,为制定、调整和实施惩治和预防战略提供客观依据。五是谋略性。贪污贿赂犯罪惩治和预防战略,是基于贪污贿赂犯罪活动的客观情况而制定的克敌制胜的斗争策略,在一定的客观条件下即使处于暂时不利,也能变被动为主动,化劣势为优势,以少胜多,以弱制强等。运用谋略,重在对反贪污贿赂全局的谋划,制定惩治和预防战略所强调的是深谋远虑,掌握贪污贿赂犯罪等腐败现象的特点和规律,做到多谋善断,以智取胜,并积小胜为大胜,最终取得反腐败斗争全面胜利。

四、贪污贿赂犯罪惩治和预防战略类型与功能

贪污贿赂犯罪惩治和预防战略的基本类型，主要可分为进攻战略和防御战略两类。通常而言，贪污贿赂犯罪惩治和预防战略的思想，具有一定的共同性。比如，科学确定反贪污贿赂斗争的目的和战略目标、掌握工作主动权、发挥灵活性、加强统一指挥、集中力量和节约办案资源以及机动、突然和快速反应等方面，都可作为贪污贿赂犯罪惩治和预防战略的一般原则。但由于反贪污贿赂斗争的性质因各个国家性质的不同而相异，加之各国经济、政治、社会、科技以及民族、宗教、文化传统等条件和环境不同，反映在贪污贿赂犯罪惩治和预防战略上的特点和规律，也是有所区别的。对此，应当注意把着眼于现状与着眼于历史相结合，提出有针对性的贪污贿赂犯罪惩治和预防战略。从功能上讲，进攻型与防御型的贪污贿赂犯罪惩治和预防战略也是有所不同的。前者属于主动出击，主要是在贪污贿赂犯罪比较严峻的情况下所采用的战略；后者属于防范性质的，具有被动性，通常是在经过对贪污贿赂犯罪活动的严重打击，采用结合案例进行警示教育、制度预防等措施，深入推进查办贪污贿赂犯罪和反腐败斗争。

第二节　贪污贿赂犯罪惩治和预防目标及其体系

目标是行动的纲领和指南。惩治和预防贪污贿赂犯罪，如果没有科学的目标，就将无从下手，就难以保证正确的方向，也就难以实现自身历史使命。21 世纪以来，中国共产党持续深入推进反腐败斗争，取得了明显成效。但从实践看，正如中共十八大报告所指，"一些领域消极腐败现象仍然易发多发，反腐败斗争形势依然严峻"。习近平总书记在十八届中共中央政治局第一次集体学习时的讲话中，就告诫全党："大量事实告诉我们，腐败问题越演越烈，最终必然亡党亡国。我们要警醒啊！"科学有效地惩治和预防贪污贿赂犯罪等腐败现象，不断推动执政党的先进性和纯洁性建设，增强执政党的执政权威和合法性，不仅是执政党建设的一项核心内容，而且关系到执政党的生死存亡。依法严肃查处贪污贿赂犯罪，深入推进党风廉政建设和反腐败斗争，必须确立科学而明确的目标和方向。

一、贪污贿赂犯罪惩治和预防价值目标

惩治和预防贪污贿赂犯罪,在性质上具有双重性。它既是一项司法活动,也是一种政治斗争,即采用司法的途径和手段进行的政治斗争。这要求惩治和预防贪污贿赂犯罪,既要遵循司法规律,又要服从服务于党和国家的大局。中国共产党自成立以来,历经革命、建设和改革时期,已经从领导人民为夺取全国政权而奋斗的党,成为领导人民掌握全国政权并长期执政的党。从政治学原理和执政规律讲,执政是同时涉及社会、政党和国家的一个系统的政治过程,对执政党提出全面而深刻的内在要求。执政党只有在这个系统的政治过程中促进自身发展,并准确把握和适应执政规律,不断增强执政意识,改进领导方式和执政方式,提高执政能力和执政水平,才能实现长期执政目标。在现代政治的条件下,执政党要领导人民有效治理国家,应当遵循宪法和法律规定,在充分尊重公共权力主体也即全体人民意志的前提下运用公共权力,实行在宪法和法律框架下的合法执政。各国政治实践表明,执政党实现长期执政,除了取决于全党意志,很大程度上取决于在政府机关担任公职的执政党成员特别是领导干部的个人意志、具体行为和价值取向。如果担任国家公职的执政党成员,特别是领导干部个人在观念和行为上超越人民的意志、宪法和法律规定乃至执政党的意志,那么在公共权力运行的过程中就可能发生权力异化,最终不仅影响政府政权的权威和合法性,也会动摇执政党的执政地位、执政权威和执政合法性。总之,政治发展的历史证明,执政过程中发生的贪污贿赂犯罪等腐败现象,可能是难以避免的,但执政党要实现长期执政,就必须坚定不移反对腐败,做到坚决惩治、有效遏制、科学预防贪污贿赂犯罪等腐败现象。

惩治和预防贪污贿赂犯罪的目标,就是要根据惩治和预防贪污贿赂犯罪所具有双重性质的特征和规律要求进行确立。从实质上讲,惩治和预防贪污贿赂犯罪的目标,从属于反贪污贿赂价值目标,并且具有价值目标、战略目标和具体目标等多个层次体系。确立这样的目标,首先要从政治上进行考量,统筹处理讲政治与讲法治两者之间的辩证关系,加快确立惩治和预防贪污贿赂犯罪等腐败现象的价值取向,从以往限于遏制和预防贪污贿赂犯罪的目标定位,转移到通过遏制和预防贪污贿赂犯罪等腐败现象用以维护和巩固执政所需政治资源上来,把依法查办、坚决遏制、有效预防贪污贿赂犯罪等腐败现象作为一项重要职责,进一步整合惩治和预防资源,聚集惩防力量,努力把腐败现象降低到最小的程度。构建这样的目标,可以围绕以下四个维度进行。

(一)维护人民权益。人民利益至上,是现代国家必须确立的一条政治信念。国家权力或者公共权力植根人民。执政党执政所掌握和运用的公共权力,其合法性来自于人民的信任和委托,执政的目的就是为人民服务。中共十八大报告强调指出,提高人民物质文化生活水平,是改革开放和社会主义现代化建设的根本目的。要多谋民生之利,多解民生之忧,解决好人民最关心最现实的利益问题,在学有所教、劳有所得、病有所医、老有所养、住有所居上持续取得新进展,努力让人民过上更好生活。贪污贿赂犯罪等腐败现象,是国家公职人员利用手中的公共权力谋取私利,直接严重危害人民利益。要有效惩治和预防贪污贿赂犯罪等腐败现象,推进党和国家的廉政建设,首要的价值目标是要确立人民利益至高无上的政治信念。通过查办、惩治和预防贪污贿赂犯罪等腐败现象,恢复被滥用公共权力所破坏了的社会秩序,努力完善公共权力制约和监督体系、公务员制度体系及政治道德与责任体系,把权力关进制度的"笼子",保护公共权力不被滥用,维护民生民利民权,实现党为人民服务的宗旨,维护人民合法权益和社会安宁秩序。

(二)维护法律的尊严和权威。坚持法律面前人人平等,是法治国家的基本要求,在查办、惩治和预防贪污贿赂犯罪等腐败现象的活动中更为重要。中共十八大强调,全面推进依法治国。法治是治国理政的基本方式。要推进科学立法、严格执法、公正司法、全民守法,坚持法律面前人人平等,保证有法必依、执法必严、违法必究。推进依法行政,切实做到严格规范公正文明执法。党领导人民制定宪法和法律,党必须在宪法和法律范围内活动,任何组织或者个人都不得有超越宪法和法律的特权,绝不允许以言代法、以权压法、徇私枉法。依法治国,首先是对公共权力的约束,也是对执政党执政的约束。公共权力应当按照既定的原则和要求运作,执政党及公共权力执掌者和行使者要成为法律的忠实执行者,党和国家要把法律当作生存的基本原则和条件进行维护。这些要求对执政党的执政行为就预设了法治化前提,给执政党的执政活动设定了合宪合法空间,为执政党的执政权力扎紧牢固的制度"笼子"。执政党只有遵循依法治国的原则进行执政活动,才能有稳固的合法性基础。与此同时,执政党承担着培育国家法治文化和法治精神的重要职责。从法治实践看,当今执政过程中的法治观念淡薄,甚至损害、贬低法治观念的现象和做法大量存在。一方面,我国已进行大量立法;另一方面,由于一些法律可操作性低而缺乏权威。一方面,一些法律看上去很超前,规定也很详细;另一方面,社会民众不认可、不遵守、不执行,违法现象普遍化。一方面,禁令遍布各行各业,到处可见警示牌;另一方面,在那些警示牌下甚至手举警示牌、心安理得干着被禁止的事情时有发生。贪污贿赂犯罪等腐败现象,实际上就是以上这些现象中突出的事例。从执政规律看,执政党运用法律手段管理社会,比运用行政手段管理社会显得更安全。采用法律手段管理社会,可以在较大程度上避免行政的主观性和随意性对公共权力的腐蚀,进而对执政活动带来的影响,同时还可以为长期执政提供更多的法律保障。通过法律途径,防止执政党内部发生的贪污贿赂犯罪等腐败现象,整合更多的执政资源为执政党所用,有利于提高执政党执政的合法性。惩治和预防贪污贿赂犯罪等腐败现象,推进党和国家的廉政建设,就必须保护法治尊严,坚决杜绝公共权力对法治的侵蚀和危害,这是其中的价值目标之一,也是执政党在新的执政时期的一个重要历史使命。不管涉及什么人,不论权力大小、职位高低,也不论在何时何地,只要触犯党纪国法、构成犯罪,都要坚决惩治,严惩不贷,从而维护国家法律的尊严和权威,实现法治正义,全面推进依法治国。

(三)维护道德力量。任何一个国家或者社会,它的稳定和发展离不开法律规范提供的制度保证,也离不开道德规范提供的精神保证。道德建设关系到政府信用乃至整个社会信用机制建设,关系到社会风气的根本好转和国家的长治久安,关系到党的执政地位的根本巩固。道德建设是社会主义文化强国建设的重要内容,是有效遏制和预防贪污贿赂犯罪等腐败现象的重要途径,是培育政府信用、打造执政权威、实现全面建成小康社会奋斗目标的重要基础和根本保证,并且是执政党赢得社会认同和支持的基本前提。长期以来,党和政府在不同时期对国家公职人员的道德建设提出了一系列要求,特别是中共十五大以来,国家公职人员道德建设被进一步提到议事日程上。2001 年,中央制定了《公民道德建设实施纲要》,第一次系统集中地提出公民基本道德规范。2003 年 9 月 18 日,中央精神文明建设指导委员会又发出《关于深入贯彻党的十六大精神，进一步加强公民道德建设的意见》。2005 年 4 月 27 日十届全国人大常委会十五次会议审议通过了《中华人民共和国公务员法》，对公务员的职业道德作出规定。2011 年 10 月 18 日中共十七届六中全会审议通过了《中共中央关于深化文化体制改革推动社会主义文化大发展大繁荣若干重大问题的决定》，明确提出坚持用社会主义核心价值体系引领社会思潮，在全党全社会形成统一指导思想、共同理想信念、强大精神力量、基本道德规范。❶ 2012 年 11 月 8 日召开的中共十八大报告强调要全面提高公民道德素质，坚持依法治国和以德治国相结合，加强社会公德、职业道德、家庭美德、个人品德教育，弘扬中华传统美德，弘扬时代新风。❷ 2013 年 2 月 23 日下午，中共中央政治局就全面推进依法治国进行第四次集体学习。习近平总书记在主持学习时发表了重要讲话，明确指出要坚持依法治国和以德治国相结合，把法治建设和道德建设紧密结合起来，把他律和自律紧密结合起来，做到法治和德治相辅相成、相互促进。❸ 从现实情况看，当今一些社会领域和一些地方道德失范，是非、善恶、美丑等界限混淆，拜金主义、享乐主义、极端个人主义有所滋长，见利忘义、损公肥私行为时有发生，不讲信用、欺骗欺诈成为社会公害，以权谋私、腐化堕落现象严重。贪污贿赂犯罪等腐败现象，是对社会道德风气最大的破坏和污染。如果不重视加强道德建设，就难以筑牢遏制和防范贪污贿赂犯罪等腐败现象的坚固屏障，就难以保证党始终保持同人民群众的血肉联系，执政党的执政地位也就难以从根本上得到巩固。实践证明，道德要成为执政党的执政资源，执政就应积极实践道德和体现道德，每一个执政党成员都应在道德实践中率先垂范，成为先进文化的代表。于是，保护道德力量，理应成为遏制和预防贪污贿赂犯罪等腐败现象、推进党和国家的廉政建设的价值目标之一，通过查办、惩治和预防贪污贿赂犯罪，维护道德力量，并在党内确立严格的道德标准和道德要求，使全党和每一个党员都成为全社会公民基本道德实践的模范，不断提升国家公职人员的道德水平和道德素养，推动基本道德规范、文化环境建设，促进社会风气的净化与升华，充分发

---

❶ 参见新华社网络版 2011 年 10 月 26 日。
❷ 参见《中国共产党第十八次全国代表大会文件汇编》，人民出版社 2012 年版，第 29 页。
❸ 参见新华社 2013 年 2 月 24 日电。

挥道德规范在预防贪污贿赂犯罪等腐败现象中的固本强基作用。

（四）维护党的执政地位并保护执政队伍免受腐败侵蚀。现代政治实践表明，政府的统治既可以靠权威，也可以靠公共权力，而政党执政只能靠权威。执政党通过手中掌握的公共权力执政和施政，民众对公共权力的服从却可能是被迫的。执政党要巩固执政地位，必须保证执政的权威。但执政的权威是一种自觉的服从和认同。公共权力只有转化为权威，有了权威才有人民的认同和自觉的服从，才有合法性的执政基础。执政党的执政才能保持协调、稳定及良性互动的体系和状态。换言之，只有树立了权威，才能使执政党更加持久地维持执政地位，降低执政成本。而贪污贿赂犯罪等腐败现象是执政权威的最大威胁之一，保证执政权威的一个根本途径，就是有效遏制和预防贪污贿赂犯罪等腐败现象。贪污贿赂犯罪等腐败现象不仅危害执政权威，并且直接危害执政队伍。从某种意义讲，执政队伍建设对巩固执政党的执政地位显得更加重要。因为，一旦执政队伍被腐蚀甚至被肢解，那么执政党无论如何强大、执政地位无论如何稳固都无济于事。在执政过程中，执政党既要重视严厉处理执政队伍中的腐败分子，更要重视加强对执政队伍的保护，通过提高公共权力运行体制和机制的安全系数，堵塞公共权力运行中的体制性或机制性的缺陷和漏洞，最大限度消除因制度性缺陷带来的腐败性诱惑或腐败性压力。这里的腐败性诱惑或腐败性压力，是指由于体制性或者机制性的缺陷，使体制内的公职人员陷入一种不能自拔的两难境地：如果不搞腐败，就将一事无成，甚至被体制内人士所排挤或者抛弃；如果搞腐败，则将使公共权力运行过程中面临一些难以解决的实际问题包括个人的升迁等，都能迎刃而解，但这在另一个方面也将促使公职人员被现行体制同化，丢掉一些不该丢的个人优秀品质，走上违法违纪甚至腐败之路，最终被历史所淘汰。在执政过程中，保护执政权威与保护执政队伍免受腐败因素侵蚀同等重要。通过惩治和预防腐败现象，促进国家公职人员依法办事、依法执政，保证我们党依法行政，提升党的执政权威和政府公信力，实现政治正义、政权安全。对于这个问题，必须予以重视。

大量的执政实践证明，只有确立以上的"四位一体"价值目标，才能增强惩治和预防贪污贿赂犯罪与深入开展反腐败的政治视野、理性思维和实践动力，不断提升惩治和预防贪污贿赂犯罪等腐败现象的层次和水平，确保取得惩治和预防贪污贿赂犯罪的实效，更好服从服务于党的执政地位巩固和执政使命实现的大局，为经济社会发展、政治大局稳定和国家长安久安提供强有力的政治保障和法治保障。

二、贪污贿赂犯罪惩治和预防战略目标及其体系

贪污贿赂犯罪的惩治和预防战略目标，是反腐败斗争顶层设计和总体规划的结果，是一个目标集群，也即一个有机的贪污贿赂犯罪惩治和预防战略目标体系，而不是单一的或者孤立的目标，因此也称之战略目标核心体系。这是根据贪污贿赂犯罪惩治和预防的价值目标所确定的，体现了执政党和现政府惩治和预防贪污贿赂犯罪的政治主张与价值导向，对于深入推进惩治和预防贪污贿赂犯罪，并取得预期成果具有重要的引领作用。按照贪污贿赂犯罪惩治和预防战略目标的整体性、原则性和灵活性相结合的原则要求，贪污贿赂犯罪惩治和预防战略目标的设计及建设，应当符合"六个统一"要求：一是分阶段与多样化相统一；二是最高目标与较高目标、较低目标和最低目标相统一；三是定性目标与定量目标相统一；四是直接目标与价值目标相统一；五是整体目标与各个层次具体目标相统一；六是对付"大老虎"的目标与对付"小老虎"或者"苍蝇"的目标相统一。具体地说，贪污贿赂犯罪惩治和预防战略目标，主要由最高目标、较高目标、较低目标和最低目标等子目标构成。

（1）最高目标。就是有效消除了贪污贿赂犯罪，做到基本没有，建立起廉明政治、廉洁政府、廉政社会。这是一种人类社会的理想境界。

（2）较高目标。就是基本消除了集团性、团伙性贪污贿赂犯罪，但个体的、零散的贪污贿赂犯罪仍然有少量存在。

（3）较低目标。就是使集团性、团伙性贪污贿赂犯罪初步得到了遏制，基本控制住了贪污贿赂犯罪，但这类犯罪活动仍然存在，特别是个体的、零散的贪污贿赂犯罪活动仍然有较多存在。

（4）最低目标。就是分对象、分阶段地采取有力措施，逐步控制高发领域或者重点部位的贪污贿赂犯罪，逐渐将其遏制并使之弱化，不断把惩治和预防贪污贿赂犯罪与反腐败斗争推向前进。

如果用量化方式进行过程性描述，四者之间的关系如下（见下表）：

贪污贿赂犯罪惩治和预防战略目标核心体系分析表

最高目标	较高目标	较低目标	最低目标
有效遏制 基本没有	集团性犯罪消除 个体犯罪少量存在	集团性犯罪初步遏制 个体犯罪仍较多	分对象分阶段 逐步实现遏制

从上表可以看出,贪污贿赂犯罪惩治和预防战略目标,是一个递进关系,从最低目标向最高目标发展。根据贪污贿赂犯罪实际,现阶段反贪污贿赂斗争大体处于最低目标向较低目标、较高目标推进的阶段,一些重点领域和关键部位贪污贿赂犯罪虽然得到一定程度遏制,反贪污贿赂斗争措施正在逐渐深入,但是反贪污贿赂斗争的成效仍然是阶段性的,尚没有形成整体推进、有效遏制的强劲态势,群体性、集团性、团伙性贪污贿赂犯罪以及重点领域、重点环节和重点人群的犯罪仍然存在,贪污贿赂犯罪活动的水平仍然处于活跃期,尤其是一些地方和领域的贪污贿赂犯罪等腐败现象仍然严峻,窝案、串案、案中案等群体性犯罪依然较为普遍。这从某种程度上表明,集团性、团伙性、群体性犯罪尚未从根本上得到控制,意味着反腐败斗争形势依然严峻,反腐败具有长期性、复杂性和艰巨性,仍然任重道远。

三、贪污贿赂犯罪惩治和预防战略目标内容

根据贪污贿赂犯罪惩治和预防的性质、功能和使命,围绕促进惩治和预防战略实施,贪污贿赂犯罪惩治和预防战略目标内容,主要包含以下方面:

(一)组织目标。要科学设计贪污贿赂犯罪惩治和预防的组织目标,构建与惩治和预防的最高目标、较高目标、较低目标和最低目标相衔接、相配套的组织体系,适应承担反贪污贿赂职能的实际需要,按照贪污贿赂犯罪惩治和预防战略目标体系,分阶段有步骤地更好推进惩治和预防贪污贿赂犯罪,确保扎实取得反腐败斗争的实际成效。

(二)职权目标。要科学设计贪污贿赂犯罪惩治和预防的职权目标,配置贪污贿赂犯罪惩治和预防的职权,与其最高目标、较高目标、较低目标和最低目标相衔接、相配套,构建全力服务于贪污贿赂犯罪惩治和预防战略目标的职权体系,充分发挥教育、惩治和预防等反贪污贿赂的功能和作用,促成贪污贿赂犯罪惩治和预防最高目标或者终极目标实现。

(三)体制目标。要科学设计贪污贿赂犯罪惩治和预防的体制目标,构建与贪污贿赂犯罪惩治和预防的最高目标、较高目标、较低目标和最低目标相衔接、相配套的贪污贿赂犯罪惩治和预防体制、机制、制度体系,进一步深化反贪污贿赂改革,完善贪污贿赂犯罪惩治和预防的体制、机制、制度,提高制度执行力,不断推进反腐败斗争健康深入发展。

(四)能力目标。要科学设计贪污贿赂犯罪惩治和预防的能力目标,着眼于惩治和预防实战及实际成效,构建与贪污贿赂犯罪惩治和预防的最高目标、较高目标、较低目标和最低目标相衔接、相配套的贪污贿赂犯罪惩治和预防能力体系,整合运用各种贪污贿赂犯罪惩治和预防的能力资源,加强和改进提升贪污贿赂犯罪惩治和预防能力的培训模式、培训方式和培训方法,推进贪污贿赂犯罪惩治和预防的专门性培训、岗位练兵和实战演练,最大限度增强教育、惩治和预防犯罪能力。

(五)人力目标。要科学设计贪污贿赂犯罪惩治和预防的人力资源目标,构建与贪污贿赂犯罪惩治和预防的最高目标、较高目标、较低目标和最低目标相衔接、相配套的贪污贿赂犯罪惩治和预防的人力目标体系,获取必要的、足够的贪污贿赂犯罪惩治和预防人才资源,加强贪污贿赂犯罪惩治和预防人力资源管理,进一步完善、落实贪污贿赂犯罪惩治和预防队伍报酬、激励等各项措施,搭建有利于人力资源管理与个人才能充分发挥的平台,有效调动贪污贿赂犯罪惩治和预防队伍的积极性。

(六)协同目标。要科学设计贪污贿赂犯罪惩治和预防战略协同目标,构建与贪污贿赂犯罪最高目标、较高目标、较低目标和最低目标相衔接、相配套的贪污贿赂犯罪惩治和预防战略协同目标体系,形成贪污贿赂犯罪惩治和预防战略协同,加强贪污贿赂犯罪惩治和预防职能部门与行政机关、执法执纪机关以及行业主管监管部门等沟通协调,整合贪污贿赂犯罪惩治和预防资源合力和执法执纪条件,营造有利于贪污贿赂犯罪惩治和预防工作健康深入发展的政治环境,促进贪污贿赂犯罪惩治和预防资源运用最大化、资源配置合理化、惩治和预防贪污贿赂犯罪成本最小化,进一步实现贪污贿赂犯罪惩治和预防效率及整体效果最大化。

(七)保障目标。要科学设计贪污贿赂犯罪惩治和预防保障目标,构建与贪污贿赂犯罪惩治和预防的最高目标、较高目标、较低目标和最低目标相衔接、相配套的贪污贿赂犯罪惩治和预防保障目标体系,获得贪污贿赂犯罪惩治和预防所必需的手段、措施以及物质、经费、科学技术支持等贪污贿赂犯罪惩治和预防资源保障,切实提高惩治和预防贪污贿赂犯罪,深入推进反腐败斗争的保障能力。

(八)成效目标。要科学设计贪污贿赂犯罪惩治和预防成效目标,构建与贪污贿赂犯罪惩治和预防的最高目标、较高目标、较低目标和最低目标相衔接、相配套的贪污贿赂犯罪惩治和预防成效目标体系,运用一个或者若干目标,衡量贪污贿赂犯罪惩治和预防预期实现的政治效果、法律效果和社会效果相统一的整体成效,为维护政权稳固、促进经济社会发展、实现国家长治久安等充分发挥惩治和预防腐败的职能作用。

第三节　贪污贿赂犯罪惩治和预防政策

政策是行为规范发展到一定阶段的产物,是政策制定者在一定历史时期,用来调动或约束社会力量,实现预期目标而采取的政治行为。与法律规范、道德规范共同属于调控和管理社会的规范体系之中。刑事政策属于政策的范畴,惩治和预防贪污贿赂犯罪的政策简称惩防政策,属于刑事政策的一部分,是为保证党和国家机关及其公职人员的廉洁性,保障自由、维护秩序、实现正义,促进国家长治久安,而制定、实施的惩治和预防贪污贿赂犯罪的方针、原则、策略和措施等的总和。

贪污贿赂犯罪惩治和预防政策,是实施贪污贿赂犯罪惩治和预防战略的措施及工具。这里的贪污贿赂犯罪惩治和预防政策,是一个有机体系,指的是以一定政策主体的打击和预防贪污贿赂犯罪全部现行政策为要素组成的、具有一定结构并与社会环境发生相互作用的有机整体,主要特征表现为:一是惩防政策体系的整体性。这体现了惩防单项政策与整体政策之间的关系。任何政策都是政策体系中的一个组成部分,要求惩防政策从全局和整体出发,讲究政策的顶层设计、总体规划。二是惩防政策体系的相关性。这体现为惩防政策体系各单项政策之间相互依存、相互制约的关系。一切政策都不是孤立存在的,都是同政策体系中其他政策有着某种联系或关联。实践中要注意惩防政策的全局性、平衡性和协调性,通过政策配套、优化组合,内外协调、协同发展,相互制约、取长补短等途径保持惩防政策之间的相关性。三是惩防政策体系的层次性。这体现了惩防政策体系内由特定标准所形成的一系列政策等级及其排序。惩防政策，一般分为总体政策、基本政策和具体政策。政策实践中，要通过有效的分级控制、严格的组织秩序和灵敏的运行过程，促进惩防政策体系的合理性。四是惩防政策体系的开放性。这体现了惩防政策体系与社会环境之间的相互关系。任何惩防政策体系都存在于特定的社会环境之中，社会环境是惩防政策体系形成和发展的基础，对惩防政策体系的性质和发展方向起着一定的支配作用。这就要求，将惩防政策体系视为一个动态开放系统，根据社会环境变化不断进行动态调整，促使惩防政策体系向着高度有序的状态发展。总的来说，惩治和预防贪污贿赂犯罪的刑事政策，主要包括以下一些内容。

一、贪污贿赂犯罪惩治和预防总政策

惩治和预防贪污贿赂犯罪作为反腐败斗争的一项重要职能，要在贪污贿赂犯罪惩治和预防总政策的框架内，按照"标本兼治、综合治理，惩防并举、注重预防"的方针以及惩治和预防腐败体系，制定实施贪污贿赂犯罪惩治和预防政策，提高政策水平，实现惩治和预防目的。具体地说，进入全面建成小康社会新的历史时期，贪污贿赂犯罪惩治和预防总政策是：以邓小平理论、"三个代表"重要思想和科学发展观为指导，深入贯彻中共十八大精神，自觉服从服务于党和国家工作的大局，根据贪污贿赂犯罪发生发展趋势及特点变化，以及惩治和预防环境、任务和要求发生变化的新实际，加强总结和深刻认识经济社会建设发展与打击、惩治和预防贪污贿赂犯罪相互贯通、相互促进、相互发展的内在规律，从政治和全局的高度坚持"两手抓"思想和依法从重从严方针，坚定不移反对腐败，深入推动反腐败斗争，加大对贪污贿赂犯罪打击的力度，巩固已经取得的改革、建设和发展成果，做到干部清正、政府清廉、政治清明，保证党的政治肌体健康，始终保持党同人民群众的血肉联系，坚持党领导全国人民聚精会神搞建设、一心一意谋发展，为努力实现全面建成小康社会、夺取中国特色社会主义新胜利的奋斗目标，共同创造中国人民和中华民族更加美好幸福的未来而作出新的积极贡献。

二、贪污贿赂犯罪惩治和预防指导方针

早在我国改革开放之初，邓小平就提出"两手抓，两手都要硬"的新时期党领导社会主义现代化建设和党风廉政建设的根本指导方针。这一方针深刻揭示了经济建设和惩治贪污贿赂犯罪等腐败现象这两项工作必须相互贯通、同步发展的内在规律。在我国进入全面建成小康社会关键时期之际，中共十八大报告强调："坚定不移反对腐败，永葆共产党人清正廉洁的政治本色。反对腐败、建设廉洁政治，是党一贯坚持的鲜明政治立场，是人民关注的重大政治问题。这个问题解决不好，就会对党造成致命伤害，甚至亡党亡国。反腐倡廉必须常抓不懈，拒腐防变必须警钟长鸣。要坚持中国特色反腐倡廉道路，全面推进惩治和预防腐败体系建设，做到干部清正、政府清廉、政治清明。"❶从政策和策略的层面讲，"标本兼治、综合治理，惩防并举、注重预防"方针，以及惩治和预防腐败体系，从某种意义上讲这是对"两手抓，两手都要硬"方针的发展和深化。如果偏离这一方针，割裂社会主义经济建设、政治建设、文化建设、社会建设与生态文明建设的关系，在贪污贿赂犯罪惩治和预防政策的取向上就可能发生偏差，甚至影响党和国家工作的大局。因此，必须坚持这个方针，深入开展对贪污贿赂犯罪的惩治和预防，遏制贪污贿赂犯罪滋生蔓延态势，促进经济发展、社会稳定和政府清廉同步发展。

三、贪污贿赂犯罪惩治和预防基本政策

（一）坚持党的领导和依法独立行使检察权。我国宪法规定，人民检察院依照法律规定独立行使检察权，不受行政机关、社会团体和个人的干涉。这是检察机关依法行使检察权的重要原则，也是检察机关惩治和预防贪污贿赂犯罪的一项重要原则。从实践看，由于受封建社会历史传统及其他因素的影响，贪污贿赂犯罪分子平日织成的各种"关系网"、"保护层"，成为检察机关依法办案的障碍。有的国家公职人员尤其是极少数领导干部政治意识和法治观念淡薄，"以言代法"、"以权压法"和徇私枉法、人为干扰办案等现象依然存在，有的甚至利用职务便利包庇贪污贿赂犯罪分子。但无论处在什么样的执法环境，检察机关都应当坚持依法行使侦查权，正确处理坚持党的领导与独立行使侦查权的关系。

首先，坚持党的领导，是依法独立行使侦查权的根本保证。惩治和预防工作特别是侦查工作，以严重危害党的执政秩序和社会稳定的贪污贿赂犯

---

❶ 《中国共产党第十八次全国代表大会文件汇编》，人民出版社 2012 年版，第 29 页。

罪为对象,政策性很强,遇到的干扰、阻力也多。只有在党的正确领导下,才能排除干扰和阻力,才能不偏离正确的政治方向,才能为维护和巩固党的执政地位积极发挥职能作用。

其次,随着党的执政条件和执政环境的发展变化,党应当通过加强和改进党的领导方式、执政方式,加强对侦查工作的领导,重点是加强政治、思想和组织的领导,从根本上支持和保障依法独立行使侦查权。

再次,我国宪法和法律是党领导人民制定的,是党的政策的具体化和规范化。检察机关依法独立行使侦查权,就是要严格依照宪法和法律规定进行。只有自觉地服从党的领导,认真学习和贯彻党的各项路线、方针、政策,才能深刻领会法律的精神实质,保证检察机关侦查工作正确的前进方向,确保统一正确实施法律,完成国家法律监督机关的历史使命。

总之,坚持在党的正确领导下独立行使侦查职权,具体还要把握以下几点:一是坚持党对侦查工作的绝对领导。严格按照要案请示报告制度,及时向党委汇报初查、立案侦查等工作。二是实行依法侦查。防止侦查活动中违法违纪现象的发生,防止办案中只重视实体法不重视程序法、只注重获取有罪证据不重视收集无罪证据、只强调严厉打击不重视对当事人合法权益司法保护等错误倾向。三是正确处理独立履行职责与党的纪律检查机关及政法委组织协调的关系。严格按照中央确定的反腐败领导体制和工作机制,既要接受和服从纪律检查机关的组织协调,积极配合、支持纪律检查机关办案,同时接受政法委的办案协调,并且按照法律上的分工规定各司其职、各负其责,与党的纪律检查机关、政法委不能混淆职责,更不能相互代替职责,推进纪律检查机关办理、移送案件等程序化法治化建设,并加强和完善政法委在司法环节的办案工作协调机制。

(二)坚持法制统一。法制统一是立法和司法的一条重要原则。从实践看,有的地方由于受地方保护主义和利益驱动等因素的影响,不统一执行有关立案标准等法律规定,搞执法中内外有别、厚此薄彼,随意性大,这既违背法制统一原则,也影响惩治和预防工作健康深入发展。为此,一是要牢固树立法治观念。坚决抵制地方和部门保护主义、以言代法和以权压法等现象,决不允许把地方、部门和个人利益凌驾于国家法律之上,搞执法时的各取所需。二是要明确办案重点。结合当地经济社会发展实际,因地制宜、求真务实地确定办案重点,把握办案时机,严禁插手经济纠纷、越权办案,把服务大局与查办贪污贿赂犯罪案件有机结合起来。三是要加强制度建设。完善线索管理、大案要案备案审查及办案工作逐级请示、集体把关等程序和制度,从制度上防止有案不办、瞒案不报、压案不查、徇私枉法等滥用或者不正确行使侦查权现象发生。

(三)坚持专门工作与群众路线相结合。这是与贪污贿赂犯罪作斗争的优良传统和十分重要的成功经验,也是贪污贿赂犯罪惩治和预防工作的一条重要原则。刑事诉讼法第六条规定,人民检察院进行刑事诉讼,必须依靠群众。所谓专门工作与群众路线相结合,就是惩治和预防贪污贿赂犯罪,应当发挥群众的智慧和力量,把专门机关的工作与依靠人民群众密切结合起来。实践表明,任何贪污贿赂犯罪活动,都是在一定的时间和空间中发生,都会留下一定的痕迹,或者在人民群众心中留下一定的印象。贪污贿赂犯罪惩治和预防工作,只有走群众路线,充分发动群众,依靠群众,深入到群众中去,广泛听取群众意见,才有可能收集到各种可靠证据,有效查处、揭露、证实和预防犯罪。同时,依靠群众的支持和协助,将贪污贿赂犯罪惩治和预防活动置于广大人民群众的监督之下,有利于严格规范公正文明执法,提高办案质量,避免或减少工作失误,最大限度发挥惩治和预防职能的效用。司法实践中,坚持专门工作与群众路线相结合,不能把两者割裂开来或对立起来。走群众路线,依靠群众,并不等于忽视、削弱专门机关工作。专门机关和人民群众是同贪污贿赂犯罪作斗争不可缺少的两个方面。

一是要强化群众观念。人民群众同贪污贿赂犯罪作斗争的积极性,是惩治和预防工作顺利进行的力量源泉和根本保证。坚持从维护人民群众根本利益出发,发扬走群众路线的优良传统,坚持从"神秘主义"、"封闭主义"中解放出来,以人民"赞成不赞成"、"答应不答应"、"拥护不拥护"和"满意不满意"作为检验惩治和预防工作的根本标准,形成强有力的社会舆论和群众威力,推进惩治和预防工作健康发展。

二是要发挥专门机关的职能作用。专门机关是人民群众与贪污贿赂犯罪作斗争的法律武器。但是在惩治和预防活动中,要坚决克服和严肃纠正少数地方存在官僚衙门习气甚至脱离群众的现象,纠正对人民群众要特权、要威风或者侵犯群众利益的行为,进一步加强同人民群众血肉联系,善于把群众的智慧变成惩治和预防贪污贿赂犯罪的策略和动力,营造有利于惩治和预防的执法环境,最大限度孤立腐败分子。

三是要有计划有步骤地实行侦查公开。坚持依法能够公开的全面公开,需要保密的应当加强保密。根据办案工作实际,依法向社会公开办案程序、立案标准和办案纪律,定期向社会公布惩治和预防成果,公布对侦查人员是否严格执法、有否违法违规等情况的举报电话,提高侦查透明度,以公开促公正,赢得人民群众的理解和支持,创建良性互动的外部侦缉环境,不断提高惩治和预防工作整体效果。

(四)坚持"一要坚决,二要慎重,务必搞准"。这是1978年检察机关重建以来惩治和预防贪污贿赂犯罪所取得的基本经验。无论是当前还是今后相当长的一个时期,都应当一以贯之坚持下去。

第一,"坚决"。就是要敢于同贪污贿赂犯罪作坚决斗争,决不放纵任何贪污贿赂犯罪。要坚持"老虎"、"苍蝇"一起打,既要严肃查办发生在领导机关和领导干部中的贪污贿赂犯罪大案要案,同时也要严肃查办发生在群众身边、严重损害群众合法权益的案件。这里的"大案要案",主要是指那些给国家和人民利益造成重大损失的案件,以及县处级以上领导干部的案件。在查处这类案件,既能鼓舞和教育广大人民群众,又能有效震慑犯罪分子,遏制国家公职人员贪污贿赂犯罪活动。这里的发生在群众身边的案件,由于同群众切身利益紧密相关,查办这些案件是以人为本、执政为民重要措施的落实和体现,同样有利于增强群众对党和国家反腐败的信心和决心,并调动广大人民群众参与反腐败的积极性,推进反腐败斗争深入发展。实践表明,在查处贪污贿赂犯罪的过程中,必将受到来自犯罪分子的反侦查干扰,也会不可避免遇到来自各方的阻力。检察机关应当坚持以党和人民的利益为最高原则,以维护法律尊严和权威为天职,在党的坚强领导下敢于、善于冲破各种"关系网"、"保护层"的阻挠,下大决心,坚决查处,对贪污贿赂犯罪绝对不能放纵,决不让腐败分子逃脱党纪国法惩处。

第二,"慎重"。就是要严格依法、文明办案,讲究斗争策略。这里的"依法",既包括实体法又包括程序法。强调慎重,就是要端正执法指导思想,坚持严格规范公正文明执法,切忌主观性、片面性和表面性。在侦查办案中,做到不受行政机关、社会团体和个人的干涉,不能屈从于权势和压力。

要根据贪污贿赂犯罪发生发展的特点和规律,结合个案实际,无论采取侦查措施还是决定侦查终结,都应讲究策略和方式方法,注意体现惩办与宽大相结合的政策,切实贯彻缩小打击面、扩大教育面的方针,按照"严在点上、宽在面上"的要求,集中打击极少数情节恶劣、后果严重的贪污贿赂犯罪,积极采取惩戒教育的办法挽救大多数,尽可能扩大办案效果。

第三,"搞准"。就是要保证办案质量,使案件经得起事实的检验、法律的检验和历史的检验。无论是决定初查、立案侦查,或者采取拘传、取保候审、监视居住特别是指定居所监视居住、拘留、逮捕等强制措施,以及技术侦查措施、秘密侦查等特殊侦查措施,或者开展讯问、询问、查询、扣押、冻结等专门调查工作,还是侦查终结后的处理,包括侦查人员出庭作证等,都应慎重其事,做到证据要确凿,定性要准确,考虑要周全,实现办案工作法律效果、政治效果和社会效果的有机统一。

(五)坚持战略上整体规划、战术上分阶段实施的策略。既要认识到贪污贿赂犯罪的长期性、复杂性和艰巨性,树立长期作战思想,更要增强现实紧迫感,结合实际、不失时机地通过专案、专项行动,运用"抓系统、系统抓"的方法,采取相对集中的时间和力量,集中查办一批人民群众反映强烈的发生在重点领域、重点行业和重点环节的贪污贿赂犯罪大案要案和窝案串案,以惩治和预防贪污贿赂犯罪阶段性成果取信于民,不断推动贪污贿赂犯罪惩治和预防工作健康深入发展。

(六)坚持围绕中心,立足职能,服务大局。这是新的历史时期开展惩治和预防贪污贿赂犯罪所必须遵循的一个重要原则。在当代中国,发展是硬道理。中共十八大报告深刻指出,以经济建设为中心是兴国之要,发展仍是解决我国所有问题的关键。同时,报告提出了"两个百年"奋斗目标、中华民族伟大复兴的中国梦,就是在中国共产党成立 100 年时全面建成小康社会,在新中国成立 100 年时建成富强民主文明和谐的社会主义现代化国家。根据中共十八大的重大战略部署,建设中国特色社会主义,总依据是社会主义初级阶段,总体布局是包含了经济建设、政治建设、文化建设、社会建设和生态文明建设在内的五位一体,总任务是实现社会主义现代化和中华民族伟大复兴。这是我国进入中共十八大新的历史时期后最根本的中心、最高的大局。贪污贿赂犯罪,是影响我国经济社会发展最严重的威胁因素之一,严重危害经济、政治、文化、社会和生态文明建设及国家长治久安。检察机关作为反腐败斗争的重要力量,在查办贪污贿赂犯罪案件工作中,应当深入贯彻党的十八大、十八届二中全会精神,紧密围绕中心,立足职能,服务大局,抓准服务的措施和途径,讲究办案的方式、方法,严格依法做到:一是严格区分罪与非罪的界限。依法支持有利于完善社会主义市场经济体制的改革探索,平等保护各类市场主体的合法权益,营造有利于推进改革、发展、稳定的良好社会氛围。二是注意办案的方式、方法。在惩治和预防贪污贿赂犯罪过程中,应尽量考虑如何有利于促进经济发展,如何最大限度减少对经济建设可能造成的负面影响,坚持规范文明执法,注意维护发案单位正常的工作秩序和生产经营秩序,特别是要防止因办案方式、方法不当而引发群体性事件,切实维护经济社会稳定。三是抓准服务的途径和方法。根据党的十六大以来特别是十八大确立的反腐败斗争路线、方针、政策,围绕党的十八大报告提出的继续实施区域发展总体战略,深入调查研究新情况、新问题和新要求,立足惩治和预防贪污贿赂犯罪的职能实际,坚持以科学发展观为指导,积极发挥惩治和预防职能,为全面建成小康社会,加快推进社会主义现代化,实现中华民族伟大复兴的中国梦而创造廉洁高效的政务环境。

四、贪污贿赂犯罪惩治和预防具体政策

(一)坚持突出重点。没有重点就没有政策。惩治和预防的重点往往是惩治和预防工作的前沿,一定意义上具有全局性。要针对当前贪污贿赂犯罪涉及领域和环节普遍化等实际,深入调查研究、分析,把侦查、惩治和预防对象及其犯罪活动研究透,把惩治和预防活动涉及的法律研究透,把侦查工作自身存在的突出问题研究透,力求取得对贪污贿赂犯罪活动及其反侦查活动的规律性认识,取得对侦查破案的规律性认识,抓住侦查活动中的主要矛盾,着力解决本地区涉及全局性的突出问题。一是认真贯彻执行"孤立和打击极少数,保护和挽救大多数"的策略。坚决把那些对政治危害大、对经济建设破坏严重和对人民群众利益造成损害大的贪污贿赂犯罪作为打击和惩治的重点。二是动态调整工作策略。要密切注视、动态跟踪研究经济社会发展和反腐败斗争发展的实际,及时调整工作重点,适应反贪侦查形势的新变化新要求。三是突出查办大案要案。集中精力查办一批有影响有震动的大案要案和窝案串案,增强对贪污贿赂犯罪威慑力。但需要指出的是,这里应当正确处理小数额的案件线索与小案之间的关系。当前,在论及小案与大案要案的关系时,往往将小案与小数额案件线索两者混为一谈。事实上,一些有可查性又达到立案标准的小数额案件线索,不一定就是小案。实践中,有不少大案要案就是从这些小数额案件线索中挖出的,尤其在窝案串案现象严重的情况下更是如此。因此,对这些小数额案件线索,如果符合立案条件,就应依法立案侦查。对于经过侦查取证,查明确实属于涉案数额小、危害不大或者情节轻微的案件,则应按照法律规定和政策要求,不该作犯罪处理的依法撤案,该定罪不诉的作相对不诉处理等。

(二)坚持重事实、重证据,不搞刑讯逼供。重事实、重证据、重调查研究,不轻信口供,严禁逼供信,是司法工作长期以来正反两方面经验教训的科学总结,是党和国家一项极其重要的刑事政策。刑事诉讼法第五十条和第五十三条规定:"严禁刑讯逼供和以威胁、引诱、欺骗以及其他非法方法收集证据,不得强迫任何人证实自己有罪。""必须保证一切与案件有关或者了解案情的公民,有客观地充分地提供证据的条件,除特殊情况外,可以吸收他们协助调查。""对一切案件的判处都要重证据,重调查研究,不轻信口供。只有被告人供述,没有其他证据的,不能认定被告人有罪和处以刑罚;没有被告人供述,证据确实、充分的,可以认定被告人有罪和处以刑罚。"由于贪污贿赂犯罪主体是国家公职人员,他们利用职务上的便利实施犯罪活动,往往事前有预谋、策划,事后又订立攻守同盟,反侦查能力强,规避法律的水平高,"保护层"厚。因此,对这类犯罪既不容易被发现,犯罪证据收集的难度也大。为保证准确、有效地打击贪污贿赂犯罪活动,做到既不放纵真正的罪犯,又不使无罪的人枉受法律追究,就必须坚持以事实和证据为根据、以法律为准绳原则。所谓"以事实和证据为依据",就是在处理案件时只能以客观事实和已经取得的案件证据为依据,不能凭主观臆断、臆造。具体要做到重事实、重证据,重调查研究,不轻信口供。所谓"严禁刑讯逼供",就是严禁对犯罪嫌疑人或被告人使用肉刑或变相肉刑的方式方法逼取口供。贯彻"以事实和证据为根据、严禁刑讯逼供"的原则,一定要注意把握以下几点:

一是按照辩证唯物主义的方法论分析处理案件。坚持从案情实际出发分析案情,确定侦查方向和范围,制定侦查计划,动态把握侦查活动走向,及时调整侦查计划和方案,正确指导侦查实践。在处理案件时,应当以查证的案件事实和证据为依据,忠于事实真相,切忌凭主观愿望和臆断取舍证据,甚至搞执法中的各取所需。

二是重调查研究。既重视物证、书证、证人证言、被害人陈述和鉴定意见等各种证据的综合运用,同时也重视犯罪嫌疑人或被告人口供,但不轻易听信口供甚至迷信口供。要做到从证据实际出发,全面揭露和证实犯罪事实。凡是对案件定性、量刑、证明违法所得等具有实际意义的证据材料,都必须收集和调取。不能仅凭某个案件情节或部分案件材料下结论、作处理。收集和调取证据时,要充分借助视听技术等现代科技手段固定证据,坚决杜绝逼供信,全方位地收集和调取有罪、无罪、罪重和罪轻的证据。按照刑事诉讼法有关规定,应全面收集定性证据、量刑证据、证明违法所得的证据、证明侦查取证合法性的证据、证明侦查程序合法性的证据以及证明羁押必要性的证据等等各种证据材料,认真审核收集和调取的每一个案件证据,科学分析各证据之间的有机联系,切实把握证据与案件事实之间的内在联系,从而做到去粗取精,去伪存真,排除矛盾,对证据的客观性、相关性作出正确判断,坚决排除采用刑讯逼供等非法手段获取的非法证据。

三是绝对禁止刑讯逼供。强调不依赖口供,不等于就不重视口供,而要根据案件实际,既重视口供在破案中的作用,又不能迷信口供、只注重口供,盲目夸大口供在破案中的作用,应当通过提高审讯水平突破案件,做到多动脑、想思路,严禁动手打人甚至刑讯逼供,防止冤假错案发生。

总之,要按照刑事诉讼法所规定程序开展侦查活动,并按照刑法规定和业经查清的犯罪事实,以及已经依法获取的各种证据,对罪与非罪、此罪与彼罪、罪重与罪轻以及如何处罚作出准确判断,真正做到定性准确,罚当其罪。

(三)坚持区别对待,宽严相济。没有区别就没有政策。从策略上讲,要善于分析涉案行为的危害性以及行为人主观恶性的程度大小,找出其中差别,利用好、调动好其间的矛盾。一是运用区别对待政策。从政治上、大局上驾驭办案工作,突出打击重点,正确把握并适时调整打击力度,辩证处理办案工作与建设廉洁政治、促进经济发展、维护社会稳定之间的相互关系。二是有效运用区别对待政策。对于主犯与从犯,情节严重与情节轻微的犯罪嫌疑人,对于积极配合调查与拒绝交代问题等犯罪嫌疑人,应当善于运用侦查谋略,有力分化瓦解涉案人之间的攻守同盟,突破窝案串案。三是认真执行宽严相济政策,做到"严在点上、宽在面上"。深入分析和掌握犯罪嫌疑人投案自首、坦白交待、积极退赃,特别是检举揭发有立功表现等从轻减轻情节,或者拒不归案、拒不坦白、拒不退赃等从重情节,实行惩办与宽大相结合,做到有严有宽、宽严相应、"点面"结合,并注意宽大不能无边,严惩不能无度,从而实现打击极少数、教育挽救大多数的目的。

(四)坚持依法保障人权。宪法第三十三条第三款,明确规定了"国家尊重和保障人权"。刑事诉讼法第二条,规定了在刑事诉讼活动中必须尊重和保障人权。在查办贪污贿赂犯罪案件时,一定要贯彻宪法和法律精神,认真按照修改后的刑事诉讼法有关规定,强化人权保障意识,严格依法规范公正文明办案,切实防止极少数侦查人员因人权意识淡薄而粗暴对待犯罪嫌疑人,不注意依法保护证人的诉讼权利等不文明办案现象。坚持保障人权,要切实做到:一是从思想上肃清封建思想的残余和"左"的流毒,树立打击犯罪与保障人权并重的执法观念,从内心深处自觉强化严格遵守不得强迫任何人证实自己有罪、非法证据排除等规则和意识。二是注意严格规范执法。依法保障犯罪嫌疑人的诉讼权利,严禁刑讯逼供和侮辱人格;尊重证人的合理要求,严禁非法限制证人的人身自由或者侵犯证人的其他合法权利;坚持不株连无辜,严禁对犯罪嫌疑人的无辜亲友、同事采取侦讯措施。三是依法积极支持律师按照法律规定执业,严禁限制律师依法执业的权利。

(五)坚持质量为本。办案质量是侦查工作的生命线。要统一规范侦查程序和侦查行为,实行绩效评估、责任追究和奖罚分明的动态管理制度,切实提高侦查工作法治化水平,使侦查工作和侦查成果经得起事实的、法律的和历史的检验。一是加强案件全程管理。对案件线索的受理、初查、立案侦查及至侦查终结、侦查人员出庭作证等各个诉讼环节,都要实施动态管理,既防止案件流失和办"人情案",又及时纠正和坚决克服一见案件线索就抓人等错误执法思想和具体做法。二是加强侦查活动管理。对每一个侦查行为都要依法进行动态管理,防止消极怠工,切实纠正和克服随意性办案、选择性办案,以及随意传唤、随意拘捕、随意搜查、随意延长办案期限和随意划扣与犯罪无关的钱物等不当做法甚至违法违纪行为。三是加强对案件质量和侦查效果的管理。对案件证据、侦查深度、判决执行情况以及侦查行为依法文明程度和人民群众反响程度，都要进行动态调查和管理，并注意克服和减少撤案多、不起诉多、判缓刑多、判免刑多乃至判无罪等现象。四是加强风纪管理。在办案工作中，既关心和爱护侦查干警，也防止其违反甚至亵渎法律等行为发生。对侦查中出现的失误、违法违规甚至舞弊行为，应当严格按照法律、纪律和制度的规定处理。五是加强办案绩效考核。通过每年一度办案业绩考核，奖优罚劣，树立先进典型示范导向，推动工作深入发展。

（六）坚持打击、惩治和预防相结合。一是讲打击。就是要执行好党的十八大关于反腐败斗争路线、方针和政策，依法加大打击贪污贿赂犯罪的力度，决不让腐败犯罪分子逃脱党纪国法制裁。二是讲保护。就是要加强研究在经济社会成分多样化、组织形式多样化、就业方式多样化、利益关系多样化和分配方式日益多样化的新形势下，侦查工作中遇到的新情况新问题。做到既严格执行法律，也贯彻好党和国家的政策。对改革中出现的新事物、带有探索性质的新问题，应当严格区分罪与非罪的界限，防止把代表改革方向的新事物作为查办对象，把发展中出现的新问题简单视为犯罪；对因政策调整使法律滞后从而产生的各种新情况，应当注意加强政策指导；对政策和法律界限不清、一时难以定性的案件，不要轻易按犯罪处理；对其中符合国家政策规定的，应当予以支持。总之，切实做到保护无辜者、支持改革者、教育失误者和挽救失足者，促进经济社会协调、可持续发展。三是讲预防。就是要认真贯彻中央关于惩治和预防贪污贿赂犯罪等腐败现象的政策精神，按照全面惩治和预防腐败体系建设的要求，积极开展预防反腐败斗争，从源头上预防和减少贪污贿赂犯罪等腐败现象发生。

第四节　贪污贿赂犯罪惩治和预防战略措施与策略要求

实践表明，无论采取何种形式防控贪污贿赂犯罪等腐败现象，都不可能使这类犯罪彻底根除。但是，党同贪污贿赂犯罪等腐败水火不容，社会各界对贪污贿赂犯罪等腐败现象的承受力也是有极限的。有效防控贪污贿赂犯罪，要处理好长期性和阶段性的关系。既从战略上进行顶层设计、总体规划,又从战术上分阶段有步骤地实施。在惩治贪污贿赂犯罪过程中,既要突出重点,从人民群众反映最强烈的问题抓起,从对政治危害最严重的领域抓起,从造成经济损失最多的行业抓起,从最容易诱发贪污贿赂犯罪的环节抓起,又要加强制度建设,通过体制创新、制度创新和技术创新,把权力关进制度的"笼子",逐步铲除贪污贿赂犯罪产生的土壤和条件,从源头上加大预防力度,达到从根本上解决贪污贿赂犯罪趋重化问题,适应全面建成小康社会、夺取中国特色社会主义新胜利的新形势新要求。具体地说,要准确把握以下三个方面:

一、贪污贿赂犯罪的查处策略和方法

贪污贿赂犯罪从本质上是从统治阶级内部危害国家机关管理秩序、侵害国家机器正常运转机制的严重亵渎职责行为。根据刑事诉讼法规定,对贪污贿赂犯罪由检察机关负责侦查,人民法院负责审判。检察机关作为宪法和法律规定的国家法律监督机关,其行使侦查职权的实质是用法律制约权力,对权力运行机制实行法律监督。这种侦查权是由检察机关的法律监督职能所派生。这要求,检察机关对贪污贿赂犯罪实行侦查,应当切实做到严格规范公正文明办案。一方面,由于检察机关是法律监督机关,依照宪法和法律赋予其法律监督职能,对国家公职人员的贪污贿赂犯罪实行侦查,对公安司法机关的侦查、审判和执行环节等各项活动是否合法进行监督。在实施法律监督活动中,检察机关首先要严格要求自己,做到严格执法,无论是在侦查还是审查逮捕或者审查起诉环节,均应秉公执法,文明办案,严格在法律规定的范围内开展监督活动,绝对不能破坏法制,甚至规避法律。另一方面,贪污贿赂犯罪主体是国家公职人员,他们在案发前依照宪法和法律规定,往往运用各种措施、通过各种途径和形式管理国家事务。换言之,就是依法从事公务或者受委托从事公务。这种主体的特殊性,决定了检察机关在侦查贪污贿赂犯罪案件中,首先要从大局着眼,注重办案的法律效果和政治效果、社会效果有机统一,做到既不放纵犯罪,也不影响稳定,保障国家机器包括法律机制正常运转。其次要从微观入手,既注重对诉讼当事人尤其犯罪嫌疑人、被告人的人权保障,又要考虑对整个社会秩序特别是执政秩序和社会利益的维护。需要注意的是,这里更多的是强调国家整体利益和反贪污贿赂斗争的策略等问题。

二、贪污贿赂犯罪惩治与刑罚的确定性及时性

所谓刑罚的确定性,指的是有罪必罚。就是说,只要发生了犯罪,就必须受到刑罚惩罚,任何人都不能逃脱法网。对此,被人称为"刑罚学之父"的意大利学者贝卡里亚,在他的著名论著《论犯罪与刑罚》中指出,对于犯罪最强有力的约束力量不是刑罚的严酷性,而是刑罚的必定性。这种必定性,要求司法官员谨守职责,法官铁面无私、严肃认真,而这一切只有在宽和法制的条件下才能成为有益的美德。列宁在有关制止犯罪的论述中也重述了贝卡里亚这句话所包含的道理:惩罚的警戒作用,决不是看刑罚的严厉与否,而是看有没有人漏网。重要的不是严惩罪行,而是使所有的罪案都真相大白。同时,这里强调刑罚的及时性,不仅能够减少对犯罪嫌疑人精神上和肉体上的折磨,体现出司法的公正性,而且对发挥刑罚威慑力也是有益的。这就是说,在犯罪发生之后,刑罚应在尽可能短的时间内迅速实现。我国宪法和法律赋予法院对贪污贿赂犯罪的审判权。从实践看,当前在审判贪污贿赂犯罪案件过程中,由于受诸多因素的影响,尚远未能体现刑法面前人人平等的司法公正性,刑罚确定性低、司法审判效益低下,以致对某些案件审理拖宕时日等现象比较严重。对此,需要立法、司法机关高度重视,采取有力措施加以解决。

三、贪污贿赂犯罪惩治和预防效能要求

(一)加强防控贪污贿赂犯罪,密切党同人民群众的血肉联系。党执政以来,在有力推动我国社会主义现代化建设进程中,正如邓小平所指"权力过分集中"。"权力过分集中的现象,就是在加强党的一元化领导口号下,不适当地、不加分析地把一切权力集中于党委,党委的权力又往往集中于几个书记,特别是集中于第一书记,什么事都要第一书记挂帅、拍板。党的一元化领导,往往因此而变成了个人领导。""如果不坚决改革现行制度中的弊端,过去出现过的一些严重问题今后就有可能重新出现。"❶特别是领导者个人高度集权的问题未能得到根本解决,公共权力的有效监督机制没有完全形成。从某种程度讲,这是导致一个时期以来贪污贿赂犯罪活动易发、多发乃至频发的重要根源,直接后果就是严重影响党群关系、干群关系,并

---

❶ 《邓小平文选》第二卷,人民出版社 1994 年版,第 328—329、333 页。

带坏社会风气。在新的历史时期,要促进党的执政地位巩固和执政使命实现,必须密切党群关系、干群关系,其中一个重要途径是旗帜鲜明地加大惩治贪污贿赂犯罪等腐败现象力度。

(二)加强防控贪污贿赂犯罪,为社会主义现代化建设提供安定团结的政治局面。贪污贿赂犯罪是最严重的腐败现象,对我国社会主义现代化建设有着极其严重的破坏力。在进入全面建成小康社会的新时期,如果不能有效地防控贪污贿赂犯罪,已经取得的改革和建设成果就有可能得不到巩固,安定团结的政治局面也将得不到保障。我国社会主义现代化的实践,客观上要求加大对贪污贿赂犯罪等腐败现象的惩治力度。

(三)加强防控贪污贿赂犯罪,有力推动反腐倡廉建设。面对执政条件和社会环境深刻变化的实际,保持和维护党和政府清正廉洁的形象,对于树立执政权威、建立政府信用、提高行政效率和巩固党的执政地位,进一步推动经济社会建设和发展等具有重要的现实意义。加强对贪污贿赂犯罪的惩治和预防,就是要从这样的政治和全局的战略高度来把握、来谋划、来部署和推动。

四、贪污贿赂犯罪惩治和预防措施与途径

21 世纪以来,我国社会主义民主法制建设有了长足发展。在刑事领域,刑事诉讼法、刑法的相继修改和实施,进一步完善了刑事法律制度,在保障诉讼当事人特别是犯罪嫌疑人、被告人合法权益方面有了实质性进展。无罪推定原则、不得强迫任何人证实自己有罪原则和罪刑法定原则的确立、落实,不仅仅表现为法律条文的变化,更重要的是促进执法观念转变,强调惩治犯罪和人权保障有机统一。2004 年宪法修正案明确规定了"国家尊重和保障人权",2012 年 3 月修改的刑事诉讼法明确规定了在刑事诉讼活动中必须尊重和保障人权。这些规定,对进一步推进司法文明及政治文明建设具有极其重要的作用。从目的和要求讲,科学有效地查处、惩治和预防贪污贿赂犯罪等腐败现象,是为了保证党政机关及其工作人员勤政廉洁,更好地纯洁党风,带动政风和民风,做到干部清正、政府清廉、政治清明,实现"务实、为民、清廉"的执政宗旨,进一步保护执政队伍,提升执政能力,巩固执政基础。这是当前全党的重大政治任务,也是司法机关的重大任务,一定要采取政治、经济、法律、行政、道德文化等各种措施和途径,抓紧抓好,切实抓出成效。

（一）加强犯罪化与非犯罪化的政策调整。随着我国社会转型速度进一步加快，社会领域的新情况新问题层出不穷，出现了经济成分多样化、组织形式多样化、就业方式多样化、利益关系多样化和分配方式多样化。尤其是我国加入 WTO 以来，随着政府宏观调控手段的变化，一些领域的公共权力逐步撤退，贪污贿赂犯罪活动也发生相应的变化。原来危害比较严重的一些领域贪污贿赂犯罪活动，将逐步从刑事政策调控视野中退出，而一些原本不曾预料的一些领域或者一些新型贪污贿赂犯罪活动，将会逐渐"浮出水面"。因此，加强实证研究，密切关注贪污贿赂犯罪活动的新动向、新态势，方能深入了解和掌握贪污贿赂犯罪发生发展的规律和特点，科学灵活地及时实行犯罪化与非犯罪化的刑事政策及防控策略调整，更好适应有效遏制和预防贪污贿赂犯罪的实践需要。

（二）建立完善对贪污贿赂犯罪的监督制约机制。要从根本上惩治和预防贪污贿赂犯罪，就要重视廉政立法和权力监督制约制度建设，把公共权力关进制度的"笼子"，对公共权力运行的各个阶段、各个环节实行全方位监督制约，铲除滋生贪污贿赂犯罪的土壤，遏制诱发或者激活贪污贿赂犯罪的条件，有效预防这类犯罪发生。一是加强财产收入申报、重大事项报告、大额金融交易监控等内容的廉政立法，有效控制财产流，防止将商品交换原则引入党的政治生活和国家机关的政务活动之中，诱发以敛财为主要目的的权钱交易腐败行为。二是完善权力分解、职能管理交叉、公务员交流等内部制约机制和政务公开、办事公开等外部监督机制。认真贯彻实施公务员法，建立健全权力行使自律自控和外督外控机制，通过对公共权力运行各个纵向横向环节设置内部制约或外部监督控制机制，加强对公共权力的监控，使公共权力在着力维护国家利益、社会公共利益和人民合法权益的轨道上运行，让权力始终行使在阳光下，让人民监督。三是整合监督资源。通过整合党内监督、民主监督、法律监督、舆论监督，切实提升协同监督的能力和监督协同化水平，努力促使各种监督方式、监督手段和监督途径相互配套协调，防止各种监督活动效用的内耗和对冲，充分发挥监督职能整体的机制性效能。

（三）加强贪污贿赂犯罪惩治和预防体制创新，增强惩防合力。实践表明,现在查处的一些触目惊心的贪污贿赂犯罪大案要案,实际上都发生在多年以前,在作案当时却发现不了,以致出现犯罪团伙化和严峻化态势,一旦案发就十分严重,对党的执政和中国特色社会主义伟大事业造成严重危害。这种现象足以说明,贪污贿赂犯罪侦缉机制,存在一些迫切需要解决的突出问题。比如,目前贪污贿赂犯罪机构有纪委、监察、审计及司法系统,纪委和监察合并办公。办案实践中,纪检监察机关可以对贪污贿赂犯罪嫌疑人实行"两规"、"两指"等手段和措施,但因缺乏必要的办案透明度,没有建立必要的程序和过程监督,虽然这在一定程度上强化了对贪污贿赂犯罪的打击能力,大大提高了破案率和办案效率,查办了一大批贪污贿赂犯罪大案要案,受到广大人民群众的肯定,但是反过来这又进一步强化了纪委监察机关在办案中使用"两规"、"两指"等手段、措施。这种查办案件工作体制及办案模式是柄双刃剑,在提升办案战斗力、取得办案成效的同时,也伤害了党内及政府部门一些涉案公职人员甚至其家属。从社会主义民主法治建设目标和要求讲,这种状况如果长此以往,不仅对法治建设没有益处,而且还给党的长期执政乃至社会稳定带来不可预估的负面影响。

对于检察机关来说,由于修改前的刑事诉讼法规定一次传唤、拘传不得超过12小时并不得连续传唤、拘传等限制,使得长期以来依靠打疲劳战、拼体力、取口供等粗放型传统模式办案的侦查人员一时无从适应,以致削弱办案能力。2012年3月修改的刑事诉讼法明确规定,对一些特别重大、复杂的案件,需要采取拘留、逮捕措施的,可以将传唤、拘传的时间可以延长到24小时。这在一定程度上能够缓解讯问时间不足的问题,但由于有严格的条件限制,并需要实践中进行磨合,形成实战能力尚需一个过程,尚难以从根本上解决问题。此外,由于侦查基础建设薄弱,在贪污贿赂犯罪的信息收集和管理、案件发现机制、侦查技术及侦查能力、侦查谋略、侦查协同和侦查指挥协作以及国境外缉捕等方面,都远不能适应对贪污贿赂犯罪惩治和预防的新形势要求,这也决定了检察机关尚不能从根本上全面承担起反腐败的职责和使命。从反腐败斗争长远发展的要求讲,当务之急是:一是要倡导依法反腐,提高反腐败法治化水平。在反腐败体制机制安排上,及时调整反腐败职能设置,将纪检监察机关以抓侦查办案为主的事后处置职能逐渐向检察机关侦查部门转移,纪检监察机关的工作着力点应当放到抓以遏制腐败动机为主的事前预防职能上。二是检察机关要适应办案职能移转变化的新要求,必须科学整合侦查资源,成立一个相对独立的专门侦查机构,防止"侦出多门"。具体的建议和措施已在本书相关部分系统论证,在此不再赘述。唯有如此,才能真正集聚侦查力量,形成侦查合力,提高侦查能力,减少侦查失误,保证办案质量,强化"侦查威慑力",增加贪污贿赂犯罪成本,使国家公职人员有所畏惧,从根本上控制和减少"不抓则已、一查一窝"的贪污贿赂犯罪等腐败现象。

(四)健全司法机制和刑罚体系,强化刑法惩治功能。从系统论的角度讲,司法机制包含了专门机构及侦查、惩治和预防等内容。由专门机构负责对贪污贿赂犯罪的查处,这是科学有效地惩治贪污贿赂犯罪的重要前提,也是采取预防犯罪滋生蔓延对策措施的重要基础。只有及时有效地揭露和证实贪污贿赂犯罪,形成"天网恢恢、疏而不漏"的威慑效应,使作奸犯科者随时感到危险降临,才能震慑腐败分子,警戒那些手脚不干净者、内心不安分守己者,教育国家公职人员奉公守法。大量事实表明,我国现时贪污贿赂犯罪等腐败现象滋生蔓延的严峻态势,除了与社会转型期制度缺陷及体制环境有关,更与司法不力、威慑无效等密不可分。21 世纪以来,我国每年近3000 名县处级干部、200 余名厅局级干部及若干省部级以上干部被绳之以法,其中不少被判重刑,一些官员包括高官因贪婪而人头落地。这不能说目前的刑罚不严厉,但贪污贿赂犯罪等腐败之风没有从根本上得到遏制,说明了生命刑的威慑力是有限的,人头落地后仍然有人为贪欲而"前腐后继、赴汤蹈火"。当然,没有必要搞成人人自危,但应当增加犯罪风险,提高作案犯科者的机会成本。

当前,我国刑法规定贪污贿赂罪的法定刑,从拘役、有期徒刑、无期徒刑到死刑不等,附加刑也有罚金、没收财产和剥夺政治权利。特别是 2011 年5 月 1 日起我国刑法修正案(八)颁布施行后,相关刑期大有提高,比如对于数罪并罚中总和刑期超过 35 年的,决定执行刑期从此前 20 年延长到了 25年,判处无期徒刑的最低服刑年限从此前 10 年提高到 13 年,判处死刑缓期2 年执行减为无期徒刑或者有期徒刑的,则明确分别不得少于 25 年、20 年等。无论刑罚如何加重,但贪污贿赂犯罪仍然我行我素、屡禁不止,其中的原因固然众多,但有一个重要因素不可忽视,即刑罚不严密,确定性低,尤其是搞"个案赦免"就难以确立惩罚的预期威慑力。司法实践中,有些行为因法律规定不严密而难以认定处理,最终被放纵;有的行为人实施贪污贿赂犯罪后没有及时被发现,没有受到惩罚或者没有及时受到惩罚。因此,按照刑罚效能原理,当前需要强化以下措施:一是完善刑罚体系。建立健全财产刑、资格刑和自由刑等多种刑罚有机结合的多元刑罚体系,扩大罚金的适用罪种范围,并适度限制生命刑的适用,变刑罚"厉而不严"为"严厉有度"。二是提高刑罚确定性。无论涉及到谁,都应当着眼发挥刑罚不可避免性和即时性的惩治功能,使刑罚效益最大化,提高刑罚特殊预防和一般威慑效用。三是坚持科学用刑,做到"严在点上、宽在面上"。对一些罪行不重的轻微案件,可以从宽从轻处罚。但对少数罪行严重者,必须从重处罚,应当充分发挥党和国家"打击极少数、教育挽救大多数"的刑事政策功能。

(五)建立完善贪污贿赂犯罪预防机制。从预防的原理和效益讲,预防贪污贿赂犯罪,应当拓展政治和全局的视野,根据经济社会发展阶段性特征,注重与经济社会发展紧密结合,特别是要有机融入经济体制改革、政治体制改革、社会管理体制改革以及对外开放的时代大背景之中。

第一,确立贪污贿赂犯罪预防的战略目标。即应明确:将贪污贿赂犯罪等腐败现象有效控制在政府和社会民众容忍度或者承受力极限之内,并使之逐渐减少到最小的程度。大量历史事实表明,只要国家存在,就有公共权力的运用机会,不管经济怎么改革,公共权力永远是具有价值的财富,就会有人挡不住贪污贿赂的诱惑。任何举措都无法根除贪污贿赂犯罪等腐败现象。然而,政府和社会民众对腐败程度的承受力是有极限的。党的执政地位巩固和国家政权的稳定,必然要求将腐败现象遏制在社会承受力极限之内,否则就会产生社会风险,出现统治集团所不希望出现的结果或者社会遭受损失的可能性,引起社会震荡和不安,导致社会失稳甚至瓦解,以及政权的崩溃。就贪污贿赂犯罪等腐败现象的危害性而言,对导致社会瓦解和政权崩溃的标准或社会承受力极限,1994年联合国预防犯罪与罪犯待遇委员会亚洲远东研究所在其举办的反腐问题研习班上提出两项指标:一是政府丧失了预防贪污贿赂犯罪的能力。无法惩办罪案,特别是无法追查出有关的高层的、重要的官员。二是腐败的普遍性。即腐败不仅是官员腐败,腐败已发展成为各行各业的不正之风。这个指标体系,对我国预防贪污贿赂犯罪具有重要借鉴意义。

第二，加强贪污贿赂犯罪预防的规划与分工协作。由贪污贿赂犯罪罪种的差异、区域大小和贫富差别，以及发展阶段性特征等诸多因素所决定，预防贪污贿赂犯罪具有比较明显的针对性、地区性和阶段性等特征。对此，贪污贿赂犯罪预防主体之间必须进行规划、分工与协调。重点处理好国家预防腐败局、纪检监察机关与检察机关三者之间的关系，明确前两者以事前预防、行政性预防为主，后者以事后惩办即司法预防为主，三者之间应当加强查办腐败案件信息互通。同时，要促进事前预防和事后惩办有机结合。既要加强贪污贿赂犯罪惩治和预防整体战略的顶层设计和制度建设的总体规划，使制度成为束缚公共权力的坚实"笼子"，也要注重通过查办贪污贿赂犯罪等腐败案件，从个案中了解和掌握贪污贿赂犯罪发生发展的规律、特点和趋势，做到对症下药，堵塞漏洞。唯有如此，才能取得防范贪污贿赂犯罪的实际效果。

第三，深化体制改革，建立健全依法执政和责任行政机制。围绕"制度性缺陷"和"体制性障碍"，根据贪污贿赂犯罪的动机、条件和原因，从制度入手强化预防性措施，着眼于针对经济体制、政治体制和社会管理体制的制度性缺陷，进行纠偏堵漏、整章建制，力求取得"釜底抽薪"的成效。首先，要改革现行政治体制，特别是党的执政方式和领导体制，按照依法治国理政的原理和要求，重点是要从根本上解决"以集体领导的外表掩盖个人专断的实质"的问题。其次，要深化行政体制改革，强化责任机制。按照创新政府、廉洁政府、法治政府的原理和要求，通过制定或者完善有关法律制度，实现廉洁、法治、创新的政府责任形式。再次，要积极推进社会管理体制改革，以保障和改善民生、创新管理为重点，加快形成党委领导、政府负责、社会协同、公众参与、法治保障的社会管理体制，政府主导、覆盖城乡、可持续的基本公共服务体系，政社分开、权责明确、依法自治的现代社会组织体制，源头治理、动态管理、应急处置相结合的社会管理机制，提升社会自治自管自控自律能力，实行政府、社会与公众合理分治，防止政府权力过分集中，从根本上控制和防止公共权力的擅断和蜕化变质。这是实现依法执政、执政法治化的基础，也是依法治国的必然要求，并且是预防贪污贿赂犯罪的实际需要。

第四,坚持法治与德治并举,充分发挥法治与德治对防控贪污贿赂犯罪的积极作用。德治是一种内在自我约束机制,是防控贪污贿赂犯罪的基础和先导,也是条件和保证,重在培本固基。但伦理道德是软规范,没有强制力,在人们觉悟和道德水准还不是普遍地极大提高的现阶段,加上市场机制的负面影响,靠自觉遵纪守法、廉洁自律,对多数人可以,而少数人却难以办到。因此,必须坚持德治和法治并举,把德治和法治有机结合起来。首先,要采用各种有效的途径,加强以公务员职业道德为核心的公职人员道德素质教育,努力提高公职人员尤其是各级领导干部的道德修养。其次,要加强法制普及及廉政法制教育,切实提升国家公职人员特别是各级领导干部的法制意识和法治水平。从实践看,不少国家公职人员甚至相当一级党政领导干部,在案发后都供认本人不懂法。当然,这其中不乏有人是为了掩盖罪行而进行诡辩,企图得到司法机关及其审判人员的同情而获得轻判,但也确实有一部分人在起始时,因不懂法而被"拉下水",但有的因尝到"甜头"而乐此不疲,最终沦为巨贪、"大鳄"。再次,要加强德治与法治的有机结合。既运用道德的自我约束力量,又发挥法律制度的强制力和威慑力,把道德教化的基础效用与法治手段的硬支撑功能相衔接相补充,深入推进反腐败斗争。

(六)加强舆论监督。反腐败实践充分证明,舆论媒体具有监督、揭露和预防腐败的功用。首先,现实生活中许多重大贪污贿赂犯罪等腐败案件,最先往往是通过舆论媒体的途径被揭露出来的。要提高对贪污贿赂犯罪的防控能力,就要善于运用报刊、广播、电视特别是互联网、物联网、QQ 聊天室、微博、微信等新媒体的工具和平台,充分发挥"网络反腐"的积极作用,进一步加强舆论监督力度。其次,要提高"网络反腐"等舆论监督的法治化程度。充分运用网络媒体所释放的舆论监督"正能量",发挥舆论监督在揭露、抨击和预防贪污贿赂犯罪等腐败现象方面的作用,教育和震慑国家公职人员不重蹈贪污贿赂腐败之覆辙,达到加强对国家公职人员尤其是领导干部掌权用权管权之监督目的。

(七)加强反贪污贿赂国际合作。随着经济全球化快速发展以及我国对外开放不断扩大,我国经济社会各领域同国际社会的交往日益增多,为国家经济建设提供更加广阔空间和有利条件的同时,也使我国社会不可避免面临跨国贪污贿赂犯罪等腐败的严峻化态势,腐败分子携带妻子或者子女、赃款等潜逃国境外现象逐渐增多,利用各种渠道或者途径进行洗钱的活动不断活跃,反贪污贿赂国际合作也随之更为重要、合作频率也随之增多。据不完全统计,21世纪以来检察机关在有关国内机关和国境外部门的大力支持及配合下,成功抓获潜逃国外的腐败分子就逾百人。加强反贪污贿赂国际合作,应当采取以下措施:一是针对腐败犯罪分子外逃等腐败犯罪新的动向,从维护政权安全、经济安全及金融安全以及国家根本利益的高度,提高对打击和预防跨国腐败重要性和紧迫性的认识,积极推动反腐败国际合作进程。二是进一步加强基础工作,建立腐败犯罪数据和情报交换机制,及时有效地掌握和控制腐败犯罪动向以及腐败分子的外逃活动。当务之急是建立富有成效的数据和情报收集机制,提高对腐败分子潜逃出境情报的掌握和控制能力,为寻求国际合作、坚决打击跨国腐败打下良好基础。三是加强国际间金融合作,特别是要建立完善反洗钱跨国合作、反资金外逃金融制度,有效阻断贪污贿赂犯罪等腐败分子的黑钱白化渠道。四是加强对贪污贿赂犯罪防控的国际经验交流。积极吸收国际上一些国家惩治贪污贿赂犯罪的经验,更新惩治贪污贿赂犯罪的技术手段,建立互信合作机制和国际间惩治贪污贿赂犯罪活动的信息资源共享机制,提高贪污贿赂犯罪防控水平和效率。五是探索建立多渠道、多形式的正式或非正式途径的反腐败国际合作机制,提高打击和预防跨国腐败犯罪的能力。六是充分利用《联合国反腐败公约》落实机制这一平台,进一步加强研究该公约的内容及其同中国法治协调问题,理性地提出落实该公约规定和要求的可行性方案,在已经取得既有成果的基础上,努力促成该公约的有效运行及其实际效能的切实发挥。这里,为增加对反贪污贿赂和反腐败国际合作的感性认识以及借鉴成功案例的经验做法,专就余振东腐败一案的办理作如下介绍。

第一,余振东腐败一案基本概况。余振东案发前,系中国银行广东省某支行行长。2001年10月12日因涉嫌贪污、挪用公款犯罪被中国广东省检察机关立案调查。经查,余振东伙同前任行长许超凡、许国俊等人相互勾结,利用担任银行行长的职务之便采取侵吞、违法放贷、违规使用等方法进行作案,涉案金额折合人民币计36亿余元。其中,绝大部分涉案资金转移境外,并涉及中国的香港和澳门特别行政区以及加拿大、美国、澳大利亚、新西兰等国家。中国检察机关依法运用侦查措施,获悉了余振东等主犯及有关重要涉案人员去向等情况后,从中发现有的案犯潜逃境外,有的甚至在境外定居等。

第二,中方采取的有针对性的侦查预案和侦查措施。一是启动国际执法合作程序。由于余振东一案的主要案犯离境,绝大部分涉案资金外逃,致使侦查工作重点由中国的国内转向国境外。突破案件的当务之急是加强与有关国家和地区的执法合作,开展境外追逃、追赃和取证等工作。为实现侦查目的和任务,中方通过外交等途径召开有美国、加拿大及中国香港特别行政区有关执法机构和工作人员参加的执法合作会议,介绍了余振东案的基本情况、证据及需要合作的具体事项,得到与会各方大力支持,并就此案国际执法合作事项达成共识。二是加强合作各方积极配合,促使案犯余振东快速落网。经过一年多的努力,美国警方于 2002 年 12 月在洛杉矶将余振东查获即予以逮捕,并由美国司法部以涉嫌非法入境、洗钱等犯罪对余振东提出指控。为配合美国检控部门的指控,中国检察机关创造性地采取远程视像方式向美国法庭作证,取得了很好的预期效果。三是加强合作后续工作,力促全案深入推进。中方经与美方执法机关协商,在中美双方的共同努力和相互协作下,2004 年 4 月 16 日将主犯余振东从美国遣送回中国,并于 2006 年 3 月 31 日将余振东绳之以法。余振东归案后,中方经继续努力,通过加强与美国执法机关的合作,于 2004 年 10 月将此案另外两名主犯许超凡、许国俊缉捕归案,并得到了法律应有的惩罚。

第三,余振东腐败案件国际执法合作的主要经验。余振东案,是一起典型的跨国腐败案件。主犯余振东等主要犯罪嫌疑人,在案发后都逃往境外并藏匿于国境外,并将大量赃款通过洗钱的方式转移出境,涉及美国、加拿大、香港等国家和地区。但目前,中国与美国、加拿大尚没有签订双边引渡条约。此案的成功办理,不仅成功抓获余振东等主犯并使其受到法律应有的惩罚,也对在没有双边引渡条约的前提下加强国际执法合作等提供了可供借鉴的一些重要经验。

一是创新执法合作思路,提升国际执法合作成效。加强国际执法部门之间的沟通、联系和协作,逐步建立和完善执法合作机制,疏通合作渠道,是各国之间开展国际执法合作的重要前提。近年来,中国政府更加坚定反腐败的决心,不断加大反腐败力度,加强对逃往国境外的腐败分子进行追逃缉捕,通过加强与有关各国的执法合作,取得了实质性的有效经验。余振东腐败案件的国际执法合作,就是成功的一例。余振东腐败案件主要案犯逃往美国,大量赃款也转移到了美国。但由于中美两国尚没有签订双边引渡条约,法律制度也存在巨大差异,如何加强有效合作对中美双方都提出实践的挑战。经中美执法部门的积极有效协商,双方在充分尊重对方国家司法主权、尊重对方法律的前提下,克服了没有双边引渡条约、法律制度巨大差异等各种障碍,通过发挥中美两国建立的中美执法合作联合联络小组(JLG)以及亚太经合组织(APEC)反腐败执法合作等机制的实际作用,采取灵活、务实的方式开展富有成效的合作,取得了令人满意的查办腐败案件成果。

二是加强协作各方的积极互动,建立合作信任机制。余振东腐败案件国际执法合作之所以成功,其中一个重要原因在于中方积极主动配合被请求合作的国家和地区执法部门,按照有关合作国家和地区开展执法合作的法律要求,及时提供了余振东等主要案犯的犯罪证据。中方在向各有关国家和地区提出合作请求时,重点做了以下两方面工作:一是注重加强收集相关犯罪证据。既收集犯罪嫌疑人在国内涉嫌腐败的证据,也收集犯罪嫌疑人实施跨国洗钱、以欺诈手段移民国外等方面的犯罪证据。二是注重建立合作信任机制。充分信任被请求方,认真按照被请求国的法律规定及时向被请求的国(境)外有关执法机关提供犯罪证据材料、法律文书等证据材料,建立双方合作互信基础。

三是创新远程作证方式,增强国际执法合作效率。余振东腐败案件在国际执法合作的过程中,遇到了有多名正在中国监狱服刑的罪犯需要到美国法庭出庭作证的难题。为妥善解决这个国际执法合作中的新问题,既要保证这些特殊证人的安全,又要促进双方合作顺利进行,中方创造性地提出采用跨国远程视像作证的方式,在中国境内组织这些特殊证人向美国的法庭提供证言等设想,得到了美方的认同。在双方的协作配合下,中方运用信息技术手段与美方建立远程视像作证通道,在需要出庭作证的时候,由中方组织相关证人通过远程视像进行出庭作证,保证了证言的直接、真实、有效,取得了预期的效果。远程视像作证的成功合作,为国际执法合作中涉及证人远程作证提供了新的思路和方式,既解决了证人直接出境作证的困难,也保证了证言的证明效力,同时还极大地节约了协作成本,提高了协作效率。随着现代科技特别是信息技术的迅猛发展以及远程视像技术日益成熟,笔者有充分的理由相信,远程视像作证由于具有更为高效、快捷、方便的特性,将成为国际反腐败执法合作中证人跨境作证的一种新的有效的模式。

四是坚持境外追逃与境外追赃并重。腐败分子出逃国(境)外,主要目的是为了逃避本国法律的制裁并享受腐败资金。针对跨国腐败案件往往具有犯罪嫌疑人潜逃境外的同时也将大量赃款转移境外等特点,加强追逃与追赃工作成为查办跨国境腐败案件的两项主要任务。这决定了查办跨国腐败案件,应当围绕这两项主要任务展开,既要加强国际执法合作,加大对腐败分子缉捕力度,争取将其早日缉捕归案,也要重视发现、冻结、查扣转移境外赃款,截断腐败分子在境外的经济来源,为境外追逃消除障碍。余振东腐败案件的成功办理,就是按照这一思路进行,充分证实这一点。实践中,应统筹追逃和追赃工作,促进合作更加有效。

第四,余振东腐败案成功办理引发的反腐败国际合作启示。跨国腐败的严峻形势,迫切需要世界各国之间加强执法合作。国际反贪局联合会为打击和预防跨国腐败的国际执法合作建立了交流平台,近年来活动频繁,也取得了一些初步成效。特别是《联合国反腐败公约》,为建立打击和预防腐败的全球合作提供了法律框架。笔者认为,各国政府包括中国政府应当积极推动双边或多边合作,运用刑事司法协助、执法合作等各种途径,提升打击和预防腐败的措施、手段,使打击和预防腐败分子外逃、腐败资金外移等活动的能力与跨国腐败的严峻态势相适应,进一步增强打击和预防跨国腐败国际执法合作的实际成效。

一是进一步提高对打击和预防跨国腐败重要性的认识,形成打击跨国腐败的共同立场。当前,随着经济全球化和现代科技的迅速发展,世界各国联系日益紧密,腐败的跨国化趋势也越来越突出,以致腐败问题已不再是一国内部的事。跨国腐败不仅给一国的企业、国家造成经济损失,而且对全球经济发展、政治稳定和社会安全等都将带来严重的危害,一定程度上成为全球性的政治"毒瘤"。打击和预防跨国腐败,需要世界各国及其贪污贿赂犯罪机构的高度重视、积极应对和密切合作;需要世界各国突破不同国家政治、经济、法律制度之间的差异,形成共同的原则和立场;需要世界各国共同联手,在全球范围内营造清除腐败的环境和氛围,绝不允许让任何腐败分子逍遥法外。

二是不断增进理解与信任,建立真诚合作机制。合作各方建立信任机制,是合作取得成效的前提和基础。加强反腐败国际执法合作,需要合作各方彼此理解和信任,才能开展真诚和富有成效的合作。各国反腐败机构应当利用国际反贪局联合会的交流平台建立合作机制,进一步加强彼此之间的联系交流,增进理解与信任,真诚开展反腐败执法合作,共同打击跨国腐败。特别是腐败资产的流入国,既要考虑本国的利益,也要尽可能地加强对腐败受害国利益和合法财产的切实保护,从而在世界范围推动建立真诚合作机制,创造有利于打击跨国腐败的环境和条件。

三是充分发挥反腐败国际公约的作用,提升打击和预防跨国腐败的能力和水平。当下,《联合国反腐败公约》和《打击跨国有组织犯罪公约》是全球范围各国在联合国框架下打击跨国腐败最为重要的国际公约,也是各国开展反腐败国际执法合作的重要依据。但由于各国承认并签署《公约》的时间以及《公约》"国内法化"衔接进程的不同,造成各国在履行和实施《公约》方面仍然存在许多障碍,以致《公约》的实际作用难以发挥,无法满足各国开展反腐败国际合作的现实需要。因此,应当加快各国对《公约》的签署及"国内法化"衔接进程,明确在《公约》框架下开展合作的法律程序,使其真正成为各国开展反腐败国际执法合作的依据和基础,更好地发挥国际公约在打击和预防跨国腐败中的作用。

四是及时建立情报数据交流机制,推动具体腐败案件执法合作。加强反腐败国际合作,情报数据及交流是重要基础。近年来,由于缺乏情报数据交流机制,国际合作实践中有许多案件因情报反馈不及时,影响了国际执法合作效率,最终削弱对跨国腐败的打击。因此,要从打击和预防跨国腐败的全球视野,建立高效、快捷、畅通的情报数据交流机制,积极发挥各国的派驻国法务参赞或警务联络官的作用,及时加强具体腐败案件情报数据的沟通和交流,加强具体合作问题的磋商,推进涉及腐败情报数据的基础建设,强化反腐败国际执法合作的基础,提高对腐败分子潜逃出境情报的掌握和控制能力,为寻求国际执法合作、坚决打击跨国腐败积极创造条件,提高具体腐败案件执法合作的水平。

五是努力实现打击跨国腐败与打击跨国洗钱相结合,切断腐败资产外逃渠道。当前,腐败资金外逃成为跨国洗钱的主要上游犯罪,大量腐败所得被犯罪分子通过洗钱的手段和途径从本国转移到其他国家,不仅给当事国带来严重的经济损失,而且对国际金融秩序乃至国际经济也将产生严重的危害,应当引起重视。从国际上看,各国法律对查处和惩罚洗钱犯罪都有严格的规定,主要目的在于加大对洗钱及其上游犯罪的打击力度。因此,各国反腐败机构应当根据双边或者多边国际公约、条约,加大对跨国洗钱犯罪的打击力度,最大限度地对腐败资产、犯罪收益进行有效的追缴和返还,从根本上切断跨国腐败资金外逃渠道,使每一个腐败分子无可逃之处、无藏身之地,提升打击和预防腐败的实际效果。

中篇 罪刑论

第四章 贪污罪

第一节 概 述

一、贪污罪的历史演化

（一）古代对贪污罪的规定。贪污罪古来有之,但由于时代的不同,贪污犯罪的表现形式及其危害的轻重程度因当时社会条件等因素的差异而有所不同。据史载,早在夏商奴隶制社会的法律中就有贪污罪及其处罚的规定。《左传》曾记载:"己恶而掠美为昏,贪以败官为墨,杀人不忌为贼。《夏书》曰:'昏、墨、贼,杀',皋陶之刑也。请从之。"❶皋陶是舜时掌管法律刑狱之事的大臣。这里的"墨"即为贪。墨者,不洁也,意为贪官之心黑如墨。秦朝作为我国历史上第一个中央集权制的封建王朝,其对贪污罪及其处罚的规定已较为具体。据1975年12月在湖北云梦出土的《秦简·法律答问》记载,当时规定的贪污罪主要指三种情况:一是私用府中公钱。即"府中公金钱私赍用之,与盗同法"。二是借官物逃亡。即"把其(假)以亡,得以自出,当为盗不当? 自当,以亡论。其得,坐臧(赃)为盗,盗罪轻于亡,以亡论"。三是求盗盗。即"求盗盗,当刑为城旦,问罪当驾(加),如害盗不当? 当"。这里的"求盗"是指秦时专门拘捕盗犯的官吏;"城旦"系盗罪的刑罚。求盗利用职务去盗窃,应当加重处罚,加至同害盗一样论罪。唐律中的贪污罪已较为详尽,大概可分为十种情况。一是监守自盗。《贼盗律》第三十六条规定:"诸监临主守自盗及盗所监临财物者,(若亲王财物而监守

---

❶ 《左传》(卷十),昭公十四年。

自盗,亦同)加凡盗二等,三十匹绞。(本条已有加者,亦累加之)。"《名例律》第五十四条对"监临主守"作了界定:"诸称'监临'者,统摄案验为'监临'。称'主守'者,躬亲保典为'主守'。虽职非统典,临时监主亦是。"《唐律疏议》释之:"统摄者,谓内外诸司长官统摄所部者。验案,谓诸司判官判断其事者是也……,'主守'谓行案典吏,专主管其事及守当仓库、狱囚、杂物之类,谓非管摄之司,临时被遣监主亦是。"这里的"凡盗"是指一般的盗窃罪。二是诈欺官私取财。诈伪律第十二条规定:"诸作欺官私以取财物者,准盗论。(诈欺百端,皆是。若监主诈取者,自从盗法;未得者,减二等。下条准此)知情而取者,坐赃论;知而买者,减一等;知而为藏者,减二等。"这里的"官私"财物,涵盖封建制国家和官府所有及私人所有的财物。三是私借官婢官畜。《厩库律》第十三条规定:"诸监临主守,以官奴婢及畜产私自借,若借人及借之者,笞五十;计庸重者,以受所监临财物论。驿驴,加一等。即借驿马及借之者,杖一百,五日徒一年;计庸重者,从上法。即驿长私借人马驴者,各减一等,罪止杖一百。"这里规定监临主守之官吏,凡非借用官奴婢或官牲畜,借给他人或借用之人的,均应论罪处罚。四是私借官物。《厩库律》第十八条规定:"诸监临主守之官,以官物私自借,若借人及借之者,过十日,坐赃论减二等。"这里的官物是指一般生活用品,如衣服、被褥等。五是假请官物。《厩库律》第十六条规定:"诸假请官物,事讫过十日不还者笞三十,十日加一等,罪止杖一百;私服用者,加一等。若亡失所假者,自言所司,备偿如法;不自言者,以亡失论。"这里的"假"即"借",意曰借用官有物品应定期归还,否则以盗罪论。同时,丢失借用的官物不报告的也应以盗罪论处,并且赔偿。六是官有财物入私。《厩库律》第二十条规定:"诸财物应入官、私而不入,不应入官、私而入者,坐赃论。"七是私贷官物。《厩库律》第十七条规定:"诸监临主守,以官物私贷,若贷人及贷之者,无文记,以盗论;有文记,准盗论。"八是官畜私驮。《厩库律》第四条规定:"诸应乘官马、牛、驼、骡、驴,私驮物不得过十斤,违者,一斤笞十,十斤加一等,罪止杖八十。其乘车者,不得过三十斤,违者,五斤笞十,二十斤加一等,罪止徒一年。即从军征讨者,各加二等。"九是超乘驿马。《职制律》第三十七条规定:"增乘驿马者,一匹徒一年,一匹加一等(应乘驿驴而乘马者减一等)主司知情与同罪,不知情者,勿论。(余条驿司准此)。"十是乘驿马带私物。

《职制律》第三十九条规定："诸乘驿马赍私物(谓非随身依、仗者),一斤杖六十,十斤加一等,罪止徒一年。驿驴减二等。(余条驿驴准此)。"

明朝对贪污罪的规定不亚于前朝。《大明律》将贪污罪分为四大类。

第一类,监守自盗仓库钱粮。监临自盗是《大明律》规定贪污罪的主要表现形态。《刑律·贼盗卷》规定："凡监临主守,自盗仓库钱粮等物,不分首从,并赃论罪(并赃,谓如十人节次共盗官钱四十贯,虽各分四贯入己,通管作一处,其十人各得四十贯,罪皆斩;若十人共盗五贯,皆杖一百之类),并于右小臂膊上刺'盗官(钱、粮、物)'三字(每字各方一寸五分,每画各阔一分五厘,上不过肘,下不过腕,余条准此)。(1)一贯以下,杖八十。(2)一贯之上至二贯五百文,杖九十。(3)五贯,杖一百。(4)七贯五百文,杖六十,徒一年。(5)一十贯,杖七十,徒一年半。(6)一十二贯五百文,杖八十,徒二年。(7)一十五贯,杖九十,徒二年半。(8)一十七贯五百文,杖一百,徒三年。(9)二十贯,杖一百,流二千里。(10)二十二贯五百文,杖一百,流二千五百里。(11)二十五贯,杖一百,流三千里。(12)四十贯,斩。"

第二类,诈取监守财物,包括四种:一是诈取官物。《刑律·贼盗卷》规定："若监临主守,诈取所监守之物者,以监守自盗论。未得者,减二等。"二是库秤雇役侵欺官钱粮。《户律·仓库卷》规定："凡仓库、务场、局院、库秤、斗级,若雇役之人,侵欺、借贷、移易官钱粮,并以监守自盗论。若雇主同情,分受赃物者,罪亦如之。若知情不曾分赃,而扶同申报瞒官,及不首告者,减一等,罪止杖一百。不知者,不坐。"三是侵欺守掌在官物。《库律·仓库卷》规定："凡官物,当应给付与人,已出仓库而未给过,若私物,当供官用,已送在官而未入仓库,但有人守掌在官,若有侵欺、借贷者,并计赃,以监守自盗论。"四是克留盗赃。《刑律·受赃卷》第十条规定："凡巡捕官已获盗贼克留赃物,不解官者,笞四十。入己者,计赃以不枉法论。仍将其赃,并论盗罪。若军人、弓兵有犯者,计赃虽多,罪止八十。"

第三类,冒支多支官府钱粮,包括二种:一是冒支官粮。《户律·仓库卷》规定："凡管军官吏、总旗、小旗,冒支军粮入己者,计赃准盗窃论,免刺。"二是多支廪给。《兵律·邮驿卷》规定："凡出使人员,多支廪给者,计赃以不枉法论。当该官吏与者,减一等;强取者,以枉法论,官吏不坐。"

第四类,其他侵占、用官府财物的行为,包括私借钱粮,私借官物,私借乘舆服御物,私卖战马,隐匿孳生官畜产,私借官畜,公使人等索借马、驴、骡,私借官车船,私差使铺兵,私役弓兵,多乘驿马,私役民夫抬轿,乘驿马赍私物,乘官马船车载私物等。

清王朝制定的《大清律》所规定的贪污罪,基本上源自《大明律》。除个别差异外,其所规定的罪名、罪状和法定刑与《大明律》相差无几。

(二)近代对贪污罪的规定。中华民国刑法所规定的贪污罪涵盖了贿赂罪,因当时将贿赂罪视为贪污罪同一种犯罪,故没有贪污罪之规定。但是,1914 年 1 月 5 日公布施行的《官吏犯赃治罪条例》,在《暂行新刑律》的基础上增设了侵占公款罪,即"官吏侵占公款逾五千元以上者,处无期徒刑或二等以上(即五年以上至十年)有期徒刑,并科五千元以下罚金。"1938 年 6 月 27 日公布施行的《惩治贪污暂行条例》增设了两种贪污罪,其适用对象系抗战时期的军人、公务员及办理社会公益事务人员。这两种贪污罪是指加重贪污罪和普通贪污罪。前者包括克扣军饷、建筑军工或购办军品舞弊、盗卖军品、强索强占、漏税、图利而扰乱金融、违禁募捐截留等。第二条规定:有上述行为之一者,"处无期徒刑或十年以上有期徒刑。"后者包括克扣职务应发的财物,直接间接图利、盗卖侵占公务财物、征用舞弊等。第三条规定:有上述行为之一者,"处无期徒刑或者五年以上有期徒刑。"此外,1943 年 6 月 30 日公布施行的《惩治贪污条例》对上述《暂行条例》进行了补充修正。对加重贪污罪,增补了建筑军工或购办军品索取回扣、侵占军品等行为,并规定"犯加重的贪污罪,处死刑、无期徒刑或十年以上有期徒刑"、"犯普通贪污罪,处死刑、无期徒刑或七年以上有期徒刑",对"直属长官庇护属员贪污的,以共犯减轻处罚;审计会计贪污不告发的,处三年有期徒刑或者拘役。"❶

(三)当前国外及我国香港特别行政区、台湾地区对贪污罪的规定。在外国和我国香港特别行政区、台湾地区,法律规定的贪污罪不是一种独立的罪名,而是对公职人员盗窃罪、公职人员诈骗罪、公职人员侵占罪、公职人员拥有来源不明财产罪等几种具体犯罪的概称。

(四)我国刑法对贪污罪的规定。早在 1952 年,为了整肃干部队伍,巩

---

❶ 参见刘光显等主编:《贪污贿赂罪的认定与处理》,人民法院出版社 1996 年版,第 87 页。

固新生的人民政权,当时的政务院在总结革命根据地时期立法经验的基础上,颁布实施《中华人民共和国惩治贪污条例》,对贪污罪作了如下定义:"一切国家机关、企业、学校及其附属机构的工作人员,凡侵吞、盗窃、骗取、套取国家财物、强索他人财物、收受贿赂以及其他假公济私违法取利之行为,均为贪污罪。"1979年,经过十多年准备以及对刑法草案几十次的修改,新中国第一部刑法即《中华人民共和国刑法》出台,并于1980年1月1日起施行。该刑法第一百五十五条规定:"国家工作人员或者受国家机关、企业事业单位、人民团体委托从事公务的人员,利用职务上的便利,贪污公共财物的,处五年以下有期徒刑或者拘役;数额巨大、情节严重的,处五年以上有期徒刑;情节特别严重的,处无期徒刑或者死刑。"该条第二款规定:"犯前款罪的,并处没收财产,或者判令退赔。"随着我国社会主义民主法制建设的进一步发展,人们对法律的明确性和严密性提出新的要求。1988年1月21日全国人大常委会制定通过的《关于惩治贪污罪贿赂罪的补充规定》,采用定义明示式的方法对贪污罪进行了重新界定。该《规定》第一条规定:"国家工作人员、集体经济组织工作人员或者其他经手、管理公共财物的人员,利用职务上的便利侵害、盗窃、骗取或者以其他手段非法占有公共财物的,是贪污罪。"此后,全国人大常委会于1995年2月28日制定通过的《关于惩治违反公司法的犯罪的决定》对贪污罪的主体范围作了较大的修改。该《决定》设立了业务侵占罪,将公司、企业中的非国家工作人员利用职务侵吞公司、企业款物的行为认定为业务侵占罪。也就是说,从原来的贪污罪主体中分离出公司、企业中的非国家工作人员这一部分,使贪污罪的主体基本上以国家工作人员为限。八届全国人大五次会议于1997年3月14日修订通过的《中华人民共和国刑法》,在原刑法的基础上,吸收了第一部刑法实施17年来的立法、司法经验,对贪污罪的定义作了重新界定。该法第三百八十二条规定,"国家工作人员利用职务上的便利,侵吞、窃取、骗取或者以其他手段非法占有公共财物的,是贪污罪。受国家机关、国有公司、企业、事业单位、人民团体委托管理、经营国有财产的人员,利用职务上的便利,侵吞、窃取、骗取或者以其他手段非法占有国有财产的,以贪污论"。同时,将贪污罪从侵犯财产中分离出来,和贿赂罪等犯罪独立成章,作为刑法第八章即"贪污贿赂罪"的内容,其主体基本以国家工作人员为限,突出反映现代社会打击国家公职人员腐败犯罪的立法倾向。

需要指出的是,随着我国经济转型,经济成分多样化带来经济性质特别是国家出资企业资产的复杂化。进入 21 世纪后,立法机关主要是司法机关制定了针对贪污罪法律适用的相关司法解释,进一步丰富了贪污罪的立法,在一定程度上解决了司法实践中经常遇到并对认定处理有直接影响的一些困难和问题。比如,2009 年 3 月 12 日最高人民法院、最高人民检察院制定发布《关于办理职务犯罪案件认定自首、立功等量刑情节若干问题的意见》,针对司法实践中遇到的贪污罪及其自首、立功等量刑情节法律适用,提出具体的解决措施。2010 年 11 月 26 日最高人民法院、最高人民检察院为了依法妥善处理国有企业改制过程中发生的贪污贿赂犯罪案件,联合出台了《关于办理国家出资企业中职务犯罪案件具体应用法律若干问题的意见》(法发[2010]49 号),针对司法实践中遇到的国家出资企业在改制过程中发生的贪污等职务犯罪及其法律适用若干问题,提出具体的解决措施,初步明确了国家出资企业在改制过程中涉嫌贪污罪的定性处理问题。2012 年 8 月 8 日最高人民法院、最高人民检察院制定发布《关于办理职务犯罪案件严格适用缓刑、免予刑事处罚若干问题的意见》,就贪污等职务犯罪案件办理当中适用缓刑、免予刑事处罚提出具体的意见和措施。

二、贪污罪的概念

"贪污"一字,在古时文献中早有记载。《后汉书·酷吏传·阳球》载曰:"时天下大旱,司空张颢奏长吏苛酷贪污者,皆罢免之。"又如《韩非子·奸劫弑臣》中言:"我不以清廉方正奉法,乃以贪污之心枉法以取私利。"单从字义上理解,"贪污"的原意是贪利而忘义。《淮南子·俶真训》曰:"夫圣人量腹而食,度形而衣,节于己而已,贪污之心奚由生哉?"元·柯丹丘《荆钗记·觅真》著:"言清行浊心贪污"。此后,贪污一词逐渐被引申为别意,即从道德上对官吏或公职人员加以贬义的评价,专指利用职权非法取得财物。我国辞书对"贪污"一词的解释,基本同上解。《辞海·语词分册》将"贪污"解释为"枉法以取财物"。《辞源》则将"贪污"解释为"本指贪得而卑下,后称枉法取得财物为贪污"。1980 年版的《辞海》按照我国 1952 年颁布实施的《中华人民共和国惩治贪污条例》对贪污的定义,作为"贪污"这一词条的释义。

从刑法的角度讲，我国多数刑法学家均认为上述定义属"大贪污概念"，意指这个定义囊括了贪官污吏犯罪的所有具体罪名。因为这个定义将贪污罪表述为国家工作人员以权谋私、枉法取利的行为。按照这种界定，贪污罪的法律特征：一是贪污罪主体是国家工作人员，包括国家机关工作人员和企业、学校及其附属机构的工作人员。二是贪污罪包括侵吞、盗窃、骗取、套取以及强索、受贿和其他假公济私、违法取利的多种行为。从这里的界定可看出我国古代贪污罪立法的痕迹。三是贪污罪的客体既包括国家工作人员的廉洁性，也包括公共财产所有权甚至私人财产所有权。

1979年7月1日五届全国人大二次会议通过的第一部刑法《中华人民共和国刑法》，总结了新中国成立以来同贪污犯罪作斗争的经验，改变了贪污罪的传统概念，将受贿罪从贪污罪中剥离开来，形成一个内涵较为明确、外延相对缩小的贪污罪概念，即国家工作人员以及受国家机关、企业、事业单位、人民团体委托从事公务的人员，利用职务上的便利，侵吞、盗窃、骗取以及其他手段非法占有公共财物的行为。贪污罪概念的演变表明我国刑事立法进入了一个新的发展阶段。从这一界定可知：一是贪污罪主体比《中华人民共和国惩治贪污条例》规定的主体有所扩大，包括国家工作人员以及受国家机关、企业、事业单位、人民团体委托从事公务的人员。二是贪污罪的表现形式与《中华人民共和国惩治贪污条例》相比有所缩小。除利用职务之便非法占有公共财物外，其他包括套取、强索和收受贿赂等行为不再作贪污罪处理。三是贪污罪的客体已经被限为公共财产所有权，而不包括《中华人民共和国惩治贪污条例》所规定的国家工作人员的廉洁性和私人财产所有权，并被归入侵犯财产罪之列。四是将收受贿赂、敲诈勒索等行为另设新罪，与贪污罪分离。

随着我国经济、政治和社会的重大变革，刑法的这些规定已明显不能适应形势发展的客观要求，尤其在主体范围、罪错界限和处刑标准等方面不能适应反腐败斗争深入发展的实践需要，表现出明显的滞后性。鉴此，1988年1月21日全国人大常委会以单行刑法的形式，制定颁布了《关于惩治贪污罪贿赂罪的补充规定》，以定义明示法的方式对贪污罪作出规定，"国家工作人员、集体经济组织工作人员和其他经手、管理公共财物的人员，利用职务上的便利，侵吞、盗窃、骗取或者以其他手段非法占有公共财物的，是贪污罪"。同时,该补充规定还根据当时经济社会发展水平,明确规定了贪污罪的定罪情节数额和量刑情节数额,为进一步严格、公正执法,有效惩治贪污腐败行为提供了有力的法律武器。不过《补充规定》所规定的贪污罪,其主体范围比《中华人民共和国惩治贪污条例》和1979年《刑法》所规定的范围要大,增加了集体经济组织工作人员和其他经手、管理公共财物的人员。主体范围的宽泛,某种意义上影响到司法机关的打击力度。此后,随着我国社会主义市场经济体制的确立,公司制逐渐成为我国企业现代化的基本组织形式。为规范公司行为,打击破坏公司企业正常秩序的犯罪活动,1995年2月28日全国人大常委会制定颁布了《关于惩治违反公司法的犯罪的决定》,对贪污罪的构成特征带来一定影响。该《决定》第十条规定,有限责任公司、股份有限公司的董事、监事或职工及上述公司以外的企业职工,利用职务或工作上的便利,侵占本公司或企业的财物、数额较大的行为即业务侵占罪,依法处5年以下有期徒刑或者拘役;数额巨大的,处5年以上有期徒刑,可以并处没收财产。该《决定》第十二条规定,"国家工作人员犯本决定第十条规定之罪的,以贪污罪论"。这一规定,将集体经济组织工作人员排除在贪污罪主体之外。同时,理论界和司法实践部门对公司、企业包括行政性公司在内的国家工作人员利用职务之便侵占公共财物的行为,究竟定贪污罪还是业务侵占罪,或定业务侵占罪但以贪污罪处罚,以及国家工作人员的范围界定等问题,存有不同认识,从而造成处理上的困难,影响了对贪污犯罪的打击和惩治。

1997年3月14日八届全国人大五次会议修订通过的《中华人民共和国刑法》,根据当时我国经济社会实际,在总结第一部刑法实施17年来刑事司法实践经验的基础上,对贪污罪作了重新界定。按照刑法第三百八十二条规定,贪污罪是指国家工作人员利用职务上的便利,侵吞、窃取、骗取或者以其他手段非法占有公共财物的行为。受国家机关、国有企业、事业单位、人民团体委托管理、经营国有财产的人员,利用职务上的便利,侵吞、窃取、骗取或者以其他手段非法占有国有财物的,以贪污论处。同时,明确规定了贪污罪定罪量刑的数额标准和量刑档次,进一步增强实际操作性。

第二节　贪污罪的法律特征

一、贪污罪客体

关于贪污罪的客体,理论界的认识不一。有的认为,贪污罪侵害的是公共财物所有权,属单一客体;有的认为,贪污罪既侵害公共财物所有权,也破坏国家机关的正常活动,具有渎职性质,属复杂客体。从我国对贪污罪的立法沿革看,刑事法律对贪污罪惩治的原旨主要侧重于对公共财物所有权的保护,上述第一种观点不无道理。然而,如果对贪污罪侵害客体的认识仅停留在这一层面,显然是不够的。从我国社会主义国家性质讲,政府以为人民服务为根本宗旨,要求每一位国家工作人员遵循这一宗旨,做到廉洁奉公、勤政为民。贪污罪的实质是国家工作人员利用手中的公共权力将国家财产非法据为己有,亵渎了特定的国家权力,破坏了对职务行为的廉洁性规定和要求。从深层次上分析,这种行为滥用了特定的公共权力,性质上属于国家工作人员对国家的背信,破坏了政府声誉,降低了国家威信,不利于国家政策和行政行为的有效实施,进而危及国家政权。从这种意义讲,贪污罪侵害的客体是复杂客体,尤其在强调侵害国家机关正常活动具有渎职性质这一点时就更无可厚非。刑法将贪污罪与贿赂罪单列一章,便有其中之义。

贪污罪侵害的对象是公共财产。刑法第三百八十二条对此作了明确规定,司法适用时也无异议。但作为贪污罪侵害客体物质表现形式的犯罪对象即公共财产,其性质、范围如何界定? 与私人财产、共有财产如何区别? 这些问题尚有待深入研究。

从各国及我国香港特别行政区和台湾地区的立法例看,它们的法律普遍将贪污罪对象仅限制在财产范围内,但在可以成为贪污罪对象的财产所有制性质和财产形态上,法律规定却不尽一致。首先,从财产所有权性质看,有的国家和地区的刑法规定,贪污罪对象只能是国家财产或公共财产,如《俄罗斯联邦刑法典》、《西班牙刑法典》等。有的国家刑法规定,贪污罪对象既可以是公共财产,也可以是非公共财产,如《法国刑法典》、《意大利刑法典》和《巴西刑法典》等。有的国家刑法,虽然没有明确说明财产所有权性质,但法条本身的规定实际上表明无论公私财产均可成为贪污罪的对象,如《瑞士刑法典》等。有的国家刑法规定,贪污罪对象只能是私人财产,如《日本刑法典》、《韩国刑法典》等。其次,从财产形态看,有的国家刑法明确规定,贪污罪对象只能是动产,如《意大利刑法》、《瑞士刑法》和《德国刑法》等。有的国家刑法,虽然没有明确规定贪污罪对象仅限于动产,但从法律条文表述看,贪污罪对象仅限于动产,如《法国刑法典》等。有的国家刑法,没有明确规定贪污罪对象的财产形态,这便意味着这些国家法律规定的贪污罪对象既可以是动产,也可以是不动产,如《日本刑法典》等。

在我国,刑法将贪污罪对象明确限于公共财产。根据刑法第九十一条规定,这里的公共财产包括以下两类。

第一类是当然的公共财产,包括国有财产、劳动群众集体所有的财产、用于扶贫和其他公益事业的社会捐助或者专项基金的财产。这里的国有财产,是指国家所有的财产,即国家依法取得和认定的,或者国家以各种形式对企业投资和投资收益、国家向行政事业单位拨款等形成的资产,一般包括六部分:一是矿藏、水流、山岭、草原、荒地、滩涂等自然资源,除法律规定归集体所有的以外;二是城市的土地、农村和城市郊区根据法律规定属于国家所有的土地;三是银行、邮电、铁路、公路、航空、海运、国有工厂、农场、商业等国有企业和设施;四是一切国家机关、国有事业单位、人民团体的各种财产;五是我国境内地下、内水和领海中遗存的一切文物,如文化遗址、古墓葬、石窟寺等;六是其他一切国家所有的财产。从上述的列举情况看,我国刑法规定的贪污罪对象应包括动产和不动产两方面的内容。这里的劳动群众集体所有财产,是指乡镇企业、街道企业、村办企业、合作社及其他集体所有制企业、事业单位及供销社、信用社的财产。这里的社会捐助或专项基金财产,是指由社会上的单位或者个人转让出来的用于扶贫和其他公益事业的财产。

第二类是拟制的公共财产,或者称之为准公共财产。是指在国家机关、国有公司、企业、集体企业和人民团体管理、使用或者运输中的私人财产。这类财产包括:一是纯粹的私人财产,如交付邮政部门管理邮汇的私人汇款或包裹等;二是混合型的共有财产,如公私合营企业中的财产等。

需要指出的是,刑法未就混合型财产如中方是国有或集体性质的中外合资、中外合作企业的财产是否属于公共财产作出明确规定,虽然国家有关部门将股份合作企业列入集体经济,并明确规定了确定企业经济成分时的推算方法即根据企业实收资本、个人资本、港澳台资本和外商资本确定经济成分,同时还规定"在企业登记注册类型中填报为股份合作企业的,不论其资本构成如何,全部列入集体经济。"但是,司法实践中在具体操作时如何适用法律没有明确规定。特别是我国 2004 年宪法修正案第十一条、第十三条分别规定:"在法律规定范围内的个体经济、私营经济等非公有制经济,是社会主义市场经济的重要组成部分。国家保护个体经济、私营经济等非公有制经济的合法的权利和利益。""公民的合法的私有财产神圣不可侵犯。"对这些非公有制经济尤其是涉案的非公有制经济的合法权益如何加强依法处置和保护,尚有待进一步探究。为解决这个问题,2010 年最高人民法院、最高人民检察院共同出台《关于办理国家出资企业中贪污贿赂犯罪案件具体应用法律若干问题的意见》的司法解释,就处理国家出资企业中贪污贿赂犯罪案件作了相应的规定。具体包括:一是国家出资企业工作人员在改制过程中隐匿公司、企业财产归个人持股的改制后公司、企业所有的行为的处理;二是国有公司、企业在改制过程中隐匿公司、企业财产归职工集体持股的改制后公司、企业所有的行为的处理;三是国家出资企业工作人员使用改制公司、企业的资金担保个人贷款,用于购买改制公司、企业股份的行为的处理等。

二、贪污罪主体

贪污罪是特殊主体的犯罪,只有具备一定身份的人才能成为该罪的主体,刑法理论上称之身份犯。刑法第三百八十二条规定的贪污罪主体包括两类:一类是国家工作人员;一类是受委托从事管理、经营国有财产的人员。

对贪污罪主体的界定,理论界和司法部门有不同的认识。新中国成立后的几部法律对此规定也各异。1952 年颁布施行的《中华人民共和国惩治贪污条例》规定的贪污罪主体,包括一切国家机关、企业、学校及其附属机构的工作人员。也就是说,凡在国家机关、企业、学校、社会团体内经常或临时的工作人员,均属国家工作人员的范畴,可以成为贪污罪主体。1979 年制定并于 1980 年 1 月 1 日施行的新中国第一部刑法典规定的贪污罪主体有两种:一种是国家工作人员,指一切国家机关、企业、事业单位工作人员和其他依法从事公务的人员;另一种是受国家机关、企业、事业单位、人民团体委托从事公务的人员。1988年1月21日全国人大常委会制定颁布的《关于惩治贪污罪贿赂罪的补充规定》规定的贪污罪主体,包括国家工作人员、集体经济组织工作人员和其他经手、管理公共财物的人员。1995年2月28日全国人大常委会颁布实施的《关于惩治违反公司法的犯罪的决定》,将上述贪污罪主体中的集体经济组织工作人员或者其他经手、管理与公共财物的人员中的相当一部分从贪污罪中分离出来,作为新增设业务侵占罪的主体,包括"公司董事、监事或者职工"以及"公司以外的企业职工"。由于业务侵占罪与贪污罪两者之间的定罪数额标准和法定刑不同,司法实践中适用法律时不同程度地存在各取其所的现象。这显然不利于公正执法和社会主义法治建设。问题的症结源自两个最高司法机关在国家工作人员界定上的分歧。最高人民法院认为,全国人大常委会《关于惩治违反公司法的犯罪的决定》第十二条所涉及的国家工作人员,是指国有公司企业或者其他公司、企业中行使管理职权,并具有国家工作人员身份的人员。这里的"具有国家工作人员身份",是指具有国家干部身份,必须是根据国家组织人事部门的有关规定,正式被列入国家干部编制序列的人员。对此,有人称之为"身份论",也有人称之为"表论",即视干部履历登记表而论。对不具有干部身份的人即使在国有企业中行使管理职权如厂长、经理等,也不属于国家工作人员。但最高人民检察院对此却有不同认识,认为全国人大常委会上述决定第十二条所涉及的国家工作人员,是指"国有企业中的管理工作人员,公司、企业中由政府主管部门任命或者委派的管理人员;国有企业委派到参股、合营公司、企业中行使管理职能的人员;其他依法从事公务的人员",具体可参见最高人民检察院1995年11月7日《关于办理公司、企业人员受贿、侵占和挪用公司、企业资金犯罪案件适用法律的几个问题的通知》。可见,这里的国家工作人员是指在国有企业或受国有企业委派从事公务的人员。至于这些人员原来是否属国家干部或者有否填写过干部履历登记表,不影响主体的认定。对此,有人称之为"公务论"。理论界对"身份论"或"公务论",有人赞成,也有人反对,以致司法实践中无所适从,并出现"因人而异"的执法现象。如发生在同一系统的贪污罪案,由于人为因素的介入,有的定贪污罪,有的定业务侵占罪。

从外国及我国港台地区的刑法规定看,贪污罪属于职务性犯罪,它只能由具备了一定身份的人实施。各国以及我国香港、台湾地区刑法关于贪污犯罪主体的规定表现出一个共同的特点，那就是贪污犯罪只能由担任公职或公务的人员实施。

我国刑法第三百八十二条规定的贪污犯罪主体，可从两个方面来界定。一是在公职方面，为强调国家公职人员的职务廉洁性，规定这类主体必须系国家工作人员；二是在公务方面，为体现对社会主义市场经济条件下国有资产的有效保护，防止国有资产的流失，规定这类主体除国家工作人员外，还包括受国家机关、国有公司企业、事业单位、人民团体委托经营、管理国有财产的人员。从上述界定看，贪污罪的主体包括以下六类。

第一类，国家公务员，包括：中国共产党机关的工作人员；人大机关的工作人员；行政机关的工作人员；政协机关的工作人员；审判机关的工作人员、检察机关的工作人员；民主党派机关的工作人员。按照国家公务员法第二条规定，国家公务员是指依法履行公职、纳入国家行政编制、由国家财政负担工资福利的工作人员。

第二类，在依照法律、法规规定行使国家行政管理职权的组织中从事公务的人员，或者在受国家机关委托代表国家行使职权的组织中从事公务的人员，或者虽然未列入国家工作人员编制但在国家机关中从事公务的人员，视为国家机关工作人员。

第三类，在国有公司、企业、事业单位、人民团体及国家出资企业中从事公务的人员。这里的国有公司是指公司财产属于国家所有的公司，包括国家授权投资的机构或者国家授权的部门单独投资设立的国有独资的有限责任公司和2个以上20个以下国有投资主体共同投资设立的有限责任公司以及国有企业单独作为发起人设立的股份有限公司。国有企业是指财产属于国家所有的从事生产、经营或服务活动的经济组织。国有事业是指受国家机关领导，由国家投资的部门或单位即国家投资兴办并管理的科研、教育、文化、卫生、体育、新闻、广播、出版等单位。人民团体是指由若干成员为共同目的自愿组成的、经过政府核准登记并由政府划拨经费的各种社会组织，包括各级工会、共青团、妇联等群众性组织。这里的国家出资企业，包括国家出资的国有独资公司、国有独资企业，以及国有资本控股公司、国有资本参股公司。是否属于国家出资企业不清楚的，应遵循"谁投资、谁拥有产权"的原则进行界定。企业注册登记中的资金来源与实际出资不符的,应根据实际出资情况确定企业的性质。企业实际出资情况不清楚的,可以综合工商注册、分配形式、经营管理等因素确定企业的性质。对于国家出资企业中的国家工作人员认定,可以按照以下程序和规定分别情况进行:一是经国家机关、国有公司、企业、事业单位提名、推荐、任命、批准等,在国有控股、参股公司及其分支机构中从事公务的人员,应当认定为国家工作人员。具体的任命机构和程序,不影响国家工作人员的认定。二是经国家出资企业中负有管理、监督国有资产职责的组织批准或者研究决定,代表其在国有控股、参股公司及其分支机构中从事组织、领导、监督、经营、管理工作的人员,应当认定为国家工作人员。三是国家出资企业中的国家工作人员,在国家出资企业中持有个人股份或者同时接受非国有股东委托的,不影响其国家工作人员身份的认定。

第四类,国家机关、国有公司、企业、事业单位委派到非国有公司、企业、事业和社会团体从事组织、领导、监督、管理等公务的人员。这里的"委派",是指委任、派遣,其形式多种多样,如任命、指派、提名、批准等。这里的非国有公司、企业、事业和社会团体是指不占国家编制、不由政府划拨经费而依法登记成立的公司、企业、事业单位和社会组织。从有关资料看,非国有公司、企业、事业单位是指除国有经济以外的其他经济组织,包括集体经济以及私有经济、港澳台经济、外商经济等非公有经济组织。需要指出的是,不论被委派的人身份如何,只要是接受国家机关、国有公司、企业、事业单位委派,代表国家机关、国有公司、企业、事业单位在非国有公司、企业、事业单位和社会团体中从事组织、领导、监督、管理等工作的人员,都可以认定为国家机关、国有公司、企业、事业单位委派到非国有公司、企业、事业和社会团体从事公务的人员。如国家机关、国有公司、企业、事业单位委派到国有控股或者参股的股份有限公司从事公务,则不论视其委任、派出前是否具有国家工作人员的身份。这里强调的是主体从事组织、领导、监督、管理等工作的人员。国有公司、企业改制为股份有限公司后,原国有公司、企业的工作人员和股份有限公司新任命的人员中,除代表国有投资主体行使监督、管理职权的人外,不属国家工作人员,不能成为贪污罪主体。

第五类,受国家机关、国有公司、企业、事业单位、人民团体委托管理、经营国有财产的人员。是指受国家机关、国有公司、企业、事业单位、人民团体委托,以承包、租赁、临时聘用等方式管理、经营国有财产的非国家工作人员。对此,我国1979年制定的刑法第一百五十五条第三款曾作过规定,即"受国家机关、企业、事业单位、人民团体中接受委托从事公务的人员"。不过,现行刑法第三百八十二条规定的委托主体仅限于国家机关、国有公司、企业、事业单位、人民团体,其立法意旨就是要强化对国有财产的刑事保护。因此,这里的受委托从事管理、经营国有财产的人员,应事先明知自己受委托管理、经营国有财产。

第六类,其他依照法律从事公务的人员。主要是指依照法律规定选举或者任命产生的,对公共事业承担领导、管理职责的人员,应当具备两个要件:一是在特定条件下行使国家管理职能;二是依照法律规定从事公务。具体范围包括:一是依法履行职责的各级人民代表大会代表;二是依法履行审判职责的人民陪审员;三是协助乡镇人民政府、街道办事处从事行政管理工作的村民委员会、居民委员会等农村或城市的基层组织人员;四是其他由法律授权从事公务的人员。需要指出的是,这里的"从事公务",是指代表国家机关、国有公司、企业、事业单位、人民团体等履行组织、领导、监督、管理等职责的职务行为。公务主要表现为与职权相联系的公共事务以及监督、管理国有财产等职务活动。如国家机关工作人员依法履行职责,国有公司的董事、经理、监事、会计、出纳人员管理、监督国有财产等活动。总之,不同的国家工作人员,从事公务的内容不尽相同。如国家工作人员从事公务是履行国家管理的职权,国有公司、企业的国家工作人员则大多数履行经营、管理职责。需要注意的是,从事公务与从事私务主要是劳务有质的区别。前者与国家的、公共的事务有着密切联系,与职权、职务有着直接的因果关系;后者与本人付出劳力获得报酬相一致。前者属于国家工作人员;后者不属于国家工作人员。如国家机关勤杂人员、军队战士,国有公司或企业工人、司机、收款员、信贷员、购销员、服务员等均属劳务人员,不属于从事公务的人员。同时,从事技术服务工作人员也不同于从事公务的人员。对于非国家工作人员利用工作上的便利条件,侵吞、窃取、骗取或者以其他手段非法占有本单位财物的,应根据其行使的职权和行为的性质进行认定,如有的可定职务侵占罪,有的可定盗窃罪,还有的可定诈骗罪等。需要进一步指出的是,对于以上第三、四、五类涉及到的国有公司、企业工作人员,以及委派到非公有制公司、企业,或者接受国有公司、企业的委托管理、经营国有财产的人员,如何认定为国家工作人员,具体可以参见最高人民法院、最高人民检察院《关于办理国家出资企业中贪污贿赂犯罪案件具体应用法律若干问题的意见》第六条、第七条规定认定处理。

三、贪污罪客观方面

贪污罪在客观方面,表现为国家工作人员利用职务上的便利,侵吞、窃取、骗取或者以其他手段非法占有公共财物,以及受国家机关、国有公司、企业、事业单位、人民团体委托管理、经营国有财物的人员,利用职务上的便利,侵吞、窃取、骗取或者以其他手段非法占有国有财物的行为。认定贪污罪客观方面时,应注意以下三点。

(一)利用职务上的便利。"利用职务上的便利",是贪污罪客观方面的一个显著特征,主要是指行为人利用其职务范围内所具有的主管、管理和经手公共财物或者管理、经营国有财物的便利条件,而非利用与其职权或职责无关的、仅因工作关系熟悉作案环境或凭借国家工作人员的身份便于接近作案对象等方便条件。第一,这里的利用主管公共财物的便利,是指行为人没有直接负责、管理公共财物的条件,但对公共财物具有审查、调拨、安排使用等主管权。也就是说,行为人享有对自己所主管的公共财物的收益或处分的决定权。第二,这里的利用管理公共财物便利,是指行为人直接负责公共财物的保管、看护、使用、处理等职权上的便利条件,一般具有长期性。第三,这里的利用经手公共财物的便利,是指行为本身并不具备对公共财物的管理、处置职权,只是因工作需要而对公共财物享有领取、使用、支配等职权形成的便利条件,其具有临时性的特点。公共财物在行为人手上只作短时间的停留,行为人此间对该公共财物具有控制权。第四,这里的利用受委托管理、经营国有财物的便利,是指行为人因受委托、指派而获取对国有财物的管理、经营等职权形成的便利条件。这里的委派通常有两种方式:一是由原单位的法人代表人决定;二是由原单位集体讨论决定。委派的方式既可以是口头的,也可以是书面的,具体要视情而定。对行为人来说,需要具备两个条件:一是事先应当明知自己管理、经营的是国有财物;二是对财物的管理、经营权是有期限的,而非长期性。需要指出的是,对于国有企业、公司改制过程中出现的贪污犯罪活动,比如国家工作人员或者受国家机关、国有公司、企业、事业单位、人民团体委托,管理、经营国有财产的人员,利用职务上的便利,在国家出资企业改制过程中故意通过低估资产、隐瞒债权、虚设债务、虚构产权交易等方式隐匿公司、企业财产,转为本人持有股份的改制后公司、企业所有,应当依法追究刑事责任的,依照刑法第三百八十二条、第三百八十三条的规定,以贪污罪定罪处罚。

(二)非法占有公共财物。贪污罪在客观方面要求行为人必须具有非法占有行为。这是贪污罪客观方面的另一个重要特征。我国刑法规定的贪污犯罪手段可以是多种多样的,这与一些国家和我国香港特别行政区、台湾地区的刑法规定相类似。从这些国家和港台地区的立法例看,贪污犯罪手段主要表现为六种:一是侵吞,即行为人将自己因职务或公务而保管、控制的公共财物应交公而不交公,非法占为己有。二是挪用,即行为人将自己所保管、持有的公共财产非法地挪作自己或他人使用。三是侵占,即行为人将自己合法经手、管理、持有的公共财物或者他人所有的财物非法据为己有的行为。四是盗窃,即行为人采用秘密方法将公共财物非法据为己有的行为。五是拥有来源不明的财产,即公职人员所拥有的钱财与其公开收入不相称,又不能作出令人满意的解释的行为。这是一种推定的贪污行为,香港1971年《防止贿赂条例》对此有专门规定。六是盗卖,我国台湾地区的刑法将盗卖、窃取、侵占并列规定为贪污手段。

在我国,根据刑法第三百八十二条规定,贪污犯罪手段主要有以下几种:一是侵吞,即行为人利用职务上的便利,将自己合法管理、使用、经手或经营的公共财产或国有财物非法占为己有,如擅自扣留、应上交而隐匿不上交、应支付而不支付或应入账而不入账甚至转卖、赠送他人或自用等。二是窃取,即行为人利用职务上的便利,采取秘密手段,将自己合法管理、使用或经营的公共财物或国有财物非法占有。三是骗取,即行为人利用职务上的便利,使用欺骗的方法,非法占有公共财物或国有财物,如国有公司、企业会计、出纳员开假支票到银行提取其所在公司或企业的现金占为己有等。根据《关于办理国家出资企业中职务犯罪案件具体应用法律若干问题的意见》第一条规定,在国有企业改制过程中出现的骗取方式具有特定性,比如采用故意通过低估资产、隐瞒债权、虚设债务、虚构产权交易等方式隐匿公司、企业财产,转为本人持有股份的改制后公司、企业所有等。司法实践中,对此应当予以重视。四是其他方法,即指侵吞、窃取、骗取以外的利用职务上的便利,非法占有公共财物或国有财物的行为。实践表明,贪污犯罪的手段及其表现形式多种多样,并且处在持续的变化之中,刑事立法难以穷尽。因此,将未加明确规定的以及新型作案手段进行概括性规定,有利于司法实际部门具体操作。同时,司法实践中要注意加强对贪污犯罪手法的动态研究,不断丰富刑事立法内容,为有效惩治和预防贪污犯罪的滋生蔓延提供基础性研究素材。

(三)国有出资企业改制中出现贪污罪客观方面的特殊形态。随着我国经济体制改革特别是产权改革的深入开展,大量的国有公司、企业进行了改制转型。在此过程中,侵占国有资产的贪污犯罪手段多有发生。按照刑法学理论,这种特殊情况下的国有出资企业贪污罪客观方面,主要包括以下两种情形:第一,国家出资企业工作人员在改制过程中实施隐匿公司、企业财产归个人持股的改制后公司、企业所有的行为。具体包括国家工作人员或者受国家机关、国有公司、企业、事业单位、人民团体委托管理、经营国有财产的人员利用职务上的便利,在国家出资企业改制过程中故意通过低估资产、隐瞒债权、虚设债务、虚构产权交易等方式隐匿公司、企业财产,转为本人持有股份的改制后公司、企业所有。第二,国有公司、企业在改制过程中实施隐匿公司、企业财产归改制前公司、企业的管理人员或者少数职工持股,改制前公司、企业的多数职工未持股的行为。第三,国家工作人员利用职务上的便利,在国家出资企业改制过程中隐匿公司、企业财产,在其不再具有国家工作人员身份后将所隐匿财产据为己有的行为。

四、贪污罪主观方面

贪污罪在主观上只能由故意构成。一般地说,行为人主观上具有直接故意,并以非法占有公共财产或者国有财产为目的。如果出于工作上的疏忽大意,造成账款错漏等过失行为,不具备贪污罪的故意和非法占有的目的,就不构成贪污罪。要注意的是,这里的非法占有公共财物或者国有财产的目的,是指行为人利用职务之便非法控制公共财物或者国有财产,并意图改变其所有权,使所有权人永久性地丧失行使所有权的各项权能,包括占有、使用、收益和处分等内容。当然,非法占有之义,除占为己有外,还应包括为第三者非法占有。

贪污罪的动机多种多样。有的出于自然灾害、疾病和家庭困难或某个事项需要开支等原因而伸手,有的出于贪图享乐又苦于缺钱而堕落等。从实践反馈的情况看,后者居大多数。由于腐化堕落之需,有的大肆侵吞国家财产,少则几十万,多则以上千、上亿计。当然,无论出于何种动机,按照法律规定都不影响对贪污罪的定性。但法院在量刑时,可能会考虑动机因素作为量刑的一个情节,在判处刑罚上对行为人产生一定影响。

第三节　贪污罪的认定和处理

一、贪污罪与非罪的界限

根据刑法第三百八十二条、第三百八十三条规定,国家工作人员或者受国家机关、国有公司、企业、事业单位、人民团体委托管理、经营国有财产的人员,利用职务上的便利,侵吞、窃取、骗取或以其他手段非法占有公共财产或国有财产,数额较大的行为,构成贪污罪。这里的"数额较大"以5000元人民币为起点。如果非法占有公共财产或国有财产的数量不满5000元并不同时具备情节较重情形的,可认定属于刑法第十三条规定"情节显著轻微、危害不大"的情形,依法不能以贪污罪认定,可交由行为人所在单位或者其上级主管机关酌情给予行政处分。对于国有公司、企业在改制过程中涉及贪污数额的计算,应当按照最高人民法院、最高人民检察院《关于办理国家出资企业中职务犯罪案件具体应用法律若干问题的意见》的有关规定办理。一是贪污数额的计算。按照该《意见》第一条规定,贪污数额一般应当以所隐匿财产全额计算;改制后公司、企业仍有国有股份的,按股份比例扣除归于国有的部分。按照该《意见》第四条第三款规定,国家出资企业中的国家工作人员,在公司、企业改制或者国有资产处置过程中徇私舞弊,将国有资产低价折股或者低价出售给特定关系人持有股份或者本人实际控制的公司、企业,致使国家利益遭受重大损失的,依照刑法第三百八十二条、第三百八十三条的规定,以贪污罪定罪处罚。这个时候的贪污数额,以国有资产的损失数额计算。

二、贪污罪既遂与未遂的认定

贪污罪是一种以非法占有为目的的财产性贪污贿赂犯罪，与盗窃、诈骗、抢夺等侵犯财产罪的主观故意一样，以行为人是否实际控制财物作为区分贪污罪既遂与未遂的标准。因此，一般要掌握两方面的法律界限：一是对行为人利用职务上的便利，实施了虚假平账等贪污行为，但公共财物尚未实际转移，或者尚未被行为人实际控制就被查获的，应当认定为贪污未遂。二是行为人实际控制公共财物后，是否将财物据为己有，不影响贪污既遂的认定。根据最高人民法院、最高人民检察院《关于办理国家出资企业中贪污贿赂犯罪案件具体应用法律若干问题的意见》第一条第一、二款规定，国家工作人员或者受国家机关、国有公司、企业、事业单位、人民团体委托管理、经营国有财产的人员利用职务上的便利，在国家出资企业改制过程中故意通过低估资产、隐瞒债权、虚设债务、虚构产权交易等方式隐匿公司、企业财产，转为本人持有股份的改制后公司、企业所有的，其所隐匿财产在改制过程中已为行为人实际控制，或者国家出资企业改制已经完成的，以犯罪既遂处理。

三、贪污罪共犯的认定

刑法第三百八十二条第三款规定，与国家工作人员以及受委托管理、经营国有财物的人员勾结，伙同贪污的，以共犯论处。按照刑法基本原理，共同犯罪包括实行犯和非实行犯两种。贪污罪共犯的构成，既非单人贪污犯罪的构成要件，也不是单个贪污共同犯罪构成要件的简单相加，而是单个共同贪污犯罪构成要件的复杂组合。对于内外勾结的贪污犯罪，如果共同犯罪人都是国家工作人员或者受委托管理、经营国有财物的人员，则在定罪上是没有争议的，只要其利用职务上的便利非法占有公共财物，就构成贪污罪。但是，在国家工作人员与非国家工作人员共同实施的贪污犯罪中，对非国家工作人员的行为如何定性，认识上有分歧。有的主张"主犯决定论"，即主犯是国家工作人员的，各共同犯罪人均按主犯所实施的贪污罪认定；主犯是非国家工作人员的，各共同犯罪人应按主犯所实施的具体个罪认定。也有的认为，要按照共同犯罪的性质确定罪名，即不论主犯是谁，是否具有国家工作人员身份，只要共同犯罪人的整体行为符合贪污罪构成要件，对所有共同犯罪人均应以共同贪污犯罪认定处理。从刑法学原理讲，前一种观点既不符合刑法原理,又难以适应司法实践要求。如在内外勾结的共同贪污犯罪中,国家工作人员和非国家工作人员都是主犯,按照这一观点就有可能出现根据不同的主犯身份特征而对同一行为分别认定不同罪名的情况,同时还会造成量刑上的不一致,给法律适用带来混乱,不利于打击贪污犯罪,显然与我国刑法主旨相悖。笔者认为,后一种观点是符合刑法学原理和司法实际情况的。从刑法的立法主旨讲,不论行为人是否国家工作人员,是否被委托管理、经营国有财产的人员,也不论其在共同犯罪中处于何种地位,只要利用其国家工作人员或受委托管理、经营国有财产的人员的职务上的便利,非法占有了公共财产或国有财产,其行为已符合共同贪污犯罪的构成要件,都应按照贪污罪共犯论处。对于国家工作人员与非国家工作人员勾结共同非法占有单位财物行为的认定,2003 年 11 月 13 日最高人民法院印发的《全国法院审理经济犯罪案件工作座谈会纪要》(法[2003]167 号)作了明确规定:"对于国家工作人员与他人勾结,共同非法占有单位财物的行为,应当按照《最高人民法院关于审理贪污、职务侵占案件如何认定共同犯罪几个问题的解释》的规定定罪处罚。对于在公司、企业或者其他单位中,非国家工作人员与国家工作人员勾结,分别利用各自的职务便利,共同将本单位财物非法占有的,应当尽量区分主从犯,按照主犯的犯罪性质定罪。司法实践中,如果根据案件的实际情况,各共同犯罪人在共同犯罪中的地位、作用相当,难以区分主从犯的,可以贪污罪定罪处罚。"根据 2010 年最高人民法院、最高人民检察院《关于办理国家出资企业中职务犯罪案件具体应用法律若干问题的意见》第一条第三款规定,国家工作人员或者受国家机关、国有公司、企业、事业单位、人民团体委托管理、经营国有财产的人员以外的人员,如果与前述人员共同实施该款行为的,以贪污罪的共犯论处。

　　四、混合型经济实体中的贪污罪认定

　　将贪污罪的侵害对象界定为公共财产包括国有财产,从某种意义上说已经形成共识。但在司法实践中如何准确把握公共财产的本质特征及其范围,仍然有一定的难度。中共十五大报告就曾明确界定了公有制的含义,指出公有制不仅包括国有经济和集体经济,还包括带有私人经济成分在内的混合所有制经济中的国有成分和集体成分。混合所有制经济包括股份制企业和股份合作制,还包括中外合资、中外合作企业等。由于经济生活中的各种经济成分并存以及多种经济成分相互混合等现象十分普遍,如国家工作人员利用职务上的便利,非法占有混合型经济实体的财产,其行为能否构成贪污罪,这显然是新形势下出现的一个新问题。1989年11月6日最高人民法院、最高人民检察院制定发布的《关于执行〈关于惩治贪污罪贿赂罪的补充规定〉若干问题的解答》中规定,"全民所有制企业、集体所有制企业的承包经营者;以全民所有制企业和集体所有制企业为基础的股份制企业中经手、管理财物的人员;中方是全民所有制或集体所有制性质的中外合资经营企业、中外合作经营企业中经手、管理财物的人员",可以成为贪污罪的主体。这说明,混合财产作为准公共财产,早在20多年前就曾受到刑事保护。根据经济社会发展的趋势,刑法第二百七十一条第二款规定:国有公司、企业或者其他国有单位中从事公务的人员和国有公司、企业或者其他国有单位委派到非国有公司、企业以及其他单位从事公务的人员有前款行为的,依照本法第三百八十二条、第三百八十三条的规定定罪处罚。也就是说,上述人员利用职务上的便利非法占有本单位财物的,以贪污罪定罪处罚。总之,将混合财产视同公共财产或者以公共财产论,曾经在立法上得到确认,这种财产的范围包括国有财产、国有经济与集体经济相混合的财产、国有经济与私营经济及国有经济与外资相混合的财产等。

对于公共财产的界定,国家统计局1998年9月出台相关规定,旨在准确反映和研究我国所有制结构以及国有经济的控股情况。该规定将我国经济成分划分为两大类五种类型。一类是公有经济,包括国有经济和集体经济两种;另一类为非公有经济,包括私有经济、港澳台经济、外商经济三种。同时,还规定确认企业经济成分时的推算方法,即根据企业实收资本中的国家资本、集体资本、个人资本、港澳台资本和外商资本确定经济成分。在企业登记注册类型中填报为股份合作企业的,不论其资本构成如何,全部列入集体经济。可见,上述这些规定将混合财产视作集体财产或公共财产。我国2004年宪法修正案第十一条还规定,"在法律规定范围内的个体经济、私营经济等非公有制经济,是社会主义市场经济的重要组成部分。国家保护个体经济、私营经济等非公有制经济的合法的权利和利益"。2012年11月中共十八大报告进一步强调:"毫不动摇鼓励、支持、引导非公有制经济发展,保证各种所有制经济依法平等使用生产要素、公平参与市场竞争、同等受到法律保护。"❶在以往,对国有经济、集体经济及其他投资主体共同出资成立的公司、企业的性质认定,通常是:一看该公司或企业是否列入国家编制;二看国有出资额是否占多数地位,即控股达半数以上。也就是说,这些公司或企业的财产由国有或集体经济实体管理、使用、支配。

从中共十五大到十八大精神,以及国家统计局等有关规定看,在混合型经济实体中,只要行为人的行为具备以下几个要件即可构成贪污罪:一是行为人系国家工作人员或者国家机关、国有公司、企业及其他国有单位委派到非国有公司、企业及其他单位从事公务的人员;二是非法占有上述行为人所在单位的财物;三是非法占有上述财物利用了职务上的便利。需要进一步说明的是,行为人非法占有的财物应当属于国有企业或集体企业所有的混合财产,包括国有经济、集体经济和股份合作经济三类。同时,随着经济体制改革及产权改革深化,所有制成分多样化格局将会进一步复杂化,立法上应当相应跟进。

五、贪污罪与其他相关罪的界限

(一)贪污罪与职务侵占罪的界限。从刑法有关贪污罪和职务侵占罪的立法及其演变看,职务侵占罪是从贪污罪中分化出来的,贪污罪和职务侵占罪有着千丝万缕的联系。首先,两者之间有着许多共同之处。如两者的犯罪主体都是在一定单位担负一定职务、履行一定职责的管理人员;两者在犯罪主观方面都以非法占有他人财物为目的;两者在犯罪客观方面都利用了本人职务上的便利条件而实施非法占有行为。由于两者之间密切相关,司法适用时就容易混淆,需要正确区分。其次,贪污罪与职务侵占罪虽然比较相似,但两者之间是有质的区别的:一是两罪主体不同。贪污罪主体是国家工作人员和受委托管理、经营国有财产的人员。其中,前者包括国家机关中从事公务的人员,国有公司、企业、事业单位、人民团体中从事公务的人员和国家机关、国有公司、企业、事业单位委派到非国有公司、企业、事业单位、社会团体中从事公务的人员,以及其他依照法律从事公务的人员。职务侵占罪主体是非国有性质的公司、企业或者其他单位的人员。根据最高人民法院、最高人民检察院《关于办理国家出资企业中贪污贿赂犯罪案件具体

---

❶ 《中国共产党第十八次全国代表大会文件汇编》,人民出版社 2012 年版,第 21 页。

应用法律若干问题的意见》第一条第二款规定,国家工作人员或者受国家机关、国有公司、企业、事业单位、人民团体委托管理、经营国有财产的人员以外的人员利用职务上的便利,在国家出资企业改制过程中故意通过低估资产、隐瞒债权、虚设债务、虚构产权交易等方式隐匿公司、企业财产,转为本人持有股份的改制后公司、企业所有,应当依法追究刑事责任的,依照刑法第二百七十一条的规定,以职务侵占罪定罪处罚。二是两罪客体和犯罪对象不同。贪污罪侵害的客体是公共财产所有权和国家工作人员职务行为廉洁性,贪污罪对象是公共财产。职务侵占罪侵害的客体是非国有性质的公司、企业或者其他单位的财产所有权,其侵害对象是非国有性质的公司、企业或者其他单位的各种所属财产,包括私有财产和共有财产。三是两罪的定罪处罚不同。贪污罪起刑点数额较职务侵占罪为小,其法定刑最高为死刑。职务侵占罪法定刑最高为15年有期徒刑。可见,立法上对贪污罪的处罚,要比职务侵占罪重得多。

(二)贪污罪与挪用公款罪的区别。从法理上讲,贪污罪与挪用公款罪是比较容易区别的。但由于两者犯罪主体基本相同,侵害的客体相近,并且都是利用职务便利实施犯罪,尤其主观上都是直接故意。因此,两罪在认定时容易混淆。尽管贪污罪与挪用公款罪有较多相似之处,但两者之间是有本质区别的:一是犯罪目的不同。贪污罪以永久地非法占有公共财产为目的。犯罪得逞后,公共财产便嬗变为私人财产。挪用公款罪不以永久地非法占有公共财产为目的,也没有将公共财产嬗变为私有财产的故意,而只具有暂时地非法占有公款的目的,经过一定时间的非法占有、使用后,行为人将予以归还。二是两者犯罪客体不同,主要体现在对客体所侵害的程度差异上。贪污罪侵害的是公共财产所有权的全部权能,包括占有、使用、收益和处分四项权能,将公共财产非法占为己有。挪用公款罪侵害的只是公款所有权的部分权能,即侵害公款的占有、使用和收益三项权能,没有侵害公款的处分权利。三是两者犯罪对象不同。贪污罪侵害的对象是公共财产,包括公款和公物;挪用公款罪的侵害对象是公款,但除救灾、抢险、防汛、优抚、扶贫、移民、救济等特定公款之外。四是两者犯罪手段不同。贪污罪的目的在于非法占有公共财产,在手段上大多表现为销毁、藏匿罪证,伪造账册,毁灭单据,使罪证灭失,企图导致无法认定而从中浑水摸鱼,逃避法律制裁,达到非法侵吞、窃取、骗取公共财产的目的。挪用公款罪的目的在于非法挪用公共财产,在作案手段上通常采取隐瞒的方法,擅自改变公款用途,将公款置于私人或他人控制之下,待满足某种要求后再物归原主,而不采取销毁单据、伪造账册之类的反侦查活动。这里,需要指出的是,根据最高人民法院、最高人民检察院《关于办理国家出资企业中职务犯罪案件具体应用法律若干问题的意见》第三条规定,国家出资企业工作人员使用改制公司、企业的资金担保个人贷款,用于购买改制公司、企业股份的行为,具体处理如下:第一,国家出资企业的工作人员在公司、企业改制过程中为购买公司、企业股份,利用职务上的便利,将公司、企业的资金或者金融凭证、有价证券等用于个人贷款担保的,依照刑法第二百七十二条或者第三百八十四条的规定,以挪用资金罪或者挪用公款罪定罪处罚。第二,行为人在改制前的国家出资企业持有股份的,不影响挪用数额的认定,但量刑时应当酌情考虑。第三,经有关主管部门批准或者按照有关政策规定,国家出资企业的工作人员为购买改制公司、企业股份实施前款行为的,可以视具体情况不作为犯罪处理。

(三)贪污罪与受贿罪的界限。贪污罪与受贿罪之间的法律特征有一定的相似之处,即:两者犯罪主体基本相同,都是国家工作人员;两者都利用职务上的便利实施犯罪;两者都侵害了国家人员职务行为的廉洁性。此外,在我国以往的立法以及某些外国立法例中规定的贪污罪还涵盖受贿罪的内容。尽管如此,两罪仍然是有本质区别的:一是侵害客体不同。贪污罪侵害的是公共财产所有权和国家工作人员职务行为的廉洁性,受贿罪侵害的是国家工作人员职务行为的廉洁性。二是犯罪手段不同。贪污罪在客观方面表现为利用职务的便利,侵吞、窃取、骗取或以其他手段非法占有公共财产的行为。受贿罪在客观方面表现为利用职务上的便利索取他人的财物或者收受他人的财物而为其谋取不正当利益的行为。三是两罪主观故意不同。贪污罪的行为人具有非法占有由其经手、管理、主管的公共财产的故意,受贿罪的行为人具有非法索取或收受他人或其他单位的公私财物而为他们谋取不正当利益的故意。需要指出的是,根据最高人民法院、最高人民检察院《关于办理国家出资企业中职务犯罪案件具体应用法律若干问题的意见》第四条第四款规定,国家出资企业中的国家工作人员因实施第一款、第二款行为,包括国家出资企业中的国家工作人员在公司、企业改制或者国有资产处置过程中严重不负责任或者滥用职权,致使国家利益遭受重大损失的,或者国家出资企业中的国家工作人员在公司、企业改制或者国有资产处置过程中徇私舞弊,将国有资产低价折股或者低价出售给其本人未持有股份的公司、企业或者其他个人,致使国家利益遭受重大损失的,而又从中收受贿赂,同时又构成刑法第三百八十五条规定之罪的,依照处罚较重的规定定罪处罚。该《意见》第五条第三款规定,国家工作人员在国家出资企业改制过程中利用职务上的便利为请托人谋取利益,事先约定在其不再具有国家工作人员身份后收受请托人财物,或者在身份变化前后连续收受请托人财物的,依照刑法第三百八十五条、第三百八十六条的规定,以受贿罪定罪处罚。

(四)贪污罪与盗窃罪、诈骗罪的界限。贪污罪与盗窃罪、诈骗罪之间有一定的相似之处。三个罪在客观上都有窃取、骗取的行为,主观上都有非法占有财物的目的,且在犯罪客体上都属侵犯财产所有权的范畴。但贪污罪与盗窃罪、诈骗罪是有本质区别的:一是犯罪主体不同。贪污罪主体是国家工作人员和受委托管理、经营国有财物的人员,非国家工作人员不能单独构成贪污罪。盗窃罪、诈骗罪的主体为一般主体,法律上未作限制,国家工作人员与非国家工作人员均能构成该两罪。二是犯罪客体不同。贪污罪侵害的客体是公共财产所有权和国家工作人员职务行为的廉洁性。盗窃罪、诈骗罪侵害的客体则是公私财产所有权。三是犯罪手段不同。贪污罪的行为人利用职务便利侵吞、窃取、骗取公共财产;盗窃罪的行为人利用秘密手段窃取公私财物,即在不被财物所有人、持有人或经营人察觉的情况下将公私财物非法占为己有,没有必要利用职务便利或者根本没有职务可利用;诈骗罪的行为人采取虚构事实、隐瞒真相等手段非法骗取公私财物,表面上或形式上表现出被害人自愿交出自己所有财物的现象,实质上是由于行为人虚构事实或隐瞒真相,致使被害人信以为真而受蒙骗。诈骗罪的行为人与盗窃罪的行为人一样没有必要利用职务便利或者根本没有职务可利用。可见,贪污、盗窃和诈骗三罪之间,除贪污罪的行为人实施犯罪时利用职务上的便利外,其他两罪没有这一条件要求。如果国家工作人员没有利用职务便利而实施窃取或骗取公共财物行为的,同样不能构成贪污罪,只能以其他相应的罪名如盗窃罪或者诈骗罪等定罪处罚。

（五）贪污罪与为亲友非法牟利罪的界限。刑法第一百六十六条规定的为亲友非法牟利罪，是指国有企业、公司、事业单位的工作人员，利用职务便利将本单位的盈利业务交由自己的亲友经营，或者以明显低于市场的价格向自己的亲友经营管理的单位销售商品，或者以明显高于市场的价格向自己的亲友经营管理的单位采购商品，或者向自己的亲友经营管理的单位采购不合格的商品，使国家利益遭到重大损失的行为。两者的区别在于：一是犯罪主体不同。前者包括国家机关工作人员，后者不包括国家机关工作人员。二是犯罪主观方面不同。前者为非法占有单位财物的目的，后者没有非法占有单位财物的目的。三是犯罪客体不同。前者侵害公共财产所有权和国家工作人员职务廉洁性，后者侵害国有单位的正常经营、管理秩序。四是犯罪客观方面不同。前者为利用职务便利侵吞、窃取、骗取或者其他手段非法占有公共财产，后者为利用职务便利使本单位和自己亲友的业务活动发生联系，使自己亲友从中获取一定的利益。

（六）贪污罪与徇私舞弊低价折股、出售国有资产罪的界限。刑法第一百六十九条规定的徇私舞弊低价折股、出售国有资产罪，是指国有公司、企业或者其上级主管部门直接负责的主管人员徇私舞弊，将国有资产低价折股或者低价出售，致使国家利益遭受重大损失的行为。将国有资产低价折股或者低价出售的情况在实践中并不少见，特别是在国有公司、企业股份制改造过程中出现比较多，与贪污罪有一定的相似性，应当注意正确区分。两罪的主要区别在于：一是犯罪主体不同。前者是一般国家工作人员，后者是国有公司、企业或者其上级主管部门直接负责的主管人员。二是犯罪的主观方面不同。前者是以非法占有公共财产为目的，后者不具有非法占有国有资产的故意。三是犯罪客体不同。前者侵害的客体是公共财产所有权和国家工作人员职务行为的廉洁性，后者是侵犯国家对国有公司、企业的管理制度和国有资产所有权。四是客观方面不同。前者在客观方面表现为行为人利用职务便利侵吞、窃取、骗取或者以其他手段非法占有公共财产，后者表现为行为人将国有资产低价折股或者低价出售、致使国家利益遭受重大损失的行为。

六、贪污罪处罚时的法律适用

贪污罪属于贪污贿赂犯罪的一种。实施贪污犯罪的主体是国家工作人员和受委托从事管理、经营国有财产的人员,其共同特点是从事公务。这些人实施犯罪,不仅严重损害了国家公职人员的形象,还会影响立法、行政、司法机构工作机制的正常运作乃至社会政治稳定。从一些国家和地区的立法看,对贪污罪的处罚都采取从严惩治原则。就处罚规定而言,影响刑罚裁量因素主要有四个方面:一是犯罪数额。如《法国刑法典》第 169 条规定,税务员、保管员、会计员诈取其职掌之下的公私款物,价值在 1000 法郎以上的,处 10 年至 12 年有期徒刑;第 170 条规定,诈取物之价额相等或超过一次收款、存放之三分之一,或相当或超过收款、存放之保证金,或相等或超过 1 个月收款所生孳息之 1/3 的,亦处 10 年至 12 年有期徒刑;第 171 条规定,诈取价额不超过 1000 法郎且低于前条标准的,处 2 年至 5 年监禁并宣告褫夺公权终身。二是是否再犯或结伙通谋。《俄罗斯刑法典》对一般情况下的公职人员侵吞、侵用、盗窃国家财产或公共财产的犯罪所确定的处刑标准是 4 年以下剥夺自由,或 1 年以下劳动改造,或剥夺担任一定职务或从事某种活动的权利。对再犯或结伙通谋实施上述犯罪所规定的处刑标准是 7 年以下的剥夺自由,并科或不并科剥夺担任一定职务或从事某种活动的权利。三是造成的损失。《俄罗斯刑法典》规定,公职人员侵吞、侵占或窃取公款公物,致使国家或社会团体受到巨大损失的,处 6 年以上 15 年以下剥夺自由,并科或不并科没收财产,并科剥夺担任一定职务或从事某种活动的权利。这种处罚标准比其他情况下的公职人员侵吞、侵用、盗窃国家财产或公共财产的处罚标准都更为严厉。四是综合情节。《意大利刑法典》第 314 条规定,公务员或从事公务人员不法侵占或窃取公款公物,情节较重的,处 3 年以上 10 年以下徒刑,并科 4 万里拉以上罚金,同时宣告永久褫夺公权;情节轻微的,处 3 年以下有期徒刑,同时宣告有期褫夺公权。这里的情节是指犯罪的综合情节,包括侵占、窃取财物数额,犯罪行为所造成的损害后果,犯罪人是偶犯还是再犯等方面的情况。

我国刑法对贪污罪的处罚规定,主要是依据数额、情节两个因素,同时还规定了对贪污共犯的处罚原则。

(一)贪污罪的数额标准和量刑幅度。根据刑法第三百八十三条规定,贪污罪的数额标准和量刑幅度分为四档。

一是个人贪污数额在 10 万元以上的,处 10 年以上有期徒刑或无期徒刑,可以并处没收财产;情节特别严重的,处死刑,并处没收财产。

二是个人贪污数额在 5 万元以上不满 10 万元的,处 5 年以上有期徒刑,可以并处没收财产;情节特别严重的,处无期徒刑,并处没收财产。

三是个人贪污数额在 5000 元以上不满 5 万元的,处 1 年以上 7 年以下有期徒刑;情节严重的,处 7 年以上 10 年以下有期徒刑。个人贪污数额在 5000 元以上不满 1 万元,犯罪后有悔改表现,积极退赃的,可以减轻处罚或者免予刑事处罚,由其所在单位或者上级主管机关给予行政处分。

四是个人贪污数额不满 5000 元,情节较重的,处 2 年以下有期徒刑或者拘役;情节较轻的,由其所在单位或者上级主管机关酌情给予行政处分。

(二)贪污罪的综合情节。贪污罪的综合情节包括定罪情节和量刑情节。前者是指存在于贪污犯罪的过程中,对贪污罪构成起决定作用的因素;后者是指存在于贪污犯罪的过程中,决定对行为人是否处以刑罚以及处罚轻重时应当考虑的情节。同时,量刑情节又可分为法定量刑情节和酌情量刑情节。法定量刑情节是指由刑法典规定的对犯罪人处罚轻重的情节;酌情量刑情节是指法定情节以外的、由法官灵活掌握的对犯罪人处罚轻重有影响的情节。此外,量刑情节还可分从轻情节和从重情节。了解上述分类,有利于正确理解和把握量刑情节,为罪刑均衡、不枉不纵服务。法定情节主要规定在刑法总则中;酌情情节一般包括犯罪动机、手段、时间、地点、损害结果、侵害对象、个人的一贯表现及犯罪后的态度等。情节严重或特别严重,一般包括:屡犯;累犯;贪污集团中的首要分子或共同贪污犯罪中的主犯;贪污救济、救灾、优抚、抢险款物及银行库款、扶贫款物;贪污后果严重或手段恶劣而又牵涉其他犯罪的;销毁罪证或栽赃陷害的;数额巨大或特别巨大而拒不退赃的;报复威胁证人或打击举报人的;执纪执法人员知法犯法的;等等。需要指出的是,根据 2009 年 3 月 12 日最高人民法院、最高人民检察院制定发布的《关于办理职务犯罪案件认定自首、立功等量刑情节若干问题的意见》,以及 2012 年 8 月 8 日最高人民法院、最高人民检察院制定发布的《关于办理职务犯罪案件严格适用缓刑、免予刑事处罚若干问题的意见》,就贪污罪等职务犯罪案件办理当中适用缓刑、免予刑事处罚提出具体的意见和措施。在办案中具体适用法律、认定处理涉及贪污罪的刑事案件时,应当注意把握以下几点:

1.投案自首。投案自首是认定处理贪污罪的过程中经常遇到的一个情节,在具体适用中要注意以下问题:

第一,纪检监察等机关采取调查措施期间的自首认定。如没有自动投案,在办案机关调查谈话、讯问、采取调查措施或者强制措施期间,犯罪分子如实交代办案机关掌握的线索所针对的事实的,不能认定为自首。因此,在适用中应当注意把握以下问题:首先,自动投案的认定。具体要把握二个认定标准:一是犯罪事实或者犯罪分子未被办案机关掌握,或者虽被掌握,但犯罪分子尚未受到调查谈话、讯问,或者未被宣布采取调查措施或者强制措施时,向办案机关投案的,是自动投案。二是犯罪分子向所在单位等办案机关以外的单位、组织或者有关负责人员投案的,应当视为自动投案。其次,办案机关。这是特指纪检、监察、公安、检察等法定职能部门。

第二,"准自首"的认定。这里的"准自首",包括两种情形:一是犯罪分子如实交代办案机关未掌握的罪行,与办案机关已掌握的罪行属不同种罪行的;二是办案机关所掌握线索针对的犯罪事实不成立,在此范围外犯罪分子交代同种罪行的。

第三,认定自首的事实根据。对具有自首情节的犯罪分子,办案机关移送案件时,应予以说明并移交相关证据材料。

第四,自首情节的具体运用的原则。对具有自首情节的犯罪分子,是否从轻、减轻或者免除处罚以及从轻、减轻处罚的幅度,需视犯罪行为和自首行为两个方面的具体情况而定。即:一是犯罪的事实、性质、情节和对于社会的危害程度;二是自动投案的动机、阶段、客观环境,交代犯罪事实的完整性、稳定性以及悔罪表现等。

2.立功。立功是认定处理贪污罪的过程中经常遇到的一个情节,在具体适用中要注意以下问题:

第一,不属于立功的情形。这里涉及对立功的排除情形认定问题。以下三种情形不能认定为立功:一是非犯罪分子本人实施的行为;二是没有指明具体犯罪事实的"揭发"行为;三是犯罪分子提供的线索,或者协助行为,对于其他案件的侦破或者其他犯罪分子的抓捕不具有实际作用的。

第二,立功的根据。对于判断是否立功,主要取决于"查证属实"的界定。这是认定立功的一个法定条件。具体审查是否构成立功,首先要审查办案机关的说明材料,同时还要审查有关事实和证据及与案件定性处罚相关的法律文书等证据材料。

第三,据以立功的线索、材料的来源限制。从司法实践看,一些贪污犯罪分子为了达到从轻、减轻处罚的目的,往往通过各种渠道提供本人以外所知但本人所不知悉的检举揭发材料等。这既影响了对犯罪分子的处罚,也影响了司法公信力和法律的权威。为了解决这些问题,防止出现虚假立功等情形,明确规定以下情形不能认定为立功:一是犯罪分子通过非法手段或者非法途径获取的;二是犯罪分子因原担任的查禁犯罪等职务获取的;三是他人违反监管规定向犯罪分子提供的;四是负有查禁犯罪活动职责的国家机关工作人员或者其他国家工作人员利用职务便利提供的。

第四,准确把握重大立功中对无期徒刑以上刑罚的涵义。2009年最高人民法院、最高人民检察院发布的《关于办理职务犯罪案件认定自首、立功等量刑情节若干问题的意见》,对于重大立功的解释中涉及无期徒刑以上刑罚的内容。对此,可以根据1998年4月17日最高人民法院《关于处理自首和立功具体应用法律若干问题的解释》第七条规定进行把握。即犯罪分子检举、揭发的他人犯罪,提供侦破其他案件的重要线索,阻止他人的犯罪活动,或者协助司法机关抓捕的其他犯罪嫌疑人,犯罪嫌疑人、被告人依法可能被判处无期徒刑以上刑罚的,应当认定为有重大立功表现。由于对这里的"可能被判处无期徒刑以上刑罚",司法实践中有分歧。为此明确规定:可能被判处无期徒刑以上刑罚,是指根据犯罪行为的事实、情节可能判处无期徒刑以上刑罚。具体包括两种情形:一是实际刑罚。案件已经判决的,以实际判处的刑罚为准。二是法定轻判。根据犯罪行为的事实、情节应当判处无期徒刑以上刑罚,因被判刑人有法定情节,经依法从轻、减轻处罚后判处有期徒刑的,应当认定为重大立功。

第五,立功情节具体运用的原则。对于具有立功表现的犯罪分子,在具体裁量刑罚时,应当充分考虑犯罪行为和立功表现两个方面的具体情况,并对两方面的具体情况作出了细化规定,以方便实践操作。

3.坦白。坦白是一个酌定量刑情节。一般而言,犯罪分子在被动归案后,如实供述自己的罪行,不管司法机关掌握程度如何,均应视为坦白,一般应当从轻处罚。这主要考虑以下两点:一是落实宽严相济形式政策。坦白,对于案件的侦破和顺利起诉、审判具有重要作用,特别是在一些贪污贿赂犯罪案件中,坦白所起的作用不一定小于自首等情节。但往往为办案人员所忽视,在量刑上没有得到应有体现,这是需要引起重视的。二是采用疏堵并举的策略。针对司法实践中一些地方在个别案件处理上有意识地放宽自首的认定标准,为解决这个问题,既要严格自首认定条件,也要强调坦白在量刑中的作用,从而有效防止自首认定的随意性,并确保在法律限度内尽可能实现个案公正。具体适用时要把握以下两个方面:首先,可以酌情从轻处罚。犯罪分子依法不成立自首,但如实交代犯罪事实,有下列两种情形之一的,可以酌情从轻处罚。一种是办案机关掌握部分犯罪事实,犯罪分子交代了同种其他犯罪事实的;另一种是办案机关掌握的证据不充分,犯罪分子如实交代有助于收集定案证据的。其次,一般应当从轻处罚。犯罪分子如实交代犯罪事实,有下列两种情形之一的,一般应当从轻处罚。一种是办案机关仅掌握小部分犯罪事实,犯罪分子交代了大部分未被掌握的同种犯罪事实的;另一种是如实交代对于定案证据的收集有重要作用的。

4.缓刑、免予刑事处罚的适用。缓刑、免予刑事处罚,对于犯罪人来说,是一种从轻或者减轻的处罚,意义重大。根据最高人民法院、最高人民检察院《关于办理职务犯罪案件严格适用缓刑、免予刑事处罚若干问题的意见》,这里需要重点把握以下问题:

第一,适用原则。根据该《意见》第一条规定,主要有以下原则:一是全面把握原则。明确要求在全面把握犯罪事实和量刑情节的基础上,严格按照刑法规定的条件适用缓刑、免予刑事处罚。二是宽严相济原则。既要考虑从宽情节,又要考虑从严情节。三是罪行相适应原则。既要做到刑罚与罪行相当,又要做到刑罚执行方式与犯罪相当。四是听取意见原则。人民法院在审理贪污犯罪案件时,应当听取检察机关、被告人、辩护人提出的量刑意见,分析影响贪污犯罪案件在案发前后的社会反映,必要时可以征求案件查办等机关的意见。五是严格把关原则,也称例外原则。根据该《意见》第5条规定,虽然具有该《意见》第二条规定的9种情形之一,但根据全案事实和量刑情节,检察机关认为确有必要适用缓刑或者免予刑事处罚并据此提出量刑建议的,应经检察委员会讨论决定;审理法院认为确有必要适用缓刑或者免予刑事处罚的,应经审判委员会讨论决定。

第二，排除适用情形。根据该《意见》第二条规定，一般不适用的情形主要包括以下9种：一是不如实供述罪行的；二是不予退缴赃款赃物或者将赃款赃物用于非法活动的；三是属于共同犯罪中情节严重的主犯的；四是犯有数个贪污贿赂犯罪依法实行并罚或者以一罪处理的；五是曾因职务违法违纪行为受过行政处分的；六是犯罪涉及的财物属于救灾、抢险、防汛、优抚、扶贫、移民、救济、防疫等特定款物的；七是受贿犯罪中具有索取情节的；八是渎职犯罪中徇私舞弊情节或者滥用职权情节恶劣的；九是其他不应适用缓刑、免予刑事处罚的情形。此外，该《意见》第四条规定，对于情节恶劣、社会反映强烈的贪污等贪污贿赂犯罪案件，不得适用缓刑、免予刑事处罚。以上所述包括了所有贪污贿赂犯罪案件认定处理时对缓刑、免予刑事处罚的适用。对贪污罪的认定处理，应当结合贪污罪案实际进行。

第三，可以适用的情形。根据该《意见》第三条规定，如果没有第二条规定的9种情形之一，全部退缴赃款赃物，依法判处3年以下有期徒刑刑罚，符合刑法规定的缓刑适用条件的贪污、受贿犯罪分子，可以适用缓刑。符合刑法第三百八十三条第一款第（三）项的规定，依法不需要判处刑罚的，可以免予刑事处罚。这里，刑法第三百八十三条第一款第（三）项规定是：个人贪污数额在5000元以上不满5万元的，处1年以上7年以下有期徒刑；情节严重的，处7年以上10年以下有期徒刑。个人贪污数额在5000元以上不满1万元，犯罪后有悔改表现、积极退赃的，可以减轻处罚或者免予刑事处罚，由其所在单位或者上级主管机关给予行政处分。

5.赃款赃物追缴及其没收等情形的处理。

第一，赃款赃物全部或者大部分追缴的，一般应当考虑从轻处罚。这主要是基于贪污罪客体特殊性的考虑。因为贪污罪侵犯的主要是公共财产关系，退赃对此具有一定的恢复补救作用。这与受贿罪在量刑意义上是有所不同的。受贿罪侵犯的客体主要是职务廉洁性或不可收买性，退赃对此所具补救作用远不如贪污罪的意义重大，因此对其需视具体情况酌定从轻处罚。

第二，退赃与追赃的量刑意义应当予以区别对待。区分主动退赃和办案机关依职权追缴，主要考虑两者所反映出的主观认罪态度有着明显的差别。司法实践中，对于犯罪分子及其亲友主动退赃，或者在办案机关追缴赃款赃物过程中积极配合的,在量刑时应当与办案机关查办案件过程中依职权追缴赃款赃物的区别开来,前者的意义和作用明显大于后者,在量刑时应当予以体现。也就是说,退赃的从宽处理幅度应当明显大于追赃。同时,按照2010年11月26日最高人民法院、最高人民检察院《关于办理国家出资企业中职务犯罪案件具体应用法律若干问题的意见》第八条第二款规定,对于国家出资企业中的贪污罪等贪污贿赂犯罪,要加大经济上的惩罚力度,充分重视财产刑的适用和执行,最大限度地挽回国家和人民利益遭受的损失。不能退赃的,在决定刑罚时,应当作为重要情节予以考虑。

第三,贪污犯罪违法所得没收。根据2012年修改后的刑事诉讼法第二百八十条规定,对于贪污贿赂犯罪等重大犯罪案件,犯罪嫌疑人、被告人逃匿,在通缉一年后不能到案,或者犯罪嫌疑人、被告人死亡,依照刑法第六十四条等规定应当追缴其违法所得及其他涉案财产的,人民检察院可以向人民法院提出没收违法所得的申请。这里,修改后的刑事诉讼法规定了对于逃匿、死亡的犯罪嫌疑人或者被告人贪污罪重大案件中涉及违法所得没收程序,在具体适用中要结合刑法第六十四条等规定进行。

(三)贪污罪中共犯的处罚。按照刑法第三百八十二条第三款规定,"与前两款所列人员勾结,伙同贪污的,以共犯论处"。这里所说的贪污罪共犯,是指特定主体与非特定主体即国家工作人员与非国家工作人员并存的混合体所共同实施的贪污犯罪。从刑法原理讲,我国刑法对犯罪处罚的规定,是根据犯罪的事实、性质、情节和社会危害性等方面的因素进行综合考虑,对贪污共犯的处罚概莫能外。因此,在对贪污罪定罪量刑时,要按照刑法原理和刑法规定进行。需要指出的是,对共同贪污犯罪中"个人贪污数额"的认定,2003年11月13日最高人民法院印发的《全国法院审理经济犯罪案件工作座谈会纪要》曾作了明确规定:"刑法第三百八十三条第一款规定的'个人贪污数额',在共同贪污犯罪案件中应理解为个人所参与或者组织、指挥共同贪污的数额,不能只按个人实际分得的赃款数额来认定。对共同贪污犯罪中的从犯,应当按照其所参与的共同贪污数额确定量刑幅度,并依照刑法第二十七条第二款的规定,从轻、减轻处罚或者免除处罚。"综合上述情况,对贪污共犯,应当按照以下原则进行处罚:一是对二人以上共同实施贪污犯罪的,应当按照个人在共同贪污犯罪中所起的作用及其所参与或者组织、指挥共同贪污的数额进行定罪处罚;二是对于贪污集团中的首要分子,应当按照集团贪污的总额处罚;三是对于集团以外的其他共同贪污犯罪中的主犯,应当按照其所参与或者组织、指挥的全部犯罪处罚;四是对共同贪污犯罪中的从犯,应当按照其所参与的共同贪污的数额确定量刑幅度,并依照刑法第二十七条第二款规定,从轻、减轻处罚或者免除处罚。

第五章 挪用公款罪

第一节 概　述

一、挪用公款罪的历史演化

（一）古代对挪用公款罪的规定。挪用公款罪由来已久。早在我国古代秦王朝，就曾对私用府中公钱的行为处以刑罚。《秦简·法律答问》规定，"府中公金钱私赍用之，与盗同法。"也就是说，私自借用府中公钱的行为与盗窃罪一样论罪受罚。在封建社会鼎盛时期的唐朝，《唐律》明确规定了"私借官婢官畜"、"私借官物"、"假请官物"、"私贷官物"、"官畜私驮"等行为属于侵占、侵用官府财物的行为，以贪污罪论处。从上述规定看，一方面，可知中国封建社会对官物、官钱的保护是相当重视的，甚至禁止官吏私自将自己管辖的财物借给他人或自己私自使用、借用，若在一定期限内不归还的，按重罪论处。如《唐律·厩库制》第十八条规定，"诸监临主守之官，以官物私自借，若借人及借之者，笞五十；过十日，坐赃论减二等"。疏议："监临主守之官，以所监临主守之物，谓衣服、毯褥、帷帐、器玩之类，但是官物，私自借，若将（持以）借人及借之者，各笞五十。过十日，计所借之物，准坐赃物减二等，罪止徒二年。"又如明朝大明律《兵律·邮驿卷》，对"乘官马船车载私物"者，明确规定具体治罪处罚："凡因公差，应乘官马、车、驼、骡、驴者，除随身衣杖外，私驮物不得过十斤。违者，五斤笞十，每十斤加一等，罪止杖六十（不在乘驿马之条）。其乘船车者，私载物不得过三十斤。违者，十斤笞十，每二十斤加一等，罪止杖七十。家人随从者，皆不坐。若受寄私载他人物者，寄物之人同罪。其物并入官。当该司官，知而纵容者，与同罪;不知者,不坐。若应合迎运家小者,不在此限。"另一方面,从现代法制讲,上述这些行为实际上属于挪用公款性质,因其没有直接侵犯公钱公物所有权,只是侵犯了其使用权。但在封建社会,尽管仅仅侵犯了公钱公物的使用权,统治阶级认为这就已经给社会经济秩序造成了相当严重的破坏,必须受到刑罚处罚。此后,宋、明、清王朝的法律均效仿唐律,尤以清朝为甚。其以明律为蓝本,规定"私借钱财、私借官物"、"私借乘舆服御物"、"私借官畜"、"公使人等索借马、驴、骡"、"私借官车船"、"私差使铺兵"、"私役弓兵"、"私役民夫抬轿"、"乘驿马赍私物"、"乘官马船车载私物"等行为,以罪论。实际上,上述官吏利用职权地位私借、私用封建国家及官府的钱粮、车船马等财物,私役兵员民夫的行为,均属现代意义上的挪用、借用、多占公共财物以及私用、侵用他人劳动、贪图便宜的行为,但当时的法律规定必须追究刑事责任,也足见封建王朝对文武百官的要求是十分严格的,对官吏以权谋私行为的惩治也是极其严厉的。

(二)近代对挪用公款罪的规定。在我国近代社会,清王朝于1911年颁布的《大清新刑律》,效仿西方大陆法系国家的刑法规定,将挪用类行为及其类似情形一并规定为侵占罪。如该律第三百九十一条规定:"侵占自己依法令、契约照料他人事务之管有物、共有物或属于他人所有权、抵当权及其物权之财物者,处三等至五等有期徒刑"。同时,第392条规定:"侵占公务上或业务上之管有物、共有物或属于他人所有权、抵当权及其物权之财物者,处二等或三等有期徒刑"。中华民国政府成立后,于1928年颁布的《中华民国刑法》,在保留上述侵占罪的基础上,对此罪进行了细化,具体分成普通侵占罪、公务公益侵占罪和业务侵占罪,其内容与一些大陆法系国家关于侵占罪的规定略有差异。该刑法经1935年修正公布,又经4次修正,目前尚在我国台湾地区沿用。

(三)我国刑法对挪用公款罪的规定。我国早期对挪用公款行为的刑事处罚一般以贪污论。早在1933年,中华苏维埃中央执行委员会第26号训令《关于惩治贪污浪费的行为》规定:"凡挪用公款为私人营利者,以贪污论罪。"此后,1939年《陕甘宁边区惩治贪污条例》、1947年《东北解放区惩治贪污暂行条例》等均有类似规定。1952年《中华人民共和国惩治贪污条例》虽然未将挪用行为规定其中,也未将此行为作为贪污的一种予以规定,但司法实际部门处理这类案件时均比照上述条例,以贪污罪定罪科刑。我国明确规定对挪用行为的刑事惩罚,最早散见于行政立法之中。1956年,国务院发布《关于贯彻保护侨汇政策的命令》规定:"对于有意挪用、侵吞、冒领、盗取侨汇和敲诈侨眷的不法分子,必须依法制裁。"同年4月,国家内务部、财政部的《优抚、社会救济事业费管理使用暂行办法》规定:"对积压、挪用事业费的现象要切实纠正。对于因为积压、挪用和贪污事业费而发生严重后果的,要追究刑事责任,严肃处理;情节严重的,必须依法惩处。"这两个法规首次将挪用作为一种独立的违法犯罪行为从贪污中分离出来。这表明当时已将挪用行为纳入立法视野,为日后从刑事上规定挪用公款行为及其刑罚处罚奠定了基础。1962年国家内务部、财政部正式颁布实施的《抚恤、救济事业费使用办法》规定:"抚恤、救济事业费是国家用于解决烈属、军属、残废军人、复员军人和灾区群众、社会困难户生活困难的专款,必须专款专用,不得挪用。"这一规定首次将抚恤金、救济事业费之类特种款项作为法律的特定保护对象,以法规形式规定下来。1972年中国人民银行颁布《中国人民银行出纳制度》规定:"严禁挪用库款和以白条抵作库款。凡管理人员私自动用库款,即以贪污论处。"然而,由于刑事法律没有对挪用公款行为的性质及其处罚作出明确规定,在相当长的一段时间里,在处理这类行为方面出现了法律上的"空档"。按照当时的法律规定,虽然《中华人民共和国惩治贪污条例》没有将挪用行为列举为贪污的一种,而司法实践中处理这类案件时都以该条例定罪量刑。但是,终究因没有明确的法律规定,对这类案件的处理随意性很大,往往失之过宽或者顾此失彼,甚至造成打击面过宽等后果,使一些本不应作刑事追究的人受到刑事处罚。再者,对这类行为的处理规定往往局限于行政法规因而限制性大,适用上不具普遍意义,以致造成对这类犯罪行为的打击不力。

1979年我国第一部刑法第一百二十六条明确规定"挪用国家救灾、抢险、防汛、优抚、救济款物,情节严重,致使国家和人民群众利益遭受重大损失的行为"为挪用特定款物罪,但对挪用上述款物以外的其他公款公物用于谋取私人利益的行为,却未予规定。随着经济社会的发展,当时我国社会曾大量出现挪用公款归个人使用的情形,但因缺少刑事处罚甚至行政处罚的依据,以致这种现象日益猖獗。1982年全国人大常委会法制委员会曾起草《关于惩治贪污贿赂罪的补充规定(草案)》,对危害严重的挪用公款行为规定以贪污论处,但这个补充规定在那时并未颁布实施。最高人民法院和最高人民检察院针对当时挪用公款归个人使用行为日益严峻化的实际,于1985年7月联合发布《关于当前办理经济犯罪案件中具体应用法律的若干问题的解答(试行)》规定:"关于挪用公款归个人使用的问题,首先应区别是否归还。如果归还了,则性质是挪用,除按刑法第一百二十六条规定应当判刑的外,一般属于违反财政纪律,应由主管部门给予行政处分。如果不归还,在性质上则是将国家和集体所有的公共财产转变为私人所有,可以视为贪污。但确定挪用公款是否归还、是否构成贪污在时间上需要有一个期限,在金额上需要达到一定数量。当然,还要注意挪用公款的其他情节。司法实践中,国家工作人员、集体经济组织工作人员和其他经手、管理公共财物的人员,挪用公款归个人使用,超过6个月不还的,或者挪用公款进行非法活动的,以贪污论处。"这一规定表明:一是挪用公款超过6个月不还或者用以非法活动的,以贪污论;挪用公款为个人使用,进行营利活动或者挥霍享用,金额达到追究贪污罪刑事责任的数量,超过6个月未还的,或者数额巨大或用于进行非法活动,虽未超过6个月,仍以贪污论;因家庭生活困难、为亲人治病等原因虽达到追诉金额,但被发现前已归还,或确实准备归还而暂未还的,可不以贪污论。二是连续挪用,始行为至终行为期间,累计挪用超过6个月,达到追诉数额(按最高未还的实际金额计)的,以贪污论。三是银行、信用社工作人员,私自动用库款,达到追究贪污罪刑事责任的数量,虽未超过6个月,也应以贪污罪论处。

上述司法解释规定挪用行为以贪污论处,既与法理不符,又导致司法实际部门处理这类案件时,因以贪污罪的构成特征来评判挪用行为,使有些行为难以定罪。对此,最高人民法院和最高人民检察院于1987年联合发布《关于挪用公款归个人使用或者进行非法活动以贪污论处的问题的修改补充意见》,将前述司法解释作了适当调整。一是挪用公款危害严重的,构成犯罪,行为性质是非法占有公共财物。二是追诉数额由达到追究贪污罪数额改为数额较大或数额巨大。也就是说,挪用公款归个人使用,数额较大,超过6个月不还的,以贪污论处,但在案发前归还的一般不以贪污罪论处;数额巨大,不论挪用时间,以贪污论处,但案发前归还,造成损失不大的,一般不以贪污论处。挪作非法活动,数额较大,不问挪用时间,以贪污罪论处;在案发前归还的,视情节可以从宽处理。三是挪用公物,达到上述处罚标准以贪污罪论处。四是对其他问题如数额标准、量刑依据、适用效力等,都作了明确规定。然而,无论如何补充修正,由于对挪用公款以贪污罪论处,既不符合犯罪构成的理论,又难以适应司法实践对这类行为的处理需要。鉴此,全国人大常委会于1988年1月21日通过的《关于惩治贪污罪贿赂罪的补充规定》规定:"国家工作人员、集体经济组织工作人员或者其他经手、管理公共财物的人员,利用职务上的便利,挪用公款归个人使用,进行非法活动的,或者挪用公款数额较大、进行营利活动的,或者挪用公款数额较大,超过3个月未还的,是挪用公款罪,处5年以下有期徒刑或者拘役;情节严重的,处5年以上有期徒刑。挪用公款数额较大不退还的,以贪污论处。挪用救灾、抢险、防汛、优抚、救济款物归个人使用的,从重处罚。挪用公款进行非法活动构成其他犯罪的,依照数罪并罚的规定处罚。"该补充规定适时地将挪用公款行为从贪污罪中分离出来,设置为单独罪名,规定了相应刑罚,进一步完善了法律规定,适应了当时经济社会生活发展的需要。随着经济社会的进一步发展,这个补充规定无法囊括所有的挪用公款行为,仍然难以适应司法实践的需要。全国人大常委会于1995年2月通过《关于惩治违反公司法的犯罪的决定》,规定公司、企业工作人员挪用本单位资金的行为应依法追究刑事责任,即:"公司董事、监事或者职工利用职务上的便利,挪用本单位资金归个人使用或者借贷给他人,数额较大、超过3个月未还的,或者虽未超过3个月,但数额较大、进行营利活动的,或者进行非法活动的,处3年以下有期徒刑或者拘役。"挪用资金数额较大而不退还的,依照该决定关于公司、企业人员侵占罪的规定定罪处罚。该决定还规定了有限公司、股份有限公司以外的企业职工也可以构成公司、企业人员挪用本单位资金罪的主体。1995年12月,最高人民法院发布《关于办理违反公司受贿、侵占、挪用等刑事案件适用法律若干问题的解释》规定,公司、企业中的国家工作人员,利用职务上的便利,挪用本单位资金的,依照《全国人民代表大会常务委员会关于惩治贪污罪贿赂罪的补充规定》处罚。公司、企业人员"挪用本单位资金1万元至3万元以上的,为数额较大;为进行非法活动,挪用本单位资金5000元至2万元以上的,追究刑事责任"。这一规定进一步完善了挪用行为的刑事处罚体系,是 20 世纪 80 年代后期适应社会主义市场经济发展、完善社会主义民主法制的产物。这是我国立法上的一个独创,也是我国刑事立法史上的一个重大突破。1997 年 3 月 14 日,八届全国人大五次会议通过的修订刑法,吸收了上述研究成果和司法经验,进一步完善了对挪用公款罪的法律规定。

进入 21 世纪后,立法及司法机关制定了针对挪用公款罪等法律适用的立法解释和司法解释,进一步丰富了挪用公款罪的立法,在一定程度上解决了司法实践中经常遇到并对认定处理有直接影响的一些困难和问题。比如,2002 年 4 月 28 日九届全国人民代表大会常委会第 27 次会议审议通过了《全国人民代表大会常务委员会关于〈中华人民共和国刑法〉第三百八十四条第一款的解释》,对刑法第三百八十四条第一款中的"归个人使用"的含义进行了解释。进入 21 世纪后,立法机关、司法机关制定了针对挪用公款罪法律适用的相关司法解释,进一步丰富了挪用公款罪的立法,在一定程度上解决了司法实践中经常遇到并对认定处理有直接影响的一些困难和问题。比如,2009 年 3 月 12 日,最高人民法院、最高人民检察院制定发布《关于办理职务犯罪案件认定自首、立功等量刑情节若干问题的意见》,针对司法实践中遇到的挪用公款罪及其自首、立功等量刑情节法律适用,提出具体的解决措施。2010 年 11 月 26 日,最高人民法院、最高人民检察院为了依法妥善处理国有企业改制过程中发生的挪用公款等职务犯罪问题,联合出台了《关于办理国家出资企业中职务犯罪案件具体应用法律若干问题的意见》(法发〔2010〕49 号),针对司法实践中遇到的国家出资企业在改制过程中发生的挪用公款罪等贪污贿赂犯罪及其法律适用若干问题,提出具体的解决措施,初步明确了国家出资企业在改制过程中涉嫌挪用公款罪的定性处理问题。该《意见》第三条第一款规定,对于国家出资企业的工作人员在公司、企业改制过程中为购买公司、企业股份,利用职务上的便利,将公司、企业的资金或者金融凭证、有价证券等用于个人贷款担保的,如果属于国家工作人员,依照刑法第三百八十四条的规定,以挪用公款罪定罪处罚。2012 年 8 月 8 日最高人民法院、最高人民检察院制定发布《关于办理职务犯罪案件严格适用缓刑、免予刑事处罚若干问题的意见》,就挪用公款等贪污贿赂犯罪案件办理当中适用缓刑、免予刑事处罚提出具体的意见和措施。

二、挪用公款罪的概念

挪用公款罪是一种贪利性贪污贿赂犯罪,是国家工作人员利用职务上的便利实施的犯罪。根据《词源》解释:"挪"即移动;"用"指使用。"挪用"是指移作他用,也即将事物的本来用途改变成另外的用途。在刑法学中,挪用的含义是指行为人违反规定,擅自将具有某种特定用途的款物移作他用。按照刑法第三百八十四条规定,挪用公款罪是指利用职务上的便利,挪用公款归个人使用,进行非法活动的,或者挪用公款数额较大,进行营利活动的,或者挪用公款数额较大,超过 3 个月未还的行为。

第二节　挪用公款罪的法律特征

一、挪用公款罪客体

对挪用公款罪客体的认定,法学界有几种不同观点:一是认为侵害客体是公共财产的所有权,属侵犯财产罪的范畴;二是认为侵害客体是国家财产经济管理制度,属于社会主义经济秩序的范畴,不属侵犯财产罪;三是认为侵害客体是复杂客体,既侵犯了公共财物的所有权,又侵犯了国家机关、国家和集体的企业、事业单位的财政管理活动;四是认为侵害客体是国家机关的正常活动等。笔者认为,上述几种观点是从不同角度进行界定的,但各失偏颇,没有抓住挪用公款罪的本质特征。由于挪用公款罪是国家工作人员的贪污贿赂犯罪,本质上所表现的是一种职务亵渎性。因此,这类犯罪首先侵害国家工作人员的职务廉洁性。同时,鉴于挪用公款罪的目的在于使用公款,而不论其归自己或他人使用,都表现为用于个人一般消费,或者用于营利活动,或者用于非法活动。根据民法通则规定,财产所有权是指所有权人依法对自己的财产享有占有、使用、收益和处分的权利。所有权包括占有、使用、收益和处分四项权能,这些权能既相互联系又相对独立。只要其中一项权能受到侵害,所有权的整体性权利就会受到侵害。挪用公款罪虽不具有非法侵吞的目的,但公款一旦被挪用后,这些公款所有者就暂时失去了对这些公款的控制权,也就暂时失去了对公款等公共财产的所有权。所以说,挪用公款罪另一个侵害客体是公共财产的所有权,这也是此罪直接侵害的对象。因此,可以得出这样一个结论:挪用公款罪侵害客体是复杂客体,既侵犯了公共财产所有权,又侵犯了国家工作人员职务行为的廉洁性。

二、挪用公款罪主体

挪用公款罪主体是特殊主体。按照刑法第三百八十四条规定,这类犯罪主体限于国家工作人员。具体地说,主要包括以下几类。

(一)狭义上的国家工作人员。根据刑法第九十七条第一款规定,这里是专指国家机关中从事公务的人员即国家公务员。根据我国公务员法的有关规定,这里的公务员,包括中国共产党机关、人大机关、行政机关、政协机关、审判机关、检察机关和民主党派机关的工作人员。所谓"国家机关"是指对国家进行政治、经济管理的、以国家预算拨款作为独立活动经费的组织,包括各级权力机关即全国与地方各级人民代表大会及其常务委员会;各级行政机关,即国务院及其各部委办局和地方各级人民政府及其所属各种管理机构;各级司法机关,即检察机关和审判机关;军队以及中国共产党机关、政协机关、民主党派机关。所谓"从事公务",是指依法履行职责的职务行为及其他办理国家等公共事务的行为。这里的公务具有以下三个特点:一是公务活动只存在于国家机关、国有企业、事业单位和人民团体等公共机构中;二是公务活动是在国家机关、国有企业事业单位和人民团体的各种职能部门中,从事组织、领导、监督、管理的活动;三是从事公务的国家工作人员或者其他依法从事公务的人员,一般按其职务享有处理一定事务的权力。这里的公务有别于私务主要包括劳务等。劳务是指劳动性事务,直接从事物质生产或社会服务性劳动,一般是在从事公务人员的管理下进行活动。需要指出的是,挪用公款罪中"从事公务"的含义与贪污罪是一样的。

(二)广义上的国家工作人员。除上述国家工作人员外,挪用公款罪主体还包括下列三类人员:一是国有公司、企业、事业单位和人民团体中从事公务的人员。二是受委托从事公务的人员,即国家机关、国有公司、企业、事业单位委派到非国有公司、企业、事业单位、社会团体中从事公务的人员。需要指出的是,委派者在受委派以前的身份不影响其接受委派后的身份性质认定。也就是说,如以前是农民身份的,只要其接受国有单位委派而从事公务活动的,就被视为国家工作人员,以国家工作人员论。至于其先前的农民身份不影响其接受委派后按照国家工作人员的身份定性。三是其他依照法律从事公务的人员。需要注意的是,按照刑法第272条规定,非国有公司、企业或者其他单位的工作人员,利用职务上的便利,挪用本单位资金归个人使用或者借贷给他人,数额较大,超过3个月未还的,或者虽然未超过3个月,但数额较大,进行营利活动的,或者进行非法活动的,其行为应定挪用单位资金罪,而非挪用公款罪。司法实践中,应当注意对犯罪主体身份的区别,不能将挪用单位资金罪与挪用公款罪两者混淆。

三、挪用公款罪客观方面

挪用公款罪在客观方面表现为国家工作人员利用职务上的便利,挪用公款归个人使用,进行非法活动的,或者挪用公款数额较大,进行营利活动的,或者挪用公款数额较大,超过3个月未还的行为。从刑法规定看,挪用公款行为具有以下三个最基本的特征:

第一,行为人实施了挪用公款的行为。"挪用"意指将资金挪作他用,是指无权动用而未经批准许可,违反财政制度,擅自动用自己经手、管理的公款或者虽有权动用,但违反财政制度,盗用自己主管的公款。挪用公款的目的在于取得公款的使用权,而不是为改变公款所有权性质。从本质上讲,这种行为类似于借用,但是借用是以债权人同意、自愿为前提的,是一种合法行为。挪用并未取得债权人的同意,未经合法批准或许可,既违反国家法律法规和政策,又违反行为人所在单位的有关规章制度,并且在多数情况下是秘密进行的。可见,挪用有别于借用,属于一种非法行为。

第二,行为人挪用公款行为是利用职务上的便利实施的。这里的"利用职务上的便利"与贪污罪相同,但侧重于利用管理公款的便利条件等。认定时,要注意区分行为人有否经手、管理公款的职务、职责,是否在从事公务的过程中实施挪用行为,是否利用与其职务或者所从事的公务相对应的便利条件。

第三,行为人挪用公款的目的在于将公款归个人使用。这里需要注意以下几个问题:一是单位决定将公款给个人使用的,即经单位领导集体研究决定将公款挪给个人使用,或者单位负责人为了单位的利益,决定将公款挪给个人使用的,不能以挪用公款罪定罪处罚。上述行为致使单位遭受重大损失,构成其他犯罪需要追究刑事责任的,依照刑法有关规定对责任人员定罪处罚。二是挪用公款供其他单位使用行为的认定。按照《全国人民代表大会常务委员会关于〈中华人民共和国刑法〉第三百八十四条第一款的解释》规定,"将公款供本人、亲友或者其他自然人使用的"、"以个人名义将公款供其他单位使用的"、"个人决定以单位名义将公款供其他单位使用,谋取个人利益的",属于挪用公款"归个人使用"。司法实践中,对于将公款供其他单位使用的,认定是否属于"以个人名义",不能只看形式,而要从实质上把握。对于行为人逃避财务监管,或者与使用人约定以个人名义进行,或者借款、还款都以个人名义进行,将公款给其他单位使用的,应认定为"以个人名义"。这里的"个人决定",是指行为人在职权范围内决定,也包括超越职权范围决定。这里的"谋取个人利益",既包括行为人与使用人事先约定谋取个人利益但实际未获取的情况,也包括虽未事先约定但实际已经获取了个人利益的情况。其中"个人利益",既包括不正当利益,也包括正当利益;既包括财产性利益,也包括非财产性利益,但这种非财产性利益应当是具体的实际利益,如升学、就业等。三是国有单位领导向自己主管的具有法人资格的下级单位借公款归个人使用,即国有单位领导利用职务上的便利指令具有法人资格的下级单位将公款供个人使用的,属于挪用公款行为,构成犯罪的,应以挪用公款罪定罪处罚。

根据刑法第三百八十四条规定,挪用公款罪在客观上表现为三种基本形态:

一是挪用公款归个人使用,进行非法活动的。所谓"非法活动",是指挪用公款进行赌博、贿赂、走私等活动。既包括一般违法活动,也包括犯罪活动;既包括营利性的非法活动,也包括非营利性的非法活动。行为人如出于非法活动的目的挪用公款的,则不要求挪用的具体数额和挪用时间的长短。对行为人挪用公款所进行的非法活动,如果构成犯罪的,还应依法数罪并罚。当然,"挪用公款归个人进行非法活动"是一个完整的行为过程,并且法律上虽然未对挪用数额和时间作出明确规定,但是为了与其他两种形态相统一、相协调,有必要明确起刑点数额问题。按照最高人民法院1998年4月6日制定的《关于审理挪用公款案件具体应用法律若干问题的解释》(以下简称《解释》)规定,挪用公款归个人使用,进行非法活动的,以挪用公款5000元到1万元为追究刑事责任的数额起点;挪用公款5万元至10万元以上的,属于挪用公款归个人使用、进行非法活动,"情节严重"的情形之一。尚需注意的是,这里的"非法活动"应当指实际进行的非法活动。只有实际进行了非法活动,才能搞清楚挪用公款的目的所在,也才能对挪用公款给社会造成实际危害后果进行综合评估。

二是挪用公款数额较大,进行营利活动的。这里的"营利活动",是指以营利为目的并为法律所允许的所有经营活动。也就是说,这种营利活动是合法的经营活动。对这种经营活动,应理解为利用所挪用的公款进行投资、经商等活动,也包括利用所挪用的公款偿还因经商所欠的债务以及申办营业执照等为营利活动做准备的活动。从法律规定看,对这种挪用行为的挪用时间在法律上未作规定,行为人营利的目的是否实现也没有作为构罪要件,同时是否构成犯罪还不受挪用的公款是否归还的限制。根据《解释》规定,营利活动的内容还包括挪用公款存入银行、用于集资、购买股票、国债等行为。对上述行为所获取的利息、收益等违法所得,应当追缴,但不计入挪用公款的数额。在数额规定方面,《解释》规定对挪用公款数额较大、进行营利活动的,以挪用公款 1 万元至 3 万元为"数额较大"的起点;以挪用公款 15 万元至 20 万元为"数额巨大"的起点。同时,这里需要指出的是,根据最高人民法院、最高人民检察院《关于办理国家出资企业中贪污贿赂犯罪案件具体应用法律若干问题的意见》第三条第一款规定,对于国家出资企业的工作人员在公司、企业改制过程中为购买公司、企业股份,利用职务上的便利,将公司、企业的资金或者金融凭证、有价证券等用于个人贷款担保的,如果属于国家工作人员,依照刑法第三百八十四条的规定,以挪用公款罪定罪处罚。这里的"用于个人贷款担保"行为,应当属于挪用公款数额较大、进行营利活动的情形。

三是挪用公款归个人使用,数额较大,超过 3 个月未还的。这种情形排除了上述挪用公款进行非法或营利活动两种情况,一般是指进行上述两种情形以外的其他活动,如将挪用的公款用于一般生活开支、治病、购买私人汽车、营建私房以及日常享用或外出旅游等。需要注意的是,这里的"挪用公款数额较大"和"超过 3 个月未还"必须同时具备,否则不能构成这种形态的挪用公款罪。在数额规定方面,根据《解释》规定,这种情形的挪用公款行为,数额较大的起点是 1 万元至 3 万元;数额巨大的起点是 15 万元至 20 万元。这里的"超过 3 个月未还"中的"未还",法学界的看法不一。有的认为,这种情形属于"凡挪用公款数额较大,从挪用之日起超过 3 个月没有归还挪用款项"的均应定罪,而不论其案发时是否已经归还;有的认为,这种情形属于"挪用公款数额较大且挪用时间已经超过 3 个月而在案发时尚未归还"的应认定为犯罪,如果案发前已经归还的,则不宜作犯罪处理。一般情形下,多数人认为后一种情形较符合立法本意。按照 1989 年 11 月 6 日最高人民法院和最高人民检察院《关于执行〈关于惩治贪污罪贿赂罪的补充规定〉若干问题的解答》规定,这里的"未还"是指案发前未还,也即司法机关、主管部门或者有关单位发现前未还。如果挪用公款数额较大,超过 3 个月后在案发前已经全部归还本息的,可不认为是犯罪,由主管部门按政纪处理;挪用公款在 5 万元以上,超过 3 个月后,虽然在案发前已经全部归还本息,只要属于依法应予追诉的,仍然应按照挪用公款罪追究刑事责任,可以视不同情况,从轻或者减轻处罚。这一规定,实际上倾向于第二种意见。从行为危害性大小这一犯罪本质特征的角度看,对于已经归还且数额尚未达到巨大标准的,可以视为犯罪情节显著轻微、危害不大的情形而不以犯罪论处;对于虽然已经归还,但数额已经超过巨大标准的,仍须追究刑事责任,只是量刑上应当予以酌情考虑。这是比较符合法律精神和司法实际情形的,笔者持此观点。

四、挪用公款罪主观方面

挪用公款罪主观方面表现为直接故意,即行为人明知挪用公款是危害社会的行为,却在某一时期决意擅自实施这种行为,积极追求危害社会结果的发生。从主观故意看,行为人挪用公款的目的在于非法取得公款的使用权,而不是要改变公款所有权、永久占有原来归属于公共财产性质的公款。当然,产生挪用公款犯罪的目的和动机是多种多样的,如有的为了营利,有的为了享受挥霍等。同时,行为人在挪用后,主观上应当是准备归还的,这是区别于贪污罪的一个重要特征。由于挪用公款的三种犯罪形态各有差异,认定处理时应当注意不同情形挪用行为人的心态,坚持主观和客观相一致的原则,作出公正处理。

第三节　挪用公款罪的认定和处理

正确认定和处理挪用公款罪,应当注意划清挪用公款罪与非罪、此罪与彼罪的界限,并准确适用法律。

一、挪用公款罪与非罪的界限

根据刑法规定,准确划分挪用公款罪与非罪界定时,应注意以下几个问题。

(一)挪用公款罪与一般挪用行为的界限。按照刑法等规定,构成挪用公款罪应有一定的数额起点标准。如果达不到挪用公款数额较大标准和构成条件的要求,即使实施了挪用公款行为,也不构成犯罪。如挪用公款归个人进行非法活动、挪用数额在 5000 元以下的,或者挪用公款归个人进行营利活动、数额在 1 万元以下或归个人使用、未超过 3 个月等行为,属于挪用违法行为,但不构成挪用公款罪。只有挪用公款数额达到犯罪数额起点标准并具备其他构成要件的,才可能构成挪用公款罪。

(二)挪用与借用的界限。从法理上讲,两者是容易区分的,其主要区别在于:第一,有否利用职务便利不同。挪用公款罪是行为人利用职务上的便利实施的;借用则是根据债权人与债务人的合意使用的,不存在利用职务便利的问题。第二,行为方式是否公开不同。挪用公款行为人大多采取隐瞒、欺骗等手段而违法动用公款,借用则是公开进行的。第三,使用公款的手段是否合法不同。挪用公款行为人实施挪用行为,往往没有任何手续和字据,或者留下未经合法批准的字据,严重违反财务纪律;借用的手续则是合法的,也是公开的,并有据可查。当然,实践中经常遇到有的挪用行为人事先伪造借用手续或者事后弥补,有的挪用人则采取欺诈方法挪用公款等情形。对此,应当注意正确认定。

(三)挪用公款罪的时间和数额问题。挪用数额和挪用时间是衡量挪用公款行为是否构成犯罪的两个重要指标。由于挪用公款的用途不同,挪用公款罪被划分为三种形态,各种形态的挪用公款行为在挪用时间和挪用数额上都是不一样的。有的只要求挪用数额,不要求挪用时间;有的既要求挪用时间,也要求挪用数额。对此,认定处理时要区分清楚。从实践看,有的挪用行为实行了多次,而每次挪用的数额可能均没有达到"数额较大"的标准,但累计起来可能构成犯罪;有的多次挪用后,归还了一部分,剩余部分未归还,或者有的用后次挪用的公款归还前一次挪用的公款等。对此,最高人民法院上述《解释》作了明确规定,"多次挪用公款不还,挪用公款数额累计计算;多次挪用公款,并以后次挪用的归还前次挪用的公款,挪用公款数额以案发时未还的实际数额认定"。认定处理时,要按照这一规定进行。同时,对于挪用有价证券、金融凭证用于质押的行为,其性质实际上是使公款处于风险之中,与挪用公款为他人提供担保没有实质区别,凡符合刑法关于挪用公款罪规定的,应以挪用公款罪定罪处罚。这时的挪用公款数额,应以实际或者可能承担的风险数额认定。

(四)司法实践中遇到的其他问题。从司法实践看,这些问题主要包括:一是挪用公款归还个人欠款行为性质的认定。挪用公款归还个人欠款的,应按照欠款产生的原因即原有实际用途来认定,因此首先要查明产生欠款的原因,认定属于挪用公款三种情形中的哪一种。如归还个人进行非法活动或者营利活动产生的欠款,就应认定为挪用公款进行非法活动或者营利活动。二是挪用公款用于注册公司、企业行为性质的认定。申报注册资本是为生产经营活动作准备的,属于成立公司、企业进行营利活动的组成部分。因此,挪用公款归个人用于公司、企业注册资本验资证明的,应当认定为挪用公款进行营利活动。三是挪用公款后尚未投入实际使用的行为性质认定。挪用公款后尚未投入实际使用的,只要同时具备"数额较大"和"超过三个月未还"的构成要件,应当认定为挪用公款罪,但可以酌情从轻处罚。

二、挪用公款罪与其他罪的界限

(一)挪用公款罪与挪用单位资金罪的界限。按照刑法第二百七十二条第一款规定,挪用单位资金罪是指"公司、企业或者其他单位的工作人员,利用职务上的便利,挪用本单位资金归个人使用或者借贷给他人,数额较大、超过了 3 个月未还的,或者虽未超过 3 个月,但数额较大、进行营利活动的,或者进行非法活动"的行为。可见,挪用公款罪与挪用单位资金罪在主观和客观方面都有相同之处。如在主观方面,两者的罪过形式都是故意,并且都以使用单位资金为目的。在客观方面,两者都表现为行为人利用职务上的便利实施挪用单位资金的行为,并且行为的表现形式也一样。但两罪是有区别的,主要表现在:一是侵犯对象不同。挪用公款罪侵犯的对象为公共财产;挪用单位资金罪侵犯的对象是非国有单位财产,包括集体资产、共有财产和私营财产等。二是犯罪主体不同。挪用公款罪的主体是国家工作人员;挪用单位资金罪的主体是非国家工作人员,包括非国有公司、企业或者其他单位不具有国家工作人员性质的人员,或非国有公司的董事、监事或者职工以及公司以外的非国有企业职工和其他生产经营主体中的工作人员。同时,受国有公司、企业或者其他国有单位委派,在非国有公司、企业以及其他单位从事公务的人员,如果利用职务便利挪用单位资金的,则以挪用公款罪论处。三是客观方面不同。挪用单位资金罪在客观上包含了行为人将单位资金借贷给他人的行为;挪用公款罪不包含这种行为。

(二)挪用公款罪与挪用特定款物罪的界限。按照刑法第二百七十三条规定,挪用特定款物罪是指"挪用用于救灾、抢险、防汛、优抚、扶贫、移民、救济款物,情节严重,致使国家和人民群众遭受重大损害"的行为,以及按照2003年5月25日最高人民检察院、最高人民法院《关于办理妨碍预防、控制突发传染病疫情等灾害的刑事案件具体应用法律若干问题的解释》第十四条规定"挪用用于预防、控制突发传染病疫情等灾害的款物归个人使用"的行为。该罪与挪用公款罪有相同之处。如在客观上,两罪都有故意违反财政管理制度的挪用行为;在主观上,两者都出于直接故意。但两者是有质的区别的,主要体现在:一是犯罪对象不同。挪用公款罪侵害对象是公共财产即公款;挪用特定款物罪侵害对象是用于救灾、抢险、防汛、优抚、扶贫、移民、救济等特定用途的款物。二是犯罪主体不同。挪用公款罪主体是国家工作人员;挪用特定款物罪主体则限于掌管、经手救灾、抢险、防汛、优抚、扶贫、移民、救济等特定款物的直接责任人员。三是挪用后的公款去向或用途不同。挪用公款罪中的公款是被个人用于一般消费、经营活动或者非法活动;挪用特定款物罪中的款物是被单位使用,并被挪作其他用途。四是犯罪客体不同。挪用公款罪侵犯的是公共财产所有权和国家工作人员职务行为的廉洁性;挪用特定款物罪侵犯的是公共财物所有权和对特定款物的专款专用制度。五是其他方面不同。如挪用特定款物罪的行为人主观上明知是救灾、救济、移民等特定款物而故意挪作他用,并且要求达到情节严重,致使国家和人民群众利益遭受重大损害,才能构成犯罪;挪用公款罪行为人主观上是明知公款而故意挪用,但不要求必须达到情节严重才能构成犯罪。

(三)挪用公款罪与贪污罪的界限。两罪之间有一些相同之处,如两罪客体都是侵犯了国家工作人员职务行为的廉洁性和公共财物的所有权;主体基本相同;客观方面都利用了职务之便;主观方面都是出于直接故意等。但两者是有质的区别的。一是对犯罪客体的侵犯程度以及犯罪对象的范围不同。挪用公款罪侵犯了公共财物的占有、使用、收益三种权能,贪污罪却侵犯以处分权为主的公共财物所有权的全部权能;挪用公款罪的对象是公款,贪污罪的对象包括公款与公物。二是犯罪方式不同。挪用公款犯罪的方式表现为擅自动用公款,但一般不采用销毁、伪造、涂改单据、账目等手段;贪污犯罪的方式表现为以窃取、侵吞、骗取等方法占有公共财物,大多采用销毁、伪造、涂改单据、账目等手段。三是"欺骗"的内容不同。挪用公款罪是采用骗取的手段达到对公款使用的目的;贪污罪是采用骗取的手段达到对公款、公物所有权的非法控制和占有。四是犯罪目的不同。挪用公款罪是以暂时使用为目的,用后归还或主观上确实是准备归还的;贪污罪是以永久占有为目的,行为人主观上不准备归还。五是构成犯罪的时限要求不同。挪用公款数额较大,归个人进行非营利性合法使用的,必须非法控制公款超过三个月未还才构成犯罪;贪污罪只要求非法占有了数额较大的公共财物即构成犯罪。同时,两者在特定情况下的法律后果也不同。挪用公款数额较大、用于非营利性个人使用的,如未超过三个月,就不认为是犯罪;贪污数额较大的公共财产行为一经实施,即使在案发前全部退赃也构成犯罪,对退赃行为只能视为从轻、减轻或免除处罚的情节。

三、挪用公款罪处罚时的法律适用

根据刑法第三百八十四条规定,犯挪用公款罪的,处 5 年以下有期徒刑或者拘役;情节严重的,处 5 年以上有期徒刑。挪用公款数额巨大不退还的,处 10 年以上有期徒刑或者无期徒刑。挪用用于救灾、抢险、优抚、扶贫、移民、救济款物归个人使用的,从重处罚。对挪用公款罪刑事责任的追究,在具体适用法律时应注意以下几个问题。

(一)挪用公款罪的数额标准、量刑幅度和量刑情节。根据刑法第 384 条规定,挪用公款罪的数额标准、量刑幅度和量刑情节,具体体现在以下四个方面。

一是犯挪用公款罪的,处 5 年以下有期徒刑或者拘役。也就是说,凡挪用公款 1 万元至 3 万元,超过 3 个月未还的,或者挪用公款 1 万元至 3 万元进行营利活动的,或者挪用公款5000元至1万元进行非法活动的,或者挪用用于救灾、抢险、防汛、优抚、扶贫、移民、救济款物5000元至1万元归个人使用的,应按上述量刑幅度进行追究。根据最高人民法院《关于审理挪用公款案件具体应用法律若干问题的解释》第三条第四款规定,"挪用救灾、抢险、防汛、优抚、扶贫、移民、救济款物归个人使用的数额标准,参照挪用公款归个人使用进行非法活动的数额标准"。这表明,挪用特定款物的起刑点数额,与挪用公款归个人使用进行非法活动的数额标准相同。

二是犯挪用公款罪,情节严重的,处5年以上有期徒刑。根据最高人民法院上述《解释》的规定,"情节严重"是指挪用公款数额巨大,或者数额虽未达到巨大,但挪用公款手段恶劣;多次挪用公款;因挪用公款严重影响生产、经营、造成严重损失以及挪用公款5万元至10万元以上用于非法活动等情形。

三是挪用公款数额巨大不退还的,处10年以上有期徒刑或者无期徒刑。"不退还"是指挪用公款数额巨大,因客观原因在一审宣判前不能退还,排除了主观上不想还的情形,因此可进一步理解为主观上想还但客观上没有还。这里"没有还"的原因可以是多种多样的。否则,如果行为人主观上不想还,则说明其主观已经发生变化,其行为也已嬗变为贪污性质,这就应当按照贪污罪规定处理。

四是量刑情节。根据刑法第三百八十四条第二款规定,"挪用用于救灾、抢险、防汛、优抚、扶贫、移民、救济款物归个人使用的,从重处罚"。这里突出体现了对这种特定社会援救性款物进行特殊的法律保护的立法精神。同时,根据最高人民法院上述《解释》规定,"挪用正在生息或者需要支付利息的公款归个人使用,数额较大,超过3个月但在案发后全部归还本金的,可以从轻或者免除处罚。挪用公款数额巨大,超过3个月,案发前全部归还的,可以酌情从轻处罚"。"挪用公款数额较大,归个人进行营利活动的,在案发前部分或者全部归还本息的,可以从轻处罚;情节轻微的,可以免除处罚"。这里,需要注意的是,在办理挪用公款刑事案件具体量刑时,应当按照2009年3月12日最高人民法院、最高人民检察院制定发布《关于办理职务犯罪案件认定自首、立功等量刑情节若干问题的意见》,以及2012年8月8日最高人民法院、最高人民检察院制定发布《关于办理职务犯罪案件严格适用缓刑、免予刑事处罚若干问题的意见》等规定进行，具体可以参照本书贪污罪一章。

（二）挪用公款罪的共犯问题。挪用公款罪主体是国家工作人员，非国家工作人员能否构成挪用公款罪的共犯，法学界是有争议的。但从实践看，内外勾结进行挪用公款犯罪活动的现象是常见的，以往司法部门在认定处理时，都按照最高人民法院和最高人民检察院《解答》的规定进行。最高人民法院于 1998 年 4 月 6 日制定的《解释》沿用了《解答》的做法，规定"挪用公款给他人使用，使用人与挪用人共谋，指使或者参与策划取得挪用款的，以挪用公款罪的共犯处罚"。

（三）罪刑转化及数罪并罚问题。司法实践中，时常遇到行为人挪用公款后卷款潜逃的问题。对此，刑法未作明确规定。但从法理上讲，这种行为人的主观故意已由暂时占有公款的故意嬗变为永久占有的主观心态，尽管这种心态不一定必须表现出直接故意，但在行为形式上表现出随意性的心态是十分明显的。最高人民法院在《解释》中规定："携带挪用的公款潜逃的，依照刑法第三百八十三条的规定定罪处罚。""因挪用公款索取、收受贿赂构成犯罪的，依照数罪并罚的规定处罚。挪用公款进行非法活动构成其他犯罪的，依照数罪并罚的规定处罚。"需要指出的是，最高人民法院于 2002 年 6 月 4 日至 6 日在重庆市召开的全国法院审理经济犯罪案件工作座谈会纪要，对挪用公款转化为贪污的问题作了进一步解释，认为挪用公款罪与贪污罪的主要区别在于行为人主观上是否具有非法占有公款的目的。对挪用公款是否转化为贪污，提出应当按照主客观相一致的原则，具体判断和认定行为人主观上是否具有非法占有公款的目的。其中，具有下列四种情形之一的，可以认定行为人具有非法占有公款的目的：一是根据《解释》第六条规定，行为人"携带挪用的公款潜逃的"，对其携带挪用的公款部分，以贪污罪定罪处罚；二是行为人挪用公款后采取虚假发票平账、销毁有关账目等手段，使所挪用的公款已难以在单位财务账目上反映出来，且没有归还行为的，应当以贪污罪定罪处罚；三是行为人截取单位收入不入账，非法占有，使所占有的公款难以在单位财务账目上反映出来，且没有归还行为的，应当以贪污罪定罪处罚；四是有证据证明行为人有能力归还所挪用的公款而拒不归还，并隐瞒挪用的公款去向的，应当以贪污罪定罪处罚。

（四）挪用公款罪追诉期限计算。根据刑法第三百八十四条、第八十九条规定，挪用公款归个人使用，进行非法活动的，或者挪用公款数额较大、进行营利活动的，犯罪的追诉期限从挪用行为实施完毕之日起计算；挪用公款数额较大、超过3个月未还的，犯罪的追诉期限从挪用公款罪成立之日起计算。挪用公款行为有连续状态的，犯罪追诉期限应从最后一次挪用行为实施完毕之日或犯罪成立之日起计算。

第六章　受贿罪

第一节　概　述

一、受贿罪的历史演化

（一）古代对受贿罪的规定。受贿罪如同贪污罪一样，是一种古老的犯罪，其最早可以追溯到夏朝。据《左传·昭公十四年》："夏书曰：昏、墨、贼，杀，皋陶之刑也。"墨者，受贿不法官吏之罪。周朝《吕刑》中规定的"五过之疵"，其中之一系"惟货"，就是指行贿受贿，并有典狱官受贿曲法的规定。古代尚在器皿之类上刻铭文记载贪官受贿等事例。据考古资料反映，我国出土的《召伯虎簋》这个西周末年的器皿上，就曾有铭文记载当时负有审判职责的召伯虎在处理土田诉讼时，四次收受当事人的贿赂。❶ 战国时期魏国的《法经·杂律》曾规定："丞相受金，左右伏诛，犀首以下受金则诛，金自镒以下罚，不诛也。曰：金禁。"此处的"受金"，意为受贿。当时魏国禁止受贿的规定称之"金禁"。汉承秦制，并加以发展，规定了受所监临财物、受故官送、受赇枉法等受贿犯罪，并分别依各种轻重不同的情节予以相应的处罚。如《景帝本记》："元年诏曰：'吏所监临，以饮食免，重；受财物，贱买贵卖，论轻。延尉与丞相更议著令。'"延尉信谨与丞相议曰："吏及诸有秩受其官属所监、所治、所行、所得，其与饮食计偿费，勿论。它物，若买故贱，卖故贵，皆坐为盗，没入赃县官。吏迁徙免罢。受其故官属所得监治送财物，夺爵为士伍，免之。无爵，罚金二斤，令没入所受。有能捕告，畀其所受臧。"唐律对受贿罪的规定

---

❶ 参见高潮等：《铜器铭文中的法律史料》，载《中国法学》1988 年第 6 期。

更为具体明确,操作性也比较强。在唐代,受贿罪主要包括监临主司受财枉法、监临主司受财不枉法、监临官受所监临财物、主守受囚财物、非监临主司受财、官使受送遗、贷所监临财物、私役使所监临、监临官受供馈、率敛所监临财物、监临官家人乞借、去官受旧属馈赠、挟势乞索、受财而为请求、事后受财等犯罪类型。在立法上,唐律采取多元化的立法模式,从犯罪主体、受贿方式、处所和对象的不同,以及是否枉法等多方位、多角度进行界定,将受贿罪细化,并针对其危害轻重而相应地规定了不同的法定刑。明朝大明律对受贿罪规定详尽完备的程度并不亚于唐律。大明律将受贿罪细化为官吏受财、坐赃致罪、事后受财、监临官求索借贷所部内财物、监临官家人取受求索财物、风宪官受财、擅自科敛财物、接受公侯财物、官吏听许财物以及其他受财计赃论罪等犯罪类型,既沿袭了唐律规定,又有新的发展,在唐律基础上进一步具体化、明确化,更具操作性。我国封建历史上的最后一部封建法典大清律例,基本沿袭了大明律的规定,主要规定在《刑律·受赃卷》中,共有 11 条,其中除第十条克留盗赃、第五条有事以财请求为行贿外,其余 9 条都是受贿罪。这些规定同大明律相比,只是在个别细微之处稍作变动,其他诸如罪名罪状及其法定刑等,几乎完全相同。当然,尽管修改是个别的,但是使相关条文的律义更加明晰、具体,也不失为这部法典的一个特色。

(二)近代对受贿罪的规定。在近代,中华民国制定的《暂行新刑律》规定了不违背职务之受贿罪、受贿违背职务罪、不违背职务之事后受贿罪及违背职务之事后受贿罪等类型,在罪名、罪状及法定刑等方面的规定更趋严密,具有明确性和可操作性。1928 年公布的《中华民国刑法》,则对受贿罪的规定有了新的变化,具体规定了不违背职务之受贿罪、违背职务之受贿罪、受贿而违背职务罪、有审判职务的公务员或公断人受贿罪及准受贿罪即事前受贿罪等几种类型,并将受贿罪纳入贪污罪的范畴。

(三)我国刑法对受贿罪的规定。新中国成立后,对受贿罪的规定经历了一个不断修改、补充和完善的过程。1952 年制定并公布实施的《中华人民共和国惩治贪污条例》将受贿罪列入贪污罪中,作为贪污罪的一种形式。直至 1978 年我国第一部刑法颁布,首次将受贿罪作为单独罪名予以规定。1982 年,随着我国政治经济形势的发展和对外开放的深入,受贿等渎职犯罪渐趋严重。全国人民代表大会常务委员会于 1982 年 3 月制定实施《关于严惩严重破坏经济的罪犯的决定》,将受贿罪的法定刑从刑法规定的最高刑为15年有期徒刑提升到死刑。1988年全国人民代表大会常务委员会根据当时国家政治经济形势,又制定了《关于惩治贪污罪贿赂罪的补充规定》,对受贿罪的构成特征和处罚原则作了较大修改。受贿罪主体从国家工作人员扩大到国家工作人员、集体经济组织工作人员和其他从事公务的人员。受贿罪形式包含利用职务便利非法收受他人财物而为他人谋利,利用职务便利索取他人财物,以及在经济往来中违反国家规定收受各种名义的回扣、手续费归个人所有等三种形式,还进一步明确规定受贿罪的处罚原则和量刑幅度,增加了单位受贿罪的规定。然而,随着我国非公有经济的进一步发展,法律规定的滞后性又显现出来。非公有经济对刑事保护的要求与现行法律规定滞后之间的矛盾,促使法律进一步修改。1993年12月制定公布的《中华人民共和国反不正当竞争法》,针对当时市场竞争中存在的贿赂销售、采购问题,将账外暗中收受回扣的行为规定以受贿论处。全国人民代表大会常务委员会于1995年2月颁布实施《关于惩治违反公司法的犯罪的决定》,又专门规定了公司人员受贿罪。可是,由于法律规定的一再修改、补充,造成法律规范的混乱以及司法机关的司法解释权对立法权的侵害,并进一步导致执法混乱。1997年3月,八届全国人民代表大会五次会议对刑法进行修改,吸收了司法实践的有益因素,对受贿罪进行相应的修改、规定。

进入21世纪后,立法及司法机关制定了大量针对贿赂犯罪的法律规定或者司法解释,进一步丰富了受贿罪的立法,在一定程度上解决了司法实践中经常遇到并对认定处理有直接影响的一些困难和问题。比如,2006年6月29日十届全国人民代表大会常委会第22次会议审议通过了《刑法修正案(六)》,扩大了受贿罪的主体范围。2007年5月30日中共中央纪委对外发布《关于严格禁止利用职务上的便利谋取不正当利益的若干规定》,简称"八项禁令",❶其

---

❶ 《关于严格禁止利用职务上的便利谋取不正当利益的若干规定》规定了八项禁令,具体包括:一是严格禁止以交易形式收受请托人财物;二是严格禁止收受干股;三是严格禁止由请托人出资,"合作"开办公司或者进行其他"合作"投资;四是严格禁止以委托请托人投资证券、期货或者其他委托理财的名义获取"收益";五是严格禁止通过赌博方式收受请托人财物;六是严格禁止特定关系人不实际工作却获取所谓薪酬;七是严格禁止授意请托人以本规定所列形式,将有关财物给予特定关系人;八是严格禁止在职时为请托人谋利,离职后收受财物。参见詹复亮:《反贪侦查热点与战略》,人民出版社2010年版,第63—86页。

主要是针对国家工作人员中的共产党员,特别是各级领导干部的新型受贿行为,加以明令禁止。同年 7 月 8 日,最高人民法院、最高人民检察院制定发布《关于办理受贿刑事案件适用法律若干问题的意见》,针对司法实践中遇到的 10 种新型受贿犯罪及其法律适用,提出具体的解决措施。2008 年11 月 20 日,最高人民法院、最高人民检察院制定发布《关于办理商业贿赂刑事案件适用法律若干问题的意见》,针对司法实践中遇到的商业贿赂犯罪包括受贿罪及其法律适用,提出具体的解决措施。2009 年 2 月 28 日,十一届全国人民代表大会常委会第 7 次会议审议通过了《刑法修正案(七)》,增设了利用影响力受贿罪。同年 3 月 12 日,最高人民法院、最高人民检察院制定发布《关于办理职务犯罪案件认定自首、立功等量刑情节若干问题的意见》,针对司法实践中遇到的受贿罪等职务犯罪及其自首、立功等量刑情节法律适用,提出具体的解决措施。2010 年 11 月 26 日,最高人民法院、最高人民检察院制定发布《关于办理国家出资企业中职务犯罪案件具体应用法律若干问题的意见》,针对司法实践中遇到的国家出资企业在改制过程中发生的受贿罪等职务犯罪及其法律适用若干问题,提出具体的解决措施。2012 年 8 月 8 日,最高人民法院、最高人民检察院制定发布《关于办理职务犯罪案件严格适用缓刑、免予刑事处罚若干问题的意见》,就受贿罪等职务犯罪案件办理当中适用缓刑、免予刑事处罚提出具体的意见和措施。2012 年 12 月 16 日,最高人民法院、最高人民检察院制定发布《关于办理行贿刑事案件具体应用法律若干问题的解释》,对受贿罪认定处理中涉及"谋取不正当利益"的含义进行了明确界定。

二、受贿罪的概念

从理论上讲,受贿罪的概念曾有过多种不同的表述形式。我国首次采用明示方式将受贿罪的概念规定在法律之中的是 1988 年 1 月 21 日颁布实施的全国人民代表大会常务委员会《关于惩治贪污罪贿赂罪的补充规定》。1997 年 3 月修订的刑法对这一概念又进行了修改。根据刑法第三百八十五条规定,受贿罪是指国家工作人员利用职务上的便利,索取他人财物的,或者非法收受他人财物,而为他人谋利的行为。从这一规定看,受贿罪主体是国家工作人员,客观上表现为利用职权或者与职务有关的便利条件非法收受他人财物而为他人谋利或者索取他人财物。受贿罪对象限于财物,行为人主观上具有受贿故意。同时,刑法还规定了国家工作人员在经济往来中,违反国家规定,收受各种名义的回扣、手续费,归个人所有的,以受贿论处。按照理论界的通论,这是关于经济受贿的规定,其犯罪对象限于回扣、手续费。从规定的内容看,这是对我国反不正当竞争法相关内容的接纳。此外,刑法增加了单位受贿、间接受贿和利用影响力受贿的规定。根据刑法第三百八十七条规定,单位受贿罪是指国家机关、国有公司、企业、事业单位、人民团体,索取、非法收受他人财物,为他人谋取利益,情节严重的行为。同样地,上述单位在经济往来中,在账外暗中收受各种名义的回扣、手续费的,以受贿罪论处。根据刑法第三百八十八条规定,国家工作人员利用本人职权或者地位形成的便利条件,通过其他国家工作人员职务上的行为,为请托人谋取不正当利益,索取请托人财物或者收受请托人财物的,以受贿论处。这是关于间接受贿的规定,是基于现阶段党政干部或司法人员及其"掮客"实施腐败的实际而作出的相应规定,旨在保证国家公职人员特别是党政领导干部的廉洁性。根据刑法第三百八十八条之一规定,国家工作人员的近亲属或者其他与该国家工作人员关系密切的人,通过该国家工作人员职务上的行为,或者利用该国家工作人员职权或者地位形成的便利条件,通过其他国家工作人员职务上的行为,为请托人谋取不正当利益,索取请托人财物或者收受请托人财物,数额较大或者有其他较重情节的,或者离职的国家工作人员或者其近亲属以及其他与其关系密切的人,利用该离职的国家工作人员原职权或者地位形成的便利条件,通过其他国家工作人员职务上的行为,为请托人谋取不正当利益,索取请托人财物或者收受请托人财物,数额较大或者有其他较重情节的,构成利用影响力受贿罪。从刑法的这一变化看,受贿犯罪的主体范围进一步扩大,从一定意义上表明我国立法机关对于受贿犯罪刑事政策的调整,也体现出党和国家反腐败斗争的决心。

第二节　受贿罪的法律特征

一、受贿罪客体

(一)受贿罪客体。对受贿罪的客体,中外刑法学界的认识是不同的。国外法学界普遍认为,受贿罪侵犯的客体是国家法益,但对法益的界定在认识上不一致。有的认为,受贿罪侵犯的是公务员职务行为的不可收买性;有的认为,受贿罪侵犯的是公务员职务行为的公正性;有的认为,受贿罪侵犯的是公务员职务行为的不可收买性和公正性;有的认为,受贿罪侵犯的是公务员的廉洁性。我国法学界对受贿罪客体的认定,大体上有单一说和复杂说两种。前者认为受贿罪侵犯的是国家机关的正常管理活动,包括国家机关对内对外职责的正常履行。后者认为受贿罪侵犯的直接客体是公务人员履行职务的廉洁性,国家机关的正常管理活动则是渎职罪的同类客体,如果将其作为受贿罪的直接客体,就不能解决以下三个难题:一是对利用职务之便收受贿赂而未为行贿人谋取利益的行为难以认定为受贿罪;二是对不违反职务的受贿行为难以定罪;三是将国家机关的正常管理活动作为受贿罪的客体,势必会因此提出应以受贿人为行贿人谋取了利益作为受贿罪既遂的结论,以致宽纵犯罪。事实上,司法实际部门按照这个理由适用法律的现象时有所见,而这在理论上却是站不住脚的。

笔者认为,受贿罪侵犯的客体既包括国家工作人员职务行为的廉洁性,也包括国家机关的正常管理秩序。首先,国家工作人员都拥有大小不等的各种权力,履行一定的职责。这种权力和职责是国家权力的具体化。它作为一种公共权力,应当服务于公共利益,而不能私化为个人资本,为个人或某些利益群体服务。利用职务上的便利索取或非法收受他人财物,势必与为政清廉背道而驰,侵犯国家工作人员职务行为的廉洁性,这是受贿罪的本质特征之一。其次,国家机关的正常活动,国家机器的正常运转,是以国家工作人员正常履行职务为前提的,政府的形象也是依靠国家工作人员正确履行职务行为而树立起来的。国家工作人员在履行职务活动中,索取或非法收受他人财物,必然会破坏政府形象,严重时还会导致人民群众丧失对政府的信任,从而影响国家机关的正常活动,这也是受贿罪的深层次特征之一。第三,对受贿罪客体的上述界定,有利于解决理论上的难题。受贿罪的表现形式多种多样,有违背职务的受贿行为,也有不违背职务的受贿行为;有为他人谋取正当利益的受贿行为,也有为他人谋取不正当利益的受贿行为;有利用本人职务上的便利受贿的,也有利用第三人的职务便利受贿的;有已经为他人谋取利益的受贿行为,也有尚未为他人谋取利益但已有承诺为他人谋取利益的受贿行为;等等。将国家工作人员职务行为的廉洁性和国家机关正常管理秩序作为受贿罪的客体,有利于包含各种形式的受贿犯罪行为,便于在司法实践中操作。

(二)受贿罪的对象。受贿罪的对象即贿赂,这是毋庸置疑的。但是,当前法学界对贿赂的范围究竟有多大,应包含哪些方面,分歧是比较大的。归纳起来,大体有三种观点。一是"财物说",即贿赂的范围限于财物,就是金钱和物品。作这样的界定,既便于司法部门适用时操作,也有历史根据。我国自古以来对贿赂均解释为"私赠财物,而行请托"之意。新中国成立以后颁布的各种法律法规,包括《惩治贪污条例》、第一部刑法以及此后全国人民代表大会常务委员会的有关立法,都把贿赂的内容界定为财物。虽然1993年颁布施行的《反不正当竞争法》曾在第六条规定,"经营者不得因财物或者其他手段进行贿赂,以销售或者购买商品",将贿赂的范围扩大为"人为地引诱刺激商品买卖的一切手段",但司法实际部门在具体操作中,仍将财物作为贿赂的内容,而未按上述规定执行。同时,我国刑法典明确规定贿赂的范围限于财物,其他非财物的不正当利益,均不构成受贿罪。从司法实践看,对贿赂的认定尚有限制趋势,即对金钱贿赂是无可争议的,而对物品的内容却认定不一。有的仅将大件物品或贵重物品,诸如将金银首饰、高档家具、文物古董或者一些贵重电子产品等认定为贿赂,其他如烟酒之类则不计其内。有的甚至将大件物品也不计入贿赂数额。而事实上,这种执法倾向导致司法价值取向的形成,以致出现一些腐败分子只收物品而不收金钱,以逃避法律制裁的现象,造成灰色收入的泛滥,受贿腐败的严重化。二是"物质利益说"。认为贿赂不应限于财物,而应包括其他财产性利益,如无偿劳动、提供住房、免费旅游、设立债权、免除债务等能够用货币计算的财产性利益,这实际上是上述"财物说"的进一步延伸。三是"不当利益说"。认为贿赂应涵盖所有不正当利益,既包括财物和财产性利益,也包括非财产性利益,如招工提干、调换工作、迁移户口、晋升职务、提供女色、出国留学、解决住房等等,即将贿赂的内容界定为"一切能够满足受贿人需要或欲望的有形利益和无形利益"。这种观点实际上混淆了现实与理想的界限,以及刑事政策中重点与一般的关系。法不责众,是我国历史悠久的一项传统刑事政策。从理想的角度讲,"不当利益说"是有其理论根据的。但从当前贪污贿赂犯罪的实际看,一方面由于民俗风情的影响,礼尚往来甚于频繁,虽然其中不少是带有腐败性质的,或者就是冲着行为人手中的权力而来的,但传统的面纱掩盖了一些罪恶的交易,使该学说失去具体的操作性。另一方面,送礼风的盛行,往往造成令司法部门无从下手的局面。从实践看,当前重点打击的是那些赤裸裸的权钱交易者。如将贿赂的内容扩大至不当利益的范围,不仅在认定处理上增加难度,而且还将增强犯罪化趋势,形成受贿赂犯罪泛化现象,所谓"法令弥彰,盗贼多有",既会造成打击不力的被动局面,又将严重损坏党和政府的形象。对于这一问题,需要引起重视。对于全面有效控制受贿犯罪,这是一个长期的战略任务,应当从战略上加以考虑,从整体上进行谋划布局,首先控制其蔓延态势,然后采取措施逐步减少到政府和社会民众都能接受的程度,最终将其予以有效解决。因此,笔者认为,"物质利益说"是我国贪污贿赂犯罪立法中比较可以采纳的,并且从司法实践看,将受贿的范围限于财物,有利于突出打击重点,控制日益蔓延的受贿腐败现象。笔者持"财物说",即将贿赂的内容限于财物,包括金钱、物品等物质性利益,不宜扩大。

二、受贿罪主体

根据刑法第三百八十五条、第三百八十八条规定,受贿罪是一种贪利性贪污贿赂犯罪,也是一种身份犯,其主体必须是国家工作人员。刑法第九十三条对国家工作人员作了明确、具体的界定。受贿罪的主体包含以下四类:

第一类,国家公务员,包括:中国共产党机关的工作人员;人大机关的工作人员;行政机关的工作人员;政协机关的工作人员;审判机关的工作人员、检察机关的工作人员;民主党派机关的工作人员。按照国家公务员法第二条规定,国家公务员是指依法履行公职、纳入国家行政编制、由国家财政负担工资福利的工作人员。

第二类,国有公司、企业、事业单位、人民团体中从事公务的人员,即公司财产属于国家所有的公司、国家控股的股份有限公司以及财产属于国家所有的从事生产或经营活动的企业、国家投资兴办管理的科研、教育、文化、卫生、体育、新闻、广播、出版等事业单位和各级工会、共青团、妇联等群众性组织中从事公务的人员。

第三类,国家机关、国有公司、企业、事业单位委派到非国有公司、企业、事业单位、社会团体中从事公务的人员,即由国家机关、国有公司、企业、事业单位委托、派出的在国有公司、企业、事业单位以外的各种公司、企业、事业单位以及各种依法设立的学会、协会、基金会等社会团体中从事公务的人员。

第四类，其他依照法律从事公务的人员，即依照法律规定被选举或者任命的从事公务的人员，包括村民委员会的组成人员。根据我国村民委员会组织法的规定，村民委员会是村民自我管理、自我教育、自我服务的群众性自治组织，办理本村的公共事务和公益事业，并依照法律规定管理本村所有的土地和其他财产等。可见，村民委员会成员显然符合依照法律从事公务的条件。

需要指出的是，当前法学界对国家工作人员的界定，存在较大的分歧。从司法机关看，最高人民法院、最高人民检察院在 1995 年对全国人民代表大会常务委员会颁布的《关于惩治违反公司法的犯罪的决定》中有关国家工作人员的司法解释就明显相左。最高人民检察院强调行为人的管理职能，将是否具有管理职能作为评判国有企业相关人员是否属于国家工作人员，学界称之"职能论"或"公务论"。最高人民法院强调的是行为人的身份，即不仅要求行为人具备行使管理职权的条件，同时必须具有国家工作人员身份，学界称之"身份论"。"两高"的上述解释带来司法实践的混乱，使地方各级司法机关无从适用。"两高"的解释又都有各自的缺陷所在。为此，立法机关在 1997 年修订刑法时以"公务论"取代了上述"两论"，一定程度上解决了司法适用的混乱问题。但细究之，何为公务？何为私务？在国有企业中除了从事公务的人员，是否存在从事非公务即私务的人员？实际上也没有操作性。由于上述"三论"均有缺陷，为弥补"公务论"的不足，有人提出"劳务"的概念，旨在借此区别和界定国家工作人员。从逻辑上讲，公务与劳务是不对应的，以致司法实践中一直争论不休，影响了法律的公正、统一实施。

从我国香港特别行政区的法律规定看，其《防止贿赂条例》将受贿罪之主体分为三种，具体包括：一是政府雇员，即在政府中担任永久或临时受薪职位之人员，是政府雇员索取或接受利益罪的主体；二是公职人员，即公共机构之任何雇员，包括政府各部门、各类委员会及其他公营、公益机构的雇员，这是一般受贿罪的主体；三是代理人，即公共机构及任何受雇或代他人办事的人,包括私营机构雇员在内,是代理人贪污犯罪之主体。上述三者之间是包含关系,其代理人的范围涵盖了前两者。我国台湾地区的《贪污治罪条例》对受贿罪主体,规定为公务员和仲裁人两种。对公务员的界定并无统一,但一般认为公务员系依法令从事于公务的人员,包括政府机关公职人员、公营事业机构以及公私合营公司中政府股份在 50% 以上的公司职员。其中,这里的政府机构公职人员,不论是任命、选举、雇佣及临时或永久、专职或兼职、有无薪俸等,均属公务员之列。同时,还规定了拟制公务员,即受公务机关委托承办公务之人,如私营店主承办公务机关所转移之事务。此外,对仲裁人,其规定为依法令仲裁双方当事人民商事争议之人,如劳资争议仲裁人、商务纠纷仲裁人等。从我国香港、台湾等地的立法经验看,它们对受贿罪主体的界定和划分对内地立法是有一定借鉴意义的。从长远考虑,我国立法机关应在深入调查研究的基础上,对受贿罪主体进行符合我国实际的界定和划分,这有利于司法实际部门的操作,保证法律的正确、统一实施。当然,笔者认为从我国的国情实际出发,结合司法实践,现行法律规定对受贿罪主体的界定总体是适应的,只是由于缺乏权威部门的富有操作性的有效解释,以致造成法律适用上的混乱,对此应引起重视。

根据 2008 年 11 月 20 日最高人民法院、最高人民检察院《关于办理商业贿赂刑事案件适用法律若干问题的意见》第 4—6 条规定,需要注意受贿罪主体中的几种特殊情形,比如医疗机构中的国家工作人员;学校及其他教育机构中的国家工作人员;中介组织尤其是工程建设、政府采购等领域中,依法组建的评标委员会、竞争性谈判采购中谈判小组、询价采购中询价小组中国家机关或者其他国有单位的代表。这些人员可以构成受贿罪主体。同时,根据该《意见》第 2—6 条规定,事业单位、社会团体、村民委员会、居民委员会、村民小组等常设性的组织,以及组织体育赛事、文艺演出或者其他正当活动而成立的组委会、筹委会、工程承包队等非常设性的组织中的非国家工作人员,国有公司、企业以及其他国有单位中的非国家工作人员,特别是医疗机构中的非国家工作人员、医务人员,学校及其他教育机构中的非国家工作人员、教师,依法组建的评标委员会、竞争性谈判采购中谈判小组、询价采购中询价小组的组成人员,不构成受贿罪主体,而应当认定为非国家工作人员受贿罪主体。

这里,还应注意的是,离职国家工作人员收受财物的现象在司法实践中大量存在。如有的国家工作人员在职期间为他人谋取了利益,但当时没有收受他人的财物,而等在离职后再予以索要或者收受;有的则约定辞职后给予超常的高薪聘用等。对这种行为如何定性,司法实践中有争议。笔者认为,在具体认定这类行为的性质时,要注意参照《最高人民法院关于国家工作人员利用职务上的便利为他人谋取利益离退休后收受财物行为如何处理问题的批复》的精神,国家工作人员利用职务上的便利为请托人谋取利益,并与请托人事先约定,在其离职后收受请托人财物,构成犯罪的,以受贿罪定罪处罚。对此,司法实践中应注意区分。从实践看,不是所有离职后收受他人财物的行为,都属非法甚至犯罪。同时,根据2010年11月26日最高人民法院、最高人民检察院《关于国家出资企业中职务犯罪案件具体应用法律若干问题的意见》第五条第三款规定,国家工作人员在国家出资企业改制过程中利用职务上的便利为请托人谋取利益,事先约定在其不再具有国家工作人员身份后收受请托人财物,或者在身份变化前后连续收受请托人财物的,依照刑法第三百八十五条、第三百八十六条的规定,以受贿罪定罪处罚。

三、受贿罪客观方面

我国的受贿罪主要包含三种情形:一是一般受贿罪或称普通受贿罪;二是经济受贿罪;三是间接受贿罪或称斡旋受贿罪。三种情形在客观方面的表现是有所差异的。

(一)一般受贿。根据刑法第三百八十五条规定,一般受贿罪的客观方面,表现为行为人利用职务上的便利索取他人财物或者非法收受他人财物为他人谋利益的行为。准确把握这一法定要件,需要研究以下问题。

1.利用职务上的便利。刑法第三百八十五条规定,实施受贿犯罪必须利用职务上的便利。这说明,利用职务上的便利是受贿罪的一个极为重要的客观要件。当前,法学界对这一要件的认识有较大分歧,主要有两种观点:一是认为利用职务上的便利不是受贿罪的构成要件,行为人只要主观上有犯罪的故意,客观上收受了他人的财物就构成受贿罪,至于在上述行为过程中是否利用了职务上的便利不影响犯罪的成立。二是认为利用职务上的便利是受贿罪的构成要件,缺乏这一要件,受贿罪就不能成立,这是刑法明确规定的。同时,对利用职务上的便利的理解,法学界也有不同的认识,主要有三种观点:一是认为利用职务上的便利,只能限于本人的职务便利;二是认为利用职务上的便利包括利用本人职务上的便利,也包括利用他人职务上的便利;三是认为利用职务上的便利包括利用本人职权上的便利和工作上的便利。笔者认为,根据刑法的立法精神,一般受贿罪涉及的利用职务上的便利,应当指利用行为人本人职务上形成的便利条件。这里的本人职权,是指本人职务范围内的权力,其职权便利主要表现为利用本人的领导权、指挥权、管理权、经办权等内容。需要明确的是,最高人民法院对如何认定“利用职务上的便利”,作了较为详细的阐述,即刑法第三百八十五条第一款规定的“利用职务上的便利”,既包括利用本人职务上主管、负责、承办某项公共事务的职权,也包括利用职务上有隶属、制约关系的其他国家工作人员的职权。担任单位领导职务的国家工作人员通过不属自己主管的下级部门的国家工作人员的职务为他人谋取利益的,应当认定为“利用职务上的便利”为他人谋取利益。

2.索取或收受他人财物。这里的索取,意为主动索要、收取。索取的主要特征在于:一是主动性。行为人收取他人财物是其主动提出进行权钱交换的要求并予实现的。二是索要与收取是一种行为的连续过程。行为人在主动索取时,可表现为明示的形式,即明目张胆地索要求托人的财物;也可表现为暗示的形式,即通过婉转的方式进行卡要。三是索要的对象是求托人,即有事求助于行为人的人。这里的收受,意为收取、管理。收受的主要特征在于:一是被动性。行为人在为他人谋利益的过程中没有权钱交换的非分之想,在事后对方送给财物或者行为人虽然心中有权钱交换的故意,但没有明示也没有暗示,只是在具体的办事过程中,求托人或行贿人主动送给财物。但无论是哪种情况,行为人收受他人财物都是被动的。二是收受行为必须与利用职务便利为他人谋取利益相结合。如果没有利用职务上的便利,仅仅出于工作上的方便,这种行为不能构成一般受贿罪。三是收受的方式多样化。归结起来,有直接和间接两种。直接收受,顾名思义就是行为人本人从求托人处接受财物;间接收受,则无定式。从实践反馈的情况看,其花样层出不穷,手段不断翻新,如通过家属、亲朋收受,或者中间层即“捐客”收受,或者通过赌博形式收受等。但不管通过哪种形式收受,法律都没有限制,都不影响犯罪的成立。

3.为他人谋取利益。这里的他人,一般包括行贿人本人和行贿人指定的特定利益获得者。这里的谋取,包含两方面内容:一是行为人只要有承诺就可构成,而不要求必须实际取得了利益。二是谋取利益的手段能够实施,行为人在本人职务范围内能做得到。这里的利益,法律上未作限制。从词义上理解,利益的外延应当比较宽泛,既包括合法的、正当的利益,也包括非法的、不正当的利益;既可以是行贿人与受贿人双方预先约定的预期利益,也可以是双方非预约的即期利益,也就是一手交权、一手交钱;既可以是物质性利益,也可是非物质性利益。需要指出的是,如何认定"为他人谋利益",最高人民法院作出了相关司法解释,即"为他人谋取利益包括承诺、实施和实现三个阶段的行为。只要具有其中一个阶段的行为,如国家工作人员收受他人财物时,根据他人提出的具体请托事项,承诺为他人谋取利益的,就具备了为他人谋取利益的要件。明知他人有具体请托事项而收受其财物的,视为承诺为他人谋取利益"。

(二)经济受贿。根据刑法第三百八十五条第二款规定,国家工作人员在经济往来中,违反国家规定,收受各种名义的回扣、手续费,归个人所有的,以受贿论处。对此,通常称之经济受贿。从严格意义讲,这是一种准受贿罪。从法律上规定对经济受贿的制裁,目的在于保护我国社会主义市场经济条件下的公平竞争秩序。根据1993年9月2日全国人民代表大会常务委员会通过实施的《中华人民共和国反不正当竞争法》第八条规定,"经营者不得采用财物或者其他手段进行贿赂以销售或者购买商品。在账外暗中给予对方单位或者个人回扣的,以行贿论处;对方单位或者个人在账外暗中收受回扣的,以受贿论处"。准确把握这一法律规定,需要深入研究以下几个问题。

1.经济受贿行为发生在经济往来中。这里的经济往来,实际上就是指经济活动,包括生产、经营等各项活动,其范围包括国家经济管理活动和国家工作人员直接参与的经济交往活动。需要注意的是,这种受贿形式有其特定的范围限制。如果受贿行为不是发生在经济领域的各种往来之中,则不能认定为经济受贿。

2.经济受贿行为在客观上表现为收受各种名义的回扣、手续费归个人所有。第一,回扣。通常是指在商品交易中,卖方从收取的价款中扣出一部分回送给买方或其委托代理人即经办人的财物。回扣具有以下几个特征：一是回扣发生在商品流通过程的买卖双方之间。二是回扣在形式上由卖方支付，用以酬谢买方或其委托代理人，而不是付给中介人。这是与佣金的本质区别。佣金是中介人的一种劳务报酬。三是回扣是买方从货款中支付的部分返还款。四是接受回扣的行为在性质上属于对销售利益的再分配。五是回扣具有可逆性和双向性，即有"顺扣"和"倒扣"之分。六是回扣的本质特征是它的不公开性。这也是与折扣的本质区别。折扣具有公开性和明示性，通常明码标价或者在合同中公开标明。第二，手续费，是指因办理一定事务或付出一定劳动而收取的费用。如单位或个人为了推销产品、购买原料、联系承包业务或者进行其他经济活动而给予对方单位或购销等业务人员的酬金，通常称之好处费、辛苦费、介绍费、信息费、酬劳费等等。行为人收受上述回扣、手续费归个人所有，没有充公。第三，归个人所有，即指个人账外暗中据为己有。

3.行为人利用了职务上的便利。行为人收受各种名义的回扣、手续费，基于本人的职务因素，与职务行为紧密相关。也就是说，行为人在代表所在单位从事公务活动中，收受了回扣、手续费，否则不构成经济受贿。

4.行为人收受回扣、手续费，违反了国家规定。这里的国家规定，主要是指反不正当竞争法、国务院有关法规规章等规定，也包括2008年11月20日最高人民法院、最高人民检察院《关于办理商业贿赂刑事案件适用法律若干问题的意见》以及2012年12月16日发布的《关于办理行贿刑事案件具体应用法律若干问题的解释》等。比如，反不正当竞争法规定，禁止账外暗中收受回扣、手续费归个人所有。不在账外暗中进行，而以合同或协议等形式明示入账归单位所有的回扣，则不在禁止之列。也就是说，法律承认账内公开收受归单位所有的回扣。事实上，这种规定对保护正当竞争秩序并无益处。同时，根据国务院《关于严禁在社会经济活动中牟取非法利益的通知》规定，国有企业、事业单位在经营活动中，根据国家规定收取的手续费，必须按照财政制度全部列入单位收入，除国家另有明文规定的外，不分给个人；任何单位、个人在国际贸易等活动中根据国际惯例收取的回扣，必须按照财政制度全部列入单位收入，不准归个人所有。可见，凡违反上述法律法规等规定，将收受的回扣、手续费暗中不入账而占为己有的，便构成经济受贿罪,依法追究其受贿罪的刑事责任。

(三)间接受贿。根据刑法第三百八十八条规定,国家工作人员利用本人职权或者地位形成的便利条件,通过其他国家工作人员职务上的行为,为请托人谋取不正当利益,索取请托人财物或者收受请托人财物的,以受贿论处。对此,通常称之为斡旋受贿,类似于日本刑法第197条之四规定的斡旋受贿罪,即公务员接受请托使其他公务员在其职务上从事不正当的行为或不从事应当为的行为,作为其进行或已进行斡旋的报酬而收受或要求、约定贿赂的犯罪。我国刑法将这种情形作为受贿罪的一种特殊形态,即规定为准受贿,以受贿罪论处。准确把握这一规定,应当深入研究以下几个问题。

1.利用本人职权或地位形成的便利条件。在认定上,如何把握这一要件,法学界有不同的意见。有的认为是利用"行为人与被利用的国家工作人员之间存在职务上的制约关系"的便利条件。这种"制约关系"具体可分为两类:一类是纵向制约关系,即上级领导对下级国家工作人员在职务上的制约关系;另一类是横向制约关系,即不同部门、单位的国家工作人员之间职务上的制约关系。有的认为是利用"本人职权或地位形成的能够制约、影响其他国家工作人员的关系"的便利。有的认为,间接受贿与一般受贿的区别之一,是间接受贿在行为人与被利用的国家工作人员之间不存在职务上的制约关系,而一般受贿则存在职务上的制约关系。笔者认为,按照刑法规定,准确认定"利用本人职权或地位形成的便利条件",应把握以下几个问题:一是行为人不是利用本人的职权便利,而是利用第三人的职权便利条件。二是行为人与第三人之间的关系,从理论上可划分为两类:一类是具有通常所说的制约关系,包括纵向、横向两个方面。实际上,凡具备这种制约关系的,应当属于直接受贿,即普遍受贿罪,而不是这里所说的计较受贿。另一类是没有制约关系。间接受贿应当属于这种情形。行为人对第三人的影响基于本人的社会地位和声望,或者工作上的联系。三是行为人与第三人之间不存在亲属、友情等以血缘、婚姻或者感情、友谊为纽带的人身关系。对此,最高人民法院认为,刑法第三百八十八条规定的"'利用本人职权或地位形成的便利条件',是指行为人与被其利用的国家工作人员之间在职务上虽然没有隶属、制约关系,但是行为人利用了本人职权或地位产生的影响和一定的工作联系,如单位内不同部门的国家工作人员之间、上下级单位没有职务上隶属、制约关系的国家工作人员之间、有工作联系的不同单位的国家工作人员之间等"。

2.为请托人谋取不正当利益。这里的不正当利益,法学界较为一致的认识是指非法利益及其他不应得的利益。非法利益主要指通过诸如贪污、走私、贩毒等非法手段获取的利益;其他不应得的利益主要包括通过违反国家政策、社会公共秩序、道德规范等途径而获取的不当利益,以及通过不正当手段获取的其他不确定利益。需要指出的是,通过不正当手段获取的利益,不一定都是不正当利益,两者之间不存在绝对的逻辑关系。根据 2012 年 12 月 16 日最高人民法院、最高人民检察院《关于办理行贿刑事案件具体应用法律若干问题的解释》第十二条规定,行贿犯罪中的"谋取不正当利益",是指行贿人谋取的利益违反法律、法规、规章、政策规定,或者要求国家工作人员违反法律、法规、规章、政策、行业规范的规定,为自己提供帮助或者方便条件。违背公平、公正原则,在经济、组织人事管理等活动中,谋取竞争优势的,应当认定为"谋取不正当利益"。对此,在受贿罪中涉及"谋取不正当利益"的认定处理时,笔者认为可以参照适用。

3.为请托人谋取不正当利益是通过其他国家工作人员职务上的行为实现的。行为人与第三人即其他国家工作人员之间不存在制约关系,但是可能存在一定的工作联系,但这不影响间接受贿行为的成立。

4.行为人索取或者非法收受了请托人的财物。这一要件与一般受贿相同。

需要指出的是,2007 年 7 月 8 日最高人民法院、最高人民检察院《关于办理受贿刑事案件适用法律若干问题的意见》,对当前新型受贿犯罪行为进行了系统归纳,具体包括:一是以交易形式收受贿赂;二是收受干股;三是以开办公司等合作投资名义收受贿赂;四是以委托请托人投资证券、期货或者其他委托理财的名义收受贿赂;五是以赌博形式收受贿赂;六是特定关系人"挂名"领取薪酬;七是由特定关系人收受贿赂;八是收受贿赂物品未办理权属变更;九是收受财物后退还或者上交;十是在职为请托人谋利,离职后收受财物。❶ 在对受贿罪的认定处理中具体适用法律时,应当注意予以

---

❶ 参见詹复亮:《反贪侦查热点与战略》,人民出版社 2010 年版,第 63—86 页。

参考。

此外,无论是一般受贿、经济受贿还是间接受贿,受贿罪客观方面都涉及犯罪对象及数额的认定。从实践看,随着经济社会不断发展变化,贿赂手法呈现出不断翻新趋势。一些人为规避法律,采用货币、物品之外的方式贿赂对方,有的提供房屋装修、含有金额的会员卡、代币卡(券)、旅游服务等,有的通过虚设债权、减免债务等方式增加对方的财产价值等。特别是近年来,随着贿赂犯罪由权钱交易发展到权利交易、权色交易,用设立债权、无偿劳务、免费旅游等财物以外的财产性利益,以及晋职招工、迁移户口、提供女色等非财产性利益进行贿赂的犯罪频繁发生。对这些案件特别是采用非财产性利益进行贿赂的案件能否认定贿赂犯罪,理论界和实际部门都存在不同认识。根据 2008 年 11 月 20 日最高人民法院、最高人民检察院《关于办理商业贿赂刑事案件适用法律若干问题的意见》规定,贿赂范围由财物扩大至财产性利益。这里的财物,包括:一是金钱和实物;二是可以用金钱计算数额的财产性利益,如提供房屋装修、含有金额的会员卡、代币卡(券)、旅游费用等。对于这些财产性利益,在认定具体数额时,以实际支付的资费为准(《意见》第七条)。在认定受贿数额时,还应注意把握收受银行卡的数额认定。具体包括:一是卡内有存款的,按照其存款全额认定。也就是说,不论受贿人是否实际取出或者消费,卡内的存款数额一般应全额认定为受贿数额。二是卡内无存款的,以实际使用的数额认定。这种情形即按照银行卡透支数额的认定。也即对于使用银行卡透支的,如果由给予银行卡的一方承担还款责任,则以实际透支的数额认定为受贿数额。

四、受贿罪主观方面

我国理论界对受贿罪的主观方面,也有不同的认识。有的认为,受贿罪主观方面只能由直接故意构成,即行为人认识到自己正利用职务之便为他人谋利益,从而使自己换得财物,而且这种为人谋利和自己取财的行为是不正当的,违背了自己的职务规范和廉洁义务,具有很大的社会危害性,但仍然希望这样去做。受贿的目的在于收受贿赂和为他人谋取利益。也有的认为,受贿的故意可以产生于为他人谋取利益之前,也可以产生于其中或其后。有些行为人在为他人谋取利益时,并未与他人约定贿赂,甚至并未想到对方会在事后送给财物。而当行为人在为他人谋取利益之后,他人以感谢为名送给财物,行为人明知这种财物是对自己实施职务行为的回报仍予以收受。因此,这种行为应认定具有受贿犯罪故意而须追究其刑事责任。

　　笔者认为,从刑法规定看,受贿罪的主观方面表现为故意,即行为人明知自己利用职务上的便利为他人谋取利益而非法收受贿赂的行为是一种损害其职务行为廉洁性的行为,而故意地实施这种行为。需要指出的是,这种受贿故意包含了两方面内容。一方面包括非法收受他人财物的故意,另一方面非法收受他人财物是以自己利用职务上的便利为他人谋取利益作交换条件的,反映出了权钱交易的故意。对于事前没有贿赂的约定,包括明示或暗示的约定,在正常的职务行为中给他人带来利益,他人出于报恩而在事后向行为人送钱送物以示感谢,行为人予以收受的,则不构成受贿。还应注意的是,受贿罪的构成要件中,"为他人谋利益"是主观要件还是客观要件也是有争议的。有的认为是主观要件,就是说为他人谋利益只是主观上的一种意图,只要行为人具有为他人谋利益的意图,无论谋利益的行为是否实施、利益是否谋取,都不影响受贿罪的构成。有的则认为是客观要件。因为他人之所以行贿,正是由于有求于受贿人,希望通过行贿来达到目的。而受贿人也明知行贿人之所以赠送贿赂,就是因为对自己有利益的需求,这种行为的实质就是权力和金钱的交换关系。如果行贿人没有任何要求而向公务人员提供财物,那就不是贿赂而是赠与。当然,受贿人收受财物后是否已实际为行贿人谋取利益,以及客观上有无谋取利益的可能,都不影响受贿罪的成立。从立法的本意看,笔者认为"为他人谋利益"是一种主观要件。主要理由:一是"为他人谋利益"首先是因行为人明知才能成立。二是"为他人谋利益"不要求客观上是否已为他人谋取了利益,只要行为人有为他人谋利益的意图即可。对这一点,认为"为他人谋利益"是客观要件者,也认为客观上有无谋取利益不影响受贿罪的构成。三是受贿罪是一种结果犯,这种犯罪有数额上的界限,只有受贿数额达到法定标准的,犯罪才能成立。如果"为他人谋利益"是客观要件,那必须有结果上的反映。实际上,在对法律的解释时,都认为不需要结果,即"为他人谋利"是否已经实施无关紧要。四是实践表明,从主观上把握"为他人谋利益"远比从客观上把握容易,也更具操作性。

第三节 受贿罪的认定和处理

一、受贿罪与非罪的界限

司法实践中,认定处理受贿罪时,首先应当正确区分受贿罪与非罪的界限。

(一)接受馈赠与受贿的界限。馈赠是基于个人之间长期交往的友谊和感情而产生的一种合法民事行为。从民事法律讲,馈赠是一种无偿性的单方法律行为,并且有其特定的公开性。但在司法实践中,时常遇到借馈赠之名行受贿之实即"形礼实贿赂"的问题,给准确认定带来困难。笔者认为,对馈赠或受贿的认定,应注意以下几个问题:一是考察双方之间是否具有馈赠的基础。只有双方之间具有长期的友情交往,一方才有可能向另一方馈赠财物。如果不具备友情基础,馈赠很可能是虚假的,是另有所图。二是馈赠的限度。馈赠作为无偿的单方民事行为,基于民间伦理、礼仪,一般是有限度的。如果馈赠价值远已超过正常额度,其中很可能是一宗不真实的交易,也就是存在权钱交易的嫌疑。三是馈赠有其特定的公开性。也就是说,真实的馈赠行为在一定范围内是公开的。凡是秘密进行的馈赠,至少是令人怀疑的,对此应结合其他因素综合考虑。但是,无论如何,对于馈赠,首先我们应当认为是真实的,如果没有确凿证据证明是权钱交易行为或者嫌疑,就必须切实依法保护,而不能以任何借口予以干预。根据 2008 年 11 月 20 日最高人民法院、最高人民检察院《关于办理商业贿赂刑事案件适用法律若干问题的意见》第十条规定,要划清贿赂与馈赠的界限,主要应当结合以下因素全面分析、综合判断。具体地说,对贿赂犯罪罪与非罪的界限,要综合四个因素进行区分:一是发生财物往来的背景,如双方是否存在亲友关系及历史上交往的情形和程度。二是往来财物的价值大小。三是财物往来的缘由、时机和方式,提供财物方对于接受方有无职务上的请托。四是接受方是否利用职务上的便利为提供方谋取利益。

(二)受贿罪与合法收入的界限。现实生活中,国家工作人员尤其是有一技之长的科技人员及其他国家工作人员,利用业余时间从事兼职活动,以获取相应报酬的现象是普遍存在的。从法律上讲,对在法律、政策和组织纪律允许的范围内,通过业余、休假时间,用自己的特长和劳动能力,为他人临时进行某项工作或者提供咨询服务获取的报酬,法律上是予以保护的。司法实践中,一些受贿分子往往打着"合法报酬"的幌子,行受贿之实,并故意混淆两者之间的界限,规避法律。对此,认定时应注意以下几个问题:一是行为人是否确实付出了劳动。这里的劳动包括各种体力、智力劳动和中介服务等。如果行为人确实付出了劳动,其所获取的报酬应当是合法的。二是行为人的劳动是职务范围内的工作还是分外事,行为人是否利用职务上的便利收受财物。司法实践中,一些受贿分子往往以虚假的、巧立名目的劳动及劳务费来掩盖权钱交易的事实,对此应当予以注意。在认定是合法收入还是受贿行为时,应考察行为人是否利用职务上的便利,以及行为人的劳动是其职权和职责使然还是职权、职责以外的所谓分外事。如科技人员在业余兼职中,其利用的技术成果是职务成果还是非职务成果。前者属单位所有,后者属个人。同时,利用在本职工作中积累和掌握的知识、技术、经验和信息为经济建设服务,不属于本单位技术权益范围的,不受限制。因此,这种情况下的科技兼职所获取的报酬是合法的。此外,如果行为人付出的劳动是其职权、职责所规定的必须履行的义务,又从中收受他人财物的,就不属于合法报酬,而要依法追究相应责任。

(三)贿赂的去向是否影响受贿罪的成立。从理论上讲,行为人利用职务上的便利,索取或者非法收受了他人财物,其行为就已构成受贿罪。至于贿赂的去向,如向希望工程捐款、接待上级部门开支、支付所在单位电话费等等,不影响受贿罪的成立。因为收受了他人财物的行为已是既遂。但在司法实践中,认定处理涉及贿赂去向的受贿罪时,司法机关一般作了让步。有的宣告无罪,有的免予刑事处罚,也有的作了相对不起诉甚至绝对不起诉。对这种现象,立法机关应当引起重视,并对贿赂的去向等影响司法公正和法律权威的问题作出明确规定,避免司法实践中出现随意性甚至以案谋私搞腐败活动等现象。目前,从司法实践看,已有判例否定了审判机关以往认定受贿罪数额时,将被告人辩解贿赂款用于公家支出或者捐赠的部分加以扣除的做法。这进一步表明,受贿款的去向不影响对受贿数额的认定。也就是说,即使受贿款用于公出或者捐赠等,也不能从受贿总数额中扣除。例如:据 2006 年 7 月 30 日《法制日报》报道,湖南省新田县原教育局局长文某受贿一案在认定处理过程中,由于对赃款去向问题产生分歧,从而影响案件的认定处理。2006年7月27日,湖南省高级人民法院撤销了该省永州市中级人民法院对文某"先贪后捐"受贿案所作的二审判决,指定永州市中级人民法院对此案件进行再审。经查,文某担任新田县教育局长时,教育局账上有680万元余款,而在文任职6年内,该教育局竟亏空1100万元,全县中小学负债2000多万元。2004年11月,文某因涉嫌受贿罪被检察机关依法批捕;2005年6月,新田县人民检察院以文某涉嫌受贿罪向人民法院提起公诉。被告人文某在一审庭审中辩称,收取他人财物109300元中的34000元用于公务开支和扶贫帮困、社会赞助。新田县人民法院经两次开庭审理查明:1994年至2004年期间,被告人文某利用担任新田县第二中学校长和新田县教育局长职务之便,非法收受他人财物109300元。法院认为被告人文某擅自将自己私人掌握的钱财用于扶贫帮困、社会赞助等,没经组织程序,属个人行为,且被告人的受贿行为已实施完毕,其赃款去向不影响受贿罪的构成,故认定受贿数额时不能以捐助等款抵扣,但可作为量刑情节考虑。2005年8月17日,新田县人民法院作出一审判决:被告人文某犯受贿罪,判处有期徒刑5年,并处没收财产人民币6万元。一审宣判后,文某向永州市中级人民法院提起上诉。2005年12月1日,永州市中级人民法院对此案作出二审判决,认定文某的捐赠款可以抵扣受贿款,收受相关单位礼金属于人情往来,据此判决:上诉人文某犯受贿罪,判处有期徒刑3年,缓刑4年。文某当日被释放出狱。出狱当晚,文某在家放鞭炮办酒席大肆庆祝。第二天,新田县人民法院将其缴纳的8万元取保候审保证金退还。文某打电话给新田县教育局有关负责人,要求教育局为其重新安排工作。永州市中级人民法院二审判决作出时,舆论哗然。大部分法律专家认为,法官判案只能依据法律条文而不能造法。目前,我国还没有一部法律规定,捐赠款可以抵扣受贿款。此事引起湖南省以及永州市有关部门的高度重视,文某于2006年7月27日被重新逮捕。此案的最终判决进一步表明,贿赂去向不影响受贿罪的成立。

(四)受贿罪与违法违纪行为的界限。首先,受贿罪与一般受贿行为的区别。从法律规定看,受贿罪与一般受贿行为两者之间的界限主要有两个方面:一是数额。根据刑法第386条和第383条的规定,受贿数额不满5000

元的,一般不构成犯罪,属于受贿行为。二是情节。除了从数额上区分受贿罪与非罪外,情节轻重也是区分受贿罪与非罪的一个标准。根据刑法规定,受贿数额虽然不满 5000 元,但情节较重的,也要追究刑事责任。这里的情节较重,是根据受贿动机、手段、危害后果、犯罪后的态度等情节综合考虑认定的。情节没有达到较重标准的,则不构成犯罪。这里的情节较轻,主要是指初犯、偶犯、因生活困难而受贿或具有其他较轻情节等情况。如确属情节显著轻微,则不认为是犯罪。其次,受贿罪与违纪行为的界限。从司法实践看,国家工作人员利用职务上的便利收受财物的行为,并不一定都构成犯罪。这里既有数额、情节方面的因素,也有是否为他人谋利的意图等因素。如当前的感情投资现象,一些下属单位或有业务往来的其他单位以及下级对上级领导或上级机关人员逢年过节或搬迁新房等特定时期送红包、礼品等。收受这些红包、礼品的国家工作人员,既没有利用职务上的便利为送礼者谋取利益,送礼者也没有明确要求谋取利益的意图。这种情况下的收礼属于当前的"灰色收入",是违反党纪、政纪的行为,而不是贿赂。事实上,这种情况在司法实践中大量存在,目前是刑事规范所调整不到,但具有严重危害性,应当从立法上予以重视解决,明确其涉罪的性质、界限及处罚等。

(五)以借款为名索取或者非法收受财物的行为定性。国家工作人员利用职务上的便利,以借为名向他人索取财物或者非法收受财物为他人谋取利益,或者在案发后将受贿行为伪装成借款行为等现象,在司法实践中大量存在,也很容易与借款行为混淆。这种行为,从法律上讲就是一种受贿行为。具体认定时,要注意不能仅仅看是否有书面借款手续,应当根据以下因素综合判定:一是有无正当、合理的借款事由;二是款项的去向;三是双方平时关系如何,有无经济往来;四是出借方是否要求国家工作人员利用职务上的便利为其谋取利益;五是借款后是否有归还的意思表示及行为;六是是否具有归还的能力;七是未归还的原因;等等。

(六)购买股票过程中的受贿罪与非罪的认定。当前,司法实践中出现了一些新的行贿受贿形式,如国家工作人员利用职务上的便利收受股票的行为。由于这种行为存在的投资风险、数额波动而不确定等因素,对其性质的界定有一定的难度,并且在这种行为认定是否属于受贿时还有一定的伪装性,一般不能轻易识破。因此,实践中要注意:一是国家工作人员利用职务上的便利,索取或者非法收受股票,没有支付股本金,为他人谋取利益,构成受贿罪的,其受贿数额按照收受股票时的实际价格计算;二是行为人支付股本金而购买较有可能升值的股票,由于不是无偿收受请托人财物,不以受贿罪论处;三是股票已经上市且已经升值,行为人仅支付股本金,其"购买"股票时的实际价格与股本金的差价部分应认定为受贿。

二、受贿罪与彼罪的界限

(一)受贿罪与非国家工作人员受贿罪的界限。根据刑法第一百六十三条规定,非国家工作人员受贿罪是指公司、企业或者其他单位工作人员利用职务上的便利,索取他人财物或者非法收受他人财物,为他人谋取利益,数额较大的行为。两罪的主要区别在于:一是主体不同。受贿罪的主体是国家工作人员,非国家工作人员受贿罪的主体是非国有公司、企业及其他单位的工作人员,不具有国家工作人员的身份。二是两罪行为人利用的职务在性质上是不同的。受贿罪所涉及的是管理国家和社会公共事务的职务,而非国家工作人员受贿罪所涉及的限于非国有公司、企业或者其他单位人员经营管理过程中的职务。

(二)受贿罪与敲诈勒索罪的界限。刑法第二百七十四条规定的敲诈勒索罪,是指以非法占有为目的,使用威胁或者要挟等手段,索取公私财物的行为。两者之间的界限一般来说是比较清楚的。但是,如果国家工作人员利用职务上的便利索取他人财物,则在认定时两罪往往容易混淆。首先,从法律规定,索贿和敲诈勒索,虽然都有一个"索"字,但其性质、特点是相异的。敲诈勒索罪中的勒索是采用实施暴力威胁或其他要挟的方法,强制迫使他人不得不交出公私财物。受贿罪中的索取财物行为,一般只是提出索取财物的意向或要求,并不采用暴力威胁等强行勒索手段。其次,两罪的重要区别还在于是否具有利用职务上的便利条件。如果利用职务上的便利条件索取他人财物的,属受贿罪。否则,就是敲诈勒索罪。在一般情况下,受贿罪中的敲诈勒索行为不可能以暴力相威胁。行为人利用职务上的便利索取他人财物,通常有两种情形:一是以履行或者不履行职务行为相要挟。二是以如果不交付财物就要利用职务上的便利进行打击报复为要挟。如果给付财物,就可以得到好处,如入党、晋级、提干等。否则,就进行打击报复,如扣发工资、福利、降职、不予晋升等。虽然后一种情况更接近于敲诈勒索罪,但司法实践中认定处理时还应以受贿罪论处。再次,两罪侵犯的客体不同。敲诈勒索罪侵犯的是公私财产所有权,受贿罪侵犯的是国家工作人员职务行为的廉洁性和国家机关的正常管理秩序。

(三)受贿罪与诈骗罪的界限。诈骗罪是指以非法占有为目的,采取虚构事实或者隐瞒事实真相的方法,骗取公私财物、数额较大的行为。两罪的构成有较为明显的不同,是容易区分的。但在司法实践中,往往遇到国家工作人员利用职务上的便利骗取他人财物的情况。对此,主要看行为人利用职务上的便利骗取他人财物时,主观上有否为他人谋取利益的意图。如果行为人具备这种意图,客观上也进行了努力,只是由于意志以外的原因未能为他人谋取利益,那么行为人的行为就构成受贿罪。如果行为人既不具备为他人谋取利益的客观条件,主观上也没有为他人谋取利益的意图,那么这种行为就符合诈骗罪的特征,不能定受贿罪。

三、受贿罪处罚时的法律适用

根据刑法第三百八十六条和第三百八十三条的规定,对受贿罪追究刑事责任时,应当把握以下几个问题。

(一)受贿罪的量刑幅度。根据犯罪数额和情节,受贿罪的量刑分为四个档次。

一是个人受贿数额不满 5000 元,情节较重的,处 2 年以下有期徒刑者拘役;情节较轻的,由其所在单位或者上级主管机关酌情给予行政处分。

二是个人受贿数额在 5000 元以上不满 5 万元的,处 1 年以上 7 年以下有期徒刑;情节严重的,处 7 年以上 10 年以下有期徒刑。个人受贿数额在 5000 元以上不满 1 万元,犯罪后有悔改表现,积极退赃的,可以减轻处罚或者免予刑事处分,由其所在单位或者上级主管机关给予行政处分。

三是个人受贿数额在 5 万元以上不满 10 万元的,处 5 年以上有期徒刑,可以并处没收财产;情节特别严重的,处无期徒刑,并处没收财产。

四是个人受贿数额在 10 万元以上的,处 10 年以上有期徒刑或者无期徒刑,可以并处没收财产;情节特别严重的,处死刑,并处没收财产。

对多次受贿未经处理的,按照累计受贿数额处理。

(二)受贿罪量刑情节。通常情况下,这里的情节是指影响受贿罪危害大小、量刑轻重的各种因素。首先,这些情节包括是收受贿赂还是索取贿赂,违背职务还是没有违背职务,间接利用本人职务上的便利还是直接利用本人职务上的便利,为他人谋取的利益是正当的还是不当的,受贿行为给国家和社会造成的损失轻重程度等。其次,量刑幅度中涉及的情节较轻,是指为他人谋取的利益没有违反有关规定,贪赃不枉法,没有给国家和社会造成重大损失,事发后能坦白交代或者有自首、立功表现等。这里的情节较重,是指根据受贿动机、手段、后果、犯罪后的态度相对较重等情节综合考虑的。这里的情节严重,是指索贿,手段恶劣,受贿后串供或翻供而拒不坦白,销匿罪证,向外商索贿等。这里的情节特别严重,一般是指受贿行为给国家和社会造成了特别严重的经济损失或特别恶劣的政治影响,受贿后支持、怂恿、包庇和放纵重大犯罪分子或有组织犯罪组织,向外商、侨胞等收受贿赂,手段极其恶劣以及受贿后掩盖罪行、嫁祸于人、打击报复举报人、证人及办案人员等。总之,对受贿犯罪行为人量刑时,除了考虑其受贿数额外,还必须考虑上述不同的情节。

这里,特别需要强调的是,在具体适用量刑情节时,应当根据立法及相关司法解释等规定进行,比如最高人民法院、最高人民检察院2008年12月20日发布的《关于办理商业贿赂刑事案件适用法律若干问题的意见》,2009年3月12日发布的《关于办理职务犯罪案件认定自首、立功等量刑情节若干问题的意见》,2012年8月8日发布的《关于办理职务犯罪案件严格适用缓刑、免予刑事处罚若干问题的意见》,2012年12月16日发布的《关于办理行贿刑事案件具体应用法律若干问题的解释》,具体可以参考本书贪污罪一章相应部分。比如,对于受贿犯罪分子适用缓刑、免予刑事处罚的法律规定,《关于办理职务犯罪案件严格适用缓刑、免予刑事处罚若干问题的意见》第二条明确规定了一般不适用的情形,包括不如实供述罪行的;不予退缴赃款赃物或者将赃款赃物用于非法活动的;属于共同犯罪中情节严重的主犯的;犯有数个贪污贿赂犯罪依法实行并罚或者以一罪处理的;曾因职务违法违纪行为受过行政处分的;具有索取情节的;其他不应适用缓刑、免予刑事处罚的情形。该《意见》第四条还规定,对于情节恶劣、社会反映强烈的受贿等贪污贿赂犯罪案件,不得适用缓刑、免予刑事处罚。

(三)受贿共犯的处理。受贿罪是一种身份犯,由特殊主体构成,不具备特定身份的主体不能单独构成受贿罪,即不能成为受贿罪的实行犯。但是,这类人与国家工作人员相勾结伙同受贿的,就可以构成共犯。从司法实践看,一方面,构成这种共犯的有两种情况:一是教唆犯,二是帮助犯。教唆犯即非国家工作人员教唆国家工作人员利用职务上的便利索取或者收受贿赂,前者为教唆犯,后者为主犯;帮助犯即非国家工作人员帮助国家工作人员索取或者收受贿赂,前者为帮助犯,一般系从犯,后者系主犯。另一方面,司法实践中对共犯的处理相对较为慎重和宽容。在具体认定时,要注意以下问题:根据刑法关于共同犯罪的规定,非国家工作人员与国家工作人员勾结,伙同受贿的,应当以受贿罪的共犯追究刑事责任。非国家工作人员是否构成受贿罪共犯,取决于双方有无共同受贿的故意和行为。国家工作人员的近亲属向国家工作人员代为转达请托事项,收受请托人财物并告知该国家工作人员,或者国家工作人员明知其近亲属收受了他人财物,仍然按照近亲属的要求利用职权为他人谋取利益的,对该国家工作人员的行为应认定为受贿罪,其近亲属以受贿罪共犯论处。近亲属以外的其他人与国家工作人员通谋,由国家工作人员利用职务上的便利为请托人谋取利益,收受请托人财物后双方共同占有的,构成受贿罪共犯。但是,国家工作人员利用职务上的便利为他人谋取利益,并指定他人将财物送给其他人,构成犯罪的,应以受贿罪定罪处罚。

从实践看,受贿与行贿犯罪往往以共同犯罪形式出现,特别是非国家工作人员与国家工作人员通谋,收受他人财物的情形时有发生。根据2008年12月20日最高人民法院、最高人民检察院《关于办理商业贿赂刑事案件适用法律若干问题的意见》有关规定,在认定处理时,对非国家工作人员与国家工作人员通谋,分别利用各自的职务便利为他人谋取利益,共同收受他人财物的行为,如何追究刑事责任,实践中有分歧。该《意见》第十一条明确了区分责任的认定处理原则:一是构成受贿罪。利用国家工作人员的职务便利为他人谋取利益的,以受贿罪追究刑事责任。二是构成非国家工作人员受贿罪。利用非国家工作人员的职务便利为他人谋取利益的,以非国家工作人员受贿罪追究刑事责任。三是罪从主犯。分别利用各自职务便利为他人谋取利益的,按照主犯的犯罪性质追究刑事责任。四是从重处罚。对分别利用各自职务便利为他人谋取利益,不能分清主从犯的,以受贿罪追究刑事责任。

第七章　行贿罪

第一节　概　述

一、行贿罪的历史演化

（一）古代对行贿罪的规定。行贿与受贿是对合犯罪，两者同样古老。早在周朝，《吕刑》规定的"五过之疵"之一"惟货"，就是指行贿受贿。在我国第一个中央集体制的秦封建王朝，其刑法对行贿就做了具体规定。据1975年12月在湖北云梦出土的《秦简》记载，秦律对贿赂罪的规定已相当具体完善。秦朝的"通钱"就是现在的行贿。《秦简·法律答问》记载："邦亡来通钱过万，已复，后来盗而得，可(何)以论之？以通钱。"意指逃亡出境人员向国内行贿超过万钱，已得到宽免，后来回国，又因盗窃被捕，应处以何罪？回答以行贿论处。我国封建鼎盛时期的唐朝，对行贿罪的规定采取两种形式，同时按照行贿人是否得到枉法之利等不同情况，规定不同的刑罚处罚。一是独立式。即对行贿罪规定在专门条款中，包括两种：一种称"诸有事以财行求"。《职制律》第四十七条规定："诸有事以财行求，得枉法者，坐赃论；不枉法，减二等。即同事共与者，首则并赃论。"这里的"有事以财行求"，是指用财物向官吏行贿，请求官吏对其所请托之事作曲法处断。"得枉法"，是指取得非法利益。"不枉法"则指虽有请求曲法徇私，但并未实际取得非法利益。对"得枉法"者，以坐赃罪论处。据《杂律》第一条"坐赃致罪"的规定，犯坐赃罪，一尺笞二十，满一匹加一等，十匹处一年徒刑，每十匹加一等，最高处三年徒刑。对"不枉法"者，减赃罪二等处罚。如果是同一事情多人出财行求的，首犯计总财数依坐赃罪论处，从犯依出财多少处罚。另一种称"有所请求"。《职制律》第四十五条规定:"诸有事请求者,笞五十;(谓从主司求曲法之事。即为人请者,与自请同)主司许者,与同罪(主司不许及请求者,皆不坐)。已施行,各杖一百。所枉罪重者,主司以出入人罪论;他人及亲属为请求者,减主司罪三等;自请求者,加本罪一等。即监临势要,(势要者,虽官卑亦同)为人瞩请者,杖一百;所枉罪重者,罪与主司同,至死者减一等。"上述规定,是行为人请求主管官员做曲法徇私之事,以犯罪论处的规定。对请求人笞五十;主管官员答应的和请求人同样论罪(不答应的,官员和请求人,均不论罪)。官员为请求人已进行曲法行为的,官员和请求人双方各杖一百,如果枉法之罪重于杖一百的,官员以故意出入人罪论处;他人及亲属代为请求曲法的,比曲法官员之罪减三等处罚。自请者,加本罪一等处罚。如果主管官员为监临势要者,这里的势要者,即使官职低,也一样。如果监临势要者替人嘱托请求的,处杖一百;枉法之罪重于杖一百的,与接受请托曲法的官员同样论处,要处死刑的减一等处罚。在此,需要指出的是,这里的"有事请求官员曲法"虽非行贿行为,但与行贿密切相关,故规定以犯罪论处。因为请求官员曲法徇私之行为是一种具有社会危害性的行为。二是从属式,即将行贿和受贿混合规定在同一条款中。《杂律》第一条规定:"诸坐赃致罪者,一尺笞二十。一匹加一等;十匹徒一年,十五匹加一等,罪止徒三年。(谓非监临主司而因事受财者)与者,减五等。"《职制律》第五十条规定:"诸监临之官,受所监临财物者,一尺笞四十,一匹加一等;八匹徒一年,八匹加一等;五十匹流二千里。与者,减五等,罪止杖一百……"上述规定中的"与者",即向官吏交付财物的行贿者。《杂律》第一条规定的是官职较低的非监临主司之官受贿以坐赃罪论处。《职制律》第五十条规定的是官职较高的监临主司之官受贿,构成受所监临财物罪,处刑重于坐赃罪。向监临之官行贿,比向职位低的非监临之官行贿处刑要重。明朝基本上沿袭了唐朝模式,对行贿罪的规定也采取独立式和从属式两种形式:一是独立式。如《刑律·受赃卷》对"有事以财行求"之行为做了规定:"凡诸人有事,以财行求得枉法者,计所与财,坐赃论。若有事避难就易,所枉重者,从重论。其官吏刁蹬、逼抑取财者,出钱人不坐。"二是从属式。如《刑律·受赃卷》第五条规定:"监临官若接受所部内馈送土宜礼物,受者,笞四十,与者,减一等。"第二条规定:"凡官吏人等,非因事受财,坐赃致罪……与者,减五等。"清朝《大清律例》对行贿罪等规定,基本上是《大明律》的翻版,所不同的是个别地方作了修改,使相关条文的律义更加明晰、具体而已。

（二）近代对行贿罪的规定。中华民国《暂行新刑律》第一百四十二条对行贿罪做了规定:"对官员、公断人行求贿赂或期约或交付者,处四等以下有期徒刑、拘役或者三百元以下罚金。"这是一种普通行贿罪,以行为人对于官员、公断人职务上的行为有所请托而行贿。凡具备行求、期约或交付三种行为之一的,即构成行贿罪。同时,《暂行新刑律》第一百四十三条还对事后行贿罪做了规定:"对官员、公断人事后行求贿赂或期约或交付者,处五等有期徒刑、拘役或一百元以下罚金。"1928 年国民党政府公布的中华民国刑法对行贿罪的规定有所细化。该法第一百二十八条第二款对不违背职务的行贿罪做了规定:"对于业务员关于职务上之行为,行求、期约或交付贿赂或其他不正当利益者,处二年以下有期徒刑,得并科三千元以下罚金。"第一百二十九条第二款对违背职务之行贿罪做了规定:"对于业务员关于违背职务的行为,行求、期约或交付贿赂或其他不正当利益者,处三年有期徒刑,得并科三千元以下罚金。"第一百三十条第二款对向有审判之职的公务员或公断人行贿罪做了规定:"对于有审判职务的公务员或公断人,关于处理或者审判之法律事件,行求、期约或交付贿赂或其他不正当利益者,处三年以下有期徒刑,得并科三千元以下罚金。"上述规定的第一种情形是普通行贿罪,请托的事项限于公务员不违背职务。第二种情形是加重行贿罪,请托事项是公务员违背职务,但不以实施为条件,而以行为人对于公务员违背职务之公务行为有所请托为构成要件。第三种情形也是加重行贿罪,其行贿对象是有审判职务之公务员,请托的事项则系有关法律事件的处理或审判者。此外,1943 年 6 月 30 日公布施行的《惩治贪污条例》第四条规定:犯违背职务之行贿罪的,处一年以上七年以下有期徒刑,但自首者减轻或免除徒刑。在侦查或审判中自首者,得减轻其刑。说明对行贿罪的处罚有所加重。

（三）我国刑法对行贿罪的规定。新中国成立以来,中央人民政府在1952 年颁布实施的《中华人民共和国惩治贪污条例》中对行贿罪做了明文规定。该条例第六条第一款规定:"一切向国家工作人员行使贿赂、介绍贿赂者,应按其情节轻重参酌本条例第三条的规定处刑。其情节特别严重者,并得没收其财产之一部或全部;其彻底坦白并对受贿人实行检举者,得判处罚金,免予其刑事处分。"同条第二款规定:"凡为偷税而行贿者,除依法补税、罚款外,其行贿罪,依本条例的规定予以惩治。"第七条规定:"在本条例公布前,曾因袭旧社会恶习在公平交易中给予国家工作人员的小额回扣者,不以行贿论。但在本条例公布后,如在与国家工作人员交易中仍有送收小额回扣情事,不论送者收者,均分别以行贿、受贿治罪。"1979 年,我国第一部刑法对行贿罪做了明文规定。该刑法第一百八十五条第三款第一项规定:"向国家工作人员行贿或介绍贿赂的,处 3 年以下有期徒刑或者拘役。"需要指出的是,上述两部法律均未对行贿赂罪的概念作出明确规定,对罪状的表述也十分简单,以致司法实践中因认识分歧而经常发生争议。1988 年全国人大常委会通过《关于惩治贪污罪贿赂罪的补充规定》,首次以法条形式明文规定行贿罪的概念。该法第七条第一款规定:"为谋取不正当利益,给予国家工作人员、集体经济组织工作人员和其他从事公务的人员以财物的,是行贿罪。"该条第三款还规定:"因被勒索给予国家工作人员、集体经济组织工作人员或者其他从事公务的人员以财物,没有获得不正当利益的,不是行贿。"1997 年刑法基本吸收了上述法律的内容,并作了进一步完善。

进入 21 世纪后,立法及司法机关制定了大量针对贿赂犯罪的法律规定和司法解释,进一步丰富了受贿罪的立法,在一定程度上解决了司法实践中经常遇到并对认定处理有直接影响的一些困难和问题。比如,2006 年 6 月 29 日十届全国人民代表大会常委会第 22 次会议审议通过的《刑法修正案(六)》,增加规定了行贿罪中给予公司、企业以外的其他单位的工作人员财物的行为。2008 年 11 月 20 日最高人民法院、最高人民检察院制定发布《关于办理商业贿赂刑事案件适用法律若干问题的意见》,针对司法实践中遇到的商业贿赂犯罪包括行贿罪及其法律适用,提出具体的解决措施。2009 年 2 月 28 日十一届全国人民代表大会常委会第 7 次会议审议通过了《刑法修正案(七)》,增设了利用影响力受贿罪。同年 3 月 12 日最高人民法院、最高人民检察院制定发布《关于办理职务犯罪案件认定自首、立功等量刑情节若干问题的意见》,针对司法实践中遇到的受贿罪及其自首、立功等量刑情节法律适用,提出具体的解决措施。2012 年 8 月 8 日最高人民法院、最高人民检察院制定发布《关于办理职务犯罪案件严格适用缓刑、免予刑事处罚若干问题的意见》，就行贿罪刑事案件办理中适用缓刑、免予刑事处罚提出具体的意见。2012 年 12 月 16 日最高人民法院、最高人民检察院制定发布《关于办理行贿刑事案件具体应用法律若干问题的解释》，对行贿罪的认定处理若干重大问题进行了明确界定。

二、行贿罪的概念

按照刑法第三百八十九条规定，行贿罪是指为谋取不正当利益，给予国家工作人员以财物的行为。从这一概念可知：行贿罪主体是一般主体；客观方面表现为给予国家工作人员以财物；主观上表现为为谋取不正当利益。实践表明，近些年来行贿犯罪的情况有了很大变化，通过行贿而获取巨额不正当利益的案件大量发生，严重危害国家和集体利益，危害市场主体之间的平等竞争秩序。同时，由于行贿活动泛滥，一些国家工作人员放弃原则、丧失立场，拿国家和人民赋予的权力与行贿人进行"权钱交易"，严重影响了党和政府的信誉。行贿与受贿是一种对合关系，从立法上对行贿与受贿以两种罪分别规定，具有重要的现实意义。在刑法典中规定行贿罪及量刑幅度，并非我国独创。新加坡《防止贿赂法》、阿尔巴尼亚《刑法典》等均有类似规定。时下，有一种论调值得引起严重警惕。有的认为，国家公职人员之所以受贿，这是由行贿人引诱所致的，行贿是受贿犯罪的源头。如果没有行贿人行贿，就不会有受贿犯罪。因此，要预防受贿犯罪，首先必须惩治和预防行贿犯罪。从理论上讲，这实际上是一种值得警惕的怪论。犯罪学原理告诉人们，受贿犯罪之所以发生，根源在于国家公共权力以及国家公职人员自身。凡是有公共权力的存在，就必然存在腐败的隐患。一旦国家公职人员手中掌握的权力失控，腐败就必然产生。绝对的权力产生绝对的腐败。当然，行贿方面的原因也是不可置疑的，但总病根在公共权力、国家公职人员那里。大多数行贿是出于无奈，不送钱就办不成事，从而迫使想办事的人去行贿。值得引起重视的是，当前由于国家公职人员"吃拿卡要"普遍化，形成一种约定俗成的"风气"或者称之"潜规则"，甚至成为一种贿赂文化。在民众心里，往往认为办事就必须求人、送礼。如果办事不求人、不送礼，这反而是件不正常的事，并总觉得不送些礼品包括金钱等给有决定权的公职人员，心中就感到不踏实。要从根本上纯洁党风、政风并净化民风，最主要的是加强对受贿犯罪综合治理、惩防并举,不断提高国家公职人员自身职业道德素养,切实有效预防受贿犯罪的发生。千万不可颠倒是非黑白,将受贿犯罪的成因归咎于行贿。否则,就将舍本而求末。

第二节　行贿罪的法律特征

一、行贿罪的客体

一般的刑法学教科书和相关专著,均认为行贿罪侵犯的客体是国家工作人员职务行为的廉洁性。从当前学界对行贿罪客体的研究现状看,大体有以下几种观点。一是认为行贿罪侵犯的客体是国家机关的正常活动。这些学者认为,行贿人为谋取不正当利益而用钱财收买、腐蚀国家工作人员,必然干扰和破坏国家机关的正常管理活动,包括国家正常的经济管理活动。二是认为行贿罪侵犯的客体是社会管理秩序。这些学者认为,从立法技术角度看,我国刑法对犯罪客体同为国家机关正常活动的犯罪在归类上是有区别的。除复杂客体按其主要客体归类外,又分两类:一类是国家工作人员职务上侵害国家机关正常活动的犯罪,归于渎职罪;另一类是一般主体侵害国家机关正常活动的犯罪,归于妨害社会管理秩序罪。由于行贿罪的主体是一般主体,因此,其侵犯的客体则是国家的社会管理秩序。三是认为行贿罪侵害的客体是复杂客体,而且因具体案件不同,其侵害的主要的直接客体也各异。这些学者认为,行贿罪客体的侵犯是通过受贿罪来实现的。应予注意的是,受贿人为行贿人谋取利益可能违背职务,也可能不违背职务。在违背职务时,行贿罪主要侵害了国家机关的正常活动;在不违背职务时,行贿罪侵犯的客体主要是社会风尚。同时,按照全国人大常委会1982年制定实施的《关于严惩破坏经济的罪犯的决定》,行贿罪是一种经济犯罪,也侵犯社会主义经济秩序。此外,在有些情况下,行贿人是以小利收买国家工作人员,用以换取更大的利益,使国家、集体财产化为私有。这时,其侵犯了公共财产所有权。四是认为行贿罪的基本客体是国家公职人员职务行为的不可收买性,选择客体是国家经济管理的正常活动。这些学者认为,行贿行为本质上说是一种收买行为,其收买对象就是国家公职人员的职务行为。而国家公职人员的职务行为应具有不可收买性,因而其侵害的基本客体是国家公职人员职务行为的不可收买性。同时,全国人大常委会1988年制定实施的《关于惩治贪污罪贿赂罪的补充规定》曾专门规定了经济行贿罪,因而说其选择客体是国家经济管理的正常活动,是有法律依据的。五是认为行贿罪的直接客体是公务人员职务的廉洁性。这些学者认为,行贿罪对公务人员以贿赂加以收买,引诱其违背职责为行贿人谋取不正当利益。这种行为一经实施,不管公务人员是否接受贿赂,或者是否为行贿人谋利,思想都会不同程度地受到腐蚀和影响,即职务上的廉洁性受侵害。至于其他各种后果,均是公务人员职务廉洁性受到侵害后所造成的间接损失,而非直接客体。

笔者认为,行贿罪侵害的客体是国家公职人员职务行为的廉洁性。这里的廉洁性,是指国家对国家公职人员以及国家机关、国有企业、事业单位和人民团体的基本要求,国家公职人员必须接受和服从。行贿罪与受贿罪是对合犯罪。在这一对合关系中,行贿罪是一种外部侵害行为,受贿罪则是内部侵害行为,即通过行贿这一外部侵害,使国家公职人员对职务廉洁性要求造成侵害。可见,行贿是对职务的收买,受贿则是国家公职人员对职务廉洁性要求的亵渎,行贿行为的危险性正是通过对职务行为的收买,进而危害职务行为的廉洁性。

二、行贿罪的主体

我国刑法规定的行贿罪主体是一般主体,限于自然人,即年满16周岁、具有刑事责任能力的人,就可成为行贿罪主体。至于行贿主体的职业、身份等,则不影响其构成。从司法实践看,当前行贿罪主体的范围日趋泛化,业已涵盖社会各行业乃至各阶层包括国家公务员队伍。特别是一些公职人员,在腐败事件不触及自身利益时,一般都能高举着反贪污贿赂大旗、唱着反贪污贿赂高调。可一旦腐败事件触及自身利益或者需要向有关部门或单位疏通时,就会不惜代价向有关人员进行行贿。时下,买官者是一个典型事例。这就是通常所说的腐败的"臭豆腐现象",即闻之则臭、嚼之则香。这也是现阶段行贿现象之所以难以有效控制的重要原因。需要指出的是,实践中还有不少单位为自身利益而进入行贿之列。对单位行贿的,我国刑法第三百九十三条已专条规定,即单位行贿罪。因此,单位行贿不构成我国刑法第三百八十九条和第三百九十一条之规定的行贿罪。

三、行贿罪的客观方面

行贿罪的客观方面主要表现在行贿行为和贿赂两个部分。根据刑法第三百八十九条等规定,这种犯罪中的行贿行为有两种类型:

第一,行贿人给予国家工作人员以财物。这是行贿罪的典型行为。行贿人为了谋取不正当利益,给予国家工作人员以财物,即构成行贿罪。至于不正当利益是否获取,不影响此罪构成。如果行贿人不是以谋取不正当利益为目的,所谋取的只是正当利益,其行为就不构成此罪。在此,如何理解"不正当利益",往往成为司法适用中的关键问题之一。根据2012年12月16日最高人民法院、最高人民检察院制定发布的《关于办理行贿刑事案件具体应用法律若干问题的解释》第十二条规定,这里的"谋取不正当利益",是指行贿人谋取的利益违反法律、法规、规章、政策规定,或者要求国家工作人员违反法律、法规、规章、政策、行业规范的规定,为自己提供帮助或者方便条件。违背公平、公正原则,在经济、组织人事管理等活动中,谋取竞争优势的,应当认定为"谋取不正当利益"。行贿罪客观上所表现的这一行贿行为,通常有主动给予和被动给予两种。其中,被动给予是在国家公职人员的主动要求下给予,即被对方勒索。根据我国刑法第三百八十九条第三款规定,如果行为人因被国家工作人员勒索而给予国家工作人员以财物,又没有获得不正当利益的,不是行贿。这是一种以实际获取不正当利益为前提的犯罪,如果行为人没有获取不正当利益的目的和动机,就不构成行贿罪。

第二,在经济往来中,行为人违反国家规定,给予国家公职人员以财物,数额较大的,或者违反国家规定,给予国家工作人员以各种名义的回扣、手续费的行为。这里的"经济往来",是指签订、履行经济合同等活动。这里的"国家规定",是指全国人大及其常委会制定的法律法规,国务院制定的行政法规、规章及发布的命令、决定等规定。如我国《反不正当竞争法》第八条规定,经营者不得采用财物或者其他手段进行贿赂以销售或者购买商品。在账外暗中给予对方单位或个人回扣的,以行贿论处。

在行贿罪的客观方面,有的学者认为,行贿行为除给付财物行为外,还应包括行求或期约行为。也就是说,行贿并非是某一个具体的自然动作,而是一系列行为过程。如可以表现为行求阶段,即提出贿赂的请求后其行为没有继续进行下去,也就是行贿伊始就支付财物而被对方拒绝,或者因某种原因对方未收到贿赂。又如，可以表现为期约阶段，即与对方约定贿赂之后，当时没有实际给付，待过一定时期如事成之后或者某个时期过去之后再予兑现。还如，可以表现为交付阶段，即贿赂已经实际交付并为对方所接受，这个时候送收两个环节均已完成。需要指出的是，并非每一个行贿行为都要求同时具备行求、期约和交付三个过程。在确定行贿行为所处阶段时，应当以前行为吸收后行为。行贿人员虽未交付财产，但有行求或者期约行为的，也可构成行贿罪。然而，从我国刑法规定的情形看，构成行贿罪的客观行为表现为给予财物。这里的"给予"，就是交付，也即实际交付，不包括行求或期约。对行求、期约者，只是我国刑法所规定的两种程度不同的犯罪预备行为。对此，司法适用时应予注意。

四、行贿罪的主观方面

行贿罪的主观方面表现为故意，并且是一种直接故意的心理态度，同时还必须具备谋取不正当利益的目的。行贿罪中，行为人对于其行为的性质、目的、后果等均有明确认识。实施行贿的目的就是希望以较小的利益作为贿赂用以谋取更大的不正当利益。这种主观心态是十分明确的，不可能存在过失或间接故意的情形。同时，从刑法理论上讲，行为人实施行贿行为，旨在使国家公职人员利用职务上的便利为自己谋取不正当利益。这种故意包括两方面内容：一是认识因素，即行为人明知行贿的对象是国家公职人员，并且其行贿行为是一种收买国家公职人员利用职务上的便利为自己谋取不正当利益的行为，因而对自己这种行为的违法性质是明知的。二是意志因素，即在具备认识因素的基础上，在谋取不正当利益动机的驱使下，决意实施行贿行为。当然，应予指出的是，行贿人对行贿对象即国家公职人员的具体职务、职权是否有明确的了解，不影响行贿罪的成立。即行为人对行贿对象的身份特征，只要有一般的或者概括的认识就可以。换言之，行为人只要认识到贿赂对象是国家公职人员，对方能利用其职务之便利为自己谋取非法利益，从而进行行贿的，就构成行贿罪。至于受贿人是否确有为其谋取不正当利益的可能，或者是否实际上为行贿人谋取了不正当利益，不影响行贿罪的构成。

从司法实践看，行贿的情形一般有以下几种：一是行为人实施行贿行为所谋求的利益是国家刑事法律所禁止的，如偷税、走私等。二是行为人实施行贿行为所谋求的利益是违反除刑法之外的国家法律法规的,如违法进行金融活动、经营活动等。三是行为人实施行贿行为所谋求的是上述犯罪、违法两种情形以外的其他不正当利益的,如进行不正当竞争,违反常规的升级、晋资等。四是行为人实施行贿行为所谋求的是正当合法利益,但因国家公职人员利用职务之便进行刁难、拖延或者要挟而被迫行贿的,或者被国家公职人员利用职务之便进行勒索的。对上述前三种情形,可以构成行贿罪;对后一种情形,则不能构成行贿罪。原因在于这种情形的行为人没有行贿的主观故意。从当前反腐败斗争的实际看,国家公职人员明目张胆地向行为人进行勒索的已为数不多,更多的是一种暗示的索取行为。司法适用时,对这种勒索情形的认定较为困难。因此,在对此类行贿和受贿犯罪认定处理时应当慎重对待。

需要指出的是,根据行贿罪的构成条件和要求,行为人实施行贿行为所谋求的是一种不正当利益。那么,何为“不正当利益”?由于认识上的分歧,司法部门在认定处理时并不一致。1999年3月4日,最高人民法院和最高人民检察院联合发出《关于在办理受贿犯罪大要案的同时要严处严重行贿犯罪分子的通知》,对谋取不正当利益作了界定。这里的“谋取不正当利益”包括两种情况:一是谋取违反法律、法规、国家政策和国务院各部门规章规定的利益。这里的“法律”是指全国人大及其常委会通过的各种刑事、民事、行政、经济等法律;“法规”是指行政法规,即以国务院名义制定、颁布的各种规范性文件,以及各省、自治区、直辖市人大及其常委会制定的与国家法律和国务院法规不相冲突的各种地方性法规;“国家政策”是指党和政府制定的各项政策、措施,如依法治国政策等;“国务院各部门规章”,是指国务院各部委以及国务院专门机构制定、颁布的各种规范性文件。二是要求国家公职人员或者有关单位提供违反法律、法规、政策和规章所规定的帮助或者方便条件。这是指通过行贿手段所要最终获取的利益本身可能不违反法律、法规、对策和规章的规定,但其要求国家公职人员或者有关单位为其获得利益所采取的手段却违反法律、法规、政策和规章的规定,或者要求国家公职人员或有关单位通过违反法律、法规、政策和规章或规定的手段提供该利益。如工程招投标过程中,为了中标而向招标单位负责人行贿而由其违法提供有关投标者不应当知道的情况,从而使投标者中标,使其他投标者失利。这种提供有关情况的帮助,就是不正当的帮助,属于谋取"不正当利益"的范畴。同时,要求国家公职人员或者有关单位提供的帮助或者方便条件,必须违反法律、法规、政策和规章的规定。如果国家公职人员或者有关单位提供的帮助或方便条件,没有违反上述规定的,即使通过行贿手段要求提供各种帮助或者方便条件,也不属于谋取不正当利益。如办理结婚登记,条件均具备,只是为了尽快办理而对有关经办人员进行行贿,从而达到目的。这种通过行贿手段要求提供的帮助或者方便条件,显然不属于"不正当利益"的范围。2012 年 12 月 16 日最高人民法院、最高人民检察院制定发布的《关于办理行贿刑事案件具体应用法律若干问题的解释》第十二条规定,这里的"谋取不正当利益",是指行贿人谋取的利益违反法律、法规、规章、政策规定,或者要求国家工作人员违反法律、法规、规章、政策、行业规范的规定,为自己提供帮助或者方便条件。违背公平、公正原则,在经济、组织人事管理等活动中,谋取竞争优势的,应当认定为"谋取不正当利益"。对此,实践中应当注意把握。

还应当指出的是,按照我国刑法规定,"为谋取不正当利益"是构成行贿罪的必备要件。但对这一要件是属于主观要件还是客观要件,法律没有明确规定。有的学者认为,根据我国刑法第三百八十九条第三款关于"因被勒索给予国家工作人员以财物,没有获得不正当利益的,不是行贿"的规定,可以得出这样两个结论:一是即使因被勒索给予国家工作人员以财物,但如果获得了不正当的利益,也是行贿;二是如果不是因为被勒索而给予国家工作人员以财物,即使最终没有获得不正当利益,也是行贿。在被勒索的情况下,"谋取不正当利益"是行贿罪的客观要件。如果没有获得不正当利益,则不构成行贿罪;在未被勒索的情况下,"谋取不正当利益"是行贿罪的主观要件。即使没有获得不正当利益,只要主观上具有谋取不正当利益的目的,并给予国家工作人员以财物的,也构成行贿罪。对于这一点,笔者认为尚需进一步探讨。实际上,根据刑法原理和我国刑法规定,"谋取不正当利益"应当属于行为人的主观目的,是否被勒索不影响这一目的的本质特性。认定是否属于行贿罪,关键在于行贿人所获取的利益是否正当。如果谋取的利益是正当的,则不构成行贿罪;如果谋取的利益是不正当的,则可能构成行贿罪。因为,因被勒索而给予国家工作人员以财物,没有获取不正当利益的,不是行贿。

第三节　行贿罪的认定和处理

一、行贿罪与非罪的界限

区分行贿罪与非罪的界限,应当把握以下两个方面的问题。

(一)行贿与赠与的区别。赠与是财产所有人将财产无偿地给予他人,从而产生财产所有权转移的法律后果的民事行为。赠与行为在社会生活中普遍存在。如果出于友情或亲情等,将自己的财产无偿给予他人,这是我国法律所允许并予以保护的。然而,当前贿赂犯罪中,有人往往出于某种不正当的企图,采取十分巧妙的方法给予国家公职人员以财物,用来达到不可告人的目的,表面上则表现得冠冕堂皇,很难让人察觉。这时的行贿与赠与往往容易混淆。区分两种行为,关键在于对行为人主观故意的认定和结果的调查,并可通过以下途径进行。首先,查清行为人与国家公职人员之间的关系,比如原先是否认识、如何认识,有否亲戚关系、同学关系等。如果两人之间平时交往很少,或者从不往来,这就很难证明赠与的合理性。其次,行为人是否求助国家公职人员办理某项事务,或者针对国家公职人员的职务而给予财物。如果查清属于这种情形,则有行贿之嫌。再次,查清行为人给予财物出于自愿还是被人强迫索取,以及给予财物的数额大小。如果一次给予财物的数额巨大,就应仔细查究原由。最后,查清接受财物的国家公职人员是否为行为人实际谋取了某种利益、其利益是否正当,以及与国家公职人员接受财物之间有否关联等。总之,对行贿或者赠与的判定,应当依据事实进行综合分析。

(二)行贿罪与违法行为的界限。两者的区别主要在于行贿数额大小和情节轻重上。根据刑法等有关规定,为谋取不正当利益而实施行贿行为,且行贿数额达到1万元以上的,即构成行贿罪。对于数次行贿而未处理的,应累计计算。对于金银珠宝等首饰品,按照有关部门核定价格计算。对外币则按有关外汇价格计算。对于行送股票,受贿人没有支付股本金的,按照行送股票时的实际价格计算;受贿人已支付股本金而股票已上市且已增值的,按照行送股票时的实际价格与股本金的差价部分计算。同时,对于行贿数额虽不到 1 万元标准,但是为谋取不正当利益,行为人多次行贿、屡教不改,或者因行贿造成国家、集体利益遭受严重损失,以及造成恶劣的政治影响等,则属情节严重,也可构成行贿罪。除了上述情形之外,凡是达不到数额标准和情节一般的,属一般违法行为,不构成行贿罪。

二、既遂与未遂的界限

对于行贿罪既遂与未遂的界限,当前理论界认识不一。有的学者认为,应以行为人实施给付财物的行为作为既遂的标准,不要求对方实际接受财物。有的学者则认为,应当以行贿人实际给付财物,并请求对方为其谋取不正当利益作为既遂的标准,但不要求谋取不正当利益的目的一定达到。这主要考虑行贿罪具有诱惑性和腐蚀性的特点,而国家公职人员职务上必须保持廉洁性。行贿人以财物收买国家公职人员,并使之丧失原则立场、败坏党风政风,实际上造成破坏国家机关正常活动的后果。因此,即使行贿人在行贿后没有从中谋取不正当利益,也应以行贿罪既遂认定。也有的学者认为,应以受贿人实际为行贿人谋取不正当利益作为既遂的标准。这主要考虑构成行贿罪的法定条件是既要求给付对方财物,又要求对方为行为人谋取不正当利益。这里的给付财物,并非行为人的最终目的。其最终目的在于通过对方渎职为其谋取不正当利益,而使国家机关正常活动受到侵害。因此,应以行为人谋取不正当利益的目的是否达到作为既遂与未遂的标准。还有的学者认为,对行贿罪的既遂和未遂,要分别不同情况进行处理。对为今后获取不正当利益而预先给予财物的,以是否给付财物为既遂和未遂的标准;对先已获取不正当利益,然后给付财物的,以是否获取不正当利益为既遂和未遂的标准。这主要考虑到行贿罪侵犯的客体,不仅是国家机关的正常活动,还包括社会风尚。对上述前者,其侵犯的客体是社会风尚,后者则侵犯国家机关的正常活动。总之,不论是给付财物,还是获取不正当利益,都属于行贿罪的客观要求,都侵害行贿罪的客体,只要其中一个行为实施完毕,就应视为既遂;行为人因意志以外的原因而未得逞的为未遂。

笔者认为,一般情况下,行贿罪的既遂应同时具备以下几个条件:一是行为人出于谋取不正当利益的目的;二是行为人实施了给予国家公职人员以财物的行为;三是国家公职人员未予拒绝而接受了该财物。至于行为人通过行贿行为的实施,是否获取了不正当利益,则不影响既遂的成立。如果国家公职人员拒绝受理财物的,则属于未遂。同时,根据我国刑法第三百八十九条第三款规定,因被勒索给予国家工作人员以财物的,不存在未遂问题。也就是说,在这种情况下,获取了不正当利益,就是行贿罪的既遂;没有获取的,则不是行贿。

三、行贿罪与彼罪的界限

(一)行贿罪与对非国家工作人员行贿罪的区别。根据刑法第一百六十四条和刑法修正案(六)第八条规定,对非国家工作人员行贿罪,是指行为人为谋取不正当利益,给予公司、企业或其他单位人员以财物,数额较大的行为。两者的主要区别在于:一是行贿对象不同。行贿罪的对象是国家公职人员;对非国家工作人员行贿罪的对象则是非国有公司、企业或其他单位工作人员。二是主体不同。行贿罪的主体是自然人;对非国家工作人员行贿罪的主体除了自然人,还包括单位。三是危害程度不同。行贿罪的危害性较之对非国家工作人员行贿罪的危害性大。如体现在处罚上,行贿罪的起刑点数额是1万元,而对非国家工作人员行贿罪的起刑点数额则是3万元。

(二)行贿罪与对单位行贿罪、单位行贿罪的区别。根据刑法第三百九十一条规定,对单位行贿罪是指为谋取不正当利益,给予国家机关、国有企业事业单位、人民团体以财物,或者在经济往来中,违反国家规定给予各种名义的回扣、手续费的行为。两者的区别在于行贿对象不同。前者的对象是国家公职人员,后者的对象则是国有单位。同时,根据刑法第三百九十三条规定,单位行贿罪是指单位为谋取不正当利益而行贿,或者违反国家规定,给予国家工作人员以回扣、手续费,情节严重的行为。两者的主要区别在于:一是犯罪主体不同。行贿罪的主体是自然人;单位行贿罪的主体是单位,包括国有单位和非国有单位。二是处罚原则不同。行贿罪处罚的是自然人,采取单罚制;单位行贿罪处罚的是单位及其直接负责的主管人员和其他直接责任人员,采取双罚制。

四、行贿罪处罚时的法律适用

根据刑法第三百九十条规定,对行贿罪的处罚,量刑幅度分3个档次:

(一)对一般行贿罪,判处5年以下有期徒刑或者拘役。

(二)对情节严重或者使国家利益遭受重大损失的行贿罪,处5年以上10年以下有期徒刑。这里的"情节严重",是指行贿数额巨大,或者情节恶劣,或者向多人行贿,或者多次向他人行贿,或者为推销假冒伪劣产品而行贿,或者为实施诈骗、走私等其他犯罪而行贿,或者为挪用公款而行贿,等等。因行贿而实际谋取了不正当利益,并且情节严重或者使国家利益遭受重大损失的,处5年以上10年以下有期徒刑。这里,需要注意的是,根据2012年12月16日最高人民法院、最高人民检察院制定发布《关于办理行贿刑事案件具体应用法律若干问题的解释》第二条规定,所谓情节严重,是指因行贿谋取不正当利益,具有下列情形之一:一是行贿数额在20万元以上不满100万元的。二是行贿数额在10万元以上不满20元,并具有向3人以上行贿的,将违法所得用于行贿的,以及为实施违法犯罪活动,向负有食品、药品、安全生产、环境保护等监督管理职责的国家工作人员行贿,严重危害民生、侵犯公众生命财产安全的,向行政执法机关、司法机关的国家工作人员行贿,影响行政执法和司法公正等情形之一。所谓"使国家利益遭受重大损失",根据该《解释》第三条规定,是指因行贿谋取不正当利益,造成直接经济损失数额在100万元以上的等情形。

(三)对情节特别严重的行贿罪,处10年以上有期徒刑,可以并处没收财产。通常情况下,这里的"情节特别严重",是指行贿数额特别巨大,或者手段特别恶劣,致使国家、集体利益遭受特别严重损失,等等。同时,根据刑法第三百九十条第三款规定,行贿人在被追诉前主动交代行贿行为的,可以减轻或免除处罚。这是刑法对行贿罪的立功规定。行贿人在被追诉前能够主动交代行贿行为的,实际上就是检举、揭发受贿犯罪。根据刑法第六十八条规定,可以减轻或者免除处罚。这里的"被追诉前",是指行贿人被依法立案侦查之前。这主要是从司法机关打击贿赂犯罪的策略要求出发进行规定的。作这样的规定,从实践上讲有利于分化、瓦解贿赂犯罪尤其受贿分子心理防线及其攻守同盟,也有利于司法机关及时有效地查处受贿犯罪活动。根据2012年12月16日最高人民法院、最高人民检察院制定发布《关于办理行贿刑事案件具体应用法律若干问题的解释》第四条规定,所谓"情节特别严重"是指因行贿谋取不正当利益,具有行贿数额在100万元以上的;行贿数额在50万元以上不满100万元并具有向三人以上行贿的;将违法所得用于行贿的;为实施违法犯罪活动,向负有食品、药品、安全生产、环境保护等监督管理职责的国家工作人员行贿,严重危害民生、侵犯公众生命财产安全的;向行政执法机关、司法机关的国家工作人员行贿,影响行政执法和司法公正的;以及造成直接经济损失数额在 500 万元以上等情节特别严重的情形。

(四)准确适用从宽处理的政策。根据最高人民法院、最高人民检察院制定发布《关于办理行贿刑事案件具体应用法律若干问题的解释》有关规定,对于以下几种情形,可以从轻、减轻或者免除处罚。 一是减轻或者免除处罚。根据该《解释》第七条规定,因行贿人在被追诉前主动交待行贿行为而破获相关受贿案件的,对行贿人不适用刑法第六十八条关于立功的规定,依照刑法第三百九十条第二款的规定,可以减轻或者免除处罚。二是减轻处罚。根据该《解释》第八条规定,行贿人被追诉后如实供述自己罪行的,依照刑法第六十七条第三款的规定,可以从轻处罚;因其如实供述自己罪行,避免特别严重后果发生的,可以减轻处罚。三是从轻、减轻或者免除处罚。第九条规定,行贿人揭发受贿人与其行贿无关的其他犯罪行为,查证属实的,依照刑法第六十八条关于立功的规定,可以从轻、减轻或者免除处罚。

(五)严格把握缓刑和免予刑事处罚的适用。根据最高人民法院、最高人民检察院制定发布《关于办理行贿刑事案件具体应用法律若干问题的解释》第十条规定,对于以下几种情形,一般不能缓刑或者免予刑事处罚。一是向 3 人以上行贿的;二是因行贿受过行政处罚或者刑事处罚的;三是为实施违法犯罪活动而行贿的;四是造成严重危害后果的;五是其他不适用缓刑和免予刑事处罚的情形。同时,凡是具有刑法第三百九十条第二款规定"行贿人在被追诉前主动交待行贿行为"的情形的,则可以减轻处罚或者免除处罚,因此是否适用缓刑或者免除刑事处罚,应当视案情而定,不受该《解释》第十条的限制。

(六)依法处理行贿犯罪获取的不正当利益。根据最高人民法院、最高人民检察院制定发布《关于办理行贿刑事案件具体应用法律若干问题的解释》第十一条规定,行贿犯罪获取的不正当利益主要包括两个方面:一是不正当财产性利益。所谓不正当财产性利益,实质是行贿所得。对于行贿犯罪取得的不正当财产性利益,应当依照刑法第六十四条的规定予以追缴、责令退赔或者返还被害人。二是不正当非财产性利益。主要是指因行贿犯罪取得财产性利益以外的经营资格、资质或者职务晋升等其他不正当利益。对此,应当建议工商管理、行业监管等有关部门依照相关规定予以处理。

第八章　其他贿赂罪

第一节　概　述

一、其他贿赂罪的立法沿革

贿赂罪是一个类罪名,是指各种形式的受贿罪、行贿罪和介绍贿赂罪的总称。新中国成立以来,我国对贿赂这一类犯罪,仅规定了受贿、行贿和介绍贿赂三个罪名。我国党和政府于1952年制定的《中华人民共和国惩治贪污条例》第二条、第六条,将受贿罪纳入贪污罪之中,作为贪污罪的一种行为形式,同时规定对行贿与介绍贿赂两种行为以贪污罪的规定处刑。至1979年,新中国第一部刑法典制定并颁布,在这部刑法第一百八十五条将受贿罪、行贿罪和介绍贿赂罪分别单列罪名,但仍按照贪污罪法定刑进行处罚。此后,随着对外开放和对内搞活政策的实施,我国社会主义市场经济建设的长足发展,与此同时贿赂犯罪亦日益多样化和复杂化。社会主义市场经济的深入发展,加快促进社会分层,并进一步形成各种既得利益集团。各种利益群体为了本群体利益,在市场经济活动中进行极不规范的竞争甚至进行掠夺性谋利,有的还表现为单位这个特定利益群体向其他单位或者手中拥有公共权力的国家公职人员行贿,或者非法收受其他单位或者公民的财物。鉴于经济社会活动中贿赂犯罪滋生蔓延态势的严峻化,1988年全国人民代表大会常务委员会对刑法有关贿赂罪的规定进行了修改,制定颁布了《关于惩治贪污罪贿赂罪的补充规定》。该《补充规定》第六条、第九条增设了单位受贿罪和单位行贿罪。1997年刑法修订,根据贿赂犯罪的实际情况,在该部刑法第三百八十五条至第三百九十三条规定了受贿罪、行贿罪、单位受贿罪、对单位行贿罪、介绍贿赂罪和单位行贿罪六种具体贿赂罪,以严密法网,有效遏制和防范贿赂犯罪的滋生蔓延。

进入 21 世纪后,立法及司法机关制定了大量针对贿赂犯罪的法律规定或者司法解释,进一步丰富了贿赂罪的立法,在一定程度上解决了司法实践中经常遇到并对认定处理有直接影响的一些困难和问题。比如,2006 年 6 月 29 日十届全国人民代表大会常委会第 22 次会议审议通过的《刑法修正案(六)》,扩大了受贿罪的主体范围,增加了行贿行为的内涵。同时,修改确立了非国家工作人员受贿罪、对非国家工作人员行贿罪。2007 年 5 月 30 日中共中央纪委发布的《关于严格禁止利用职务上的便利谋取不正当利益的若干规定》(简称"八项禁令")❶,其主要是针对国家工作人员中的共产党员,特别是各级领导干部的新型受贿行为,加以明令禁止。同年 7 月 8 日,最高人民法院、最高人民检察院制定发布《关于办理受贿刑事案件适用法律若干问题的意见》,针对司法实践中遇到的 10 种新型受贿犯罪及其法律适用,提出具体的解决措施。2008 年 11 月 20 日最高人民法院、最高人民检察院制定发布《关于办理商业贿赂刑事案件适用法律若干问题的意见》,针对司法实践中遇到的商业贿赂犯罪及其法律适用,提出具体的认定处理措施。2009 年 2 月 28 日十一届全国人民代表大会常委会第 7 次会议审议通过了《刑法修正案(七)》,增设了利用影响力受贿罪。同年 3 月 12 日最高人民法院、最高人民检察院制定发布《关于办理职务犯罪案件认定自首、立功等量刑情节若干问题的意见》,对办理贿赂等职务犯罪案件认定自首、立功等量刑情节提出明确具体的措施和意见。2010 年 11 月 26 日最高人民法院、最高人民检察院制定发布《关于办理国家出资企业中职务犯罪案件具体应用法律若干问题的意见》,针对司法实践中遇到的国家出资企业在改制过程中发生的受贿罪等贪污贿赂犯罪及其法律适用若干问题,

---

❶ 《关于严格禁止利用职务上的便利谋取不正当利益的若干规定》规定了八项禁令,具体包括:一是严格禁止以交易形式收受请托人财物;二是严格禁止收受干股;三是严格禁止由请托人出资,"合作"开办公司或者进行其他"合作"投资;四是严格禁止以委托请托人投资证券、期货或者其他委托理财的名义获取"收益";五是严格禁止通过赌博方式收受请托人财物;六是严格禁止特定关系人不实际工作却获取所谓薪酬;七是严格禁止授意请托人以本规定所列形式,将有关财物给予特定关系人;八是严格禁止在职时为请托人谋利,离职后收受财物。参见詹复亮:《反贪侦查热点与战略》,人民出版社 2010 年版,第 63—86 页。

提出具体的解决措施。2011年2月25日十一届全国人民代表大会常委会第19次会议审议通过的《刑法修正案(八)》,增设了对外国公职人员、国际公共组织官员行贿罪。2012年8月8日最高人民法院、最高人民检察院制定发布《关于办理职务犯罪案件严格适用缓刑、免予刑事处罚若干问题的意见》,就贿赂罪等贪污贿赂犯罪案件办理当中适用缓刑、免予刑事处罚提出具体的意见和措施。2012年12月16日最高人民法院、最高人民检察院制定发布《关于办理行贿刑事案件具体应用法律若干问题的解释》,对行贿罪及单位行贿罪的认定处理进行明确界定,提出处理的措施和意见。

二、其他贿赂罪的类型及其概念

根据刑法规定,除受贿罪和行贿罪以外,其他贿赂罪包括非国家工作人员受贿罪、对非国家工作人员行贿罪和对外国公职人员、国际公共组织官员行贿罪,以及单位受贿罪、利用影响力受贿罪、对单位行贿罪、介绍贿赂罪、单位行贿罪八种。这里,专门介绍由检察机关负责侦查的后五种贿赂罪。

(一)单位受贿罪。根据刑法第三百八十七条规定,单位受贿罪是指国家机关、国有公司、企业、事业单位和人民团体,索取或者非法收受他人财物,为他人谋取利益,情节严重的行为。

(二)利用影响力受贿罪。根据刑法第三百八十八条之一规定,利用影响力受贿罪是指国家工作人员的近亲属或者其他与该国家工作人员关系密切的人,通过该国家工作人员职务上的行为,或者利用该国家工作人员职权或者地位形成的便利条件,通过其他国家工作人员职务上的行为,为请托人谋取不正当利益,索取请托人财物或者收受请托人财物,数额较大或者有其他较重情节的,或者离职的国家工作人员或者其近亲属以及其他与其关系密切的人,利用该离职的国家工作人员原职权或者地位形成的便利条件,通过其他国家工作人员职务上的行为,为请托人谋取不正当利益,索取请托人财物或者收受请托人财物,数额较大或者有其他较重情节的行为。

(三)对单位行贿罪。根据刑法第三百九十一条规定,对单位行贿罪是指为谋取不正当利益,而给予国家机关、国有公司、企业、事业单位和人民团体以财物,或者在经济往来中,违反国家规定,给予各种名义的回扣、手续费的行为。

(四)介绍贿赂罪。根据刑法第三百九十二条规定,介绍贿赂罪是指行为人在行贿和受贿双方之间进行沟通、撮合,促使行贿与受贿这一对合关系现实化的行为。

（五）单位行贿罪。根据刑法第三百九十三条规定，单位行贿罪是指公司、企业、事业单位、机关、团体为谋取不正当利益而行贿，或者违反国家规定，给予国家公职人员以回扣、手续费，情节严重的行为。

第二节　单位受贿罪

一、单位受贿罪的法律特征

我国刑法将单位危害社会的行为规定为犯罪并处以刑罚，这是应合当前世界许多国家刑事立法趋势之举，也是与社会化大生产以及市场经济高速发展相适应的，是与国家经济、政治、文化、社会生活日益组织化或集团化相关联的立法趋势。在今天，各种性质的社会组织、团体日益成为社会生产生活的主角，据有关资料表明，仅 2010 年我国共有各类民间组织 44.6 万个，吸纳社会各类就业人员 618.2 万人。其中，有基金会 2189 个（公募基金会 1101 个、非公募基金会 1088 个）、民办非企业单位 19.8 万个、社会团体 24.5 万个。❶ 目前，我国民间组织正以年增长两位数的速度发展，已经初步形成门类齐全、层次有别、覆盖广泛的民间组织体系，对激发社会活力，促进社会公平，倡导互助友爱，反映公众诉求，推进公益事业，化解社会矛盾，解决贸易纠纷等方面起到不可替代的作用。与此同时，在民间组织快速发展过程中也存在一些问题。社会生活组织化、集团化趋势日益明显。由于各种社会组织或团体的活动能量及活动领域都将日益扩大，其对社会的贡献与破坏、危害同样与之俱增，运用刑事手段对这类组织或团体的危害社会行为进行阻却和遏制，是社会发展的客观要求。单位受贿罪就是在这样的时代大背景下进入刑事规范所调整视野的。

单位受贿罪的法律特征，主要体现在以下几个方面。

（一）单位受贿罪侵犯客体，是国有单位的正常职能活动。对于单位受贿罪侵犯的客体，当前法学界有三种观点：第一，认为单位受贿罪的客体属单一客体。即其所侵犯的是国有单位包括国家机关、国有公司、企业、事业单位和

---

❶　参见公益时报网 2012 年 5 月 22 日。

人民团体的正常职能活动。国家设立上述这些机关、公司、企业、事业单位和人民团体，从根本上要求这些国有单位依法履行国家法律赋予的职权，为国家建设、改革、发展和稳定服务。换言之，就是要求其通过履行法定职权保障国家机器的正常运转。这些国有单位为自身利益而不顾国家和人民的利益，擅权谋利，势必破坏国家机器的正常运转，使这些国有单位的正常职能活动受损。第二，认为单位受贿罪的客体是双重客体。即不仅侵犯国有单位正常职能活动，还侵犯了公私财产所有权。但从犯罪客体特性和单位受贿罪的实质讲，将对公私财产所有权的侵犯，作为单位受贿罪的客体，是有些牵强附会的。因为对行贿者来说，向单位行贿，旨在换取更大的利益。一旦交易成功，双方均皆大欢喜。这里怎能谈得上对公私财产所有权的侵犯？第三，认为单位受贿罪侵权的客体是三重客体。即不仅侵犯了国有单位正常职能活动和公私财产所有权，还侵犯了社会主义经济正常发展。从犯罪社会危害性的本质讲，对社会主义经济正常发展的侵害，是所有经济犯罪侵犯的一般客体或者总客体，而不是单位受贿罪的独有特征，这种观点显然是不妥的。笔者认为，上述第一种观点较为妥当，即单位受贿罪侵犯的是国有单位包括国家机关、国有公司、企业、事业单位和人民团体的正常职能活动。

（二）单位受贿罪主体，是国有单位，包括国家机关、国有公司、企业、事业单位和人民团体。这里的国家机关，包括行政机关、立法机关、司法机关、军队和政党等机关。这里的国有公司，是指我国公司法规定的国有股份有限公司和国有有限责任公司。这里的国有企业，是指我国公司法规定的两类公司以外的其他依法成立并具备一定的组织形式，以营利为目的的独立从事生产经营活动和商业服务的国有经济组织。根据2010年11月26日最高人民法院、最高人民检察院《关于国有出资企业中职务犯罪案件具体应用法律若干问题的意见》有关规定，这里的国有企业与该《意见》规定的国家出资企业基本相似，包括国家出资的国有独资公司、国有独资企业，以及国有资本控股公司、国有资本参股公司。对于是否属于国家出资企业不清楚的，应遵循"谁投资、谁拥有产权"的原则进行界定。企业注册登记中的资金来源与实际出资不符的，应根据实际出资情况确定企业的性质。企业实际出资情况不清楚的，可以综合工商注册、分配形式、经营管理等因素确定企业的性质。这里的事业单位，是指依照法律或者行政命令而成立的、从事各种社会公益活动的组织。这里的人民团体,是指工会、共青团、妇联等组织。

（三）单位受贿罪客观方面,表现为国有单位在实施职能活动的过程中,索取或者非法收受他人财物,为他人谋取利益,情节严重的行为。从中可知,单位受贿罪的客观方面,具体表现为:一是单位受贿罪是由单位直接负责的主管人员和其他直接责任人员实施的。非本单位成员不构成单位受贿罪。二是单位直接负责的主管人员和其他直接责任人员,须按照单位领导集体或者决策层的意志实施索取或者非法收受贿赂的行为。否则,就不能认为单位受贿罪。三是必须是单位直接负责的主管人员和其他直接责任人员在执行本单位职务的过程中,在单位法定职责范围内实施的行为。四是为他人所谋取的利益,不论是合法的还是非法的,均不影响行为定性。需要注意的是,这里的"他人",包括其他单位和个人。五是实施索取或者非法收受贿赂,为他人谋利,必须达到情节严重的程度。这主要是指索取或者收受他人财物,数额较大或者手段恶劣,或者使国家利益遭受重大损失等。根据刑法第三百八十七条第二款规定,国家机关、国有公司、企业、事业单位和人民团体,在经济往来中,在账外暗中收受各种名义的回扣、手续费的,以受贿罪论处。这里的回扣、手续费,既可以成为正当的经济行为,也可以成为受贿的犯罪行为。其关键在于:前者是在账内收受,后者则是在账外暗中收受,法律适用时应当加以区别。

（四）单位受贿罪主观方面,表现为故意。即单位明知是在利用自身法定职能和权力来索取或者收受他人财物,为他人谋利,而故意为之。产生这种故意的方式有两种:一是由单位领导集体或者决策机构决定;二是由单位法定代表人或者主要负责人决定。当然,无论属于哪种方式的故意,都是通过单位内直接负责的主管人员和其他直接责任人员这种自然人的故意形式体现出来。对自然人来说,这些自然人的故意内容不是由自然人本人所决定的,而是体现或者执行单位的意志,也即单位集体或者决策层乃至法定代表人的意志。如果这些自然人假借单位名义索取或者收受他人财物而为他人谋利的,则不是单位意志的体现,而是这些自然人本人的意志体现,如构成犯罪的,依法追究自然人个人刑事责任,而不累及单位。

二、单位受贿罪的认定和处理

（一）单位受贿罪与非罪的界限。首先,凡构成单位受贿罪的,其受贿行为必须达到情节严重的程度。这里的情节严重,一般需要以数额加情节来衡量。按照刑法等有关法律规定,这里数额必须达到较大的标准,当前的具体标准是 10 万元。如果索取或者收受贿赂的数额达不到较大标准,同时又不具有其他严重情节的,则不构成犯罪;如果数额已经达到较大标准,但情节不够严重的,也不构成犯罪;只有数额达到较大标准,并具备情节严重的,才构成犯罪。其次,随着我国经济市场化的进一步发展,经济领域的活动进一步复杂化。如当前有关单位赞助、捐献的活动比较普遍,这种现象与单位受贿罪颇相似,但赞助、捐献具有比较复杂的因素,一般情况下多属正当的或者可能是违法的行为,但不是犯罪,这与单位受贿罪的性质是截然不同的。具体区别时,应当注意考察送受双方有否正常交往,相互间的关系是否自愿、合法以及有否不当企图等因素,然后进行综合分析,依法进行确定。

(二)单位受贿罪与个人受贿罪的界限。两者之间容易混淆,主要区别在于:一是主观上,看行为人出自个人意志实施犯罪还是体现单位意志。如果出自个人意志实施犯罪的,则属个人受贿罪;如果体现单位意志实施犯罪的,则属于单位受贿罪。二是客观上,看行为人索取或者非法收受的财物归单位所有还是行为人个人所有。如果归个人所有,则就属个人受贿罪;如果归单位所有,而单位将收受的财物以单位名义作为单位福利、津贴等分给行为人的,则不属于个人受贿罪。需要指出的是,一些单位内设机构利用所在单位或者部门的职权收受或者索取他人或者其他单位贿赂的现象比较普遍。对这种行为,应当如何认定和处理,目前没有明确的法律规定。2000年 9 月 20 日至 22 日最高人民法院在湖南长沙召开全国法院审理金融犯罪案件工作座谈会,并于 2001 年 1 月 21 日制作公布了《全国法院审理金融犯罪案件工作座谈会纪要》(法[2001]8 号),其中对单位犯罪问题做了规定:"以单位的分支机构或者内设机构、部门的名义实施犯罪,违法所得亦归分支机构或者内设机构、部门所有的,应认定为单位犯罪。不能因为单位的分支机构或者内设机构、部门没有可供执行罚金的财产,就不将其认定为单位犯罪,而按照个人犯罪处理。"对此,笔者认为这个纪要就单位犯罪所作的规定是针对金融犯罪而言的,不是针对所有的单位犯罪包括单位受贿罪。由于金融系统分支机构或者内设机构、部门有其特殊性,因此,这方面的规定不应当具有普遍适用力。实践中的情形十分复杂,主要应当注意区分分支机构或者内设机构、部门的法律地位和性质,准确把握认定处理问题:一是有的单位分支机构或者内设机构、部门是二级法人,具有法人资格。对这类分支机构或者内设机构、部门实施收受或者索取贿赂行为以单位受贿罪处理是符合法律规定精神的。二是有的单位分支机构或者内设机构、部门虽然不具有二级法人资格,但是可以独立地以所在单位名义或者以自身名义对外联系工作、开展业务活动,如单位基建部门往往是以所在单位名义对外联系并开展业务活动的,政府部门设立在基层的站所如税务部门的基层税务所、公安机关的基层派出所等是以自身名义对外开展税收活动或者执法活动的。这些单位的分支机构或者内设机构、部门利用职权从中收受或者索取贿赂的,应当以单位受贿罪认定处理。三是有的单位分支机构或者内设机构、部门既没有二级法人资格,又没有独立以所在单位或者自身名义的资格对外联系、开展业务活动,无论其收受或者索取的贿赂归单位所有,都不应当简单地以单位受贿罪追究刑事责任,要区别不同情况,慎重处理。对符合共同受贿要件的,可认定为共同受贿。对符合单位受贿其他要件,而主体要件不符合的,由于目前尚无明确的法律依据,仍然不能以单位受贿罪认定处理。需要进一步指出的是,单位受贿罪与个人受贿罪之间的刑事追究起刑点及其罪责是不同的。如果把握不准,将个人受贿行为认定为单位受贿罪,就势必造成执法司法上对犯罪的轻纵。同样,将单位受贿罪认定为个人受贿罪,就势必对应当从轻处理的行为人予以重罚。这都是与公正司法格格不入的,司法实践中应当加强研究,严格把握法律界限。

(三)单位受贿罪处罚时的法律适用。根据刑法第三百八十七条规定,国家机关、国有公司、企业、事业单位、人民团体、索取或非法收受他人财物,为他人谋取利益,情节严重的,对单位判处罚金,并对其直接负责的主管人员和其他直接责任人员,处5年以下有期徒刑或者拘役。对单位多次受贿未经处理的,应当按照累计受贿数额处罚。对于索贿的,应当从重处罚。从上述规定可知,对单位受贿罪采取双罚制。

第三节　利用影响力受贿罪

一、利用影响力受贿罪的法律特征

21世纪以来,随着我国经济社会快速发展,以及反腐败斗争的力度不断加大,受贿犯罪分子为了规避法律、逃避制裁,实施受贿犯罪的手段越来越隐蔽,牵涉到案件中的人员也越来越多。一些国家工作人员特别是各级领导干部的近亲属或者具有某种密切关系的人,利用国家工作人员的职务行为或者其职权或者地位的影响力收受请托人的贿赂,并为请托人谋取不正当利益,严重败坏了党纪国法,有的还十分恶劣,严重影响了党和政府的形象。2007 年 5 月 30 日中共中央纪委对外发布了《关于严格禁止利用职务上的便利谋取不正当利益的若干规定》,对于国家工作人员中的共产党员,明令禁止其利用职务上的便利谋取不正当利益等八项新型受贿行为。为依法查处和惩治新型受贿犯罪,同年 7 月 8 日最高人民法院、最高人民检察院印发了《关于办理受贿刑事案件适用法律若干问题的意见》。该《意见》第六条规定,"国家工作人员利用职务上的便利为请托人谋取利益,要求或者接受请托人以给特定关系人安排工作为名,使特定关系人不实际工作却获取所谓薪酬的,以受贿论处。"该《意见》第七条规定,"国家工作人员利用职务上的便利为请托人谋取利益,授意请托人以本意见所列形式,将有关财物给予特定关系人的,以受贿论处。""特定关系人与国家工作人员通谋,共同实施前款行为的,对特定关系人以受贿罪的共犯论处。特定关系人以外的其他人与国家工作人员通谋,由国家工作人员利用职务上的便利为请托人谋取利益,收受请托人财物后双方共同占有的,以受贿罪的共犯论处。"从中可知,该《意见》第七条明确规定了国家工作人员利用职务便利为请托人谋取利益,而授意特定关系人收受财物的行为,将以受贿罪论处,不因其自己没有直接收受财物而免究其责。该条同时也明确规定,对于特定关系人在与国家工作人员通谋的情形下,其可以构成受贿罪共犯。但从司法实践看,对于一些行为人利用国家工作人员的职务行为或者其职权或者地位的影响力接受他人财物、为他人谋取不正当利益的行为,如果其与特定的国家工作人员没有通谋,则因缺乏明确的法律规定,而往往难以认定处理,最终使其逃脱法网。

从国际经验看,《联合国反腐败公约》第 18 条规定了影响力交易犯罪。为有力打击和预防影响力交易犯罪,我国立法机关借鉴吸收该《公约》有关规定,于 2009 年 2 月 28 日十一届全国人民代表大会常委会第 7 次会议上审议通过的《刑法修正案（七）》，增设了利用影响力受贿罪。对于这个罪名的确定，无论是学界还是司法机关，绝大多数提出了"影响力受贿罪"这一罪名。从比较的角度讲，行为人利用国家工作人员的职务上的便利，或者其职权或者地位形成的影响力收受请托人财物、为请托人谋取不正当利益的行为，与《联合国反腐败公约》规定的影响力交易犯罪是相契合的。直接引用《联合国反腐败公约》的影响力交易犯罪，是有其渊源关系。但是，笔者认为，从此罪的罪状看，"影响力受贿罪"的提法，没有准确把握此罪罪状的本质。深究之，此罪行为人系利用国家工作人员的职务上的便利，或者国家工作人员或者离职的国家工作人员的职权或者地位所形成的影响力实施犯罪，而不是利用其本人的职务上的便利这职权或者地位的影响力，因此不要求行为人是否属于国家工作人员，也不要求其利用本人的职务上的便利或者职权或者地位的影响。从这个角度讲，如果将此罪的罪名确定为"利用影响力受贿罪"，则抓住了也准确反映出了此罪的罪状本质。笔者的建议，最终被最高司法机关制定有关罪名的司法解释时所采纳。从履行《联合国反腐败公约》的角度讲，我国政府作为该《公约》缔约国，具有履行该《公约》的义务。我国立法机关明文规定利用影响力受贿罪，将该《公约》规定的内容转化为国内立法，是我国履行该《公约》义务的重要体现和具体措施。

利用影响力受贿罪，其核心特征是影响力交易。"天下熙熙，皆为利来。天下攘攘，皆为利往。"大量事实充分证明，普天之下，交易跟着权力跑，交易围着利益转。有权之地必有交易，有利之处必有抢争。在当今的现实世界中，交易无所不在，无所不交易，也无所不能交易。从刑法学原理讲，利用影响力受贿罪的法律特征，主要体现在以下几个方面。

（一）利用影响力受贿罪侵犯的客体，表现为侵犯国家机关和社会管理秩序以及国家工作人员的清正廉洁形象，系双重客体也即复杂客体。对于利用影响力受贿罪的客体，目前有不同的认识。有的认为，此罪的客体是侵犯国家工作人员的职务廉洁性或者不可收买性；有的认为，此罪的客体是侵犯国家工作人员职务行为的公正性；有的认为，此罪的客体是侵犯国家工作人员职务行为的公正性以及不可收买性；有的认为，此罪的客体是侵犯行政部门或者公共机构的社会管理活动及其形成的公共秩序；有的认为，此罪的客体是侵犯社会管理秩序;还有的认为,此罪的客体是侵犯市场公平竞争秩序;❶等等。诸如此类分歧,恕不逐一展开。笔者认为,上述观点各有偏颇。对于利用影响力受贿罪的客体,应当并且必须从此罪自身所具有法律特性方面入手进行分析和把握。因为利用影响力受贿罪,是行为人利用国家工作人员或者离职的国家工作人员的职务行为或者其职权或者地位所形成的影响力收受请托人财物,为请托人谋取不正当利益的行为。这里的行为人,无论是国家工作人员还是非国家工作人员,即国家工作人员的近亲属或者关系密切的人,其所利用的是国家工作人员或者离职的国家工作人员的职权或者地位形成的影响力。行为人实施犯罪时,被利用的该国家工作人员或者离职的国家工作人员是不知情的,并且事先也没有通谋。在这种情形下,行为人的行为首先侵害的是国家机关和社会领域的正常管理秩序。无论是为请托人谋取市场经济活动中的不正当利益,或者司法活动中的不正当利益,或者行政活动、政治领域的不正当利益等等,都表现为对现实社会中国家机关以及社会领域管理秩序的破坏或者损害。同时,行为人的行为对国家工作人员的清正廉洁形象也带来一定的损害。因为,行为人实施利用影响力受贿,打的牌子,就是与其具有近亲属或者密切关系的该国家工作人员的职权或者地位所形成的影响力。无论该国家工作人员事前知情或者不知情,一旦行为人的行为实施,该国家工作人员的清正廉洁形象也将受侵害。所以,利用影响力受贿罪的客体是双重客体或者复杂客体。

(二)利用影响力受贿罪的主体。此罪主体是特殊主体,即与国家工作人员或者离职的国家工作人员具有近亲属或者其他关系密切的人。由于影响力交易活动往往具有相向性,因此必然涉及双方当事人,包括具有影响力的人和利用影响力的人。对于利用影响力受贿罪主体来说,其行为主体是后者即利用影响力的人,既包括非国家工作人员,也包括没有利用本人职务便利的国家工作人员。这里的非国家工作人员,有一个附带条件,这就是其必须与国家工作人员或者离职的国家工作人员之间具有某种密切关系,包括近亲属的关系,情人的关系,或者其他密切的关系。需要指出的是,正确

---

❶ 参见赵秉志主编:《反腐败法治建设的国家视野——〈联合国反腐败公约〉与中国刑事法治之协调完善研究》"第二编《联合国反腐败公约》与中国刑事实体法的协调完善"相关文章观点。法律出版社 2008 年版。

界定关系密切的人,应当重点把握"关系"及"关系密切"的内涵。这里的"关系",是指行为人与国家工作人员或者离职的国家工作人员的某些密切关系。这里的"关系密切",主要基于以下四种关系而关系密切。一是基于亲缘的关系;二是基于地缘、学缘、工缘等关系;三是基于情人、黑社会等不正当关系;四是基于其他共同利益的关系。实践中,由于近亲属及老乡、同学、战友、老部下、老朋友及至情人、黑社会等关系,以致其间过从甚密,关系密切。据此,此罪的主体主要有四种:

1.国家工作人员或者离职的国家工作人员的近亲属。主要包括国家工作人员或者离职的国家工作人员的夫、妻、父、母、子女、兄弟姐妹、祖父母、外祖父母、孙子女、外孙子女和其他具有扶养、赡养关系的亲属等。对于"近亲属",在民事诉讼法、行政诉讼法和刑事诉讼法中,其有不同的范围界定。首先,民事诉讼法中的近亲属。按照最高人民法院《关于贯彻执行〈中华人民共和国民法通则〉若干问题的意见(试行)》第十二条规定等司法解释规定,民事诉讼中的近亲属包括:配偶、父母、子女、兄弟姐妹、祖父母、外祖父母、孙子女、外孙子女。其次,行政诉讼法中的近亲属。按照《最高人民法院关于执行〈中华人民共和国行政诉讼法〉若干问题的解释》第十一条规定,行政诉讼法第二十四条规定的"近亲属",包括配偶、父母、子女、兄弟姐妹、祖父母、外祖父母、孙子女、外孙子女和其他具有扶养、赡养关系的亲属。再次,刑事诉讼法中的近亲属。按照2012年修改的《刑事诉讼法》第一百零六条规定,这里的"近亲属",是指夫、妻、父、母、子、女、同胞兄弟姊妹。根据对三大诉讼法对"近亲属"范围界定的比较,刑事法与民事法关于"近亲属"的规定显然是不统一的,刑法上的近亲属范围比民法上的近亲属范围窄得多。与刑事法相比,民事法将近亲属的范围扩大到祖父母、外祖父母、孙子女、外孙子女,兄弟姐妹的范围也未限定于同胞兄弟姐妹。从亲等关系看,祖父母、外祖父,孙子女、外孙子女与兄弟姐妹同为二等亲,而前者为直系血亲,后者为旁系血亲。司法实践中,对于近亲属的范围界定是有分歧的。从利用影响力受贿罪的构罪要件分析,无论是"同胞系"即"自然血亲系"的祖父母、外祖父母、孙子女、外孙子女和同胞兄弟姐妹以及同父异母、同母异父的兄弟姐妹,还是"养系"即"拟制血亲系"的养父母、养兄弟姐妹、有扶养关系的继兄弟姐妹以及姻亲关系等,都有被利用的影响力的可能。因此,笔者认为,对于利用影响力受贿罪中涉及"近亲属"的范围,应当结合中国血浓于水的人情社会习俗以及有利于预防犯罪的实际,可以界定为夫、妻、父、母、子女、兄弟姐妹、祖父母、外祖父母、孙子女、外孙子女和其他具有扶养、赡养关系的亲属等,这比较符合国情以及对此类犯罪打击的实际。需要指出的是,这里的"离职的国家工作人员",是指我国公务员法规定的辞职、辞退、退休的国家工作人员。根据国家公务员法有关规定,离职的国家工作人员包括以下三种情形:一是辞职。据公务员法第八十条至第八十二条、第八十六条规定。❶ 二是辞退。据公务员法第八十三条至第八十六条规定。❷ 三是退休。据公务员法第八十七条至第八十九条规定。❸

　　2.与国家工作人员或者离职的国家工作人员关系密切的人。这里的

---

❶ 《公务员法》第八十条规定:"公务员辞去公职,应当向任免机关提出书面申请。任免机关应当自接到申请之日起 30 日内予以审批,其中对领导成员辞去公职的申请,应当自接到申请之日起 90 日内予以审批。"第八十一条规定:"公务员有下列情形之一的,不得辞去公职:(一)未满国家规定的最低服务年限的;(二)在涉及国家秘密等特殊职位任职或者离开上述职位不满国家规定的脱密期限的;(三)重要公务尚未处理完毕,且须由本人继续处理的;(四)正在接受审计、纪律审查,或者涉嫌犯罪,司法程序尚未终结的;(五)法律、行政法规规定的其他不得辞去公职的情形。"第八十二条规定:"担任领导职务的公务员,因工作变动依照法律规定需要辞去现任职务的,应当履行辞职手续。担任领导职务的公务员,因个人或者其他原因,可以自愿提出辞去领导职务。领导成员因工作严重失误、失职造成重大损失或者恶劣社会影响的,或者对重大事故负有领导责任的,应当引咎辞去领导职务。领导成员应当引咎辞职或者因其他原因不再适合担任现任领导职务,本人不提出辞职,应当责令其辞去领导职务。"第八十六条规定:"公务员辞职或者被辞退,离职前应当办理公务交接手续,必要时按照规定接受审计。"

❷ 《公务员法》第八十三条规定:"公务员有下列情形之一的,予以辞退:(一)在年度考核中,连续两年被确定为不称职的;(二)不胜任现职工作,又不接受其他安排的;(三)因所在机关调整、撤销、合并或者缩减编制员额需要调整工作,本人拒绝合理安排的;(四)不履行公务员义务,不遵守公务员纪律,经教育仍无转变,不适合继续在机关工作,又不宜给予开除处分的;(五)旷工或者因公外出、请假期满无正当理由逾期不归连续超过 15 天,或者一年内累计超过 30 天的。"第八十四条规定:"对有下列情形之一的公务员,不得辞退:(一)因公致残,被确认丧失或者部分丧失工作能力的;(二)患病或者负伤,在规定的医疗期内的;(三)女性公务员在孕期、产假、哺乳期内的;(四)法律、行政法规规定的其他不得辞退的情形。"第八十五条规定:"辞退公务员,按照管理权限决定。辞退决定应当以书面形式通知被辞退的公务员。被辞退的公务员,可以领取辞退费或者根据国家有关规定享受失业保险。"第八十六条规定:"公务员辞职或者被辞退,离职前应当办理公务交接手续,必要时按照规定接受审计。"

❸ 《公务员法》第八十七条规定:"公务员达到国家规定的退休年龄或者完全丧失工作能力的,应当退休。"第八十八条规定:"公务员符合下列条件之一的,本人自愿提出申请,经任免机关批准,可以提前退休:(一)工作年限满 30 年的;(二)距国家规定的退休年龄不足 5 年,且工作年限满 20 年的;(三)符合国家规定的可以提前退休的其他情形。"第八十九条规定:"公务员退休后,享受国家规定的退休金和其他待遇,国家为其生活和健康提供必要的服务和帮助,鼓励发挥个人专长,参与社会发展。"

"关系密切",是指近亲属以外的密切关系。据此,结合司法实践,这类主体主要包括:一是国家工作人员或者离职的国家工作人员主要是领导干部的秘书、司机等身边工作人员。二是基于地缘、学缘、工缘等因素,与国家工作人员或者离职的国家工作人员形成的老乡、同学、战友、老部下、老朋友等关系的行为人。三是与国家工作人员或者离职的国家工作人员保持情人关系的行为人。这里的情人,既包括情妇,也包括情夫,还可能是同性恋的男男、女女"同志"关系。从司法实践看,对于情人的认定具有一定的难度,主要是涉及认定标准的界定问题。比如实践中以什么标准认定两人之间具有情人的关系,能否包括有否发生性关系及次数、赠送礼物及次数和大小,以及"柏拉图式精神恋爱"能否认定等。由于其标准的确定有难度,其必将影响具体案件的认定处理。对此,需要实践中进行积极探索,积累经验,并形成案例,指导实践中具体案件的处理。四是与国家工作人员或者离职的国家工作人员具有其他关系密切的人。这里的"其他关系密切的人",是指除具有上述关系以外的与国家工作人员或者离职的国家工作人员具有其他的密切关系,比如国家工作人员或者离职的国家工作人员参加黑社会,与黑社会组织高层人员的不正当关系等。比如因入股、入暗股、共同办厂开矿、共同投资珍贵字画等共同投资,行为人与国家工作人员或者离职的国家工作人员形成的密切关系等。

3.与本人职务无关的国家工作人员。根据我国刑法第三百八十八条规定,对于间接受贿行为,以受贿罪论处。这里的间接受贿,是指国家工作人员利用本人职权或者地位形成的便利条件,通过其他国家工作人员职务上的行为,为请托人谋取不正当利益,索取请托人财物或者收受请托人财物的行为。据此规定,如果国家工作人员不构成间接受贿,也即既没有利用本人职务上的行为,又没有利用本人职权或者地位形成的便利条件而通过其他国家工作人员职务上的行为,但是其利用了与国家工作人员或者离职的国家工作人员比如该国家工作人员伯父担任某中央机关部长的职务便利或者该部长职权、地位形成的便利条件,而为请托人谋取不正当利益,索取或者收受请托人的财物,则该行为即构成利用影响力受贿罪。

4.离职的国家工作人员。从实践看,国家工作人员离职后,其职务无论多高,都将依照法律等有关规定自然解除。从犯罪学和刑法学的角度讲,该国家工作人员已经失去了实施贪污贿赂犯罪的条件。但是,该国家工作人员比如中央机关某部长或者地方的某省委书记或者地委书记、市长或者某县委书记、局长等离职后,由于受其在职时的权位影响,其职权或者地位形成的影响力仍然存在,有的还将存在相当长的一段时间,并且其影响力将受其职务大小所影响。司法实践中,离职的国家工作人员利用其原职权或者地位形成的便利条件,为请托人谋取不正当利益,而收受请托人财物的现象仍然存在,有的还比较突出。对此,按照刑法第三百八十八条之一规定,这种行为可以构成利用影响力受贿罪。这表明,离职的国家工作人员系利用影响力受贿罪的主体。

(三)利用影响力受贿罪的客观方面。从影响力受贿罪形成机制及运行情况看,此罪客观方面主要体现在以下几点:

1.行为人利用了本人或者他人的影响力。影响力,其内涵十分复杂,具体界定时也有一定的难度。从性质上讲,这种影响力交易涉及影响力,与本人的职务无关。否则,对其可以认定为受贿罪包括直接受贿及间接受贿,按照刑法第三百八十五条、第三百八十八条规定处理。从功能上讲,这里的影响力既有强制性的,也有非强制性的。行为人利用的既可能是本人的影响力,也可能是他人的影响力。其中,这里的利用本人的影响力,主要是指离职的国家工作人员利用其本人原职权或者地位形成的便利条件。这里的利用他人的影响力,既包括行为人利用在位的国家工作人员的影响力,也包括利用离职的国家工作人员的原职权或者地位形成的便利条件。比如,行为人利用在位国家工作人员的影响力时,如果利用该国家工作人员本人职务比如手中某种行政审批、人事调动或者职务晋升等权力行为,就将对其他相关的国家工作人员产生直接的强制性影响。但如果不是利用其既没有纵向制约也没有横向制约的、直接的职务行为,而是利用其职权或者地位形成的便利条件,则便属于非强制性的影响。这里的便利条件,是指国家工作人员的职权或者地位形成的有利条件,比如利用其伯父担任甲省某市市长的影响力,为请托人在乙省谋取某种不正当利益。此种情形下,该行为人利用的显然是甲省某市市长的非强制性影响力,即其伯父担任市长的职权或者地位形成的便利条件。对于离职的国家工作人员来说,这里的影响力是指该离职的国家工作人员原职权或者地位形成的便利条件。这里的便利条件,是指离职的国家工作人员在位时的职权、地位形成的有利条件。行为人利用离职的国家工作人员在位时的职权或者地位所形成的便利条件，或者离职的国家工作人员利用其本人在位时的职权或者地位形成的便利条件，通过其他国家工作人员职务上的行为，为请托人谋取不正当利益，而索取或者收受请托人的财物。但需要注意的是，离职的国家工作人员原职权或者地位形成的影响力，应当足以对其他国家工作人员的职务活动产生影响。否则，此种情形下，影响力交易是难以实现的。

2.行为人实施了影响力交易行为。这里的交易行为，包括交易的事项、对象及内容等，极其丰富也十分复杂。比如，市场经济活动中的商品贸易，重大工程项目承建，人事领域的个人职务升迁，劳动就业和人事管理领域的就业机会、人事安排，房地产领域的购房、卖房及租赁，城镇化领域的房产拆迁补偿，司法领域刑事、民事、商事案件的审理，等等。总之，现代社会生活中，交易非常普遍，大量存在。按照利用影响力交易罪构成要件的特点和要求，这里的交易活动介入了权力影响力元素，即行为人利用了影响力因素进行交易。在交易双方当事人中，一方是请托人即行贿人包括造意者或者起意者及其他任何人，另一方是受托人即利用影响力的人，包括非国家工作人员，与本人职务无关的国家工作人员，离职的国家工作人员。具体交易活动中，造意的当事一方即行贿人获取交易所得的不正当利益，另一方即利用影响力的行为人或者称为受贿人索取或者收受对方的财物。需要注意的是，这里的被利用的国家工作人员或者离职的国家工作人员，对于行为人的影响力交易是不知情的，也没有从中获取利益。否则，如果被利用的国家工作人员或者离职的国家工作人员与利用影响力交易的行为人进行事前通谋，或者事后从中获取利益，就构成受贿共犯。

3.行为人为请托人谋取了不正当利益。行为人应请托人的委托，利用与其有密切关系的国家工作人员或者离职的国家工作人员的影响力，为请托人谋取了不正当利益，并且请托人实际上也得到了该不正当利益。根据根据 2012 年 12 月 16 日最高人民法院、最高人民检察院制定发布的《关于办理行贿刑事案件具体应用法律若干问题的解释》第十二条规定，这里的"谋取不正当利益"，是指行贿人谋取的利益违反法律、法规、规章、政策规定，或者要求国家工作人员违反法律、法规、规章、政策、行业规范的规定，为自己提供帮助或者方便条件。违背公平、公正原则，在经济、组织人事管理等活动中，谋取竞争优势的，应当认定为"谋取不正当利益"。

4.行为人索取或者收受了请托人的财物。行为人实施利用影响力受贿犯罪，其目的是为了收受请托人的财物。如果不是为了贪财、图利，就不会发生利用影响力受贿犯罪。这里的行为人贪财、图利的方式有两种：一是索取。即主动向请托人索取财物。二是收受请托人所送的财物。但无论是索取或者被动收受，行为人贪财、图利的意愿和目的，在双方交易协议达成时，就已明确。从犯罪客观要件的要求上讲，其表现为行为人已经索取或者收受了请托人所送的财物。这里，需要注意的是，对于影响力交易是否既遂的认定，主要视其交易意向或者交易协议是否已经达成。在具体交易过程中，交易双方以国家工作人员的职务行为或者其职权、地位形成的影响力作为交易的对价，以获取不正当利益或者好处作为交易的标的，最终实现交易行为，使请托人从行政机关或者国有企业事业单位等公共机构中获取不正当利益，利用影响力交易行为人从中索取或者收受请托人财物。根据《联合国反腐败公约》有关规定，对于交易既遂的认定，认为只要交易双方达成"交易协议"即既遂，而不要求交易双方真正实现"协议"的内容。同时，对于行贿人即造意方只要具有许诺给予、提议给予不正当利益要求进行影响力交易的行为，则应予以制裁。这表明，交易双方只要达成了交易协议，就足以体现双方交易行为的危害性，而不需要交易双方是否真正实现交易协议的内容或者目的。对此，我国立法上确定利用影响力受贿罪后，后续措施应当随之跟进，明确并细化此罪的构罪条件，便于司法实际部门正确适用法律。

（四）利用影响力受贿罪的主观方面。此罪在主观上属于故意。即行为人或者受托人明知本人利用他人的影响力，为请托人谋取不正当利益，并从中索取或者收受请托人的财物，而故意为之。利用影响力受贿犯罪的目的，就在于利用与其有密切关系的国家工作人员或者离职的国家工作人员的公权力形成的便利条件，为请托人谋取不正当利益，而从中索取或者收受请托人的财物。对于请托人来说，其明知在利用他人的影响力为本人谋取不正当利益，并且希望这种结果发生，目的是要从行政机关或者国有企业事业单位等公共机构中获得不正当利益。对于受托人或者受贿人来说，其目的是利用他人的影响力为请托人谋利而同请托人进行财物上的交易,实质是对请托人犯罪目的的承认、认可以及提供帮助。从此罪的整体来看,受托人或者受贿人的故意包括两个方面:一是行为人故意利用他人的影响力为请托人谋取不正当好处;二是行为人以索取或者收受请托人的财物为目的。司法实践中,只要行为人利用他人的影响力为请托人谋取不正当利益的行为已经实施,不论是事前索取或者收受请托人财物,还是事后获取请托人的财物,均不影响其主观要件的成立。

二、利用影响力受贿罪的认定和处理

(一)利用影响力受贿罪与非罪的界限。这里,主要涉及涉案数额及情节问题。凡构成利用影响力受贿罪的,其行为必须达到情节较重的程度。这里的情节较重,一般以数额加情节进行衡量。即达到一定的数额或者具有一定的情节,比如收受多人次、对国家工作人员的形象产生严重损害的后果等。按照刑法等有关法律规定及原理,这里数额必须达到较大的标准。但对于多少数额属于"数额较大"标准,目前立法机关或者司法实践中尚没有确定的具体标准。从利用影响力受贿罪的性质看,此罪同受贿罪、非国家工作人员受贿罪以及诈骗罪、招摇撞骗罪、敲诈勒索罪等相关联,因此可以比照这类罪的标准而定。如果索取或者收受财物的数额达不到"数额较大"标准,或者不具有其他较重情节的,则不构成犯罪。

(二)利用影响力受贿罪与受贿罪的界限。根据我国刑法第三百八十五条、第三百八十八条规定,受贿罪是指国家工作人员利用本人职务上的便利索取或者非法收受他人的财物,为他人谋取利益的行为,或者国家工作人员利用本人职权或者地位形成的便利条件,通过其他国家工作人员职务上的行为,为请托人谋取不正当利益,索取请托人财物或者收受请托人财物的行为。两罪的区别主要体现在以下方面:一是主体不同。利用影响力受贿罪的主体虽然是特殊主体,但明确界定为与国家工作人员或者离职的国家工作人员具有近亲属及其他关系密切的人;受贿罪的主体是国家工作人员。二是客观行为不同。利用影响力受贿罪在客观上表现为行为人利用了与本人职务无关的国家工作人员及离职的国家工作人员职务或者职权、地位形成的影响力;受贿罪在客观上表现为利用了本人职务上的便利或者其职权、地位形成的具有对其他国家工作人员纵向或者横向制约的便利条件。三是获取的利益性质不同。利用影响力受贿罪中行为人为请托人获取的必须是不正当利益,而受贿罪中为请托人获取的利益包括正当的或者不正当的利益,均可构成犯罪。

(三)利用影响力受贿罪与受贿罪共犯、教唆犯的界限。利用影响力受贿罪的确立,其目的是为了严密法网,防止腐败分子钻法律的空子,逃避法律的制裁。从司法实践看,在我国确立利用影响力受贿罪之前,司法部门对受贿罪共犯及其身份的处理,通常结合刑法总则与分则相关规定进行,除了证明行为人之间存有共同受贿行为,还应证明国家工作人员对其近亲属或其他关系密切的人索取或者收受他人财物的行为系明知,否则国家工作人员同其近亲属或者其他关系密切的人不能构成受贿罪共犯。而在利用影响力受贿罪确立之后,国家工作人员的近亲属及其他关系密切的人索取或者收受他人的贿赂行为,可以单独构成犯罪,而不必以同该国家工作人员构成受贿罪共犯为前提。但是,司法实践中在认定处理利用影响力受贿罪时,可能还将涉及对受贿罪共犯、唆使犯等认定问题。对于利用影响力受贿罪与受贿罪共犯的区别,笔者认为,最根本的是看两者之间有否通谋。如果有通谋,则该行为人构成受贿罪共犯,否则不构成共犯。比如,行为人没有将请托事项告知与其有关系密切的国家工作人员,而是利用本人与国家工作人员的特殊关系,再影响其他国家工作人员的职务行为,为请托人谋取不正当利益的行为。这里,行为人则构成利用影响力受贿罪,而不构成受贿罪共犯。如果行为人事前把具体请托事项告诉了该国家工作人员,在国家工作人员默许的情况下,利用该国家工作人员的职务影响力影响其他国家工作人员,最终为请托人谋取了不正当利益,并收受请托人的财物。这里,行为人与国家工作人员则构成受贿共犯。如果被影响的该其他国家工作人员因行为人的唆使,利用职务上的便利进行滥用职权、徇私枉法等,构成滥用职权罪或者徇私枉法罪,那么行为人不构成滥用职权罪或者徇私枉法罪的共犯,而构成利用影响力受贿罪。

(四)利用影响力受贿罪与诈骗罪、招摇撞骗罪及敲诈勒索罪的界限。根据我国刑法第二百六十六条规定,所谓诈骗罪是指行为人虚构事实,隐瞒真相,骗取公私财物,数额较大的行为。刑法第二百七十九条规定,所谓招摇撞骗罪是指行为人冒充国家机关工作人员招摇撞骗的行为。利用影响力受贿罪与诈骗罪、招摇撞骗罪的区别,主要是看行为人是否利用与其有密切关系的国家工作人员的影响力为请托人谋取不正当利益。第一,行为人如果同国家工作人员没有密切关系,但冒充系该国家工作人员的近亲属或者其他关系密切的人,请请托人谋取不正当利益,从中索取或者收受请托人的财物,则该行为属于采取虚构事实、隐瞒真相的骗取手段,不论其主观上是否为他人谋取不正当利益,其行为符合诈骗罪的构成要件,应当认定为诈骗罪。第二,行为人如果是国家工作人员的近亲属或者其他关系密切的人,只要其承诺为请托人谋取不正当利益,并且实际上索取或收受了请托人的财物,尽管其在主观上没有利用该国家工作人员的影响力为请托人谋取不正当利益的故意,对此应当认定为利用影响力受贿罪。但是,行为人如果没有承诺,主观上也没有利用国家工作人员的影响力为请托人谋取不正当利益的故意,却收受了请托人的财物,对此应当认定为诈骗罪。第三,行为人如果系国家工作人员的近亲属或者其他关系密切的人,并且具有利用国家工作人员的影响力为请托人谋取不正当利益的故意,实际上索取或者收受了请托人的财物,对此应当认定为利用影响力受贿罪。第四,行为人如果与国家工作人员没有近亲属或者其他密切关系,但其编造事实、冒充是国家机关工作人员或者人民警察,促使被害人自愿交出财物或者出让其他合法权益的,对此行为应当认定为招摇撞骗罪。最后,行为人如果不是国家工作人员但以国家机关以外的国家工作人员自居,或者本人与国家工作人员具有近亲属或者其他密切关系,并以这种特定的关系威胁、要挟被害人,强迫其出于精神上的恐惧等,交出财物或者其他财产性利益的,对此应当认定为敲诈勒索罪。

（五）利用影响力受贿罪处罚时的法律适用。根据刑法第三百八十八条之一规定,国家工作人员的近亲属或者其他与该国家工作人员关系密切的人,通过该国家工作人员职务上的行为,或者利用该国家工作人员职权或者地位形成的便利条件,通过其他国家工作人员职务上的行为,为请托人谋取不正当利益,索取请托人财物或者收受请托人财物,数额较大或者有其他较重情节的,处3年以下有期徒刑或者拘役,并处罚金;数额巨大或者有其他严重情节的,处3年以上7年以下有期徒刑,并处罚金;数额特别巨大或者有其他特别严重情节的,处7年以上有期徒刑,并处罚金或者没收财产。

离职的国家工作人员或者其近亲属以及其他与其关系密切的人,利用该离职的国家工作人员原职权或者地位形成的便利条件,通过其他国家工作人员职务上的行为,为请托人谋取不正当利益,索取请托人财物或者收受请托人财物,数额较大或者有其他较重情节的,依照前款的规定定罪处罚。需要指出的是,这里的数额较大、数额巨大、数额特别巨大以及情节较重、情节严重、情节特别严重等,亟待研究制定相关的司法解释,进一步增强法律规定的可操作性。

第四节　对单位行贿罪

一、对单位行贿罪的法律特征

刑法规定的对单位行贿罪,是与单位受贿罪相对应的一个新罪名。这一罪名是随着我国经济商品化、市场化和社会快速发展变化,以及经济社会生活中经济主体、社会组织实施违法犯罪行为的大量出现而产生的。在我国计划经济时代,由于社会化生产规模和组织程度低,社会分层不明显,经济利益集团化或者群体化、部门化的现象也不突出。因此,行使国家职能的相关经济组织、社会组织收受贿赂的现象是极为少见的。但是,随着我国商品经济不断发展,特别是社会主义市场经济体制的确立以及深入发展,以单位为主的经济社会组织,为了谋取自身利益而实施违反国家法律规定的行为甚至进行经济犯罪活动的现象日趋严重。在今天,各种性质的社会组织、团体日益成为社会生产生活的主角。各种经济社会组织为了谋取不正当利益,向国有单位包括国家机关、国有公司、企业、事业单位甚至人民团体行贿的现象,已经严重危及正常的经济社会秩序,直至危害我国改革开放成果的巩固乃至这一长期政策的深入发展。因此,从法律上对单位犯罪尤其是以单位为主体的经济犯罪进行刑事调控,是完全必要的。早在1988年1月21日,全国人民代表大会常务委员会制定的《关于惩治贪污罪贿赂罪的补充规定》,就将单位规定为受贿罪与行贿罪的主体,明确规定对于单位实施受贿或行贿犯罪的,必须追究刑事责任。1997年我国刑法修订时,吸收了这一补充规定的立法经验,在修正后的刑法中规定了对单位行贿罪。这一罪名的规定,是我国刑事立法技术的进一步发展和日臻成熟的表现。

对单位行贿罪的法律特征,主要表现在以下几个方面:

(一)对单位行贿罪的客体,是侵害国有单位即国家机关、国有公司、企业、事业单位和人民团体的正常管理活动。国有单位依法设立,并依照法律履行法定职责,一旦被行贿人所收买,其正常管理活动就必将受到干扰和破坏,甚至危及经济政治社会稳定和国家长治久安。

(二)对单位行贿罪的主体,是一般主体。这类犯罪主体包括两类:一类是自然人,即达到法定刑事责任年龄、具有刑事责任能力的任何自然人,均可以构成这类犯罪主体。根据刑法第十七条等有关规定,这类主体的刑事责任年龄为满 16 周岁。另一类是单位,包括国有单位和非国有单位。也就是说,国家出资企业包括国有独资公司、国有独资企业、国有资本控股公司、国有资本参股公司以及集体所有的公司、企业、事业单位,依法设立的合资经营、合作经营企业和具有法人资格的独资、私营等公司、企业、事业单位以及机关、团体等,均可构成对单位行贿罪主体。

(三)对单位行贿罪的客观方面,表现为两种行为形态:第一种形态是行为人给予国有单位即国家机关、国有公司、企业、事业单位和人民团体以财物的行为。这里的财物限于财产性利益,包括经济性利益,如为对方带来客户、为对方单位负责人或职工免费安排旅游等。同时,行为人行贿目的是为了谋取不正当利益。如果行为人是为谋取正当利益的,则不构成此罪。第二种形态是行为人在经济往事中违反国家规定,给予国家机关、国有公司、企业、事业单位、人民团体以各种回扣、手续费的行为。这里的"经济往来",包括:一是在各类经济行政管理或者被管理活动中的往来;二是双方在履行各类经济合约过程中的经济往来。这里的"国家规定",是指国家有关回扣、手续费的规定,如我国《反不正当竞争法》第八条对回扣的禁止性规定等。这里的"回扣",是指购销合同中的销售方或服务、承揽合同中的承揽方为推销自己的产品或者服务,而从购方、委托服务方付给自己的货款、酬金中扣除一部分,作为返还给购方或承揽方的佣金。需要注意的是,对单位行贿罪中的购方或承揽方特限国有单位。随着我国社会主义市场经济进一步发展,尤其是卖方市场的形成,这类回扣现象将进一步趋向严峻化。这里的"手续费",是指以办理各种手续的名义,而付给有关相对人的酬金。

（四）对单位行贿罪主观方面表现为直接故意，并且具有谋取不正当利益的目的。这里的"不正当利益"相对于正当利益而言，一般意义上包括一切违法、违规利益乃至损人利己的不道德利益。需要指出的是，从学理上分析，这种不正当利益可以涵盖违法利益、违规利益和不道德利益。但从立法角度讲，笔者认为，2012 年 12 月 16 日最高人民法院、最高人民检察院发布的《关于办理行贿刑事案件具体应用法律若干问题的解释》第十二条规定，明确规定了行贿犯罪中的"谋取不正当利益"。该规定对"谋取不正当利益"的界定，可以借鉴运用在对单位行贿罪中对"谋取不正当利益"的认定处理。所谓"谋取不正当利益"，是指行贿人谋取的利益违反法律、法规、规章、政策规定，或者要求国家工作人员违反法律、法规、规章、政策、行业规范的规定，为自己提供帮助或者方便条件。同时，对于违背公平、公正原则，在经济、组织人事管理等活动中，谋取竞争优势的，应当认定为"谋取不正当利益"。从上述规定可知，"不正当利益"包括三类：一是违反法律、法规、规章、政策规定所谋取的利益；二是要求国家工作人员违反法律、法规、规章、政策、行业规范的规定，为自己提供的帮助或者方便条件；三是违背公平、公正原则，在经济、组织人事管理等活动中所谋取的竞争优势。

二、对单位行贿罪的认定和处理

（一）对单位行贿罪与非罪的界限。对单位行贿罪与一般的对单位行贿行为之间，属于两种性质不同的行为。两者的主要区别在于，行贿数额大小和情节轻重不同。只有向单位行贿的数额达到较大标准，即按规定分别为 10 万元或者 20 万元以上，并且其他严重情节的，才构成犯罪。具体地说，一是个人向单位行贿，数额较大标准为 10 万元，并且情节严重。二是单位向单位行贿的，数额较大标准为 20 万元，并且情节严重。如果数额未达到较大标准，或者尚不具备严重情节的，都不构成犯罪。同时，需要指出的是，行为人如果不是为谋取不正当利益，而是为谋取正当利益而给予对方单位财物的，均不构成犯罪。

（二）对单位行贿罪与行贿罪的界限。两罪的主要区别在于，行贿对象不同。前者对象限于国有单位，即国家机关、国有公司、企业、事业单位和人民团体。后者对象限于国家公职人员。在一般情况下，对单位行贿罪与单位受贿罪是一种对合犯罪。对单位行贿罪的行为人实施行贿过程中，针对的是国有单位,而不是针对个人。但从司法实践看,行为人实施行贿行为,而接受贿赂的往往是对方国有单位直接负责的主管人员,即单位的领导或者其他直接负责人员,表面上与行贿罪并无两样,因此容易混淆,对此应予注意。如果接受贿赂的一方,以单位名义收受又私下侵吞,或者有关人员加以私分的,则属一般受贿罪,而不构成单位受贿罪。对于行贿人来说,只要其主观上是对单位行贿的,对收受贿赂者采取私吞或者私分等形式,均不影响对单位行贿罪的成立。

(三)对单位行贿罪处罚时的法律适用。根据刑法第三百九十一条规定,对犯对单位行贿罪的处罚,分两种情况:一是自然人犯对单位行贿罪的,处 3 年以下有期徒刑或者拘役。二是单位犯对单位行贿罪的,采取双罚制,即对行贿单位处以罚金,对行贿单位直接负责的主管人员和其他直接责任人员判处 3 年以下有期徒刑或者拘役。

第五节　介绍贿赂罪

一、介绍贿赂罪的法律特征

介绍贿赂罪,是一种与行贿罪、受贿罪一样古老的犯罪。新中国成立后,1952 年我国中央人民政府制定公布的《中华人民共和国惩治贪污条例》第六条明确规定,介绍贿赂者应按该《条例》第三条规定的贪污罪进行惩治。我国第一部刑法,即 1979 年刑法第一百八十五条,以及现行刑法第三百九十二条都规定了介绍贿赂罪。

从这一概念可知,介绍贿赂罪的法律特征主要表现在以下几个方面:

(一)介绍贿赂罪的客体,与行贿罪的客体相同,即侵害国家公职人员职务行为的廉洁性。有的人认为,此罪的客体是国家机关、国有公司、企业、事业单位和人民团体正常管理活动以及国家公职人员职务行为的不可收买性。笔者认为,从贿赂犯罪原理讲,介绍贿赂罪与行贿罪的客体并无两样,侵犯的都是对国家公职人员职务行为的廉洁性。

(二)介绍贿赂罪主体,是一般主体。凡达到法定刑事责任年龄、具有刑事责任能力的任何自然人,均可成为介绍贿赂罪主体。根据刑法第十七条规定,这里的法定刑事责任年龄是指已满 16 周岁。对于此罪主体,有的人认为国家机关、企业、事业单位、人民团体和集体经济组织,为谋取非法利益而介绍贿赂,数额巨大或情节严重的,应追究其主管人员和直接责任人员的刑事责任。从立法意旨讲,这种观点是不妥当的。一方面,刑法未单独对单位犯此罪作出规定;另一方面,现实社会生活中由单位出面的,往往是违法充当中介,比如代为说情、越权担保等,这与介绍贿赂罪的法律特征是有区别的。对于当前经常出现私营企业主充当中介的,通常是以自然人名义即该私营业主的身份发生作用的,依法也不能以单位来认定。

(三)介绍贿赂罪客观方面,表现为向国家公职人员介绍贿赂,情节严重的行为。这里的介绍贿赂行为,是指行为人为促使行贿人与作为行贿对象的国家公职人员之间的贿赂交易得以实现,而通过各种手段,在双方之间牵线搭桥,起到中介作用的引见、沟通和撮合等行为,具体表现为两种情形:一是接受行贿人的委托介绍贿赂,即为行贿人物色行贿对象,疏通行贿渠道,引荐受贿人,代为行贿人表达需求等。二是接受受贿人的委托,居间介绍,即为受贿人物色可能的行贿者,为其寻找并转告受贿人的要求。需要指出的是,介绍贿赂行为必须达到情节严重的程度,才能构成犯罪。对于"情节严重"的认定,一般需要综合考察介绍贿赂的动机、手段、作用和后果以及谋利与否等因素。比如,行为人是否积极从中撮合,或者纯属偶然机会撞上的;因行贿受贿的实现使国家、集体或者公司的利益造成严重损害的,还是只造成一般性危害,没有产生严重后果;介绍贿赂数额巨大甚至特别巨大,还是只是礼节性的财物;等等。如果属于前者,则应属情节严重,依法追究其刑事责任;如果属于后者,则一般不作犯罪处理。

(四)介绍贿赂罪主观方面,表现为直接故意,即明知自己为行贿人和作为行贿对象的国家公职人员之间提供贿赂交易中介而积极主动地促成该交易的实现。如果行为人不知道行贿人的行贿意图而从中引见或者沟通的,由于行为人没有介绍贿赂的故意,因此不构成犯罪。需要指出的是,行为人实施介绍贿赂的目的、动机不影响介绍贿赂罪的成立。从司法实践看,行为人的动机和目的复杂。比如有的为牟利而充当"掮客"。当前,这种"掮客"现象不仅存在于政府系统或者司法系统,而且已遍及社会生活各个领域,这类介绍贿赂行为的情节是非常严重的。同时,也有的是为自己挣得一时虚荣,或者出于哥们义气等等。总之,对介绍贿赂的动机、目的等,可在具体量刑时予以考虑。

二、介绍贿赂罪的认定和处理

（一）介绍贿赂罪与非罪的界限。首先，构成介绍贿赂罪，必须贿赂数额较大，并且情节严重。否则，属于一般介绍贿赂的违法行为，不构成犯罪。其次，介绍贿赂行为人必须具有介绍贿赂的直接故意。如果行为人在不明知行贿人的行贿意图或者受贿人的索贿意图的情况下，从中引见、沟通的，则不构成此罪。再次，如果介绍贿赂行为成立，而行贿、受贿双方因情节显著轻微不构成犯罪的，则在这种情况下介绍贿赂罪也不应成立。此外，对于正常的中介活动收取中介费，与介绍贿赂中的"非法中介"是有本质区别的，不能混为一谈。前者不属于违法犯罪行为，是国家法律所允许的活动。特别是在市场经济条件下，正常的中介活动是搞活经济的一种形式，应予鼓励和提倡。

（二）介绍贿赂罪与行贿罪、受贿罪的共同犯罪之间的界限。从法理上讲，介绍贿赂罪是我国刑法规定的一个独立罪名，尽管实施这一犯罪行为是行为人按照行贿受贿双方的意图进行的，但这种行为不是行贿或受贿一方的从犯或者教唆犯。如果行为人只与行贿或者受贿一方联系，为一方出谋划策，而不是在双方之间进行撮合，则属于该方当事人的共犯。如果行贿或受贿一方当事人原先没有行贿或者受贿的故意，只是在行为人的提示、劝说、诱导下实施行贿或受贿犯罪的，则该行为人成为行贿或者受贿一方的教唆犯。如果在实施教唆行为之后，又进行介绍贿赂的，按照刑法原理，则应当以行贿罪或受贿罪的共犯追究刑事责任。

（三）介绍贿赂罪与诈骗罪的界限。司法实践中，通常会遇到行为人以介绍贿赂、牵线搭桥的名义收受他人财物，而没有实施介绍贿赂行为的现象。在这种情况下，如果行为人对其所收取的财物予以占有，则这种行为应当认定为诈骗罪而不是介绍贿赂罪。因为行为人没有充当中介、从中斡旋，而是以替请托人办事为由，骗取请托人的财物。因此，这种行为不是介绍贿赂罪，而符合刑法关于诈骗罪的规定。如果行为人积极实施撮合行为，唆使原先无行贿故意的对象产生行贿故意，并付诸实施的，则依法构成诈骗罪和行贿罪（教唆犯）的想象竞合犯，根据刑法原理，应当对其从一重罪予以处罚。如果行为人从中介绍贿赂，将其中的一部分由受贿人收受，而行为人侵吞其中另一部分的,则应当依法以介绍贿赂罪和诈骗罪进行数罪并罚。

(四)介绍贿赂罪处罚时的法律适用。根据刑法第三百九十二条规定,向国家工作人员介绍贿赂,情节严重的,处3年以下有期徒刑或者拘役。同时,该条第二款规定,介绍贿赂人如在被追诉前主动交代介绍贿赂行为的,可以减轻处罚或者免除处罚。这里的"追诉前",是指司法机关依法立案之前,这既属于自首情节,同时也是一种检举、揭发行贿受贿犯罪的立功行为。按照法律规定,对此类行为可以减免处罚。需要指出的是,刑法作出这样的规定,显然有利于鼓励介绍贿赂行为人进行检举、揭发,旨在瓦解贿赂犯罪同盟,依法查处行贿受贿犯罪。

第六节　单位行贿罪

一、单位行贿罪的法律特征

单位行贿罪,是行贿罪的一种特例。这是我国经济社会结构变迁及社会利益格局大调整的产物。随着改革开放政策进一步深化和社会主义市场经济深入发展,各类单位尤其是企业、事业单位从计划时代的行政附庸,转变为自负盈亏的独立经济实体,在经济社会生活中其经常遇到局部利益与全局利益的冲突并日益明显,已远远超出原有的个人利益与社会利益直接冲突的模式,更多地取而代之的是以特定利益群体与社会整体之间的利益矛盾。据资料表明,当前各种性质的社会组织、团体日益成为社会生产生活的主角。仅2010年我国已有各类民间组织44.6万个,吸纳社会各类就业人员618.2万人。❶ 为了自身利益,这些单位不惜代价包括采取行贿手段以赚取不正当利益。这种现象已严重影响到我国进入新时期改革开放政策的深入发展,破坏经济社会正常秩序,甚至影响社会政治稳定。有鉴于此,我国刑法将单位行贿行为明确规定为一个单独的罪名,对这种行为进行刑事调整。2012年12月16日最高人民法院、最高人民检察院制定发布的《关于办理行贿刑事案件具体应用法律若干问题的解释》第七条第二款规定:"单位行贿的,在被追诉前,单位集体决定或者单位负责人决定主动交

---

❶ 参见公益时报网2012年5月22日。

待单位行贿行为的,依照刑法第三百九十条第二款的规定,对单位及相关责任人员可以减轻处罚或者免除处罚;受委托直接办理单位行贿事项的直接责任人员在被追诉前主动交待自己知道的单位行贿行为的,对该直接责任人员可以依照刑法第三百九十条第二款的规定减轻处罚或者免除处罚。"

单位行贿罪的法律特征,主要表现在以下几个方面:

(一)单位行贿罪侵犯的客体,是国家公职人员职务行为的廉洁性,其犯罪对象限于国家公职人员。从实践看,社会主义市场经济条件下的各种利益,包括物质利益、精神利益、文化利益乃至权力、权利等其他利益,都应当依照法律、政策规定通过正常途径获得。但是,一些公司、企业、单位甚至社会团体,为谋取不正当利益,采取以利换权的交易方式,使国家公职人员在依法行使职务行为时弄权渎职,非法收受单位财物,为单位谋取不正当利益,这损害了国家公职人员职务活动的廉洁性。

(二)单位行贿罪主体,是单位。根据1999年6月18日最高人民法院制定的《关于审理单位犯罪案件具体应用法律有关问题的解释》第1条规定,这里的单位包括国家机关、国有公司、企业、事业单位和人民团体,以及集体所有的公司、企业、事业单位,依法设立的合资经营、合作经营企业和具有法人资格的独资、私营等公司、企业、事业单位。

(三)单位行贿罪客观方面,表现为两种形式:一是实施了为谋取不正当利益而向国家公职人员行贿的行为。其行贿方式多种多样,如直接送钱送物给国家公职人员,或者明赠暗送,通过赌博形式故意"输给"国家公职人员等。二是实施了违反国家规定,账外给予国家工作人员以回扣、手续费,情节严重的行为。这里的国家规定,是指国家法律、法规、国家政策和国务院各部门规章等规定。比如我国反不正当竞争法第八条、第九条规定,经营者不得采用财物或者其他手段进行贿赂以销售或者购买商品。在账外暗中给予对方回扣、手续费的,以受贿论处。同时,构成单位行贿罪的,还要求达到情节严重的程度。这里的"情节严重",一般包括:行贿数额在20万元以上不满100万元的;行贿数额在10万元以上不满20万元,并具有下列情形之一的:向3人以上行贿的;将违法所得用于行贿的;为实施违法犯罪活动,向负有食品、药品、安全生产、环境保护等监督管理职责的国家工作人员行贿,严重危害民生、侵犯公众生命财产安全的;向行政执法机关、司法机关的国家工作人员行贿,影响行政执法和司法公正的;及其他情节严重的情形等。

(四)单位行贿罪主观方面,表现为直接故意,并且具有谋取不正当利益的目的。这里的"不正当利益",根据 2012 年 12 月 16 日最高人民法院、最高人民检察院发布的《关于办理行贿刑事案件具体应用法律若干问题的解释》第十二条规定,包括三类:一是违反法律、法规、规章、政策规定所谋取的利益;二是要求国家工作人员违反法律、法规、规章、政策、行业规范的规定,为自己提供的帮助或者方便条件;三是违背公平、公正原则,在经济、组织人事管理等活动中所谋取的竞争优势。

二、单位行贿罪的认定和处理

(一)单位行贿罪与非罪的界限。两者的区别,关键在于单位实施行贿行为是否达到情节严重的程度。如果达到了情节严重的程度,就构成单位行贿罪。否则,就属一般违法行为。

(二)单位行贿罪与行贿罪的区别。两者的区别,关键体现在以下两个方面:一是行为主体不同。单位行贿罪主体是单位,包括国有单位和非国有单位;行贿罪主体是自然人。二是处罚原则不同。对单位行贿罪,采取"双罚制",既罚单位,又罚单位直接负责的主管人员和其他直接责任人员;对行贿罪,则采取单罚制,也就是只对行贿人即自然人进行处罚。同时,区别单位行贿罪与行贿罪时,应当注意对假借单位名义实施的个人行贿罪与单位行贿罪之间的区别。对假借单位名义实施的行贿罪,其目的是为谋取个人的不正当利益。对这类犯罪,应当依照刑法第三百八十九条规定的行贿罪予以处罚。

(三)单位行贿罪处罚时的法律适用。首先,单位行贿罪的处罚及原则。根据刑法第三百九十三条规定:"单位为谋取不正当利益而行贿,或者违反国家规定,给予国家工作人员以回扣、手续费,情节严重的,对单位判处罚金,并对其直接负责的主管人员和其他直接责任人员,处 5 年以下有期徒刑或者拘役。因行贿取得的违法所得归个人所有的,依照本法第三百八十九条、第三百九十条的规定定罪处罚。"从上述规定可见,对单位行贿罪的处罚采取"双罚制",既对单位处以罚金,又对单位直接负责的主管人员和其他直接责任人员处以 5 年以下有期徒刑或者拘役。其次,单位行贿罪的转化问题。这里,需要指出的是,如果行为人以单位名义行贿所取得的违法所得即不正当利益归个人所有的,则应依照刑法第三百八十九条和第三百九十条规定,以行贿罪追究该行为人的刑事责任,对单位则不应追究责任。这是一种罪刑转化现象,司法适用时应当注意认真加以区别。再次,单位自首的认定及处理。根据 2009 年 3 月 12 日最高人民法院、最高人民检察院制定发布的《关于办理职务犯罪案件认定自首、立功等量刑情节若干问题的意见》,单位行贿罪在立案查处过程中,如果遇到单位自首的认定问题,则其关键把握四个要点:一是单位可以成立自首。二是要看投案人代表谁。区分单位自首与个人自首、检举、揭发的关键,在于投案人代表的是单位还是个人。如果代表单位,则属于单位自首。否则,属于个人自首。三是单位自首的法律后果。单位自首的后果及于个人,但是需以个人如实交代其掌握的罪行为条件。四是个人自首的后果,则不能及于单位。最后,单位行贿罪的减轻或者免除处罚。根据 2012 年 12 月 16 日最高人民法院、最高人民检察院发布的《关于办理行贿刑事案件具体应用法律若干问题的解释》第七条第二款,明确规定了单位行贿罪的减轻处罚或者免除处罚,司法实践中对此应当依法准确适用。

第九章　巨额财产来源不明罪和
隐瞒境外存款罪

第一节　概　述

一、巨额财产来源不明罪和隐瞒境外存款罪的历史演化

巨额财产来源不明罪和隐瞒境外存款罪,相对于贪污贿赂犯罪而言,是两个较为"年轻"的罪名。由于这两罪与贪污贿赂犯罪密切相关,为适应党风廉政建设和反腐败斗争的实际需要,我国在刑法第八章"贪污贿赂罪"第三百九十五条第一款和第二款分别对两罪作了明确规定。从司法实践看,设立巨额财产来源不明罪和隐瞒境外存款罪,既解决司法实践中对贪污贿赂犯罪指控和证明上遇到的困难,也能在某种程度上严密法网,加强惩罚。

从我国晚近的刑法规定看,1979 年刑法没有规定巨额财产来源不明罪和隐瞒境外存款罪。随着改革开放的深化、社会主义市场经济的建立和发展,特别是我国计划经济体制向市场经济体制转型进一步加快,一些国家公职人员就会利用职务便利,钻体制转型期管理上的"真空"或漏洞,通过非法的途径和手段聚敛钱财,进而成为体制转型期特有的"经济暴发户"。与此同时,由于立法和司法乃至社会等诸多原因,当前在查处国家公职人员尤其手握一定实权甚至重要权力的国家公职人员抑或高级官员的贪污贿赂犯罪过程中,仍然遇到不少困难和问题,也经常会遇到查获了国内巨额财产或者在境外存放的巨额财产,与其日常收支差距悬殊,但是又无法收集相关证据指控、证实其贪污或者受贿犯罪,司法实际部门对此往往处于十分尴尬的境地,难以从法律上追究其相应责任。这不仅不利于推进党风廉政建设和

反腐败斗争深入开展，而且还严重损害了党和政府的形象，损害了法律尊严，甚至引起广大民众的强烈不满，进而诱发社会不稳定因素，甚至影响党的执政合法性。

鉴于1979年刑法已经不能适应党风廉政建设和反腐败斗争现实需要的实际，全国人民代表大会常务委员会于1988年专门制定颁布了单行刑法《关于惩治贪污罪贿赂罪的补充规定》。在该《规定》第十一条第一款和第二款明确规定："国家工作人员的财产或者支出明显超过合法收入，差额巨大的，可以责令其说明来源，本人不能说明其来源是合法的，差额部分以非法所得论，处5年以下有期徒刑或者拘役，并处或者单处没收其财产的差额部分。国家工作人员在境外的存款，应当依照国家规定申报。数额较大、隐瞒不报的，处2年以下有期徒刑或者拘役；情节较轻的，由其所在单位或者上级主管机关酌情给予行政处分。"上述规定，对1979年刑法作了补充，同时正式创制了这两个新罪名。我国1997年刑法吸收了上述规定，将巨额财产来源不明罪和隐瞒境外存款罪规定在第三百九十五条第一款和第二款，同时将上述规定中"并处或者单处没收其财产的差额部分"修改为"财产的差额部分予以追缴"。这就进一步弥补了以往刑法规定的不足，为有效地同贪污贿赂等腐败犯罪作斗争提供了有力的法律武器。但是，随着反腐败斗争形势深入发展，司法机关在查办贪污贿赂犯罪案件过程中，经常遇到查处犯罪事实多、认定难、处罚轻的罪责刑不相当现象，其中有的案件中大量涉案财产，因受立法水平、司法机关的侦查取证和司法证明能力低下等因素的影响，而不能认定为犯罪，以致影响了量刑，客观上造成打击不力，并让腐败分子产生侥幸心理，严重影响了反腐败斗争整体效果。根据这一实际，2009年2月28日十一届全国人大常委会第7次会议通过了《刑法修正案（七）》，其第十四条规定加重了对此罪的处罚，明确"将刑法第三百九十五条第一款修改为，'国家工作人员的财产、支出明显超过合法收入，差额巨大的，可以责令该国家工作人员说明来源，不能说明来源的，差额部分以非法所得论，处5年以下有期徒刑或者拘役；差额特别巨大的，处5年以上10年以下有期徒刑。财产的差额部分予以追缴'"。

二、巨额财产来源不明罪和隐瞒境外存款罪的概念

（一）巨额财产来源不明罪的概念。根据刑法第三百九十五条第一款

规定,所谓巨额财产来源不明罪,是指国家工作人员的财产或者支出明显超过合法收入,差额巨大,而本人不能说明其来源是合法的行为。

(二)隐瞒境外存款罪的概念。根据我国刑法第三百九十五条第二款规定,所谓隐瞒境外存款罪,是指国家工作人员违反国家申报规定,故意隐瞒不报在境外的存款,数额较大的行为。

第二节　巨额财产来源不明罪

一、巨额财产来源不明罪的法律特征

(一)巨额财产来源不明罪的客体。对于此罪的客体,理论界有不同的认识,主要可以归结为四种:第一种观点认为,此罪客体是公共财产和公民私人合法财产的所有权,应当归入侵犯财产罪。因为,此罪在构成上,必须以行为人拥有的财产或支出超过其合法收入且差额巨大为必要条件,也即此罪中行为人所拥有的财产或者支出超过其合法收入差额的大小,不仅决定了此罪与非罪的界限,而且决定罪责轻重。第二种观点认为,此罪客体是复杂客体,既侵犯了国家机关的正常活动,又侵犯了公私财产有权,同时前者为主要客体。因此,按照我国刑法关于复杂客体以其主要直接客体决定其同类客体归属的原则,应当归入渎职罪。第三种观点认为,此罪客体是国家机关的正常活动,应当归属渎职罪。第四种观点认为,此罪客体不特定,不能归入哪一类。因为行为人拥有超过合法收入的那部分财产或支出,其来源是多种多样的,既可能是贪污、受贿所得,也可能是走私、诈骗等所得。因此,此罪归入任何一类同类客体都是不恰当的。笔者认为,巨额财产来源不明罪侵犯的客体是国家公职人员职务行为的廉洁性。这里的廉洁性,是指社会对国家公职人员廉洁自律的要求和期望。从本质上讲,国家公职人员是依照国家法律规定代表国家行使经济、政治、文化以及社会生活各个方面的管理职权,并负有依法行使法定的职权和履行自身职责的神圣使命,在具体行使中能否依法、公正、严明,直接影响着国家职能作用的现实化及实现化,乃至政权稳定和社会发展。国家法律明确规定,国家公职人员依法履行职务行为,必须符合公正、严明的要求,其中包括国家公职人员财产来源合法性的要求。具体地说,就是国家公职人员对自己拥有的财产或者支出

必须依法申报,不得虚报或者不报。目前,在我国仅要求县处级以上领导干部和国有大中型企业负责人定期申报财产。从我国社会主义政治文明的发展要求和现实情况看,申报对象理应涵盖所有国家公职人员,目前这种规定是远远不够的。但在我国尚未制定财产申报普遍性制度的情况下,除了县处级以上领导干部及国有大中型企业负责人应按照规定定期申报财产,一般国家公职人员同样应当坚持廉洁自律制度,不得非法聚敛钱财,甚至采用违法犯罪手段敛财。因此,国家公职人员出现其所拥有的财产或者支出超过合法收入,又不能说明其合法来源,这就侵犯了国家公职人员职务行为的廉洁性。

(二)巨额财产来源不明罪主体是特殊主体,即国家公职人员。其范围应当与贪污罪中关于国家公职人员的主体范围相同,是指一切国家机关、国有公司、企业、事业单位和人民团体中从事公务的人员以及其他依照法律从事公务的人员,具体包括:一是国家各级权力机关、行政机关、司法机关和军队和政党机关中从事公务的人员;二是国有公司、企业、事业单位和人民团体中从事公务的人员;三是上述机关、单位以外的其他依照法律从事公务的人员,如接受国有公司、企业以及其他国有单位的委派而在非国有公司、企业以及其他单位中从事公务的人员等。我国刑法明确将此罪主体限于国家公职人员这一特殊主体,与一些西方国家如法国、英国、美国等法律规定是有严格区别的,后者规定为一般主体。如《法国刑法典》(1810)第 278 条规定,每一个乞丐或者流浪者,如被发现持有一个或几个价值 100 法郎以上的物品,而不能证明这些物品的来路时,将处以本法条规定的处罚。英美等国法律规定,每个公民均有义务如实申报自己的财产,隐瞒或者虚报财产情况的,要处以罚金,并处 7 年以下徒刑(如英国)或者 5 年以下监禁(如美国)。当然,对政府的官员或雇员,美国法律还规定:国会议员、总统、副总统以及其他任期超过 60 天的立法与行政机关的官员或者雇员,均要申报工资以外的法定数额以上的各项收入,包括配偶和非独立生活子女的收入,其报告受公众的检查。对伪报或者不报的,司法部长有权向有关地方法院提起诉讼,法院可判 5000 元以下罚款。

(三)巨额财产来源不明罪的客观方面,表现为国家公职人员不能说明其明显超过合法收入的巨额财产或者支出来源是合法的行为。具体地说,构成巨额财产来源不明罪,在客观方面必须具备以下三个条件:一是行为人拥有了财产或者支出超过其合法收入,这是构成此罪的前提条件。这里的"财产",主要是指行为人实际拥有的现金、存款、汇款、债券、股票、基金份额、房屋及各类耐用消费品等有形物。这里的"支出",主要是指生活消费的支出和用于产生经营投入的资金以及赠与、借贷、保险等支出。简言之,就是行为人已经实际对外支出的款物。这里的"合法收入",主要是指行为人通过法律认可的或者法律未予禁止的方式获得的财产,包括工资、奖金、补贴、利息、继承的遗产、亲友赠与、稿费、股份分红以及其他依照法律规定属于行为人的合法收入。二是行为人拥有的财产或者支出超过其合法收入的差额部分,达到数额巨大的标准。这里之所以规定为差额巨大,主要是因为此罪属于事实推定的犯罪,其所拥有超过合法收入的那部分财产或者支出,可能是贪污或受贿所得,也可能是其他走私等违法犯罪所得,还可能是合法收入等。因此,对其差额标准规定为巨大是必要的,也是符合实际情况的。在具体数额上,按照1998年8月6日最高人民检察院制定的《人民检察院直接受理立案侦查案件主要标准的规定(试行)》规定,其"差额巨大"的标准为30万以上。三是行为人不能说明其所拥有的超过合法收入的、达到差额巨大标准的财产或者支出的合法来源。这是构成巨额财产来源不明罪的本质特征。这里的"不能说明",既包括行为人拒绝说明、完全不作任何说明,也包括虚假说明。

巨额财产来源不明罪,是一种特殊的不作为犯罪。从行为人拥有超过合法收入差额巨大的部分财产或者支出,并且拒绝说明或者作虚假说明之日起,这种犯罪行为就处于一种持续状态,一旦行为人对这部分差额巨大的财产或者支出作出说明时,这种不作为即行中止。如果行为人说明其来源合法,并经查证属实,则不构成犯罪。如果行为人说明了差额部分财产的来源非法,并经查证属实,则应视具体情形认定违法或者犯罪,以及触犯何种罪。巨额财产来源不明罪是一种结果犯,不存在犯罪预备、未遂和中止状态。同时,此罪不以行为人是否利用职务上的便利作为犯罪成立的必要条件。由于此罪主体系国家公职人员,并以行为人拥有不能说明合法来源、超过合法收入的财产或者支出作为社会危险性的主要表现形式,这种立法的针对性表明,法律规定在实质上是对于超过合法收入的巨额财产或者支出与行为人职权之间必然联系的认定。然而,行为人在获取那部分超过合法收入的巨额财产或支出时,是否利用了职务上的便利,属于具体行为方式的内容,不是此罪客观方面所必须查清的内容。也就是说,按照法律规定,不管行为人聚敛财产是否利用了职务上的便利,均不影响此罪的成立。

(四)巨额财产来源不明罪的主观方面。此罪的主观方面,较为一致的认识是属于故意,但对直接故意抑或包含间接故意,则有分歧。有的认为,此罪的故意只限于直接故意,且以非法获取财物为目的。因为行为人对自己的收入来源是心中有数的,对其财产或支出明显超过其合法收入并差额巨大,同样是明白的。因此,巨额财产来源不明,并不是行为人在客观上说不清楚来源,而是其在主观上不愿意说明其来源。间接故意和过失则不构成此罪。较多的认为,此罪的故意包括直接故意和间接故意两个方面,这是由此罪客体的双重性所决定的。具体地说,行为人对于财产所有权的侵害,反映了行为人的直接故意;对于国家机关正常活动的侵害,则反映了行为人的间接故意。在这一点上,此罪与受贿罪、贪污罪具有相同的特点,三者都表现为非法占有财物的希望心态和损害国家机关工作正常秩序的放任心态两方面的统一。笔者认为,此罪在主观上应属直接故意,间接故意和过失则不能构成此罪。因为按照刑法理论,从认识因素讲,行为人主观上明知差额部分的财产是超过合法收入以外的,并且知道其性质及来源;从意志因素讲,行为人希望继续拥有合法财产以外的那部分差额巨大的财产。因此,行为人对超过合法收入以外的那部分差额巨大财产的非法占有,是不可能存在放任故意的,更不可能存在过失。

二、巨额财产来源不明罪的认定和处理

(一)巨额财产来源不明罪的举证责任。按照刑法第三百九十五条第一款规定,对于国家公职人员拥有超出合法收入并差额巨大的财产或者支出,可以责令其说明来源。行为人本人不能说明其来源是合法的,差额部分就以非法所得论。这一规定,从立法上确立了犯罪嫌疑人或者被告人的举证责任,相对于诉讼程序的一般规则来说,这种规定属于举证倒置。因为一般情况下的举证责任,由司法机关主要是侦查、控诉机关承担,犯罪嫌疑人或者被告人只要求承担"如实回答"的义务。巨额财产来源不明罪,明确要求犯罪嫌疑人或者被告人所要承担的证明责任,不同于一般刑事犯罪,主要表现在：第一，犯罪嫌疑人或者被告人所承担巨额财产不明罪的举证责任，贯穿于此罪诉讼的各个阶段，一般刑事犯罪则不然。第二，行为人不能说明其所拥有超过其合法收入的财产或支出差额巨大那部分的来源，是构成此罪的前提条件。行为人一旦保持沉默即拒绝举证或者作虚假说明，就意味着将要承担相应的刑事责任，一般刑事犯罪不然。需要注意的是，这里的"不能说明"，一般是指：行为人拒不说明财产来源；行为人无法说明财产具体来源；行为人所说的财产来源经司法机关查证并不属实；行为人所说的财产来源因线索不具体等原因，司法机关无法查实，但能排除存在来源合法的可能性和合理性。第三，行为人所承担的举证责任，从法律上讲，有别于犯罪嫌疑人或者被告人的辩解权利。行为人一旦放弃举证就意味着承担相应的刑事责任。总之，巨额财产来源不明罪是一种事实推定犯罪，司法机关只要查明行为人的经济状况与其合法收入或者支出存在"巨大"差额，行为人又无法证明其来源合法时，就可推定行为人构成巨额财产来源不明罪。从程序上讲，法律赋予司法机关责令拥有巨额财产的行为人说明其财产来源的权力，同时这种"责令权"的行使是在司法机关查处之后，根本目的在于给行为人留下解释、说明的机会，以避免因事实推定可能带来的不良后果。这也表明，立法上已经充分考虑到并维护了行为人的合法权益。

（二）巨额财产来源不明罪与非罪的界限。第一，划清国家公职人员本人与其家庭成员之间的非法收入。在认定巨额财产来源不明罪时，对于超过行为人合法收入差额巨大的财产或者支出，限于行为人本人所拥有的财产。如果司法机关侦查发现上述"差额巨大"的财产或者支出，属于行为人家属成员的非法收入，并且与行为人是无关的，则应视情而论：一是不能对行为人就此认定构成巨额财产来源不明罪；二是对行为人的家属成员，如果属国家公职人员，并且对该巨大差额部分财产或者支出不能说明合法来源的，构成巨额财产来源不明罪；三是如果不是国家公职人员，则不能对其追究巨额财产来源不明罪的责任。第二，要划清不当得利的民事行为与巨额财产来源不明罪的界限。民法上的不当得利行为，只能按照民事法律进行处理，不能同巨额财产来源不明罪混淆。第三，构成巨额财产来源不明罪，其超过合法收入的、不能说明合法来源的那部分财产或者支出必须达到"差额巨大"的标准。按照最高人民检察院的有关规定，这一"差额巨大"是

30万元以上,否则不构成犯罪。第四,"差额巨大"的数额计算。一般地说,按照刑法第三百九十五条规定,"差额巨大"的部分属于非法所得,是指行为人的全部财产与能够认定的所有支出的总和,减去能够证实的有真实来源的所得。在具体计算时,应当注意以下问题:一是应把国家公职人员个人财产和与其共同生活的家庭成员的财产、支出等一并计算,而且一并减去他们所有的合法收入,以及确属其共同生活的家庭成员个人的非法收入。二是行为人所有的财产包括房产、家具、生活用品及股票、债券、存款等动产和不动产;行为人的支出包括合法支出和不合法支出,包括日常生活、工作、学习费用、罚款以及向他人行贿的财物等;行为人的合法收入包括工资、奖金、稿酬、继承等法律和政策允许的各种收入。三是为方便计算犯罪数额,对行为人的财产和合法收入,一般可以从行为人有比较确定的收入和财产时开始计算。第五,必须明确的是,行为人对本人所拥有的超过合法收入的那部分"差额巨大"财产或者支出,作来源说明应当有一个时间限制,不能无限期地拖延。一般地说,多数认为以1个月为限,即在查处行为人拥有超过合法收入、差额巨大的财产或者支出后,行为人必须在1个月内作出来源说明。如果不能在限期内作出来源合法的说明时,就要承担巨额财产来源不明罪的责任。同时,对查处的财产数额特别巨大或者有其他复杂情形的,可以限期为3个月。

(三)巨额财产来源不明罪与彼罪的界限。首先,巨额财产来源不明罪与侵占罪的界限。两者的主要区别为:一是犯罪主体上,前者是特殊主体,即国家公职人员,后者则是一般主体。二是客观方面,前者表现为行为人不能说明其所拥有的、超过合法收入的差额巨大的财产或者支出来源的合法性,后者则表现为行为人将财物非法占为己有。其次,巨额财产来源不明罪与隐瞒境外存款罪的界限。两罪的主要区别在于客观方面不同:前者表现为行为人对本人所拥有的、超过合法收入的差额巨大的财产或者支出不能说明合法来源,进而以非法所得论处。后者则表现为行为人不向国家有关部门申报境外存款,至于该境外存款是否合法,则不影响此罪的构成。

(四)巨额财产来源不明罪处罚时的法律适用。根据2009年2月28日十一届全国人大常委会第7次会议通过了《刑法修正案(七)》及刑法第三百九十五条第一款规定,国家工作人员的财产、支出明显超过合法收入,差额巨大的,可以责令该国家工作人员说明来源,不能说明来源的,差额部分以非法所得论,处5年以下有期徒刑或者拘役;差额特别巨大的,处5年以上10年以下有期徒刑。财产的差额部分予以追缴。

第三节　隐瞒境外存款罪

一、隐瞒境外存款罪的法律特征

（一）隐瞒境外存款罪的客体,多数人认为属复杂客体,包括国家机关的正常活动和国家对外汇的管制。因为,国家公职人员有义务依法如实地向有关机关申报本人的境外存款。如果行为人对境外存款隐瞒不报,这不仅是一种渎职行为,而且也侵犯了国家对外汇的管制。因此,此罪是一种严重的经济犯罪。也有人认为,此罪客体是国家对境外存款的监督权。因为,国家公职人员在境外存款,有些是法律允许的,有些则是不允许的。行为人境外存款的来源也是不一的,比如有的是合法收入,也有的是非法收入。对此,国家有必要对这些境外存款进行监督,以加强党风廉政建设,防止腐败发生,同时也确保国家的外汇收入。国家公职人员在境外的存款,依照国家规定应当申报而故意隐瞒不报的,就是对国家境外存款监督权的侵犯。笔者认为,隐瞒境外存款罪侵害的客体,是对国家公职人员境外存款的申报制度和国家廉政制度。国家公职人员的个人财产,特别是境外存款的申报,与国家的党风廉政建设制度密切相关。随着反腐败斗争深入发展和党风廉政制度进一步完善,国家公职人员的财产申报登记制度和公开制度正在逐步建立,并且成为国家廉政监督的重要内容。当前,社会各界要求加快建立财产申报制度的呼声很高。实行财产申报制度,对于境外存款的申报,则是其中一项重要内容,要求国家公职人员应当严格遵守。司法实践表明,行为人故意违反国家规定予以隐瞒,往往与该存款来源的非法性有关,潜在的社会危害性很大。正因为如此,国家刑法才将隐瞒境外的存款、不按规定进行申报的行为规定为犯罪,以有效地遏制和防范此类现象滋生蔓延。

隐瞒境外存款罪的犯罪对象,是国家公职人员的境外存款。这里的"境外",是指我国大陆以外的地区和国家,包括外国即中国以外的国家和地区,以及我国的香港特区、澳门特区和台湾省。这里的"存款",是指各种货币、有价证券、货币支付凭证以及黄金等具有货币价值的贵重金属。对存款的来源，无论是国家公职人员在境外的工作报酬、继承的遗产或者接受的赠与，还是违法犯罪所得，无论是行为人本人亲自存于境外，还是托人辗转存于境外，都不影响对境外存款的认定。

（二）隐瞒境外存款罪主体是特殊主体，即国家公职人员。从司法实践看，1995年中共中央办公厅和国务院办公厅发布的《关于党政机关县（处）级以上领导干部收入申报的规定》规定，各级党的机关、人大机关、行政机关、政协机关、审判机关、检察机关中的县（处）级以上（含县处级）领导干部，以及国有大、中型企业的负责人，负有按照规定定期申报收入的义务。对于上述人员之外的国家公职人员，没有规定在定期申报收入的范围之内。从党风廉政建设和反腐败斗争的实际需要以及我国民主法制建设的实际要求出发，当前需要进一步健全和完善有关法律规定，将所有国家公职人员的收入纳入刑事调整的视野。其中，境外存款既是腐败分子转移赃款的重要途径，因此也是申报的重点之一。从国内看，2009年新疆阿勒泰地区纪委出台《县（处）级领导干部财产申报的规定（试行）》，在全国首次提出公开官员财产。之后，浙江慈溪、四川高县、湖南浏阳市和湘乡市、宁夏银川市、上海浦东、江苏无锡市北塘区等全国多地陆续出台官员财产申报措施，2012年广东省进行领导干部个人财产申报试点，重点是加强对党员领导干部尤其是"一把手"的监督。❶

（三）隐瞒境外存款罪的客观方面，表现为境外存款且数额较大，依照国家规定应当申报而隐瞒不报的行为。此罪以违反国家规定申报境外存款的特定义务为前提，并在客观上具体表现为两种形式：一是隐而不报；二是报而不实。如果行为人在境外有存款，而主动地向国家有关机关申报，就不构成犯罪。在此，需要注意的是，这里的"国家规定"，主要是指1996年制定并先后于1997年和2008年修订的《中华人民共和国外汇管理条例》等有关规定。这里的"隐瞒不报"，是指国家公职人员在境外取得的合法收入如继承的遗产、劳动报酬等，或者违法犯罪所得的赃款，如在涉外公务活动中进行权钱交易所攫取的贪污、受贿等非法所得等，不按国家规定申报而隐瞒

---

❶ 参见《学习时报》2012年7月2日。

存入境外银行。同时,对境外存款还要求达到"数额较大"的标准。按照1999 年 8 月 6 日最高人民检察院制定的《人民检察院直接受理立案侦查案件立案标准的规定(试行)》规定,这里的"数额较大",以 30 万元为起点标准。需要指出的是,根据刑法第三百九十五条第二款规定,如果行为人境外存款隐瞒不报的行为,属于情节较轻的,则不构成犯罪,只能酌情给予行政处分。这里的"情节较轻",主要包括两种情形:一是境外存款数额较小,尚不够"数额较大"的标准;二是境外存款数额较大,但行为人在案发后认罪态度较好,能如实供认存款合法来源等。对此,由行为人所在单位或者上级主管机关酌情给予行政处分。

(四)隐瞒境外存款罪的主观方面,多数认为只能是直接故意,即行为人明知应当申报境外存款,却隐瞒不报,有意违反有关规定,危害国家的有关制度规定。如果行为人不是出于故意,而是由于不知或者因某种原因未能及时申报的,均不构成此罪。同时,还需要注意的是,隐瞒境外存款的动机多种多样。大多数行为人是为了掩盖、隐瞒本人获得这些存款的途径和非法性,也有的行为人是为了保护自己的隐私,或者出于对国内金融机构的不信任等,但是这些都不影响此罪的成立。

二、隐瞒境外存款罪的认定和处理

(一)隐瞒境外存款罪与非罪的界限。根据法律规定,凡构成此罪的,必须要求境外存款的数额达到较大标准,并且属于故意隐瞒不报。如果不符合上述情形,或者缺少其中要件的,则不构成此罪。

(二)隐瞒境外存款罪的罪数问题。隐瞒境外存款罪涉及的"存款",既有行为人的合法收入,也有行为人的非法所得等。司法实践表明,有的行为人为了逃避法律制裁,在实施贪污、受贿犯罪活动后往往将赃款转移出境,存入境外银行,或者进行境外投资。对这些行为,依法不能采取吸收原则,也就是说应以贪污罪或受贿罪与隐瞒境外存款罪实行数罪并罚。如果查不清其存款来源的,则以隐瞒境外存款罪定罪处罚。

(三)隐瞒境外存款罪与彼罪的界限。这里,主要讨论此罪与逃汇罪的区别。两罪均以外汇为犯罪对象,在客观行为上有相似之处。但是其主要区别在于:一是主体不同。前者的主体是特殊主体,即国家公职人员;后者主体是单位。二是侵犯的客体不同。前者侵犯的客体是对国家公职人员境外存款的申报制度和国家党风廉政制度;后者侵犯的客体是国家外汇管制。三是客观方面不同。前者在客观方面表现为境外存款且数额较大而故意隐瞒不报;后者表现为违反国家规定,擅自将外汇存放境外或者将境内外汇非法转移境外,情节严重的行为。四是故意内容不同。前者的目的在于有意隐瞒,拒不申报或者不如实申报;后者的目的则是为了谋利。

(四)隐瞒境外存款罪处罚时的法律适用。根据刑法第三百九十五条第二款规定,隐瞒境外存款,数额较大的,处2年以下有期徒刑或者拘役;情节较轻的,由行为人所在单位或者上级主管机关酌情给予行政处分。

第十章 私分国有资产罪和私分罚没财物罪

第一节 概 述

一、私分国有资产罪和私分罚没财物罪的历史演化

私分国有资产罪和私分罚没财物罪,是 1997 年我国修正刑法新增设的两个独立罪名,1979 年第一部刑法没有规定这两种罪名。随着我国改革开放进一步深化以及社会主义市场体制的确立和发展,社会利益集团化或者分层化现象日益明显,一些单位为了小集体、小团体的利益,而无视党纪国法,大肆私分国有资产包括罚没财物,其行为所涉人数之多,以及被私分的国有资产包括罚没财物数量之巨,都十分惊人。这些犯罪活动,不仅严重侵害国家资产,而且败坏国家机关、国有公司、企业、事业等国有单位的形象。1988 年 1 月 21 日,全国人民代表大会常务委员会针对打击走私犯罪中对收缴的罚没款物大量私自处理甚至私分等现象,制定颁布了《关于惩治走私犯罪的补充规定》,该补充规定第十三条规定:"处理走私案件没收的财物和罚金、罚款收入,全部上缴国库,不得提成,不得私自处理。私分没收的财物和罚金、罚没收入的,以贪污论处。"但对这种私分行为以贪污论处,并没有理论依据,因为两种行为是不能等同的。除此之外,没有其他法律法规对私分国有资产和私分罚没财物的行为如何处理作出明确规定。

司法实践中,由于法律上没有明确规定,实际部门在具体处理时见仁见智,出现执法不确定性现象,这就直接影响了司法公正。如在 1997 年刑法没有修改之前,对私分国有资产和私分罚没财物的行为,实践中有的以玩忽

职守罪论处,有的以贪污罪论处,还有的因"法不责众"而作违法违纪处理,因而对这类行为的处理实际上成为一个十分棘手的问题。仅就私分国有资产罪而言,这种犯罪与贪污罪有诸多不同之处:一方面,因私分而占有公共财物的人员比较广泛,但其中大多数人都不是私分的决策者。因此,对所有分得财物的人员都以犯罪处理,显然不符合主客观相一致原则。另一方面,如果仅对私分的决策者和操作人员进行处罚,那么如何确定具体数额? 因为他们实际占有公共财物的数额仅占私分总数额的一部分而非全部,有的如果达不到贪污罪"数额较大"的标准,对其以贪污罪论处显然是不妥的。即使数额达到了贪污罪"数额较大"标准,对其个人所得数额进行定罪量刑还是以私分总额数定罪量刑,法律上同样存在认定上的困难。鉴于私分国有资产和罚没财物现象的多发性、普遍性和严重危害性,以及这两类行为本身的固有特征,为加强对国有资产的保护,有效遏制和防范国有资产的流失,保证国家机关的正常活动以及国有企事业单位正常管理和生产经营活动,我国刑法第三百九十六条第一款和第二款分别对两罪做了明确规定。同时,鉴于两罪同贪污罪有一定内在的联系,因此将其规定在刑法第八章"贪污贿赂罪"之中。

二、私分国有资产罪和私分罚没财物罪的概念

(一)私分国有资产罪的概念。根据刑法第三百九十六条第一款规定,所谓私分国有资产罪是指国家机关、国有公司、企业、事业单位、人民团体,违反国家规定,以单位名义将国有资产集体私分给个人,数额较大的行为。

(二)私分罚没财物罪的概念。根据刑法第三百九十六条第二款规定,所谓私分罚没财物罪是指司法机关、行政执法机关违反国家规定,将应当上缴国家的罚没财物,以单位名义集体私分给个人的行为。

第二节　私分国有资产罪

一、私分国有资产罪的法律特征

(一)私分国有资产罪侵犯的客体,是国有资产的所有权。按照国家有关规定,国有单位和国家财政拨款的人民团体的财产,属于国有资产。这里的"国有资产",是指国有资产管理局关于《国有资产产权界定和产权纠纷

处理暂行办法》规定的"国家依法取得和认定的,或者国家以各种形式对企业投资和投资收益,国家向行政事业单位拨款等形成的资产"。从广义上讲,国有资产包括:国家以各种形式对企业的投资及其收益等经营性资产;国家向行政事业单位拨款形成的非经营性资产;国家依法拥有的土地、森林、河流和矿藏等资源性资产。从狭义上讲,国有资产仅指上述经营性国有资产,即国家作为出资者在企业中依法拥有的资本及其权益,具体包括:企业国有资产;行政事业单位占有、使用的非经营性资产通过各种形式为获取利润而转作经营的资产;国有资源中投入生产经营过程的部分。我国刑法第三百九十六条第一款规定的国有资产,是指上述广义的国有资产。这些国有资产,不属于其经营者、占有者、管理者甚或出资者所有,也不属于国有单位所有。国有单位将这些国有资产私分的结果,就是将国家所有非法地转为个人所有,国家对国有资产的占有、使用、收益和处分的权利受到侵害。同时,私分国有资产罪的犯罪对象是国有资产,包括实物形态或货币形态的国有资产。如果侵害的对象不是国有资产,就不能构成此罪。

(二)私分国有资产罪主体是特殊主体,限于国有单位,包括国家机关、国有公司、企业、事业单位和人民团体。这些单位的资产,无论是用于经营活动,还是用于特定的行政职能或者事业发展,都是作为国家财产所有权或者国家所有者权益而存在,具有国有资产的性质。这些资产由上述国有单位直接管理、使用或者经营。因此,这些单位负有国有资产保值、增值的主要责任。我国刑法将这些国有单位列为私分国有资产罪的主体,有利于遏制和防范国有资产流失,同时也缩小了打击面,保证了刑法调整的针对性和有效性。

(三)私分国有资产罪的客观方面,表现为违反国家规定,以单位名义将国有资产集体私分给个人,数额较大的行为。这里的"违反国家规定",是指违反国家有关国有资产的管理、使用、保护等方面的法律、法规。如违背国家关于国有资产与企业资金的分账比例管理制度,而擅自将国有资金转为企业资金,进而私分国有资产等。这里的"以单位名义",是指以占有国有资产单位的名义,由该国有单位领导班子集体决策或者由该国有单位直接负责的主管人员决定并由该直接负责的主管人员以及其他直接责任人员经手实施,公开或者半公开地以单位福利、奖金、补贴、分红甚至节日慰问等各种名目进行私分。从表面上看,这种私分行为似乎具有一定的"合法性",因此其隐蔽性和欺骗性很大。在一般情况下,如不进行审计,就难以轻易被发现。这里的"集体私分给个人",是指占有国有资产的国有单位以其单位名义,将国有资产按人分配给本单位全部或者部分职员。这里的"个人",限于本单位职员。需要注意的是,非法占有国有资产的是一个集体,而不是少数人员或者部分人员,因此具有利益均沾、人人有份的特点。行为主体在实施上述私分活动时,往往采取虚构事实、巧立名目、规避规定等作假手段,欺上瞒下。同时,此罪是实害犯,其私分的国有资产必须达到"数额较大"标准。按照最高人民检察院1999年8月6日制定实施的《人民检察院直接受理立案侦查案件立案标准的规定(试行)》规定,私分国有资产罪"数额较大"的起点标准为10万元以上,包括10万元。

(四)私分国有资产罪主观方面,只能由直接故意构成,并且具有非法占有国有资产的目的。也就是说,行为主体即国有单位直接负责的主管人员和其他直接责任人员,出于非法占有的目的,明知是国有资产不能私分给个人,而故意违反国家规定,公然以单位名义或者其他名义将国有资产集体私分给个人,致使国有资产严重损失的后果发生。间接故意和过失不构成此罪。

二、私分国有资产罪的认定和处理

(一)私分国有资产罪与非罪的界限。首先,要注意将以单位名义集体分给个人钱物的现象,与私分国有资产罪区别开来。只有按照法律、法规的相关规定,确认其分给个人的钱物属于国家所有,并且这些钱物属于不能用于个人分配的国有钱物,才能认定这种行为具有私分性质。其次,要注意私分数额是否达到较大标准。如果私分数额尚未达到较大标准,则属一般违法行为,不构成犯罪。再次,要注意将国有资产与国有资金区别开来。前者的范围较为宽泛,即除了钱款外,还包括国有生产资料、生活资料乃至属于国有的产品、商品等;后者仅是国有资产的一种。

(二)私分国有资产罪与彼罪的界限。这里,主要讨论此罪与贪污罪以及徇私舞弊低价折股、出售国有资产罪的区别。首先,私分国有资产罪与贪污罪的区别。两罪区别主要表现在:一是侵害对象不同。前者侵害的对象限于国有资产,后者则为公共财产。在这里,公共财产除了国有资产外,还包括:劳动群众集体所有的财产;用于扶贫和其他公益事业的社会捐助或者专业基金的财产;在国家机关、国有公司、企业以及集体企业和人民团体管理、使用或者运输中的私人财产。二是主体不同。前者主体是国有单位,后者主体是国家公职人员。三是客观方面不同。前者以单位名义,集体将国有资产私分给个人,非法占有国有资产的是本单位全体或者大多数职员,国有单位直接负责的主管人员以及其他直接责任人员据为己有的数额,在私分总额中所占据的比例不大,甚至还不排除直接责任者没有分得财物的情况,但其危害性显然比贪污罪要大得多。贪污罪在客观方面表现为行为人利用职务上的便利,非法占有公共财物的行为。可见,两者区别是显而易见的。其次,私分国有资产罪与徇私舞弊低价折股、出售国有资产罪的区别。徇私舞弊低价折股、出售国有资产罪是指国有公司、企业或者上级主管部门直接负责的主管人员徇私舞弊,将国有资产低价折股或者低价出售,致使国家利益遭受重大损失的行为。两罪有相同之处,比如在主观上都是故意;在客观方面都表现为对国家财产所有权的侵犯等。但是,两者的区别是明显的,主要表现为:一是侵犯客体不同。前者侵犯国家对国有资产的所有权;后者侵犯的是国有公司、企业的管理制度和公共财产所有权。二是客观方面不同。前者表现为违反国家规定,以单位名义集体私分国有资产给个人、数额较大的行为;后者表现为行为人徇私舞弊,将国有资产低价折股或者低价出售,致使国家利益遭受重大损失的行为。三是犯罪主体不同。前者主体是国有单位;后者主体是国有公司、企业或者上级主管部门直接负责的主管人员,即单位和个人均可构成。

（三）私分国有资产罪处罚时的法律适用。根据刑法第三百九十六条第一款规定,国家机关、国有公司、企业、事业单位和人民团体,违反国家规定,以单位名义将国有资产集体私分给个人,数额较大的,对其直接负责的主管人员和其他直接责任人员,处3年以下有期徒刑或者拘役,并处或者单处罚金;数额巨大的,处3年以上7年以下有期徒刑,并处罚金。需要指出的是,私分国有资产罪是单位犯罪,对此罪处罚采用的是单罚制,即只处罚单位直接负责的主管人员和其他直接责任人员,不处罚单位。同时,对此罪的量刑分为两个档次,即数额较大和数额巨大两档。这里的"数额",是指集体私分国有资产的数额,而不是指直接负责的主管人员和其他直接责任人员个人从中实际分得的数额。此外，根据 2009 年 3 月 12 日最高人民法院、最高人民检察院制定发布的《关于办理职务犯罪案件认定自首、立功等量刑情节若干问题的意见》，私分国有资产罪在立案查处过程中，如果遇到单位自首的认定问题，则其关键把握四个要点：一是单位可以成立自首。二是要看投案人代表谁。区分单位自首与个人自首、检举、揭发的关键，在于投案人代表的是单位还是个人。如果代表单位，则属于单位自首。否则，属于个人自首。三是单位自首的法律后果。单位自首的后果及于个人，但是需以个人如实交代其掌握的罪行为条件。四是个人自首的后果，则不能及于单位。

第三节　私分罚没财物罪

一、私分罚没财物罪的法律特征

（一）私分罚没财物罪的客体是复杂客体。一方面，该罪侵犯了国家对罚没财物的管理制度；另一方面，其侵犯了国有资产所有权。其犯罪对象是罚没财物。这里的"罚没财物"，是国有资产的重要来源，主要包括：一是司法机关、行政执法机关追缴、没收的违法犯罪所得的赃款、赃物以及犯罪工具，如作为犯罪工具的汽车等；二是行政执法机关依据国家有关法律、法规，对公民、法人组织的行政罚款，如技术质量监督部门对生产假冒伪劣产品的企业依法处以的行政罚款等；三是法律、法规授权的机构依据国家有关法律、法规，对违反有关行政法律规章制定的公民、法人组织作出的罚款，如国家文物管理部门授权文物所在地的文物管理机构，对参观文物时毁坏文物者施以的罚款等。依据我国财政部制定的《关于对行政收费、罚没收入实际预算管理的规定》等规定，对上述罚没财物均应折价上缴国家财政，不得擅自截流坐支、集体私分。凡拒不上缴而擅自留作单位自用者，属行政违法行为。倘若将擅自留下的罚没财物进行集体私分，便构成私分罚没财物罪。私分罚没财物，直接侵害了国家对罚没财物的管理制度。同时，作为国有资产的罚没财物被私分，也侵害了国有资产所有权。司法机关、行政执法机关是国家法律赋予依法保护国有资产职责的国家职能机构，也是对违法行为进行法律制裁的国家职能机构。如果它们以单位名义集体私分罚没财物，就更加直接、具体地侵害了司法机关、行政执法机关执行法定职能的公正、严明要求,破坏了国家司法机关、行政执法机关的形象和信誉,具有更大的社会危害性和更强的对国家法治的破坏力。

(二)私分罚没财物罪的主体,是特殊主体,限于司法机关和行政执法机关。这里的"司法机关",是指公安机关、国家安全机关、人民检察院、人民法院和监狱。这里的"行政执法机关",是指海关、工商行政管理部门、税务部门、商检部门、技术质检部门、环境保护部门、卫生和计划生育部门以及国土资源管理部门等等。司法机关和行政执法机关代表国家对违法犯罪行为行使罚款、没收财物和追缴违法所得等相应的执法司法权力,其他国有单位和个人都不能成为此罪主体。

(三)私分罚没财物罪的客观方面,表现为违反国家规定,将应当上缴国家的罚没财物,以单位名义集体私分给个人的行为。首先,私分行为违反了国家规定。比如财政部制定的《罚没财物和追回赃款赃物处理办法》、《关于对行政收费、罚没收入实行预算管理的规定》以及最高人民检察院、最高人民法院、国家税务局制定的《关于办理偷税、抗税案件追缴税款统一由税务机关缴库的规定》、中央《关于执法机关收支两条线的规定》等等。其次,私分罚没财物罪的对象是罚没财物,包括应当上缴国家的罚没款和罚没物。再次,此罪客观方面表现为以单位名义集体私分罚没财物,也就是以单位名义将应当上缴国家的罚没财物不上缴,而分给单位全体职员或者大多数职员。私分的方式可以按人均分,也可以依其职位、职务、工作业绩、岗位异同而有所侧重。私分的次数既可以一次性,也可以连续性。第四,私分罚没财物的数量,应当达到数额较大标准。根据 1999 年 8 月 6 日最高人民检察院制定的《人民检察院直接受理立案侦查案件立案标准的规定(试行)》规定,私分罚没财物罪"数额较大"的标准是 10 万元以上,包括 10 万元。

(四)私分罚没财物罪的主观方面是直接故意,即明知是应当上缴国家的罚没财物,却违反国家规定而不予上缴,以单位名义集体私分给个人。直接责任人员是否具有将罚没财物据为己有的目的,不影响此罪的成立。

二、私分罚没财物罪的认定和处理

(一)私分罚没财物罪与非罪的界限。首先,要注意查清私分数额。由于此罪的数额要求达到"数额较大"标准才构成犯罪,因此司法实践中不能把私分罚没财物的任何行为都当作犯罪处理。私分罚没财物的情况比较复杂,对于其中情节显著轻微、危害不大的,依法应不作犯罪处理。这种情况主要包括:私分的罚没财物未达到"数额较大"标准,或者已经及时退回上缴国家,或者退赔了折价款等情形。应当指出的是,如果每次只是私分了数量不大的罚没财物,但这种行为延续多次或经常发生,对此应当累计计算其私分数额。凡是达到数额较大标准的,就应当依法追究有关直接责任人员的刑事责任。其次,要将私分罚没财物罪与司法机关、行政执法机关滥发奖金行为区别开来。前者私分的对象是罚没财物;后者的行为对象是奖金,滥发的奖金一般是属于本单位的自有资金。同时,前者私分行为往往采取欺骗、隐瞒等手法进行。后者则指不适当地扩大奖金发放的数额和范围,属于违反财政纪律的行为。可见,两者之间是有质的区别的。

(二)私分罚没财物罪的罪数问题。司法实践中,对于因私分罚没财物罪,而应受处罚的单位直接负责的主管人员和直接责任人员,如果在私分罚没财物行为以外还有背着单位大多数职员而私分罚没财物的贪污行为,那么就要注意分清两罪的不同情形,不能混淆甚至相交代替。在具体认定处理时,应当依法以私分罚没财物罪和贪污罪,按照数罪并罚原则进行定罪处罚。

(三)私分罚没财物罪与彼罪的界限。这里,主要注意私分罚没财物罪与贪污罪、私分国有资产罪的区别。首先,私分罚没财物罪与贪污罪的区别。两罪主要区别在于:一是犯罪主体不同。前者是单位,即司法机关和行政执法机关;后者是特定个人,即国家公职人员。二是犯罪对象不同。前者犯罪对象是罚没财物;后者犯罪对象则为公共财物。三是客观方面不同。前者表现为以单位名义集体私分应当上缴国家的罚没财物,具有公开性或者半公开性;后者表现为利用职务便利非法占有公共财物的行为。行为人大多采取侵吞、窃取、骗取或者以其他非法手段进行,具有个人化、隐蔽性等特点。需要指出的是,如果司法机关或行政执法机关内部少数负责人之间共同策划,将罚没财物予以瓜分而非法占为己有的,则属贪污罪的共犯。这些机关内部如果有三人以上并形成较为严密的组织纪律,有明确分工,还有预谋、有计划地长期、多次将罚没财物非法占为己有的,则依法应当按照贪污集团处理。其次，私分罚没财物罪与私分国有资产罪的区别。两罪主要区别在于：一是犯罪主体不同。前者主体是司法机关和行政执法机关；后者主体是国有单位。二是犯罪对象不同。前者犯罪对象必须是司法机关和行政执法机关在司法、执法活动中获取或收缴的罚金、没收款物、追缴款物、罚款所得等。这些罚没财物按规定应上缴国家而未予上缴，并以单位名义进行集体私分。后者私分的是本单位的"公款、公物"即国有资产。这些国有资产是归本单位所有或者由本单位生产、承包、经营、管理的国有资产。由于罚没财物属于国有资产范畴，因此私分罚没财物实际上可以归结为私分国有资产罪的一种特殊形态。

（四）私分罚没财物罪处罚时的法律适用。根据刑法第三百九十六条第二款规定，犯私分罚没财物罪的，根据私分罚没财物数额的大小，依照第三百九十六条第一款规定进行处罚，即在定罪处罚时，对私分罚没财物的单位直接负责的主管人员和其他直接责任人员，处 3 年以下有期徒刑或者拘役，并处或者单处罚金。私分罚没财物数额巨大的，处 3 年以上 7 年以下有期徒刑，并处罚金。凡分得罚没财物的个人，不论是否属于已经承担刑事责任的单位有关责任人员，都应当退赔所分得的罚没财物。在此，需要指出的是，与私分国有资产罪的处罚原则一样，对私分罚没财物罪的处罚，也采取单罚制，即只处罚单位直接负责的主管人员和其他直接责任人员，不处罚单位。此外，根据 2009 年 3 月 12 日最高人民法院、最高人民检察院制定发布的《关于办理职务犯罪案件认定自首、立功等量刑情节若干问题的意见》，私分罚没财物罪在立案查处的过程中，如果遇到单位自首的认定问题，则其关键把握四个要点：一是单位可以成立自首。二是要看投案人代表谁。区分单位自首与个人自首、检举、揭发的关键，在于投案人代表的是单位还是个人。如果代表单位，则属于单位自首。否则，属于个人自首。三是单位自首的法律后果。单位自首的后果及于个人，但是需以个人如实交代其掌握的罪行为条件。四是个人自首的后果，则不能及于单位。

下篇　侦查论

第十一章 贪污贿赂犯罪侦查概述

第一节 贪污贿赂犯罪侦查的概念和意义

一、贪污贿赂犯罪侦查的概念和特点

贪污贿赂犯罪侦查，是指检察机关办理贪污贿赂犯罪案件所进行的专门调查工作和采取强制性措施的总称。从这一定义可知，贪污贿赂犯罪侦查的特点主要体现在以下几方面：一是侦查主体是检察机关。按照人民检察院组织法和刑事诉讼法等规定，贪污贿赂犯罪案件由检察机关直接受理侦查。二是侦查对象是贪污贿赂犯罪。贪污贿赂犯罪是国家公职人员利用职务便利实施的一类贪利性职务犯罪，属于职务犯罪的范畴，被规定在刑法第八章中，共13个罪名，包括贪污、挪用、贿赂以及巨额财产来源不明、隐瞒境外存款、私分国有资产和私分罚没财物等罪种。三是侦查活动的内容，主要包括专门调查工作和强制性措施。这里的专门调查工作，包括讯问、询问、勘验、检查、搜查、查封、扣押物证、书证、鉴定、技术侦查措施等活动；这里的强制性措施，包括拘传、取保候审、监视居住、拘留和逮捕等强制措施，以及追逃、追捕、国内外通缉等强制性侦查措施。由于侦查贪污贿赂案件通常具有"因人查事"的特点，侦查活动的侧重点在于广泛收集证据，查明犯罪事实。对犯罪嫌疑人的贪污贿赂犯罪事实一经查明、证实，就应依法追究其刑事责任；如果查明没有犯罪事实，就应当向被调查人所在单位或者其上级部门等说明真相，澄清事实；如果对被调查人造成损失的，应作出有关说明并予赔礼道歉甚至有关赔偿；如果是属于署名举报的，还应向举报人进行说明。

贪污贿赂犯罪主体一般为国家公职人员,有的是各级领导干部包括极少数高级干部,他们往往具有较高的文化层次、知识水平和社会阅历,手中拥有大小不一的公共权力,作案手段诡秘狡猾,反侦查能力强,作案后对抗侦查、逃避法律制裁的办法多。比如实施犯罪时,总是选择最容易得逞又自认为最不容易被发觉的有利时机和方面作案。为摆脱被动处境,犯罪人通常采用以攻为守的方法:或伪装正派,给人以假象;或制造假案,转移目标;或嫁祸于人,保存自己;或转移赃证,甚至携款外逃,逃避打击;等等。他们往往以种种口实和诡诈方法,转移视线,欺骗舆论,对抗侦查,逃避制裁。由于贪污贿赂犯罪主体的社会关系盘根错节,特别是一些身居要职的领导干部在实施犯罪被发觉后,往往凭借一些握有一定权力的老关系、老熟人、老上级,说情开脱,掩盖真相,或者施加压力,设法"营救";或者以贿赂开路,拉有关人员"下水",构筑保护伞,阻碍、干扰办案;或者因所在单位或部门负责人"上梁"不正唯恐"拔出萝卜带出泥"而祸及自身,竭力包庇甚至干扰办案。因此,查办这类案件的难度非常大。值得引起重视的是,近年来贪污贿赂犯罪群体化和有组织化现象突出,犯罪趋向国际化,境外作案或作案后携款外逃或秘密向国外转移和存放巨款,对侦查工作提出了现实而严峻的挑战。为此,当前迫切需要加强对贪污贿赂犯罪侦查对策研究,包括:指定居所监视居住、拘留、逮捕等强制措施的策略化运用;跟踪守候、特情耳目、狱侦等秘密侦查及电话监听、网络侦查等技术侦查措施的吸收运用;个案侦查对策方法以及应对翻供、反侦查行为、非法证据排除及侦查人员出庭作证等具体对策研究;抓系统、系统抓等类案侦查的方式方法;侦查机构设置和侦查队伍专业化建设、侦查指挥协作机制和实行区域联动办案等侦查一体化机制建设;侦查活动国际化的具体途径、手段和方法及其运用;侦查信息化、侦查装备现代化以及侦查管理科学化的途径和措施等等。

二、贪污贿赂犯罪侦查的法律地位和法律属性

总的来说,贪污贿赂犯罪侦查属于职务犯罪侦查的一部分,是检察机关依照宪法和法律的授权对职务犯罪实行侦查活动的一项重要职能,属于法律监督权的重要组成部分。这种侦查权与法律监督权两者之间,属于前提和保障的关系。也就是说,侦查权配置于检察机关,是以检察机关作为国家法律监督机关为前提的,同时又是对检察机关行使法律监督权的刚性保障。

具体地说,贪污贿赂犯罪侦查的法律地位和属性可从以下几方面进行理解和把握。

(一)贪污贿赂犯罪侦查权属于职务犯罪侦查权范畴,从属于法律监督权,具有法律监督性质。贪污贿赂犯罪侦查与检察机关法律监督之间的关系,应当根据我国的国情实际,从国家权力分工制衡制度中去寻找。在现行宪政体制下,人民代表大会是国家最高权力机关,负有制定、监督宪法实施和组织、监督其他国家机关的职责。人民政府、人民检察院和人民法院(简称"一府两院")由人民代表大会产生,并对它负责,受它监督。在法律监督体系中,人民代表大会作为最高监督主体,对法的运行实行全面监督,并具有以下特殊性:一是处理许多重大国家事务,任务十分繁重,不可能用全部力量或主要力量从事法律监督工作;二是一般以会议或执法检查的形式开展工作,决定了不可能进行经常性法律监督工作;三是作为讨论和决定国家大事的机关,不可能也不应当从事具体的、事务性法律监督工作。为解决这个矛盾,在政治制度安排时需要有相应的职能机构加以辅助。鉴于权力分工的要求,行政机关、审判机关和军事机关等国家机关已经各执重要国家权力,不适宜再担负专门法律监督职责,应当从宪法和法律上将人民代表大会拥有的经常性监督职能单独分离,并交由行政、审判和军事等机关以外的其他国家机关行使,从而产生了专门的法律监督权,配置给检察机关,以确保行政权、审判权和军事权在法律规定的范围内行使。换句话说,检察机关是接受人民代表大会委托执行法律监督的专门机关,其根本职责就是维护国家法制的统一正确实施。从立法上为检察机关配置侦查权、公诉权、诉讼监督权和执行监督权等相应职权,就是从不同的角度、不同的方面,以不同的方式,代表国家实施法律监督。其中,对贪污贿赂犯罪的侦查权、诉讼监督权和执行监督权,是检察机关代表国家对国家机关及其工作人员执行法律情况的监督。从职能配置讲,贪污贿赂犯罪侦查权从属于检察机关法律监督权,是法律监督权不可分割的一个重要组成部分。从制度发生学分析,检察机关之所以行使贪污贿赂犯罪侦查权,是以其法律监督的宪法属性为前提的。如果取消检察机关的贪污贿赂犯罪侦查权,那么法律监督的对象和范围将被局限于诉讼领域,法律监督职能作用将会有很大的局限性,法律监督机关也就可能嬗变为诉讼监督机关,不仅对国家机关及其工作人员的贪污贿赂犯罪活动失去有效监督,国家法律监督职能也会被严重削弱。

（二）贪污贿赂犯罪侦查权是由检察机关最初的一般监督职权演化而来,属于检察权的组成部分。"一般监督"是指检察机关对其他国家机关违反法律的行政决定和措施,以及国家工作人员违法行为实行检察监督活动。这是苏联按照列宁的法律监督思想设置的一项重要检察职权,我国检察机关创建时借鉴了这一经验,把一般监督作为一项重要检察职权,在 1954 年检察院组织法和 1978 年宪法中都做了明确规定。1954 年我国第一部检察院组织法第三条规定,"中华人民共和国最高人民检察院对于国务院所属各部门、地方各级国家机关、国家机关工作人员和公民是否遵守法律,行使检察权";第四条第一款规定,"地方各级人民检察院有权对地方国家机关的决议、命令和措施是否合法,国家机关工作人员和公民是否遵守法律,实行监督"。1978 年宪法第四十三条规定,"最高人民检察院对于国务院所属各部门、地方国家机关、国家机关工作人员和公民是否遵守宪法和法律,行使检察权。地方各级人民检察院和专门人民检察院,依照法律规定的范围行使检察权"。但这种职权在实践中并没有充分行使,还出现一些反复。比如 1955 年,中共最高人民检察院党组结合实际情况向中共中央递交一份工作报告,提出相关意见。这个意见认为:"人民检察院的一般监督工作涉及国家的法律、法令等重大问题。而我们目前的经验不够,干部的政策、法律水平不高,因此,应采取有重点的慎重进行的方针,摸索经验。人民检察院党组在一般监督工作中发现有违法的决议、命令和措施的时候,应查明情况,提出意见,请示党委处理;经党委决定需要通过法律程序提出抗议的时候,再提出抗议。"1955 年 2 月 3 日中共中央批准了这个报告。1957 年发生了"反右派"斗争。由于受"左"的思想影响,主张实行一般监督的观点被视为"凌驾于党委之上"、"把专政矛头对内"的政治错误受到批判,提倡搞一般监督的人被打成右派,一般监督职能也被"挂起来,备而不用"。1962 年,刘少奇在听取起草政法工作四年总结汇报时指出,"检察院应该同一切违法乱纪作斗争,不管任何机关任何人,检察院应全面承担法律规定的职能"。此后,检察机关又逐步承担起同严重违法乱纪行为作斗争的任务,最高人民检察院还单独设立主管该项工作的业务厅开展工作,并重新肯定检察院具有"对少数国家机关和国家工作人员的违法行为行使监督的职能"。

直至"文革"期间检察院被撤销,该项工作才中断。从实践看,检察机关履行一般监督职能的重点体现在对违法犯罪的查办上。据资料表明,1950年召开第一届全国司法会议,在部署检察机关初建时的工作任务时强调,要注意检察纠正违法乱纪侵犯人权和贪污案件。1962年11月,最高人民法院、最高人民检察院、公安部作出的《关于公、检、法三机关受理普通刑事案件的职责范围的试行规定》,初步明确了检察机关侦查管辖的案件包括国家机关工作人员、基层干部和企业职工中的贪污、侵吞公共财产、侵犯人身权利犯罪案件。20世纪50年代初期闻名全国、在当时对广大国家工作人员具有强大威慑力的刘青山、张子善特大贪污案,就是由检察机关负责查处的。总之,新中国成立以来检察机关按照党和政府的要求,把对国家工作人员职务活动监督的重点放在职务犯罪侦查上,并积累了比较丰富的侦查经验。1978年我国宪法规定重建检察院,1982年宪法将原由检察机关行使"对国家机关的决议、命令和措施是否合法实行监督"的职权,改由国家权力机关行使,但从检察院组织法上仍保留规定检察机关"对于叛国案、分裂国家案以及严重破坏国家的政策、法律、法令、政令统一实施的重大犯罪案件,行使检察权",并继续保留检察机关有权对国家机关及其工作人员的职务行为是否合法实行监督的规定,但仅限于刑法规定构成犯罪的案件。对此,彭真在1979年《关于七个法律草案的说明》中这样指出,"检察院对于国家机关和国家工作人员的监督,只限于违反刑法,需要追究刑事责任的案件。至于一般违反党纪、政纪并不触犯刑法的案件,概由党的纪律检查部门和政府机关去处理"。事实上,这是对国家机关和国家工作人员违纪、违法和犯罪行为实行处理上的分工制度,有利于防止某一职能部门擅权,也有利于保障涉案人的合法权益,更有利于严密法网,有效预防职务犯罪。从一般监督职能的演变看,笔者认为,将一般监督职能的范围限制在对国家工作人员职务犯罪的侦查上是符合实际情况、也是适宜的。一是限于检察机关的力量、水平等客观条件,检察机关确实难以承担对国家机关及其工作人员的职务活动是否合法进行全面监督的职责,对这项监督职能的范围进行约减,这是必要的。二是我国现行的法律制度主要从道德监督、党的纪检机关和国家监察机关的纪律监督以及检察机关的法律监督等三个层面,建立起对国家工作人员职务活动的监督机制,其中检察机关采用追究刑事责任这一最严厉、最极端的办法,对国家工作人员在职务活动中是否执行和遵守法律实行监督,是保障职务活动合法性的最后一道防线。国家工作人员履行职务时,只要跨越了利用职务实施犯罪这条底线,就将永远被取消其履行职务活动的资格,也就丧失利用职务的便利进行犯罪的条件,符合监督有效性原则,这是科学的。三是检察机关实施法律监督主要是通过诉讼途径进行的,只有赋予检察机关对国家机关及其工作人员职务犯罪的侦查权,才能将这种监督活动纳入诉讼的轨道,有利于检察机关按照法律的规定实行监督,进而达到监督的目的,这是必须的。四是将检察机关对国家机关及其工作人员职务活动的监督限于职务犯罪侦查上,有利于检察机关集中精力、突出重点地实施监督,有利于提高监督效能,符合监督的效率原则,这是经济的。

(三)贪污贿赂犯罪侦查权是检察机关有效履行诉讼监督职责的刚性保障手段,这是由侦查权的自身特性派生的。当前法律赋予检察机关的职能主要包括:职务犯罪侦查、公诉以及侦查监督、审判监督和执行监督等诉讼监督。其中对司法工作人员职务犯罪的侦查,不仅体现了对国家工作人员职务犯罪的监督,更是对诉讼活动实行强有力监督的重要保障。从实践看,当前人民群众对执法、司法领域严重存在执法不严、司法不公等执法司法腐败问题反映十分强烈。这些腐败问题,通常与诉讼活动中的违法犯罪行为交织在一起,特别是一些地方的黑恶势力之所以能够坐大成势,大多是与执法、司法人员亵渎职守、贪赃枉法等密切相关。解决执法不严、司法不公问题,仅仅停留在提出检察建议或者纠正违法意见的层面是远不够的,还需要通过侦查这种特殊的刑事调查手段,挖出执法不严、司法不公背后存在的贪赃枉法等职务犯罪,查清产生执法不严、司法不公的根本原因,才能有效地纠正诉讼活动中发生的违法情况,实现社会公平和正义的根本目的,这也是检察机关重建以来积累的重要经验。

三、贪污贿赂犯罪侦查的意义

检察机关是反腐败斗争的一支重要力量。对国家公职人员贪污贿赂犯罪实行侦查,既是党风廉政建设和反腐败斗争的重要措施和要求,又是法律监督职能的重点内容和诉讼监督的刚性保障。及时查处、揭露和证实国家公职人员贪污贿赂犯罪,具有十分重要的意义。一是有利于体现法律面前人人平等原则。及时有效地遏制和预防贪污贿赂犯罪,一定程度上还可挽回因此种犯罪给执政队伍带来的不良政治影响。二是有利于国家公职人员在管理国家事务和社会事务中贯彻中国特色社会主义法治原则。通过查办案件,防止和克服官僚主义以及各种违法乱纪现象,全面推进依法治国基本方略。三是有利于进一步推进党风廉政建设和反腐败斗争。通过办案,促进党风、政风和社会风气的根本好转,树立党和政府在人民群众中的良好形象,巩固党的执政基础,增强党的执政权威,完成党的执政使命。

第二节　贪污贿赂犯罪侦查基本原则

贪污贿赂犯罪侦查工作的原则,是指依照国家法律和政策用以指导检察机关行使侦查权、实施侦查活动所必须遵循的基本准则。其中有的源于法律规定,有的来自对侦查实践的经验总结。为保证侦查工作的顺利进行,有效地同国家公职人员的贪污贿赂犯罪作斗争,检察机关开展贪污贿赂犯罪侦查工作,除了认真遵循刑事诉讼法规定的普遍性原则,还应当从我国法律和侦查工作实际出发,遵循以下基本原则:

一、坚持有案必查和有腐必惩

这是贪污贿赂犯罪侦查工作的一项基本原则,实质是坚持法律面前人人平等及适用法律上一律平等原则的贯彻和体现。刑事诉讼法第六条规定,"人民检察院进行刑事诉讼……对于一切公民,在适用法律上一律平等,在法律面前,不允许有任何特权"。所谓公民在适用法律上一律平等,就是我国法律对于全体公民都统一适用,没有任何例外,不能对一部分人适用,对另一部分人不适用。这一原则的核心是反对歧视,反对特权。在贪污贿赂犯罪侦查中,具体要坚持权利和义务相统一。不允许任何公职人员只享受权利、不尽义务,也不让任何公职人员只尽义务,不享受权利。同时,对被指控犯有罪行的人,不论其政治地位、权势、身份和其他方面的差别如何,在定罪量刑上均应一律平等,决不允许有不受法律约束的特殊公民,决不允许有凌驾于法律之上的特权。也就是说,执法要公平,要依律而断、秉公而处,不能见人行事、因人而异,不能有尊卑、亲疏、远近之别。对于公职人员的贪污贿赂犯罪行为,无论职位多高,权力多重,功劳多大,资格多老,都应依法追究,决不能包庇、纵容。决不能只查处普通公职人员,不查领导干部;

不能只查普通领导干部,不敢查权重位高、关系网络众多的领导干部甚至高级干部。归结起来,就是要坚决贯彻执行中央惩治预防腐败一系列方针政策,坚持"老虎"、"苍蝇"一起打,既坚决查处领导干部违纪违法案件,又切实解决发生在群众身边的不正之风和腐败问题,始终保持查办案件和惩治腐败高压态势。当前,贪污贿赂犯罪等腐败现象依然严峻,如果没有强劲的办案势头,就很难有效遏制腐败现象滋生蔓延态势。只有全力以赴、加大办案和治标力度,形成查处、惩治腐败高压态势,不让任何腐败分子逃脱党纪国法惩处,不断提高对贪污贿赂犯罪的查处率、遏制力和震慑力,才能为从根本上预防腐败赢得时间、创造条件。一是要提高发现犯罪能力。充分利用各种措施特别是侦查信息化平台,拓宽案源渠道,增强发现犯罪的能力。二是要做到有案必查。坚持党纪国法面前没有例外,不管涉及谁,职务地位有多高,都要一查到底,决不姑息。三是要加大办案力度。通过办案缩减犯罪发生率与查处率之间的差距,使每一位公职人员有所畏惧,充分发挥查办案件的震慑和遏制功能。

二、坚持突出办案重点

没有重点就没有政策。贪污贿赂犯罪侦查的重点往往是贪污贿赂犯罪侦查工作的前沿,一定意义上具有全局性。应当始终坚持把严重危害改革、发展、稳定及民生的贪污贿赂犯罪作为查办重点,严肃查办发生在领导机关和领导干部中滥用职权、玩忽职守、贪污贿赂、腐化堕落案件,严重损害群众合法经济利益、政治权益和人身权利案件;严肃查办发生在重点领域和关键环节的腐败案件,群众性事件和重大责任事故背后的腐败案件;严肃查办发生在新型工业化、信息化、城镇化、农业现代化建设中危害中央重大决策实施的案件;严肃查办发生在教育、医疗、就业、社保、住房、拆迁、食品安全等危害民生利益及商业贿赂犯罪的案件;严肃查办执法不严、司法不公等执法司法领域腐败案件;严肃查办大案要案、窝案串案和充当黑恶势力"保护伞"案件。同时,针对一个时期贪污贿赂犯罪滋生蔓延态势和特点,适时调整办案重点或者组织开展专项侦查,增强遏制力和威慑力。

三、坚持坚决慎重务必搞准

贪污贿赂犯罪分子大多拥有一定的政治地位、权势及其社会关系网,依法查处和揭露其贪污贿赂犯罪活动既是一场严重政治斗争,也是一项法律和政策要求很高的刑事司法活动,客观上要求检察机关做到既坚决,又慎重,务必搞准。这里的坚决,就是敢于同贪污贿赂犯罪作斗争,决不放纵任何"老虎"、"苍蝇";慎重,就是讲究策略方法,严格、规范、公正、文明办案;务必搞准,就是牢固树立办案质量是侦查生命线思想,十分注重办案质量,做到证据要确凿、定性要准确、措施要适度,使所办案件经得起事实的、法律的和历史的检验。总之,坚决是前提,慎重是保证,务必搞准是关键,三者是一个有机统一整体,应当在贪污贿赂犯罪侦查工作中全面、统筹、科学运用。

四、以事实和证据为根据严禁刑讯逼供原则

这是我国刑事诉讼法确立的一项重要原则,也是司法实践的经验总结。刑事诉讼法第五十条和第五十三条规定,严禁刑讯逼供和以威胁、引诱、欺骗以及其他非法方法收集证据,不得强迫任何人证实自己有罪。必须保证一切与案件有关或者了解案情的公民,有客观地充分地提供证据的条件,除特殊情况外,可以吸收他们协助调查。对一切案件的判处都要重证据,重调查研究,不轻信口供。只有被告人供述,没有其他证据的,不能认定被告人有罪和处以刑罚;没有被告人供述,证据确实、充分的,可以认定被告人有罪和处以刑罚。贪污贿赂犯罪主体是国家公职人员,他们利用职务上的便利实施犯罪活动,往往事前有预谋、策划,事后又订立攻守同盟,反侦查能力强,规避法律的水平高,"保护层"厚。因此,这类犯罪既不容易被发现,犯罪证据收集的难度也大。为保证准确、有效地打击贪污贿赂犯罪活动,做到既不放纵真正的罪犯,又不使无罪的人枉受法律追究,就必须坚持以事实和证据为根据、以法律为准绳原则。所谓"以事实和证据为依据",就是在处理案件时只能以客观事实和已经取得的案件证据为依据,不能凭主观臆断、臆造。具体要做到重事实、重证据,重调查研究,不轻信口供。所谓"严禁刑讯逼供",就是严禁对犯罪嫌疑人或被告人使用肉刑或变相肉刑的方式方法逼取口供。贯彻"以事实和证据为根据、严禁刑讯逼供"的原则,一定要注意:一是坚持客观证据与主观证据并重。既要重视物证、书证、证人证言、被害人陈述和鉴定意见等证据的综合运用,也要重视犯罪嫌疑人或被告人的口供,但是不轻易听信口供甚至迷信口供。如果离开各种证据而仅轻信犯罪嫌疑人或被告人的口供,特别是没有经过查证核实的口供,就必然会出错甚至发生错案。因为犯罪分子为逃避和减轻处罚,往往会想尽种种办法编造谎言、歪曲事实,隐瞒自己的罪行或者避重就轻,甚至胡供、乱咬好人。实践中有的出于个人的某种考虑或者其他原因,把本属无罪的则作有罪的供述,或者把本属罪轻的则作罪重的交代。在这种情况下,如果采取逼供信,迫使受审对象招供,而又轻易相信这种供述,根据这种不实口供去破案、抓人和处理案件,就必然产生冤假错案,这是法律决不允许的。二是重调查研究。坚持从案件的实际出发,做好认真细致的调查研究工作。要通过调查研究的措施和途径收集各种证据材料,包括定性证据、量刑证据、证明违法所得证据、证明侦查程序合法性证据、取证合法性证据以及羁押必要性证据等各种证据材料,还要认真对其进行审查、核对,细致地分析研究、排除矛盾,切实掌握证据与案件事实之间的内在联系,从而做到去粗取精,去伪存真,由此及彼,由表及里,对证据的客观性、相关性作出正确判断,用以查明案情。三是坚持侦查取证程序法定。查处贪污贿赂犯罪的全过程,都要严格按照刑事诉讼法规定的程序进行。要按照刑法规定和业经查清的犯罪事实以及已经依法获取的各种证据,对罪与非罪、此罪与彼罪、罪重与罪轻及如何处罚作出准确判断,真正做到定性准确,罚当其罪。

五、坚持客观全面收集证据

这是科学总结长期以来司法实践正反两方面经验教训的一项重要原则,是党的实事求是思想路线在检察机关侦查工作中的具体体现,也是坚持“以事实为根据,以法律为准绳”的宪法原则以及贯彻“认定案件事实以证据为根据”的刑事诉讼证据原则的必然要求。这里的“客观”,就是指一切从案件的实际出发,尊重客观事实,实事求是,按照案件本来面目开展侦查活动,客观收集各种证据。在处理案件时,要以查证的案件事实和诉讼证据为根据,忠于事实真相,切忌先入为主,凭主观愿望和主观臆断取舍证据。这里的“全面”,就是指在侦查中,要做到客观全面反映案情、客观全面反映案件本来面目,不能仅凭某一情节或部分案件材料下结论、作处理,防止冤假错案发生。具体要求:一是在侦查活动中凡对定案有意义的证据材料,都必须收集调取;二是要全面收集调取定性证据、量刑证据、证明违法所得证据、证明侦查程序合法性证据、证明侦查取证合法性证据和证明羁押必要性证据;三是在处理案件时要对收集调取的每一个证据进行认真审查核实,科学分析各证据间的有机联系,做到去粗取精,去伪存真,切实防止浅尝辄止。

六、坚持专门工作与群众路线相结合

这是党的群众路线在侦查中的体现,是提高检察机关群众工作能力的实际需要,也是侦查工作一条重要原则。首先,要充分认识群众路线是检察机关侦查工作的力量源泉和根本保证。只有走群众路线,充分发动和依靠群众,广泛听取群众意见,才能及时收集各种证据,揭露和惩罚贪污贿赂犯罪分子。其次,要依靠人民群众的支持和协助。将侦查活动置于人民群众监督之下,不断提高侦查水平,避免和减少工作中的失误,最大限度发挥侦查职能作用。再次,要严格区别走群众路线与搞形式主义、搞群众运动或者对群众强迫命令的性质。有效整合有利于反腐败斗争的各种社会资源,充分调动人民群众积极性,发挥人民群众同贪污贿赂犯罪作斗争的作用。最后,要强化专门工作。强调走群众路线,不等于忽视、削弱专门工作。贪污贿赂犯罪侦查是人民群众同贪污贿赂犯罪作斗争的强有力法律武器,应通过司法程序,不断提高发现犯罪和侦查破案能力,及时有效收集调取证据,揭露和惩罚贪污贿赂犯罪分子。

七、迅速及时严守秘密原则

所谓迅速及时,就是在侦查贪污贿赂犯罪案件的过程中,对公民个人或单位的控告、检举或犯罪人自首等案件材料要及时审查,该初查的及时调查,该立案的及时立案,决不能犹豫观望、久拖不决,避免泄密以致大案拖小、小案拖盲,贻误战机。对决定初查的,要及时抓住时机,认真细致地制定初查计划,组织有效力量,充分运用各种初查措施,特别是有效发挥检察机关的侦查信息化平台和公共信息共享平台的捕捉信息、利用信息功能,积极收集各种涉案信息材料,为决定立案侦查打下基础。对已经决定立案的,要抓住战机,认真细致地制订侦查计划,组织有效力量,以最短的时间和最快的速度迅速采取措施,获取有关书证、物证、证人证言,不给犯罪分子以喘息机会,防止其进行隐匿、串供、毁证等反侦查活动,从而及时揭露和证实犯罪,或者查获犯罪嫌疑人。这里,应予重视的是,要做到迅速及时,侦查人员就要具备高度的责任心、强烈的侦查意识和机敏的反应能力,以及雷厉风行的工作作风和艰苦奋斗、顽强不屈的敬业精神。所谓严守秘密,就是侦查人员必须严格保守案件的秘密。侦查实践充分证明,侦查与反侦查的较量是一种激烈的斗智斗勇活动。侦查中的矛盾双方,既互相隐蔽着、保持着各自

的秘密事项,也相互观察着以期破坏对方的行动计划。任何一方的失密或泄密,都有可能使自己处于失利而陷入被动,甚至导致案件无法侦破,给办案工作带来不应有的损失。因此,迅速及时、严守秘密,作为贪污贿赂犯罪侦查工作的一项基本原则,具有重要的现实意义。

八、坚持全面贯彻宽严相济刑事政策

根据经济社会成分、组织结构、就业方式、利益关系和分配形式日益多样化等实际,坚持全面贯彻宽严相济刑事政策,认真贯彻"打击极少数、教育挽救大多数"的方针,在处理案件过程中按照"严在点上、宽在面上"的策略和方法,灵活运用抓住重点、分化瓦解、区别对待等措施,正确区分罪与非罪、罪与错的界限,正确处理讲法治与讲政治、讲法律与讲政策的关系,统筹兼顾办案数量、质量、效率、效果和安全,做到该严则严、当宽则宽、宽严有度、宽严有据,不断改进办案方式,慎用逮捕、扣押等强制性措施,依法妥善处理涉及企业特别是中小企业案件,加强与发案单位沟通协作,既维护发案单位正常工作生产经营秩序,又依法查处犯罪,切实做到打击犯罪者、保护无辜者、支持改革者、教育失误者和挽救失足者,尊重和保障人权,营造干事创业的良好氛围。

九、坚持自觉接受监督和强化自身监督

任何权力一旦失去监督,就会产生腐败。中共十八大报告强调指出:"坚持用制度管权管事管人,保障人民知情权、参与权、表达权、监督权,是权力正确运行的重要保证。""全面推进依法治国。""切实做到严格规范公正文明执法。"当前,加强对贪污贿赂犯罪侦查的监督制约是必须的,并且十分重要。所谓自觉接受监督,就是在侦查过程中,要强化接受监督意识,树立规范执法是增强侦查战斗力重要措施和途径的正确理念,形成侦查权不受监督、必然出现权力滥用甚至滋生腐败的规律性认识,统筹处理强化侦查职能与接受监督的关系,确保侦查权正确行使。首先,高度重视外部监督。自觉接受党的领导和监督、人大及其常委会的监督、社会各界和人民群众包括媒体舆论的监督,夯实正确行使侦查权、提升执法公信力的基础。其次,建立完善科学的内部制约机制。积极推行侦查工作与抗诉分离、市级检察院改变立案管辖报批以及决定立案报备、撤案报批、决定逮捕上提、讯问全程同步录音录像、办案安全防范等各项内部制约监督管理制度,严密侦查

权运行的程序和制度,扎紧有力关住侦查权的制度笼子,促进侦查权依法正确行使。再次,加强内外部监督制约机制的整合和衔接。科学审视现有外部监督与内部制约的制度、机制和措施之间的辩证关系,加强梳理、整合和衔接,及时发现并解决内部制约、外部监督与强化侦查职能之间的冲突和矛盾,进一步提高制度执行力。

十、坚持党的领导和依法独立行使侦查权

我国宪法第一百三十一条规定:"人民检察院依照法律规定独立行使检察权,不受任何机关、社会团体和个人的干涉。"这是检察工作一项重要原则,也是一项重要侦查原则。要始终坚持在党的绝对领导下,根据反腐败领导体制和工作机制的要求,对重大部署、重大案件、重大问题和重要情况要及时向党委请示报告,确保正确的政治方向。要依法独立行使侦查权,严格依照宪法和法律,坚持实体法与程序法并重,全面收集有罪、罪重和无罪、罪轻、减轻证据,做到打击犯罪与保障人权有机结合。要正确处理检察机关与党的纪律检查部门协作配合关系,既服从组织协调,积极加强配合,并明确规范案件移送、证据转换的途径和方法,也要做到各负其责、各司其职,防止职能混淆甚至相互替代,增强反腐败合力。要加强党对司法工作的领导,最重要的一条就是加强思想政治和方针政策的领导,保证检察机关独立行使检察权,不受行政机关、团体和个人的干涉,及时排除干扰和阻力,保证法律正确实施,充分发挥司法机关在反腐败斗争中的职能作用。

第三节　贪污贿赂犯罪侦查机构设置及其改革和发展

一、中国反贪局的设置及其职能沿革

目前,我国贪污贿赂犯罪侦查机构设在检察院内,作为检察机关直接受理立案侦查贪污贿赂犯罪的内设机构,在全国分为四级。其中,最高人民检察院设立反贪污贿赂总局,省、市、县三级检察院设立反贪局。

我国的反贪局系反贪污贿赂局(National Anti-corruption and Anti-bribery Bureau)的简称,设立在检察院内部,专司反贪污贿赂职责,不是行政建制意义上的行政局。反贪局的产生,与我国改革开放以来发生贪污贿赂

等经济犯罪活动密不可分。检察机关自1978年恢复重建以来，按照我国宪法和人民检察院组织法规定，贪污贿赂犯罪侦查机构设立在检察机关，名称上叫经济检察部门，承担对贪污贿赂犯罪、部分经济犯罪如偷税罪、投机倒把罪等侦查职能。随着与国家公职人员贪污贿赂犯罪作斗争形势的发展，经济检察机构及其职能设置已明显不能适应反腐败斗争的实际需要。

早在1982年4月10日，邓小平在中共中央政治局召开会议讨论《中共中央、国务院关于打击经济领域中严重犯罪活动的决定》时，就严重告诫全党，要从严从快从重打击经济犯罪，刹住这股风。他说，我们自从实行对外开放和对内搞活经济两个方面的政策以来，不过一两年时间，就有相当多的干部被腐蚀了。卷进经济犯罪活动的人不是小量的，而是大量的。犯罪的严重情况，不是过去"三反"、"五反"那个时候能比的。那个时候，贪污一千元以上的是"小老虎"，一万元以上的是"大老虎"，现在一抓就往往是很大的"老虎"。现在的大案子很多，性质都很恶劣，贪污的或者损害国家利益的，都不止是什么"万字号"。有些是个人犯罪，有些是集体犯罪。这股风来得很猛。如果我们党不严重注意，不坚决刹住这股风，那么，我们的党和国家确实要发生会不会"改变面貌"的问题。这不是危言耸听。打击经济犯罪活动，这是一个长期的经常的斗争，是我们坚持社会主义道路和实现四个现代化的一个保证。如果不搞这个斗争，四个现代化建设，对外开放和对内搞活经济的政策，就要失败。所以，我们要有两手，一手就是坚持对外开放和对内搞活经济的政策，一手就是坚决打击经济犯罪活动。

随着改革开放政策的推进，贪污贿赂等腐败问题日趋复杂、严重，并逐渐主要演化成为影响经济发展和社会稳定的一个突出社会问题。1988年5月，中共中央主要领导同志在中南海勤政殿召开小型会议，专门讨论如何反对腐败、反对贪污贿赂、加强廉政建设的问题。同年10月，在中南海勤政殿主持召开会议，中共中央主要领导同志又专门听取了北京市东城区关于"为政清廉"试点工作的情况汇报。在这两次会议上，中共中央领导同志都谈到了对当时职务犯罪现状的看法，谈到了当时反贪污贿赂存在的问题和应该采取的对策等，并认为检察机关与监察部门分成多个部门，一个掌管犯罪侦查，一个掌管行政处理，值得研究。鉴于我们国家还没有一个强有力的机构同贪污、贿赂犯罪作斗争，为此提出可以设想成立一个兼容处理党纪、政纪和法纪在内的某个机构,如类似香港的廉政公署、新加坡的反贪污局等,去从事惩治贪污贿赂等腐败行为的工作。

随后,时任最高人民检察院检察长刘复之及时组织最高人民检察院党组成员,认真地回顾和学习、研究了自1982年以来检察机关围绕各个时期党和国家的中心任务,履行法律监督职能,坚决打击严重经济犯罪活动的情况以及有关的法律规定,并形成三点共识:一是在整体上,我们的党政机关是廉洁的。共产党员、国家干部,特别是高级干部的绝大多数是好的,贪污受贿分子只是极少数。同时,贪污贿赂问题的确又是严重的,而且发生在党政机关的极少数贪污、受贿分子所造成的影响极坏。根据党中央的决策,这场斗争要长期地坚持下去,丝毫也不能动摇。二是依法直接受理、立案侦查贪污、贿赂罪案是检察机关一项重要职责。检察机关反贪污贿赂等经济犯罪的专业队伍有25000多人,积累了一定的反贪经验。这是一支有力量的专门反贪污贿赂的机构和队伍。三是从当时的角度看,检察机关的反贪污贿赂工作,从工作部署到工作体制都的确存在需要进一步完善的地方。最关键的问题是如何突出反贪污贿赂这个重点,把它摆到打击经济犯罪的第一位工作上,自上而下集中力量狠抓大案要案的查处。

1988年10月19日,最高人民检察院向中共中央报送题为《关于检察机关把反贪污受贿列为打击经济犯罪重点的报告》,对反贪污贿赂工作的整个提法作了比较详细具体的说明,并附上有关问题的法律条款。这个报告得到中共中央主要领导同志的同意。1988年11月1日,刘复之在全国检察长工作会议上根据经中央批准的原则作了讲话,在讲话中和在提交会议讨论的《最高人民检察院1989年工作计划要点》中正式提出:各级检察机关要把反贪污、受贿犯罪作为检察工作的重点,列为打击经济犯罪的第一位工作。1989年5月,刘复之率领中国检察代表团访问新加坡、泰国。当时,国内新闻媒体已有不少介绍新加坡、香港等国家和地区的反贪污贿赂的情况和做法。出访前,就决定要重点考察了解新加坡和泰国这方面的内容。在出访期间,刘复之检察长与同往的广东同志商议率先在广东设立一个反贪污贿赂专门机构的问题。1989年8月18日,全国第一个反贪局即广东省人民检察院反贪污贿赂工作局揭幕挂牌。1995年11月10日,经中共中央批准,最高人民检察院正式成立反贪污贿赂总局,这标志着中国检察机关惩治贪污贿赂等职务犯罪的工作步入专门化、正规化轨道。

从性质上讲,反贪局是设立在检察院内部的相对独立的专门反贪污贿赂机构,也是检察机关的一个主要业务部门,具有鲜明的中国特色:

1.反贪侦查工作具有鲜明的法律监督性质。把反贪污贿赂专门机构设立在检察院内,这是必须自始至终坚持的一个法律原则。如果这个机构不是设立在检察院内,那么和我国现行法律关于贪污、贿赂等案件由人民检察院直接立案侦查的规定就不相符,就违法。因为检察机关是国家的法律监督机关,立案查处贪污贿赂犯罪是检察机关的专门职责。反贪污贿赂专门机构也就毫无疑问只能是检察机关内部一个具有相对独立性的机构。反贪局对贪污贿赂罪案的立案、侦查权,以及预防职能均派生于专门的法律监督权。我国不能像某些资本主义国家和地区那样,把反贪污机构搞成一个依附于行政长官的机构,附设在某一行政机构中,或者混淆立法和司法界限,设在议会之中。

2.反贪侦查机制体现了专门机关与群众路线相结合的优良传统。人民群众是反腐败力量的重要源泉,群众路线也是我们党的传家宝。反贪局这个专门机构,既坚持专门机关的工作,又不搞孤立主义;既注意保密,又不信奉神秘主义。反贪局的举报、调查、侦查、取证等工作都必须依靠群众,这是贯彻群众路线的具体体现和根本要求。开展预防工作,也需要大量的群众参与。依靠群众的支持,把工作建立在广泛的群众基础之上,这是这个反贪污贿赂专门机构运作的优势。实践表明,只有始终把反贪污贿赂工作局的专门工作与人民群众紧密地结合起来,才能充分有效地发挥反贪污贿赂工作局的职能作用。

3.反贪局集多种功能于一身。反贪局作为反贪污贿赂的专门机构,把举报、鉴别、侦查、预防等有机地系统化起来,具有多种司法功能。反贪局把强有力的依法惩罚与其他有效的预防教育措施结合起来,也就是把现代的法治思想与中国传统的德治、教化或者心治思想相结合,这充分体现了同职务犯罪作斗争这一复杂的系统工程相联系的特点,有利于实现最大限度抑制贪污贿赂等职务犯罪的滋生和蔓延。

4.反贪侦查工作机制及其运行具有相对独立性。反贪局作为检察机关的一个内设部门,但由于侦查贪污贿赂犯罪的特殊性,在开展侦查活动过程中需要保持相对的独立性,包括上下级之间在案件线索的受理、发现、分析和侦查及办案资源调度等方面,都需要建立上令下从等相对独立的工作机制,从而保证侦查的灵活性与原则性相结合,有利于提高侦查案件的能力,有利于对案件的及时侦破。

5.反贪侦查工作是我国反腐败体系的一个重要环节。反贪局是反腐败斗争的专门司法机构,是运用法律武器同腐败现象作坚决斗争的有力措施和途径。反贪局的建立,与负责党纪检查的纪检机关、负责政纪监督的监察机关以及负责经济监督的审计机关,共同构建了严密的反腐败组织机构体系,为从党纪、政纪和法纪不同层面处理违纪违法行为提供有力依据,对于有效打击和预防腐败现象,促进党的执政地位巩固和执政使命实现等具有极其重要的作用。

自 1989 年以来,全国 3600 多个检察院包括最高人民检察院及省、市(地)、县一级检察院都先后设立了反贪局。反贪污贿赂总局负责立案侦查全国性的重大贪污贿赂犯罪案件,以及对全国检察机关反贪污贿赂工作的指导、组织、指挥和协调等工作。地方各级反贪局在内部设立若干侦查部门,履行侦查办案的职责,市级以上人民检察院反贪局还设立大要案侦查指挥中心,负责跨县区案件和其他重大案件侦查工作的指挥协调。从当前看,基层检察院反贪局内一般设立两个侦查科和一个综合科(相当于反贪局办公室);省、市级检察院反贪局内一般设立两个侦查处、一个综合(指导)处、一个侦查指挥中心。有的省级检察院将侦查指挥中心独立于反贪局,作为检察院的一个内设部门,负责案件及其线索的管理和协调。最高人民检察院反贪污贿赂总局相应地设立侦查、业务指导、大要案侦查指挥等业务机构。从目前看,反贪局的职能及侦查运行机制、方式等如下:

1.反贪职能配置。反贪局作为反贪专门机构,设立初衷是为专门办理贪污贿赂犯罪案件。从历史渊源上讲,早期的反贪污贿赂局是在检察机关原设的经济检察科或者处上戴顶帽子、增加人员编制演变而来的,但职能没有变化,承袭了原来经济检察科或者处对经济犯罪案件实行举报、初查、侦查、批捕、起诉、预防一条龙的工作做法。随着反腐败斗争形势发展变化和对反贪污贿赂工作法治化要求的提高,对贪污贿赂犯罪案件的批捕、起诉职能先后从反贪部门分离出去,分别由侦查监督和公诉部门履行。1994 年,举报及部分初查职能又从反贪部门分离出去,由举报中心负责。2000 年 7 月,最高人民检察院实行机构改革后,预防职能从反贪部门划出,专门单独成立职务犯罪预防厅,形成打防分立的工作格局。2004 年下半年以来,最高人民检察院对初查和立案侦查的范围进行适当调整,决定从内部将对职务犯罪的初查及部分侦查职能配置给除反贪部门以外的民事行政检察、侦查监督、公诉等业务职能部门,监所检察部门的侦查管辖范围扩大到在监所范围发生的所有职务犯罪案件。但 2009 年 9 月 11 日最高人民检察院制定印发关于完善抗诉工作与职务犯罪侦查工作内部监督制约机制的相关规定,对上述职能调整进行改革,规定检察机关负责抗诉工作的部门不承办职务犯罪侦查工作。职务犯罪侦查工作由反贪、反渎、监所检察部门根据有关规定负责承办。这就取消了除反贪部门以外的民事行政检察及侦查监督、公诉等业务部门的侦查职能。总的讲,目前反贪局的主要职能是立案侦查。

2.反贪局的行政规格。目前,大多数检察机关反贪局已策略性升了半格,有的规定反贪局长为党组成员,有的地方将反贪局升格为与同级政府职能部门规格相同,省级检察院反贪局已全部按升半格配置反贪局长。

3.反贪局内部职能机构设置。基层检察院主要设立侦查、综合部门;地市级及其以上检察院设立侦查、综合指导、侦查指挥中心等部门,并逐渐强化侦查指挥中心职能,健全和完善其内设机构。自 2008 年以来,有的省级检察院实行改革,将侦查指挥中心从反贪局划出,成立与反贪局并级的专门负责对反贪、反渎侦查的办案指挥协调机构。

4.反贪侦查管辖。按照 2013 年 1 月 8 日最高人民检察院《人民检察院直接受理立案侦查贪污贿赂犯罪案件管辖规定》及 2012 年 3 月修改后的刑事诉讼法、最高人民检察院《人民检察院刑事诉讼规则》规定,检察机关反贪部门专门负责对贪污贿赂犯罪的侦查,并在检察系统内部实行分级立案侦查制度,即最高人民检察院立案侦查全国性的重大贪污贿赂犯罪案件,以及中央单位厅局级领导干部的贪污贿赂犯罪案件,中央国有企业同等级别领导干部的贪污贿赂犯罪案件;省级人民检察院立案侦查全省性的重大贪污贿赂犯罪犯罪案件;地级人民检察院立案侦查本辖区的重大贪污贿赂犯罪犯罪案件;基层人民检察院立案侦查上述检察机关管辖以外的所有贪污贿赂犯罪案件。

5.反贪侦查管理和指挥协调。为了整合上下级检察机关反贪侦查资源,提升检察机关整体侦查能力,最高人民检察院从1999年下半年开始,探索建立侦查工作一体化机制,采取提办、参办、交办、督办、指定异地办理等方式,实行上级人民检察院对下级人民检察院立案侦查工作的统一指挥协调。2005年9月在吉林长春召开全国检察机关第六次反贪污贿赂侦查工作会议,对深化侦查工作一体化改革、健全完善侦查工作一体化制度,有效发挥侦查工作一体化机制实战功能等进行全面部署。此后,由于受到侦查一体化或者检察一体化的称谓分歧、争论等影响,侦查工作一体化的提法被逐渐淡出。2013年1月8日,最高人民检察院制定关于人民检察院直接受理立案侦查贪污贿赂犯罪案件管辖规定,明确了案件管辖中采用提办、参办、交办、督办、指定异地侦查等组织、指挥、协作方式。

6.反贪侦查方式。为从宏观上把握反贪侦查发展方向,从根本上解决当前案源匮乏、侦查工作打不开局面等实际问题,按照贪污贿赂犯罪的行业特点和系统发案规律,强调采用"抓系统、系统抓"、"挖窝查串、行业治理"等方式,要求各级检察机关加强对人民群众反映强烈的贪污贿赂犯罪问题以及贪污贿赂犯罪滋生蔓延态势严峻的重点领域、重点行业、重点系统等发案情势的调查研究,从中抓住反贪侦查的重点和切入点,推动整体办案工作健康深入发展,保持惩治腐败高压态势。

7.反贪侦查的监督制约。主要体现在以下方面:一是健全完善反贪侦查内部制约机制。自1989年以来,地方各级检察机关按照最高人民检察院有关规定,普遍实行举报受理和初查立案、侦查与审查批捕、审查起诉分开的内部制约制度。即立案侦查由反贪局负责;举报线索受理由专门设立的举报中心负责;对犯罪嫌疑人采取逮捕措施的,由侦查监督部门负责审查、决定;对犯罪嫌疑人需要提起公诉的,由公诉部门负责审查、决定。二是实行办案考评。由最高人民检察院对省级人民检察院查办贪污贿赂犯罪案件工作实行考评,从宏观和全局的层面加强对反贪侦查活动的动态管理和监督。但此项考评工作止于2010年,其考评职能下放到省级检察院。三是加强外部监督。除有关外部监督措施和手段外,最高人民检察院自2003年10月以来决定实行人民监督员制度,通过试点吸收有关社会贤达作为人民监督员,加强对检察机关立案侦查职务犯罪案件工作实施监督。四是建立讯问全程同步录音录像制度,加强对讯问职务犯罪嫌疑人活动的全程监督。2012年年底,最高人民检察院实行办案工作管理制度改革,设立案件管理办公室,加强对检察机关查办贪污贿赂犯罪案件工作的流程管理和全程动态监管。据不完全统计,目前加强对检察机关查办贪污贿赂犯罪案件工作的内部制约和外部监督各类文件30余种,已涵盖案件线索受理和审查流转、初查、立案侦查、侦查活动、侦查终结以及侦查人员出庭作证等查办案件工作各个环节,实行对反贪侦查办案工作全覆盖,其根本的在于保证反贪侦查权的正确运行,提升反贪部门的执法公信力。

二、一些国家和地区贪污贿赂犯罪侦查机构及其职能考察

从国际社会看,腐败没有国界。腐败问题在每个国家或者地区几乎都存在,只是腐败的性质、存在的形式及其严重程度不同而已。对腐败问题,各国基本上都注重加强惩防,只是防治的机构、目的和技术方法不同而已。根据对各国的考察,世界各国尤其是建立公务员制度的国家和地区,如美国、英国、日本、法国、德国、瑞士等,对公务员违法违纪行为的查处和对贪污贿赂犯罪的查处,均分别设立相应专门机构。世界许多国家和地区的反贪机构及其职能配置主要体现在以下几个方面:

(一)机构名称比较混杂。大体有以下几类:一是反贪局。如马来西亚、坦桑尼亚;二是反贪污委员会。如泰国的反贪污委员会、斯里兰卡的贪污贿赂侦查委员会;三是反腐败委员会(部、组、公署、办公室、中心、局、刑事侦查局)。如津巴布韦、塞拉利昂、刚果、肯尼亚、喀麦隆的反腐败委员会,尼日利亚、毛里求斯及澳大利亚的反腐败独立委员会,委内瑞拉的反腐败部,加拿大的皇家骑警反腐败组,赞比亚的反腐败公署,中国香港、澳门的廉政公署,中国台湾的廉政署及检察院特侦组,阿根廷的反腐败办公室,比利时的中央反腐败办公室,摩尔瓦多的反经济和腐败犯罪中心,马拉维、文莱的反腐败局,芬兰的反腐败刑事侦查局,俄罗斯的内务部反经济犯罪总局等;四是调查局。如荷兰的国家刑事案件调查局,墨西哥的联邦调查局(AFI)、美国的联邦调查局(FBI),新加坡的贪污调查局,印度的中央调查局,菲律宾的独立调查处;五是其他称谓。如英国的反严重欺诈局(SFO),新西兰的反严重欺诈局,埃塞俄比亚的联邦道德和反腐败委员会(FEACC),尼泊尔的滥用职权调查委员会(CIAA)等。

（二）在机构隶属上，既有独立的也有隶属各有关部门。大体有以下几类：一是检察机关负责或者主管的反贪污贿赂专门机构。如美国，设立特别检察官（Special Prosecutor）和独立检察官（Independent Counsel），专门负责侦查或者起诉行政高官所涉贿赂等公务员犯罪、违反反垄断法等"特殊案件"。联邦检察院根据联邦检察组织法以及侦查或者起诉公务员贿赂等犯罪案件的需要，往往会超越正常检察体制，设立专职的特别检察官和独立检察官承办案件。其中，特别检察官，是联邦检察组织内的经常性"特别制度"，因案件的特殊性而设置，是一种制度化产物，一直存在并比较稳定，不太受政治影响。特别检察官设立的法律依据，规定在美利坚合众国法典第28卷第543条及第515条中，根据司法部《特别检察官事务所设置规则》进行任命。独立检察官由特别检察官派生出来，是联邦检察组织外的临时性"特别制度"，具有临时性的特点，与政治紧密相连，并深受政治影响，当有高级公务员或者政治家所涉嫌的案件发生时才临时决定设立。独立检察官是美国1978年制定的《公职伦理法》中特意增设的一种新的检察官制度。特别检察官设立的法律依据，规定在美利坚合众国法典第28卷第591条至第599条中。设立这一制度，主要考虑到消除特别检察官地位的脆弱性和对总统的依赖性。因为当对任命其的行政长官如司法长官或总统进行不利的侦查时，由于受职权范围所限，特别检察官的地位和职权就会出现问题。如在1984年查办"水门事件"中，当特别检察官考库斯开始进行不利于总统尼克松的侦查时，就遭到尼克松利用自己总统的职权将其解任的困局。虽然因联邦最高法院判决总统解任无效而最终没有被解任，但是这却反映出了特别检察官地位和权限的局限性。为避免产生这一尴尬，设立了比特别检察官更具独立性的独立检察官。此外，如日本，在高等检察厅内设立特别搜查部，专门负责侦查经济与公司犯罪、大规模偷税与漏税犯罪以及公务员贪污受贿等白领犯罪、职权犯罪等案件。二是政府首脑直接领导的独立的反贪污贿赂机构。这些专门机构，不从属于任何其他政府机构，并集司法与行政的职能于一体，具有相当的权威性和独立性，直接调查和侦查贪污贿赂等腐败犯罪案件，在实践中发挥较大、较全面的作用。如印度的中央调查局、巴基斯坦的联邦反贪污委员会、菲律宾的独立调查处、泰国的反贪污委员会、新加坡的贪污调查局等。三是立法机关领导的反贪污贿赂专门机构。

这种专门的反贪污贿赂犯罪等腐败的机构隶属于立法机关,兼具立法与司法的功能,如巴布亚新几内亚的监察专员公署等。四是联合调查形成的其他反贪污贿赂等专门机构。如英国的反严重欺诈局(Serious Fraud Office,另译为严重欺诈办公室)、埃及的非法收入局等,由总督领导、总检察长领导、司法部主管、警方人员调查等。五是国际刑事警察组织。国际刑警是承担反贪污贿赂犯罪等国际合作任务的机构,源于1914年在摩纳哥举行的第一届国际警察会议,在1923年举行的第二届国际警察会议上成立,其中曾因一战、二战而二度被迫停止。二战后恢复活动,总部于1946年从奥地利的维也纳迁至巴黎,1985年从巴黎迁至法国的中部城市里昂,至今有182个成员国,活动范围从原来基本限于欧洲地区发展到遍布全球,中国于1984年加入该组织。国际刑警组织是目前国际上承担打击贪污贿赂犯罪等反腐败国际合作中最有效也最有能力的机构。

(三)在机构职权配置上,各国对反贪机构的职权配置大同小异。大体有以下几个方面:一是明确规定了基本职权。各国法律都明确规定了反贪机构的一些基本职权,按照中国的语境习惯可以概括为侦查和预防两方面的措施,其中侦查措施包括调查、传唤、询问、讯问、搜查、扣押、勘验检查、调取证据资料、查询冻结、鉴定、辨认、通缉和拘留、逮捕等强制措施以及技术侦查手段、秘密侦查措施等种类。对于这些措施,按照公开与否可以分为常规措施和特殊措施。如调查、传唤、询问、讯问、搜查、扣押、勘验检查、强制调取证据资料、查询冻结、鉴定、辨认、通缉、拘留和逮捕等,由于公开进行,因而可归类为常规措施;技术侦查手段、秘密侦查措施等,由于不公开进行,因而可归类为秘密侦查或者特殊侦查措施。《联合国反腐败公约》对此作了明确规定:"为有效地打击腐败,各缔约国均应当在其本国法律制度基本原则许可的范围内并根据本国法律规定的条件在其力所能及的情况下采取必要措施,允许其主管机关在其领域内酌情使用控制下交付和在其认为适当时使用诸如电子或者其他监视形式和特工行动等其他特殊侦查手段,并允许法庭采信由这些手段产生的证据。"二是明确规定了一些特殊制度。主要是出于侦查贪污贿赂等腐败犯罪的实际需要,为保证侦查活动的顺利进行,一些国家在配置反贪机构的职权时,往往明确规定犯罪嫌疑人在侦查阶段不享有沉默权、审讯时律师不得在场等特权,从而突破法治国家通常所倡导的任意侦查、令状主义等原则,甚至以牺牲犯罪嫌疑人的部分人权为代价,保障侦查活动的效率和质量。正如本书总论部分所述,在美国,对于侦查没有被害人❶的贿赂罪等腐败犯罪,往往倡导"法无明文禁止皆可为",如对贿赂罪的侦查就允许使用诱惑侦查措施。同时,为解决腐败犯罪侦查中遇到美国修正宪法第5条中关于"拒绝证明自我有罪特权(The Privilege Against Self-Incrimination)"的作证障碍问题,保证证人不以"拒绝证明自我有罪特权"用来拒绝供述、作证或者提供证据,美国制定了一项超越刑事诉讼程序的宪法性制度即刑事免责(Immunity)制度。这项制度的主要内容是:国家机关面对公民行使其"拒绝证明自我有罪特权"而拒绝供述、作证或者提供证据,从而不能获得证明某一犯罪事实所必需的供述、证言或者其他证据时,通过免除一部分共犯者的刑事责任的办法使其丧失所拥有的"拒绝证明自我有罪特权",强制其进行供述、作证或者提供证据,以此来证明其他共犯者有罪,追究其他共犯者的刑事责任。确定这项制度,首先是证据的强制获取。也就是说,这项制度以保证能够对与某项嫌疑有关的证据进行强制性获取为目的、以这种强制为内容的制度。当然,这里的"与某项嫌疑有关的证据"不单限于供述、证言,还应包括其他可以成为证据的资料等。其次才是免除刑事责任,并且不单是适用于法院的公判程序中的一种证明手段,也是适用于包括从侦查到审查起诉、审判的整个诉讼过程中的诉讼方法。这充分说明了为有效打击贿赂犯罪,美国立法机关及司法部门所具有的务实性和灵活性。三是强调了侦查措施的诉讼性运用。如有的国家对于决定采用搜查、逮捕等措施,规定实行令状主义原则。《公民权利和政治权利国际条约》第9条明确规定:"任何因刑事指控被逮捕或者拘禁的人,应被迅速带见审判法官或者其他经法律授权行使司法权力的官员,并有权在合理的时间内受审批或者被释放。"对于侦查中使用监听等手段,也都规定了须经司法审批程序。

(四)在机构内部设置上,一些国家或者地区的反贪局内部机构建设通

---

❶ 笔者认为,实际上腐败是有被害对象或者被害人的。作为纳税人的公民和国家,都是腐败犯罪的被害人。对此,《联合国反腐败公约》第35条规定,各缔约国均应当根据本国法律的原则采取必要的措施,确保因腐败行为而受到损害的实体或者人员有权为获得赔偿而对该损害的责任者提起法律程序。

常相对比较完善,一般都设有情报、侦查、法律研究、预防及行政保障等部门。如新加坡贪污调查局,设行政部、调查部、资讯管理及支援部;中国香港廉政公署设立执行处、防止贪污处、社区关系处,其中执行处下设四个调查科:调查一科和二科分别负责政府和私营机构的职务犯罪调查;调查三科主要负责情报管理和内部监察;调查四科属于后援科,负责执行处的行政事务、资讯管理和研究,以及对其他三个科的行动技术支援;日本的检察机关特别侦查部下设五个部门:一是财经案件班,负责查处东京国税局检举的各种违反税法的偷税、漏税案件,查处证券交易监督委员会检举的违反证券交易法案件,查处公正交易委员会检举的违反禁止垄断法案件;二是特殊直告案件班,负责受理举报案件和对贪污贿赂举报案件进行侦查;三是机动班,负责对警视厅查办案件进行指挥、指导和对警视厅移交案件的继续即补充侦查;四是特别侦查事务科,负责办理证据的接收、保管和处置等事项;五是特别侦查资料科,负责收集、整理资料,赴银行、证券公司侦查查证,分析、研究证物,跟踪、调查嫌疑犯行踪。韩国的大检察厅不正腐败事犯特别搜查本部内设搜查企划官室、搜查第一课、搜查第二课、搜查第三课、科学搜查指导课和科学搜查运营课等部门,其中搜查企划官室,负责收集犯罪情报,指挥、指导地方特别搜查部的侦查及其他业务工作;搜查一、二、三课,分别负责高级公务人员腐败犯罪、走私犯罪和新闻犯罪方面的侦查、起诉;科学搜查指导课,负责技术侦查的运作、侦查装备、经费的保证和侦查技术的研究,科学搜查运营课,负责犯罪的技术鉴别、鉴定。地方各级不正腐败事犯特别搜查部内设机构及其职责与大检察厅特别搜查本部也基本相对应。印度的中央调查局内设有六个分部:一是侦查与反贪污部,负责收集关于政府部门和国有企事业单位发生的职务犯罪案件的情报,侦查并起诉九大类案件包括涉及政府部门公务员及其联邦政府公务员其他人共犯的案件,涉及中央政府或国有企事业的单位和政府建立或资助的团体腐败的案件,有关违反中央法律的案件等;二是技术部,负责在侦查部涉及账目问题时,提供特别的帮助;三是犯罪记录与统计部,负责保留全国的犯罪记录,研究全国盗窃与失窃、枪支弹药的回收,伪造文书与货币的动态,收集与传播有关重要的邦际犯罪方面的信息等等;四是研究部,负责分析和研究特殊的犯罪以及一些具有普遍性影响的问题,如不同地区严重犯罪的趋势及成因、预防犯罪的措施及其与犯罪的效果和关系、侦查方式的改进与引进科学设备的比较、现行法律的不足与在法律上协调不同阶段发生的相同的犯罪等;五是法律与协调部,下设法律、协调两个处,其中法律处负责为侦查提供法律咨询,在重要案件中指挥起诉等;协调处负责有关组织、政策和程序事宜,与中央部委和地方政府就普遍性的政案程序等问题保持联系等;六是后勤部,负责后勤及财务事宜。(参见下表)美国司法部刑事处负责的反贪污机构,由联邦检察院一名副总检察长(司法副部长)负责,下设代理副总检察长领导腐败有组织犯罪组、执行办公室、廉政组。

亚洲部分国家(地区)反贪局内部机构设置情况对比表

国家或地区	反贪机构名称	内部机构数量(个)
中国	反贪污贿赂局(简称反贪局)	3
中国香港	廉政公署	4
新加坡	贪污调查局	3
日本	特别侦查部	5
韩国	不正腐败事犯特别搜查本部	6
印度	中央调查局	6

三、中国反贪侦查机构的改革和发展

反贪侦查机构是与国家公职人员贪污贿赂犯罪作斗争的主体,也是反贪侦查工作顺利开展的组织保证。建立科学合理的反贪侦查机构,对于适应查处、惩治和预防贪污贿赂犯罪,深入推进党风廉政建设和反腐败斗争新形势要求等都具有重要意义。从总体上讲,检察机关反贪侦查机构的设置及其职能作用的有效发挥,有力地推进了现阶段的反腐败斗争。但从长远发展看,当前反贪侦查机构及其职能设置存在一些问题,有的还比较突出。加强反贪局建设和发展研究,是一项重大而紧迫的现实课题。

(一)反贪局及其运行中存在的问题。

一是机构设置不统一。从总体上看,当前反贪局的机构名称、内部机构设立等基本是一致的,但也有一些地方存在不一致的问题,如有的地方挂着反贪污贿赂工作局的牌子,有的地方摘下反贪污贿赂局的牌子;有的基层检察院反贪局设立情报、侦查、预防、综合后勤等内部机构,有的仅设立侦查与综合后勤部门;有的地市级、省级检察院除了设立侦查、指导和综合机构,还设立独立于反贪局并与反贪局并列的侦查指挥中心;有的侦查指挥中心设立在反贪局内部等。

二是反贪局及侦查局长级别、任命做法不一。从实践看,反贪局及侦查局长是比较敏感的部门和人选。目前,有的地方反贪局被当地编制办公室确定为行政一级局;有的被确定为行政二级局;有的仍然属于检察院内设机构。与此相联系的是,有的地方侦查局长级别与当地政府职能部门的主要负责人相同,并在检察院内成为院党组的成员;有的比当地政府职能部门主要负责人低半级,但在检察院内仍然成为院党组的成员;有的与检察院内设机构主要负责人没有区别,也没有进入院党组成为党组成员。在任命上,有的地方侦查局长由副检察长兼任,有的没有兼任;有的报经上一级检察院同意;有的不必报经上一级检察院同意。

三是装备配置、经费保障不统一。实践中各地各显神通,通常是有多大能耐配置多少装备、给予多少经费保障,以致有的经费保障纳入预算,有的没有纳入预算,并且要千方百计寻求经费保障;有的出于利益驱动办案,有的因经费保障有力而懈怠;有的由于地方政府给予经费上的大力支持而缺乏办案动力。在装备配置及建设上,存在类似问题,主要是受经费保障的影响和制约。如有的地方购置了专用汽车、照相机、红外线望远镜、录像机、手机定位系统、测谎仪、网络侦查技术设备以及其他侦查装备,有的地方一无所有,仍然依靠一张嘴、一支笔、两条腿的传统方法办案等。

四是执法行为不规范。对立案后如何讯问犯罪嫌疑人、询问证人,如何出示证件、亮明身份,如何告知犯罪嫌疑人、证人依法享有的权利,在提问时如何讲第一句话、如何应对讯问中出现的突发事件等,各地做法不一,没有统一的规范。虽然这不一定妨碍执法人员依法行事,但反映出这一制度的不成熟。

总之,反贪局由于其作为承载国家反贪权或者反腐败权力的专门机构,在名称、内部机构设立、装备配置、经费保障等方面都应统一,不能出现地方化色彩。如果确需保留或者突显地方特色的,也应当经过报上级审批等相关程序。但司法实践中,各行其是的情形并不鲜见。

(二)反贪局改革和发展需要正确处理的若干重大关系。

一是处理好反贪侦查工作的定位。一个时期以来,一些社会人士包括学界和司法实务界某些人,对检察机关贪污贿赂犯罪侦查权的法律监督性质,都程度不同地提出质疑。他们认为,检察机关对贪污贿赂犯罪的侦查是刑事侦查职能的一部分,这种侦查权的性质却被确定为具有法律监督性质,而公安、安全、海关等机关同样行使刑事侦查职能,为什么不能像检察机关那样也具有法律监督性质。据此,有人提出把检察机关侦查职能从检察机关独立出去,专门设立一个机关行使,或者交由公安机关行使等。这不仅是一种思潮或者受思潮的一种影响,而且反映了当前某种倾向和苗头,对此需要加强研究。需要进一步指出的是,目前在广东省的佛山、珠海、深圳等地,已经开展将反贪职能独立于检察机关并纳入专门的反腐败或者廉政工作机构的试点。这表明,对反贪侦查工作的定位愈显迫切。

二是处理好反贪局的定位。反贪局是什么、不是什么,这是涉及把反贪局建设成一个什么样的机构,以及反贪局能否持续长远发展的理论和实践问题。目前,反贪局不是行政局,是检察院的内部机构是已明确的。为此,有人认为在检察院内部,不能把反贪局做强做大。因为作为检察院的内部机构,应与其他内部机构一样,保持相同的级别、相同的建制和政治待遇,甚至有的人主张检察院只能挂人民检察院这个牌子,不能挂反贪局的牌子。据此,有的地方把挂了 20 余年的反贪局牌子悄悄摘下。而群众如不知其理,以为人民检察院以后不搞反贪了。

三是处理好反贪局内部机构的设置。无论作为检察院的内设机构还是独立于检察机关,反贪局内部机构设置都是需要加强研究,使之符合反贪工作规律和侦查规律,这事关反贪局能否正常有效发挥职能作用的重大问题。

四是处理好反贪局的经费和装备保障。这个问题已提到议事日程,亟需妥善解决。否则,解决不好就会影响反贪侦查工作尤其是基层反贪部门的执法活动,还将会使基层的执法行为变形,甚至成为利益驱动的工具。对此,应当予以高度重视。

(三)反贪局的改革和发展的设想及解决措施。

要推进反贪侦查工作持续长远发展,客观上亟须采取改革的方法,着力解决影响和制约反贪局建设和发展的突出问题。具体设想及解决的措施建议如下:

一是明确反贪侦查工作的性质。从当前看,贪污贿赂犯罪是腐败现象最严重的表现,是对国家法律最严重的沾污,也是对国家形象及执政队伍最严重的破坏和威胁。特别是在和平年代,腐败这个问题如果解决不好,就会对执政党造成致命伤害,甚至亡党亡国。检察机关作为我国宪政体制中的一个权力机构,主要职责是采用司法的手段和途径实行法律监督,其中一项重要内容是监督国家公职人员的职务活动,对于国家公职人员在职务活动中利用职务上的便利实施犯罪的行为,实行直接立案侦查,依法追究国家公职人员的刑事责任,这有利于促进和保证国家公职人员依法履行职务、公正行使权力,正确用好手中的公共权力,全心全意为人民服务。从这个意义讲,检察机关履行反贪侦查职责是适宜的,也符合我国宪法和法律的精神。因此,反贪侦查工作既是反腐败斗争的重要部分,也是检察机关依照宪法和法律承担的法律监督职责的重要内容。

二是明确反贪局改革、建设和发展的目标。按照"标本兼治、综合治理、惩防并举、注重预防"方针,坚持惩治和预防两手抓,可以把目前检察机关内部设置的反贪局、反渎职侵权局、预防部门合并,建设成为机构设施齐全、惩治手段齐备、技术装备先进、反应灵敏高效的有权威的反贪局、反贪总局或者贪污贿赂犯罪侦查局,这是坚决惩治和有效预防贪污贿赂犯罪等腐败现象的现实需要,也是有效遏制和防范腐败现象的策略措施。从策略上讲,可以从省级以下开始试点。从短期讲,可以把着力点放在完善机构、健全手段、强化能力、确保履责上。从长远看,可以考虑改革反贪局、反贪总局的领导体制,进一步扩大反贪局的独立性,提升规格和行政职级,使反贪局成为检察机关主管的相对独立的专司反贪污贿赂的侦查机构或者专门司法机构,与同级政府行政建制局同级或者高半级,局长可以独任也可由主管检察长或者检察长兼任,这有利于进一步加强机构设置、装备设施、经费保障、侦查手段以及级别建制等建设,并逐步与纪检监察部门查处违法违纪行为的职能相衔接,形成纪检机关负责监督违反党纪行为、监察机关负责监督违反行政纪律行为、审计机关负责监督违反经济纪律行为、反贪局负责监督贪污贿赂犯罪的科学有序的国家反腐败体系,提升惩治与预防腐败现象的能力和效果,从根本上遏制和防范腐败现象滋生蔓延,确保党的执政地位巩固和执政使命实现,维护社会和谐稳定及国家长治久安。

三是明确反贪局内部机构设置及局长的级别和任命程序。制定全国统一的反贪局内部组织设置指导性意见，以及局长的级别和提拔任命的程序和制度，明确基层人民检察院、市（地、州、盟）人民检察院、省级人民检察院的反贪局以及最高人民检察院反贪污贿赂总局的内部机构设置。通常而言，可作出以下统一规定：首先，在结构设置上，基层人民检察院反贪局的内部机构，设立举报（侦查信息情报）、侦查、综合部门；地市级、省级人民检察院反贪局的内部机构，设立举报（侦查信息情报）、侦查（侦查厅级干部案件处或者侦查县处干部级案件处）、指导、侦查指挥协作、综合部门；最高检察机关反贪总局的内部机构，可以设立侦查指导、若干侦查处（中央机关部级以上干部案件侦查处、中央单位局级干部案件侦查处、地方省级以上干部案件侦查处、地方厅级干部及重要地区县委书记县长案件侦查处）、侦查国际合作、侦查综合后勤等部门。其次，在机构级别、政治待遇和人员任免上，明确反贪局为一级局或者比同级行政建制局高半级，局长可以独任也可以由检察长兼任；局长为一级局或者比同级行政建制局高半级的待遇；对于局长的任免，明确报请上一级人民检察院同意后由人民检察院所在地人大常委会任免。最高人民检察院反贪污贿赂总局局长提升为正部级或者副部级，可由分管副检察长兼任，并由全国人大常委会任命，以最高人民检察院名义或者直接以反贪污贿赂总局名义对其负责并报告工作。四是明确制定反贪局的经费和装备建设保障制度。制定反贪局装备建设指导性意见，明确反贪局经费统一纳入地方政府财政预算，明确基层反贪局、地市级和省级反贪局的装备配置标准。比如由最高人民检察院反贪污贿赂总局进行强侦查信息化和装备现代化建设规划，明确基层反贪局可以配置专用办案工作区、专用汽车、笔记本电脑、微型照相机、微型录像机、录音笔等录音设备、测谎仪，以及电子数据提取或者收集仪器等设备；地市级、省级反贪局除了配置基层反贪局的上述设备，还可以配备手机定位系统、网络侦查简便设施等等。

需要进一步指出的是，上述观点尚很不成熟。在此提出来，希望与研究反贪侦查理论的专家、同仁一起探讨，以期促进反贪侦查理论的完善和中国特色社会主义反贪污贿赂侦查理论体系构建及其组织建设。

第四节　贪污贿赂犯罪侦查业务建设

当前,随着与贪污贿赂犯罪作斗争形势深入发展,贪污贿赂犯罪发生了新的变化,犯罪分子实施犯罪时往往隐蔽化方式、智能化方法、暴力化手段及高技术化装备等并用,携款潜逃特别是外逃现象业已突出。犯罪分子在一定程度上逐渐强化了反党反人民、反社会、反正义的心理,对抗司法的措施和手段不断强化,致使一般调查手段乃至侦查思维和侦查方式失灵,反贪队伍整体素能已明显适应不了侦查这类犯罪的需要。从实践看,当前对于贪污贿赂犯罪侦查业务究竟包括哪些范围及内容,以及究竟如何进行建设等,没有统一的部署和规划。这显然不利于贪污贿赂犯罪侦查业务建设和发展,进而影响侦查工作长远发展。要从根本上解决问题,就必须把加强研究贪污贿赂犯罪侦查业务建设摆到十分突出的位置,加强研究贪污贿赂犯罪侦查业务及其建设,明确侦查业务的范围、内容及建设的目标和要求,综合运用顶层设计和总体规划、业务培训、实战应用研究、临场演练和具体办案应用等方式和途径,推动侦查业务建设。唯有如此,才能把贪污贿赂犯罪侦查工作推向深入,确保取得惩治和预防贪污贿赂犯罪的实际成效。

一、贪污贿赂犯罪侦查基础理论建设

贪污贿赂犯罪侦查工作要取得长远发展,就一刻也不能没有理论思维和科学理论的指导。加强贪污贿赂犯罪侦查业务基础理论研究和建设,应当抓住事关贪污贿赂犯罪侦查工作长远发展的重大问题。比如:一是贪污贿赂犯罪侦查所涉哲学基础和哲学原理;二是贪污贿赂犯罪侦查所涉心理学、生物学及由此派生的贪污贿赂犯罪心理学、侦查心理学、审讯心理学等基础理论;三是贪污贿赂犯罪侦查学及由此派生的一般侦查原理,贪污贿赂犯罪侦查权与刑事侦查权的关系及其渊源、依据和运行原理,贪污贿赂犯罪侦查目的、侦查认识、侦查思维、侦查谋略、侦查系统论信息论控制论、侦查战略、侦查目标、侦查制度、侦查程序、侦查行为、侦查对抗、侦查模式、侦查方法、侦查决策、侦查管理、侦查绩效等。这些问题如果研究不深、不透、不全面,就难以从根本上解决一些长期困扰侦查理论和侦查实践的突出问题。

二、贪污贿赂犯罪侦查应用理论建设

贪污贿赂犯罪侦查理论研究和建议的目的,就是为了提升侦查实战能力。因此,贪污贿赂犯罪侦查应用理论研究和建设至关重要。加强贪污贿赂犯罪侦查应用理论研究和建设,应当抓住事关贪污贿赂犯罪侦查能力和水平提升的重大问题。比如:一是犯罪学、刑法学、刑事诉讼法学、侦查学等法律专业学科的应用研究,深入研究和分析把握涉案人员的行为定性、行为特点、行为处理以及立案标准、破案标准等问题。二是自然科学领域的科技知识和原理等,包括各自然学科领域的知识、原理及技术方法,如 DNA 分析技术、数码网络技术、窥视技术、夜视技术、拍照技术、声纹技术、测谎技术、录音录像技术、激光技术、催眠技术等,有机吸收运用于侦查活动之中。三是人文社会学科领域的知识和原理等,包括经济学、社会学、管理学、政治学及政策学等各社会学科领域的知识和原理,如城镇化、经济区域化、服务大局、依法独立行使侦查权、宽严相济政策及侦查体制改革等有机吸收运用于侦查活动之中。

三、贪污贿赂犯罪侦查制度建设

贪污贿赂犯罪侦查制度,是贪污贿赂犯罪侦查工作长远发展的重要保障。要确保贪污贿赂犯罪侦查工作健康深入发展,制度建设至关重要。加强贪污贿赂犯罪侦查制度的研究和建设,应当抓住事关贪污贿赂犯罪侦查制度建设和工作长远发展的重大问题。比如:一是贪污贿赂犯罪侦查基础制度建设,包括贪污贿赂犯罪侦查职责配置、具体权能、组织机构、人员编制法等。二是贪污贿赂犯罪侦查权运行机制建设,包括案件线索受理、审查、初查、立案侦查及侦查终结、侦查人员出庭作证等事关侦查权科学有效运行的案件管辖、初查请示或者报告、立案报告报批报备、侦查强制措施使用审批、讯问录音录像、追逃追赃等各项制度和程序。三是贪污贿赂犯罪侦查工作机制建设,包括举报线索分流审查处理机制、侦查工作一体化机制、区域联动办案机制、检察机关内部分工制约机制和外部监督机制等。四是贪污贿赂犯罪侦查工作管理制度建设,包括办案重大安全事故责任认定和处理、具体个案办理经验总结和讲评、办案绩效考核等各项业务管理和责任处理制度。

四、贪污贿赂犯罪侦查实务建设

贪污贿赂犯罪侦查实务的研究和建设,包括侦查实战手段及策略措施等研究和建设,主要针对具体罪种和具体案件,采取相应的侦查措施、手段和策略、方法,实现稳、准、快、狠、好的侦查办案目标。所谓"稳",就是在决定初查、立案、侦查取证以及案件事实的认定处理等方面,都要做到依法、慎重,确保办案质量和效果。所谓"准",就是对于案件线索的分析要判断准,决定初查的时机和条件要掌握准,初查的切入点要找准,立案侦查的决定要搞准,确保万无一失。所谓"快",就是对看准的初查或者立案的时机和条件,动作要快,要及时组织力量部署办案工作,实现以快取胜的目的。所谓"狠",就是决定立案后,必须抓住一点,扩大其面,尽可能依法查深查透。所谓"好",就是严格依法规范公正文明执法,坚持实体与程序并重,实现办案工作的法律效果、政治效果和社会效果有机统一。

要达到以上目标,首先要深入了解对案件或者线索受理、初查、立案、侦查等各个步骤和环节的任务和要求,并具备与此相应的各种办案基本技能,比如犯罪情报分析、案件线索受理分析、审查决定初查和立案侦查、强制措施的综合运用、侦查组织指挥协调以各种相关及侦查技术的综合、统筹运用等技能。具体地说,应着重把握以下环节和方面:

一是具体罪种及具体案件的一般侦查方法和谋略技巧,比如贪污罪、受贿罪等一般侦查方法、措施及谋略技巧、策略要求等,都要熟练掌握运用。

二是案件线索收集和分析运用能力,比如对于一条受贿案件线索,如何入手分析其成案率和可查性,如何找准切入点开展初查,如何把握初查既不能过度也不能不到位的"火候"及界限等,都要熟练运用。

三是重点领域、重点环节和重点人群的案件调研分析能力,比如应当熟练运用"抓系统、系统抓"的方法开展"挖窝查串",这其中包括抓住重点领域的分析、发现具体案件后对其犯罪特点和规律的提炼,以及指导面上推动深入系统查办案件工作等,都应具备相应的能力。

四是组织指挥侦查办案能力,针对具体案件或者系列案件的查办,应当具备相应的组织、指挥、协调等能力。这既是对侦查骨干的要求,更是对反贪局负责人的要求。对于具体案件或者类案、群体案件的查办,反贪局负责人特别是局长应当具备必要的组织、指挥和协调素能。

五是统筹运用强制措施和强制性侦查措施、专门调查工作等能力,比如什么时候决定使用强制措施以及哪一种措施,对于犯罪嫌疑人供述、证人证言、电子数据以及搜查、查封、扣押、冻结等,应当采取哪些有针对性的措施和策略进行有效收集等,都应具备相应的决定和使用能力。

六是法律规定的应用研究能力,比如对于修改后的刑事诉讼法相关规定,如何正确使用并案侦查措施、指定居所监视居住措施、狱侦手段;如何统筹使用办案时间,比如传唤、拘传的 12 小时或者 24 小时如何科学安排和运用;如何加强与行政机关和行政执法机关沟通协调,调取其在执法办案过程中收集的言词证据材料和物证、书证、视听资料、赃款赃物等各种客观证据材料;等。对此,都应具备相应的收集和调取能力。

七是对于侦查信息化和装备现代化的侦查技术装备的运用能力,比如对于被调查人或者犯罪嫌疑人的通话资料,采用话单分析技术进行熟练运用的能力;查询被调查人或者犯罪嫌疑人的民航信息技术及运用;查询公安系统提供人口、车辆等公共信息共享查询能力,以及测谎仪和窥视镜、夜视仪等基本技术设备的使用;网络信息的调查和收集;等。总之,对于侦查现代化手段的运用,也是侦查业务建设的重要内容。

此外,贪污贿赂犯罪侦查业务建设,还涉及许多需要进一步深入研究和建设的手段、技术、技巧和装备等。

总之,贪污贿赂犯罪侦查业务建设涉及的范围很广。对于上述论及基础理论建设、应用研究能力建设、实战运用能力建设等方面,只是初步的。要全面、有效适应贪污贿赂犯罪侦查工作的新情况新形势新要求,就必须加强对贪污贿赂犯罪侦查及其理论的深入系统研究,梳理出符合侦查实际的理论体系和实战运用系统,为侦查工作服务。

五、当前若干贪污贿赂犯罪侦查业务建设

(一)侦查信息情报的收集运用及机制建设。

情报,即关于情况的报告。在信息技术高度发达及快速发展的当今世界,情报的收集和利用已充斥每一个意识形态国家和每个国家的各个社会领域。就贪污贿赂犯罪侦查而言,侦查信息情报建设是贪污贿赂犯罪侦查的一项重要基础性工程,当务之急是积极探索开展情报机构设置、人员选用、情报收集业务培训和情报管理及刑事登记等工作。

1.明确贪污贿赂犯罪侦查信息情报建构及其职责。实践表明,建立侦查信息情报机构,既要考虑现行有关法律规定的可行性,又要考虑情报建设自身的内在规律性特征。从全国看,目前侦查信息情报机构基本上设置在反贪局,成为一个专门性业务部门,并按照人民检察院领导体系和工作格局进行运作,从纵向和横向两个层面加强联系协作。侦查信息情报机构为贪污贿赂犯罪侦查服务,一般应具备以下职责:一是面上情况的搜集。收集社会各方面有关资料,掌握贪污贿赂犯罪的动态趋势,研究了解贪污贿赂犯罪在不同部位、不同行业以及不同历史时期的表现特点、活动规律和产生原因,为制定贪污贿赂犯罪惩治和预防对策提供基础资料。二是重点领域的布控。在重点部位、行业甚至单位建立布控网络,扩大贪污贿赂犯罪情报源。三是重点人群的监控。建立对重点人员如某职能部门、某工程项目的实权人物布控监督,研究掌握其实施贪污贿赂犯罪活动等动态信息,服务于侦查、惩治和预防。四是具体个案侦查的基础服务。协助侦查人员,开展对犯罪嫌疑人、被告人或有关涉案人进行公开的或者秘密的跟踪,搜集并提供有关涉案人活动规律、个性特征以及家庭情况、社会关系等情报,为个案的侦查和审讯服务。五是了解社情,尤其是社会各界对反贪部门查处贪污贿赂犯罪案件情况的反应,把握查处和惩治贪污贿赂犯罪工作的力度、方向等。

2.加强贪污贿赂犯罪侦查信息情报人员的选用与管理。侦查信息情报人员的选用、培训和管理,直接关系到侦查信息情报机构能否正常有序运作,以及在贪污贿赂犯罪侦查中能否发挥应有作用。一般地说,侦查信息情报人员应具备以下条件:一是良好的心理素质和文化素质。具有正义感和奉献精神,有相应的社会阅历,忠于事实和法律,保密意识强,并服从领导,听从指挥。二是社交面广,活动能力强。接触各种社会层次的人员多,胜任于侦查信息情报收集工作。三是善于调查研究。做人踏实,能吃苦耐劳,办事稳妥。对侦查信息情报人员应进行公开和秘密、正面和侧面等综合考察和评断,然后慎重择选。在侦查信息情报人员选定后,反贪部门应建立档案,并根据工作需要以及侦查信息情报人员本人表现进行相应的变更。侦查信息情报队伍建立后,应当抓紧做好以下工作:首先,进行业务培训。主要内容是与侦查信息情报工作有关的思想政治、组织纪律、特殊保密、公开或秘密侦查信息情报人员的工作方法等。其次,分类使用和管理。根据侦查信息情报人员的不同层次、不同能力和不同性格等情况,区别对待。再次,明确管理机构和管理人员及其职责。一般而言,为保证侦查信息情报队伍的相对稳定性,在具体使用和管理过程中,应当首先明确管理机构、专门人员及管理职责。对侦查信息情报人员的管理,应当建立档案管理、考核、奖惩、物质保障和人身保障等各项制度,采用正常性、动态性、特定化或个案化等手段相结合的方法进行考核评断,对不合格者或者有瑕疵的情报人员应及时变更,并通过一定时间的监控,以免造成不应有的负面影响。

3.实行贪污贿赂犯罪刑事登记制度。所谓贪污贿赂犯罪刑事登记,是指反贪部门对承办的贪污贿赂犯罪案件中某些具有侦缉意义或者技术检验意义的客体进行各种登记的总称。运用贪污贿赂犯罪刑事登记资料建立的档案,即为贪污贿赂犯罪刑事登记档案。贪污贿赂犯罪刑事登记的内容,主要包括涉案人员的姓名、指纹、人相、笔迹、作案手段等方面。实践表明,贪污贿赂犯罪刑事登记是反贪侦查的一项重要基础工程,对于研究分析贪污贿赂犯罪的特点、规律及发案趋势等具有重要的基础作用,同时也是提高查办贪污贿赂犯罪案件质量和效率的一项重要措施。具体地说,其意义在于:一是有利于开展对在逃贪污贿赂犯罪嫌疑人或被告人的通缉协查;二是利用刑事登记资料比如犯罪手段、特点和规律等登记,可以进行串并案件或者通过总结提炼,形成"抓系统、系统抓"等具有普遍指导意义的对策措施;三是通过查阅刑事登记资料,可以查明在押重大贪污贿赂犯罪嫌疑人的犯罪史。随着反腐败斗争不断深入,为遏制和预防国家公职人员实施贪污贿赂犯罪后外逃现象,开展贪污贿赂犯罪刑事登记具有重要现实意义。

4.加强贪污贿赂犯罪侦查信息情报管理。首先,根据贪污贿赂犯罪侦查信息情报的用途不同,可以将侦查信息情报分为动态情报与个案情报。所谓动态情报,是指一个地区与经济社会发展状况、经济结构与行业结构有关联的贪污贿赂犯罪发生发展趋势,以及发案重点领域、行业、部位、人群等贪污贿赂犯罪动态趋势方面的情报。所谓个案情报,是指在贪污贿赂犯罪案件的侦查过程中,为具体个案的侦查提供破案线索、取证线索、追赃线索等具有直接实用价值,并由公开或秘密情报人员获取的情报。其次,加强分类管理。根据情报的作用不同,对贪污贿赂犯罪侦查信息情报的应用、储存和管理,坚持有利于侦查为原则,力求分类准确、检索方便。具体的管理方法和要求:一是实行分级储存,科学管理。对贪污贿赂犯罪侦查信息情报,应按其管理范围分级储存,进行科学管理。随着计算机技术的普及,对于各级反贪局收集、管理的侦查信息情报应当建设档案卡片,并分类编纂,实行微机化管理。二是适时变更。对已利用或者贪污贿赂罪案已经侦查终结的信息情报,应当及时进行变更处理,可作为研究贪污贿赂犯罪趋势的素材,有的还可以作为深度开发利用的线索。三是对新获取的侦查信息情报,应当及时建卡入档,妥善管理。总之,应加强对贪污贿赂犯罪侦查信息情报的动态管理,为贪污贿赂犯罪侦查工作创造有利的条件和基础。

(二)侦查一体化与区域联动办案机制建设及其运用。

当前,贪污贿赂犯罪活动已突破地域、行业、部门及时间的界限,跨地区、跨国境犯罪不断增多。以"地域为界、各自为战"为主要特征的反贪侦查机构设置及其侦查模式或者办案方式,已远不能适应侦查办案的新形势要求。加强侦查一体化和区域联动办案机制建设,根本目的是优化侦查组织机构,加强纵向的侦查指挥、横向的侦查协作和区域的整体办案工作,形成查办贪污贿赂犯罪合力,发挥侦查整体效能。

1.加强纵向侦查指挥。上级检察机关反贪部门可以采取提办、参办、交办、督办、指定异地办理等各种办案措施,对下级检察机关办理的案件实行业务领导和侦查管理,同时明确各级院在办案中的权责利,充分发挥上下级检察机关的积极性,提升整体侦查能力。具体应当做到三个统一:一是案件线索实行统一管理运用;二是侦查活动实行统一指挥协调;三是侦查资源包括侦查人才和侦查装备实行统一调度使用。

2.强化横向侦查协调。按照最高人民检察院《人民检察院刑事诉讼规则》等规定,在贪污贿赂犯罪案件侦查过程中,建立横向协作机制。一是委托调查。根据《人民检察院刑事诉讼规则》第一百七十五条规定,检察机关在案件线索的初查过程中,可以委托其他人民检察院协助调查有关事项。受委托的检察院要按照协助调查请求提供协助。如果对协助调查事项有争议的,应当提请双方共同的上级机关协调解决。二是异地调取证据的协作配合。根据《人民检察院刑事诉讼规则》第二百三十二条规定,检察机关在侦查取证过程中,需要向本辖区以外的有关单位和个人调取物证、书证等证据材料的,可与当地检察院联系,必要时,可向证据所在地的检察院发函调取证据。协助的检察院应在收到函件后 1 个月内,将调查结果送达请求的检察院。三是异地查封、扣押财物和文件的协助办理。根据《人民检察院刑事诉讼规则》第二百三十五条规定,检察机关在侦查办案过程中,对于需要查封、扣押的财物和文件不在本辖区的,办理案件的检察院应当依照有关法律、规定,商请被查封、扣押财物和文件所在地的检察院协助执行。被请求协助的检察院有异议的,可以与办理案件的检察院进行协商,必要时报请共同的上级检察院决定。四是其他侦查办案事项的协作配合,也应按照法律和刑事诉讼规则等规定进行。

3.积极探索建立区域联动办案机制。提倡实行区域联动办案,主要目的是要有效解决涉案区域的侦查资源整合、办案规模以及案件深挖查透等问题。按照现代战略管理和战略协同的原理,探索实行区域联动协同侦查,以经济区域化和产业链为依托,以贪污贿赂犯罪群体化而形成的犯罪链为目标,推动建立以北京为基点的北方区域联动办案机制,以上海为基点的长三角区域联动办案机制,以广东为基点的珠三角及至泛珠三角区域联动办案机制,以湖北为基点的中西部区域联动办案机制,进一步整合办案区域的侦查资源,适应中央纪委办案机构改革的新格局新要求,通过实行区域联动办案的方式及运行机制,提升整体、集约办案水平,调动全国检察机关办案积极性,确保查办案件强劲势头,保持惩治腐败高压态势。

(三)侦查手段现代化建设和运用。

随着反腐败斗争不断深入,贪污贿赂犯罪分子越来越狡猾,使用科技手段作案的智能型犯罪逐渐增多,反侦查能力也愈益强化。如果不及时快速提高侦查科技含量,把先进的科学技术手段运用到收集和固定证据之中,侦查工作就会处于被动,甚至陷入僵局。司法实践中,有的案件久侦不破乃至大案办小,再从小案办盲、办无,很大程度上与侦查手段不足、措施不力及侦查科技含量低等因素相关。要推动贪污贿赂犯罪侦查工作健康深入发展,一个重要的措施和途径就是加强侦查科技化和装备现代化建设,进一步提升贪污贿赂犯罪侦查手段现代化水平。

1.侦查手段现代化的目标。侦查手段现代化,包含侦查信息化和侦查装备现代化两方面的内容。为使科技手段充分运用到贪污贿赂犯罪侦查工作中去,切实提升侦查科技含量,增强侦查能力和水平,1999年最高人民检察院制定《检察改革三年实施意见》,提出"以计算机技术为核心,初步实现办公自动化和办案现代化"的目标。这里的"办案现代化",可以视为早期所提侦查手段现代化的目标。2000年1月最高人民检察院作出《关于在大中城市加快科技强检步伐的决定》,希望从大中城市入手,推动侦查科技化建设。据此,明确到2004年年底使200个大中城市的检察院联网,进入全国检察机关贪污贿赂等职务犯罪侦查指挥系统;1000个大中城市和东南沿海经济发达地区的检察院装备贪污贿赂等职务犯罪案件信息管理系统;2000个检察院建成讯问室监控系统,进一步推进检察机关办案现代化。到2007年,依托全国检察数字专线网,建成覆盖全国、安全高效的远程侦查指挥系统;办案一线的侦查装备能够保障指挥联络、快速反应、收集固定证据等办案任务的完成;整个侦查队伍的科技素质明显提高,形成一支具有较高专业水平的侦查科技队伍。近年来,侦查手段现代化建设进入新时期,明确了新目标。首先,侦查信息化建设的总体目标和阶段性目标。根据2011年最高人民检察院关于加强检察机关贪污贿赂等职务犯罪侦查信息化建设的意见等规定,侦查信息化建设的总体目标是:"大力推进侦查信息化建设,到2015年建成以网络平台为基础,以侦查需求为主导,以服务办案为主线,以科学应用为核心,以制度规范为保障的全国检察机关贪污贿赂等职务犯罪侦查信息平台,以信息化推进办案工作的科学化,全面提升检察机关贪污贿赂等职务犯罪侦查部门的执法办案水平。"2011年最高人民检察院关于检察机关贪污贿赂等职务犯罪侦查信息化建设的实施方案等规定,明确了侦查信息化建设2012年至2015年的阶段性目标。其次,侦查装备现代化的总体目标和阶段性目标。根据2011年最高人民检察院有关2011年—2013年全国检察机关贪污贿赂等职务犯罪侦查装备现代化建设指导意见等规定,侦查装备现代化建设的总体目标是:从2011年起到2013年,经过3年努力,各级检察机关贪污贿赂等职务犯罪侦查装备达到规划配备要求。必配、选配装备能够较好满足办案需要,侦查工作的科技含量明显提高,运用现代科技装备侦破案件、取证固证、追逃追赃等能力明显增强,侦查装备现代化水平迈上一个大的台阶。同时,还明确了2011—2013年侦查装备现代化建设的阶段性目标。

2.侦查手段现代化建设的任务及主要内容。首先,侦查信息化建设的任务和主要内容。根据2011年最高人民检察院关于加强检察机关贪污贿赂等职务犯罪侦查信息化建设的意见等规定,其主要包括:一是加强案件线索数据库建设,实现案件线索网上录入、评估与流转;二是加强信息共享机制建设,实现涉案信息的快速查询;三是加强内部电子网络建设与应用,实现网上办公、办案、监控、指挥;四是加强侦查基础数据库建设,实现侦查信息综合便捷利用;五是探索开展信息情报工作,加强对贪污贿赂等职务犯罪信息的收集。其次,侦查装备现代化建设的任务和主要内容。根据最高人民检察院有关2011年—2013年全国检察机关贪污贿赂等职务犯罪侦查装备现代化建设指导意见等规定,其主要包括:一是加强侦查指挥装备建设,提升侦查指挥能力;二是加强侦查取证装备建设,提升侦查取证的科技含量;三是加强办案区装备建设,保障依法规范文明安全办案;四是加强交通通讯装备建设,保障办案工作开展。

3.侦查手段现代化建设的措施及成效。从总体看,检察机关贪污贿赂等职务犯罪侦查手段现代化建设起步较晚。进入21世纪后,最高人民检察院开始重视侦查信息化建设和装备现代化建设。2002年5月,最高人民检察院副检察长邱学强在全国检察机关职务犯罪侦查工作会议上强调,要"实施科技强检战略,积极推进职务犯罪侦查的现代化进程"。这是实践中推进侦查手段现代化建设的重要一步。2011年4月,最高人民检察院党组副书记、副检察长邱学强在全国检察机关侦查信息化建设现场会上作了重要讲话。邱学强站在时代发展的制高点深刻分析指出,当今世界科学技术发展突飞猛进,科技竞争在综合国力竞争中的地位,从来没有像今天这样如此重要和突出。要在激烈的国际科技竞争中赢得主动,关键是紧紧抓住科技进步创新的重点,实现技术跨越式发展;要想赢得现代化条件下反腐败斗争的胜利,同样必须站到信息装备现代化的前沿。科技强侦是检察机关落实科技兴国战略的重要举措,是科技强检战略的重要组成部分。加强侦查信息化和装备现代化建设,是推动科技强侦战略、实现侦查方式革命、增强侦查能力的重要措施和途径,对于深入推进检察机关查办职务犯罪案件工作,进一步增强围绕中心、服务大局的效果等具有十分重要的意义。近年来,各级检察机关高度重视现代科技对职务犯罪侦查工作的引领作用,坚持以侦查信息化和装备现代化为主导,大力实施科技强侦战略,推动"两化"建设取得新的发展。同时,邱学强强调,要明确指导思想和目标任务,突出工作重点,强化工作措施,严格把握政策界限,加强组织领导,强化经费保障,抓好教育培训,加强专门人才建设以及"两化"建设的科学有效管理,深入推进检察机关侦查信息化和装备现代化建设。2011 年 10 月,最高人民检察院反贪污贿赂总局在甘肃兰州部署召开西部地区侦查装备展览会暨侦查信息化和装备现代化建设推进会,推动西部地区侦查信息化和装备现代化建设。2012 年 5 月,最高人民检察院在河南郑州召开全国检察机关侦查手段现代化建设现场会,交流各地经验,进一步推进侦查信息化和装备现代化建设。从科技强检的整体来讲,2013 年以来最高人民检察院按照《"十二五"时期科技强检规划纲要》部署,将逐步建立和完善制度规范体系、技术工作体系、信息化应用体系、队伍管理体系和综合保障体系等五个体系,逐步确立建设数据中心、视频中心、网管中心和门户网站平台、运行维护平台、安全保密平台、软件应用平台的"三中心四平台"建设格局。同时,还正在组织编制的《科技强检发展规划模型(2013—2015)》和已经启动的电子检务工程项目,对视频中心建设进行重点规划。"十二五"期间,最高人民检察院将建设检察机关视频信息集中管控中心,与包括视频会议、远程提讯、远程接访、环境监控、侦查指挥、远程出庭协助、网上教育培训、视频直播点播、同步录音录像等视频应用进行互联互通,实现视频资源的集中管理、视频应用的集中调度、视频内容的集中显示、视频数据的集中存储。❶ 就反贪侦查工作而言,据统计,目前全国有 2300 多个检察院建成检察专线网,900多个检察院建成网上办案系统,同时配备了侦查指挥、侦查取证、安全保密等五大类侦查装备 47000 余件,为提升侦查能力、深入查办贪污贿赂犯罪案件、推动反腐败斗争发挥了重要作用。

第五节　贪污贿赂犯罪侦查队伍建设

一、贪污贿赂犯罪侦查队伍建设的现状和问题

改革开放以来,随着社会主义现代化建设事业快速发展,人民检察事业

---

❶　参见正义网 2013 年 3 月 19 日。

也有了长足发展,贪污贿赂犯罪侦查队伍(以下简称"反贪队伍")建设取得了新的成效。迄今,全国检察干警 20 多万人中,反贪队伍为 3.5 万余人,大约占 15%。从制度建设看,2010 年 8 月 4 日最高人民检察院制定《关于加强职务犯罪侦查队伍执法公信力建设确保公正廉洁执法的意见》,以及此前制定《人民检察院监察工作暂行条例》、《人民检察院监察部门调查处理案件办法(试行)》、《检察人员纪律处分条例(试行)》等一系列规定,还建立了检察机关纪检监察机构。反贪队伍的侦查业务培训也上了一个新台阶。2008 年以来,组织各类反贪侦查业务培训 10 万余人次。但总体上说,反贪队伍建设尚有较大的差距。

首先,整体素质和业务能力仍不能适应实际工作需要。21 世纪以来,与社会主义市场经济有关的法律、法规不断更新,法制建设和发展之速度惊人。特别是 2012 年 3 月,全国人大常委会宣布中国特色社会主义法律体系形成,期间大量新制定的法律法规出台,与反贪侦查有关的比如刑法修正案(六)、(七)、(八),以及 2012 年 3 月修改的刑事诉讼法等法律规定,对贪污贿赂罪及其刑罚,以及反贪侦查体制机制制度等方面都进行了深刻调整和改革,提出了许多新的规定和要求。但反贪队伍安于现状、不专心学习和钻研新业务,以及凭老经验办案等现象仍然比较突出。这除在执法观念上形成一股无形的保守阻力外,实际侦查工作过程中的人为失误甚至违法违纪办案问题也时有发生。

其次,反贪队伍中新手多。据不完全统计,全国检察机关反贪污贿赂部门的工作人员中,从事反贪侦查工作 3 年以下占三分之二。侦查实践表明,反贪干警能够做到独立或者基本独立办案,通常必须从事反贪侦查工作 5 年以上,至少在 3 年以上才能基本适应。这表明,从事反贪侦查工作 3 年以下的基本是新手。换言之,当前全国检察机关反贪队伍中,新手的比例相当高。这是一个必须高度重视的问题。由于这些新手对侦查业务不熟练,势必对侦查业务水平和办案质量将产生直接影响。

再次,纪律作风方面仍然存在一些问题。据资料表明,1992 年至 2002 年的 10 年间,检察系统查处自身违法违纪干警 6480 人,平均每年 648 人,占系统人数的 2.8%。其中,后 5 年为 3900 余人,但总体上呈现逐年下降趋势,从 1998 年 1429 人下降到 2002 年 309 人。2005 年,全国检察机关有

292 名违法违纪人员受到查处,比上年下降 15.4%,其中被追究刑事责任 23 人。2012 年,人民群众对检察人员的举报比 2008 年减少 32.7%,因违纪违法被查处的检察人员数量下降 32.2%。其中,检察人员受到开除党籍处分 36 人,开除公职处分 31 人,移送追究刑事责任 23 人。虽然这些数据针对整个检察系统的统计,但反贪干警发生的违法违纪问题占有一定比例,侦查人员利用侦查权力进行违法违纪、以案谋私等现象不容忽视。因此,要保证反贪队伍"有本事、不变质",就必须狠抓队伍建设,特别是要加强队伍自身反腐倡廉建设,切实把好拒腐防变关。

二、贪污贿赂犯罪侦查队伍基本要求

徒法不足以自行。反贪侦查的主体是人。党和国家深入推进党风廉政建设和反腐败斗争的大政方针确定后,反贪队伍就是决定因素。从反贪侦查内在规律看,反贪队伍的基本要求主要包含侦查个体和侦查集体两个方面。就侦查个体即具体的反贪侦查人员而言,其基本要求主要是对素质的要求,包括思想政治素质、业务素质和纪律作风素质。其中,思想政治素质包括个人品德修养、心理素质、职业道德等内容;业务素质包括法律素质和侦查素质;纪律作风素质主要是指侦查风纪素质。就侦查集体即反贪队伍整体而言,其基本要求主要在于正确的工作方向、工作效率和工作效果等方面。具体地说,主要体现在以下两个层面:

(一)侦查个体即反贪侦查人员基本要求。

1.思想政治素质要求。主要包括以下几个方面及具体内容:

一是讲政治。坚持中国特色社会主义理论体系,在思想上政治上与党中央保持高度一致;坚持立党为公、执法为民,全心全意地为人民服务;政治立场坚定,爱憎分明;忠于事实和法律,忠于党、忠于国家和人民利益;不徇私情,刚直不阿。二是具有崇高的敬业精神和集体主义观念。三是具有强烈、深沉而不外露的情感,及过人的勇气和胆略,坚定、刚强、果断、自制力强的性格等。

2.业务素质要求。主要包括以下几个方面及具体内容:

(1)具有熟练的法律知识及工作相关知识体系。首先,必须熟练掌握运用宪法,刑法、民法、经济法、行政法,以及刑事诉讼法、民事诉讼法、行政诉讼法等法学知识和原理。其次,熟悉检察职能和工作程序,反贪侦查程序及其法律监督等内容。再次,应具备哲学、心理学、社会学、经济学、政治学,以及天文学、地理学、物理学、化学、数学、生物学等基础知识。

(2)必须具有高度的注意力和敏感的洞察力。从某种意义讲,反贪侦查活动是一场心理战。侦查人员的洞察力,能使其发现和了解犯罪嫌疑人等当事人的内心活动及其自身矛盾冲突或者转化,有利于发现案件线索的突破口,分析破绽,获取证据,并把孤立的各种案件证据材料相互联系,抓住彼此间的内在关系,从而对案件事实作出准确判断,得出正确结论。反贪侦查人员敏锐的洞察力,要求其不仅善察而且善辨,也就是善于明辨是非、分析真伪、纠正错误,在真假、虚实混杂的情况下,做到去伪存真、由表及里,发现问题的症结或实质。

(3)必须具备运筹能力。反贪侦查活动的运筹,就是指反贪侦查人员在侦查活动中采用最合理的方法、使用最少的力量,在最短的时间内获取最大的侦查效益,即对案件的突破和深挖的效果。反贪侦查人员运筹能力的高低,直接决定侦查效果。比如,反贪侦查人员组织不善、指挥失当,就会造成反贪侦查中物力、财力和时间的浪费。反贪侦查人员高超的运筹能力,表现为其在反贪侦查活动中合理安排侦查力量,正确把握侦查时机,科学地综合运用各种侦查措施和手段。

(4)必须具备决策能力。反贪侦查人员的决策能力,是指反贪侦查人员运用科学思维、战略思维和大局思维,对侦查活动中出现的各种情况作出最优化决定的能力品质。在侦查过程中,面对办案工作中预测不到或者一些突发的情况,良好的决策应变能力直接决定侦查的成功。实践表明,侦查人员只有具备迅速采取对策、妥善果断处置的决策应变能力,才能及时把握侦查时机,突破贪污贿赂犯罪案件。反贪侦查人员决策能力的高低,是反贪侦查人员综合能力强弱的反映。培养反贪侦查人员良好的决策能力,要求反贪侦查人员经常参加社会实践,丰富自己的实践经验,并不断获取各种相关理论知识,提高决策行为科学化水平。

此外,反贪侦查人员还应具备反贪侦查所必需的技能。首先,具备讯问、询问和复述案件、制作法律文书等口头表达能力,文字驾驭能力,信息反馈能力,工作创新能力;其次,具备发现和经营案件线索能力,获取、固定、鉴别和使用证据能力,科学使用侦查策略、强制性侦查措施和侦查手段能力,侦查决策、指挥和协调能力,分析掌握犯罪规律特点能力,准确运用法律和政策能力,依法办案和服务大局的能力,秉公执法、公正办案能力;再次,具备信息化侦查能力、预警化研判能力、精细化初查能力、规范化讯问能力、组合化证明能力、扁平化指挥能力、一体化支撑能力和科技化应用能力;第四,具备做好新形势下群众工作能力、维护社会公平正义能力、新媒体时代舆论引导能力、科技信息化应用能力、队伍拒腐防变能力等。当然,需要指出的是,以上这些能力唯有进行充分有效的科学整合,才能形成现实的侦查战斗力。

3.反贪侦查人员纪律作风要求。事实表明,不遵守纪律的队伍,绝对没有战斗力。反贪侦查的特殊性,决定了加强反贪队伍纪律作风建设的极端重要性。一是政治纪律严明。认真学习和遵守党章,在思想上政治上同党中央保持高度一致。二是上下政令畅通。上下级检察机关之间,以及上下级检察机关反贪部门、反贪干警之间,都应保持高度一致,决不允许上有政策、下有对策,防止有令不行、有禁不止。三是工作作风优良。深入学习贯彻党的十八大精神,认真抓好党中央"八项规定"落实,进一步净化政治生态和执法环境,营造公正廉洁执法办案良好氛围。四是侦查纪律严肃。严格执行检察人员纪律规定和要求,凡发现违纪违法行为的,应当坚决予以严肃查办,决不能随意变通甚至恶意规避。

(二)侦查集体即整体侦查队伍基本要求。

侦查集体的基本要求,主要体现在工作方向、效率和效果方面。从根本上讲,侦查集体效能的有效发挥,实质是侦查力量整合或者反贪队伍的协调能力问题。这里,涉及反贪队伍领导者、侦查人员及侦查全体干警三者之间多角度、多层次、全方位的协调关系,并最终取决于领导者、侦查人员各自知识、能力、综合素质、人际关系、集体主义意识等众多因素。从反贪侦查工作特性出发,领导者应当具备管理和协调反贪队伍的基本素质,反贪侦查人员应当具备集体主义意识、自觉接受管理和协调的基本素质。

首先,坚持反贪侦查工作正确的前进方向。反贪侦查工作作为反腐败斗争的重要组成部分,具有很强的政治性和政策性,必须坚持在党的坚强领导下,严格依法开展。一方面,要求党加强对反贪侦查工作的领导,并主要体现为检察机关党组、党委政法委、纪检委及党委对反贪侦查工作的领导和组织协调。另一方面，反贪部门应当自觉坚持党的领导，自觉接受党的领导，对于查办案件中的重大问题、重要事项、重大部署乃至重大案件等，都要及时向党组、政法委、纪检委及党委汇报，取得党的支持，保证反贪侦查工作正确的政治方向。

其次，提高反贪工作效益。加强研究侦查活动规律，科学整合办案力量，合理安排侦查人员，准确把握侦查时机，科学运用各种侦查措施和手段，力求使用最少的力量，在最短的时间内获取最大的侦查效益。

再次，增强反贪工作效果。严格按照法定职责要求，立足职能实际，统筹处理办案力度、质量、效率、效果和安全的辩证关系，坚持以法律效果为基础，注重办案工作的政治效果和社会效果，实现三者有机统一。

需要进一步指出的是，无论是侦查个体还是侦查集体，其作用的发挥最终仍然归结到个人之上。可见，反贪侦查人员的准确选用尤其是反贪侦查队伍中领导者的正确选用，事关反贪侦查工作长远发展，对于推进反贪侦查工作健康深入发展至关重要。

三、加强贪污贿赂犯罪侦查队伍建设的措施和途径

针对反贪侦查工作的特点，特别是反贪侦查工作由于经常接触形形色色的各种"社会关系"，触及社会阴暗面，无疑存在职业的危险性和受歪风邪气侵蚀的可能性。加强反贪队伍建设，应当围绕加强党的执政能力建设、先进性建设和纯洁性建设这条主线，以提高专业化水平为重点，以提升创造力、凝聚力、战斗力为目标，坚持政治建侦查、素质强侦、依法治侦、科学用侦、从严治侦、从优待侦，切实把反贪队伍建设摆在更加突出的位置上，大力加强思想政治建设，全面加强反贪队伍思想、组织、作风、反腐倡廉和制度建设，着力提升法律素养和职业能力，坚持严格执法、公正司法，努力打造一支忠诚可靠、执法为民、务实进取、公正廉洁的高素质反贪队伍。

（一）加强思想政治建设。反贪部门作为检察机关的重要内设业务机构，是党领导下的国家司法机关一部分，应当坚持把思想政治建设放在首位，有计划有步骤地组织反贪干警学习马克思主义、毛泽东思想、邓小平理论、"三个代表"重要思想和科学发展观，教育反贪干警进一步坚定理想信念，坚持党的坚强领导，不断提高马克思主义、毛泽东思想理论水平，坚持运用邓小平理论、"三个代表"重要思想和科学发展观的当代马克思主义立

场、观点、方法认识问题、解决问题,防止和避免政治上的麻木不仁,在坚持党的领导、坚持中国特色社会主义方向这个根本问题上,必须始终保持头脑清醒、立场坚定、旗帜鲜明,在各种干扰诱惑面前立场坚定、执法如山,在错综复杂的斗争中把握反贪侦查工作正确的方向。

(二)加强反贪侦查专业化建设。坚持把反贪侦查能力建设置于基础性先导性的位置来抓,加强职业化、专业化建设,进一步强化稳定意识、服务意识、专政意识、开拓创新意识以及察微析疑意识,时机意识,侦查策略意识,侦查手段意识,侦查取证意识,侦查保密意识,不断提升查办案件、惩腐扬善、维护社会公平正义的水平。要做到这一点,应当积极适应社会主义民主法制建设的新形势和执法环境面临的新变化,建立健全科学完备的教育培训制度和体系,以反贪部门领导干部、侦查一线和基层反贪干警为重点,分层分类全面开展领导能力、任职资格、专项业务、岗位技能等教育培训,推进反贪队伍专业化建设,努力培养更多侦查行家和办案能手,培养更多复合型、专家型反贪侦查人才。同时,还应积极探索建立完善与反贪侦查职业特点相适应的职业保障制度,为反贪队伍依法履行侦查办案职责提供充分的保障、创造良好的条件,确保查办贪污贿赂犯罪案件活动的有效性、公正性,始终掌握工作主动权。

(三)加强党风廉政建设和执法公信力建设。反贪工作的特殊性,决定了加强自身监督的极端重要性。首先,应当自觉接受监督,以更高的标准、更严的要求,全面推进反贪部门及反贪队伍自身惩治预防腐败体系建设,切实做到自身正、自身硬、自身净。其次,应当筑牢廉洁从警的思想道德防线,从根本上预防和减少腐败问题的发生,在反贪队伍中树立惩恶扬善、执法如山、清廉如水的浩然正气。再次,应当坚决反对执法不公、司法腐败,对群众反映强烈的反贪侦查办案中的执法突出问题应及时进行专项整治,对违法违纪行为应当坚持有案必查、决不姑息。第四,应当加大检务公开,广泛接受社会监督、舆论监督,让人民群众更加充分、更加有效地监督反贪工作,让侦查权在阳光下运行。

(四)加强反贪局领导班子建设。实践表明,只有一流的班子才能带出一流的队伍、创造一流的业绩。首先,应当大力加强反贪局领导班子建设,使反贪局领导干部自觉讲党性、重品行、作表率,坚守精神高地、永葆政治本色,努力打造善于领导反贪工作科学发展的坚强领导集体。其次,应当坚持德才兼备、以德为先的用人导向,把那些政治立场坚定、有较高法律素养、符合检察官法规定条件的同志选拔到反贪局领导岗位上,努力建设奋发有为、坚强有力的反贪局领导集体。再次,应当着力提高反贪局领导班子的思想理论和组织领导水平,提高战略思维和创新思维能力,提高履行反贪侦查职能、推动反贪工作科学发展的能力。此外,应当坚持从严治侦与从优待侦相结合,积极帮助基层反贪部门解决实际问题,从政治上、工作上、生活上关心爱护基层反贪干警,不断增强反贪队伍的凝聚力、创造力,努力以反贪队伍的新形象和反贪工作的新成效,为实现全面建成小康社会的奋斗目标作出新贡献。

第十二章　贪污贿赂犯罪证据

第一节　贪污贿赂犯罪证据的法律特征

一、贪污贿赂犯罪证据的概念和特点

2012 年修改的刑事诉讼法全面总结了刑事诉讼活动中证据制度实践的经验以及存在的制度缺陷等问题,吸收了 2010 年 6 月最高人民法院、最高人民检察院、公安部、国家安全部、司法部联合制定的《关于办理死刑刑事案件审查判断证据若干问题的规定》及《关于办理刑事案件排除非法证据若干问题的规定》(简称"两个证据规定")中的相关内容,对 1996 年修正刑事诉讼法的有关规定作了较大幅度的修改。从刑事诉讼原理讲,贪污贿赂犯罪证据是贪污贿赂犯罪侦查和审判的核心和灵魂。贪污贿赂犯罪事实形成于贪污贿赂犯罪活动的过程,贪污贿赂犯罪证据则取之于贪污贿赂犯罪侦查和审判的过程。从某种意义讲,贪污贿赂犯罪侦查的过程,实际上是贪污贿赂犯罪证据的收集和运用的过程。但贪污贿赂犯罪侦查中所涉及的证据问题,牵涉到贪污贿赂犯罪侦查、起诉、审判的全过程。这里的贪污贿赂犯罪证据,实质上是贪污贿赂犯罪证据问题,只是有所侧重而已。获取贪污贿赂犯罪证据是侦查工作的核心任务,所有侦查活动都围绕获取证据这一核心进行,并且所获取的证据数量多少以及证据质量的好坏,直接影响着侦查工作的质量。实践表明,由于缺乏对贪污贿赂犯罪证据的深入研究,一定程度上影响到贪污贿赂犯罪侦查工作的质量和效果。因此,在贪污贿赂犯罪侦查的全过程,都要研究贪污贿赂犯罪证据的收集、固定、运用等问题。

所谓贪污贿赂犯罪证据,顾名思义,这是指由检察机关反贪侦查部门依照法定程序收集的、用来证明贪污贿赂犯罪事实是否存在、犯罪嫌疑人或被告人是否有罪、罪责轻重以及其他有关贪污贿赂犯罪真实情况的一切事实和材料。从这一定义看,对贪污贿赂犯罪证据的含义及特点可以从三个方面理解:一是贪污贿赂犯罪证据收集和认定主体的特定性。贪污贿赂犯罪证据由法定的检察机关侦查部门及其侦查人员进行收集和认定,其他机关、团体或个人都无权收集和认定。二是贪污贿赂犯罪证据功能的专门性。贪污贿赂犯罪证据的功能就在于从程序上证明贪污贿赂犯罪事实是否存在、犯罪嫌疑人或被告人应否承担刑事责任等真实情况,是司法机关认定是否有贪污贿赂犯罪事实存在、犯罪嫌疑人或被告人是否构成犯罪、应否承担刑事责任的依据。三是贪污贿赂犯罪证据收集和运用的法定性。对于贪污贿赂犯罪证据的收集和运用,只能由法定的检察机关侦查部门及其侦查人员依照刑事诉讼法等有关法律规定的程序进行,违反有关法律规定而非法收集证据的行为为法律所禁止。

二、贪污贿赂犯罪证据与普通刑事证据的异同

从刑事诉讼的角度讲,贪污贿赂犯罪证据在本质上属于刑事证据,由于贪污贿赂犯罪侦查的特殊性以及贪污贿赂犯罪证据所处诉讼阶段的特殊性,其证明标准和证明要求与审查起诉及审判阶段是有所区别的。但从总体上讲,贪污贿赂犯罪证据与普通刑事证据具有共性。两者都属于刑事证据范畴,是作为对犯罪人进行刑罚处罚的根据;都具备刑事证据的客观性、关联性和合法性。这是两者相联系的共同之处。具体地说,一是客观性。即证据是一种独立于人的意识之外的客观存在。这种客观存在不以人们的意志为转移,不依赖于提供证据的人而存在,并且不因与人的联系而改变它的本来面目。二是关联性。即作为证据的事实必须与案件事实存在某种联系,不仅客观存在,而且能用来证明案件真实情况的事实,对证明案件事实具有法律上的意义。三是合法性。即作为证明案件事实的客观存在,是在刑事诉讼活动中依照法定程序收集并经查证属实的、具有法定形式的事实。同时,两者之间又有不同之处。首先,证据收集的主体不同。贪污贿赂犯罪证据由检察机关反贪侦查、公诉部门以及审判机关按照刑事诉讼法规定的程序收集和认定,普通刑事犯罪证据的收集主体是公安、安全、海关以及检察机关、审判机关等。其次,证明对象及其范围不同。贪污贿赂犯罪证据的

法律意义在于证明贪污贿赂犯罪事实是否存在、行为人是否承担刑事责任等真实情况,而普通刑事犯罪证据所证明的对象及范围远大于贪污贿赂犯罪证据,包括贪污贿赂犯罪在内的所有刑事犯罪。

三、贪污贿赂犯罪证据的专有特性

贪污贿赂犯罪主体的特殊性以及贪污贿赂犯罪侦查的法律性质,决定了贪污贿赂犯罪活动的复杂化、侦查取证活动的复杂化以及调取收集贪污贿赂犯罪证据的难度。从证据形态讲,贪污贿赂犯罪证据除了具有普通刑事证据的共性,在侦查实践中还可能出现具有贪污贿赂犯罪学特征的某些形态,具体如下:

(一)证据的假象性。实践表明,近年来贪污贿赂犯罪活动日趋严峻,犯罪分子实施反侦查活动日益强化,侦查工作受到程度不同的干扰。通过对大量案例的分析表明,反侦查活动大体有以下几种:一是毁灭罪证。犯罪人对认为可能成为贪污贿赂犯罪证据的,将会想尽办法将其毁灭。二是破坏现场。犯罪人在实施犯罪后,只要留有作案现场的,就会将其破坏无遗。三是订立攻守同盟。无论单个作案还是共同作案,犯罪人在犯罪前或者犯罪后都将订立攻守同盟,以防案发之万一。四是串供、翻供、翻证。一旦案发,犯罪分子就将通过各种途径和方法,千方百计进行串供。在归案后,犯罪分子只要有机会,比如被取保候审或者转移羁押场所而遇到各种关系或者熟人,就会不失时机进行翻供或者通过其家属、聘请的辩护律师做有关证人的思想工作而翻证。五是转移赃款赃物。从实践看,有的犯罪分子在案发前就有准备,将赃款赃物转移到了国境外,甚至将家人事先移居国境外;有的一旦发觉有案发风险时,即时进行转移;还有的在案发后匆忙地将赃款赃物转移。六是洗钱,即黑钱白化。随着我国社会主义市场经济进一步发展,国内外交流活动进一步增多,犯罪分子在实施犯罪前或者犯罪后都将借鉴国外腐败的一些做法,将赃款赃物通过法律规避手段而合法化,比如通过家属经营房地产业务的途径将赃款合法化;通过开办各种贸易公司或者娱乐场所的途径将赃款合法化;认为本人在位时不好处理的腐败所得,就干脆通过辞职下海的金蝉脱壳之计将赃款合法化;等等。总之,犯罪分子逃避法律制裁的花样千变万化,可谓不择手段。七是潜逃。有的犯罪行为人在尚未实施反侦查活动时案发,就采取"三十六计走为上",逃往国内异地或者国境外。八是"攻关",即利用各种关系网甚至贿赂、色情等手段与侦查部门相抗衡。比如,有的利用原先结成的关系网,对侦查部门及其侦查人员进行拉拢或者施压;有的利用家属、朋友对侦查人员进行引诱、腐蚀;有的通过一些权势对侦查人员进行恐吓;甚至有的案发单位领导亲自指挥、集体对抗侦查活动;等等。由于反侦查活动比较猖獗,贪污贿赂犯罪活动的真实面目被掩盖甚至被扭曲,以致出现各种假象,令人真假难辨。这种掩盖罪行的造假程度远非普通刑事犯罪所能"媲美"。侦查过程中一旦稍有失误,往往就容易被假象所迷惑,极有可能使获取的罪证失真,严重影响证据真实性,使案件事实无法认定,甚至使犯罪分子逃避法律制裁。

(二)证据的"灰色性"。"灰色"是现代系统论中的一个术语。根据系统论原理,信息系统按信息完备程度不同被分为白色系统、灰色系统和黑色系统三类。其中,白色系统是指信息完备的系统;黑色系统是指毫无信息的系统;灰色系统是指部分信息未知、部分信息已知的系统,其中既有白色参数,又有黑色参数。实践表明,由于反侦查活动的严重干扰,"灰色性"成为贪污贿赂犯罪侦查过程中证据形态表现的一个特色。从实践看,当前贪污贿赂犯罪侦查过程中,侦查部门所获取的证据往往产生"半清半不清"即"灰色性"现象。比如,有的侦查人员在办案中往往遇到对某些案件就存在没有查透的感觉,或者对有些案件根本就查不下去等问题。这里,除了受到法外干扰及侦查水平等因素的影响,贪污贿赂犯罪侦查中证据的"灰色性",就是一个不可忽视的影响因素。又如,在侦查终结时,对有的贪污贿赂犯罪案件在事实认定上常会遇到部分巨额财产来源不明的问题。从系统论看,巨额财产来源不明实质是一个灰色系统。由于侦查水平、证据制度等众多因素的影响,侦查部门尚不能彻底查清贪污贿赂犯罪分子所拥有的财产之真实来源,从而形成巨额财产的来源不明。为有效打击贪污贿赂犯罪活动,尤其不能让犯罪分子在经济利益上得到好处,法律规定了巨额财产来源不明罪,这既是惩治和预防贪污贿赂犯罪的一项策略措施,同时与受到证据的"灰色性"影响也不无关系。侦查实践中,还有一个典型例子即贿赂犯罪证据"一对一"现象。所谓"一对一"现象,是指贿赂犯罪案件中行贿人与受贿人之间处于受贿人不供认、行贿人不供证或者行贿人供证、受贿人不供认或者受贿人供认、行贿人不供证的状态。从理论上讲,贪污贿赂犯罪侦查中不存在证据"一对一"问题。这种情况的出现,是受证据"灰色性"影响的结果。从某种角度讲,证据"灰色性"现象的存在削弱了对贪污贿赂犯罪的查处和指控力度以及惩罚程度,甚至使一些犯罪人部分或全部罪责得以逃脱。

(三)证据的易变性。贪污贿赂犯罪主体大多是国家公职人员,其往往手中有权有势,利用职务便利实施犯罪而谋取私利。这些犯罪人一方面大肆敛财而亵渎党纪国法,另一方面一旦案发就使尽所有手段与侦查部门对抗,做最后的挣扎。即使犯罪事实被司法机关查实也会"背着牛头不认赃",死皮赖脸地耍手腕,为自己辩解和开脱。实践中,侦查人员往往感到固定这类犯罪证据的难度大,尤其在查处贿赂犯罪案件过程中,由于这类案件以言词证据为主,侦查部门也往往以其言词证据作为主要的指控手段和依据,因此通常将侦查重点或者"筹码"押在犯罪嫌疑人、被告人身上,以期挖出其口供定案。犯罪嫌疑人、被告人捉摸到了侦查的特点后,在接受审讯的过程中向侦查部门供认犯罪事实往往反复无常,翻供、翻证等现象将波及侦查终结、审查起诉或者人民法院一审、二审甚至判决生效执行等各个诉讼环节,侦查工作从某种程度上讲就成为固定证据与翻供、翻证活动的较量。这也表明,贪污贿赂犯罪侦查中的证据具有易变性的特点,一定程度上既影响办案质量、效率和效果,也影响司法工作的公信度。

此外,贪污贿赂犯罪侦查中的证据还具有证据多样化、证明负向性以及规避性等特点,某种程度上既增加对贪污贿赂犯罪的侦破难度,也影响对贪污贿赂犯罪侦查的效率、质量和效果。由于贪污贿赂犯罪证据存在假象性、"灰色性"、易变性、证据多样化、证明负向性以及规避性等特性,更需要强化程序意识,提高依法收集和运用证据的水平,保证侦查取证的质量。

总之,准确认识和把握贪污贿赂犯罪证据的特性,特别是贪污贿赂犯罪侦查中证据的特殊性,有利于保证侦查工作正确的方向,及时依法收集证据,提高侦查的水平,强化对贪污贿赂犯罪的惩治力度和防范效果。

第二节　贪污贿赂犯罪证据的形式和分类及其作用

一、贪污贿赂犯罪证据形式

贪污贿赂犯罪证据的形式或种类,往往以法律规范的方式加以确定。

从理论上讲,一般认为以法定方式规范证据的意义,在于认定贪污贿赂犯罪嫌疑人或被告人有罪的证据仅限于法定形式。这意味着,凡是不属法定证据形式之列的,就不能作为认定犯罪嫌疑人或被告人有罪的依据。同时,明确规定证据形式也便于司法人员明确各种证据事实相对应的表现形式,有利于对这类犯罪证据收集、审查、证明、运用内在规律性的研究归纳,用以指导贪污贿赂犯罪侦查实践。目前,世界各国关于证据形式的立法规范差别很大。比如,英美法系国家把证据分为证言、书证和物证。这里的证言即证人证言;书证即书面文件;物证即实物证据。大陆法系国家把证据分为证人证言、当事人陈述、鉴定人意见、书面文件和实物证据。我国刑事诉讼法第四十八条规定的证据有七种,即物证、书证;证人证言;被害人陈述;犯罪嫌疑人、被告人供述和辩解;鉴定意见;勘验、检查、辨认、侦查实验等笔录;视听资料、电子数据。按照刑事诉讼法等规定,贪污贿赂犯罪证据形式及其特点如下:

(一)物证、书证。

1.物证。所谓物证,是指与待证事实有联系的物品和痕迹,其表现形式多种多样,主要有以下几种:一是贪污贿赂犯罪实施后遗留的痕迹,如贪污案中犯罪嫌疑人涂改账目的痕迹。二是贪污贿赂犯罪的作案工具,如受贿案中转移赃款的汽车。三是贪污贿赂犯罪分子在作案现场遗留的物品,如私分国有资产案中犯罪嫌疑人在现场清点的财物、刑讯逼供案遗留在犯罪现场的刑讯工具等。四是贪污贿赂犯罪行为侵害的物质对象,如贪污案中的赃款赃物。五是与案件事实有关的被侦查人员收集、认定的其他物品,如人体特征、物品大小和形状。物证以外部特征、物质属性及其存在状况等内容证明案件事实或者发挥其证明作用。这是物证区别于其他证据形式的主要特征。此外,物证还具有以下几个特点:一是客观真实性。即物证与证人证言、犯罪嫌疑人或者被告人供述和辩解等言词证据相比,作为贪污贿赂犯罪活动直接形成的一种客观实物,本身不受任何人为的主观因素干扰,具有"绝对"真实性。二是相对稳定性。即作为客观实物,不像言词证据那样易变,并在一定时间内能保持其固有的特征。三是间接性。物证是一种"哑巴"证据,对贪污贿赂犯罪事实的证明作用是以间接形式体现的。由于物证较为稳定、真实可靠,在揭露、证实犯罪和鉴别其他证据的真伪,以及借助其确定侦查方向、查明案情、查获贪污贿赂犯罪嫌疑人等方面,都具有重要作用。

2.书证。所谓书证,是指以其所记载之内容证明贪污贿赂犯罪事实的文字、符号等材料,其内容和形式多种多样。有的以文字记载;有的以图画、符号或者其他方法表示;有的用纸张作载体;有的用其他物品作载体等。侦查实践中,贪污贿赂犯罪书证的表现形式通常有会计资料、串供串证及翻证的有关文字材料如来往信件、赃款存折等。书证有不同的分类方法及其类型:一是按表现形式不同,可分为以文字形式表达内容的文字书证、以图画和符号形式表达内容的图画及符号书证。二是按是否国家机关等运用职权制作的不同,可分为公文性书证和非公文性书证。前者为国家机关及其他单位出于履行职权所需而依照法定职权制作的文书;后者在指国家机关、团体、企业事业单位不是出于履行职权所需而制作的或者公民个人制作的文书。三是按制作方式分为原本、正本、副本、节录本等。书证以其记载或表达的内容证明案件事实,这是其区别于物证的主要特征。司法实践中,有时会遇到较难判断是书证还是物证的问题。一般来说,如以外部特征、属性及存在状况证明案件事实的,即为物证;仅以其所载内容证明案件事实的,即为书证;两者兼有的,则既是书证又是物证。书证的证据意义在于促使司法人员查明有关事实。同时,书证形式固定,能在较长时期内保存并发挥其证明作用,被广泛应用。尤其在侦查贪污、挪用等犯罪案件中常有运用书证突破案件的例子,一方面有助于迅速查明案情,抓获犯罪嫌疑人,另一方面为揭露贪污贿赂犯罪嫌疑人或被告人的罪行、促使其认罪服法提供有力的法律依据,可见书证的重要性。

(二)证人证言。

对于证人证言,具体应当把握以下几个方面:

1.证人。所谓证人,是指了解贪污贿赂犯罪案件的真实情况,并提供真实情况或者有关物证、书证等案情材料的自然人。按照不同的划分标准,可将证人划分为以下类型:一是按证人感知案件事实的情况,可分为亲知型和传替型。前者是指证人提出的事实是亲闻、亲见的;后者是指证人提出的事实是由别人告知,不是亲闻、亲见的。二是按证人主观上对司法机关查办案件配合的程度,可分为主动型和被动型两种。前者是指证人能够主动、全面地将自己所知道的有关事实向司法机关提供;后者则指证人不愿主动协助司法机关查明案情,或者拒不陈述其所知道的有关事实,甚至得知犯罪事实后不但不向司法机关举报,反而帮助贪污贿赂犯罪嫌疑人或被告人逃避刑事司法追究。实践中,证人不配合、不协作甚至串证、翻证等原因是多方面的。比如,由于贪污贿赂犯罪主体身份的特殊性,有的证人害怕作证后受到报复;有的与贪污贿赂犯罪嫌疑人或被告人有某种利害关系,如行贿人,具有证人与犯罪嫌疑人或者被告人的双重身份,一旦如实供述自己的行贿事实,就有可能将自己送上审判台。又如,有的证人自身不正,生怕"拔出萝卜带出泥",不愿也不敢作证。实践中,突破一案中某个犯罪嫌疑人或被告人而带出串案、窝案的情形,某种意义上注释了有的贪污贿赂犯罪案件证人不愿或者不敢作证的心态。再如,有的证人被贿赂,或者被情面所阻碍而拒绝作证;还有一些证人干脆包庇贪污贿赂犯罪嫌疑人或者被告人,帮助预谋策划,进行反侦查活动,对抗侦查;更有一些证人被犯罪嫌疑人或者被告人所利用,充当"犯罪嫌疑人",由真正的犯罪嫌疑人或者被告人在幕后操纵,供认与案件有关的一小部分事实,与侦查部门相抗衡。这类现象以受贿犯罪、贪污犯罪以及事故类渎职犯罪等为多见,也印证了贪污贿赂犯罪侦查中证据的假象性等特征。总之,根据证人与案件事实的关系、证人的作证心态或者与犯罪嫌疑人、被告的关系等标准,可以将证人划分为若干类型,这有利于侦查人员有针对性地询问证人、审查证言真伪并作出准确判断,及时有效地侦破贪污贿赂犯罪案件,准确指控并依法惩罚贪污贿赂犯罪分子。

2.证人证言。所谓证人证言,是指证人就其所知道的贪污贿赂犯罪案件情况向检察机关侦查部门所作的陈述。作为一种独立的诉讼证据,证人证言具有以下几个特点:一是证言仅指证人关于贪污贿赂犯罪案件事实所作的陈述,其内容具有特定性。证人对案情所作的分析判断不是法律意义上的证言。二是证言形式可以是口头的,也可以是书面的。但一般情况下以口头形式表达,由检察机关侦查人员进行询问或质证,并作书面记录。三是证言具有不可替代性。这是由证人的特定性所决定的,因为证人本身不可替代。作为贪污贿赂犯罪案件的知情者,其是唯一的,不像鉴定人、辩护人那样可以选择、替换。由于证人地位的特殊性,证人与被害人、犯罪嫌疑人或者被告人相比,属于知道案情的第三人,如果排除某种利害关系的影响,则其所作陈述的可信性、真实性较大。当前,证人证言是一种被广泛使用的证据形式,这除了受贪污贿赂犯罪自身的因素影响,也与我国对这类犯罪的诉讼多以言词证据为主的传统模式有关。总之,由于贪污贿赂犯罪活动不可能全封闭,犯罪嫌疑人或者被告人在作案过程中或案发后,无论其手段多么狡猾、方法多么诡秘,终究会露出一些破绽,为世人所感知。俗话说,"若要人不知,除非己莫为"。这一客观现象为证人提供证言创造了条件,也为揭露贪污贿赂犯罪真相提供重要途径,并且还可以用来作为鉴别其他证据形式真伪的根据,帮助侦查人员准确认识和把握案件事实,对及时侦破、揭露和证实贪污贿赂犯罪具有重要作用。

(三)被害人陈述。

被害人,是指因受犯罪行为侵害的人,包括自然人和法人。被害人陈述,是指被害人就其遭受犯罪行为直接侵害的事实及有关犯罪嫌疑人、被告人的情况向检察机关侦查部门所作的陈述。由于被害人作为犯罪行为的直接受害者,往往与犯罪活动有直接接触,对案情较为了解,被害人陈述对案件事实的反映就较为全面、具体,因而是一种重要的证据来源。同时,由于被害人与案件的处理结果有直接利害关系,并受其他因素影响,其也可能会作出夸大甚至虚假的陈述。这类证据情况复杂,应慎重对待。但是作为一种独立的证据形式,被害人陈述对揭露、证实贪污贿赂犯罪和抓获犯罪嫌疑人、被告人都有重要作用,并且在某种程度上可为圈定侦查方向、侦查范围提供依据。需要指出的是,贪污贿赂犯罪被害人有的是隐型的,为一般民众所不能察觉,如受贿罪。但也有的是可以发觉的,比如刑讯逼供罪及徇私舞弊罪的被害人,以及贪污罪、私分国有资产罪侵害单位的国有资产,从而有显性的被害人。对此,研究证据立法问题时应予注意。

(四)犯罪嫌疑人、被告人供述和辩解。

这里的犯罪嫌疑人,是指检察机关未向人民法院提起公诉之前可能受刑事追诉的自然人或法人;被告人,是指被指控实施贪污贿赂犯罪的自然人或法人。犯罪嫌疑人或被告人既是贪污贿赂犯罪诉讼的主体之一,享有诉讼权利和负有诉讼义务,又是贪污贿赂犯罪证据的重要来源之一,还可能是适用刑罚的对象。因此,犯罪嫌疑人、被告人供述和辩解,在贪污贿赂犯罪侦查和审判中有着重要的诉讼意义。需要指出的是,犯罪嫌疑法人或被告法人的情况,在形式上类似于法人被害人。所谓犯罪嫌疑人、被告人的供述和辩解,是指犯罪嫌疑人或被告人就有关案件事实向检察机关侦查部门所作的有罪供述或者对被指控犯罪的申辩和解释。它一般包含以下两个方面的内容:

1.犯罪嫌疑人或被告人对有罪的供述,包括自首、坦白、供认三种情况。根据有关规定,自首是指犯罪嫌疑人或被告人实施犯罪以后,自动投案,如实供述自己的罪行的行为。犯罪嫌疑人或被告人自首后所供认的罪行,一般来说其可信性和真实性较大,但从贪污贿赂犯罪侦查实践看,犯罪嫌疑人或被告人假自首、假投案的情况也时常出现,目的在于丢卒保车、避重就轻或者自认为难以逃避法律的追究,为减轻自身罪责而为之,或者有的还别有企图,比如受贪污贿赂犯罪集团或共犯的唆使,将罪行承担于个人身上,让其他共犯或集团分子再替其进行反侦查活动,以保全这个"利益群体"的整体利益等。坦白是指犯罪行为已被有关组织或者司法机关所掌握,而对犯罪嫌疑人或被告人进行讯问、传讯或者采取强制措施后,在侦查、起诉、审判的各个诉讼环节,犯罪嫌疑人或被告人如实交待自己罪行的行为。其动机或目的是为某种利害关系所驱动。供认则指犯罪嫌疑人或被告人在事实和罪证俱全的情况下,被迫承认自己全部或部分罪行的行为。由于贪污贿赂犯罪侦查中的证据"灰色性"等特征所影响,贪污贿赂犯罪侦查中,犯罪嫌疑人或被告人所供的犯罪事实,大多数具有"灰色性"。也就是说,其所供认之犯罪事实通常只是其中的部分而非全部。

2.犯罪嫌疑人或被告人的无罪辩解。犯罪嫌疑人、被告人的无罪辩解包含对罪轻的申辩。所谓申辩,是指犯罪嫌疑人、被告人对自己被指控犯有某种贪污贿赂犯罪行为的申明和解释,以及对此所作的反驳和论证。需要注意的是,犯罪嫌疑人、被告人在供述和辩解过程中,也有可能因"囚徒博弈"的效应而举报、揭发他人或者同案犯的犯罪行为,以减轻自己的罪责。犯罪嫌疑人、被告人的供述和辩解,作为独立的证据形式,具有证明力最强、规避性和虚假性也最大并且反复易变等特点,这是由犯罪嫌疑人或被告人的诉讼地位所决定的。从实践看,由于贿赂犯罪证据以言词证据居多,当前对贿赂犯罪侦查的普遍做法是将查处重点或筹码押在犯罪嫌疑人或被告人身上。这从理论上说是违反客观规律、不符合实际情况的,也违反刑事诉讼法规定重事实、重证据、不轻信口供的原则,需要进行调整,及时转换到供证并重、以供促证与以证促供相结合的侦查思路上来。因为实践中重言词证据、重犯罪嫌疑人或被告人供述的做法和倾向,某种意义上促使一些贪污贿赂犯罪案件证据不足、翻案成风。由于犯罪嫌疑人、被告人一旦感觉到自己的口供至关重要甚至认为侦查人员对其口供产生依赖时,就会将心思用在口供上,在口供上做时供时翻的文章,扰乱侦查人员的计划,以期达到口供反复难以定案的目的,某种程度上造成打击不力,客观上促使一些真正的罪犯漏网。同时,由于过度依靠口供,在犯罪嫌疑人口供不能被突破的情况下,侦查人员就有可能出现一些过火的动作,比如实践中的夜间战、车轮战、"训话"战甚至动粗行为等,这不仅影响讯问取证的质量和证明力,也给办案工作带来了安全隐患。这需要引起有关部门重视。还需要指出的是,对于犯罪嫌疑人或被告人的供述和辩解,实践中应注重研究其证明力问题。因为犯罪嫌疑人或被告人往往有作虚假陈述的可能性,对其供述和辩解既不可忽视也不可偏信,关键在于查证、与其他证据形成有机的证据体系,用以判断其有罪或者无罪,而绝不可主观臆断,以免酿成错案或者放纵真正的罪犯逃脱法律的制裁。

(五)鉴定意见。

所谓鉴定意见,是指司法机关依法指派或聘请鉴定人,对贪污贿赂犯罪案件涉及的某些专门性问题进行鉴定所作的书面意见。贪污贿赂犯罪侦查中经常涉及鉴定的有法医类鉴定、物证类鉴定、司法会计鉴定、文书鉴定、电子数据鉴定、声像资料鉴定以及其他专门性鉴定。由于待检的专门性问题不同,鉴定的方法和要求也有所差异,但鉴定目的都一样,就是为了进一步查清案情。根据 2005 年 2 月 28 日十届全国人民代表大会常务委员会第 14 次会议通过的《全国人民代表大会常务委员会关于司法鉴定管理问题的决定》等有关规定,司法鉴定分为以下几种:一是法医类鉴定,包括法医病理鉴定、法医临床鉴定、法医精神病鉴定、法医物证鉴定和法医毒物鉴定;二是物证类鉴定,包括司法会计鉴定、文书鉴定、痕迹鉴定和微量鉴定;三是声像资料鉴定,包括对录音带、录像带、磁盘、光盘、图片等载体上记录的声音、图像信息的真实性、完整性及其所反映的情况过程进行的鉴定和对记录的声音、图像中的语言、人体、物体作出种类或者同一认定以及电子数据鉴定。

其中,根据鉴定次数及顺序的不同,可以将鉴定意见分为初次鉴定、补充鉴定和重新鉴定等种类。其中,一是初次鉴定。这是指鉴定人接受指派或聘请后,就贪污贿赂犯罪案件涉及的某些专门性问题进行第一次鉴定所作的结论。需要指出的是,凡涉及对精神病的医学鉴定,应由省级人民政府指定的医院进行。二是补充鉴定。这是指因查清案情需要,司法人员要求原鉴定人对初次鉴定的专门性问题进行再鉴定,以弥补初次鉴定之不足而所作的结论。三是重新鉴定。这是指因查清案情之需,另行指派或聘请具有更高鉴定水平和鉴定条件的鉴定人所作的结论。鉴定活动是贪污贿赂犯罪侦查中的一种特殊行为,鉴定意见作为一种独立的诉讼证据,具有专门性、判断性和科学性等特点,既能为确定侦查方向和进一步查清案情提供依据,又能为鉴别其他证据的真伪、正确认定案件事实提供依据,因而对贪污贿赂犯罪侦查活动具有重要作用。

(六)勘验、检查、辨认、侦查实验等笔录。

勘验、检查、辨认、侦查实验等笔录,是指检察机关侦查部门及其有关人员对与贪污贿赂犯罪有关的场所、物品、尸体或人身进行实地勘验、检查、辨认及侦查实验时所作的笔录。根据刑事诉讼法第四十八条、第一百二十六条至第一百三十三条等规定,勘验对象为犯罪现象及其痕迹、物品、尸体;检查对象是活体即人身;辨认对象是与贪污贿赂犯罪有关的人、物、尸体、场所;侦查实验的对象是与贪污贿赂犯罪有关的事实或者现象。在贪污贿赂犯罪侦查中,常见的有现场勘验笔录、物证检验笔录、尸体检验笔录、人身检查笔录和侦查实验笔录等。与其他证据相比,勘验、检查、辨认、侦查实验等笔录具有综合性和独立性等特点。这里的综合性,是指勘验、检查、辨认、侦查实验等笔录将客观存在的与案情有关的系列证据进行综合反映并予记载,用以表明其相互联系中所具有的证明功能。这里的独立性,是指勘验、检查、辨认、侦查实验等笔录的内容虽是对多种证据材料的综合反映,但它是一种独立的诉讼证据,不依附于其他证据而存在。勘验、检查、辨认、侦查实验等笔录不仅起到固定和保全贪污贿赂犯罪证据的作用,而且对核查其他证据、查清全案情况也具有不可替代的作用。

(七)视听资料、电子数据。

所谓视听资料,是指以声、像形式证明案件事实的证据资料,包括录像资料,如录像带、电视片、电影片等;录音资料,如录音磁带、唱片等;微机储存资料等。在我国,视听资料作为诉讼证据使用首先是在民事诉讼法中以法律形式规定下来的。1996 年修正刑事诉讼法吸收了民事诉讼法的立法经验,将视听资料规定在刑事诉讼法条之中。从侦查实践看,当前视听资料越来越受到司法机关的重视。视听资料与其他证据相比,有其特有的作用。就录音资料来说,它能逼真地反映案件发生时的原来声音,起到物证、书证、证人证言、被害人陈述等所不能起到的作用;它能准确无误地反映原来的声音或陈述,不会产生遗忘、误记、错述之类的情况,远远超过了人们的记忆和复述能力。由于视听资料具有直观性强、信息量大、精密度高和动作、形态连续性等特点,同时又不同于其他刑事证据,侦查实践中针对贪污贿赂犯罪手段智能化以及反侦查能力不断强化、翻供和翻证活动日益猖獗等现状,将视听资料运用于侦查活动之中,将起到强化证据的证明力、打击反侦查活动等预想不到的效用,同时还可以监督侦查人员是否存在刑讯逼供等侵犯嫌疑人人权的违法侦查行为。这表明,视听资料作为证据的一种规定在法律上,既有利于揭露、证实和惩罚贪污贿赂犯罪,又有利于保护嫌疑人的人身权利,以及证明侦查人员依法侦查、防止被诬陷。所谓电子数据,是指经由计算机技术、电信技术、网络技术、广电技术等信息技术及系统生成的能够证明案件真实情况的信息数据,主要包括电子邮件、电子数据交换、网上聊天记录、网络博客、手机短信、电子签名、域名等。这类证据是依托现代信息技术发展而出现的一种新的证据形式,除了具有刑事证据所特定的客观性、关联性、合法性,还具有以下一些特性:一是依赖性,即依赖于现代信息技术和电子系统;二是可变性,即由于各种电子数据的生成、存储、传递等都必须借助于现代信息技术和电子系统,极易受到操作人员任何一个方面的差错、外部攻击等各种因素的影响,因此可能被遭受修改且不留痕迹;三是认定间接性,即在认定电子数据可采性与证明力等方面采取自认、推定、具结等间接认定的方式。当然,对于这种自认、推定、具结等间接认定的替代措施与制度,如何运用于贪污贿赂犯罪侦查及其审判活动对案情的认定,并细化为操作规则,尚需要进一步深入研究。

(八)行政机关执法办案证据材料。

从严格意义上讲,行政机关执法办案证据材料不是一种单独的证据形式,而是一类证据的总称,或者是证据的集合。具体地说,行政机关执法办案证据材料是指行政机关在行政执法和查办案件过程中收集的各种证据材料,包括物证、书证、视听资料、电子数据以及相关言词证据等。根据反贪侦查的实际,这类证据材料既可能出现在初查阶段,也可能出现在侦查阶段甚至起诉、审判阶段。按照刑事诉讼法第五十二条等规定,行政机关以及根据法律、法规赋予的职责查处行政违法、违纪案件的组织和单位,在行政执法和查办案件过程中收集的物证、书证、视听资料、电子数据等实物证据材料,应当以该机关的名义移送,经人民检察院审查符合法定要求的,可以作为证据使用。并且经法庭查证属实,收集程序符合有关法律、行政法规规定的,可以作为定案的根据。但是,对于行政机关在执法和查办案件过程中收集的涉案人员和相关人员的言词证据,人民检察院侦查部门应当重新收集。

这里,需要指出的是,根据《人民检察院刑事诉讼规则》第六十四条规定,在检察机关侦查贪污贿赂犯罪案件过程中,对于行政机关在行政执法和查办案件过程中收集的物证、书证、视听资料、电子数据证据材料,明确应以该机关的名义移送,经人民检察院审查符合法定要求的,可以作为证据使用。行政机关在行政执法和查办案件过程中收集的鉴定意见、勘验、检查笔录,经人民检察院审查符合法定要求的,可以作为证据使用。人民检察院办理直接受理立案侦查的案件,对于有关机关在行政执法和查办案件过程中收集的涉案人员供述或者相关人员的证言、陈述,应当重新收集;确有证据证实涉案人员或者相关人员因路途遥远、死亡、失踪或者丧失作证能力,无法重新收集,但供述、证言或者陈述的来源、收集程序合法,并有其他证据相印证,经人民检察院审查符合法定要求的,可以作为证据使用。根据法律、法规赋予的职责查处行政违法、违纪案件的组织属于本条规定的行政机关。

二、贪污贿赂犯罪证据的分类

贪污贿赂犯罪证据的分类,是指按照一定的标准将证据划分为不同的类别。这是诉讼理论上的一种划分,目的在于方便对贪污贿赂犯罪证据进行针对性的研究和可操作性的把握。从实践看,贪污贿赂犯罪案件通常比较复杂,如果在与案件事实具有内在联系的大量零乱的证据材料面前,不能进行科学分类及分析,就将感到不知所措,也难以对某种证据的可采性及证明力强弱作出客观评价。实践表明,有些错案之所以酿成,往往是无视辩护证据的结果。但如果侦查人员具备从理论上对贪污贿赂犯罪证据进行科学分类的有关知识和原理,就能根据各类证据的特点及时有效地全面收集和运用,认定案件事实,保证办案质量,更好地防止在收集和运用证据方面出现片面性、表面性和随意性,防止冤枉无辜或放纵任何真正的犯罪分子。目前,在理论上对贪污贿赂犯罪证据如何进行科学分类,由于各国的国情和证据制度的相异,分类标准和方法也各不相同。在英美法系国家中,如美国法学著作中有的将证据分为证人、勘验、情况三大类,有的分为佐证、品格证据、意见证据、类行为证据、不在现场证据、正式承认、辨认证据等。在大陆法系国家中,如德国将证据分为证据方法如证人证言、具体证据的内容两大类。在我国,有的将证据分为五类,即:人证、物证及书证;本证与反证;直接证据与间接证据;原始证据与传闻证据;主证据与补证据。有的分为八类,即:本证或主证与反证;物证与人证;直接证据与间接证据;积极证据与消极证据;独立证据与补助证据;原始证据与传闻证据;一般证据与补充证据;事前证据、事后证据与当时证据。对证据的划分,如何使之具有科学性和实用性,尚有待进一步探讨。按照刑事诉讼原理及刑事诉讼法等规定,多数学者认为在理论上可将证据分为四种:一是人证与物证,或称之言词证据与实物证据;二是原始证据与传来证据;三是控诉证据与辩护证据;四是直接证据与间接证据。由于这种分类简明扼要,具有较大的实用性,20 世纪 50 年代以来至今仍然基本沿用。实践表明,这种证据分类基本适应贪污贿赂犯罪侦查实际需要。

(一)原始证据与传来证据。

这是根据证据材料的来源不同进行划分。所谓原始证据,是指直接来源于案件事实或者是从第一来源所获取的证据,即第一手材料。如被害人陈述、犯罪嫌疑人或被告人供述和辩解、物证之原物、书证原本、案件事实的目睹者所提供的证言、视听资料、电子数据、勘验检查辨认侦查实验笔录原件等。所谓传来证据,是指从原始证据中派生出来的不是直接来源于案件事实或者从派生证据中再派生的证据,即第二手及其第二手以上的材料。如转述他人告知案情的证人证言;某些物证的复制品如书证复印件、文件副本等。将证据划分为原始证据和传来证据的意义,主要在于帮助侦查人员对两类证据的证明力强弱作出准确判断。一般地说,原始证据的可靠性和证明力明显强于传来证据。侦查人员应重视对原始证据的收集或者在原始证据无法收集的情况下，也要重视对接近原始证据的传来证据的收集，但要防止收集道听途说、以讹传讹或者捕风捉影之类陈述。同时，对传来证据也不容忽视，这在某种程度上也能发挥一定的作用，比如起到发现、印证及替代原始证据的某些作用，并在某种情况下也可以对某些贪污贿赂犯罪案件的突破以及事实认定起重要作用。在国外，一般比较重视采用原始证据，对传来证据是否可以采用规定不一。英美法系国家原则上禁止采用传闻证据，即对从他人处得知案情所作的陈述、在审判期日所作的书面陈述只在例外情况下才允许采用，比如被害人在临死前对受害情况所作的陈述，允许他人在法庭上转述。大陆法系国家原则上允许采用传闻证据。我国刑事诉讼法吸收了"两高三部"的"两个证据规定"相关内容，实质是吸收了英美法系国家对传来证据的原则，如明确规定对于不能反映原始物证、书证的外形、特征或者内容的复制品、复制件，应予排除；证人的猜测性、评论性、推断性的证言，不能作为证据使用，但根据一般生活经验判断的除外。对此，实践中应予把握。

（二）控诉证据与辩护证据。

这是根据证据在案件中所起的证明作用不同进行划分。所谓控诉证据，是指用来证明犯罪嫌疑人或被告人有罪、罪重或从重、加重处罚的证据。所谓辩护证据，是指用来证明犯罪嫌疑人或被告人无罪、罪轻或者从轻、减轻、免除处罚的证据。上述划分是就同一证据在同一案件中对同一事实所起的证明作用而言的。由于一个证据从不同的角度会产生不同的证明效力，因此离开特定的环境和条件就无法加以区分。实践表明，将贪污贿赂犯罪证据划分为控诉证据和辩护证据，有利于使侦查人员了解证据证明的多重性或者多变性，比如有的在侦查环节被视作控诉证据，但在起诉或审判环节可能成为中性化证据甚至为辩护证据，这要求侦查人员在办案中重视对有罪证据和无罪证据的全面收集，不可偏废。从实践看，当前存在诸如为突破某一罪案而向犯罪嫌疑人、被告人许愿甚至一而再、再而三地重复讯问犯罪嫌疑人、被告人，要求其作出在起诉或者审判环节保证不翻供的承诺等。这些做法是不妥的也是不科学的，实践中的教训不少，应当引起重视，尽可能防止和避免出现类似做法。

（三）直接证据与间接证据。

这是根据证据与案件主要事实的证明关系不同进行划分。所谓直接证据，是指与案件主要事实相联系，能够单独直接证明案件主要事实的证据。比如被害人陈述、犯罪嫌疑人或被告人供述与辩解、证人亲眼目睹的证言等。所谓间接证据，是指不能单独地、直接地证明案件主要事实的证据。间接证据只与案件部分情况相联系，必须与其他证据事实联系起来，借助于其他间接证据以间接推论的方法才能证明案件的主要事实。比如作案工具、痕迹、遗物、某些证言等。由于直接证据的证明力强，侦查人员应尽量收集这类证据。但是贪污贿赂犯罪复杂性决定了犯罪嫌疑人规避法律意识及能力强，有时单凭一个直接证据是难以定案的，比如贿赂犯罪证据"一对一"状态就是这种情况。因此，在重视收集直接证据的情况下，也不应忽视间接证据的作用。在一定条件下，间接证据与直接证据在揭露和证实贪污贿赂犯罪中同样具有重要的作用，实践中常有运用间接证据定案的例子。不过，运用间接证据证明案件事实，比运用直接证据证明案件事实要复杂一些。一般来说，间接证据具有发现和印证直接证据以及认定案件事实的作用。在没有直接证据证明犯罪行为系犯罪嫌疑人实施，但同时符合下列条件的，可以认定其有罪：一是据以定案的间接证据已经查证属实；二是据以定案的间接证据之间相互印证，不存在无法排除的矛盾和无法解释的疑问；三是据以定案的间接证据已经形成完整的证明体系；四是依据间接证据认定的案件事实，结论是唯一的，足以排除一切合理怀疑；五是运用间接证据进行的推理符合逻辑和经验判断。当前，侦查实践中感到案件难以突破时，不妨重视研究运用间接证据突破案件的方法、手段和途径，从而强化对贪污贿赂犯罪的查处力度。

（四）人证与物证。

这是根据证据的表现形式不同进行划分。所谓人证，是指人们直接感知案件情况，或者间接得知与案件有联系的情况所作的一种口头或书面的以人的言词为形式的证据，包括证人证言、被害人陈述、犯罪嫌疑人或被告人供述与辩解、鉴定意见等。所谓物证，是指某种与案件事实有联系的实物形式的证据。它以物品外部特征、物质属性、所处位置或记载的内容证明案件事实，包括书证、物证、勘验检查笔录、视听资料等。习惯上，物证是一种作为与人证相对应的证据类别。从理论上将贪污贿赂犯罪证据划分为人证与物证,其意义在于促使侦查人员了解两类证据的特点,在收集证据过程中采取相应的方法收集和运用两类证据。一般地说,人证的特点在于供证主体不仅能生动、具体地将其所见所闻所感触的案件事实反映出来,而且能够阐明案件的起因、过程和某些具体细节,有时还可直接指认犯罪人,有利于办案人员迅速地从总体上及各个细节上把握、了解案件发生发展的情况。对人证的收集、固定和运用,通常采取询问或讯问的方式进行。但由于人证受主观和客观因素的影响,也往往容易失真,因而难以排除假证的可能。这取决于侦查取证的水平、证人的素质以及证人与犯罪人之间的关系等因素,在收集和运用时应注意慎重对待。物证的特点主要是客观真实,收集时通常采取勘验、检查、搜查、扣押等方式进行。固定、保全物证通常采用制模、照相、录像或提取原物等方法进行。由于物证是一种哑巴证据,受人为因素或自然因素的影响比较大,有时也可能被伪造、变造甚至毁损,因此在具体运用时也要慎重对待。

此外,按照刑事诉讼法对侦查取证提出的新要求,就证据的分类而言,贪污贿赂犯罪证据还可以按照证据的证明功能不同,分为以下几种:一是定性证据。就是能够证明贪污贿赂犯罪嫌疑人、被告人触犯具体的贪污、贿赂等罪名性质的证据,包括各种法定证据。二是量刑证据。就是能够证明贪污贿赂犯罪嫌疑人、被告人罪重、从重或者罪轻。就是能够证明从轻、减轻或者免除刑罚处罚等证据。三是证明违法所得证据。就是对于贪污贿赂犯罪嫌疑人、被告人死亡或者逃匿一年后不能到案时,能够证明涉案财产属于违法所得的证据。四是证明证据合法性证据。就是能够证明反贪侦查部门及其工作人员采用合法的措施和方法收集、获取的证据,进而证明证据的合法性以及对犯罪事实的证明力。五是证明侦查程序合法性证据。就是能够证明侦查程序的合法性的证据,比如针对当事人及其辩护人提出反贪侦查部门取证违法等控告,而证明采取强制措施的程序合法性、采取强制性侦查措施的程序合法性等证据。六是羁押必要性证据。就是针对当事人特别是犯罪嫌疑人、被告人提出取保候审的申请等,或者检察机关侦查监督部门认为对于犯罪嫌疑人、被告人继续羁押没有必要的时候,能够证明犯罪嫌疑人、被告人有必要继续羁押的证据等。

三、贪污贿赂犯罪证据在侦查破案中的作用

贪污贿赂犯罪侦查所要解决的中心问题,是犯罪嫌疑人、被告人的刑事责任问题,即对犯罪嫌疑人或者被告人的行为是否构成犯罪、构成此罪或彼罪、罪重或罪轻、是否给予刑事处罚、处以什么样的刑罚等问题予以确认。一般地说,从刑事诉讼各个阶段的任务和要求讲,涉及侦查、审查起诉及审判的各个环节。就侦查工作而言,主要体现在立案、侦查和突破案件方面。立案要有能够证明犯罪事实发生、依法应该追究刑事责任的证据;侦查的主要任务是收集贪污贿赂犯罪的各种证据;对案件的突破,要借助于证据的证明力,运用证明方法,再现已经发生的贪污贿赂犯罪事实。就审查起诉而言,对贪污贿赂犯罪案件的审查起诉或不起诉,要有相应的充足证据。就审判活动而言,对贪污贿赂犯罪案件的审判要核实证据,运用证据认定被告人所犯的罪行并作出相应的判决。就犯罪嫌疑人或被告人而言,在上述刑事诉讼活动过程中,证明自己无罪、罪轻或者应当从轻、减轻或免除处罚的,也应具备相应的充足证据。总之,证据是贪污贿赂犯罪侦查、起诉和审判中认定犯罪嫌疑人、被告人有否刑事责任的核心问题,在侦查破案等司法实践中具有重要作用。

(一)证据是证实贪污贿赂犯罪的依据。检察机关侦查部门在贪污贿赂犯罪侦查活动中,认识贪污贿赂犯罪案件的准确程度,取决于掌握证据的准确程度和充分性。要揭露、证实贪污贿赂犯罪,必须坚持以事实为根据、以法律为准绳,用于认定贪污贿赂犯罪的证据必须客观真实。否则,就不能或者无法确认犯罪嫌疑人或被告人的犯罪事实。实践表明,在贪污贿赂犯罪侦查环节,犯罪嫌疑人或被告人的反侦查活动十分猖獗,侦查的全过程实际上就是收集和运用证据证明犯罪嫌疑人有罪与犯罪嫌疑人进行毁灭罪证、避重就轻等反侦查活动以证明自己无罪或者罪轻、减轻之间的较量过程。犯罪分子千方百计地使尽所有手段,其目的就是否定有罪证据。只有获取充分的证据,才能促使犯罪分子承认自己所犯的罪行、认罪服法。

(二)证据是对贪污贿赂犯罪案件正确定罪量刑的基础。司法机关认定贪污贿赂犯罪的依据,在于收集到的有罪证据达到确实、充分的程度。如果证据不足或者证据不实,司法机关就无法定罪,更不能作出罪重罪轻的判断,也就无法量刑处罚。从这种意义说,贪污贿赂犯罪证据既是正确认定贪

污贿赂犯罪事实的基础,也是刑事诉讼活动各阶段进程所必须具备的前提条件。

(三)证据是进行社会主义廉洁政治和廉政文化教育的武器。通过收集贪污贿赂犯罪证据,运用收集获取的各种证据,有效地揭露和惩罚贪污贿赂犯罪分子,对人民群众进行生动的廉政法制宣传,激发广大民众对贪污贿赂犯罪等腐败现象的义愤,提高广大人民群众的法制意识,增强同贪污贿赂犯罪作斗争的积极性和自觉性,从而创造一个良好的廉洁政治和廉政文化环境。同时,运用确实、充分的证据促使犯罪分子认罪服法,无论是对犯罪分子本人还是对社会上某些不安定分子,都将会在遏制、惩治和预防贪污贿赂犯罪方面起到积极、有效的作用。

第三节　贪污贿赂犯罪证据的收集

一、贪污贿赂犯罪证据收集的含义及法律特性

(一)贪污贿赂犯罪证据收集的含义。对于证据收集的含义,学界有不同的认识和界定。比如有的认为,所谓证据收集是指为了证明自己的诉讼主张或查明特定的案件事实,特定的国家专门机关、律师、一般公民、法人或者其他组织通过一定的行为,采取必要的方法获取和汇集证据的活动。有的认为,所谓证据收集是指诉讼或非诉讼法律事务中证明的主体运用法律许可的方法和手段,发现、采集、提取证据的活动。当然,还有许多类似界定,但无论从哪个角度讲,这都是就诉讼的一般意义而言。笔者认为,在贪污贿赂犯罪侦查中收集贪污贿赂犯罪证据,这是一种诉讼行为,是贪污贿赂犯罪侦查工作一项十分重要的任务,也是一项非常严肃的活动。所谓贪污贿赂犯罪证据的收集,是指反贪侦查部门为了查明贪污贿赂犯罪案件事实情况而依照法律规定的程序进行调查了解,包括采取专门调查和强制性侦查措施,用以发现、提取、固定、保全和移送一切对贪污贿赂犯罪案件事实有证明意义的有关情况和材料的活动。

(二)贪污贿赂犯罪证据收集的法律特性。根据贪污贿赂犯罪证据收集的含义,其具有以下一些特性:一是收集主体的特定性。按照我国刑事诉讼法第十八条、第一百六十二条等规定,贪污贿赂犯罪证据收集的主体,限

于检察机关侦查部门,其他任何机关、团体和个人都无权进行刑事诉讼意义上的证据收集活动。二是证据收集行为和方法的专门性。收集贪污贿赂犯罪证据是检察机关行使国家侦查权的一种专门性调查活动,依照刑事诉讼法等规定可以采用讯问犯罪嫌疑人或被告人、询问证人或被害人、勘验、检查、辨认、侦查实验及搜查、查封、扣押物证书证及查封、扣押、冻结涉案款物、聘请鉴定人鉴定等各种措施和方法。三是证据收集的目的及任务的确定性。检察机关侦查部门收集贪污贿赂犯罪证据的目的和任务,就是为了查明贪污贿赂犯罪嫌疑人的犯罪事实,抓获在逃的犯罪嫌疑人,并为公诉部门和审判机关提供审查起诉、案件审理的条件和根据。

二、贪污贿赂犯罪证据收集的任务和要求

(一)贪污贿赂犯罪证据收集的任务。贪污贿赂犯罪侦查中对证据的收集,其主要任务有三个方面:一是发现证据。反贪侦查部门通过有关的专门性措施、手段和方法,查找能够证明贪污贿赂犯罪真实情况的证据材料。二是获取证据。反贪侦查部门发现贪污贿赂犯罪证据材料后,采取相应的手段和方法及时将其提取,并注意不能损坏其原始特征,防止影响其证明力。三是固定、保全和移送证据。反贪侦查部门对已经提取的贪污贿赂犯罪证据材料进行固定、妥善保存,并做好移送的准备。

(二)贪污贿赂犯罪证据收集的要求。贪污贿赂犯罪证据收集过程中,一般应注意以下几个方面的问题:一是依法进行。收集证据是一项十分严肃的诉讼行为,必须依法进行,不能违反刑事诉讼法等规定而非法收集。二是及时主动出击。由于侦查时机瞬息万变,如果不及时主动出击,就有可能丧失取证机会,致使侦查活动陷入被动局面甚至出现僵局。三是坚持走群众路线、依靠人民群众。反贪侦查部门在收集贪污贿赂犯罪证据时不能搞神秘主义,应充分尊重人民群众的意愿,倾听人民群众对案情的反映,详细询问知情人,并注意不能妨碍人民群众的正常生活和工作。四是客观全面。在侦查取证活动中,反贪侦查部门对证明有罪无罪、罪重罪轻、此罪彼罪等证据材料都应全面收集,不能随意取舍,更不能弄虚作假。五是妥善保全、严格保密。贪污贿赂犯罪侦查中应加强对证据的管理、保全和保密,不能使证据毁坏或灭失,更不能泄密。

三、贪污贿赂犯罪证据收集的措施和方法

按照刑事诉讼法等有关规定,贪污贿赂犯罪证据的收集,可以采取以下一些方法:

(一)确定收集范围。所谓收集证据的范围,是指侦查人员根据贪污贿赂犯罪案件的实际情况而确定应当收集的足以查明和认定案件事实的证据种类和数量。一般而言,收集证据的范围大小取决于待证事实的实际情况,并由贪污贿赂犯罪个罪及具体个案的情况决定。这要求加强研究和把握具体案件的特点和取证的切入口,防止盲目性和片面性。

(二)多头并进、多措并举。由于贪污贿赂犯罪嫌疑人具有很强的反侦查能力,侦查人员在收集证据时,应当注重运用同步侦查的方法多面出击,做到出其不意、攻其不备,采用多种措施、手段或方法或者策略并用,绝不能单打一。

(三)坚持公开与秘密相结合。在贪污贿赂犯罪侦查中,刑事诉讼法对收集证据的公开措施、手段和方法都已明确规定,包括搜查、勘验、检查、扣押、鉴定、辨认等传统手法。但从贪污贿赂犯罪及其侦查的实际讲,当前应当进一步拓宽侦查视野,按照贪污贿赂犯罪侦查规律要求以及刑事诉讼法有关规定,将传统侦查手法与运用技术侦查、秘密侦查等措施有机结合,依法规范技术侦查,提升侦查活动的科技衡量,增强侦查活动的侦破力、威慑力和遏制力。

(四)坚持教育与强制相结合。侦查人员在收集证据过程中,对犯罪嫌疑人、被害人、有关单位或其他个人,应当注意说服教育,做到动之以情、晓之以理、告之以法,力促犯罪嫌疑人坦白交代、有关知情人主动提供等。只有在遭到拒绝或者情况紧急时,才能使用强制性侦查措施或手段强行提取相关证据。但对于证人来说,应当尊重其作证意愿依法取证,不能对其任意采用强制性侦查措施。

(五)积极运用现代科技手段。坚持把侦查手段现代化建设作为转变侦查方式、强化侦查能力的重要基础性和战略性工作来抓,提高侦查活动的科技含量,实现侦查观念、侦查模式、侦查手段的转变,做到获取侦查情报信息网络化、侦查运作协同化、侦查管理科学化,促进侦查能力整体提升,重点是推进五个转变:一是增强现代意识,实现侦查工作由传统的被动型向现代的主动型转变;二是增加现代科技知识,实行由侦查活动的粗放型向侦查的精确型转变;三是积极探索收集电子数据的方式方法,实行由传统的侦查实化形态向实化形态与虚拟化形态相结合的侦查模式转变;四是强化侦查情报信息工作,实行由人力密集型向信息密集型的侦查方式转变;五是加强侦查管理,实行由静态滞后的传统管理向动态即时的科学管理转变。总之,要提高侦查活动科技含量,向科技要战斗力,充分发挥侦查装备在侦查中的功能和作用,积极运用现代科技手段提升发现犯罪、侦查指挥、取证固证、追逃追赃的能力和水平,实现侦查工作优化升级。

四、贪污贿赂犯罪证据收集的策略和途径

(一)贪污贿赂犯罪案件物证、书证的收集。对于物证书证的收集,应当着重把握以下几个方面:

1.明确说明物证、书证的来源。查清物证、书证的来源,有助于判断物证、书证的真实性。在贪污贿赂犯罪侦查过程中,收集、固定物证书证时,应注意说明来源,主要包括物证、书证是在什么时间、什么地方、哪一种情况下,由什么人提供或者以哪一种方式收集、调取,以及取得过程的合法性等。

2.坚持原始证据优先。根据刑事诉讼法等有关规定,据以定案的物证、书证应当是原物。因此,侦查取证时应尽量收集原始的物证书证。只有在原物不便搬运、不易保存或者依法应当返还被害人时,才可以拍摄或者制作足以反映原物外形或者内容的照片、录像、模型或者复制品。同时,在制作物证的照片、录像、模型或者复制品及书证的副本、复制件时,应当与原物、原件相符合,相关的手续应当符合法律要求。

3.确保物证、书证与贪污贿赂犯罪案件的关联性。物证、书证与案件的关联,通常需要借助一定的方法才能分析和识别。在侦查取证时,应注意运用相关证据来证明关联性,比如物证、书证应交由当事人或者证人加以辨认,并制作辨认笔录;对于现场遗留与犯罪有关的指纹等痕迹、物品,应通过指纹鉴定等方式确认与犯罪嫌疑人的关联等。

4.严格按照法定程序和规则进行收集。贪污贿赂犯罪侦查中应注意取证程序的合法,改变过去"重取证结果、轻取证程序"的做法。比如,在勘验、检查、辨认、侦查实验以及搜查中,查封、提取、扣押的字画、古董、金银首饰及会计账目等物证、书证,应当附有相关笔录或者清单,并进行拍照、录像,予以固定;制作的笔录或者清单应当有侦查人员、物品持有人、见证人签名,如果没有签名的,应当注明原因;对于物品的特征、数量、质量、名称等应当注明。对于需要辨认的物证、书证,应交由当事人或者证人进行辨认,必要时要进行鉴定。对于需要侦查实验的,应及时组织并记明笔录。

5.全面收集物证、书证。侦查人员在勘验、检查、辨认、侦查实验以及搜查中,发现与案件事实可能有关联的指纹、足迹、字迹等痕迹和物品,都应全部提取,必要时应当进行检验、辨认或者进行侦查实验。

6.及时对有瑕疵的物证、书证进行补正。根据刑事诉讼法第五十四条等有关规定,有瑕疵、需要补正的物证书证有四种:一是勘验、检查辨认、侦查实验等笔录,搜查笔录,提取笔录,扣押清单上没有侦查人员、物品持有人、见证人签名或者物品特征、数量、质量、名称等注明不详的,应予以补正;二是收集调取物证照片、录像或者复制品,书证的副本、复制件未注明与原件核对无异,无复制时间、无被收集、调取人或者单位签名或者盖章的,应予以补正;三是物证照片、录像或者复制品,书证的副本、复制件没有制作人关于制作过程及原物、原件存放于何处的说明或者说明中无签名的,应予以补正;四是物证、书证的收集程序、方式存在其他瑕疵的,应予以补正。对于公诉部门或者人民法院认为移送的物证书证不全面导致案件事实存疑的,应按照要求及时补充收集、调取相关证据,并作出合理说明,防止所取物证、书证被排除。

(二)贪污贿赂犯罪案件证人证言的收集。在贪污贿赂犯罪侦查中,证人证言是一种被广泛使用的证据形式。证人是知道案情的“第三人”,如果排除利害关系的影响,证人所作陈述的可信性、真实性就比较大,但证人证言也具有较强的主观性和较大的易变性等特性。由于贪污贿赂犯罪主体身份的特殊性所决定,有的证人害怕作证后受到报复,有的与贪污贿赂犯罪嫌疑人或被告人有某种利害关系,因此证人证言的证明力受到影响。收集证人证言时,应当重点把握以下几个方面:

1.证人证言的来源。贪污贿赂犯罪侦查中,应注意证人证言的来源,查清证人所证明案件事实的感知是直接感知还是传言。如果是传言,还应按照证人提供的线索,寻找直接见闻者并进行询问,收集直接见闻者的证言。对于证人根据一般生活经验判断符合事实的证言,可以作为定案的根据,但对证人的猜测性、评论性、推断性的证言,不能作为定案的根据,侦查取证人员应避免收集。

2.证人与案件的利害关系。证人与案件当事人以及案件处理结果有没有利害关系,直接影响证人证言的真实性和证明力。如果没有利害关系,其证言一般较为客观、真实;如果有利害关系,其证言的真实性和证明力就相对较弱。贪污贿赂犯罪侦查中,应注意这方面的问题,确保所取证人证言的证明力。

3.证人的作证能力。不同证人的感知能力、记忆能力和表达能力是不同的,特别是具有精神疾患或者处于明显醉酒、麻醉品中毒或者精神药物麻醉状态的证人,往往不能正确认知、表达,他们所提供的证言就不能作为定案的根据。贪污贿赂犯罪侦查中,应注意这方面的问题,保证所取证人证言的真实性。

4.严格按照法定的程序和要求取证。依法获取证人证言是保证证言真实性的重要前提。贪污贿赂犯罪侦查中,应严格按照刑事诉讼法第一百二十二条规定,坚持取证个别进行的原则和要求询问证人、获取证言。在询问证人过程中,应严格禁止使用羁押、暴力、威胁、引诱、欺骗以及其他非法方法,切实防止非法证人证言被排除问题的发生。

5.保证证人证言之间、证人证言与其他证据之间能够相互印证。证人证言之间以及证人证言与其他证据之间,如果不能相互印证甚至出现矛盾,就会成为孤证,不能作为定案的根据。贪污贿赂犯罪侦查中必须把握这一点,从而使所取的证人证言之间以及证人证言与其他证据之间形成有机的证据链条,保证证据之间内在的关联性,提高证人证言的证明力。

6.及时对有瑕疵的证人证言进行补正。根据刑事诉讼法第五十四条等有关规定,有瑕疵、需要补正的证人证言有四种:一是没有填写询问人、记录人、法定代理人姓名或者询问的起止时间、地点的,应予以补正;二是询问证人的地点不符合规定的,应予以及时纠正、补充取证;三是询问笔录,如果没有记录告知证人应当如实提供证言和有意作伪证或者隐匿罪证要负法律责任内容的,应予以补正;四是询问笔录反映出在同一时间段内,同一询问人员询问不同证人的,应予以及时纠正、补充取证。对于这些有瑕疵的证人证言,必须采取补正措施进行弥补,否则就可能被排除,不能作为定案根据。

（三）贪污贿赂犯罪案件被害人陈述的收集。从我国刑法规定看，法律没有规定贪污贿赂犯罪案件的被害人，实践中也很少涉及。但《联合国反腐败公约》第三十五条规定了腐败行为的被害人及其损害赔偿，这也是今后我国加强贪污贿赂犯罪立法值得借鉴的一种趋势。如果从立法上明确贪污贿赂犯罪的被害人，就将提升对贪污贿赂犯罪的预防能力。当前，在查处贪污贿赂犯罪案件中，有的涉及涉案款物的返还问题，从而在贪污贿赂犯罪侦查中，也将可能涉及对返还单位的取证问题。因此，在具体取证时，应当按照收集证人证言的标准和要求进行。

（四）贪污贿赂犯罪嫌疑人、被告人供述和辩解的收集。犯罪嫌疑人、被告人供述是通过讯问获取的。贪污贿赂犯罪特别是贿赂犯罪的特殊性，决定了讯问的重要性。由于口供在贪污贿赂犯罪侦查中居于重要地位，侦查部门千方百计地获取口供。与此同时，犯罪嫌疑人、被告人也将在口供问题上大做文章，这就决定了讯问与反讯问的复杂性和尖锐性。在贪污贿赂犯罪侦查中，侦查讯问人员应当严格按照刑事诉讼法第五十四条等规定，着重把握以下几个方面：

1.首次讯问时，应当根据刑事诉讼法第一百一十八条及最高人民检察院《人民检察院刑诉规则》第一百九十七条第二款规定，讯问时应当告知犯罪嫌疑人、被告人以下内容：一是告知犯罪嫌疑人在侦查阶段的诉讼权利，有权自行辩护或委托律师辩护，如实供述自己罪行可以依法从宽处理的法律规定等。二是告知犯罪嫌疑人对侦查人员的提问，应当如实回答。但对与本案无关的问题，有权拒绝回答。三是告知对讯问活动将进行全程同步录音、录像，告知情况应当在录音、录像中反映，并记明笔录。

2.讯问的时间、地点、讯问人必须具备检察官的身份等，都要符合法律规定；根据刑事诉讼法第一百一十六条规定，讯问的侦查人员不得少于2人，讯问犯罪嫌疑人、被告人应当个别进行。这里，需要注意的是，根据最高人民检察院《人民检察院刑诉规则》第一百九十二条规定，讯问犯罪嫌疑人、被告人的必须是检察人员，不得少于2人，并且该2人不包括书记员在内。从实践看，书记员及其他检察人员担任记录，是可以胜任的，不必强调讯问记录必须由具有检察员或者助理检察员资格的检察官承担。实践中由于把书记员排除在2人之外，这将增加记录人员或者由检察官担任记录，不仅浪费办案资源,而且给地方各级检察机关办案力量将带来很大的压力,办案人手欠缺的矛盾将越发突出。对此,有关部门应予重视解决。

3.讯问聋、哑人或者不通晓当地通用语言、文字的少数民族人员、外国人,应当提供通晓聋、哑手势的人员和翻译人员;讯问未成年同案犯时,要通知其法定代理人到场。

4.依法文明讯问。严禁采取刑讯逼供等非法手段,包括殴打、虐待以及唆使他人以殴打、虐待等行为获取犯罪嫌疑人、被告人供述。对于讯问羁押在看守所的犯罪嫌疑人、被告人,应做好提押、还押时的健康检查记录。

5.依法制作讯问笔录。讯问笔录应注明讯问的起止时间和讯问地点,笔录的制作、修改应符合法律等规定,并交由犯罪嫌疑人、被告人核对确认并签名或者盖章、捺指印;讯问记录应当全面、客观,既要详细记录犯罪嫌疑人、被告人有罪的供述,也要如实记录犯罪嫌疑人、被告人无罪或者罪轻、减轻的申辩和解释。

6.应当对有瑕疵的犯罪嫌疑人、被告人供述及时进行补正。按照刑事诉讼法第五十四条等规定,需要进行补正的犯罪嫌疑人、被告人供述有三种情形:一是笔录填写的讯问时间、讯问人、记录人、法定代理人等有误或者存在矛盾的,应予以补正;二是讯问人没有签名的,应予以补正;三是首次讯问笔录没有记录告知被讯问人诉讼权利内容的,应予以补正。对于这些情形,必须及时予以补正或者作出合理解释,避免出现证据被排除、不能作为定案根据的问题发生。

7.强化犯罪嫌疑人、被告人翻供的对策。在贪污贿赂犯罪侦查中,犯罪嫌疑人、被告人翻供现象时有发生,对此要高度重视。一是做好翻供预测。在侦查中或者在人民法院庭审前,对犯罪嫌疑人、被告人出现翻供的可能性应进行分析、评估、预测,制定有针对性的应对预案,争取工作主动。二是分析翻供的原因。根据侦查、起诉及人民法院审理等不同诉讼阶段犯罪嫌疑人、被告人翻供的实际,深入分析查找其中的原因,比如有否违法讯问、犯罪嫌疑人或者被告人是否受同押犯或者辩护律师教唆、翻供的内容有否其他证据相印证以及对案件处理有什么影响等,从而提出有针对性的防范措施。三是配合公诉人做好出庭工作。根据刑事诉讼法等有关规定,侦查人员应当积极配合公诉人做好出庭公诉工作,提高指控贪污贿赂犯罪的能力,有力遏制被告人在庭审中的翻供活动。

（五）贪污贿赂犯罪案件鉴定意见的制作。鉴定意见具有很强的专业性、科学性和可靠性。贪污贿赂犯罪侦查中的司法鉴定，主要包括法医类鉴定、物证类鉴定、司法会计鉴定、文书鉴定、声像资料鉴定以及其他专门性鉴定。在侦查取证中指派、聘请鉴定人进行鉴定、制作鉴定意见，应着重把握以下几个方面：

1.依法指派、聘请鉴定人。应当认真审查鉴定机构和鉴定人是否具有合法的资质，决定指派聘请的鉴定人在本案中是否存在应当回避而未回避的情形等。对符合鉴定人条件的，要按照法定程序办理指派、聘请手续，确定鉴定人。

2.严格按照法律规定，对检材的来源、取得、保管、送检等严格把关。在提取、扣押检材时，应当在提取笔录、扣押物品清单等侦查文书中详细记载，确保一致。提供的检材应保证数量的充足及其来源、取得、保管的可靠，以及送检程序的合法。

3.认真全面细致地审查鉴定意见。一是审查鉴定的程序、方法、分析过程是否符合本专业的检验鉴定规程和技术方法要求。二是审查鉴定意见的形式要件是否完备，是否注明提起鉴定的事由、鉴定委托人、鉴定机构、鉴定要求、鉴定过程、检验方法、鉴定文书的日期等相关内容，是否由鉴定机构加盖鉴定专用章并由鉴定人签名盖章。三是审查鉴定意见是否明确。四是审查鉴定意见与案件待证事实有无关联。五是审查鉴定意见与其他证据之间是否有矛盾，鉴定意见与检验笔录及相关照片是否有矛盾。

4.依法告知和补充鉴定。对于鉴定意见，应依法及时告知犯罪嫌疑人。犯罪嫌疑人如有异议的，该解释的进行合理的解释，该补充鉴定或者重新鉴定的及时进行补充鉴定或者重新鉴定，确保鉴定意见与其他证据的关联性和证明力。

（六）贪污贿赂犯罪案件勘验、检查、辨认、侦查实验等笔录的制作。勘验、检查、辨认、侦查实验等笔录具有较强的客观性，不仅能起到固定和保全贪污贿赂犯罪案件证据的作用，而且对核查其他证据、查清全案具有不可替代的作用。贪污贿赂犯罪侦查中的勘验、检查、辨认、侦查实验等笔录，常见的有现场勘验笔录、物证检验笔录、人身检查笔录、辨认笔录和侦查实验笔

录等。勘验、检查时,应当着重把握以下几个方面:

1. 依法进行勘验、检查。对与贪污贿赂犯罪有关的场所、物品、人身、尸体等,应按照刑事诉讼法第四十八条、第一百二十六条至第一百三十二条等有关规定进行勘验、检查。必要时,可以指派检察技术人员或者聘请其他具有专门知识的人员,在侦查人员的组织下进行勘验、检查。开展勘验、检查,应持有检察长签发的勘查证。勘验时,应邀请两名与案件无关的见证人到场,犯罪嫌疑人如果拒绝检查,侦查人员认为必要时,可以强制检查。

2. 依法组织辨认。按照刑事诉讼法第四十八条及《人民检察院刑事诉讼规则》第二百六十条等规定,贪污贿赂犯罪侦查中,为了查明案情,侦查人员经常使用辨认措施,对与犯罪有关的物品、文件等进行辨认。在组织辨认时,应着重把握以下几个方面:一是保证辨认程序的合法。辨认必须在侦查人员主持下进行,并且主持的侦查人员不能少于2人。辨认对象不能在辨认前被辨认人看到。供辨认的对象数量,如辨认犯罪嫌疑人、被害人时,则被辨认的人数为5到10人、照片5到10张;如辨认物品时,同类物品不得少于5件,照片不得少于5张。二是保证辨认方式的合法。辨认活动要个别进行;要采取混杂辨认方式;辨认前应向辨认人详细询问辨认对象的具体特征,但要防止对辨认人进行明显的暗示或者指认。三是依法制作辨认笔录。对于辨认经过和结果要制作专门的规范的辨认笔录,记录要详细,既要记录辨认结果,也要记录辨认过程。主持辨认的侦查人员、参加辨认的见证人要签名或者盖章,同时要在辨认笔录后附上辨认对象的照片、录像等资料。

3. 依法进行侦查实验。根据刑事诉讼法第四十八条、第一百三十三条等规定,为查明案情,经检察长批准,可以进行侦查实验。必要时,可以聘请有关人员参加,也可以要求犯罪嫌疑人、证人等参加。但要禁止一切足以造成危险、侮辱人格或者有伤风化的行为。

4. 依法制作勘验、检查、辨认、侦查实验等笔录。一是全面、详细、准确、规范地制作勘验、检查、辨认、侦查实验等笔录。二是准确记录提起勘验、检查、辨认、侦查实验等事由,勘验、检查、辨认、侦查实验的时间、地点,在场人员、现场方位、周围环境等情况。三是准确记载现场、物品、人身等的位置、特征等详细情况,以及勘验、检查、搜查的过程。四是文字记载应与实物或者绘图、录像、照片相符合。五是固定证据的形式、方法要科学、规范。六是对原始现场要保护好,防止现场、物品、痕迹等被破坏或者伪造。七是对人身特征等要防止被伪装或者发生变化等。八是勘验、检查、辨认、侦查实验等笔录中记载的情况要与被告人供述、鉴定意见等其他证据相印证,排除相互间的矛盾。对于需要进行补充勘验、检查、辨认、侦查实验的,要说明再次勘验、检查、辨认、侦查实验的原由,应要保证前后勘验、检查情况的一致性,防止产生矛盾。

5.及时对有瑕疵的勘验、检查、辨认、侦查实验等笔录进行合理解释或者说明,防止作为非法证据被排除。

(七)贪污贿赂犯罪案件视听资料的收集和制作。按照刑事诉讼法第四十八条等规定,视听资料具有再现案件有关声像事实等特点,在贪污贿赂犯罪侦查中经常使用。视听资料的收集,应当着重把握以下几个方面:

1.确保视听资料来源的合法。在视听资料的收集和制作过程中,应注意以下几点:一是收集和制作时,不能采取对当事人威胁、引诱等违反法律及有关规定的手段。二是不能进行剪辑、增加、删改、编辑等伪造、变造处理,保证内容和制作过程的真实性。三是载明制作人或持有人的身份,载明制作的时间、地点和条件以及制作方法。

2.调取原件。调取原件后,如果需要复制的,应载明复制的份数和原因。对于原件无法调取的,可以调取复制件,但应载明无法调取原件的原因、复制件的制作过程和原件的存放地点,制作人和原视听资料持有人还要签名或者盖章。

3.注意收集调取的视听资料内容与案件事实具有关联性。侦查取证过程中,要注意调取的视听资料与案件其他证据有关联并且能够相印证,不要调取与案件事实无关的视听资料。对于视听资料有疑问的,应当进行鉴定。

(八)贪污贿赂犯罪案件电子数据的收集。随着反腐败斗争深入开展,以及贪污贿赂犯罪手段进一步技术化、信息化,贪污贿赂犯罪活动势必在网络虚拟世界不同程度地留下一些电子痕迹。及时收集这些电子痕迹,对于侦查突破贪污贿赂犯罪案件具有重要作用。按照刑事诉讼法第四十八条等规定,收集电子数据应当着重把握以下几个方面:

1.电子数据的含义。电子数据是一个新事物,以前有,但没有上升到法定证据的种类,以及侦查措施和策略的高度。随着信息技术的快速发展,特别是当下世界进入云计算时代,计算机运算能力已经达到每秒钟 10 万亿次。与此同时,随着贪污贿赂犯罪手段进一步技术化、信息化,犯罪活动也势必在网络虚拟世界不同程度留下一些电子痕迹。换言之,一个人在日常活动中将会留下各种信息痕迹,比如发出电邮、更新社交网站状态、刷信用卡、使用自动取款机等行为,都会产生一些数据信息。这些数据,有人称之"数据影子"。这些信息可以被侦查部门收集、甄别和分析,对于准确分析案件线索、开展查办案件工作具有重要意义。按照刑事诉讼法第四十八条规定,及时收集这些电子痕迹,对于侦查突破犯罪案件具有重要作用。反贪侦查实践证明,这些电子数据主要隐藏在以下载体或者电子工具中,比如台式机、笔记本电脑、平板电脑、文件服务器、因特网、移动电话、全球卫星定位系统装置,以及打印机、电子记事本、磁带、光盘或者数码多功能光盘、MP3及 MP4 播放器 iPods、U 盘等载体、工具。

2.电子数据的收集。由于电子数据具有普遍性、易变性等特点,收集电子数据与传统的现实形态或者物理社会的侦查取证措施是不同的。这里,应当科学运用电子化、数码化的侦查取证措施。一是获取电子数据的工具。目前实践中运用比较多的主要有电子取证只读设备、取证分析软件,文件系统检查软件,密码破解软件,手机检验系统、手机取证分析软件,电子邮件分析软件,一比一硬盘拷贝机以及网络侦控设备、电子取证勘查箱、多功能侦查取证系统、手机信号定位跟踪设备等。二是提取电子数据的原始存储介质。在原始存储介质无法封存、不便搬运或者依法应当由有关部门保管、处理或者依法应当返还时,提取、复制电子数据的人员应当在 2 人以上。保证提取、复制电子数据的完整性,并制作提取、复制过程及原始存储介质存放处所的文字说明,由提取、复制人签名。三是依照法律及有关技术规范收集电子数据。通过勘验、检查、搜查等侦查活动收集的电子数据,应当附有相关笔录或者清单,并经侦查人员、电子数据持有人、见证人签名。对于电子数据存储在境外的计算机上的,收集电子数据时犯罪嫌疑人未到案,或者由于其他原因导致电子数据的持有人无法签名或者拒绝签名的,应当注明相关情况。对于电子数据的规格、类别、文件格式等应注明清楚。四是保证电子数据移送形式的合法。对电子数据的存储磁盘、存储光盘等可移动存储介质,除特殊情况应随案移送,以便对电子数据的固定和运用。在案件侦查终结后移送审查起诉时,应当注意将电子数据的可移动存储介质以及有关提取、复制或者原始存储介质存放地点的文字说明和签名一并移送。五是保证电子数据收集的全面性及内容的真实性。要全面收集与案件事实有关联的电子数据,并确保电子数据与案件事实的关联性。坚决防止对电子数据进行剪裁、拼凑、篡改、添加等伪造、变造处理。对于电子数据有疑问的,应当聘请相关数码技术专家进行专门性鉴定。

五、贪污贿赂犯罪个罪证据和个案证据的收集

贪污贿赂犯罪个罪证据,是指用来证明构成某一种贪污贿赂犯罪的一切事实材料。由于贪污贿赂犯罪的具体罪种不同,相互之间的法律性质也有质的差异,收集证据的范围和要求也不一样。这里,主要就贪污、贿赂、挪用公款等犯罪个罪证据的收集方法和途径予以深入系统研究,其他几种犯罪证据及其个案证据的收集可以参照。

(一)贪污罪证据的收集。根据贪污罪的法律特征和侦查要求,对这类犯罪的证据收集,应从以下几方面进行:一是收集证明犯罪嫌疑人或被告人身份的证据;二是收集证明犯罪嫌疑人或者被告人有否利用职务便利实施犯罪的证据;三是收集贪污犯罪的赃款赃物;四是收集证明贪污财物的性能、用途、价值等证据;五是收集证明实施贪污行为时间方面的证据;六是收集证明贪污犯罪方法方面的证据;七是收集知情人的证言;八是收集证明犯罪嫌疑人或者被告人死亡或者逃匿的证据材料等。

(二)贿赂罪证据的收集。根据贿赂罪的法律特征和侦查要求,对这类犯罪的证据收集,应从以下几方面进行:一是收集证明犯罪嫌疑人或被告人身份的证据;二是收集证明犯罪嫌疑人或被告人有否利用职务便利索取或收受他人贿赂、为他人谋取利益的证据;三是通过查找行贿人,收集证明行贿受贿事实的证据;四是收集证明行贿方式的证据;五是收集证明行贿人得到了哪些合法或非法利益的证据;六是收集证明行贿财物来源的证据;七是收集证明受贿的赃款赃物数量及其去向的证据;八是收集证明犯罪嫌疑人或者被告人死亡或者逃匿的证据材料等。

(三)挪用公款罪证据的收集。根据挪用公款罪的法律特征和侦查要求,对这类犯罪的证据收集,应从以下几方面进行:一是收集证明犯罪嫌疑

人或被告人身份的证据;二是收集证明有否挪用的事实以及被挪用款物性质的证据;三是收集证明犯罪嫌疑人或被告人利用职务便利条件实施挪用行为的证据;四是收集证明行为人具体挪用行为的证据;五是收集证明行为人有无偿还公款的意愿和能力方面的证据;六是收集证明挪用公款数额、时间等方面的证据等。

第四节 贪污贿赂犯罪证据的审查判断及非法证据排除

一、贪污贿赂犯罪证据审查判断的含义及特点

(一)贪污贿赂犯罪证据审查判断的含义。根据刑事诉讼法第五十四条、第一百七十一条等规定,研究贪污贿赂犯罪证据的审查判断,对于贪污贿赂犯罪侦查中更加注意提高侦查取证的质量、防止贪污贿赂犯罪证据被作为非法证据而排除等具有重要作用。贪污贿赂犯罪证据的审查判断是一种思维活动,始终贯穿于贪污贿赂犯罪证据收集、调取的全过程。研究贪污贿赂犯罪证据审查判断的含义及特点,了解证据审查判断的程序和规则,有利于提高收集证据的质量和效率,从而有利于及时有效地揭露和证实犯罪。从贪污贿赂犯罪侦查规律和诉讼机制讲,所谓贪污贿赂犯罪证据的审查判断,是指反贪侦查部门对调查收集的贪污贿赂犯罪证据材料,根据贪污贿赂犯罪证据的本质特性,通过分析研究找出证据材料与贪污贿赂犯罪案件事实之间的客观联系,用以判明这些证据材料的真伪、排除假证,正确认定贪污贿赂犯罪案件事实、作出实事求是的侦查终结及处理等结论的一种诉讼活动。

(二)贪污贿赂犯罪证据审查判断的特点。根据贪污贿赂犯罪证据审查判断的定义,可以从中看出,贪污贿赂犯罪证据的审查判断具有以下几个特点:

1.审查判断证据主体的多元性。按照刑事诉讼法第十八条等有关规定,贪污贿赂犯罪侦查由检察机关负责,因此在侦查环节,对贪污贿赂犯罪证据审查判断的主体除了检察机关侦查部门及侦查人员,具体个案的犯罪嫌疑人或被告人及其辩护律师也有审查判断证据的权利。从贪污贿赂犯罪侦缉和诉讼活动看,审查判断证据主体主要是检察机关侦查部门及侦查人

员,并且在侦缉和诉讼的全过程始终起着主导作用,是侦缉和诉讼的动力,决定着侦缉和诉讼的进程乃至最终结果。因此,对证据材料的审查判断是侦查终结之前以及之后不可缺少的、最为重要的诉讼活动。

2.审查判断证据目的的侧重性。由于检察机关侦查部门及侦查人员所担负的职责及其侦缉等诉讼阶段的任务所决定,对证据审查判断的目的是有明显的侧重点。在贪污贿赂犯罪侦查阶段,审查判断的目的在于确定根据案内已有的证据和法律的规定,提出是否继续深入侦查、侦查终结以及应否对犯罪嫌疑人提起公诉或者不起诉的意见。

3.审查判断证据任务的确定性。审查判断证据的主要任务有三项:一是鉴别证据材料的真伪;二是判明证据材料同案件事实有无联系,以确定证据材料的证明力大小、强弱;三是确认全案证据材料是否确实、充分。其中,第一、二项任务主要解决证据的真实性和证明力问题,第三项任务主要解决能否对案件事实作出符合实际的侦查终结等正确结论。此外,尚需要明确的是贪污贿赂犯罪侦查过程,从根本上讲是一个认识的过程、证明的过程,都需要对证据进行审查判断。从某种意义说,审查判断证据是完成对证据证明任务的重要步骤、环节和关键性措施,检察机关侦查部门及侦查人员对案件事实合乎客观的认识,正是在不断收集证据和审查判断证据的过程中逐渐加以清晰和完善。

二、贪污贿赂犯罪证据审查判断的重点

审查判断贪污贿赂犯罪证据,一定要把握重点。否则,就难以收到及时有效地实现侦查目标的预期效果。实践表明,审查判断证据的活动不仅要紧紧围绕解决贪污贿赂犯罪案件中每一个证据是否真实及其有无证明力、证明力大小和强弱的问题,而且还要解决作为定案根据的全案证据是否充分的问题。具体地说,审查判断证据的重点或重心有两个:一是证据的确实性,即每一个案件证据是否确实、可靠,是否具有有效的证明力;二是全案证据的充分性,即是否已经具备足以定案的证据条件。前者的任务是确定每一个证据所反映的情况是否真实,以及对查明案件中的某个事实有无意义、有何意义,即确定每一个证据的价值。后者的任务是确定已经收集的各种证据材料是否足以证明犯罪事实确已发生,并且是犯罪嫌疑人所为,以及根据法律规定适用的罪名、刑种、量刑的轻重等。说到底,就是确定根据案内已有的证据是否能够恢复案件的本来面貌,对案件作出是否侦查终结以及是否提起公诉或者不起诉等结论。审查判断证据的两个重点虽目的不同,但两者又密切联系。一般来说,侦查人员首先要对每一个证据材料进行审查判断,然后才有可能对全部证据材料进行综合审查判断,最终作出正确结论。对每一个证据材料的审查判断,是综合审查判断全部材料的基础;对全部证据材料进行的综合审查判断,又为确证每一个证据材料的可靠性所必须。对每一个证据的审查判断,贯穿于侦查活动的全过程;对全部证据材料的综合审查判断,实际上是对每一侦查环节或诉讼阶段的小结以及对全案侦查的终结。

三、贪污贿赂犯罪证据审查判断的途径

从侦查实践看,对于贪污贿赂犯罪证据审查判断的主要途径有以下几个:

(一)审查判断证据来源。证据来源包含证据的取得方式和证据的直接出处两层意思。审查判断证据来源,就是审查判断其来源是否合法、可靠。对案内各个证据的审查,应着重审查有关供述人是否存在不良动机、故意提供虚假证据;有关作证人有否因生活、心理、认识、表述等原因,提供不实之陈述;有关当事人收集、调取证据的手段是否正确、合法,固定、保全证据的方法有否不当。然后,重点审查判断证据的真实性和证明力。

(二)审查判断证据事实自身内容的合理性。证据事实自身的内容,就是审查判断证据所反映的事实与待证事实之间是否存在客观的、内在的联系及联系程度的强弱,证据内容本身是否合理、有否矛盾等。这是涉及证据证明力大小的关键。

(三)审查判断证据与证明对象之间的联系。这种审查的实质是审查两者之间的关联性,即确定证据材料与案件之间的关系,解决某一证据材料所反映的情况是否与案件有联系、有什么联系的问题。

(四)审查判断全案证据材料之间的联系。换句话说,就是对全案证据材料进行综合审查判断。审查的内容:一是最终确定每一个证据材料的可靠性,为解决审查判断证据的其他问题奠定基础。二是以对全部证据材料审查判断为依据,确定是否足以对案件事实作出正确的结论。三是在综合审查判断的过程中,既要坚持全面的观点、反对片面的观点,也要坚持发展变化的观点。唯有如此,才能完成综合审查判断全部证据材料的任务。

四、贪污贿赂犯罪证据的审查判断方法及非法证据排除

(一)贪污贿赂犯罪案件个证审查判断。

1.物证的审查判断。

物证,是证明案件事实的物质和痕迹,它以其外部特征的变化和物质属性证明案情。与案件有关的物质或痕迹,只有经过检察机关侦查、公诉部门和审判机关的工作人员按照法定程序依法收集和审查判断,才能纳入侦缉、诉讼的轨道,成为物证。贪污贿赂犯罪侦查、公诉和审判中的物证包括犯罪现场遗留物、犯罪对象物、作案工具和痕迹等,虽然客观性比较强,受人的主观因素影响小,但也不可避免地会出现某些不真实情况。对物证进行审查判断,通常要经过检验物证的外形、质地、属性等来判别物证的真伪,查明其与案件事实之间有否内在联系。审查判断物证材料的内容有三:一是要审查某种痕迹是否发生了自然变化、社会事实变化或时空变化;二是要审查上述这些变化是否为犯罪嫌疑人或被告人所为;三是要审查判断物证材料的证明力。具体可从以下方面入手:一是物证是否为原物,是否经过辨认、鉴定;物证的照片、录像、复制品是否与原物相符,是否由 2 人以上制作,有无制作人关于制作过程以及原物存放于何处的文字说明和签名;二是物证的收集程序、方式是否符合法律、有关规定;经勘验、检查、搜查提取、扣押的物证,是否附有相关笔录、清单,笔录、清单是否经侦查人员、物品持有人、见证人签名,没有物品持有人签名的,是否注明原因;物品的名称、特征、数量、质量等是否注明清楚;三是物证在收集、保管、鉴定过程中是否受损或者改变;四是物证与案件事实有无关联;对现场遗留与犯罪有关的具备鉴定条件的血迹、体液、毛发、指纹等生物样本、痕迹、物品,是否已作 DNA 鉴定、指纹鉴定等,并与被告人或者被害人的相应生物检材、生物特征、物品等比对;五是与案件事实有关联的物证是否全面收集;六是据以定案的物证应当是原物。原物不便搬运,不易保存,依法应当由有关部门保管、处理,或者依法应当返还的,可以拍摄、制作足以反映原物外形和特征的照片、录像、复制品。物证的照片、录像、复制品,经与原物核对无误、经鉴定为真实或者以其他方式确认为真实的,可以作为定案的根据。总之,对物证要全面审查,根据全案证据情况进行综合审查判断,以确认其证明力及证明力的大小与强弱。

2.书证的审查判断。

书证,以其所记载的内容证明案件事实,在贪污贿赂犯罪侦查、公诉和审判中大量存在和使用。有的书证在决定立案侦查以前就已形成,有的在侦查过程中形成并可能随着侦查活动的发展而发生变化。由于它们都具有明确的意思表示,因此一经查实就对证明案件事实具有重要作用。通常而言,据以定案的书证应当是原件。取得原件确有困难的,可以使用副本、复制件。但书证有更改或者更改迹象不能作出合理解释,或者书证的副本、复制件不能反映原件及其内容的,不得作为定案的根据。同时,对于书证的副本、复制件,经与原件核对无误、经鉴定为真实或者以其他方式确认为真实的,可以作为定案的根据。对于书证的审查判断,一般从以下方面进行:一是书证是否为原件,是否经过辨认、鉴定;书证的副本、复制件是否与原件相符,是否由 2 人以上制作,有无制作人关于制作过程以及原件存放于何处的文字说明和签名;二是书证的收集程序、方式是否符合法律、有关规定;经勘验、检查、搜查提取、扣押的书证,是否附有相关笔录、清单,笔录、清单是否经侦查人员、物品持有人、见证人签名,没有物品持有人签名的,是否注明原因;三是书证在收集、保管、鉴定过程中是否受损或者改变;四是书证与案件事实有无关联;五是与案件事实有关联的书证是否全面收集。总之,要审查书证材料与全案证据材料,包括物证、证人证言等之间有无矛盾,通过综合审查判断加以确认。

3.证人证言的审查判断。

证人证言,往往可以直接证明犯罪行为是否发生、是否为犯罪嫌疑人或被告人所为,具有重要的证明价值。但是,由于证人易受主观和客观因素的影响,证人证言往往容易发生偏差甚至失真失实。审查判断证人证言,必须审慎、细致,要从以下几个方面入手:一是证言的内容是否为证人直接感知;二是证人作证时的年龄,认知、记忆和表达能力,生理和精神状态是否影响作证;三是证人与案件当事人、案件处理结果有无利害关系;四是询问证人是否个别进行;五是询问笔录的制作、修改是否符合法律、有关规定,是否注明询问的起止时间和地点,首次询问时是否告知证人有关作证的权利义务和法律责任,证人对询问笔录是否核对确认;六是询问未成年证人时,是否通知其法定代理人或者有关人员到场,其法定代理人或者有关人员是否到场;七是证人证言有无以暴力、威胁等非法方法收集的情形;八是证言之间以及与其他证据之间能否相互印证,有无矛盾。总之,要结合全案证据进行综合审查判断,以确认证人证言的真实性和证明力。

4.被害人陈述的审查判断。

被害人身份比较特殊,其就案件情况所作的陈述受其自身素质、情绪、态度等因素的影响比较大。审查判断时,应注意以下几个问题:一是审查被害人陈述时的心理活动,判明其陈述的真伪;二是审查被害人陈述的依据,必要时进行实地调查或实验,以判断其真实性和证明力;三是审查被害人与犯罪嫌疑人或被告人之间的关系亲疏和憎爱程度,以对被害人陈述作出正确判断;四是审查被害人自身素质及其所陈述的内容是否前后一致。总之,要综合全案证据的审查判断情况,以确认被害人陈述的真伪。具体可以参照对证人证言的审查判断方法。

5.犯罪嫌疑人、被告人供述和辩解的审查判断。

犯罪嫌疑人或被告人的特殊身份决定了犯罪嫌疑人或被告人供述和辩解的复杂性。审查判断犯罪嫌疑人或被告人供述和辩解,要注意重视审查以下几个问题:一是讯问的时间、地点,讯问人的身份、人数以及讯问方式等是否符合法律、有关规定;二是讯问笔录的制作、修改是否符合法律、有关规定,是否注明讯问的具体起止时间和地点,首次讯问时是否告知被告人相关权利和法律规定,被告人是否核对确认;三是讯问未成年被告人时,是否通知其法定代理人或者有关人员到场,其法定代理人或者有关人员是否到场;四是被告人的供述有无以刑讯逼供等非法方法收集的情形;五是被告人的供述是否前后一致,有无反复以及出现反复的原因;被告人的所有供述和辩解是否均已随案移送;六是被告人的辩解内容是否符合案情和常理,有无矛盾;七是被告人的供述和辩解与同案被告人的供述和辩解以及其他证据能否相互印证,有无矛盾。并且在必要时,可以调取讯问过程的录音录像、被告人进出看守所的健康检查记录、笔录,并结合录音录像、记录、笔录对上述内容进行审查。总之,要综合审查判断全案证据,以确认犯罪嫌疑人或被告人供述和辩解的真实性。

6.鉴定意见的审查判断。

鉴定意见多种多样,对不同种类的鉴定意见,有不同的审查判断方法。

一般地说,审查判断时要主要把握以下几点:一是鉴定机构和鉴定人是否具有法定资质;二是鉴定人是否存在应当回避的情形;三是检材的来源、取得、保管、送检是否符合法律、有关规定,与相关提取笔录、扣押物品清单等记载的内容是否相符,检材是否充足、可靠;四是鉴定意见的形式要件是否完备,是否注明提起鉴定的事由、鉴定委托人、鉴定机构、鉴定要求、鉴定过程、鉴定方法、鉴定日期等相关内容,是否由鉴定机构加盖司法鉴定专用章并由鉴定人签名、盖章;五是鉴定程序是否符合法律、有关规定;六是鉴定的过程和方法是否符合相关专业的规范要求;七是鉴定意见是否明确;八是鉴定意见与案件待证事实有无关联;九是鉴定意见与勘验、检查笔录及相关照片等其他证据是否矛盾;十是鉴定意见是否依法及时告知相关人员,当事人对鉴定意见有无异议。总之,要对全案证据材料进行通盘考虑,审查鉴定意见与其他证据、与案件事实有否矛盾。

7.勘验、检查笔录和辨认、侦查实验笔录的审查判断。

首先,审查判断勘验、检查笔录。应当着重从以下内容入手:一是勘验、检查是否依法进行,笔录的制作是否符合法律、有关规定,勘验、检查人员和见证人是否签名或者盖章;二是勘验、检查笔录是否记录了提起勘验、检查的事由,勘验、检查的时间、地点,在场人员、现场方位、周围环境等,现场的物品、人身、尸体等的位置、特征等情况,以及勘验、检查、搜查的过程;文字记录与实物或者绘图、照片、录像是否相符;现场、物品、痕迹等是否伪造、有无破坏;人身特征、伤害情况、生理状态有无伪装或者变化等;三是补充进行勘验、检查的,是否说明了再次勘验、检查的原由,前后勘验、检查的情况是否矛盾。其次,审查判断辨认笔录和侦查实验笔录。对于辨认笔录,应当着重审查辨认的过程、方法,以及辨认笔录的制作是否符合有关规定。对于侦查实验笔录,应当着重审查实验的过程、方法,以及笔录的制作是否符合有关规定。总之,要审查勘验、检查、辨认、侦查实验的笔录所记载内容与其他证据之间,以及案件事实之间有否矛盾或者是否有内在联系。

8.视听资料和电子数据的审查判断。

首先,审查判断视听资料。视听资料的证明力主要体现在它的音质和图像上。音质与图像的优劣,直接关系到其证明力的发挥及其大小。制作视听资料的过程由于程序简单,因此实践中容易出现伪造、变造或被剪辑、篡改并达到以假乱真程度等现象。审查判断时,要注意把握以下几个方面:一是是否附有提取过程的说明,来源是否合法;二是是否为原件,有无复制及复制份数;是复制件的,是否附有无法调取原件的原因、复制件制作过程和原件存放地点的说明,制作人、原视听资料持有人是否签名或者盖章;三是制作过程中是否存在威胁、引诱当事人等违反法律、有关规定的情形;四是是否写明制作人、持有人的身份,制作的时间、地点、条件和方法;五是内容和制作过程是否真实,有无剪辑、增加、删改等情形;六是其内容与案件事实有无关联。同时,对视听资料有疑问的,应当进行鉴定。

其次,审查判断电子数据。对于电子邮件、电子数据交换、网上聊天记录、博客、微博客、手机短信、电子签名、域名等电子数据,应当着重从以下内容入手:一是是否随原始存储介质移送;在原始存储介质无法封存、不便移动或者依法应当由有关部门保管、处理、返还时,提取、复制电子数据是否由二人以上进行,是否足以保证电子数据的完整性,有无提取、复制过程及原始存储介质存放地点的文字说明和签名;二是收集程序、方式是否符合法律及有关技术规范;经勘验、检查、搜查等侦查活动收集的电子数据,是否附有笔录、清单,并经侦查人员、电子数据持有人、见证人签名;没有持有人签名的,是否注明原因;远程调取境外或者异地的电子数据的,是否注明相关情况;对电子数据的规格、类别、文件格式等注明是否清楚;三是电子数据内容是否真实,有无删除、修改、增加等情形;四是电子数据与案件事实有无关联;五是与案件事实有关联的电子数据是否全面收集。同时,对于电子数据有疑问的,应当进行鉴定或者检验。

(二)贪污贿赂犯罪个罪证据的审查判断。

贪污贿赂犯罪个罪证据的审查判断,是指对某一种贪污贿赂犯罪所收集的证据材料进行分析鉴别,以判断其是否真实和对该种贪污贿赂犯罪案件的证明力。由于贪污贿赂犯罪的罪种不同,以及同一种贪污贿赂犯罪个案情况的千差万别,因此对证据审查判断的方法和途径也不同。在此,着重研究讨论审查判断贪污、贿赂、挪用公款等犯罪个罪证据的方法。

1.贪污罪案证据的审查判断。

审查判断贪污罪案证据,要着重把握以下几个环节:

第一,审查判断赃款、赃物。赃款、赃物是贪污犯罪案件的重要证据。

实践中,应当注意审查所获证据是否能证明被侵占的财物确是公共财物或者虽属私有财物但却是在国家机关、国有公司、企业、事业单位的管理、使用或运输之中;审查获得的证据能否证明犯罪嫌疑人或被告人获取赃款、赃物的方法,是否利用职务便利采取侵吞、盗窃、骗取或者用其他方法非法占有;审查判断已有证据是否能证明公共财物确已被犯罪嫌疑人非法占为己有,尤其应当注意审查那些以合法形式而实质是非法占有的犯罪行为。

第二,审查判断相关的单据、账册。这些单据、账目以其记载的内容和被伪造、变造的情况证明案件情况。如账面记载的支出情况与实际支出不相符合,或者账面记载的支出表面上与实际相符合,但其中有伪造单据,或涂改账目、虚报冒领等事实的存在。因此,要通过审查单据的内容和账目的记载情况,查出账目与实际不相符合的原因;审查伪造、变造、涂改单据、账目的情况,查明是否有公共财物被非法占有;联系账目、单据等具体情况,全面系统地审查并找出其中的疑点,审查判断这些单据、账目与实际不相符的情况与案件事实有无联系,与犯罪嫌疑人或被告人的职务行为有无联系等,以判明贪污行为是否发生、是否为犯罪嫌疑人或被告人所实施。

第三,审查判断已有证据,用以确认贪污的公共财物及其数额。通过查获的赃款、赃物,证实犯罪嫌疑人的非法占有行为,判明所贪污的赃款赃物用途、价值;通过对伪造、变造或涂改的单据、账册的审查,查明可能被非法占有的数额;同时审查犯罪嫌疑人或被告人的收入、支出情况,如果有证据证明犯罪嫌疑人或被告人的实际支出大大超过其合法收入,就要进一步查明其财产来源,用证据证明贪污数额;审查计算贪污数额的会计资料检验是否科学、合理。会计资料鉴定是确定贪污数额的主要根据之一,对会计资料认真进行检验和审查判断,是确认贪污数额的重要方法和措施,对此要予以高度重视。

2.贿赂罪案证据的审查判断。

审查判断贿赂罪案证据,要着重把握以下几个环节:

第一,审查赃款赃物的去向。由于贿赂犯罪多以言词证据为主,赃款赃物对贿赂罪案的定案具有重要意义。侦查实践中,一旦查明赃款赃物去向问题,就能掌握侦查工作的主动权,贿赂犯罪人也往往会坦白供罪。对赃款赃物的审查,要注意审查犯罪嫌疑人是如何获得赃款赃物的,也即获取的途径和方式,是主动索取还是被动收受;索取或收受赃款赃物时,有否利用职务之便,是利用自己的职务便利还是他人的职务便利等内容。

第二,审查受贿人与行贿人的关系。侦查实践中,查明犯罪嫌疑人或被告人与行贿人的关系非常重要。实践表明,贿赂犯罪一旦案发,受贿人通常会将收受或索取的贿赂推脱为接受馈赠、"借用"甚至劳动报酬等名义。在这种情势下,弄清犯罪嫌疑人或被告人与行贿人之间的关系,就可以据此推断犯罪嫌疑人或被告人的受贿事实等具体情况。

第三,审查犯罪嫌疑人或被告人与行贿人客观行为的目的和动机。要注意审查行贿人向犯罪嫌疑人或被告人行贿的意图和目的;行贿人通过什么途径向犯罪嫌疑人或被告人行贿;犯罪嫌疑人或被告人有否为行贿人办事,办了什么事,结果如何;所办之事有否违法,违反何种法律法规,违反程度是一般还是严重;行贿人自愿主动还是被犯罪嫌疑人或被告人敲诈索要;受贿人系国家工作人员还是以其近亲属或者关系密切的人的名义收受贿赂等问题。弄清楚这些问题,有利于对犯罪嫌疑人或被告人是否触犯刑法予以认定,促进正确定罪量刑。

第四,确定收受贿赂的数额。按照刑法规定,贿赂仅限于财产,机会、美色之类不属贿赂对象。一般来说,对能以物化形式出现的贿赂都可以量化,但对一些难以物化或者不可能物化的,如提供机会、美色等,就应结合全案情况对全案证据进行分析、审查,实事求是地依法定性。

3.挪用公款罪案证据的审查判断。

审查判断挪用公款罪案证据,要着重把握以下几个环节:

第一,审查已有证据能否证明被挪用的款项是公款。公款是指各级国家机关、各类社会团体组织以及国有公司、企业、事业单位的各种款项。对国有企业承包经营中的款项,要注意区别、分清情况,这其中有公款,也有私人款项。对于国家管理使用中的个人资金,应当视为公款。对个人合伙经营的属于私营经济,其资金属于个人所有,不能视为公款;即使个体经营或合伙经营挂靠在国有、集体企业名下的,仍然属于私营范畴,其款项不属于公款。

第二,审查已有证据判断行为人是否符合挪用公款罪的主体资格,是否有对公共财物的管理权和支配权,是否利用经手、管理公共财物的职务上的便利条件实施了挪用行为。

第三,审查已有证据判明行为人属于何种挪用行为。首先,要查明挪用公款是否用于个人进行非法活动以及挪用的数额。这种形态的挪用行为,其挪用时间的长短不影响挪用公款罪构成,但有挪用用途和数额上的要求。因此,要重点审查证据,判明挪用公款的目的和用途,是否用于非法活动及挪用数额。其次,要查明挪用公款是否进行营利活动和挪用的数额。这种形态的挪用行为,其挪用时间长短不影响犯罪构成,但有挪用用途和数额上的要求,即挪用公款进行营利活动达到数额较大标准即1万至3万元的,才构成挪用公款罪。因此,要审查案内证据,判明行为人是否将挪用的公款用于营利活动。对确属用于营利活动的,要审查是归个人营利还是挪用给他人营利,是合法营利还是非法营利;挪用公款的数额以及是否达到较大的标准。再次,要查明挪用公款是否归自己或者他人用于生活方面,以及挪用数额和挪用时间。这种形态的挪用行为,既有用途、数额上的要求,也有挪用时间上的要求。就是说,挪用公款归自己或者他人用于生活方面,只有数额达到1万到3万元且超过3个月未归还的,才构成挪用公款罪。因此,审查时既要审查公款的用途,又要查明挪用公款的数额和期限,最终结合全案证据的分析判明行为人是否构成犯罪。

第四,审查已有证据判明行为人的偿还能力。实践中,行为人挪用公款后可能会出现两种情况:一是行为人挪用公款数额较大,供个人使用或他人使用,因种种原因根本无力退还;二是由最初的挪用转变为不想退还。对行为人无力退还或有意不退还这两种情况,在认定处理上是不同的。因此,审查时要重点审查判明行为人的偿还能力。对于挪用公款不退还的,要按照刑法第三百八十四条规定给予较重的刑罚。

第五,审查已有证据,判断立案时行为人对所挪用公款的心理状态。要审查判明行为人主观故意上是否由暂时的非法占有,转化为永久的非法占有。如行为人有能力退还而故意不还、无限期拖欠的,这表明行为人主观上和客观上都有将公共财产转变为私人所有之嫌,就有可能按照刑法关于贪污罪的规定进行认定处理。因此,对行为人挪用公款后是否产生由暂时非法占有转化为永久非法占有主观故意的正确分析和判断,可从根本上判明行为人是否具有非法占有公共财产的目的,从而将行为人的犯罪性质准确地区别开来。

（三）贪污贿赂犯罪证据中不能作为定案根据的情形。

根据刑事诉讼法第五十四条等规定，在侦查时发现收集的证据属于以下情形的，应当依法予以排除，不得作为起诉意见、起诉决定和判决的依据。对于贪污贿赂犯罪证据的审查判断时应当予以把握。

1.物证书证不能作为定案根据的情形。一是物证的照片、录像、复制品，不能反映原物的外形和特征的；二是书证有更改或者更改迹象不能作出合理解释，或者书证的副本、复制件不能反映原件及其内容的；三是在勘验、检查、搜查过程中提取、扣押的物证、书证，未附笔录或者清单，不能证明物证、书证来源的；四是对物证、书证的来源、收集程序有疑问，不能作出合理解释的；五是物证、书证的取得明显违反法律规定，可能影响公正审判的，拒不予以补正或者作出合理解释的。

2.证人证言、被害人陈述不能作为定案根据的情形。一是处于明显醉酒、中毒或者麻醉等状态，不能正常感知或者正确表达的证人所提供的证言；二是证人的猜测性、评论性、推断性的证言，但根据一般生活经验判断符合事实的除外；三是询问证人没有个别进行的；四是书面证言没有经证人核对确认的；五是询问聋、哑人，应当提供通晓聋、哑手势的人员而未提供的；六是询问不通晓当地通用语言、文字的证人，应当提供翻译人员而未提供的。询问证人、被害人没有个别进行而取得的；七是证人证言的收集程序、方式有瑕疵，比如询问笔录没有填写询问人、记录人、法定代理人姓名以及询问的起止时间、地点的，询问地点不符合规定的，询问笔录没有记录告知证人有关作证的权利义务和法律责任的，询问笔录反映出在同一时段，同一询问人员询问不同证人的，并且不能补正或者作出合理解释的。此外，经人民法院通知，证人没有正当理由拒绝出庭或者出庭后拒绝作证，法庭对其证言的真实性无法确认的。

3.犯罪嫌疑人、被告人供述不能作为定案根据的情形。一是讯问笔录没有经被告人核对确认的；二是讯问聋、哑人，应当提供通晓聋、哑手势的人员而未提供的；三是讯问不通晓当地通用语言、文字的被告人，应当提供翻译人员而未提供的；四是讯问笔录有瑕疵，比如讯问笔录填写的讯问时间、讯问人、记录人、法定代理人等有误或者存在矛盾的，讯问人没有签名的，首次讯问笔录没有记录告知被讯问人相关权利和法律规定的,并且不能补正或者作出合理解释的。此外,对于被告人庭前供述和辩解存在反复,庭审中不供认,且无其他证据与庭前供述印证的庭前供述,不得作为定案的根据。

4.鉴定意见不能作为定案根据的情形。一是鉴定机构不具备法定资质;或者鉴定事项超出该鉴定机构业务范围、技术条件的;二是鉴定人不具备法定资质,不具有相关专业技术或者职称,或者违反回避规定的;三是送检材料、样本来源不明,或者因污染不具备鉴定条件的;四是鉴定对象与送检材料、样本不一致的;五是鉴定程序违反规定的;六是鉴定过程和方法不符合相关专业的规范要求的;七是鉴定文书缺少签名、盖章的;八是鉴定意见与案件待证事实没有关联的;九是违反有关规定的其他情形。同时,经人民法院通知,鉴定人拒不出庭作证的,鉴定意见不得作为定案的根据。此外,经人民法院通知,检验人拒不出庭作证的,检验报告不得作为定罪量刑的参考。

5.勘验、检查笔录不能作为定案根据的情形,即勘验、检查笔录存在明显不符合法律、有关规定的情形,不能作出合理解释或者说明的,不能作为定案的根据。

6.辨认、侦查实验笔录不能作为定案根据的情形。首先,辨认笔录不能作为定案根据的情形。一是辨认不是在侦查人员主持下进行的;二是辨认前使辨认人见到辨认对象的;三是辨认活动没有个别进行的;四是辨认对象没有混杂在具有类似特征的其他对象中,或者供辨认的对象数量不符合规定的;五是辨认中给辨认人明显暗示或者明显有指认嫌疑的;六是违反有关规定、不能确定辨认笔录真实性的其他情形。其次,侦查实验笔录不能作为定案根据的情形。即侦查实验的条件与事件发生时的条件有明显差异,或者存在影响实验结论科学性的其他情形的,侦查实验笔录不得作为定案的根据。

7.视听资料不能作为定案根据的情形。即:一是经审查无法确定真伪的;二是制作、取得的时间、地点、方式等有疑问,不能提供必要证明或者作出合理解释的。

8.电子数据不能作为定案根据的情形。对于电子数据经审查或者鉴定认为:一是经审查无法确定真伪的;二是制作、取得的时间、地点、方式等有疑问,不能提供必要证明或者作出合理解释的。这都不得作为定案的根据。

（四）贪污贿赂犯罪证据中非法证据的排除。

根据刑事诉讼法第五十四条等规定,采用刑讯逼供等非法方法收集的犯罪嫌疑人、被告人供述和采用暴力、威胁等非法方法收集的证人证言、被害人陈述,应当予以排除。非法证据排除的范围分为非法言词证据和非法物证、书证两类。贪污贿赂犯罪侦查中,如果收集的证据属于非法证据,就应依法予以排除,不能作为起诉意见、起诉决定和判决的根据。对此,审查判断时应当予以把握,并在侦查实践中最大限度防止出现非法证据的情形。

1.非法言词证据。按照刑事诉讼法第五十四条等规定,非法言词证据包括两种情形:一是指采用刑讯逼供等非法方法收集的犯罪嫌疑人、被告人供述。这里的非法方法,除了刑讯逼供,还应包括国家赔偿法第十七条第四项规定的虐待以及唆使、放纵他人殴打、虐待等行为。二是采用暴力、威胁等非法手段取得的证人证言、被害人陈述。根据联合国《禁止酷刑和其他残忍、不人道或有辱人格的待遇和处罚公约》,刑讯逼供是指造成精神、肉体极大痛苦的行为。我国已经加入这个公约,公约对我国发生效力。具体来说,刑事诉讼法第五十四条规定的所谓刑讯逼供等非法方法,是指使用肉刑或者变相肉刑,或者采用其他使被告人在肉体上或者精神上遭受剧烈疼痛或者痛苦的方法,迫使被告人违背意愿供述的情形。对于采取暴力、威胁等非法方法足以导致假供述、假证言进而发生错案的证据,应坚决予以排除。

2.非法物证、书证。按照刑事诉讼法第五十四条规定,同时具备以下情形的物证、书证应当予以排除,具体包括:一是违反法律规定收集。二是可能严重影响司法公正。这里的"可能严重影响司法公正",主要是指收集物证、书证不符合法定程序的行为明显违法或者情节严重,可能对司法机关办理案件的公正性产生严重损害,应当综合考虑收集物证、书证违反法定程序,以及所造成后果的严重程度等情况。三是不能补正或者作出合理解释。这里的补正,是指对取证程序上的非实质性瑕疵进行补救。这里的合理解释,是指对取证程序的瑕疵作出符合常理及逻辑的解释。如果侦查人员收集的物证、书证属于上述情形,就属于非法,应当予以排除。

3.贪污贿赂犯罪证据中非法证据排除制度及程序。

根据刑事诉讼法第五十五条至第五十八条、《人民检察院刑事诉讼规则》第六十六条至第七十五条等规定,贪污贿赂犯罪侦查中收集的证据,如果出现非法证据情形的,应当按照以下程序依法予以排除:

(1)反贪侦查阶段排除。根据刑事诉讼法第五十四条第二款,《人民检察院刑事诉讼规则》第六十八条、第六十九条及第七十一条等规定,在反贪侦查阶段,人民检察院发现侦查人员以非法方法收集证据的,应当报经检察长批准,及时进行调查核实。对于非法证据的调查核实,由侦查监督部门负责。必要时,渎职侵权检察部门可以派员参加。如果发现有依法不得作为定案根据的证据或者非法言词证据及非法物证、书证的,应当依法及时排除。对于被排除的非法证据应当随案移送。

(2)人民检察院接到当事人等报案、控告、举报及自行发现后排除。根据刑事诉讼法第五十五条、《人民检察院刑事诉讼规则》第六十八条及第七十一条等规定,当事人及其辩护人、诉讼代理人报案、控告、举报侦查人员采用刑讯逼供等非法方法收集证据并提供涉嫌非法取证的人员、时间、地点、方式和内容等材料或者线索的,人民检察院接到报案、控告、举报或者发现侦查人员以非法方法收集证据的,应当受理并进行审查,对于根据现有材料无法证明证据收集合法性的,应当报经检察长批准,及时进行调查核实。调查核实可以采取讯问犯罪嫌疑人,询问办案人员,询问在场人员及证人,听取辩护律师意见,调取讯问笔录、讯问录音、录像,调取、查询犯罪嫌疑人出入看守所的身体检查记录及相关材料,进行伤情、病情检查或者鉴定及其方式。上一级人民检察院接到对侦查人员采用刑讯逼供等非法方法收集证据的报案、控告、举报的,可以直接进行调查核实,也可以交由下级人民检察院调查核实。交由下级人民检察院调查核实的,下级人民检察院应当及时将调查结果报告上一级人民检察院。人民检察院决定调查核实的,应当及时通知办案机关。对于确有以非法方法收集证据情形,尚未构成犯罪的,应当依法向被调查人所在人民检察院反贪侦查部门提出纠正意见。对于需要补正或者作出合理解释的,应当提出明确要求。经审查,认为非法取证行为构成犯罪,需要追究刑事责任的,应当依法移送立案侦查。

(3)审查起诉阶段发现并予以排除。根据刑事诉讼法第一百七十一条,《人民检察院刑事诉讼规则》第七十一条、第三百七十八条和第三百七十九条等规定,人民检察院公诉部门审查贪污贿赂犯罪案件,发现可能存在刑事诉讼法第一百五十四条规定的以非法方法收集证据情形的,可以要求反贪侦查部门对证据收集的合法性作出说明或者提供相关证明材料。如果在审查中发现侦查人员以非法方法收集犯罪嫌疑人供述、被害人陈述、证人证言等证据材料的,应当依法排除非法证据并提出纠正意见,同时可以要求侦查机关另行指派侦查人员重新调查取证,必要时人民检察院也可以自行调查取证。被排除的非法证据,应当随案移送。

(4)法庭审理以前排除。根据刑事诉讼法第一百八十二条第二款,《人民检察院刑事诉讼规则》第四百二十九条至第四百三十二条等规定,在开庭以前,审判人员可以召集公诉人、当事人和辩护人、诉讼代理人,对非法证据排除等与审判相关的问题了解情况,听取意见。如果当事人及其辩护人、诉讼代理人申请人民法院排除以非法方法收集的证据的,应当提供涉嫌非法取证的人员、时间、地点、方式、内容等相关线索或者材料。人民法院认为可能存在以非法方法收集证据情形的,人民检察院可以通过出示有关证据材料等方式,对证据收集的合法性加以说明。需要调查核实的,在开庭审理前进行。对于经调查核实,认为证据确实属于以非法方法收集的,在开庭以前应当依法予以排除。

(5)法庭审理排除。主要包括以下几种情形:一是审判人员认为可能存在非法证据的调查。根据刑事诉讼法第五十六条、《人民检察院刑事诉讼规则》第四百四十六条、最高人民法院关于适用刑事诉讼法的解释第一百零一条等规定,法庭审理过程中,审判人员认为可能存在刑事诉讼法第五十四条规定的以非法方法收集证据情形的,应当进行调查。经审理,确认或者不能排除存在刑事诉讼法第五十四条规定的以非法方法收集证据情形的,对有关证据应当排除。二是当事人及其辩护人申请非法证据排除的审查。根据修改后的刑事诉讼法第五十六条第二款、最高人民法院关于适用刑事诉讼法的解释第九十六条、第一百条等规定,法庭审理过程中,当事人及其辩护人、诉讼代理人申请非法证据排除,并提供涉嫌非法取证的人员、时间、地点、方式、内容等相关线索或者材料的,法庭应当审查。经审查,对证据收集的合法性有疑问的,应当进行调查。如果确认是非法证据的,应当予以排除。三是人民检察院承担对证据收集合法性的证明义务。根据刑事诉讼法第五十七条、《人民检察院刑事诉讼规则》第四百四十六条、最高人民法院关于适用刑事诉讼法的解释第一百零一条等规定,在法庭审理过程中,被告人及其辩护人提出被告人庭前供述系非法取得,审判人员认为需要进行法庭调查的,公诉人应当对证据收集的合法性加以证明,可以根据讯问笔录、羁押记录、出入看守所的健康检查记录、看守管教人员的谈话记录以及侦查机关对讯问过程合法性的说明等,对庭前讯问被告人的合法性进行证明,还可以要求法庭播放讯问录音、录像,必要时可以申请法庭通知侦查人员或者其他人员出庭说明情况。同时,人民法院可以通知有关侦查人员或者其他人员出庭说明情况。有关侦查人员或者其他人员也可以要求出庭说明情况。经人民法院通知,有关人员应当出庭。根据刑事诉讼法第五十八条、最高人民法院关于适用刑事诉讼法的解释第一百零一条等规定,经审理,确认或者不能排除存在刑事诉讼法第五十四条规定的以非法方法收集证据情形的,对有关证据应当排除。四是按照疑罪从无原则排除。根据刑事诉讼法第五十八条规定,对于经过法庭审理,不能排除存在刑事诉讼法第五十四条规定的以非法方法收集证据情形的,对有关证据也应予排除。这表明,检察机关反贪侦查部门收集的证据存在非法证据的可能,又不能说明收集证据的合法性的,对这类证据应当依法予以排除,从而体现疑罪从无的精神。

(6)侦查人员出庭说明情况的方法和要求。根据刑事诉讼法第五十七条规定,对于侦查人员出庭说明情况的提起有三种情形:一是人民检察院提请人民法院通知有关侦查人员或者其他人员出庭说明情况;二是人民法院通知有关侦查人员或者其他人员出庭说明情况;三是有关侦查人员或者其他人员要求出庭说明情况。侦查人员出庭,主要是就讯问、询问等侦查取证活动的合法性进行说明,具体应当注意把握以下几个方面:

第一,加强与公诉人的沟通,做好庭前预测。在开庭前,侦查人员应当协助公诉人做好庭前预测,对被告人在庭审中是否可能翻供,特别是是否提出非法证据排除的意见进行全面分析和判断。经分析认为,被告人在庭审中可能翻供,特别是可能提出非法证据排除意见的,侦查人员应当协助公诉人研究对策,制定周密的预案,做好应对准备,有效减少或者消除庭审中举证、指控犯罪的风险。

第二,依法文明出庭。出庭作证的侦查讯问人员要遵守法庭纪律,按照法庭要求进行作证。态度要认真,语气要平和,用语要文明,举止要庄重。

第三,全力配合公诉人举证。听从公诉人指挥,围绕有利于指控犯罪进行回答。一是详细说明被告人供述来源的合法性。如实向法庭陈述被告人供述获取的经过,包括讯问的时间、地点、过程等情况,证明获取被告人供述的合法性,有力驳斥被告人及其辩护人以刑讯逼供、变相刑讯逼供等理由进行翻供的不实辩解。二是沉着老练。对审判人员、被告人及其辩护人提出的问题,应当依法进行回答,该说明的如实说明,该解释的进行合理解释。三是积极配合公诉人向法庭提供证据。该出示有关证据的当庭出示,该播放讯问全程同步录音录像资料的当庭播放,该出示在场有关人员证明的当庭提供。四是冷静应对此庭中的突发事件。实践中,有的案件侦查人员在出庭作证时,可能将遇到旁听席上被告人家属的谩骂甚至人身攻击、被告人的无理指责以及被告人辩护律师的强硬质问等情形。对此,侦查讯问人员应当做好充分的思想准备,按照法庭纪律和有关法律规定,有理有据有节进行应对,做到既要保护自身安全,又要维护检察机关的良好执法形象,还要保证庭审的秩序和效果。

第五节　贪污贿赂犯罪证据的运用

一、贪污贿赂犯罪证据运用的概念及其特点

贪污贿赂犯罪证据运用,是指贪污贿赂犯罪侦查、公诉部门和审判机关及其工作人员运用证据认定贪污贿赂犯罪事实真实情况的一种诉讼活动,实质是对贪污贿赂犯罪案件证据情况认识和判断的过程。要准确地运用证据认定贪污贿赂犯罪,就必须把握贪污贿赂犯罪证据运用的特征,具体表现在:一是主体的特定性。按照法律规定,运用证据认定案件真实情况,并对案件作出正确处理,法定主体是检察机关侦查、公诉部门和审判机关及其司法人员,其他任何机关、团体和个人均无权进行相应的诉讼活动。二是目的的明确性。运用证据的目的就是正确认定案件事实,对案件作出正确处理。三是手段的针对性。证据运用就是要针对侦查、起诉或审判等特定阶段的诉讼任务,依法按照一定的规则要求,运用经审查判断具有证明力的案内证

据,正确认定案件真实情况,实现特定的诉讼目标。四是程序的合法性。运用证据定案,程序必须合法,否则就有可能影响对案情的正确认识和判断,最终影响案件的公正处理。

二、贪污贿赂犯罪证据运用原则

贪污贿赂犯罪证据运用,一般应当遵循以下几项原则:

(一)重证据不轻信口供,严禁刑讯逼供。这一原则既是司法机关运用证据定案的基本原则,也是一条重要的实践经验。从实践看,在贪污贿赂犯罪侦查阶段,侦查部门查处贪污、贿赂等罪案多以言词证据为重,并将突破口或侦查重心押在犯罪嫌疑人或被告人身上,以获取口供定案的现象比较普遍。在审判阶段,一方面依赖口供,一宗案件中如果没有获取被告人的口供,法官不敢下判,但另一方面又普遍出现否认口供证明效力的倾向,尤其在证据单薄的情况下更是如此。产生这种现象的原因之一,就是没有正确认识和把握口供的本质特征,也没有处理好口供与其他证据之间的关系。贯彻重证据不轻信口供、严禁刑讯逼供原则:一是要树立侦查取证的正确导向,坚持依法取证,严禁运用逼供信等手段收集和调取证据;二是要对使用非法方法获取的证据坚决予以排除,从根本上杜绝非法证据在定案中的运用,遏制非法取证现象的发生;三是要正确处理口供与其他证据之间的关系,科学运用口供在侦查破案中的作用。由于贪污贿赂犯罪活动的特殊性,决定了这类犯罪一般不留或者很少留有痕迹的特点,使犯罪嫌疑人或者被告人对于自己所作所为的供述和辩解成为认定是否触犯刑法规定的重要依据。笔者认为,运用口供的正确做法,就是要拓宽视野,依托科技手段提升侦查取证水平,做到既重视口供又不依赖口供。

(二)查证属实原则。一切证据必须查证属实,才能作为定案的根据。这是对定案证据的法律要求,也是由证据本身特征所决定的。贪污贿赂犯罪侦查和审判实践中,由于司法人员收集的各种证据材料存在着真实和不真实的两种可能,而其中不真实的原因十分复杂。如因与案件有某种利害关系的当事人作虚假陈述;因受犯罪嫌疑人的威胁、引诱、欺骗甚至贿赂的证人或鉴定人作出虚假陈述或鉴定结论等;因嫁祸于人进行陷害的当事人所作的伪证;因主观或客观上的原因对案件事实作出的偏差或失真的陈述;还有的因司法人员自身业务素质、徇私舞弊行为乃至客观上受诸如侦查手段、技能等限制影响证据的真实性和证明力等。正因如此,对于用作定案的证据必须按照法律规定的程序、措施和手段查证属实。具体地说,一是要查明每一个证据都应与案件事实具有某些方面的内在联系,二是要对全案证据形成有机的证据体系或证据锁链。

(三)疑案从无从轻原则。这里的疑案,是指罪与非罪界限不清或者证据不足、事实不清的以及此罪与彼罪难分的案件。总体上讲,疑案一般有两种表现形式:一是罪与非罪不清,二是此罪与彼罪难分。前者产生的原因在于证据不足难定案,包括有罪证据与无罪证据均不足,即证据量上和质上均不足;或者由于立法上的缺陷形成制度漏洞,以致定案无据。后者产生的原因在于罪与非罪之间的复杂性,法律规定的操作性差,适用时有困难。坚持疑罪从无,就是针对罪与非罪、有罪无罪发生疑问时,即作从无处理。坚持疑罪从轻,就是针对此罪与彼罪、罪轻与罪重发生疑问、难以区别时,即作从轻处理。当前,随着贪污贿赂犯罪活动的进一步复杂化和智能化,尤其是一些新型贪污贿赂犯罪的出现,更增加了对这类罪案查处的难度,从而也就导致这类犯罪疑案的增加。具体处理时,一定要注意贯彻执行好这个原则。

除了上述三个原则外,运用证据还必须遵循忠于事实真相、直接证据与间接证据综合运用等原则。

三、贪污贿赂犯罪证据运用要求

贪污贿赂犯罪证据运用要求,主要体现在对定案证据质量与数量的要求和对运用程序的要求两个方面。

(一)定案证据在质量和数量上的要求。这一要求,实质上是对定案证据在证明程度上的要求。刑事诉讼法第五十三条等规定,所谓证据应当确实、充分,应当符合以下条件:一是定罪量刑的事实都有证据证明;二是据以定案的证据均经法定程序查证属实;三是综合全案证据,对所认定的事实已排除合理怀疑。准确把握定案证据的证明程度:第一,必须明确运用证据所要证明的案件事实也就是待证事实究竟包括哪些范围和内容。一般地说,这些待证事实包括实体性事实和程序性事实两个方面。实体性事实,主要有两类:一类是有关贪污贿赂犯罪构成要件的事实,由刑法等法律所规定;另一类是有关贪污贿赂犯罪分子个人情况及犯罪后的表现。程序性事实,与犯罪嫌疑人或被告人的定罪量刑密切相关,也应予以查清。第二,要确定举证责任。在贪污贿赂犯罪侦查和审判中,举证责任由检察机关承担。审判机关为实现国家的审判任务,有责任积极主动地查明案件的客观事实,必要时还应采取法定的调查手段收集证据。由于侦查、起诉和审判各个环节的任务和目标不同,检察机关和审判机关运用证据定案的要求也有所不同,并且随着诉讼活动的发展和深化,其要求也越来越高。尤其在审判阶段,通过开庭审理,对检察机关提起公诉案件事实的认定及证据的运用情况要进行一次全面、彻底和严格的分析判断,实质上也是运用证据定案的一个深化过程。第三,运用证据的质和量的要求。一方面是质的要求,即对用来定案的证据材料必须与案件事实具有客观的、内在的联系,否则就不能作为定案证据。另一方面是量的要求,实质是要求有足够的相应证据予以印证。从实践看,目前对于证据确实、充分的把握有一定难度,尤其是对"充分"的认定更难把握。虽然理论上对证据的充分作了明确界定,但是一个待证事实究竟需要多少个证据才能足以认定,缺乏操作性。由于对证据充分性的把握有困难,反映在贪污贿赂犯罪侦查和审判实践中,就是各个诉讼环节或阶段对证据收集的重复、徒劳以及检察、法院两家就证据是否充分问题争论不休等现象普遍存在。一般地说,证据是否充分,最理想的办法是建立一套有操作性的量化体系,但由于个案不同,这种体系的建立通常比较复杂。具体可按照"基本确实"的要求进行构建,一要靠理论加以指导,二要凭借实践经验进行判断。总之,只有把理论和实践有机结合起来,才能作出正确选择。

(二)定案证据在程序运用上的要求。在贪污贿赂犯罪侦查、公诉和审判中,由于各诉讼环节和阶段的任务不同,其定案程序也不一样。司法实践中,要严格按照各个诉讼阶段、环节及其诉讼活动的程序要求,开展相应诉讼活动。如在侦查阶段,侦查人员既要查明犯罪嫌疑人的犯罪事实,还要根据案件实际情况深挖余罪余犯,并在讯问活动中须经过初讯、复讯和终讯等环节,获取犯罪嫌疑人的供述,查明其犯罪事实。在审查起诉阶段,讯问犯罪嫌疑人的任务和程序要求也有特殊规定。在庭审过程中,对被告人的审问应围绕其犯罪构成进行,公诉人要积极完成庭上审问、质证、举证等任务。总之,实践中应当重视和遵循运用证据定案的程序要求,正确运用证据定案,从而对犯罪嫌疑人或被告人依法作出正确处理。

第十三章 贪污贿赂犯罪侦查谋略

第一节 贪污贿赂犯罪侦查谋略的概念和特征

一、贪污贿赂犯罪侦查谋略的概念

随着 2012 年修改的刑事诉讼法生效实施,贪污贿赂犯罪侦查及其对抗的环境更为复杂,严格依法规范公正文明侦查办案以及保障人权的要求更高,如果没有技高一筹的侦查方法和侦查艺术,就难以适应新的执法形势要求。实践表明,这种侦查的方法和艺术集中体现在侦查谋略上。从某种意义讲,所谓贪污贿赂犯罪侦查谋略,就是指侦查人员在充分认识和了解贪污贿赂犯罪行为人及其周围环境的基础上,结合以往的侦查经验而制定的指导侦查活动、以获取最佳侦查效果的一般侦查方法体系,是对抗性谋略思想在侦查活动中的运用。贪污贿赂犯罪侦查谋略属于方法论的范畴,实质是侦查人员的智慧结晶,不同于侦查措施。侦查措施是侦查谋略的具体体现,只有在正确的谋略思想指导下才能获取最佳的侦查效益。侦查谋略是侦查措施运用的灵魂,并且通过侦查措施的综合运用来具体化。大量的侦查实践表明,正确掌握和运用侦查谋略是一种斗争艺术。贪污贿赂犯罪侦查过程中,只有将侦查手段、方法与计谋策略有机地结合起来,与客观条件和实际可能有机地结合起来,周密地定计用谋,才能获取侦查的成功。从这种意义讲,侦查谋略的运用是否得当,直接决定着侦查活动的成败,尤其是在修改后刑事诉讼法实施的条件下,与那些具有一定社会地位及权贵身份、拥有一定权势的贪污贿赂犯罪行为人进行斗智斗勇,侦查谋略的灵活有效运用显得更为重要。

二、贪污贿赂犯罪侦查谋略的特征

（一）施谋主体的特定性。根据国家宪法和法律的规定,检察机关是行使职务侦查权的唯一合法机关,贪污贿赂犯罪侦查谋略的施谋主体限于检察机关。

（二）谋略客体的复杂性。贪污贿赂犯罪侦查谋略客体,是指侦查谋略的作用对象,包括作为被追诉对象的贪污贿赂犯罪行为人,以及与贪污贿赂犯罪案件有关的证人、被害人乃至涉案单位等。由于各种对象的性质、法律地位、知识层次甚至觉悟程度等相异,谋略客体必然趋向于复杂化。如对贪污贿赂犯罪行为人而言,他们有政治地位和权力的差异,有主观恶性大小的不同,也有所犯罪行轻重的不一等。又如就涉案的证人、被害人或有关单位来说,证人有作证积极性高低的不同、作证真实性程度的差异等,被害人有实事求是陈述的程度差异、涉案单位有配合协作程度的差异等。这些因素决定了谋略客体的复杂性。

（三）谋略内容的针对性和灵活性。谋略内容的针对性指的是谋略的制定和运用总是在特定的时间、地点、条件等情况下针对特定的问题进行的。对侦查中涉及的不同性质的问题,有着不同的施谋内容;对同一性质的问题,在不同的侦查阶段或者随着侦查中某些特定环境、条件的变化,施谋的内容也各不相同。如侦查人员与贪污贿赂犯罪行为人之间存在对抗性的矛盾,侦查人员施谋时往往选择"出其不意、攻其不备"、"利用矛盾、各个击破"等对抗性谋略;侦查人员与涉案证人、被害人乃至涉案单位之间一般存在非对抗性的矛盾,侦查人员往往选择"说服教育、启发引导"等非对抗性谋略。谋略的灵活性指的是制定和运用侦查谋略时,要注意及时掌握贪污贿赂犯罪案件侦查中的动态变化情势,根据侦查与反侦查的较量不断变化的实际及时调整侦查对策,避免侦查活动的被动甚至失利等不良后果的出现。

（四）侦查谋略运用的综合性。实践表明,贪污贿赂犯罪侦查与反侦查之间的较量将贯穿于侦查活动的始终。侦查人员在侦查活动中将会遇到形形色色、纷繁复杂甚至意料不到的各类复杂问题,仅仅运用某一种或某一方面的侦查谋略,是远远不足以对付贪污贿赂犯罪行为人的对抗活动的。只有将各种侦查谋略有机地结合起来,综合作用于贪污贿赂犯罪行为人的反侦查活动,才能掌握侦查活动的主动权,才能促使侦查活动最终取得成功,达到侦查活动的目的。需要强调的是,侦查谋略运用的综合性还要求在谋略运用时把握主动性和时机性。谋略运用的主动性是侦查谋略的本质属性,指的是施谋的内容是积极主动的。实践表明,无论是公开侦查还是秘密侦查,侦查人员在施谋中始终处于攻势,而贪污贿赂犯罪行为人无论如何负隅顽抗,总是处于守势。谋略运用的时机性指的是侦查人员在运用侦查谋略时必须把握侦查的有利时机,如对涉案证人或知情人进行取证时必须把握其积极作证的有利时机,抢在贪污贿赂犯罪行为人对其施以压力之前获取主要的甚至关键性的证据,防止作证变形和证据失真。又如侦查中一旦抓到案件的突破口,就应一鼓作气,发扬"追穷寇"的精神,力争在短时间内突破全案,并力求深挖,查处窝案串案,而绝不可在关键时候有丝毫松懈。诚然,侦查谋略除了具备上述特征之外,还具有迷惑性、辩证性等特征。总之,只有深入系统地研究侦查谋略的特征,才能有力地指导贪污贿赂犯罪侦查工作,增强娴熟运用贪污贿赂犯罪侦查谋略的驾驭能力。

第二节　贪污贿赂犯罪侦查谋略的种类

从贪污贿赂犯罪侦查的特点和需要出发,不断探索运用贪污贿赂犯罪侦查谋略的规律性,探明侦查破案与运用侦查谋略之间的内在联系,科学地对侦查谋略进行分类,从纵向上分清侦查谋略的层次,从横向上把握侦查谋略的各个不同侧面,促使侦查谋略的具体形式形成一个有相对意义、有应用和实战指导价值的侦查谋略体系,是深入研究侦查谋略的一项重要内容,也是提高侦查谋略运用水平、提升侦查战斗力的一个重要途径。一般而言,由于划分的标准不同,贪污贿赂犯罪侦查谋略有不同的类型。通常而言,按照侦查谋略主体的心理倾向划分,可分为以下几种:一是常规式侦查谋略。如分析研究案情,制定侦查计划。二是利导式侦查谋略。如引蛇出洞、巧布疑阵、诱敌上钩。三是迂回式侦查谋略。如欲擒故纵、明撤暗攻、分散注意、攻其不备、利用矛盾各个击破。四是冲激式侦查谋略。即利用正面对抗的形式作用于侦查对象,以实现侦查的既定目标。如果按照侦查谋略的性质不同进行划分,可分为以下两种:一是战略性侦查谋略。这是为夺取全局斗争的胜利所采取的策略,一般使用的量少,并且多限于领导机关和指挥、负责人员采用,比如 1989 年 8 月 15 日"两高"发布的《通告》,敦促贪污贿赂犯罪分子投案自首,推动当时反腐败斗争的深入开展。二是战术性侦查谋略。这是指在贪污贿赂犯罪个案侦查或某一具体侦查行为、措施的实施中所采取的局部和具体的计谋和策略,比如对某一受贿案或挪用公款案等进行侦查所采取的具体谋略,或者在对某一潜逃在境外的特大贪污、贿赂犯罪分子进行追捕缉拿时采取的具体谋略等等。但是,从贪污贿赂犯罪侦查实践看,最为常用的主要有以下一些侦查谋略:

一、敲山震虎,政策攻心

这是针对某些贪污贿赂犯罪行为人胆颤心惊和做贼心虚的心理所采用的一种攻心战的计谋。侦查实践中,可利用贪污贿赂犯罪行为人的特定心理展开政策攻势,在某些区域或单位造成"高压"态势,对犯罪人晓以利害,并为犯罪人指点迷津,明确指出只有弃旧图新、重新做人才是出路,敦促犯罪人投案自首或坦白供认自己的罪行,认罪服法。

二、双管齐下,一箭双雕

所谓双管齐下,是指做一件事情采用两种方法,或做两件事情采取同时并举的做法。所谓一箭双雕,是指做一件事情如能抓住有利时机,就可取得一举两得的效果。如在贪污贿赂犯罪案件的侦查初期,侦查人员由于还不能准确掌握贪污贿赂犯罪活动的具体情况,对贪污贿赂犯罪活动的预测往往存有两种以上可能性而采取两种以上的措施、方法双管齐下或多管齐下的策略,从而突破案件甚至带出其他贪污贿赂犯罪案件,挖出窝案串案。

三、循序渐进,顺藤摸瓜

所谓循序渐进,是侦查破案中常用的一种计谋,特别是在侦查一些有据可查的贪污贿赂犯罪案件时,如对有账可查的贪污案件,就要充分利用实施贪污贿赂犯罪时遗留下的各种痕迹物证如账册凭证等有利条件,有步骤地按照由证到人,或由人到案的次序进行侦查破案。所谓顺藤摸瓜,是指在侦查贪污贿赂犯罪案件中,侦查人员一旦发现贪污贿赂犯罪线索,或者从其他案件或同案犯中理出了侦查破案的头绪,就应采取顺藤摸瓜、一追到底的这个策略,直至查清全案。

四、利用矛盾,各个击破

这是侦查贪污贿赂犯罪共犯以及审讯贪污贿赂犯罪嫌疑人或被告人中常用的一种计谋。在侦查共同贪污贿赂犯罪案件的过程中,由于同案犯在共同犯罪中所处的地位、在作案中所起的作用以及向侦查部门提供的供词及其在共同犯罪中所应负的刑事责任的不同,相互之间必然存在着各种矛盾。与此同时,贪污贿赂犯罪行为人与涉案证人、被害人之间也存在着各种矛盾。侦查人员就是要善于发现和利用这些矛盾,寻找案件侦查中的突破口,分化瓦解共同贪污贿赂犯罪行为人相互间的攻守同盟,加以各个击破,为全案的最终侦破奠定基础。

五、以快制胜,速战速决

针对贪污贿赂犯罪侦查中通常遇到的阻力大、干扰多以及贪污贿赂犯罪行为人伪造证据、毁灭证据、串供翻供、逃匿甚至自杀等情形,侦查时必须把握速度问题。快是对侦查速度的要求,速度即力量。但是,快与速不是指简单的快速,它以三十六计中的第四计"以逸待劳"为策,具体要求以自己的休整对待对手的疲劳,以少胜多,以不变对变,以静止对运动,以小动对大动,用控制主动权来克敌制胜。侦查中运用这个谋略,就要求侦查人员把握好侦查时机,赶在各种阻力、干扰形成之前,赶在贪污贿赂犯罪行为人的反侦查行为实施之前,采取快速措施突破案件。

六、单刀直入,曲线突破

单刀直入是侦破重大贪污贿赂犯罪案件采用的一种谋略,是具体针对那些因果关系明确或者犯罪嫌疑人已经暴露而不需采取绕弯的办法与犯罪嫌疑人周旋的贪污贿赂犯罪案件,而采取直截了当的追查方法突破案件的制胜策略。曲线突破正与单刀直入相反,是一种曲折迂回的破案策略,是针对某些接到举报、发现犯罪嫌疑人后直接触动又有困难,或者因证据不足而一时难以破获的案件,采用从正面钳制住被查对象、从侧面加以曲折迂回,或者转为从同案犯和其他相联系的案件入手,打开缺口,用以突破全案的用策。

七、欲擒故纵,诱敌深入

欲擒故纵是三十六计中的第十六计,原意是"追击敌人过紧,就要遭到它的反扑;让它逃走,即可削减它的声势。所以要紧紧地跟踪敌人,但不要逼迫它,借以消耗它的体力,瓦解它的意志,等它溃散了再加以捕捉,可避免流血而又能取得更大的胜利。"这是用暂时放纵的策略来取得长远的、更大的成功的一种计谋。如在某些贪污贿赂犯罪嫌疑人已经实施串供、毁证、伪造证据等反侦查活动,以致作案现场或重要证据被毁,一时难以查证时,可以暂时放纵,进行"放长经营",暗中加以监控,以待侦查时机,掌握确凿证据用以突破全案。诱敌深入是军事上的一种战略,说的是在强敌进攻前面,有计划地放弃一些地方,引诱敌人进入预定地区予以消灭的计谋。这个谋略用在贪污贿赂犯罪侦查上,就是在侦查过程中要内紧外松、明撤暗侦,充分注意利用那些已经暴露的次要的贪污贿赂犯罪分子引出主谋者来,使那些尚未暴露的、狡猾的犯罪人及其同伙进行充分的表演,使那些已成团结伙的犯罪人分散开来,尽可能将其诱进预设的"侦查计谋"中,通过秘密获取的证据侦破全案。

八、抓住关键,重点突破

侦查实践表明,有些贪污贿赂犯罪案件往往存在一个或数个关键性的问题或环节,只要这些问题或环节得以解决,侦查活动的展开势如破竹,全案就将被快速突破。这些关键性的案件情节,就是通常所说的案件突破口。由于个案情况不同,案件的突破口也各异。有的在作案时间上,有的在作案地点上,有的在案件证物上,有的甚至在某一细节或易于忽视的情节上,并且突破口的多少也不同。侦查实践中,侦查人员要善于分析案情,运用这个谋略,抓准案件的突破口,抓住进攻的关键,力求在最短的时间内使犯罪嫌疑人措手不及、防不胜防,打开案件缺口。在案件的重点环节被突破后,侦查人员就要不失时机地多头出击、分头并进,全面获取案件证据,不给贪污贿赂犯罪嫌疑人以喘息的机会。

上述列举的仅仅是贪污贿赂犯罪侦查谋略中的一小部分,侦查实践中应用的还有很多,如先发制人、克敌制胜,内紧外松、刚柔相济,声东击西、示假隐真,含而不露、点而不破,以毒攻毒、将计就计,漫天撒网、海底捞针,四面包围、瓮中捉鳖,调虎离山、引蛇出洞,里应外合、攻守兼备等。总之,根据反腐败斗争形势发展的新要求,反贪侦查部门及其侦查人员必须充分注视贪污贿赂犯罪活动中出现的新变化、新特点和新规律,不断总结那些已被侦查实践所证实的、行之有效的侦查计谋和策略,丰富和发展贪污贿赂犯罪侦查谋略的内容,使侦查谋略更好地发挥克敌制胜的功能作用,提升贪污贿赂犯罪侦查的整体战斗力。

第三节　贪污贿赂犯罪侦查谋略的运用

贪污贿赂犯罪行为人大多拥有一定的政治地位、权势及其既得的政治和经济利益。他们为了自身的政治、经济利益,通常在预谋作案或即时作案的过程中诡计多端、手段多变,因而实践中发生的贪污贿赂犯罪案件也就形形色色、千姿百态。查处贪污贿赂犯罪分子,揭露贪污贿赂犯罪活动,既是一场严重的政治斗争,也是侦查人员与贪污贿赂犯罪行为人斗智斗勇的活动。侦查人员在运用侦查谋略与贪污贿赂犯罪活动作斗争过程中,应具备一定的条件,遵循一定的原则,运用一定的方法。

一、侦查人员的施谋条件

侦查谋略的制定和实施,以及侦查谋略的运用水平高低和效果大小等,都取决于侦查人员的整体素质。从侦查谋略运用的要求讲,侦查人员需要具备以下一些条件:

(一)高度的谋略意识。谋略意识是一种定计用谋以指导侦查活动的意志和观念。侦查实践中,贪污贿赂犯罪行为人为了逃避打击,在预谋作案时就开始进行反侦查活动,如订立攻守同盟、串供毁证、藏匿赃款赃物,甚至制造假象等等;在被检察机关立案侦查的过程中,无论贪污贿赂犯罪行为人是否潜逃,其关系网络都将会动用各种反侦查资源在暗处作祟,设置各种侦查障碍,多方位地干扰侦查活动。面对狡诈对手和复杂的侦查情势,侦查人员必须具备反应敏捷的谋略意识,敏于观察、善于思考谋划,综合灵活运用各种侦查谋略,以计胜计。

(二)广博的知识体系。正确制定和运用侦查谋略,是基于对侦查手段的种类、性质、运用条件、程序和侦查谋略的种类及其内容等有关知识的综合把握。一个合格的侦查人员应当具备系统的贪污贿赂犯罪侦查学知识,包括马克思主义哲学、逻辑学、刑法、刑事诉讼法、犯罪学、犯罪学心理学、侦查心理学、审讯心理学、网络学等方面的知识和丰富的日常生活知识等。

(三)正确的思维方法。侦查人员进行侦查活动的全过程都伴随着极其艰苦、复杂的思维活动,成功的定谋用计则基于对已有贪污贿赂犯罪线索及其发展情势的正确分析和判断。侦查实践表明,善于正确思考的侦查人员能见微知著、以小见大、举一反三,不善于思考或不正确思考的侦查人员则会熟视无睹或找不着案件的本质或侦查的关键。侦查人员在定谋用计时必须具备唯物辩证法的根本方法和逻辑思维、形象思维的基本方法。

(四)一定的侦查经验积累。侦查谋略是侦查理论知识与侦查实践经验的有机结合所结出的智慧果实。侦查人员只有不断地通过亲身参加侦查实践获取侦查经验,并在侦查实践中虚心地向他人学习、吸取他人的经验,才能逐渐形成定谋用计所必需的相关经验。

二、贪污贿赂犯罪侦查谋略的运用原则

根据贪污贿赂犯罪侦查实践的经验和侦查谋略自身的本质要求,运用侦查谋略一般应遵循以下一些原则:

(一)系统性原则。贪污贿赂犯罪侦查活动是一个不间断的过程,有许许多多、大大小小的问题,解决这些问题需要运用一系列的侦查谋略。从纵的看,有随着侦查活动的发展而依次出现的延续谋略;从横的看,有围绕侦查工作重点而同时实施的关联谋略;从全案的结构看,有整体谋略和局部谋略。这些纵横交错、大小相依的侦查谋略,构成了一个有机的谋略系统。各个谋略的优劣及运用效果的好坏都直接或间接地影响其他谋略的效果,并最终影响到整体施谋目标的实现。侦查人员在制定和运用各个谋略时要胸怀全局,放眼长远,统筹考虑,做到局部利益服从整体利益、暂时利益服从长远利益,特别是在对共同贪污贿赂犯罪案件和连环案件的侦破中,更要注意强化整体意识和全局观念,不可仅为抓一个从犯而惊动主犯、仅为侦破一案而丢掉窝案串案。

(二)客观性原则。侦查实践表明,制定侦查谋略必须依据侦查人员已经掌握的贪污贿赂犯罪案件线索、证据及有关方面对案件的态度和可能采取的行动等各种与贪污贿赂犯罪侦查有关的信息为客观依据。侦查人员能否制定出正确的侦查谋略取决于是否掌握了一定数量和质量的涉案信息以及对这些涉案信息的综合性分析和判断。毛泽东同志曾这样说过:"指挥员正确的部署来源于正确的决心,正确的决心来源于正确的判断,正确的判断来源于周到的和必要的侦察和对各种侦察材料的连贯起来的思索。"侦查人员正确制定有针对性的侦查谋略,必须广开信息渠道,抓住一切有利的时机,尽可能多地获取与侦查有关的涉案信息,并进行由此及彼、由表及里的综合分析、判断。

(三)优选性原则。侦查谋略是为实现侦查目标服务的,应当在一定的条件下寻求优化的目标。优化的侦查谋略是在若干谋略方案中选择出的。这就要求制定侦查谋略时,尽可能地设计多套方案,而后对各种方案的目标、步骤、方式方法、实现目标的把握程度以及需要动用的人力、物力和财力等情况进行综合性的对比研究,并根据具体贪污贿赂犯罪个案的实际,按照因案施计、因人施计、因事施计、因时因地施计等原则,从中选择最为优化的侦查谋略。

(四)及时性原则。优选性原则强调的是"多思",及时性原则所强调的则是"快思"。前者的要求体现了贪污贿赂犯罪侦查活动的复杂性,后者的要求体现了贪污贿赂犯罪侦查活动的对抗性,两者都为达到最佳的侦查目标服务。一般在侦查人员掌握的涉案信息有限、不好确定侦查目标或实现侦查目标的把握性不大时,需要"多思",在战机出现时则要"快思"。"快思"以准确把握时机为前提,而不是盲动,在有利于侦查的时机出现时,就应抓住战机,果断决策,以快制胜,切不可优柔寡断。

(五)合法性原则。依法查办贪污贿赂犯罪,是检察机关履行法律监督职责不可分割的重要组成部分,是强化法律监督职能的重要手段和保障,是一场正义与邪恶的较量。这种执法性和正义性的法律属性,要求侦查人员在制定和实施侦查谋略时必须严格执行国家的法律和党的政策,必须符合社会主义道德风尚的要求,绝不能为达到侦查目的而不择手段。侦查活动中必须严格禁止非法搜查、非法扣押、变相监禁及刑讯逼供、诱供等行为,严格禁止诱人犯罪、无原则地许愿以及施以"美人计"等活动,严格禁止介入地方性"政治争纠"之中。

三、贪污贿赂犯罪侦查谋略的运用方法

从侦查实践看,运用侦查谋略的方法多种多样,一般有犯罪分子个性利用法、暗示法和信息影响法等几种主要的方法。

(一)贪污贿赂犯罪嫌疑人个性利用法。个性包括人的能力、性格和气质等方面的内容,是人们典型的、稳定的心理特征,是决定个人行为方式与各种活动的关键,具有支配和调节人们的行为活动的功能。侦查实践表明,贪污贿赂犯罪分子不同于一般刑事犯罪分子,由于他们都拥有一定的社会地位、身份及公共权力,作案后受到外在压力因素的影响而往往在被检察机关立案侦查过程中显示出更具个人特色的心理特征,包括嘴硬、自负、多疑、易怒、恐惧甚至贪利等弱点。运用犯罪嫌疑人个性利用法,关键是寻找犯罪嫌疑人的心理弱点,击中要害,迫其就范。具体要求侦查人员辅之以观察法、审讯法和调查法等手段,针对犯罪嫌疑人的个性弱点,巧妙地定谋用计,如疑则疑之、怒而挠之、利而诱之等,进而达到施谋目的。

(二)暗示法。暗示是一种社会心理现象,是运用含蓄、间接的方法对人的心理和行为产生迅速影响的过程。暗示法是在通过某一媒介在对方不能立即作出客观判断的情况下,按照一定的方式行动,或接受一定的意见和信念。暗示以无批判地接受为基础,不付诸压力成分,不要求他人违心接受,也不需要讲什么道理,具有诱发、速效、针对性等功能。侦查人员在对贪污贿赂犯罪嫌疑人审讯过程中的一举一动将时刻影响着嫌疑人的心理与行为,采取暗示法的目的就是打消犯罪嫌疑人的侥幸心理,使犯罪嫌疑人以为侦查人员已经掌握其犯罪事实和证据的情形下供述所犯罪行。运用暗示法,一般从言语、物品、情境等方面进行施谋用计,具体通过言语暗示、物品暗示和情境暗示等方式方法进行。如采用言语暗示时,要以一定的事实为依托,语言要含蓄、模糊,要注意一语双关,要选准突破口,要有针对性。

(三)信息影响法。贪污贿赂犯罪侦查中的侦查人员和犯罪嫌疑人之间,各自行为的目的相互对立,是一个矛盾的整体。一方要查清对方的贪污贿赂犯罪事实,剥夺对方的既得利益,另一方竭力掩饰犯罪事实,逃避侦查和打击。侦查与反侦查双方相互间都企图发送相关的信息影响对方,达到各种施谋的目的。信息影响法就是运用这种原理,有意识地向对方发出某些信息或改变原先的侦查方案,致使对方改变事先的行动方案进而实现施谋的目的。侦查人员运用这种谋略方法,要根据不同的侦查阶段、侦查目的采用不同的施谋方法,如在查赃、查证阶段,可采取顺佯敌意、巧布疑阵、诱敌串供、打草惊蛇促敌暴露等方法;在深挖阶段,可采取加压、减压、旁敲侧击、引出同伙、引鸟入笼等方法。总之,运用信息影响法要事先预测定计,并注意因案因人因侦查阶段而异,不可草率行事,以免造成被动。

四、贪污贿赂犯罪侦查谋略的运用要求

从侦查实践看,在运用贪污贿赂犯罪侦查谋略的过程中,应当注意以下一些问题。

(一)施谋的针对性。由于侦查对象的不同或同一对象所处阶段的不同,以及不同案件的被查对象所处的侦查阶段、地位、环境及个性心理等方面的差异,侦查人员必须突出定谋用计时的针对性,针对特定的对象和特定的时机来运用侦查谋略。

(二)施谋的条件性。按照侦查谋略的运用原理,侦查谋略的制定、实施必须依据一定的主观、客观条件,包括侦查的客观环境条件、侦查对象的个体条件、侦查人员的自身条件等因素来进行,侦查人员在运用侦查谋略时就要注意创备相应的施谋条件。

(三)施谋主体的主观能动性。运用侦查谋略时必须充分发挥施谋主体的主观能动性,周密地计划运筹,注意因时因地而变、因事因人而变、因犯罪人之变而我变。

(四)施谋的综合性和时代性。侦查谋略是一种侦查思维、构思,来源于侦查实践,既是侦查措施、手段和方法的实践结晶,并通过多种侦查手段、措施来实现施谋目标,又不同于并高于一般的侦查措施、侦查手段和侦查方法,是综合地、系统地、高层次地与贪污贿赂犯罪作斗争的韬略、方策。

随着贪污贿赂犯罪活动新变化、新特点和新趋势,以及反腐败斗争深入开展,客观上要求突破传统的侦查方式、侦查思维,并在侦查谋略的运用中导入科技手段,提升侦查谋略及其运用的现代化水平,增强侦查谋略及其运用的科技含量,建立和丰富具有时代特征的贪污贿赂犯罪侦查谋略体系,服务于全面建成小康社会新的历史时期的贪污贿赂犯罪侦查实践,不断把查办贪污贿赂犯罪案件工作引向深入。

第十四章　贪污贿赂犯罪侦查决策

第一节　贪污贿赂犯罪侦查决策基本要素

一、贪污贿赂犯罪侦查决策的概念和任务

随着 2012 年修改的刑事诉讼法的实施,贪污贿赂犯罪侦查环境进一步复杂化。加强贪污贿赂犯罪侦查决策,是检察机关保证坚决贯彻执行党的反腐败斗争路线方针政策,依法履行贪污贿赂犯罪侦查职责,积极适应刑事诉讼法实施新要求,充分发挥惩治和预防职能的重要前提和基础,在贪污贿赂犯罪侦查活动中居于十分重要的地位。当前,我国经济社会正处于改革发展的关键时期,各种新情况新问题层出不穷。发展形势总体是好的,但也面临不少突出的矛盾和问题,其中经济社会发展和社会管理中的一些突出矛盾,以及执法不公、司法不公、司法腐败等许多方面关系群众切身利益的问题,都与贪污贿赂犯罪侦查工作密切相关。检察机关在履行贪污贿赂犯罪侦查职能和加强自身建设方面,也面临许多新课题新考验。特别是修改后的刑事诉讼法实施,从整体层面提升了我国执法办案包括贪污贿赂犯罪侦查规范化建设的新要求,这就对检察机关尤其是领导层的决策能力提出新的更高的要求。加强贪污贿赂犯罪侦查决策研究,建立科学的贪污贿赂犯罪侦查决策机制,对于实现贪污贿赂犯罪侦查决策的民主化和科学化,提高贪污贿赂犯罪侦查工作的领导决策水平,增强驾驭贪污贿赂犯罪侦查工作全局的能力,不断适应刑事诉讼法的要求,努力开创贪污贿赂犯罪侦查工作新局面,满足人民群众的新要求新期待,更好为加快推进惩治和预防腐败体系建设、深入开展反腐败斗争,有力推动经济社会健康发展和维护社会稳

定等具有十分重要的意义。

决策,即"作出决定"。在现实社会生活中,需要作出决定的事情很多,贪污贿赂犯罪侦查工作也不例外。所谓贪污贿赂犯罪侦查决策,也称侦查管理决策,是指对贪污贿赂犯罪侦查活动涉及各类事项或者问题的决定。详言之,贪污贿赂犯罪侦查决策是指检察机关及其领导层,根据党和国家的政治原则和反腐败政策,以及宪法和法律赋予的贪污贿赂犯罪侦查使命,针对贪污贿赂犯罪侦查工作面临的任务和问题,为实现预期的侦查工作目标,采用一定的科学理论、方法和手段对实际情况进行了解、分析、评估,运用创造性、战略性思维所进行的方案设计、选择和实施的活动。贪污贿赂犯罪侦查决策有大有小,大到对侦查涉及重大问题或者事项的决策,小到询问取证、调取有关单位证据资料等具体侦查活动事项的决策。对于反贪侦查部门来说,首先要实行全过程管理。在侦查办案活动中,对任何一项侦查措施的选择和运用,都必须注意研究其必要性和可行性,使其既要切实用在刀刃上,但又不能伤害人,也就是既要注意运用侦查措施及时破案,又要十分注意对犯罪嫌疑人人权的司法保障。其次要控制侦查进程。特别是对侦查中发现和拓展的案件线索,应当注意统筹处理,逐个地查,绝不能一窝蜂地搞"四面开花",防止产生不必要的麻烦甚至负面影响。这要求侦查决策人员必须对侦查办案活动进行全程管理和控制,把握重点环节,加强对贪污贿赂犯罪侦查工作实行绩效考核,增强侦查效果。正确理解贪污贿赂犯罪侦查决策的概念,可以从以下几个方面进行:一是贪污贿赂犯罪侦查决策是一项管理活动,是一个动态过程,是运用创造性、战略性思维的一种预测活动,具有很强的针对性和实践性。二是贪污贿赂犯罪侦查决策的目的是为了解决特定的侦查任务和问题,实现预期的侦查工作目标,既是阶段性的,也是持续性、不间断的。三是贪污贿赂犯罪侦查决策的依据是党和国家的政治原则和反腐败斗争政策,以及宪法和法律规定,因而具有政治性和法律性。在不同的历史阶段和历史时期,贪污贿赂犯罪侦查决策的依据将会发生一定的变化。四是贪污贿赂犯罪侦查决策的程序、方式和措施手段是有规律可循的,因而是一项科学的侦查管理活动。五是贪污贿赂犯罪侦查决策从性质上讲,是政治性、司法性、实践性和风险性的有机统一整体。

二、贪污贿赂犯罪侦查决策的主要特征

贪污贿赂犯罪侦查决策作为决策的一种类型,既具有目标性、预测性、选择性和风险性等一般决策的特点,同时还具有以下一些自身的独有特征:

(一)鲜明的政治性。贪污贿赂犯罪侦查决策的政治性,是由检察机关的性质、职能和反腐败斗争的客观要求所决定的。检察机关是国家机器,是国家的司法机关和法律监督机关,是实行政治治理和社会管理的上层建筑。在阶级社会,检察机关的性质和实质是改变不了的。所有贪污贿赂犯罪侦查工作,都必须围绕党和国家工作大局、实现侦查工作的政治任务所展开,贪污贿赂犯罪侦查工作的主题和任务必须符合党和国家的政治实践和政治要求。这就是说,强调贪污贿赂犯罪侦查工作着力为党和国家工作的大局服务,是有政治制度、法律规定和实践需求等各方面的依据和理论基础的。随着我国社会主义民主政治的建设发展,特别是中国共产党从革命党向执政党的转变,党的政治任务发生了根本性变化,要带领全党和全国各族人民奋力为全面建设小康社会、加快推进社会主义现代化而努力。在这个新的历史时期,贪污贿赂犯罪侦查工作的任务和要求随着国家政治任务的变化而发生变化,要由强调单纯打击贪污贿赂犯罪转变到加强服务经济又好又快发展、维护社会和谐稳定以及保障人民群众利益、党的执政地位巩固和党的执政使命实现上来。做好新形势下检察机关的贪污贿赂犯罪侦查工作,首要政治任务是维护党的执政地位、维护国家安全、维护人民权益和确保社会大局稳定,所有贪污贿赂犯罪侦查工作计划方案的制订、选择和实施等贪污贿赂犯罪侦查决策活动都要围绕实现首要政治任务进行。

(二)严密的规范性。检察机关是执法机关,贪污贿赂犯罪侦查活动是一项司法活动,这都以国家强制力为后盾。贪污贿赂犯罪侦查决策作为决定开展贪污贿赂犯罪侦查活动的总钥匙,绝不能有任何的随意性。具体地说,贪污贿赂犯罪侦查决策的规范性最主要地体现在以下几个方面:

一是贪污贿赂犯罪侦查决策的法定性。贪污贿赂犯罪侦查活动的范围、内容、方式、手段及后果等都需要从法律上加以明确规定,不是检察机关或其反贪部门自身随意设定的。如侦查措施,由法律明确规定并授权于检察机关。在我国,贪污贿赂犯罪侦查措施是由人民检察院组织法和刑事诉讼法等法律规定,并授权于检察机关行使。

二是贪污贿赂犯罪侦查决策的程序性。如贪污贿赂犯罪侦查措施的运用,要按照一定程序进行。如果不按程序或者超越程序等,这些做法都是无效的,其后果必将影响侦查效果。如在我国,检察机关反贪部门不能随意决定对任何人进行直接立案侦查。如果认为符合立案条件、需要对嫌疑对象决定立案侦查,那也必须依照法律规定报经检察长批准。决定立案或者不立案的侦查决策活动,都有明确的程序规定。承办报批立案侦查事务的检察人员,在提请检察机关决策者进行决定时,应当按照法律等规定的程序进行,检察机关决策者在作出决定是否对某一嫌疑对象进行立案侦查的意见时,也应当按照相应的程序进行。

三是贪污贿赂犯罪侦查决策的制度性。如检察机关贪污贿赂犯罪侦查办案资源及其配置、运用,需要依照法律规定而制定相应的制度,包括立案审批制度、实行侦查措施的选择和采用制度、侦查终结制度以及侦查组织指挥制度、办案安全防范制度等等。没有检察机关的贪污贿赂犯罪侦查办案制度,也就没有贪污贿赂犯罪侦查活动的规范运行,那就必然出现这样那样的违法违规甚至违犯刑事法律等问题。同时,贪污贿赂犯罪侦查活动的规范化,是我国社会主义民主法治建设和发展的客观要求,也是当下人民群众对检察机关提出的新要求新期待,这就从根本上要求贪污贿赂犯罪侦查决策活动必须规范。

(三)高度的时效性。各种决策活动都有时效要求。对于贪污贿赂犯罪侦查决策来说,时效上的要求更具有特殊性。由于贪污贿赂犯罪侦查活动属于司法活动,必须依法进行,而法律对于贪污贿赂犯罪侦查活动的规定要求是严密的,特别是对贪污贿赂犯罪侦查活动,如决定立案侦查、采取强制措施等,都有十分明确而细致的时间要求。超过了法律规定的时间,贪污贿赂犯罪侦查活动就可能失去法律效力。同时,贪污贿赂犯罪侦查与反侦查之间是一种智力较量,任何与侦查与反侦查有关的活动或者信息都可能瞬息万变,并直接影响侦查的成败。这就要求检察机关尤其是决策者必须强化时效意识,特别是在对于贪污贿赂犯罪案件的立案与否、组织追逃缉捕与否等进行决策时,应当果断决策、当机立断,避免贻误时机,充分有效地发挥贪污贿赂犯罪侦查的职能和作用。

(四)很强的实践性。贪污贿赂犯罪侦查决策的根本任务,是解决贪污贿赂犯罪侦查活动中遇到的实际问题,包括完成侦查办案工作任务、解决侦查办案活动中遇到的困难和问题等等。这就要求决策活动必须紧贴贪污贿赂犯罪侦查实践,着眼于解决实际问题。如制定贪污贿赂犯罪侦查决策方案时,就要求检察机关对依法履行侦查管理进行预先设计,对贪污贿赂犯罪侦查活动的目标、方法、手段、结果要进行反复论证然后作出选择,这种选择要着眼于贪污贿赂犯罪侦查实践,充分考虑贪污贿赂犯罪侦查活动的各种因素,充分权衡侦查办案需要与现实可能之间的关系,具有很强的针对性和可操作性,必须经得起历史和实践的检验,为贪污贿赂犯罪侦查人员提供侦查办案活动的指向、思路、路径和规范要求,具有十分明确的指引性和目的性。

(五)一定的风险性。贪污贿赂犯罪侦查决策既有战略上的宏观决策,也有战术上的微观决策。但无论是何种决策,都需要对贪污贿赂犯罪的查处和遏制进行宏观上的评估,或者对案件线索是否成立、案件能否侦破等进行微观上的评估,在此基础上进行决策。由于评估所依据的证据和事实还不能完全确定,因而就会有一定的风险。从宏观上讲,由于贪污贿赂犯罪侦查不仅仅是司法问题,某种意义上更属于一种政治斗争,并具有一定的风险。从微观上讲,通过事实之间常态联系进行科学决策,是发现犯罪的起点,启动刑事追诉程序。由于贪污贿赂犯罪侦查属于追究事后行为的一种司法活动,主要目的是通过收集证据的方式,把贪污贿赂犯罪活动进行复原。既然是复原性活动,就会出现复原不完全的情形。因为对于贪污贿赂犯罪事实,一般往往难以复原到与犯罪嫌疑人实施贪污贿赂犯罪事实一模一样的状态。如果用以复原的证据不能达到指控的程度和要求,案件最终就有可能被撤销或者被判无罪,侦查部门也就将承担被否认即被撤销或者被判无罪的风险。

三、贪污贿赂犯罪侦查决策的意义和作用

贪污贿赂犯罪侦查决策,在贪污贿赂犯罪侦查管理中具有重要的地位和作用。实践表明,贪污贿赂犯罪侦查决策水平高,贪污贿赂犯罪侦查管理能力就强,贪污贿赂犯罪侦查工作就会取得明显成效。否则,贪污贿赂犯罪侦查活动就会出现失误,甚至影响和制约贪污贿赂犯罪侦查工作长远发展。从实践看,贪污贿赂犯罪侦查决策贯穿于贪污贿赂犯罪侦查管理活动的全过程,并且在侦查管理活动中处于先导、核心和关键作用,甚至关系到贪污贿赂犯罪侦查工作乃至反腐败斗争的成败。

(一)贪污贿赂犯罪侦查决策,是侦查管理活动的一项重要基础职能。检察机关任何层次的领导者,都离不开决策。从某种角度讲,检察长的根本职责就是研究制定侦查工作规划、贯彻落实上级决定部署、组织管理和使用侦查干部等。检察长的主要精力就是围绕上述职责进行决策谋划。要履行好这些职责,就必须以决策为基础。离开决策,就将一事无成。贪污贿赂犯罪侦查决策的水平高、能力强,侦查工作就会井然有序,侦查管理活动就会高效,侦查办案效果也就会得到强化。

(二)贪污贿赂犯罪侦查决策,是各项侦查管理职能的核心环节。检察机关的决策者在日常工作和管理中,将会遇到各种各样的问题和任务,并且要及时作出决定,如决定对某一犯罪嫌疑人进行立案侦查,办案组织的建立,管理目标的设定,侦查办案绩效评价体系的构建,人财物合理使用等侦查保障等活动,都是通过管理职能而实现的,都离不开决策。从某种意义讲,这些管理活动实质是一个决策、执行、再决策、再执行的循环往返的过程。其中,决策活动贯穿始终,是侦查管理活动的中心环节以及贪污贿赂犯罪侦查管理的核心。

(三)贪污贿赂犯罪侦查决策,是关系贪污贿赂犯罪侦查工作乃至反腐败斗争成败的关键。贪污贿赂犯罪侦查决策特别是高层决策,为反腐败斗争长远发展制定目标、指明方向以及明确任务、措施和方法要求,发挥着至关重要的关键作用,决定着反腐败斗争的成败。随着我国经济社会进一步发展,各种矛盾纠纷层出不穷,其中有不少与贪污贿赂犯罪侦查有关。要解决这些问题和矛盾,关键是要正确决策。实践充分证明,正确的决策引导反腐败斗争顺利进行,错误的决策导致反腐败斗争停滞不前甚至遭受挫折。这也证明了贪污贿赂犯罪侦查决策的极端重要性。

第二节　贪污贿赂犯罪侦查决策原则和决策方法

一、贪污贿赂犯罪侦查决策原则

贪污贿赂犯罪侦查决策作出的过程,实质上是技术操作问题。要保证决策的准确性和实效性,就应遵循一定的原则。所谓贪污贿赂犯罪侦查决策原则,是指在检察机关侦查办案过程中进行决策所必须遵循的带有根本性的依据和行为准则。贪污贿赂犯罪侦查决策原则是保证贪污贿赂犯罪侦查决策的正确方向和取得实效的重要指针,其实质是在贪污贿赂犯罪侦查决策付诸实施前运用逻辑论证方法,对贪污贿赂犯罪侦查决策进行的初步检验。具体地说,贪污贿赂犯罪侦查决策需要遵循以下几个主要原则:

(一)政治原则。这是保证贪污贿赂犯罪侦查决策正确方向所必须遵循的首要原则。检察机关贪污贿赂犯罪侦查办案,是国家政法职能的重要组成部分,对于打击贪污贿赂犯罪、维护政权安全、维护人民权益和维护国家安全,更好服务于经济社会科学发展等具有重要意义。检察机关贪污贿赂犯罪侦查办案作为检察机关实施宪法和法律赋予的法律监督职责的最基本手段和最重要途径,要保证方向的正确性和取得成效,首先是基于正确的决策。如果决策失误,检察机关贪污贿赂犯罪侦查工作无论是宏观上的还是微观上的,都会失去方向,办案效果也会发生执法偏差,侦查工作也就达不到预期效果。这就要求贪污贿赂犯罪侦查决策必须遵循政治原则,按照党和国家各项政治路线方针政策和反腐败斗争策略,进行决策目标的确定、方案的选择、结果的评价等活动,实现侦查工作目标。

(二)科学原则。这里的科学就是客观,要求检察领导机关和领导者在决策时,紧密结合检察机关贪污贿赂犯罪侦查职能和办案工作实际,首先要从决策对象的实际出发,认清决策对象的规律,包括侦查办案与反侦查活动的规律特点。其次,要从决策环境的客观实际出发,理顺决策主体之外与决策相关各种关系和条件,注重执法环境和氛围的营造,如把握立案条件和侦查时机等。再次,要从决策主体的实际出发,量力而行,不能脱离世情、国情、党情及检情的实际,好高骛远,落不了地。最后,要从检察执法规律和司法工作规律出发,增强决策的针对性和实效性,不断优化检察机关贪污贿赂犯罪侦查效果。

(三)民主原则。民主决策,就是要实行智囊组织的研究、论证、咨询、参谋职能和作用,充分吸收各层级检察人员和检察机关外部人员的智慧,提高贪污贿赂犯罪侦查决策的执行力和实际效果。如建立专家咨询机制,选择邀请法律、经济、金融、证券、自然科学等领域有较高造诣的一些资深专家,就贪污贿赂犯罪侦查工作中重大发展战略、涉及特殊领域专门知识、重大疑难复杂案件侦查办理、司法解释和具有重要指导意义的规范性文件制定等问题,采用召开会议、专题咨询论证、个别咨询等方式,认真听取专家咨询意见。决策实践充分表明,没有决策的民主化,就不能广开言路,就谈不上尊重司法经验和规律,也就没有决策的科学化。无论是检察机关贪污贿赂犯罪侦查活动,还是其他社会活动,采用民主决策是当代决策理论、决策理念和决策方法发展的重要趋势,也是由经济社会发展日益复杂化所决定的。实行民主决策,可以使更多的智慧聚合,使更多的科学知识和科学的方法手段整合运用,也可以增大决策的开放程度,从而更容易被人民群众所接纳。需要指出的是,民主决策不排除由少数领导层成员自主决断的情形,如对于个案立案侦查问题,由于涉及秘密等原因,更多的时候对于关键问题的决策,仍然由少数领导层成员自主决断。

（四）依法原则。法律是检察机关贪污贿赂犯罪侦查办案的根本依据,也是实施贪污贿赂犯罪侦查决策的前提。在实施贪污贿赂犯罪侦查决策时,应当依法进行,具体做到:一是决策主体合法。任何贪污贿赂犯罪侦查决策,都不能超越宪法和法律赋予检察机关的权限,注意防止越权决策。二是决策内容合法。任何贪污贿赂犯罪侦查决策,在内容和精神上都不能违反法律规定。三是决策程序合法。任何贪污贿赂犯罪侦查决策,都需要经过一定程序,该报告的报告,该请示的请示,该审批的审批。四是决策责任法定。任何贪污贿赂犯罪侦查决策,都应对决策后果承担相应的责任。决策的责任必须明确,绝不能出现模糊不清的情形,否则难以保证决策的质量和效果。

（五）优选原则。优选决策,是现代决策的一个重要特点和要求。任何贪污贿赂犯罪侦查决策,都应当设计多种方案,做到有若干种备选方案,并且不同方案之间要有重大区别,有各自鲜明的个性,否则就难以区分优劣。这是优选原则的核心内容。实践充分证明,只有对设计的多种方案进行比较和选择,才能找到最佳的方案。对于多种方案在选择过程中,要进行科学评估和论证,必要时还应征求有关群众、部门及专家等意见,力求决策准确有效。但对于个案侦查的决策,一般情况下需要保密,绝对不可超越法律界限扩大知情范围。

（六）风险原则。风险是相对而言的,决策必须依赖客观事实进行。为此,要注意把握以下几点:一是要全面。要注意尽可能完整掌握可能涉及的各种案件情况,对各类个案信息要全面收集、取舍,从而保证决策的准确性。二是要慎用。由于风险决策事关犯罪嫌疑人合法权利,决策时只是对所掌握的证据或案件线索进行"盖然性"的分析和判断,不一定完全属实,这就要求留有余地,慎之又慎。三是要兼听。俗话说,兼听则明。侦查人员实行风险决策时,既要听取相关各方的意见和建议,如条件具备还要听取被调查人的意见,切实做到追究犯罪和保障公民合法权益的有机统一。

（七）其他原则。如协调原则,要求决策时坚持大局观和全局观,不可顾此失彼;系统原则,要求系统地看问题、做决策,统筹兼顾局部与整体、局部与全局、眼前与长远等重大关系;前瞻原则,要求决策者对决策实施后可能出现的问题进行预测和预防,做到防患于未然;反馈原则,要求在决策实施后,执行者应当向决策者反馈等。

二、贪污贿赂犯罪侦查决策分类

通常而言,贪污贿赂犯罪侦查决策有广义和狭义之分。狭义的贪污贿赂犯罪侦查决策,是指微观上的、战术性的决策,如检察机关决策者对某项特定侦查活动方案的选择,亦即通常所说的"拍板";广义的贪污贿赂犯罪侦查决策,是指宏观上的或者专项侦查行动的决策,如检察机关决策者对贪污贿赂犯罪侦查工作宏观策略或者个案侦查活动方案的设计、选择和实施全过程的思维活动。

按照不同的分类标准,贪污贿赂犯罪侦查决策有不同的类型,主要可以分为以下几种类型:

（一）按照贪污贿赂犯罪侦查决策模式不同进行分类。贪污贿赂犯罪侦查决策是一种动态的行为过程。由于贪污贿赂犯罪侦查活动涉及对象的多样性和多变性,贪污贿赂犯罪侦查决策活动也显得千姿百态。从行为主义革命看,其中一项重大贡献,就是补充和丰富了各种决策包括贪污贿赂犯罪侦查决策活动的模式。从贪污贿赂犯罪侦查决策模式上看,主要可以分为以下几种:

1.理性决策模式。这种决策模式强调检察机关贪污贿赂犯罪侦查决策者在作出决策时,要根据对已有资料的掌握负责和认识作出合乎理性的决定。这里所谓理性,是指用评价行为后果的某一个价值体系,选择符合实践要求、令人满意的备选行为方案。实行理性决策,主要途径如下:一是寻找备选方案。在作决策前,要全面查找可供备选的行为方案。二是研究分析每一种备选方案的全部可能出现的结果。三是具备一套可供指导选择备选行为方案的价值体系工具。理性决策模式是最为理想的模式,但实践中往往做不到。如在贪污贿赂犯罪侦查实践中,对于个案的侦查往往在开始之初,检察机关所掌握的有关案件及对侦查有价值的信息少之又少,信息严重不对称,优势往往在被侦查对象一方。随着侦查工作逐渐深入,信息量随之增多,最终形成检察机关的信息量远远多于被侦查对象一方,从而促使检察机关突破案件,揭露和证实犯罪行为人的贪污贿赂犯罪事实。总的来说,实行理性决策的主要特点是附有一定条件的,如监督对方违法履职一定量的信息,决策者有衡量各种决策变量的条件和能力等。一般来说,理性决策模式不常见,最主要的原因在于这种模式对决策信息量的要求比较严格,而实践中通常做不到。

2.渐进决策模式。渐进决策,是以现行决策为基础,实质是对过去决策的修正。这种模式的主要特点是充分考虑决策条件的复杂性和决策信息量的不完整性或者有限性,认为可以在确定清晰的目标特别是具体目标之前,先制定一个大致的方案即进入实施阶段,随后根据环境和条件的变化进行相应的调整和修改,具有一定的灵活性。如检察长在决定一定时期贪污贿赂犯罪侦查工作的思路和策略的过程中,特别是决定对某一贪污贿赂犯罪案件立案侦查时,对案件信息的掌握通常是极其有限的,要求制定详细的侦查计划是不现实的,只能制定一个大体的计划,并对实施侦查后可能遇到的困难和问题进行预测。随着案件侦查的深入以及掌握案件信息量的增多,才对原先的侦查计划视情进行调整和修改,使其更符合侦查实际情况,更有力指导侦查工作的深入开展。但这种决策模式也有缺点,主要体现为:一是由于信息不全面,甚至进行风险决策,容易出现失误。二是渐进决策通常存在对案件信息进行预测的成分,不能完全保证决策的准确性。三是渐进决策是在信息不完全情况下进行的,对于贪污贿赂犯罪侦查活动的指导和引领往往可能多变,这就可能影响贪污贿赂犯罪侦查人员的办案思路和办案效果。

3.综合决策模式。这种决策模式是对渐进决策和理性决策的综合,克服了理性决策模式的过多理想成分和渐进决策模式逐渐多变的缺点,形成相对合理并有成效的决策模式。其中,以综合观察决策模式之影响力最大。这种决策模式的主要特点:一是运用渐进决策模式分析一般性的决策因素,在此基础上运用科学决策模式重点分析决策者认为最重要的特殊要素,既可以避免忽略基本的决策目标,又可以保证对最重要问题的深入研究。如一个时期以来,法学界对检察机关能否拥有贪污贿赂犯罪侦查权争论不休,不少论者建议取消法律赋予检察机关贪污贿赂犯罪侦查权的规定,使检察机关成为纯粹的公诉机关。对于这样的舆论氛围以及实际情况,如何进行应对决策,首先要考虑的是在中国特色社会主义司法制度乃至整个政治制度框架下,是否有可能取消这种制度安排。如果有这种可能,那就要对保持现状或者取消这种制度安排进行研究分析,并作出应对决策。由于现有资料信息是不完全的,因此在进行决策时既要慎重又要积极,否则就会处于被动。综合决策模式的主要特点有:一是重视试点,在取得经验的基础上逐步推开。二是先易后难,循序渐进。三是边实施边总结。四是慎重初战,务求必胜。五是分类指导,不搞攀比。如我国改革开放过程中采用的"摸着石子过河"的决策模式,就是一种综合决策模式。检察机关贪污贿赂犯罪侦查工作也会遇到类似情形,同样可以采用这种决策模式。

(二)按照决策的性质、层级、目标等不同,可以分为以下几类:

1.战略决策和战术决策。这是按照问题的性质和作用进行划分的。一是战略决策。这种决策带有总体性、方向性、长远性,主要解决贪污贿赂犯罪侦查工作的方针、政策、发展方向和远景规划等重大问题,涉及面广,因素多,影响大,带有全局性。二是战术决策。这种决策是为实现战略决策而解决侦查政策等某一类问题或者突破个案等某一个问题的决策活动。

2.高层决策和中层决策、基层决策。这是按照决策的组织层次进行划分的。一是高层决策。这种决策是由党中央、检察机关高层领导集体如最高人民检察院党组作出的决策,带有全局性、整体性和长远性。二是中层决策。这种决策是由地方党委、检察机关中级领导集体如省级以下人民检察院党组作出的决策,涉及地区性、局部性,或者贯彻落实高层决策,确定本地区、本部门某一时期、某一阶段的主要任务和目标等,主要是中观决策、战术决策和微观决策。三是基层决策。这种决策是基层党委、检察机关基层领导集体如基层检察院党组作出的决策,一般是战术决策和微观决策,着眼于贪污贿赂犯罪侦查实战问题,是贯彻落实高层决策、中层决策的实战决策。

3.单项决策、多项决策和综合决策。这是按照决策目标多寡进行划分的。一是单项决策。这种决策只有一个目标,适用一解决相对简单的问题或者任务。如对个案是否决定立案侦查等。二是多项决策。这种决策是针对多项目标进行的,各目标之间可能存在矛盾,需要多角度、全方位进行考虑决定。如制定一个专项侦查行动方案,可能涉及多个部门、领域或者多方面的政策和法律问题等。三是综合决策。这种决策的目标是复杂的或者综合性的,各目标之间相交织或者相矛盾,需要运用系统论进行统筹考虑、解决。如制定侦查、惩治和预防贪污贿赂犯罪的方针、策略等。

三、贪污贿赂犯罪侦查决策方法

贪污贿赂犯罪侦查决策方法是指检察领导机关和领导者作为决策主体在决策过程中为完成贪污贿赂犯罪侦查工作的决策目标和任务所采取的步骤、规划、程序和手段等总和。从决策实践看,常用的贪污贿赂犯罪侦查决策方法主要有以下几种:

(一)信息决策法。就是对信息的收集、整理、预测和运用。主要包括以下一些具体的方法:一是调查。这是决策常用的技术方法,如抽样调查、全面调查、重点调查、典型调查和个案调查等。二是观察和访问。这里的观察是从检察机关侦查实践中获得决策对象资料的基本方法,就是根据特定的目的,利用人们的感官和观察器材对于处于自然状态下的观察对象进行考察、收集信息的方法;这里的访问与观察接近,但也有区别,主要包括面对面交谈等直接访问方法和电话访问、问卷、网络调查等间接访问。三是实验和试验。这里的实验既收集决策所需的有关信息以及对决策方案进行检验、修正等;这里的试验就是促使决策方法落地,适用于检察执法实践中去。四是预测,包括意见集中法、专家调查法、指标预测法和扩散指数法等定性预测方法,时间序列预测方法、因果关系预测方法等定量预测法。

(二)确定性决策法、不确定性决策法和风险决策法。这是按照决策结果的确定程度进行划分的。一是确定性决策法。这种决策的结果是确定的,是在确定性的结果中选择,是比较容易的。就是说,决策方案中只有一个决策方案和一个决策结果,并且事先是知道的。如对反贪案件提起公诉,明知其符合构罪要件并且将被判处有期徒刑等。但需要注意的是,这种所谓确定性是相对的,绝对的确定性是不存在的。因为有些案件即使提起公诉,也会因证据发生变化而影响有罪判决等。二是不确定性决策法。这种决策是在各种决策要素和信息无法全部测定的情况下,依靠心理素质系统地运用经验作出的,对于结果事先无法确定。如对个案的侦查出现重大安全事故,一旦方法不当,就有可能使局面失控,因而在决策时要慎重,切忌轻率莽撞,可以备用几套方案,及时进行调整。三是风险决策法。这种决策介于确定性与不确定性决策之间,根据历史资料和经验,考察其不确定性的程度,对其不同状况出现的概率进行预计,据此选择一种决策方案。需要指出的是,一个决策方案可能有多种不同的结果,但总的结果是可以预见的。如对某一贪污贿赂犯罪案件决定立案侦查,在对被侦查对象的信息掌握不全面的情形下,如果根据以往经验进行判断或者情势紧急,可以确定被侦查对象实施犯罪的实际情况,进行风险决策,特别是在决定刑拘或者释放的情形下,往往采用风险决策解决问题。

(三)系统决策方法。这里的系统,是指为完成一个贪污贿赂犯罪侦查工作目标,而由各种侦查要素相互联系组成的、具有一定内部结构和一定功能的侦查有机体。从操作层面讲,系统决策方法是以侦查有机总体为基础,统筹贪污贿赂犯罪侦查工作全局,强调检察机关贪污贿赂犯罪侦查整体与部分的联系,结合运用分析和综合方法,定量描述、分析贪污贿赂犯罪侦查决策对象运动的状态及其规律,如贪污贿赂犯罪的特点和规律,从而作出侦查办案最佳的决策方案等。系统决策方法具有总体性、综合性和最佳化等特点。

(四)控制论。这是自动控制、数理逻辑、统计力学、电子技术和无线电通讯、工程学、生理学等自然科学、社会科学和技术相互渗透、融合的产物,以反馈理论、通信理论和信息理论为基础,将功能模拟法、反馈法与系统方法、信息方法等科学方法运用于检察执法决策之中。从贪污贿赂犯罪侦查实践看,这些方法对于检察机关贪污贿赂犯罪侦查决策具有重要作用,各地检察机关在侦查办案实践中也都或多或少地运用了一些控制论的原理,但系统地运用比较少,运用效果也优劣各异。要真正发挥有效作用,还需要进一步深入研究和借鉴。

（五）博弈论。又称对策论，是模拟和仿真的方法，是解决多个决策者如何行动的理论和方法工具，而不是对抗。博弈论与贪污贿赂犯罪侦查紧密相关。"囚徒博弈"就是典型的博弈实例。按照博弈论的原理，任何决策都是相关要素之间的一种函数，也就是包含应变量和自变量之间的逻辑关系。博弈的条件主要包括：一是参与博弈的所有各方都是独立行为者；二是要有多个可选方案；三是要事先规定方案选择的次序和规则；四是博弈的得失明确，并且通过博弈的方法进行调整实现参加博弈各方的共赢。将博弈的原理运用于贪污贿赂犯罪侦查决策之中，需要符合以下要求：一是具备贪污贿赂犯罪侦查决策所需的各种侦查信息；二是一个支付函数即获益水平，也就是最佳贪污贿赂犯罪侦查决策方案的效果最大化；三是博弈的结果，即一个获益的集合；四是达到均衡。通过博弈实现共赢，也就是对选择最佳决策方案的共识。博弈论在对个案是否决定立案侦查、侦查讯问破案等实践中运用较多。

（六）"六帽法"（Six thing hats）。"六帽法"是当下世界最为先进的一种思维方法，是英国学者爱德华·德·波诺（Edward de Bono）博士开发的一种思维训练模式即全面思考问题的模型，提供了"平行思维"的工具，避免将时间浪费在互相争执上。将"六帽法"运用到反贪侦查工作之中，对于创新侦查思维、提升侦查方法、增强侦查效益等具有十分重要的作用。"六帽法"强调"能够成为什么"而非"本身是什么"，这是寻求一条向前发展的路，而不是去争论谁对谁错，促使混乱的思考变得更为清晰，使团体中无意义的争论变成集思广益的创造，使每个人变得富有创造性。创造这种方法的爱德华博士认为，任何人都具备六种基本思维功能，并将这六种功能用六顶颜色不同的帽子做比喻，即用白色、黄色、黑色、红色、绿色和蓝色分别代表不同的含义，用以创造性地解决各种社会现实问题。这种方法是当下全球最先进并且被广泛推广应用于各种社会实践中的决策管理方法，基本原理可以运用到反贪侦查决策之中，具体包括以下六个环节和方面（参见下图）：

1.了解掌握客观真实的情况（白帽子）。白色是中立、客观，代表事实和资讯。中性的事实与数据帽，处理信息的功能。检察机关反贪侦查工作的一条重要原则是客观公正。对于反贪侦查决策来说，首要的任务是了解掌

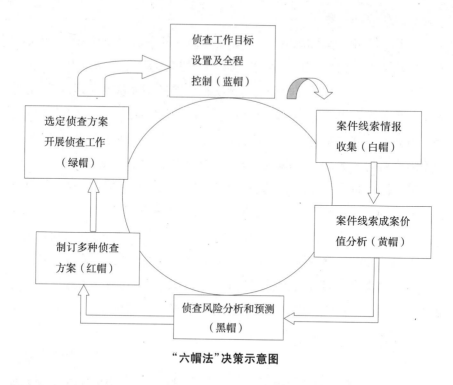

"六帽法"决策示意图

握客观真实的情况。

2.正确对客观情况进行价值判断(黄帽子)。黄色是乐观,代表与逻辑相符合的正面观点,识别事物的积极因素的功能。对于反贪侦查决策来说,就是首先要对已经掌握的决策信息按照一定逻辑进行价值分析,判定是否能够为反贪侦查决策提供服务。

3.科学对客观情况进行价值分析和风险评估(黑帽子)。黑色是阴沉,意味着警示与批判,发现事物的消极因素的功能。对于反贪侦查决策来说,要对已经掌握的侦查决策信息进行正反两方面的价值分析和风险评估,从而作出相应的决策。

4.制订决策方案(红帽子)。红色是情感色,代表感觉、直觉和预感,形成观点和感觉的功能。对于反贪侦查决策来说,就是在对决策信息进行价值分析和风险评估的基础上,制订出多种可供选择的反贪侦查决策方案。

5.准确选择最适合解决问题的方案(绿帽子)。绿色是春天色、创意色,创造解决问题的方法和思路的功能。对于反贪侦查决策来说,就是要针对所要解决的反贪政策或者个案侦破等问题或者任务,从多种方案中选择并实施一种最适合解决问题的方案。

6.实行对决策实施情况的全程管理和监控(蓝帽子)。蓝色是天空色,笼罩四野,是指挥帽,控制着事物的整个过程,指挥其他帽子,管理整个思维进程。对于反贪侦查决策来说,要掌握侦查决策方案的实施情况,特别是要对侦查决策实施活动进行全程管理和监控。一旦发现偏差,就要及时进行调整。

第三节 贪污贿赂犯罪侦查决策程序

贪污贿赂犯罪侦查决策程序,实质是一个技术操作问题。从某种意义讲,现代决策与传统的有很大不同。传统的决策以个人决策为主,加上几个幕僚,对某些事项及其处理就可作出决定。但现代决策通常要进行事先收集、分析、评估资料,最终作出决定,还要对实施过程进行监控,对不符合执法形势或者发展要求的,要及时加以调整。贪污贿赂犯罪侦查决策程序,又称贪污贿赂犯罪侦查决策过程或决策步骤,是指针对特定的贪污贿赂犯罪侦查工作目标或者任务、问题进行决策活动的过程。具体地说,一般包含五个环节:

一、确立决策目标

确立贪污贿赂犯罪侦查决策目标,是贪污贿赂犯罪侦查决策活动的开始阶段。这是检察机关领导部门及其决策者进行决策首先要解决的课题。确立贪污贿赂犯罪侦查决策目标,首先是通过贪污贿赂犯罪侦查活动发现问题。这里的"问题",就是贪污贿赂犯罪侦查活动存在的矛盾,是检察机关实行贪污贿赂犯罪侦查活动所期望达到的结果与现实状态之间的差距。发现问题的前提,是认识贪污贿赂犯罪侦查活动与人民群众对检察机关严格依法文明规范查办贪污贿赂等腐败犯罪案件实际成效之间的差距,并从这种差距状况中界定问题。发现问题只是确立贪污贿赂犯罪侦查决策目标的第一步。第二步,要进一步分析产生这些问题的症结或原因,进而确立解决问题所期望达到的目标,为贪污贿赂犯罪侦查活动指明正确的方向。由于贪污贿赂犯罪侦查活动具有多样性和复杂性,侦查活动中出现影响决策的问题各异。如一些地方检察机关在立案侦查个案时,由于办案人员的失误等原因发生犯罪嫌疑人自杀事故,当事人家属反映强烈,社会各界反响很大。这显然与最高人民检察院必须加强办案安全的一贯要求相违背。当各地情况汇总到最高人民检察院后,最高人民检察院侦查主管部门及时进行分析,找出其中的原因,提出防范对策,并向院领导或者院党组建议通过会议或文件的形式,统一各地执法思想,要求各地采取有力措施,切实做好落实安全办案、防范办案事故等工作。这里的"问题",就是出现办案事故、明显违反了安全办案要求。对此,贪污贿赂犯罪侦查决策"目标"就是防止和杜绝重大办案安全事故的发生。

二、拟定决策方案

贪污贿赂犯罪侦查决策方案,是检察机关根据决策目标设计出的贪污贿赂犯罪侦查活动方案。拟定决策方案是贪污贿赂犯罪侦查决策活动的第二个阶段,是实现贪污贿赂犯罪侦查决策目标的整体规划,是贪污贿赂犯罪侦查活动的核心内容。贪污贿赂犯罪侦查决策方案从不同角度规定了实现贪污贿赂犯罪侦查决策目标的途径、阶段、步骤和做法。一般由检察机关侦查部门按照决策者确定的目标,通过发挥集体智慧,拟定多种方案供决策者选择。由于贪污贿赂犯罪侦查决策方案的质量和数量直接影响贪污贿赂犯罪侦查决策效果,在拟定贪污贿赂犯罪侦查决策方案时应当尽可能考虑到社会政治经济等各种因素对贪污贿赂犯罪侦查工作的影响,并对贪污贿赂犯罪侦查工作理想目标与现实可能性进行权衡,进行科学利弊分析评价,制定完整详细的多种备选方案。

三、选择决策方案

选择贪污贿赂犯罪侦查决策方案,是贪污贿赂犯罪侦查决策活动的第三个阶段,也是贪污贿赂犯罪侦查决策的一个关键性环节,要着重把握以下几个环节:

(一)明确标准。贪污贿赂犯罪侦查决策者首先要制定一个标准,对各种贪污贿赂犯罪侦查决策方案进行评估和优选。这个标准要在贪污贿赂犯罪侦查的最高价值、最佳侦查办案效果和期望实现的侦查工作目标等各种决策方案评选标准体系的基础上进行综合、权衡来确定。

(二)精确优选。要从全局的高度运用经验判断、试点及数学分析等方法,审视各种拟定的贪污贿赂犯罪侦查决策方案,权衡其中利弊,选定最佳方案。

(三)风险评估。在评估、优选贪污贿赂犯罪侦查决策方案时,不仅要考虑如何达到贪污贿赂犯罪侦查工作预期目标,还要对所选贪污贿赂侦查决策方案的潜在问题进行分析与防范。

(四)制定预案。在预估、评价潜在问题危险程度的基础上,要制订防范、应急措施的预案,做到防患于未然。

四、实施决策方案

贪污贿赂犯罪侦查决策方案的实施,是将贪污贿赂犯罪侦查决策方案现实化的过程,但将不可避免地遇到各种新情况新问题。要重视加强对这些新问题新情况的研究分析,以完善贪污贿赂犯罪侦查决策方案。实施贪污贿赂犯罪侦查决策方案,要按照实事求是、统筹安排、突出重点和预测未来等原则制定实施计划。制定实施计划,是实施贪污贿赂犯罪侦查决策的开始,也是实现贪污贿赂犯罪侦查决策目标的前提,还是合理分配贪污贿赂犯罪侦查决策实施资源的重要条件。在组织实施过程中,要做到:

(一)严密组织。结合贪污贿赂犯罪侦查工作实际,确定组织,明确职责,抓好落实。

(二)正确指挥。运用指挥职能,促使实现贪污贿赂犯罪侦查决策目标成为各级检察机关领导和侦查部门及其人员的自觉行动,促使贪污贿赂犯罪侦查决策机制的各环节处于高效、协调运行,进而保持完成贪污贿赂犯罪侦查工作既定任务的良性状态。

(三)及时协调。要对贪污贿赂犯罪侦查决策机制运行中出现的问题,及时进行协商和调节,消除贪污贿赂犯罪侦查管理诸要素之间及贪污贿赂犯罪侦查管理过程各阶段或各环节之间的矛盾,整合贪污贿赂犯罪侦查决策实施资源,提高决策实施效能。

五、纠正和控制决策

纠正和控制贪污贿赂犯罪侦查决策,是贪污贿赂犯罪侦查决策运行过程的重要阶段。为确保贪污贿赂犯罪侦查决策的实施,要及时检查决策实施中的问题。一旦发现决策出现偏差,应及时纠正并有效控制决策的实施。从实践看,需要纠正和控制的问题主要包括:

（一）贪污贿赂犯罪侦查决策目标评估。对于侦查决策目标是否符合实际，能否达到侦查办案所期望的最终目的。如果实现不了既定目标，就要及时调整。

（二）实施贪污贿赂犯罪侦查决策的手段是否正确。如果发现不符合侦查规律和要求的，应当及时纠正。

（三）实施贪污贿赂犯罪侦查决策的力量是否具备。如果没有足够的力量，就无法实现贪污贿赂犯罪侦查决策目标，需要及时调整和充实。

（四）贪污贿赂犯罪侦查决策的内容是否符合实际。如果发现贪污贿赂犯罪侦查决策时的客观或主观情况已经发生变化，或者贪污贿赂犯罪侦查决策的内容与侦查办案的实际相偏离，甚至可能带来一些负面影响，就应当对贪污贿赂犯罪侦查决策内容及时进行调整，弥补贪污贿赂犯罪侦查决策方案的缺陷。

第四节　贪污贿赂犯罪侦查决策方式

一、贪污贿赂犯罪侦查决策方式概述

贪污贿赂犯罪侦查决策方式，是实现贪污贿赂犯罪侦查决策目标的途径。加强研究贪污贿赂犯罪侦查决策方式，根本目的是为了提升贪污贿赂犯罪侦查决策水平，规范贪污贿赂犯罪侦查决策活动，保证贪污贿赂犯罪侦查决策质量，确保侦查工作目标的顺利实现。近年来，检察机关根据执法环境的变化、人民群众对实现和保障司法公正的新要求新期待等实际，在现有基础上进行改革探索，创新了贪污贿赂犯罪侦查等检察执法办案决策方式和机制等方面取得了一定成效。

（一）健全检察委员会的决策功能。按照《人民检察院组织法》，检察长统一领导检察院的工作。各级人民检察院设立检察委员会，检察委员会实行民主集中制，在检察长的主持下讨论决定重大案件和其他重大问题。如果检察长在重大问题上不同意多数人的决定，可报请本级人民代表大会常务委员会决定。自1998年以来，最高人民检察院为提高检察委员会的议事水平和议事效率，先后制定了《最高人民检察院检察委员会议事规则》、《最高人民检察院关于改进和加强检察委员会工作的通知》、《最高人民检察院

议案标准(试行)》、《最高人民检察院检察委员会秘书处工作规则(试行)》和《关于认真做好最高人民检察院决定事项督办落实工作的通知》、2008 年 2 月 2 日《人民检察院检察委员会组织条例》等规范性文件,健全了检察委员会的决策职能。

(二)建立业务决策辅助机构。为提高贪污贿赂犯罪侦查等检察执法决策的科学化水平和民主化程度,最高人民检察院及地方各级人民检察院建立专家咨询制度,成立专家咨询委员会或专家咨询小组,作为贪污贿赂犯罪侦查等检察业务工作的决策辅助机构,发挥专家在贪污贿赂犯罪侦查等检察执法决策中的作用,为决策服务。

(三)探索实行检察官办案责任制。为发挥检察官的主观能动性和生力军作用,赋予检察官对一般案件一定的处分决定权,这包含了一定决策职能,丰富和发展了贪污贿赂犯罪侦查等检察执法决策体系和内涵。

二、检察委员会决策

检察委员会决策,也称重大案件和其他重大问题决策。由检察委员会行使贪污贿赂犯罪侦查等检察执法决策权,主要内容包括以下几个环节和方面。

(一)决策主体。检察委员会是检察机关业务决策的最高权力机构,检察委员会决策机制的决策主体是检察委员会,日常事务由检察委员会办事机构或者专职人员负责。需要说明的,各级人民检察院检察委员会由本院检察长、副检察长、检察委员会专职委员以及有关内设机构负责人组成。检察委员会委员应当具备检察官资格,其员额一般为:一是最高人民检察院为 17 人至 25 人;二是省、自治区、直辖市人民检察院为 13 人至 21 人;三是省、自治区、直辖市人民检察院分院和自治州、省辖市人民检察院为 11 人至 19 人;四是县、市、自治县和市辖区人民检察院为 7 人至 15 人。同时,各级人民检察院检察委员会委员人数应当为单数。检察委员会如达不到最低员额标准的,应当报告上一级人民检察院。其中,检察委员会委员的职责和义务:一是参加检察委员会会议,对检察委员会会议讨论的议题发表意见和进行表决;二是经检察长批准向检察委员会提出议题或者提请复议;三是受检察长或者检察委员会指派,对本院检察委员会决定事项的落实情况进行督促检查;四是未经检察长或者主持会议的副检察长批准,不得缺席;五是遵守检察委员会议事规则和各项工作制度;六是保守国家秘密和贪污贿赂犯罪侦查等检察工作秘密。检察委员会专职委员的其他职责则另行规定。检察委员会办事机构的职责:一是对提交检察委员会讨论的案件或者事项材料是否符合要求进行审核;二是对提交讨论的案件或者事项提出法律意见;三是对提交讨论的有关贪污贿赂犯罪侦查等检察工作的条例、规定、规则、办法等规范性文件提出审核意见;四是承担检察委员会会议通知、会议记录、会议纪要和会议材料归档工作;五是督办检察委员会决定事项;六是检察委员会交办的其他工作。

(二)决策原则。检察委员会讨论和决定问题,检察委员会实行民主集中制,遵循少数服从多数的原则。具体体现在:一是检察委员会会议必须有全体组成人员过半数出席,才能召开;必须有全体组成人员过半数同意,才能作出决定。二是委员意见分歧较大的,检察长可以决定不付表决,另行审议。三是检察委员会在审议有关议题时,可以邀请本院或者下级人民检察院的相关人员列席会议。四是检察委员会在讨论决定案件时,检察委员会委员具有法律规定的应当回避的情形的,应当申请回避并由检察长决定;本人没有申请回避的,检察长应当决定其回避。检察长的回避由本院检察委员会决定。五是地方各级人民检察院检察长在讨论重大案件时不同意多数检察委员会委员意见的,可以报请上一级人民检察院决定;在讨论重大问题时不同意多数检察委员会委员意见的,可以报请上一级人民检察院或者本级人民代表大会常务委员会决定。在报请本级人民代表大会常务委员会决定的同时,应当抄报上一级人民检察院。六是下级人民检察院对上一级人民检察院检察委员会的决定如果有不同意见,可以提请复议。上一级人民检察院应当在接到复议申请后的一个月内召开检察委员会进行复议并作出决定。经复议认为确有错误的,应当及时予以纠正。

(三)决策任务。检察委员会的任务是讨论决定重大案件和其他重大问题。具体是指:一是审议、决定在贪污贿赂犯罪侦查等检察执法工作中贯彻执行国家法律、政策和本级人民代表大会及其常务委员会决议的重大问题。二是审议、通过提请本级人民代表大会及其常务委员会审议的工作报告、专题报告和议案。三是总结贪污贿赂犯罪侦查等检察执法工作经验,研究贪污贿赂犯罪侦查等检察执法工作中的新情况、新问题。四是最高人民检察院检察委员会审议、通过贪污贿赂犯罪侦查等检察执法工作中具体应用法律问题的解释以及有关贪污贿赂犯罪侦查等检察执法工作的条例、规定、规则、办法等;省级以下人民检察院检察委员会审议、通过本地区检察业务、管理等规范性文件。五是审议、决定重大、疑难、复杂案件。六是审议、决定下一级人民检察院提请复议的案件或者事项。七是决定本级人民检察院检察长、公安机关负责人的回避。八是其他需要提请检察委员会审议的案件或者事项。

(四)决策方法和程序。检察委员会决策时,一般采取三种方法:

1.召开检察委员会会议。研究解决重大案件的方案,或者讨论贪污贿赂犯罪侦查等检察业务工作中面临的形势、任务和存在的问题,并作出决策,制定相应的对策措施。检察委员会实行例会制,定期开会。有特殊情况时,可以提前或者推迟召开。其具体程序:一是提出议题草案、书面报告。检察委员会讨论的议题,由承办部门或者承办人员提出议题草案、书面报告。二是批准提交审议。议题草案、书面报告经分管副检察长同意并报检察长批准后,提交检察委员会审议。三是主持会议。检察委员会会议由检察长主持召开。检察长因故不能出席时,应当委托一名副检察长主持。四是报告决议和决定情况。受检察长委托主持会议的副检察长,应当在会后及时向检察长报告该次会议作出决议和决定的情况。委员意见分歧较大的,应当报告检察长决定。

2.征求意见,研究制定决策。最高人民检察院或上级人民检察院需要研究制定某项决策时,事先拟定初步方案,广泛征求下级人民检察院的意见,然后对各种意见或建议进行分析归纳,形成正式决策,予以组织实施。

3.文件批复,研究制定决策。上级人民检察院包括最高人民检察院收到下级人民检察院贪污贿赂犯罪侦查等检察业务工作遇到疑难问题而提出的请示、报告后,经过深入分析研究,作出决策,以书面形式给下级人民检察院批复,要求其执行。

(五)决策效力。检察委员会的决策具有最高法律效力,检察长和其他任何检察人员都无权予以撤销。检察委员会作出决策后,根据不同情况以本院或本院检察长的名义发布。

(六)决策实施及其督办。最高人民检察院检察委员会的决定,地方各级人民检察院和最高人民检察院内设各部门都必须执行。如有异议,应在收到会议纪要或决定事项通知后15日内书面向最高人民检察院检察委员会提出复议。经复议后作出的决定,地方各级人民检察院和最高人民检察院内设各部门必须执行。检察委员会秘书处负责对最高人民检察院各承办部门执行检察委员会决定情况的督办,每半年向最高人民检察院检察长和检察委员会报告一次,遇有重大问题要及时报告。最高人民检察院承办部门负责检察委员会决定执行情况的对下指导、检查、督办,并在检察委员会作出决定2个月内,将决定执行情况向检察委员会秘书处备案。

三、检察长决策

检察长决策,也称一般案件和日常性业务问题的决策。按照《人民检察院组织法》等法律,检察长为保证贪污贿赂犯罪侦查等检察业务工作有序进行,提高贪污贿赂犯罪侦查等检察业务管理决策效率,可依照法定职权,运用三种途径和方式对检察业务活动进行决策:

(一)收集分析资料进行决策。根据日常所掌握的信息资料,运用本人的智慧和经验进行分析、研究,并作出决策。

(二)先行调研并提出论证意见。由检察长组织综合部门有关人员先行调研并提出论证意见,向有关部门包括下级检察机关征求意见后,在综合各方面意见基础上进行决策。在决策实践中,检察长对一般案件和日常性业务问题,实行由检察长统一领导、副检察长分工负责并协助检察长组织执行的贪污贿赂犯罪侦查等业务管理决策模式,包括决定对犯罪嫌疑人立案、侦查,批准逮捕犯罪嫌疑人或被告人,决定把被告人向人民法院提起公诉,对判决、裁定提出抗诉等一般案件和日常性业务问题的管理决策。内设业务部门要按照检察院领导分工,将需要由检察长审批决定的案件或业务问题,由承办人提出处理意见,经部门负责人审核或业务部门讨论后呈报分管检察长,由分管检察长决定或报检察长提交检察委员会讨论决定。

(三)检察长直接办理案件。从某种意义讲,检察长包括副检察长直接办案,包含了相关业务决策的内容,为此将其作为业务决策方式之一。按照2007年10月13日最高人民检察院党组会议通过的《最高人民检察院关于各级人民检察院检察长、副检察长直接办理案件的意见》,办理案件是检察长、副检察长的法定职责,具体地说:

1.直接办理案件的重点。检察长、副检察长应当在贪污贿赂犯罪侦查、审查逮捕、审查起诉、诉讼监督和控告申诉检察等环节,抓住重点,有选择地办理在当地有重大影响的案件;疑难、复杂的案件;新类型的案件;对于履行法律监督职能具有重大创新意义的案件和由检察长、副检察长直接办理更为适宜的其他重大案件。

2.直接办理案件的主要方式。检察长、副检察长除依法履行领导、指挥办案,主持检察委员会讨论决定重大、疑难案件,列席人民法院审判委员会含义等职责外,还应当采取讯问重要犯罪嫌疑人、询问关键证人、主持对重大贪污贿赂犯罪案件的侦查突破,主办审查逮捕或者审查起诉案件、通过阅卷审查等依法提出案件处理意见(其中检察长审查办理的案件,提请检察委员会讨论决定;副检察长审查办理的案件,报检察长或者检察委员会讨论决定);出席法庭支持公诉、支持抗诉,发表出庭意见,参加法庭辩论;主持不起诉,刑事申诉等案件的必要的公开审查;直接接待重大控告申诉案件或者长期上访的涉检案件当事人,并进行复查处理。

3.考评考核。检察长、副检察长直接办理案件的情况,应当作为履行检察职责的一项重要内容,纳入对其工作的考评范围。地方各级人民检察院检察长、副检察长每年直接办理案件的数量标准,由本级人民检察院根据本地实际情况规定。省级人民检察院规定的标准,报最高人民检察院备案。分、州、市级人民检察院和基层人民检察院规定的标准,层报省级人民检察院备案。同时,对各级人民检察院检察委员会专职委员、各业务部门负责人直接办理案件参照本意见执行。

四、侦查局长决策

侦查局长包括反贪污贿赂局局长、反渎职侵权局局长。在当下中国特色社会主义检察制度中,侦查局长的角色十分特殊。首先,侦查局长不是行政意义上的局长,只是检察机关内设机构负责人的称号。其次,侦查局长有的是一级检察院党组成员,从而成为一级检察院领导层的决策成员之一;有的则不是党组成员,因而也就不是一级检察院领导层的决策成员。再次,侦查局长的决定权力有很大的限制。从对外来说,侦查局长没有决定权和署名权。那么,从决策上讲,侦查局长的决策,主要包括哪些权力和内容呢。在此,专门就侦查局长的决策权内容进行一些初步探讨,把这个问题提出来

供大家研究。笔者认为,侦查局长的决策权至少体现以下几个方面:

(一)决策建议权。对于贪污贿赂犯罪的查处、惩治和遏制,侦查局长可以向检察长或者分管、主管副检察长提出决策的建议,或者对某些案件线索提出研究立案侦查的建议,或者对某个个案侦查终结提出建议等等。

(二)具体取证决策权。对于个案的查处,侦查局长对于调查取证有决策权,包括取什么证据、怎么取证、什么时候取证、取证是否已经到位的评断等等,具有决定权。

(三)具体侦查人员调度派遣决策权。对于个案的侦查,除了办理省部级以上干部贪污贿赂犯罪等一些特殊案件需要经过办理有关报批手续外,具体由什么人参加、由多少人参加、什么人在什么岗位等,具有决策权。

(四)组织主持局务会议或者局长办公会议等决策权。对于本局工作负全面责任,因而具有组织局务会议或者局长办公会议等研究侦查办案工作等决策权,并在会议上对某些涉案问题或者涉案事务有权作出决策。

(五)其他工作的决策权。对于侦查局长决策权的具体运用,应当按照以上所述决策程序进行。

五、检察官决策

检察官是贪污贿赂犯罪侦查工作的重要力量,也是贪污贿赂犯罪侦查决策的主体之一。检察官决策的主要内容,包括以下几个环节和方面:

(一)检察官决策的对象。检察官决策主要是针对办案工作、执法活动或者其他事务进行。一是办案工作。就是办理贪污贿赂犯罪案件,按照检察院、反贪局领导的指示开展侦查工作。二是执法活动。这与办案工作紧密相关,但某种意义讲可能有所区别,如负责办案监督和安全防范等执法工作等。三是办理其他事务。如具体承办办案的后勤保障工作等。但无论是对于办案、办理执法事项还是办理其他事务,检察官都需要进行决策,这就存在一个决策的过程。

(二)检察官决策的权力。按照法律授权,检察官对于自己承办的案件或执法事项,可从事实和法律上提出处理的意见和建议。如对于案件,检察官经过对案件的调查和证据资料的审查,有权就案件证据的取舍进行决定并提出意见等。

(三)检察官决策的方式。主要包括:一是提出案件处理的意见和建议;二是提出具体执法事务的处置意见和措施;三是提出办理其他事务的意见和措施。由于检察官对于办案、执法及其他事务没有最终的决定权,因此其主要职责是提出具体的意见和建议,最终由有决定权的上级进行决定。检察官提出处理意见和建议的过程,本身就是一个决策的过程,其决策的方式就包含其中。

第五节　贪污贿赂犯罪侦查决策责任

在现代法治社会,权力从法定、有权必有责、用权受监督、侵权要赔偿,这已成通例。对于决策不当或者失误行为进行责任追究,也是情理所致。贪污贿赂犯罪侦查决策责任,属于司法责任的一种,广义上属于法律责任的范畴。所谓贪污贿赂犯罪侦查决策责任,是指检察机关及其决策者在行使贪污贿赂犯罪侦查权力的过程中,因对贪污贿赂犯罪侦查活动作出决定不当或者失误所导致的依法应当承担的不利法律后果。认定和处理贪污贿赂犯罪侦查决策责任,必须于法有据,就是要坚持责任法定、责任处罚相当、责任自负等原则。贪污贿赂犯罪侦查决策责任追究的前提,首先是要建立决策责任机制,明确责任。由于决策正确与否,经过一定时间就会显现出来,一旦发现决策失误,就应严格追究决策者的责任。反之,应当给予相应的肯定和褒奖。只有这样,才能建立决策责任追究制度,促使决策者把对检察事业负责与对自己行为负责有机结合起来,不断强化责任决策意识,促进决策水平的提高,保证决策质量。

一、贪污贿赂犯罪侦查决策责任主体

贪污贿赂犯罪侦查决策责任主体,主要是检察人员、承办人员和主管人员。这里的检察人员,是指各级人民检察院检察长、副检察长、检察委员会委员、检察员、助理检察员、书记员、司法警察以及其他依法履行执法办案职责的人员。这里的承办人员,是指在贪污贿赂犯罪侦查等执法办案活动中直接承担执法办案任务的检察人员。这里的主管人员,是指在贪污贿赂犯罪侦查等执法办案活动中担负领导、指挥、审核职责的检察长、副检察长和内设部门负责人。

二、贪污贿赂犯罪侦查决策责任种类

贪污贿赂犯罪侦查决策责任种类，主要包括：

（一）办案决策的责任。主要是办案过程中形成的决策责任，如对案件证据调查和证据资料的审查和案件事实的认定取舍，需要进行决策。在这个决策过程中，如果对于证据和事实的认定失误，造成错案，这就应当承担相应的办案决策责任。

（二）检察执法决策的责任。贪污贿赂犯罪侦查工作中可能涉及接待举报群众或者来访群众、受理举报、申诉材料等。在此过程中，涉及决策问题。如果发生失误，也会涉及责任认定和追究问题。

（三）检察事务决策的责任。就贪污贿赂犯罪侦查工作来说，主要是指侦查办案后勤保障工作中涉及的物资采购、装备看管等事务。在采购、看管等过程中需要进行决策，如果发生被骗事件，就会涉及责任追究。这种责任是因办理检察事务的决策失误造成的。

三、贪污贿赂犯罪侦查决策责任的构成条件

贪污贿赂犯罪侦查决策责任的构成条件，是指贪污贿赂犯罪侦查决策中出现哪些要素，才能追究决策责任。从实践看，构成贪污贿赂犯罪侦查决策责任的条件主要体现在以下几个方面：

（一）决策不当。如不该拘留、逮捕的予以拘留、逮捕，侵犯了犯罪嫌疑人的合法权利；不该立案侦查的决定立案侦查，以致发生错案等。这些都是决策不当的表现，实践中时有发生。

（二）责任分摊。对于办理一个案件或者执法事务，由于决策失误可能出现责任分散的现象，涉及多方责任。如检察领导机关及领导者，负有贪污贿赂犯罪侦查决策失误的领导责任；具体承办人员，负有贪污贿赂犯罪侦查决策失误的直接责任；上级检察院由于偏听下级检察院的错误汇报造成决策失误，这其中上级检察院负有作风不深入等失察责任，下级检察院负有汇报不实、不当责任。

（三）存在过错。贪污贿赂犯罪侦查决策责任主要是检察执法办案的过错责任。检察执法办案活动中发生的过错，一个重要方面是由贪污贿赂犯罪侦查决策不当或者失误造成。从某种意义讲，贪污贿赂犯罪侦查决策责任属于检察机关及其检察人员执法过错责任的一种。因为，贪污贿赂犯罪侦查活动作为一种执法活动是按照贪污贿赂犯罪侦查决策进行的,贪污贿赂犯罪侦查决策是贪污贿赂犯罪侦查活动的核心环节。如果对于贪污贿赂犯罪侦查活动的不当或者失误追究相应的责任,那么贪污贿赂犯罪侦查决策者就难辞其咎。这里的过错范畴,是指检察人员在贪污贿赂犯罪侦查等执法办案活动中故意违反法律和有关规定,或者工作严重不负责任,导致案件实体错误、程序违法以及其他严重后果或者恶劣影响的行为。对具有执法过错的检察人员,要追究相应的执法过错责任,具体依据是2007年7月5日最高人民检察院第十届检察委员会第79次会议通过了《检察人员执法过错责任追究条例》。

四、贪污贿赂犯罪侦查决策责任的原则

追究贪污贿赂犯罪侦查决策责任,应当遵循以下四条原则:

(一)实事求是原则。对于调查贪污贿赂犯罪侦查决策失误的事实、认定的事件经过以及事件的性质认定、处罚等,应当坚持实事求是原则,不能主观臆断,更不能张冠李戴、嫁祸于人。

(二)主观过错与客观行为相一致原则。对于调查处理贪污贿赂犯罪侦查决策失误行为,要注意把决策者的当时主观状况搞清楚,与其客观行为进行详细比对,寻找因果关系。

(三)责任与处罚相适应原则。对贪污贿赂犯罪侦查决策者因决策失误造成的行为后果,要罚当其错,错与罚要相当。

(四)惩戒与教育相结合原则。对于贪污贿赂犯罪侦查决策者的决策失误,应当坚持教育为主原则,着眼于解决实际问题,提高科学决策水平,加强对决策失误行为的预防,强化决策的能力和质量。

五、贪污贿赂犯罪侦查决策责任的程序及处罚

(一)决策过错责任追究的程序。主要包括以下几个环节:

1.加强对决策过错责任线索的管理。

2.及时移送决策过错线索。人民检察院检察长、副检察长及内设部门通过下列途径发现决策过错线索后,应当在职责范围内进行初步审查或者初步核实,认为需要进一步调查和追究执法过错责任的,应当及时移送执法过错线索管理部门处理。

3.受理和审核决策过错线索。决策过错线索管理部门收到执法过错线

索后,应当及时填写执法过错线索受理登记表,并在一个月内审核完毕,分别情况作出处理。

4.开展执法过错线索调查和核实。

5.对贪污贿赂犯罪侦查决策过错行为,经涉嫌执法过错的事实、证据研究确认后作出处理。

6.制作并送达追究决定书、不追究决定书、无过错责任决定书等处理文书。其次,决策过错责任的处罚措施。

(二)决策过错责任的处罚。根据决策责任人的过错事实、情节、后果及态度进行处理,具体包括三个方面:

1.批评教育。包括责令检查、诫勉谈话、通报批评、到上级人民检察院检讨责任。

2.组织处理。包括暂停执行职务、调离执法岗位、延期晋级晋职、责令辞职、免职、调离检察机关、辞退。

3.纪律处分和刑事处理。执法过错构成违纪的,应当依照检察纪律的规定给予纪律处分;构成犯罪的,应当依法追究刑事责任。这些方式可以单独适用,也可以同时适用。

第十五章　贪污贿赂犯罪侦查管理

第一节　贪污贿赂犯罪侦查管理概述

一、贪污贿赂犯罪侦查管理的概念和任务

当前,随着2012年修改后的刑事诉讼法生效实施,对于加强侦查活动管理的要求进一步提高。管理,是人类社会最一般的职能,源于社会劳动和集体生产活动。贪污贿赂犯罪侦查管理与社会其他各领域的管理一样,也是人类社会的一种组织活动。所谓贪污贿赂犯罪侦查管理,是指反贪侦查部门经过侦查计划、组织、指挥、协调和控制等职能,创造一种发挥各种侦查资源有效作用的查缉和预防环境,优质高效地实现既定侦查目标的一项综合性管理活动。从上述概念所知,贪污贿赂犯罪侦查管理主要具有以下几个特征:一是贪污贿赂犯罪侦查管理主体,是反贪侦查部门及其负责人员。二是贪污贿赂犯罪侦查管理的对象,是与贪污贿赂犯罪侦查活动有关的人、财、物、信息、时间、空间等。三是贪污贿赂犯罪侦查管理的基本手段或途径,就是通过与贪污贿赂犯罪侦查活动的有关人、组织机构、规章制度等综合互动,包括管理手段的内部优化组合和外部联系协作,创制一种充分发挥多种侦查资源有效作用的查缉和预防环境。四是贪污贿赂犯罪侦查管理的目的,就是通过各种管理手段,强化各种侦查资源在贪污贿赂犯罪侦查活动中的合力效能,共同与贪污贿赂犯罪作斗争,促进贪污贿赂犯罪侦查工作的优质化和高效化。

二、贪污贿赂犯罪侦查管理的基本要素

加强贪污贿赂犯罪侦查管理,首要的任务是明确界定贪污贿赂犯罪侦查管理应当包含的基本要素,有利于有的放矢。从贪污贿赂犯罪侦查管理的特点、规律和要求讲,贪污贿赂犯罪侦查管理基本要素至少包含以下四个方面:

(一)贪污贿赂犯罪侦查管理的目标。作为一个管理者,首先要明确自己的目标,否则就无从下手,不可能实现管理的预期目的。一般而言,贪污贿赂犯罪侦查管理目标,应当服从贪污贿赂犯罪侦查工作目标。贪污贿赂犯罪侦查管理的根本任务是促进和保证贪污贿赂犯罪侦查工作目标的实现。因此,可以说,有什么样的工作目标就有什么样的管理目标。笔者认为,贪污贿赂犯罪侦查工作目标应当包含两个层面,一个是价值目标,另一个是实践目标或者说具体工作目标。对于第一个目标,笔者在拙著《反贪侦查热点与战略》(人民出版社 2010 年版)等有关著述中作过论述,在此不作详述。对于贪污贿赂犯罪侦查实践目标或者具体目标,笔者认为应当包含以下四个方面:

1.侦查办案数量或者说办案规模。实践表明,案件是贪污贿赂犯罪侦查局的产品,是考核贪污贿赂犯罪侦查工作是否取得成效的首要前提因素,也是衡量贪污贿赂犯罪侦查工作是否有效的第一个指数。没有一定的案件数量,就没有办法对工作业绩进行评估,唱出做好贪污贿赂犯罪侦查工作最多的高调也都毫无意义。特别是在当前腐败问题仍然严峻、反腐败斗争任务仍然艰巨复杂的新形势下,进一步加大查办贪污贿赂犯罪案件工作力度是反贪侦查部门的首要政治任务。如果办不出案件、出不了产品,这就是工作上的失职。因此,贪污贿赂犯罪侦查管理首先要考虑的是如何提升侦查能力、办出更多案件的问题。换言之,贪污贿赂犯罪侦查管理应当围绕加大办案力度、查办更多案件来进行。

2.贪污贿赂犯罪侦查工作能否可持续发展。最主要的是要落实到侦查办案、侦查队伍、侦查保障能否可持续发展上来。如要求有足够的案源作保证。俗话说,巧妇难为无米之炊。没有案源就好像无米的巧妇,怎么有能耐也只是一句空话。又如要求有一支特别能战斗的队伍。如果有了足够的案源,但没有一支能够适应侦查办案要求的队伍,即使案件放在眼前也发现不了,更不要提侦查突破案件。再如要求有力的侦查保障,包括侦查经费的保障、侦查装备的保障和侦查环境的保障,缺一都寸步难行。因此,贪污贿赂犯罪侦查管理就要围绕保证贪污贿赂犯罪侦查工作可持续发展进行。

3.案件当事人的满意度。案件当事人,最主要的是犯罪嫌疑人或者被告人及其近亲属,这是案件最核心的人员及其利害关系,也包括证人以及辩护人等。要求反贪侦查部门的侦查人员在侦查讯问、询问及其他各种取证活动,都要严格、公正、文明进行,都要牢固树立理性、平和、文明、规范执法理念,使当事人心服口服。在侦查办案中绝对不能盛势凛然耍特权,甚至采用违法违规或者刑讯逼供、变相刑讯等办案调查取证、搜查扣押涉案款物等。特别是在开放、透明、信息化条件下侦查办案,要时刻意识到"众目睽睽"的执法环境和条件对下讯问、询问及其他各项调查取证活动提出的新要求新挑战,任何一个违法违规取证行为都可能使真实的证据被排除,甚至使事实清楚和证据确实充分的案件也被颠覆,如在审判环节被否定。因此,贪污贿赂犯罪侦查管理就要围绕保证侦查办案的质量和效果,采用科学的管理方法和途径推动严格、公正、文明执法,确保理性、平和、文明、规范执法,使每一个案件都办成铁案,经得起事实和历史的检验。

4.贪污贿赂犯罪侦查工作的社会支持率。随着社会主义民主法制建设的深入发展,特别是在公开、透明、信息化条件下开展贪污贿赂犯罪侦查工作,取得社会各方面支持具有至关重要的意义。侦查部门对于这一点,应当予以高度重视。实践充分表明,贪污贿赂犯罪侦查工作如果得不到社会各界的支持,就将寸步难行,更不要谈想可持续发展。深入开展贪污贿赂犯罪侦查工作,首要的是要得到广大人民群众的支持和拥护。这就要求围绕人民群众关注、反映强烈的热点问题和重点领域开展侦查办案工作,使人民群众切身感受到检察机关及反贪部门真心实意为人民群众办实事、做好事,真心实意侦办贪污贿赂犯罪,真心实意践行执法为民宗旨。其次,要高度重视加强与其执法执纪部门的沟通协调,处理好相互之间的工作协作关系。按照行政价值理论,现代国家的任何一个部门要取得工作成效、实现职能目标,必须依赖其他部门的协作配合,失去这个基础和前提,同样会寸步难行。再次,要加强贪污贿赂犯罪侦查工作宣传,营造良好的外部执法环境。实践表明,许多工作如果不宣传,外界不了解,就很难得到群众的理解和支持。因此,这就要求贪污贿赂犯罪侦查管理必须围绕赢得社会各界的理解和支持进行管理,确保贪污贿赂犯罪侦查工作卓有成效。

（二）贪污贿赂犯罪侦查管理的资源。这里的资源包括侦查队伍、侦查经费、侦查装备、侦查技术。加强贪污贿赂犯罪侦查管理，首先要解决人的问题。就是要把侦查人员安排好、调度好，既要充分发挥各个侦查人员的特长、作用，也要注意队伍整体合力的充分发挥。对于当前贪污贿赂犯罪侦查队伍，总体上是好的，但也存在一些不容忽视的问题，如侦查队伍不稳定等等。其次，要解决侦查经费问题。这个问题已经是个老问题，近年来各地都有不同程度的解决。有的地方解决得好一些，保障就有力一些；有的地方解决得差一些，保障就会受到一定的影响。但无论是好一些还是差一些，有一点都需要高度重视，那就是绝对不能搞利益驱动办案。一搞利益驱动办案，侦查行为就会发生变形，严格、公正、文明执法办案就难以保证，侦查办案工作也就会出问题。再次，要解决侦查装备问题。近些年来，各地按照最高人民检察院的要求积极推进科技强检战略，都程度不同地取得了成效，但主要还限于办公科技化、信息化方面，真正促使侦查工作科技化、信息化的措施和效果都不如人意，需要进一步深入研究解决。如麦克风侦听、电话侦听、窥视监控、邮件检查、外线侦查以及网络侦查等技术措施，以及秘密侦查、控制下交付、诱惑侦查等一些特殊侦查措施，2012年刑事诉讼法修改，解决了一部分，但是立法上解决只是第一步，真正运用于侦查实践并产生战斗力或者生产力，还需要一段时间的磨合，这就要求我们加快业务学习和培训，尽快提升适应能力。最后，要解决侦查技术问题。这里的侦查技术，除以上所涉侦查装备等硬技术外，最主要的是侦查队伍的专业知识及软实力。人类社会已经进入知识社会，知识对于贪污贿赂犯罪侦查工作来说是最为重要的。这里的知识，是指涉及贪污贿赂犯罪侦查的专业化知识。贪污贿赂犯罪侦查队伍能否获得、如何获得足够的专业知识，这对于贪污贿赂犯罪侦查工作可持续发展具有关键性作用。当前，由于办案新手多，侦查能力不高，侦查心理不成熟等，侦查队伍远不能适应新形势对贪污贿赂犯罪侦查工作提出的新要求，尤其是如何形成侦查威慑效应，使贪污贿赂犯罪等腐败分子对贪污贿赂犯罪侦查局及侦查人员感到有所畏惧，甚至闻风丧胆，这是一个需要很长一个时期进行努力的现实课题。加强贪污贿赂犯罪侦查管理，就要围绕上述几个环节和方面，整合各种贪污贿赂犯罪侦查资源，形成贪污贿赂犯罪侦查合力。

（三）贪污贿赂犯罪侦查管理的方法。从国际上看,管理的发展经历了三个阶段:一是经验管理阶段,主要凭借经验来管理。二是科学管理阶段,主要依靠运筹学等科学的方法和计算机等科技手段进行管理。从19世纪末开始兴起科学管理,到20世纪中叶达到高峰,已经出现了被称为"管理学派丛林"的11种管理学派。三是文化管理阶段。到了20世纪80年代,发展到文化管理阶段。人们从管理实践中发现,现代社会仅仅依靠科学管理已远远不够,还要加强文化管理,包括形象、楷模和仪式等外在形式和使全体贪污贿赂犯罪侦查队伍形成共同价值观、把贪污贿赂犯罪侦查工作目标变成自觉行动等内在实质内容等。贪污贿赂犯罪侦查管理,究竟采用哪一种管理方法来管理贪污贿赂犯罪侦查资源,这是加强贪污贿赂犯罪侦查管理需要深入研究的重大课题。从侦查实践看,当前实行贪污贿赂犯罪侦查管理,最主要的是停留在经验管理和科学管理阶段,对于如何加强文化管理、如何管理、采用什么样的办法管理等仍然处于十分薄弱的状态。纵观广大侦查干警,心中树立什么样的楷模标准、对于贪污贿赂犯罪侦查工作的价值究竟是什么等等,都是十分模糊的。这就很难形成上下一条心、全国一盘棋的工作格局。贪污贿赂犯罪侦查管理就要围绕如何形成共同价值观,树立可以学习、借鉴的楷模形象,采用看得见、摸得着的仪式来推动符合执法为民宗旨要求的价值观和职业道德养成等方面进行,进一步增强贪污贿赂犯罪侦查管理效果,促进贪污贿赂犯罪侦查工作目标的实现。

（四）贪污贿赂犯罪侦查管理的环境。贪污贿赂犯罪侦查工作环境是贪污贿赂犯罪侦查管理的命脉,对于贪污贿赂犯罪侦查管理者至关重要。贪污贿赂犯罪侦查管理者只有在一定的贪污贿赂犯罪侦查工作环境下才能发挥作用,离开了一定的环境,就像失去了舞台。对贪污贿赂犯罪侦查管理来说,贪污贿赂犯罪侦查工作环境主要包括以下两个方面:一是硬约束环境。包括执政党的领导和监督,法律法规的约束,侦查办案纪律的约束,侦查办案制度的约束,以及执法执纪部门的协作配合制约等。二是软约束环境。包括职业道德、法律文化等约束。贪污贿赂犯罪侦查管理要围绕提升适应侦查管理环境的水平和能力进行,使贪污贿赂犯罪侦查工作顺利开展,取得预期的工作成效。

三、加强贪污贿赂犯罪侦查管理的意义

加强贪污贿赂犯罪侦查管理,具有十分重要的意义。主要体现在以下几个方面:

(一)加强贪污贿赂犯罪侦查管理,有利于推进贪污贿赂犯罪侦查工作和侦查管理的现代化。一方面,贪污贿赂犯罪侦查管理活动具体渗透到贪污贿赂犯罪侦查工作各个环节和各个层次的广泛领域,加快推进贪污贿赂犯罪侦查工作现代化。在科学技术迅猛发展的当下时代,一些高技术一旦为贪污贿赂犯罪分子所利用,必然导致对社会的严重危害。从侦查实践看,已经涉及一些智能化的贪污贿赂犯罪及其反侦查活动,对当前贪污贿赂犯罪侦查工作提出了严峻挑战。贪污贿赂犯罪活动的智能化、高新技术化等发展趋势,使得贪污贿赂犯罪侦查工作的方针原则、战略战术、组织机构、信息要求等都将产生一系列新变化,进一步促使贪污贿赂犯罪中传统侦查方式现代化。从贪污贿赂犯罪侦查工作发展趋势看,侦查活动不能再仅仅凭借"一张嘴、一支笔、两条腿"的"112"模式进行明察暗访、逻辑推理来应对,尤其是贪污贿赂犯罪跨区域化乃至国际化趋势,更表明了贪污贿赂犯罪侦查工作的艰巨性和复杂性。在侦查活动中,侦查人员的权利、义务和职责等都应有明确的规定,侦查组织指挥协调、人员调动、情报传送、后勤保障、侦查行为公开化和隐蔽性、侦查力量集中和分散等,都应做到迅速、及时、便捷,这就需要发挥贪污贿赂犯罪侦查管理现代化系统的职能作用。另一方面,加强贪污贿赂犯罪侦查管理研究,有利于进一步加快侦查管理自身现代化步伐。管理是一种动态的活动,当前的贪污贿赂犯罪侦查管理活动,产生于同贪污贿赂犯罪作斗争的实践。但这些管理活动大多为自发的、朴素的,其管理尚处于经验和管理科学管理的较低层次上,远不能适应开放、透明、信息化条件下同贪污贿赂犯罪作斗争的现实需要。社会主义市场经济和民主法制建设的深入发展,不仅要求贪污贿赂犯罪侦查工作适应时代的需要,而且在侦查管理方面也应大胆创新,在原有的基础上以先进的现代管理理论为指导,努力提高贪污贿赂犯罪侦查管理水平,实现侦查管理活动由自发管理到自觉管理、由经验管理到科学管理、由科学管理到文化管理的转变,促使贪污贿赂犯罪侦查工作步入正规化、科学化的轨道。

(二)加强贪污贿赂犯罪侦查管理,有利于造就一支适应现代侦查需要的反应灵敏、手段科学、精干高效、富有战斗力的贪污贿赂犯罪侦查队伍。贪污贿赂犯罪日益严峻的态势,客观上要求建立一支忠于党和人民、以反腐倡廉为己任、能侦善战、具有专门知识结构的贪污贿赂犯罪侦查队伍,这也是贪污贿赂犯罪侦查工作现代化的一个决定性因素。加强贪污贿赂犯罪侦查队伍建设,仅仅依靠增编人员是远远不够的,根本途径是培养一批有远见卓识、业务精通、作风优良的骨干力量,努力促使侦查队伍专家化、能手化、骨干化。贪污贿赂犯罪侦查实践表明,侦查人员尤其是指挥人员如果不具备足够的管理知识,要想在工作上获得根本性突破是很难做到的甚至是不可能实现的。侦查管理知识的学习和使用,在贪污贿赂犯罪侦查人员的知识学习中处于特殊地位,是其他各种知识所不能取代的。检察机关反贪、反渎部门尤其是高层决策集体应当充分认识到这一点,高度重视加强贪污贿赂犯罪侦查管理工作,这既是贪污贿赂犯罪侦查理论和制度体系发展和完善的客观要求,也是同贪污贿赂犯罪作斗争所迫切要求的。

（三）加强贪污贿赂犯罪侦查管理的理论研究,可以丰富和发展管理学以及贪污贿赂犯罪侦查理论的内容和体系。一方面,管理学的一般原理为贪污贿赂犯罪侦查管理的研究奠定了理论基础,贪污贿赂犯罪侦查管理的研究反过来在管理手段、方法、对象等方面拓展了普通管理学的研究领域。另一方面,加强贪污贿赂犯罪侦查管理的研究,进一步揭示贪污贿赂犯罪侦查管理活动规律,可以直接丰富贪污贿赂犯罪侦查理论的体系和内容,成为贪污贿赂犯罪侦查理论体系中不可缺少的一个重要组成部分。

第二节　贪污贿赂犯罪侦查管理原则

贪污贿赂犯罪侦查管理的原则,是指依照我国法律规定和管理学的原理,用以指导贪污贿赂犯罪侦查管理活动的基本准则。由于贪污贿赂犯罪侦查活动有其特殊性,侦查管理活动也必然受贪污贿赂犯罪侦查活动规律所制约,以致贪污贿赂犯罪侦查管理应当遵循不同于其他管理领域的一些原则。

一、依法管理原则

实行依法管理,是所有管理领域均不可缺少的手段。检察机关作为法律监督机关,无论是侦查办案、监督执法还是其他法律监督活动都应当严格依法办事。当前,贪污贿赂犯罪侦查管理依据的法律法规,主要是国家有关法律法规法令和检察机关制定的各种规则、流程、办法和制度等。这是对贪污贿赂犯罪侦查活动规律与特点的总结,并以法律或者制度的形式固定下来,成为侦查人员的行动指南,这对于规定侦查人员侦查办案行为、提高侦查破案水平、维护侦查队伍团结、形成侦查合力以及加强组织纪律、推动侦查技能训练及其他各项侦查办案工作的能力和效率等具有十分重要的意义。当前,加强贪污贿赂犯罪侦查管理,应当进一步严格法律、制度和纪律等要求,确保贪污贿赂犯罪侦查工作在法制化轨道上运行,切实提升侦查办案的法制化水平。

二、效益与效率并重原则

效益和效率是贪污贿赂犯罪侦查管理要解决的核心问题。效益涉及结果或者贪污贿赂犯罪侦查工作所要达到的目标,通常是指所从事的贪污贿赂犯罪侦查工作及活动有助于贪污贿赂犯罪侦查工作所要达到的目标。效率是关于做事的方式,是指以尽可能少的投入获取尽可能多的产出,通常指的是不浪费资源。作为贪污贿赂犯罪侦查管理者,只看效率是远远不够的,还必须看效益,看完成侦查活动所要达到贪污贿赂犯罪侦查工作的目标,两者要有机结合起来,不但要关注所要达到和实现的贪污贿赂犯罪侦查工作目标即效益,还要尽可能有效率地完成贪污贿赂犯罪侦查工作目标。贪污贿赂犯罪侦查管理的目标就是实现效率与效益的最大化,具体地说就是始终以最少的侦查办案投入获取最大的侦查办案效益。实行贪污贿赂犯罪侦查管理,必须重视研究效益和效率两者之间的关系,如管理不善的时候,通常既是低效率也是低效益,或者虽然有效果但却低效率,或者有时好心办坏事,在顾及效率的时候不一定就会带来效益,在贪污贿赂犯罪侦查管理中的低效率现象屡见不鲜。因此,在贪污贿赂犯罪侦查实践中,应当遵循效益和效率并重的要求,妥善处理好两者之间的平衡关系,做到既要讲效率,更要注重效益,实现侦查办案力度、质量、效率和效果的有机统一。

三、危机管理原则

危机是指对一个社会系统的基本价值和行为准则产生严重威胁,并在时间压力和不确定性极高的情况下,必须对其作出关键决策的事件。由于贪污贿赂犯罪侦查工作经常处于侦查与反侦查的动态较量之中,时常会遇到一些不确定因素。如果这些不确定因素聚积到一定程度,就会产生一些不确定事件,乃至产生危机。从侦查实践看,侦查办案危机通常具有突发性、紧急性、高度不确定性、社会影响性及非程序决策等特点。侦查办案危机事件的决策环境,相对于侦查管理常规性决策环境往往是一种非常态的社会情景。贪污贿赂犯罪侦查管理亟须引入危机管理原理和方法,做到防患于未然。特别是在侦查执法更为开放、更为透明和信息化条件下,加强对贪污贿赂犯罪侦查办案活动的危机管理,变得更为迫切。这就要求应用危机管理的原理和方法进行管理,有效预防和避免侦查办案危机的发生,提高侦查办案安全性。

四、从严管理原则

侦查反腐败斗争的重要性、特殊性和敏感性,对加强侦查队伍从严管理提出新的更高的要求,客观上必须把建设一支政治坚定、业务精通、纪律严明、作风过硬、让党和人民放心的侦查队伍作为一项战略任务抓紧抓好。坚持从严管理原则,一是要抓好思想政治建设,使广大侦查人员坚持用中国特色社会主义理论体系和法治理念武装头脑,指导实践。二是要加强纪律作风和职业道德建设。牢固树立执法为民宗旨和理性、平和、文明、规范执法理念,进一步健全侦查行为规范,不断提高侦查人员法律政策和公正执法的水平,切实增强执法公信力。三是要加强对违法违纪甚至刑讯逼供办案等问题的查处,做到发现一起、严肃查处一起,决不姑息,努力使反贪队伍成为践行为民执法宗旨的楷模。

第三节　贪污贿赂犯罪侦查管理职能

根据贪污贿赂犯罪侦查管理的基本原理,贪污贿赂犯罪侦查管理职能作用主要体现在以下三个方面:一是引领。通过侦查管理,规范侦查办案行为,引领侦查人员严格执法,秉公办事,防止消极怠工或者滥用职权现象的发生。二是整合。通过对具体侦查活动的管理,促进各项侦查资源有机整合,增强侦查活动的统一性,形成侦查合力。三是纠偏。通过加强对贪污贿赂犯罪侦查活动的管理,防止侦查办案活动发生偏差。贪污贿赂犯罪侦查

管理职能有多个方面,最主要的体现在以下六个方面:

一、决策功能

侦查决策是贪污贿赂犯罪侦查管理的基本职能。决策,简言之即作出决定,决定行动对策。侦查决策是指贪污贿赂犯罪侦查工作的组织者和领导者,就贪污贿赂犯罪侦查工作中面临的实际问题,为达到预定目标的最佳状态所作的行为设计和抉择。贪污贿赂犯罪侦查管理实践中任何职能作用的有效发挥,均离不开科学的决策。也就是说,侦查决策始终渗透在贪污贿赂犯罪侦查管理的各个环节和各个层次上。正因为决策重要,笔者在本书中把贪污贿赂犯罪侦查决策列为专章进行系统的阐述和研究。

二、计划功能

凡事预则立,不预则废。侦查计划职能是对决策目标的进一步拓展和落实。侦查计划是指在贪污贿赂犯罪侦查工作的一般规律指导下,在充分调查研究基础上进行的、对侦查工作所作的全盘规划,包含首先决定做什么、如何做和谁去做等内容,是侦查活动的依据。从贪污贿赂犯罪侦查实践看,侦查计划是依据客观的、具体的侦查信息,经过综合分析,提出侦查的任务,确定侦查的策略和原则,选择侦查的方法和手段,保证侦查工作的方向性、解决问题的一致性和侦查活动的针对性和稳定性。科学的侦查计划可以增强侦查活动的目的性和统一性,强化侦查行为之间的主动协调能力,促使侦查活动保持足够的弹性或余地,避免侦查工作之混乱,从而顺利完成侦查工作整体任务。

三、组织功能

侦查组织是侦查领导者和指挥员与侦查人员建立联系、发生作用的纽带和桥梁。侦查组织职能主要包括侦查组织机构的设置、分级管理环节和职能部门的职权划分,在此基础上建立起来的工作规范和岗位责任,以及进行恰当的人员配备,使每个侦查人员都各行其所、人尽其才等作用。侦查组织的高效化,是顺利圆满地实施侦查整体目标的根本保障。侦查管理的多项职能是凭借侦查组织来行使的。首先,从静态上讲,侦查组织是指为防范、控制和侦破贪污贿赂犯罪,依照法律规定的程序和原则而组建的贪污贿赂犯罪侦查机构体系,是国家机构的重要组成部分。其次,从动态上讲,侦查组织是指反贪侦查部门作为一个管理系统,为执行国家法律赋予的侦查职能,在法律规定的范围内行使侦查权而产生的多种组织活动,主要包括规划侦查部门各组成部分的权责系统和相互间的分工合作关系,制定侦查工作的程序、方法和制度、纪律等方面。

四、指挥功能

侦查指挥是将侦查目标落实到位的一项重要职能。正确的侦查指挥是贪污贿赂犯罪侦查管理的要旨所在。所谓侦查指挥,是指在统一的意志下,采取科学方法使得各个机构和各类人员在实施计划过程中发挥应有的作用,确保计划通过有组织的行为得以实现。侦查指挥决定着侦查计划是否付诸实施、侦查计划如何实施、侦查计划实施的程度、侦查组织如何建立及如何发挥作用、发挥何种作用等管理工作中一系列重大问题。侦查指挥将侦查计划、组织之职能中已确定的目标、实施方案、组织结构及责、权、利划分等等,切实落实到管理实践中,使整个管理活动从静态推向动态,促使管理机制的运作,完成既定贪污贿赂犯罪侦查工作任务。因此,侦查指挥的质量决定着侦查计划、侦查组织活动以及此后的侦查协调控制等活动的效益和效果大小。

五、协调功能

侦查协调是一项综合性的管理职能,为其他职能所不能取代。侦查协调贯穿于贪污贿赂犯罪侦查活动的始终,且具有连续性、不间断性。从侦查实践看,虽然已经有了详细的计划、周密的组织和有效的指挥,但是在侦查过程中仍会出现一些无法预见的内部或外部的矛盾,这就要求通过侦查协调解决。协调工作是指挥人员和参谋集团的共同工作,不但要求准确地使下属同步协调,而且要求协调人员之间也要做到同步协调,因此负责协调的人员应当具备反应灵敏、知识丰富、作风细致等综合素质。

六、控制功能

侦查控制是侦查管理活动在侦查执行阶段的一项十分重要的职能。侦查控制是指采用对侦查命令、指示、计划的监督和执行,检查分析行动结果,纠正侦查偏差,保证侦查工作沿着既定的方向顺利发展的管理活动。从侦查实践看,贪污贿赂犯罪的特殊性决定了侦查活动的复杂性。在侦查中往往将不可避免地受到来自方方面面的各种因素的干扰和影响。这些因素既有外部的信息干扰,又有内部的工作障碍。加强侦查控制,就是要及时发现下级在执行任务中产生的偏差,包括贪污贿赂犯罪侦查工作的进度、实际成果等是否与原定计划、目标和标准相符,并迅速向指挥中心反馈信息,分析出现偏差的原因,及时制定纠偏方案,排除干扰阻力,预防侦查偏差再度发生,从而保证贪污贿赂犯罪侦查工作方向的正确性和侦查活动的相对稳定性。

第四节　贪污贿赂犯罪侦查管理主要内容

随着贪污贿赂犯罪发生发展态势的深刻变化,贪污贿赂犯罪侦查执法环境发生深刻变化,以及社会各界对贪污贿赂犯罪侦查工作的要求发生深刻变化,加强贪污贿赂犯罪侦查管理成为当前推进贪污贿赂犯罪侦查工作深入发展的一项十分重要的工作。从侦查实践看,当前着重加强对以下环节的管理。

一、职能制约与管理

从权力的来源讲,检察权是宪法和法律赋予检察机关整体的权力,不是赋予检察机关某个内设部门,各内设机构只承担整体职能中的一项,但在权力的具体运行过程中进行合理分工和制约是必要的。特别是近年来,贪污贿赂犯罪侦查职能备受一些学者和社会人士质疑,有的提出"监督者由谁监督"的命题。为应对一些社会人士的质疑,最高人民检察院早在1998年10月就制定了《关于完善人民检察院侦查工作内部制约机制的若干规定》,2004年6月将其修改为《关于人民检察院办理直接受理立案侦查案件实行内部制约的若干规定》,主要内容如下:

第一,实行职能分工。明确侦查、侦查监督、公诉、控告检察、申诉检察等不同内设部门分别行使贪污贿赂犯罪侦查及与之相关联的审查批捕、侦查活动监督、审查起诉、控告申诉等职能。第二,实行检察长分管业务分离制度。明确主管贪污贿赂犯罪侦查业务的副检察长不能同时分管举报、侦查监督、公诉、申诉等两项及两项以上业务工作。第三,实行具体分工制度。一是举报中心,统一受理、管理贪污贿赂犯罪案件线索,实行侦查工作与案件线索受理、审查工作相分离;二是侦查监督部门负责对直接受理立案侦查案件的犯罪嫌疑人是否决定逮捕的审查工作,实行侦查工作与审查决定逮捕工作相分离;三是公诉部门负责对直接受理立案侦查案件是否决定提起公诉、不起诉的审查工作,实行侦查工作与审查起诉工作相分离;四是刑事申诉检察部门负责对直接受理立案侦查案件或者个人不服人民检察院的撤案、不起诉决定的申诉的审查、复查工作,实行侦查工作与对撤案、不起诉决定的申诉审查、复查工作相分离;五是财务部门统一管理办案中扣押的款物,实行侦查工作与扣押款物管理工作相分离;六是纪检、监察部门负责对侦查部门在侦查中发生违法违纪的行为进行查处,实行侦查工作与纪检、监察监督工作相分离;七是建立侦查工作集体决策机制,实行侦查工作办理权与决定权相分离。

二、线索管理

实行案件线索管理,主要是从制度上防止有案不查、压案不办等现象发生,促进案件线索管理规范化、程序化。为规范举报工作,保障这项工作顺利开展,2009 年 4 月 23 日最高人民检察院修订公布了《人民检察院举报工作规定》(高检发〔2009〕12 号);同年 4 月 24 日制定了《关于进一步加强和改进举报线索管理工作的意见》(高检发控字〔2009〕2 号),对举报线索管理进行改进,实行线索分类移交制度、线索分级管理制度和分流处理机制,加强对线索的正确使用和管理。

三、立案管理

在立案环节,要特别重视三项制度:一是初查请示报告制度。检察机关对涉嫌贪污贿赂犯罪的国家工作人员尤其是科级以上国家工作人员决定立案侦查时,要向当地党委请示报告。1991 年 8 月,最高人民检察院制定了《高检院党组关于查办要案的党内请示报告制度》,一直沿用至今。虽然各地做法不一,但十分重要,这是坚持侦查工作正确方向的重要政治保证,必须高度重视。二是要案线索备案、初查制度。1995 年 8 月 6 日最高人民检察院制定了《关于要案线索备案、初查的规定》,对于县处级以上国家工作人员涉嫌贪污贿赂等案件线索的受理、审查、初查、上报、处理等进行了规定。从目前讲,对于线索管理,主要依照上述高检院制定的《关于进一步加强和改进举报线索管理工作的意见》执行,但其中与反贪部门可能还有一点没衔接好,如反贪部门自行收集的案件线索,还没有纳入这个意见的机制之中,上级对下级掌握的部分线索还不能完全控制,所以这个要案线索备案、初查的规定还不能失效。三是立案或者逮捕上报制度。这是一项上级监督制度，有利于下级检察院规范执法，保证办案质量。2005年9月2日，最高人民检察院制定了《人民检察院直接受理侦查案件立案、逮捕实行备案审查的规定（试行）》（高检发办字[2005]23号），明确对犯罪嫌疑人立案或者逮捕的，应当在立案后3日内报上级检察机关备案。2009年9月2日最高人民检察院制定了《关于省级以下人民检察院立案侦查的案件由上一级人民检察院审查决定逮捕的规定（试行）》（高检发办字[2009]17号），明确规定省级以下检察机关在贪污贿赂犯罪侦查中，需要对犯罪嫌疑人决定逮捕的，应当报上一级检察机关审查决定。

四、侦查活动管理

对于侦查活动的管理，主要包括以下环节和方面：

（一）实行讯问全程同步录音录像制度。推行讯问全程同步录音录像工作，其意义主要体现在三个方面：一是有利于加强对讯问活动的监督，进一步保障犯罪嫌疑人人权。这是推行这项工作的根本目的。讯问犯罪嫌疑人是一项对抗性、技巧性、挑战性都很强的心理智慧较量。由于犯罪嫌疑人始终明白自己供认犯罪事实的法律后果，因此，必然进行狡辩、抵赖或者对抗，不会束手就擒。侦查讯问人员要迫使犯罪嫌疑人供认自己的犯罪事实，采取谈心等做法通常是行不通的，这就要求侦查讯问人员采取相应的智取方法或者手段。在这个过程中，由于讯问现场相对封闭，侦查审讯人员与犯罪嫌疑人法律地位又不平等，如果缺少监督，就难免会出现刑讯逼供或者变相逼供等非法讯问问题，从而造成对犯罪嫌疑人诉讼权利乃至人身权利的侵犯。通过运用现代视频技术手段对讯问活动全过程进行录音录像，把整个讯问活动真实、客观地记录下来，有利于监督讯问活动，防止讯问中发生刑讯逼供等侵犯犯罪嫌疑人人权的问题，从而加强了对人权的保障。二是有利于固定证据，有效对付犯罪嫌疑人翻供。贪污贿赂犯罪是一种高智能的犯罪。犯罪分子在作案后留下的书证、物证一般很少，这就决定了犯罪嫌疑人供述和辩解在贪污贿赂犯罪侦查中的重要地位。由于言词证据易变，往往具有不稳定性，因而潜在地存在犯罪嫌疑人翻供的可能，实践中就经常遇到犯罪嫌疑人在侦查阶段对自己供述的反复。检察机关为巩固证据、防止翻供，反复进行提审，为此花费了大量的人财物力，但效果往往并不理想。

这既影响了侦查效率,也影响了办案质量。实行讯问全程同步录音录像,全面、直观地记录讯问全过程,有利于防止和遏制犯罪嫌疑人翻供,巩固侦查成果,提高办案质量。三是有利于防止当事人对侦查讯问人员的诬陷,进一步提高侦查水平。犯罪嫌疑人为逃避法律制裁,往往动用各种社会关系、采取各种手段来推脱自己的罪责。在自己的目的不能达到的情况下,往往以受到刑讯逼供、不公正执法待遇等为由对侦查人员进行诬陷。通过对讯问全过程进行录音录像,有利于从事实上驳斥犯罪嫌疑人的无理辩解和恶意投诉,加强对干警的关爱和保护。同时,对侦查讯问人员来说,有利于迫使侦查人员转变传统的讯问思维和讯问方法,通过运用现代科技化的侦查手段,不断提高自身的侦查素质和讯问破案水平。

(二)实行办案安全防范制度。办案安全防范问题,任何时候都十分重要,最高人民检察院对此高度重视。实践表明,无论一个地方办案工作如何出色,只要发生一起涉案人员死亡的重大办案事故,这个检察院至少在3至5年内抬不起头。不仅检察院的形象受到严重损害,办案工作也将会受到严重影响。2000年以来,最高人民检察院陆续制定《关于加强查办贪污贿赂犯罪案件安全防范措施的暂行规定》(2000年5月8日)、《关于人民检察院在办理直接立案侦查案件工作中加强安全防范的规定》(2003年10月28日)、《人民检察院讯问室的设置和使用管理办法》(2003年10月28日)等。2009年1月23日中央政法委制定《关于加强办案安全防范工作防止涉案人员非正常死亡的规定》并下发通知,要求认真落实。2010年4月8日最高人民检察院制定了进一步加强办案安全防范工作切实防止涉案人员非正常死亡的通知(高检发反贪字[2010]36号)。这些制度都十分重要,执法办案中应当切实得到贯彻落实。

(三)实行侦查工作一体化机制。2006年9月最高人民检察院《关于健全职务犯罪侦查工作一体化机制的若干规定》和2013年1月8日最高人民检察院《人民检察院直接受理立案侦查职务犯罪案件管辖规定》,对侦查工作一体化的目的、原则、基本内容等问题进行较为全面、系统的规定,这是指导检察机关侦查工作一体化机制建设的纲领性文件,主要解决以下四个问题:一是不能办。由于地方保护主义和部门本位主义影响,有的地方想办案但不能办、办不了。上级院采用提办、指定异地办理等方式,排除地方干扰,从一定程度上解决了执法环境问题,也促使当地改变思路,放弃对办案的干扰阻拦。二是不愿办。有的地方检察长怕得罪人而不愿办案。上级院采用提办等方式特别是指定异地办理,把案件线索交由同级异地办理,这既解决了有案不办问题,也触动不愿办案的检察长,特别是在案件经深挖查出窝案串案的情形下,使其受到来自当地党委政府等压力,不得不推动办案工作。三是消极协作。有的地方对外地检察机关要求协助异地调查取证等工作不支持或者不协作,影响整体办案工作。建立上级指挥决策机制,一定程度上可以解决消极协助等问题,使全国检察机关反贪部门拧成一股绳,确保形成整体侦查能力。四是资源共享。包括案件线索、侦查力量、侦查技术装备等。

(四)实行逮捕、撤销案件、不起诉报上一级批准制度。2009 年 9 月 4日高检院制定《关于省级以下人民检察院立案侦查的案件由上一级人民检察院审查决定逮捕的规定(试行)》及 2011 年 6 月 8 日印发的《〈关于省级以下人民检察院立案侦查的案件由上一级人民检察院审查决定逮捕的规定(试行)〉的补充规定》,对人民检察院立案侦查的案件需要逮捕上提一级作了明确规定。2005 年 9 月 23 日高检院制定《关于省级以下人民检察院对直接受理侦查案件作撤销案件、不起诉决定报上一级人民检察院批准的规定(试行)》,根本目的在于加强对案件处理的监督,回应社会上"监督者由谁监督"的问题。因为对下级检察院办理的案件,如作出撤销案件或者不起诉处理,应当报请上级批准,有利于把好案件处理关。对此,2012 年最高人民检察院根据修改后的刑事诉讼法修订的《人民检察院刑事诉讼规则》相关内容予以了吸收。

五、加强执法办案内部监督和管理

近年来,最高人民检察院高度重视执法办案的内部监督。2009 年 7 月3 日,最高人民检察院检察长曹建明在全国检察机关内部监督工作座谈会上强调:首先,要突出监督重点。严格执行《人民检察院执法办案内部监督暂行规定》,强化对检察机关自身执法活动的监督制约。对于贪污贿赂犯罪侦查工作来说,重点加强对以下执法办案活动的监督:一是加强对初查后决定不立案案件的监督;二是加强对犯罪嫌疑人变更强制措施案件的监督;三是加强对侦查部门对不逮捕、不起诉提出不同意见案件的监督;四是加强对当事人长期申诉上访案件的监督;五是加强对人民监督员提出不同意见案件的监督。其次,要高度重视执法办案中不作为、乱作为和监督不到位的现象。一是要着力监督纠正刑讯逼供、暴力取证、滥用强制措施和变相体罚等侵犯当事人人身权利的问题;二是要加强监督受利益驱动违法违规办案,插手经济纠纷,违法查封、扣押、冻结、处理涉案款物等侵犯当事人财产权利的问题;三是要加强监督对群众漠不关心,作风霸道,特权思想严重的问题;四是要加强监督与案件当事人及其亲友、律师串通,收受钱财,以权谋私,贪赃枉法等问题。

六、办案纪律及办案责任与管理

办案纪律与办案责任密切相关。2004 年 6 月 1 日最高人民检察院制定颁布了《检察人员纪律处分条例(试行)》;2007 年 7 月 5 日制定颁布《检察人员执法过错责任追究条例》,明确了对具有执法过错的检察人员,依照《条例》和有关法律、纪律规定追究执法过错责任。主要包括以下几方面内容:

(一)执法过错。这是指检察人员在执法办案活动中故意违反法律和有关规定,或者工作严重不负责任,导致案件实体错误、程序违法以及其他严重后果或者恶劣影响的行为。

(二)追究执法过错责任。对具有执法过错的检察人员,应当依照本条例和有关法律、纪律规定追究执法过错责任。追究执法过错责任,应当遵循实事求是、主观过错与客观行为相一致、责任与处罚相适应、惩戒与教育相结合的原则,根据执法过错责任人的过错事实、情节、后果及态度作出处理。

(三)执法过错责任调查。检察人员执法过错线索,由人民检察院监察部门统一管理。没有设置监察部门的基层人民检察院,由政工部门统一管理。对执法过错线索,应当在职责范围内进行初步审查或者初步核实,认为需要进一步调查和追究执法过错责任的,应当及时移送执法过错线索管理部门处理。执法过错线索管理部门收到执法过错线索后,应当及时填写执法过错线索受理登记表,并在一个月内审核完毕,分别情况作出处理。在执法过错线索调查结束前,调查部门应当听取被调查人的陈述和申辩,并进行调查核实。对查证属实的申辩意见应当予以采纳,不予采纳的应当说明理由。在执法过错责任调查结束后,调查部门应当制作执法过错责任调查报告,并提请检察长办公会审议。调查报告包括下列内容:被调查人的基本情况;线索来源及调查过程;调查认定的事实;被调查人的申辩意见及采纳情况的说明;被调查人所在单位或者部门的意见;调查结论及处理意见等。

(四)执法过错责任的处理。经调查,检察长办公会决定给予执法过错责任人批评教育的,由检察长办公会指定的部门或者人员承办;决定给予执法过错责任人组织处理的,由政工部门承办;决定给予执法过错责任人纪律处分的,由监察部门承办;需要追究执法过错责任人刑事责任的,由执法过错线索管理部门依法移送司法机关处理。追究执法过错责任包括批评教育、组织处理、纪律处分和刑事处理,既可以单独适用,也可以同时适用。

第五节　加强贪污贿赂犯罪侦查质量管理

一、加强贪污贿赂犯罪侦查质量管理概述

贪污贿赂犯罪侦查工作是反腐败斗争的组成部分,也是检察机关实施法律监督职能的主要方式和践行执法为民宗旨的重要载体。由于贪污贿赂犯罪侦查质量在贪污贿赂犯罪侦查工作中占居十分重要的位置,因此进行单独的专门探讨。加强贪污贿赂犯罪侦查质量管理,目的是为实现办案质量目标。从某种意义讲,检察机关实施的法律监督活动具有一定的公共活动性质,检察机关侦查办理贪污贿赂犯罪案件也具有公共活动性质,属于准公共产品,必然体现社会各界的需求,包括政治的、社会的和法律的要求,也对检察机关侦查办案的执法公信力具有重要影响。从这个意义讲,办案质量作为检察机关依法履行法律监督职能所取得的工作成果,是衡量符合法律规定和满足广大人民群众及社会各界对公正执法需求程度的标志,因而是检察工作的生命线。加强贪污贿赂犯罪侦查质量管理,根本目的是为了保证案件质量,实现保障国家法制统一正确实施的使命,维护社会公平和正义。

(一)办案质量优劣的衡量标准。办案质量以什么为标准?目前有的认为以法院判决为标准,有的认为以社会各界的评价为标准,也有的认为以法律规定是否赔偿为标准等。可谓众说纷纭,见仁见智。笔者认为,办案质量优劣的衡量标准,主要有三项:

1.政治标准。任何检察活动都具有政治性,任何国家也都不例外。对于我国来说,这是党的路线方针政策对检察活动的根本要求。具体地说,要求检察机关围绕党的执政地位巩固、执政使命实现和社会和谐稳定、国家长治久安开展侦查办案等法律监督工作。

2.法律标准。检察机关作为国家法律监督机关,只有严格依法监督,做到自身正,才能保证监督有硬度、有力度、有强度。这是国家法律对检察活动的原则、程序及其规范运作的基本规定和要求。具体地说,要求检察机关围绕务必搞准、罚当其罪开展侦查办案等法律监督工作。

3.社会标准。人民是国家的主人,我国宪法规定一切权力属于人民。所有国家机关的履职活动,都应当围绕为人民服务展开。检察机关侦查办案等执法活动更不例外。这是社会对检察机关公正执法的期待和要求。具体地说,要求检察机关围绕矛盾纠纷化解、维护公平正义开展侦查办案等法律监督工作。

以上这三项标准中,政治标准是法律标准的前提和基础,社会标准是法律标准的出发点和落脚点,法律标准是政治标准和社会标准的制度化、具体化,三者相辅相成,是一个不可分割的有机整体,整合为统一的检察机关执法价值标准,为检察机关正确开展侦查办案等执法活动提供正确的方向保证。

(二)正确处理办案数量、质量、效率、效果、安全的辩证关系。根据贪污贿赂犯罪侦查实际,办案质量标准应具体化为办案的数量、质量、效率、效果、安全的有机统一上,树立以效果为核心的执法导向。一是增加办案力度。办案力度主要由办案的数量、规模等体现。没有一定的办案数量,案件质量就无从体现。没有反映突出重点的办案规模,也就没有质量可言。这里的规模是指突出重点并且有质量的规模,主要体现在案件性质的严重、人民群众反映的强烈、党委政府和社会各界的高度关注以及对国家利益的严重危害或者威胁等方面。二是确保办案质量。办案质量是检察工作生命线。没有质量保证,办案越多负面影响就越大。任何时候都要十分注重办案质量。近年来,最高人民检察院出台的反贪污贿赂等案件质量标准,是保证检察机关侦查办案质量的准则,也是检察机关侦查办案工作的导向标。三是提高办案效率。惩罚犯罪的刑罚越迅速和及时,就越是公正和有益。

特别是对于贪污贿赂犯罪侦查而言,侦查情况瞬息万变,机会稍纵即逝,侦查中必须把握机会,提高效率,否则稍有迟延,就可能贻误战机。强调侦查效率,就是为了解决打击贪污贿赂犯罪及时性和防止积存案件等问题。保证案件得到及时处理又不留积存,以致避免久拖不决,杜绝超期羁押,这是对犯罪嫌疑人人权的重要保护。四是讲求办案效果。贪污贿赂犯罪侦查工作是一项政治性很强的工作,不仅仅涉及法律问题。贪污贿赂犯罪侦查工作是否取得成效,最终要看是否有利于党的执政地位巩固和执政使命实现、法治尊严和权威的维护、全社会道德风气的净化,是否得到广大人民群众的支持,党委是否满意、人民群众是否满意、干警是否满意。这就要求贪污贿赂犯罪侦查工作不能就案办案、机械执法,更不能单纯追求法律价值而不顾其他价值取向,而必须统筹兼顾,努力实现办案工作政治效果、法律效果和社会效果的有机统一。五是加强和保障办案安全。实践表明,没有办案安全的保障,案件办得越多越被动。总之,办案力度是基础,办案质量是关键,办案效率是保证,办案效果是归宿,安全是前提。五者统一于以效果为核心的执法导向上。这是新形势下开展贪污贿赂犯罪侦查工作的总纲领。深刻认识这一点,我们就能更加自觉地把握贪污贿赂犯罪侦查工作全局,更好地履行贪污贿赂犯罪侦查职责。认真坚持这一点,我们就能在更高层次上提升贪污贿赂犯罪侦查工作新水平,保证贪污贿赂犯罪侦查工作正确的政治方向。积极践行这一点,我们就能更好地自觉服从服务于党和国家工作大局,不断推动贪污贿赂犯罪侦查工作科学发展、全面进步。

(三)办案质量管理的特性及其需要解决的问题。贪污贿赂犯罪侦查质量管理是检察机关通过对影响案件质量优劣的要素进行优化组合和控制,确保办案质量的综合性活动,具有以下主要特征:一是贪污贿赂犯罪侦查质量管理主体是检察机关;二是贪污贿赂犯罪侦查质量管理对象是办案质量,包括办案活动的法律质量、政治质量和社会质量;三是实行贪污贿赂犯罪侦查质量管理,可运用计划、组织和控制等职能和手段;四是贪污贿赂犯罪侦查质量管理的目的是为保证案件质量,提升贪污贿赂犯罪侦查工作的法治化水平和执法公信力。当前,加强贪污贿赂犯罪侦查质量管理,要注重解决以下几个方面的问题:一是衡量办案质量优劣标准的具体化和制度化。如前所述,衡量案件质量的优劣,主要根据政治的、法律的和社会的三项标准,但这些标准是抽象的,属于价值评判范畴,可操作性不强,需要具体化和制度化,使之细化为可操作的具体指标,便于贪污贿赂犯罪侦查活动"有法可依"。二是办案质量标准的统一性。近年来,各地检察机关都在积极探索加强贪污贿赂犯罪侦查质量管理,制定了各不相同的办案质量标准和办案质量考评机制。这虽然有利于加强办案质量管理,但也存在问题。由于各地制定的办案质量管理的对象、范围、内容、手段、程序及目标等管理制度或办法等各不相同,在一个省乃至一个地区(市)辖区内的检察院之间几乎都一地一个样。这显然不利于维护国家法律统一正确实施,也难以保证检察机关贪污贿赂犯罪侦查工作的公正性和公信力。特别是有的地方按照企业产品质量管理模式对办案实行 ISO 质量管理,虽然出发点是好的,但脱离了实际,不符合贪污贿赂犯罪侦查工作的特点和规律。因为,企业实行 ISO 质量管理主要目的是为了提高效益,强调效率而忽视了公正问题,并且是有特定范围限制的。而检察机关贪污贿赂犯罪侦查办案活动既要以法律为依据又不是纯粹的法律事务,包含了政治活动的性质,特别是要强调对社会公平正义的维护。这就决定了对办案质量评价的特殊性,其应当更加强调民意也就是人民群众的认同,与纯粹的产品质量是两回事,不是一码事。当然,我们可以吸收 ISO 质量管理体系中的合理部分,但对于办案质量的考核应当进行适应性调整,使其符合贪污贿赂犯罪侦查工作的特点和规律。因此,客观上需要尽快按照案件的性质和类型,研究建立全国统一的办案质量标准及其考评、奖惩机制。三是重视加强对办案质量的动态管理和监督。从实践看,案件质量的优劣与侦查人员依法办案的水平和能力密切相关,更与对侦查办案活动的动态监管能力和力度分不开。保证办案质量的关键,是加强贪污贿赂犯罪侦查质量管理,从机制上加强对贪污贿赂犯罪侦查活动的动态监管,及时控制办案中出现的各种问题,纠正在办案过程中发生的违法行为甚至徇私枉法现象,做到监控有力,令行禁止,奖惩分明。

二、实行贪污贿赂犯罪侦查质量管理的内容和途径

从实践看,检察机关贪污贿赂犯罪侦查活动的内容,主要涉及线索管理和使用、立案侦查、侦查文书制作、案卷归档等各个不同环节和方面。从全面质量管理的角度讲,贪污贿赂犯罪侦查质量管理涉及计划、控制及办案全过程的全面管理活动,是一个完整的管理系统,并非简单的办案质量检验。

要提高办案水平、保证案件质量，单纯通过加强内部执法监管是不够的，还需要其他外部单位的通力合作。实行贪污贿赂犯罪侦查质量管理，要按照党的政策、国家法律和社会各界对案件质量的要求，结合贪污贿赂犯罪侦查工作实际，树立"全面质量管理"的现代管理理念，可从以下四个主要途径入手：

（一）树立"办案质量第一"的理念。检察机关是国家法律监督机关，贪污贿赂犯罪侦查活动必须依法进行，办案工作必须坚持"质量第一"。这就要求将"质量第一"作为办案质量管理的方针，各级检察机关及其全体反贪人员都要牢固树立"办案质量第一"的执法理念，贪污贿赂犯罪侦查质量管理制度和标准的设计和运行也要体现"质量第一"的要求。

（二）加强对贪污贿赂犯罪侦查活动的过程控制。贪污贿赂犯罪侦查活动是一个动态执法过程。对办案质量实行过程管理，可以通过办案流程管理的途径，规范办案各环节的操作程序和质量标准，实现贪污贿赂犯罪侦查管理的职能前移、实时监控和过程纠错相结合。

（三）实行办案绩效管理。建立符合科学发展观的办案绩效考核体系、以办案质量和执法效果为核心的执法导向，明确并强化检察机关内设各部门在办案质量控制方面的责任，严格实行考核与奖惩相结合的检察业绩考核。

（四）改进和完善贪污贿赂犯罪侦查质量管理的方式方法。贪污贿赂犯罪侦查质量管理是一个不断强化和完善的动态过程，一旦发现贪污贿赂犯罪侦查质量存在的问题，就应及时予以纠正，并相应地改进和完善贪污贿赂犯罪侦查质量管理流程，防止和避免同类问题的再次发生，促进贪污贿赂犯罪侦查质量管理不断强化并趋于科学完善。

三、贪污贿赂犯罪侦查质量管理机制的建立和运行

贪污贿赂犯罪侦查质量管理机制，是有关办案质量管理活动内在机理及其过程的总和。建立科学的贪污贿赂犯罪侦查质量管理机制，是全面实行办案质量管理的根本途径和制度保证。笔者曾于 2011 年 11 月中下旬随团到我国台湾地区访问，期间对检察官办案成绩考评等进行了考察了解。从我国台湾地区看，实行对检察官办案成绩考查制度，统计考查的有 5 类，其中第一类是办理地方法院检察署侦查案件之成绩，简称"一检"，具体考

查结案件数。对于结案件数有具体的统计计算项目和方法,即:一是结案件数。所称结案件数,是指本年度内平均每月结案之折计件数。在职月数不满一月者,按比例计算,本年度内依公务人员请假规则请假、公假、休假及其他经检察长核定停止分案者,照实扣除。二是折计件数。依高等法院以下各级法院及其分院检察署与智财分署检察官结案折计标准表规定办理。三是结案件数(地方法院检察署部分系指侦、侦他、相案)达高等法院以下各级法院及其分院检察署与智财分署检察官每月办案最低数目者为80分。地方法院检察署检察官每增减3件增减1分,余数不满3件者,按3件计算;未办理全股者,其增减分按其所办案件比例计算。地方法院检察署主任检察官每增减1件增减1分,余数不满1件者,按1件计算;高等法院及其分院检察署与智财分署检察官每增减1件增减1.5分,余数不满1件者,按1件计算。但如该检察署各检察官本年度内平均每月分案件数未达最低数目表所定之件数者,不予扣减。四是办理刑事执行者,按其配置书记官之人数平均计算其结案件数。办案非全股者,前款每月办案最低数目按其比例计算。配置书记官每超过1人,增加2分。但配置书记官合计配置时间或同年度内实际办理此类案件未满6个月者,不计。以上资料是笔者于2011年11月中下旬随团到我国台湾地区进行工作访问时收集的,主要参考了台湾"法务部"2010年10月21日修正的《高等法院以下各级法院及其分院检察署与台湾高等法院检察署智慧财产分署检察官办案成绩考查实施要点》第一条、第六条、第八条等相关内容。这些内容是对检察官办案数量的考查,与目前大陆各地办案工作考评情况相比,实质是对检察官人均办案数的进一步细化,具有可操作性。这些内容对于建立完善贪污贿赂犯罪侦查质量管理机制等具有借鉴作用。对于贪污贿赂犯罪侦查质量管理机制的建立和运行,主要内容包括以下几个方面:

(一)办案质量管理制度。这是统揽办案质量管理制度的总纲,具体包括办案质量管理目标及其标准、办案质量管理组织及其职责、办案质量管理流程及其控制、办案质量考评及其奖惩措施的落实等。

(二)办案质量考核标准。这是实行办案质量管理的基本依据和具体要求。办案质量涉及侦查决策、办案活动、办案效果、侦查保障、办案机构及其人员素质等侦查办案活动各个环节和方面。如最高人民检察院反贪污贿赂总局和渎职侵权检察厅联合制定《最高人民检察院关于考评各省、自治区、直辖市检察机关查办职务犯罪案件工作办法（试行）》（2003 年），围绕办案力度、质量和安全，采用被考评地区检察干警人均办案数，对全国各省级检察院实行办案工作考评，具体考评项目分解为七项指标：立案数、起诉数、起诉比例、有罪判决数、有罪判决比例、起诉大案要案数和违法违规办案致使涉案人员自杀死亡数，并采取量化计分办法进行考评。这里的"五数两例"，实质是衡量查办贪污贿赂犯罪案件工作质量的标准，即贪污贿赂犯罪侦查质量标准。这些考评指标是根据贪污贿赂犯罪侦查实际确定的。其中，考评核心指标包括人均立案人数、人均起诉人数和人均有罪判决人数，这既是对办案数量的要求，也是对办案质量的要求，很大程度上影响和制约一个地区的办案考评得分，对于提高办案数量和质量、保证办案安全等具有重要的引领和调控功能。其他各项指标，有的起基础或者补充作用，如干警违法违纪人数等；有的也起重要影响作用，如办理大案要案、办案安全事故等。

（三）办案质量管理细则。这是办案质量管理制度的运行机制，主要内容是对办案质量管理工作进行规范，使之具有可操作性，以便于实现办案质量管理目标。2010 年 1 月 4 日，最高人民检察院对外发布印发《最高人民检察院考核评价各省、自治区、直辖市检察业务工作实施意见（试行）》（以下简称《考评实施意见》）和《最高人民检察院考核评价各省、自治区、直辖市检察业务工作项目及计分细则》（以下简称《考评计分细则》）的消息，明确规定自 2010 年起对各省（自治区、直辖市）检察业务工作进行统一考评。但《考评实施意见》和《考评计分细则》施行一年多后即予停止，并于 2012 年起对业务工作考评的职责由省级人民检察院负责。实践表明，考评机制是一种导向，也是保证办案质量的重要措施和手段，无论是哪一级负责，对于业务工作的考评始终都是重要的。从长远发展看，全国应当建立统一的办案质量管理和考评机制，并实事求是地对待考评机制及其功能作用，辩证处理考评机制运行中的内在矛盾冲突，增强考评的科学性和有效性，树立正确的执法导向，规范执法行为，提升办案质量和效果，推动贪污贿赂犯罪侦查工作健康深入发展。

（四）贪污贿赂犯罪侦查质量管理机制的运行方式。为推动和保证贪污贿赂犯罪侦查质量管理机制有效运行,需要规范贪污贿赂犯罪侦查质量管理机制科学的运行方式,主要内容包括以下几个方面:一是设立专门机构,加强组织保证。对于加强贪污贿赂犯罪侦查质量管理来说,主要是由反贪局、反渎局组织开展检查、监督和考评等日常工作。从当前看,各地检察机关都逐渐设立案件管理机构,考评职能由其负责是适宜的。二是实行办案质量流程管理。及时编制办案质量流程软件,重点是要监控容易发生案件质量问题的主要环节。对反贪侦查部门来说,重点是加强对线索受理、立案或不立案、逮捕、侦查终结、移送起诉或者不起诉、撤案等环节的监控,包括诉讼程序是否合法、案件定性和适用法律是否准确、证据是否依法调取、扣押赃款赃物处理是否合法等环节和方面的监控。三是建立案件质量管理档案。按照办案流程管理制度的具体内容,规定办理每一起案件都建立一个执法档案。由办案人员填写规定的内容,对前一个环节的办案质量进行监督;由侦查部门负责人、分管副检察长、检察长等对办案质量进行监督,形成全员参与监督、人人接受监督的全面业务质量管理氛围。四是严格考评制度,兑现奖惩政策。按照办案质量考评标准和全面案件质量管理目标要求,及时开展办案质量考评工作,依据考评结果落实奖惩措施,该奖则奖,该罚则罚,奖罚分明,以此提高办案质量,进一步增强办案工作的效果。

第十六章　贪污贿赂犯罪侦查管辖与案件受理初查

第一节　贪污贿赂犯罪侦查管辖

一、贪污贿赂犯罪侦查管辖的概念及范围

我国刑事诉讼法规定的管辖,包括职能管辖和审判管辖两种,主要解决某一类案件具体由哪个部门立案受理,以及由哪个法院或者哪一类法院负责审判的问题。检察机关对贪污贿赂犯罪行使侦查权,主要依据刑事诉讼法有关职能管辖的规定。这里的贪污贿赂犯罪侦查管辖问题,主要研究检察机关直接受理案件的内部分工,包括同一检察院和上下级检察院之间的案件侦查分工问题。按照刑事诉讼法第十八条规定以及检察机关对贪污贿赂犯罪案件实行分级立案侦查制度等规定,现就涉及侦查管辖有关内容阐述如下。

(一)贪污贿赂犯罪侦查管辖的概念。所谓贪污贿赂犯罪侦查管辖,是指检察机关在受理贪污贿赂犯罪案件时在权限上的分工,以确定哪些案件由哪一级检察机关立案受理侦查的制度。根据检察机关贯彻实施刑事诉讼法的有关规定,检察机关在贪污贿赂犯罪侦查中实行分级立案侦查制度。这里的分级立案侦查,就是根据犯罪嫌疑人的级别以及犯罪数额等因素,确定哪些案件由哪一级检察机关负责受理侦查。

(二)贪污贿赂犯罪侦查管辖的范围。根据刑事诉讼法、刑法以及《人民检察院刑事诉讼规则》等有关规定,检察机关负责贪污贿赂犯罪侦查的范围,包括13种犯罪案件,具体如下:

1.贪污案(《刑法》第三百八十二条,第三百八十三条,第一百八十三条第二款,第二百七十一条第二款,第三百九十四条);

2.挪用公款案(《刑法》第三百八十四条,第一百八十五条第二款,第二百七十二条第二款);

3.受贿案(《刑法》第三百八十五条,第三百八十八条,第一百六十三条第二款,第一百八十四条第二款);

4.利用影响力受贿案(《刑法》第三百八十八条之一);

5.单位受贿案(《刑法》第三百八十七条);

6.行贿案(《刑法》第三百八十九条);

7.对单位行贿案(《刑法》第三百九十一条);

8.介绍贿赂案(《刑法》第三百九十二条);

9.单位行贿案(《刑法》第三百九十三条);

10.巨额财产来源不明案(《刑法》第三百九十五条第一款);

11.隐瞒境外存款案(《刑法》第三百九十五第二款);

12.私分国有资产案(《刑法》第三百九十六条第一款);

13.私分罚没财物案(《刑法》第三百九十六条第二款)。

二、贪污贿赂犯罪侦查管辖的种类及其内容

根据贪污贿赂犯罪案件的性质、发案地、犯罪嫌疑人或被告人身份等情况,贪污贿赂犯罪侦查管辖的种类及其内容如下:

(一)贪污贿赂犯罪侦查级别管辖。级别管辖是指各级人民检察院在侦查直接受理的案件的权限上的分工,解决哪些案件应当由哪一级人民检察院立案侦查的问题。按照分级立案侦查制度,各级检察机关对立案侦查的贪污贿赂犯罪案件实行分级管理,一般与各级人民法院审判管辖相对应。根据刑事诉讼法第十八条等规定,实行分级立案侦查制度的具体分工如下:

1.实行分级立案侦查制度。最高人民检察院立案侦查全国性的重大贪污贿赂犯罪案件,以及中央单位厅局级领导干部的贪污贿赂犯罪案件,中央国有企业同等级别领导干部的贪污贿赂犯罪案件;省级人民检察院立案侦查全省性的重大贪污贿赂犯罪案件;地级人民检察院立案侦查本辖区的重大贪污贿赂犯罪案件;基层人民检察院立案侦查上述检察机关管辖以外的所有贪污贿赂犯罪案件。

2.实行涉案人员分级管理制度。按照 2013 年 1 月 8 日最高人民检察院《人民检察院直接受理立案侦查职务犯罪案件管辖规定》及刑事诉讼法、最高人民检察院《人民检察院刑事诉讼规则》等规定,对于县处级以上人员涉嫌贪污贿赂犯罪的案件,根据涉案人本人级别实行分级管理制度:省部级以上和中央单位厅局级领导干部,中央企业同等级别的领导干部涉嫌贪污贿赂犯罪,由最高人民检察院直接受理和立案侦查;地方厅局级和省、自治区、直辖市国家机关处级人员涉嫌贪污贿赂犯罪,由省、自治区、直辖市人民检察院直接受理和立案侦查;地方县处级人员涉嫌贪污贿赂犯罪,由省、自治区、直辖市人民检察院分院、自治州和省辖市人民检察院直接受理和立案侦查;除上述之外的国家工作人员涉嫌贪污贿赂犯罪,由县、市、自治县和市辖区检察院直接受理和立案侦查。同时,对于国家工作人员利用职务便利共同犯罪的案件,应当按照级别最高的共同犯罪嫌疑人确定级别管辖。

3.实行级别管辖制度中特殊案件的处理。主要有以下几类:一是犯罪嫌疑人属于县级以上地方各级人民代表大会代表的,经本级人民代表大会常务委员会同意后,由同级人民检察院侦查,必要时可以请求移送上级人民检察院侦查;二是对于具有特殊身份的犯罪嫌疑人,包括县处级以上人员和各方面有代表性的知名人士中的犯罪嫌疑人,在特殊的情况下应按照干部管理权限的规定,由与干部管理权限的机构相应的同级人民检察院侦查;三是人民检察院对于侦查属于检察机关管辖案件的过程中发现的其他犯罪,也可以由人民检察院并案侦查。

(二)贪污贿赂犯罪侦查地域管辖。这是指某一类贪污贿赂犯罪案件,应归哪个地区的检察机关立案侦查,也即同级检察机关之间的分工。

1.国家工作人员的贪污贿赂犯罪案件,一般按照以下规定进行管辖:一是贪污贿赂犯罪案件,由犯罪嫌疑人的工作单位所在地人民检察院管辖;如果由犯罪嫌疑人或被告人的犯罪地或居住地等人民检察院管辖更为适宜的,可以由犯罪嫌疑人犯罪地或者居住地等人民检察院管辖。二是对于几个同级人民检察院都有权管辖的贪污贿赂犯罪案件,由最初受理的人民检察院侦查。必要时,可以由主要犯罪地人民检察院侦查。对于立案侦查贿赂案件中的行贿、受贿并案处理的案件,由受贿犯罪嫌疑人工作单位所在地的人民检察院管辖。对于实践中跨省际、跨区域的案件,一般由立案侦查的人民检察院及时报告上级人民检察院直至层报最高人民检察院反贪污贿赂总局,可以由最初立案侦查的人民检察院并案侦查,也可以由上级指定其他人民检察院侦查。三是由省、市、州和地区人民检察院或分院侦查的贪污贿赂犯罪案件,除依法由高级或者中级人民法院管辖的第一审案件外,可以交犯罪嫌疑人所在地的县、不设区市、区人民检察院立案侦查,但是需要报上一级批准。

2.单位涉嫌的贪污贿赂犯罪案件,一般由犯罪地人民检察院管辖。由于刑事诉讼法等没有具体规定单位涉嫌贪污贿赂犯罪案件的管辖,根据最高人民法院贯彻执行刑事诉讼法有关规定"单位犯罪的刑事案件,由犯罪地的人民法院管辖。如果由被告单位所在地的人民法院管辖更为适宜的,可由被告单位住所地的人民法院管辖",对单位涉嫌贪污贿赂犯罪案件一般由犯罪地人民检察院管辖。如果由单位所在地人民检察院管辖更为适宜的,由单位所在地人民检察院受理侦查。

3.贪污贿赂犯罪侦查专门管辖。这是指某一类贪污贿赂犯罪案件由专门检察院立案侦查,也即根据贪污贿赂犯罪案件的特点等,将某些由普通人民检察院侦查有困难或者不方便的案件,交由专门检察院或派出检察机构立案侦查。这类案件通常与专门业务有密切联系,具有很强的专业性等。这里的专门检察院指军事检察院等,检察机关派出机构如地方林区检察院、监狱检察院等。同时,根据我国的实际,在贪污贿赂犯罪侦查的管辖中,还涉及军队和新疆生产建设兵团有关贪污贿赂犯罪案件的管辖问题。

(1)军事检察院和地方检察院的管辖。根据有关规定,军事检察院管辖现役军人内含军队文职干部、在编职工也包括人民武装警察部队进行的贪污贿赂犯罪案件。军、地互涉的贪污贿赂犯罪案件,由军事检察院和犯罪嫌疑人工作单位所在地的地方检察院协调侦查。对军人和非军人在部队营区进行贪污贿赂犯罪的,由军事检察院侦查。军人在部队营区以外进行贪污贿赂犯罪的或者非军人在部队营区进行贪污贿赂犯罪活动,其涉及军事机密的或者军人在部队营区进行贪污贿赂犯罪的或者在部队营区以外作案,主犯是军人的或者退役军人在服役期间进行贪污贿赂犯罪的,则由军事检察院侦查,地方检察院协助侦查。非军人在部队营区进行贪污贿赂犯罪活动,不涉及军事机密的或者军人和非军人在部队营区以外进行贪污贿赂犯罪,主犯是非军人的或者军人入伍前进行贪污贿赂犯罪的,由地方检察院侦查,军事检察院协助侦查。

(2)新疆生产建设兵团对贪污贿赂犯罪案件的管辖。根据最高人民检察院制定实施的《关于新疆生产建设兵团各级人民检察院案件管辖权的规定》,"兵团所属国家工作人员贪污贿赂犯罪案件,属检察机关管辖的,由兵团检察机关立案侦查"。"对于兵团所属的国家工作人员与地方国家工作人员共同实施的贪污贿赂犯罪案件,依据主要犯罪地或者在共同犯罪中起主要作用的犯罪嫌疑人工作单位所在地确定管辖。侦查终结后,由侦查部门向相应的兵团检察机关或者地方检察机关审查起诉"。在确定新疆生产建设兵团对贪污贿赂犯罪案件的管辖时,应按照上述规定进行。

三、贪污贿赂犯罪侦查管辖的组织和协调

检察机关贪污贿赂犯罪侦查中,通常会遇到一些案情特殊、复杂,后果特别严重或者侦查遇到困难的,或者在案件管辖上发生分歧等情况,有关检察机关应予以依法组织、协调,以便及时、有效侦查案件。

(一)上级检察机关的组织指挥。一般情况下,上级人民检察院在必要时,可以直接侦查或者组织、指挥、参与侦查下级人民检察院管辖的贪污贿赂犯罪案件,也可以把自己管辖的贪污贿赂犯罪案件交由下级人民检察院侦查。但是,市级检察院如果将自己管辖的案件交由本辖区下级检察院即基层院立案侦查,则必须报上一级检察院即省级检察院批准。

(二)下级检察机关请求移送。通常情况下,下级人民检察院认为案情重大、复杂需要由上级人民检察院侦查的,可以请求移送上级人民检察院侦查。

(三)上级检察机关的管辖协调。一般地说,上级人民检察院对管辖不明的贪污贿赂犯罪案件,可以指定下级人民检察院侦查;对管辖权有争议的或者情况特殊的案件,由有关检察机关协商解决,协商不成的,由共同的上级人民检察院决定。涉及几个省、自治区、直辖市的贪污贿赂犯罪案件,必要时由最高人民检察院组织、协调侦查;涉及几个地区、自治州、省辖市的贪污贿赂犯罪案件,必要时由省、自治区、直辖市人民检察院组织、协调侦查;涉及几个县、市(不设区的市、县级市)、自治县或市辖区的贪污贿赂犯罪案件,必要时由省、自治区、直辖市人民检察院分院或自治州、直辖市人民检察院组织、协调侦查。

（四）检察机关与公安等机关互涉案件的并案侦查。根据《最高人民法院、最高人民检察院、公安部、国家安全部、司法部、全国人大常委会法制工作委员会关于实施刑事诉讼法若干问题的规定》第三条以及最高人民检察院《人民检察院刑诉规则》第十二条规定，凡是具有一人犯数罪的，共同犯罪的，共同犯罪的犯罪嫌疑人、被告人还实施其他犯罪的，多个犯罪嫌疑人、被告人实施的犯罪存在关联，并案处理有利于查明案件事实或者诉讼顺利进行的，人民检察院可以在其职责范围内并案处理。这表明并案处理制度的确立，在反贪侦查环节其所体现的实质是并案侦查。这里，需要把握以下几点：

1. 常见的关联犯罪案件。检察机关在查办贪污贿赂犯罪案件工作中，经常遇到与贪污贿赂犯罪相交织、相牵连的其他犯罪。从实践看，这类关联犯罪主要有三类，其中除了渎职犯罪的"原案"或者"前案"，其他两类与贪污贿赂犯罪侦查具有直接的关联。具体地说，包括：一是相交叉、相关联的案件。比如，国企改制过程中的贪污贿赂犯罪与职务侵占、非国家工作人员受贿；涉农领域农村干部的贪污贿赂犯罪与职务侵占、非国家工作人员受贿；行贿人偷税、假冒伪劣犯罪；等等。比如，对于国有控股企业中不同身份的工作人员收受同一行贿人贿赂，或共同侵吞企业资金，其中具有国家工作人员身份的人构成受贿罪或贪污罪，非国家工作人员构成非国家工作人员受贿罪或职务侵占罪。如果对此类犯罪实行并案侦查，既可以按照侦查方案有序调查，避免重复调查、重复讯问，也由于检察机关侦查人员已经熟悉关联犯罪的案情，直接对关联案件进行侦查，可以抓住案件关键环节进行取证、固证，避免时间和人力上的浪费，有利于节约侦查工作的成本，符合诉讼经济原则。特别是对国有企业改制中的犯罪嫌疑人主体身份，在侦查初期对其身份性质往往很难判定的情况下，由检察机关实行并案侦查，有利于提升侦查能力和侦查效率，及时有效惩治犯罪。二是渎职罪中的"原案"或者"前案"。渎职犯罪中的"原案"，通常是渎职罪的构成要件，对于认定渎职犯罪往往具有关键作用。比如，徇私枉法罪、徇私舞弊不移交刑事案件罪、放纵走私罪、放纵制售伪劣商品犯罪行为罪、帮助犯罪分子逃避处罚罪等徇私舞弊、枉法裁判类案件，其立案侦查和认定犯罪以"原案"或者"前案"的成立为条件,检察机关在侦查过程中,首先要查明侦查对象在履行职务过程中是否有舞弊行为。这里,判明舞弊行为的重要依据就是要查明其所经办"原案"或者"前案"是否构成犯罪。为了保证对渎职罪的及时有效查处,检察机关有必要对渎职罪的"原案"实行并案侦查。比如,某镇派出所副所长陈某徇私枉法案。起初,该案和与其相关联的容留妇女卖淫案,分别由检察、公安查办,由于公安机关和检察机关各查各的,以致对相关事实一直没有查清,受到社会舆论质疑。检察机关发现问题后,经有关请示程序后,对上述两案一并侦查,最终在较短时间内查明了全案事实,及时依法追究了有关人员刑事责任。三是侦查过程中派生的案件。侦查实践表明,查办案件工作中往往会派生上、下游犯罪,同时还会遇到一些妨害司法犯罪。对于派生的比如赌博、洗钱等上、下游犯罪,与贪污贿赂犯罪活动密切相关,对量刑也具有重要影响。

2.实行并案侦查的意义和作用。检察机关在侦查贪污贿赂犯罪的过程中,对派生的这些犯罪如果实行并案侦查,则有利于全面及时收集案件证据材料,准确判断案情,确保案件顺利突破,也有利于"以案掩案",避免过早暴露侦查意图,防止犯罪嫌疑人串供或者毁灭证据。对于伪证、掩饰隐瞒犯罪所得、犯罪所得收益、打击报复证人、伪造证据、妨碍作证等妨害司法犯罪,如果实行并案侦查,既可以及时有效防止妨害结果的扩大,确保侦查顺利进行,还可以及时获取再生证据,进一步证实犯罪事实,保障贪污贿赂犯罪案件的顺利侦破。

3.适用并案侦查应当注意的问题。总的来说,如果检察机关在侦查中实行并案处理,那么对保证侦查活动顺利进行很有作用、很有意义。这也是反贪侦查工作中多年以来需要努力解决的问题。这将会增强侦查的灵活性和突破案件的能力。但在具体适用过程中,需要重点注意把握三个问题:第一,要严格依法把关。按照刑事诉讼法、《人民检察院刑诉规则》等规定,防止越权办案。第二,要准确把握适用的条件。这里,适用的条件主要有三个:一是并案侦查的时间。这个时间是前提,就是在反贪侦查过程中。就是说,在对贪污贿赂犯罪的侦查过程中,发现涉及公安机关管辖的案件。那么,对于发现的案件检察机关可以实行并案侦查处理。二是实行并案侦查的案件。这主要是将公安机关管辖的刑事案件,同检察机关管辖的贪污贿赂犯罪案件并案处理。但实行并案侦查的案件应当符合以下条件和要求，就是：一人犯数罪、共同犯罪、多个犯罪嫌疑人实施的犯罪相互关联。所谓相互关联，主要是指在作案时间上的相互交叉或者在案件证据上相互牵连、相互印证以及案件事实认定和处理上的相互联系、相互影响等。三是并案侦查的目的。这主要是有利于查明案件事实，并促进和保证刑事诉讼活动顺利进行。

（五）指定异地管辖诉前协商。侦查实践中，由于具体案件的不同，有的时候可能涉及本地或者本级检察机关管辖的案件交由其他检察机关侦查、起诉及审判等问题。对此，涉及案件管辖的变化。司法实践中，经常遇到检察机关与审判机关之间就案件管辖变化引发分歧或者冲突，最终影响检察机关、审判机关的司法形象乃至整个司法的公信力。为了解决司法实践中这个长期存在的突出问题，《人民检察院刑诉规则》第十八条第二款明确了对此问题的解决办法。具体地说，检察机关在立案侦查贪污贿赂犯罪案件中，决定采用指定异地管辖的方法进行侦查，而在侦查终结后需要在异地❶起诉、审判的，应当在移送审查起诉前与人民法院协商指定管辖的相关事宜。这表明，对于检察机关侦查的贪污贿赂犯罪案件，如果需要在异地起诉、审判的，则应当在案件侦查终结、移送公诉部门审查起诉前，由反贪侦查部门与公诉部门联系沟通，并由公诉部门与人民法院就指定管辖的相关事宜进行协商。

（六）涉外案件的侦查处理。对于人民检察院立案、侦查涉外贪污贿赂犯罪案件，应依照《中华人民共和国外交特权与豁免条例》、《中华人民共和国领事特权与豁免条例》及有关贪污贿赂犯罪案件侦查的法律规定办理。

第二节　贪污贿赂犯罪案件受理

检察机关接受或受理报案、控告、举报和犯罪人自首后，应当根据刑事诉讼法第一百零七条、第一百一十条等规定，按照一定的程序进行审查处理，重点是了解掌握案件线索的来源、审查和分流程序、处理要求等问题。

---

❶　这里的异地，实际上是案件侦查时的当地，相对案件管辖地而言则为异地。

一、案件线索的来源

贪污贿赂犯罪侦查中的案件线索来源,是检察机关获取的有关贪污贿赂犯罪事实及犯罪嫌疑人有关材料的渠道或途径。从实践看,贪污贿赂犯罪案件的线索来源,主要有以下几个方面的渠道和途径:

(一)检察机关自行发现。根据刑事诉讼法第一百零七条规定,人民检察院发现犯罪事实或者犯罪嫌疑人,应当按照管辖范围,立案侦查。从实践看,当前贪污贿赂犯罪群体化现象日益明显,窝案、串案现象突出。检察机关在对贪污贿赂犯罪案件侦查的过程中,往往会遇到办理一案、带出一串、挖出一窝的情形。从实践看,根据有关资料统计,检察机关自行发现的贪污贿赂犯罪事实或犯罪嫌疑人的线索,已经占居检察机关查办贪污贿赂犯罪案件总数的35%左右,并且往往具有可查性强、成案率高等特点。按照刑事诉讼法第一百零七条规定,检察机关对这些犯罪线索,凡符合立案条件的,应当及时立案侦查。

(二)部门移送。在贪污贿赂犯罪侦查实践中,通常会遇到司法机关、行政执法或者纪检监察部门在执法和司法活动中对发现的贪污贿赂犯罪事实或犯罪嫌疑人,按照有关规定向检察机关移送等情形。这些部门移送案件或者线索的情形主要包括以下几种:一是人民法院按照职能管辖的规定移送;二是纪检监察部门按照有关规定移送;三是公安、工商、税务、海关、审计等行政执法部门,按照《关于行政执法与司法衔接机制建设若干问题的意见》(中办发[2011]8号)进行移送等。

(三)单位或个人的报案、举报。刑事诉讼法第一百零八条第一款规定,任何单位和个人发现有犯罪事实或犯罪嫌疑人,有权利也有义务向人民检察院报案或者举报。单位或个人的报案、举报是检察机关受案的主要渠道或途径。

1.报案。即单位或个人发现有贪污贿赂犯罪事实或者犯罪嫌疑人,向检察机关报告。报案人可以是公民也可以是单位,可以是与案件有关的被害人或利害关系人,也可以是与案件无关的其他人。

2.举报。即单位或公民为维护国家、集体或其他公共利益而向检察机关告发贪污贿赂犯罪事实或犯罪嫌疑人。举报的主体是除被害人及其法定代理人或者是近亲属以外的其他公民或单位,举报的内容有的属实,有的可能不属实,需要进行审查。对于举报失实的行为,如果不是故意捏造事实、伪造证据而诬告他人的,一般不追究法律责任。从实践看,举报中有单位举报,也有个人举报;有实名举报,但更多的是匿名举报;有书面举报,也有口头如电话举报、网络举报等。

(四)被害人的报案或者控告。刑事诉讼法第一百零八条第二款规定,被害人对侵犯其人身、财产权利的犯罪事实或者犯罪嫌疑人,有权向人民检察院报案或控告。这里的控告,是指被害人及其近亲属或诉讼代理人,对侵害被害人合法权益涉及的贪污贿赂犯罪行为或犯罪嫌疑人,向检察机关告发。控告的主体是被害人,包括自然人和单位。这些人与案件的处理有着直接的利害关系,在刑事诉讼中具有独立的诉讼地位,对于自身合法权益受到损害时,有权向检察机关报案或控告。由于诸如被索贿或因法官受贿而徇私舞弊,使其在诉讼中的合法利益受到损害,通常了解犯罪嫌疑人的受贿等犯罪活动。因此,被害人的控告是受案的一个重要渠道或途径,反贪侦查部门对此不可忽视。

(五)犯罪嫌疑人自首。根据刑法第六十七条规定,犯罪以后自动投案,如实供述自己的罪行的,是自首。被采取强制措施的犯罪嫌疑人、被告人和正在服刑的罪犯,如实供述司法机关还未掌握的本人其他罪行的,以自首论。对自首者,可以从轻或者减轻处罚。其中,犯罪较轻的,可以免除处罚。从实践看,自首是检察机关案件受理的一个渠道或途径。

除了上述五个方面外,贪污贿赂犯罪侦查中案件的线索来源,还包括党委、权力机关、上级人民检察院交办、同级人民检察院移送或下级人民检察院请求移送等。

二、案件线索的审查和分流

(一)案件线索的接受。按照《人民检察院刑事诉讼规则》及 2009 年 4 月 23 日最高人民检察院修订实施的《人民检察院举报工作规定》、2009 年 4 月 24 日最高人民检察院制定的《关于进一步加强和改进举报线索管理工作的意见》等规定,明确举报中心负责统一管理举报线索。本院反贪部门或人员对所接受的案件线索,应当在 7 日以内移送举报中心。有关机关或部门移送人民检察院审查是否立案的案件线索和人民检察院反贪部门发现的案件线索,由反贪部门自行审查。反贪侦查部门在受理案件或者线索时,

应当注意以下几个方面:

1.接受人要向报案人、控告人、举报人讲明,应当客观真实反映案件情况,不能进行捏造、歪曲事实,否则应当承担法律责任。

2.接受人在接受案件时,应当尽可能问清下列情况:一是犯罪时间、地点、手段、结果等情况;二是犯罪嫌疑人的姓名、性别、工作单位、职务等情况;三是发案单位的地址、电话以及企事业单位的性质及经营范围、上级主管部门等情况。对于企业事业单位的性质不清的,接受人应当记明在案,并在事后可以通过单位代码查询等方式和途径查明涉案单位的性质。

3.接受人应当做好询问笔录。笔录完成后,接受人应当交由报案人、控告人、举报人阅读或向其宣读,在其认为无误后,应对笔录逐页签名或盖章。对于其随身携带的举报等材料,应注明时间,并由其在材料上签名或盖章。

4.接受人对当面举报或者电话举报,应当及时制作举报笔录,必要时可以录音、录像。对于书面举报的,要写明举报人的姓名、住址、所在单位、联系方式等;对于通过邮递或者电子邮件形式的举报材料,要注明收到材料的时间;对于有举报人的,经过审查发现举报材料的内容不清楚的,可以约见举报人面谈或者让其补充材料。

5.接受人对机关、团体、企业、事业单位的书面报案,应向报案单位说明,并由报案单位加盖公章、单位负责人签名或者盖章。

6.接受人对犯罪嫌疑人的自首,应当制作自首笔录。对于自首人提供的有关证据材料、物品等应当登记,制作接受证据或者物品清单,必要时予以拍照。记录时要详细,记录的内容包括自首的时间、自首动机、自首事实等。自首人应当在自首笔录上逐页签名或者盖章。

7.接受人对于不愿公开姓名和举报行为的举报人,应当为其保密。严禁将举报材料转给被举报单位和被举报人。对于匿名举报,接受人也应认真、细致地进行审查,以判明是否有贪污贿赂犯罪事实发生。

(二)线索登记建档及信息化科学化管理。按照举报制度等有关规定,举报中心对举报、控告、报案、自首、移送、交办的案件线索,应当登记。登记的内容,主要包括:报案人、控告人、举报人以及被报案人、被控告人、被举报人的基本情况,举报的内容和办理情况如分流情况等。当前,应当按照检察机关侦查信息化建设规划要求,注重采用信息化手段积极探索建立涉案材料或者信息的电子档案,以及案件线索信息平台,为加强对贪污贿赂犯罪的特点、动向和趋势等进行定期分析统计,把握贪污贿赂犯罪的规律特点,以及采取有针对性的侦查措施等提供技术保障。特别是要利用最高人民检察院开发全国检察机关统一业务应用软件反贪系统等有利条件,进一步拓展侦查工作视野和渠道,推进贪污贿赂犯罪侦查工作流程信息化管理,建立案件受理、初查、侦查、结案、移送起诉等办案信息及时录入侦查管理信息系统,加强对办案进展情况的动态掌控,以及对案件线索审查处理活动的监督,切实提升侦查工作的组织、管理、指挥能力和侦查效率,促进贪污贿赂犯罪侦查工作规范化建设。

(三)案件线索的审查。根据刑事诉讼法第一百一十条等有关规定,对于报案、控告、举报和自首的材料,应当按照管辖范围迅速审查。具体审查的内容和方式,主要有两个方面:一是实体性审查。主要是根据刑法有关规定,对案件线索涉及的内容,从实体法上进行有针对性的审查,分析判断其有无犯罪嫌疑,是否成案的可能,有否初查的必要,以及是否需要初查等内容。在实体审查时,应当做到全面、客观、公正。二是程序性审查。根据对涉案线索或者案件的实体审查结果,如果认为有初查必要的,就需要按照案件线索管辖的规定分析研究,比如该线索是否属于检察机关管辖,属哪个人民检察院管辖等,然后决定对案件线索进行有针对性的分流处理。

(四)案件线索的处理。检察机关控告检察部门或者举报中心统一受理报案、控告、申诉和犯罪嫌疑人投案自首,并根据举报线索的具体情况和管辖规定,在 7 日以内分别作出如下处理:

1.属于人民检察院管辖的,按照相关规定移送本院有关部门或者其他人民检察院办理。

2.不属于人民检察院管辖的,移送有管辖权的机关处理,并且通知报案人、控告人、举报人、自首人。对于不属于人民检察院管辖又必须采取紧急措施的,应当先采取紧急措施,然后移送主管机关。

3.对案件事实或者线索不明的,应当进行必要的调查核实,收集相关材料,查明情况后及时移送有管辖权的机关或者部门办理。控告检察部门或者举报中心可以向下级人民检察院交办控告、申诉、举报案件,交办举报线索前应当向有关侦查部门通报,交办函及有关材料复印件应当转送本院有关侦查部门。控告检察部门或者举报中心对移送本院有关部门和向下级人民检察院交办的案件,应当依照有关规定进行督办。

三、案件受理的要求和应注意的问题

(一)实行线索分类移交制度。

1.各级检察长、检察机关各部门及其工作人员收到的举报线索,应当在7日内批交或者移送举报中心处理,有特殊情况暂时不宜移送的,应当经检察长批准。

2.反贪部门在侦查中发现的需另案处理的线索,一般应当在2个月内向本院举报中心通报;对暂时不具备查办价值的举报线索,应当每月向举报中心集中通报1次;经初查不予立案的举报线索,应当在1个月内移送举报中心。

3.反贪部门以外的其他业务部门,在检察工作中发现的贪污贿赂犯罪线索,应当在移送有关侦查部门处理的同时向举报中心通报。

(二)实行线索分级管理制度。

1.举报省部级以上以及中央单位厅局级国家工作人员、中央企业同等级别国家工作人员贪污贿赂犯罪线索,由最高人民检察院举报中心受理。

2.举报地方厅局级和中央、省直机关处级国家工作人员贪污贿赂犯罪线索,由省级人民检察院举报中心管理。

3.举报省以下县处级国家工作人员贪污贿赂犯罪线索,由地市级人民检察院举报中心管理。

4.举报科级及其以下国家工作人员贪污贿赂犯罪线索,由县级人民检察院举报中心管理。

(三)实行分流处理机制。

建立最高人民检察院以及省级、地市级、县级人民检察院对属于检察机关管辖的举报线索,举报中心应当及时依法受理并按照分级管辖的有关规定在7日内分别作出处理的举报线索处理机制。建立举报线索处理纵横并举机制,明确最高人民检察院举报中心对下转送案件线索时,在转送省级人民检察院举报中心的同时,要将线索摘要转送本院有关部门。省级及以下人民检察院在转送案件线索时依此类推执行。这个规定,有利于各级检察机关有关业务部门对案件线索处理的动态掌控。

（四）实行要案线索分级备案制度。

根据刑事诉讼法以及最高人民检察院关于要案线索备案、初查规定和《人民检察院刑事诉讼规则》等规定，实行要案线索备案的要求如下：一是明确依法由人民检察院直接立案侦查的县、处级以上干部犯罪的案件线索，属于要案线索。二是对于县、处级干部的要案线索，一律报省级人民检察院举报中心备案。其中，涉嫌犯罪数额特别巨大或者犯罪后果特别严重的，层报最高人民检察院举报中心备案；厅、局级以上干部的要案线索，一律报最高人民检察院举报中心备案。三是要案线索的备案，应当逐案填写要案线索备案表。备案应当在受理后 7 日以内办理；情况紧急的，应当在备案之前及时报告。四是接到备案的上级人民检察院举报中心，对于备案材料应当及时审查。如果有不同意见，应当在 10 日以内将审查意见通知报送备案的下级人民检察院。最高人民检察院开发的全国检察机关统一业务应用软件反贪系统运行以后，对于要案线索的备案，可以探索实行网上报备案制度。

（五）实行举报线索催办制度。

按照有关规定，举报中心对贪污贿赂犯罪案件的线索，应在受理后 7 日以内按照职能分工，移送本院反贪侦查部门或者依法移送有管辖权的人民检察院。反贪侦查部门对举报中心移送的举报线索，应在 1 个月以内将处理情况书面回复举报中心；逾期未回复的，举报中心应予催办，侦查部门应当说明理由。

（六）建立完善对举报人保护和奖励制度。

检察机关在反贪侦查过程中，举报人及其亲属可能会因其举报行为而遭到打击报复等。为此，应当建立必要的保护制度，有效防止举报人的合法权益受损害，从而调动广大人民群众与贪污贿赂犯罪作斗争的积极性。具体地说：一是要防止报案人、控告人、举报人及其近亲属的人身权利、民主权利、财产权利等合法权益受到侵害。二是发现有打击报复举报人活动的，应及时予以制止，并通过依法调查后由主管部门作出处理；情节严重的，要追究行为人的刑事责任。对举报失实的，应正确区分诬告与错告，慎重作出相应处理。三是对于举报、控告失实的，应客观分析失实的原因。按照刑事诉讼法第一百零九条等规定，只要不是捏造事实、伪造证据的，即使控告、举报的事实有出入，甚至是错告的，也要和诬告严格加以区别。四是建立举报奖励制度。检察机关应当建立奖励基金,实行专款专用。对被举报人被追究刑事责任的,应当对举报有功人员或单位给予精神奖励、物质奖励;对侦破贪污贿赂犯罪案件有重大贡献的,也应当给予重奖;奖励以判决生效为依据,由检察机关举报中心执行。

(七)加强对控告、举报材料的保密。

贪污贿赂犯罪案件没有查实或者侦查没有结束之前,要做好对举报人和被举报人的保密工作。一是对举报材料的内容应严格保密,不允许任何人私自摘抄、复制、扣押、销毁举报材料;二是禁止泄露举报人的姓名、工作单位、家庭住址等情况,甚至将举报材料和举报人有关情况透露或者转给举报单位和被举报人;三是在初查时不得出示举报材料,也不得暴露举报人的姓名和单位;四是宣传报道和奖励举报有功人员时,除本人同意外,不得在新闻媒体中公开报道举报人的姓名、单位以及相关情况。

(八)加强对被控告人、被举报人合法权益的保护。

根据刑事诉讼法第十二条规定,未经人民法院依法判决,对任何人都不得确定有罪。检察机关作为司法机关,应依法全面履行法律监督职责,既要准确及时查明贪污贿赂犯罪事实,正确适用法律,依法惩治贪污贿赂犯罪分子,也要保障无罪的人不受刑事追究。具体地说:一是认真全面地审查控告、举报材料,避免先入为主、"有罪推定";二是对故意捏造事实、伪造证据,诬告陷害他人构成犯罪的,要及时依法追究其刑事责任;三是对确属错告并已经对被控告人、被举报人造成不良影响的,要及时为其澄清事实,恢复名誉、消除影响。

第三节　贪污贿赂犯罪案件初查

一、贪污贿赂犯罪案件初查的概念

初查,是根据反贪侦查的特殊性,在案件立案前设立的一个重要环节,也是立案程序不可或缺的一项重要内容。"初查"一词,最早是在 1993 年最高人民检察院制定的《关于进一步加强大案要案查处工作的通知》中出现的。1995 年最高人民检察院制定的《关于要案线索备案、初查的规定》第三条,首次对初查进行明确的界定。1999 年 1 月 18 日最高人民检察院制定施行的《人民检察院刑事诉讼规则》，设立专门章节，对初查的任务、方法、结果处理、具体程序等进行系统规定，进一步促使初查工作制度化、程序化和规范化。2012年3月21日最高人民检察院讨论通过了《人民检察院直接受理侦查案件初查工作规定（试行）》，对初查作了比较系统的规定。2012年11月22日最高人民检察院修订的《人民检察院刑事诉讼规则》第八章进行了规定。

所谓贪污贿赂犯罪案件初查，是指在立案前，人民检察院对贪污贿赂犯罪案件线索依法进行调查的司法活动。根据刑事诉讼法第一百一十条规定，人民检察院对于报案、控告、举报和自首的材料，应当按照管辖范围，迅速进行审查。这里的审查即立案前的审查，主要通过两种方式进行：一是书面审查。就是对报案、控告、举报和自首的材料进行分析研究、审查甄别，确定是否有犯罪事实存在并需要追究刑事责任，进而决定是否立案侦查。二是必要的调查。就是通过对有关人员、场所等访查、了解，收集相关的证据材料，从而为决定是否立案侦查提供依据。

二、贪污贿赂犯罪案件初查的主要特点

（一）初查目的和任务的特定性。根据刑事诉讼法第一百一十条等规定，初查的目的是为了获取初步的证据，判明贪污贿赂犯罪案件或者线索是否符合立案条件而需要立案侦查。这里，初查的任务，就是围绕上述目的，对受理报案、控告、举报材料和其他案件线索进行初步调查核实，同时收集相关证据和信息，为判明是否立案侦查服务。

（二）初查对象的确定性。根据刑事诉讼法第一百一十条等规定，初查的对象是按照法律规定由检察机关管辖的贪污贿赂犯罪案件或者线索。

（三）初查性质和内容的针对性。根据刑事诉讼法第一百一十条等规定，初查属于立案前审查的一项内容，是立案阶段的一项诉讼活动。初查活动的内容，就是按照《人民检察院刑事诉讼规则》等有关规定，采取询问、查询、勘验、检查、鉴定、调取证据材料等不限制被查对象的人身、财产权利的措施进行调查活动。

（四）初查活动的秘密性要求。由于贪污贿赂犯罪主体绝大多数是国家公职人员，其往往有一定的权力和社会地位。这决定了查处这类犯罪案件干扰多、阻力大、难度高，客观上要求慎重对待。特别是由于初查阶段对案件线索是否成案、构成犯罪具有不确定性,开展初查活动一般应当秘密、依法进行,不可莽然行事,未经检察长批准不得接触初查对象。

三、贪污贿赂犯罪案件初查的意义

(一)有利于及时判明是否有贪污贿赂犯罪事实并需要立案侦查。从实践看,检察机关受理的贪污贿赂犯罪案件线索材料,往往真伪相杂、真假难辨。比如,有的成案率高,有的属于片断、零星而不成型等。通过初查对案件线索进行分析、筛选、过滤,做到去伪存真、去粗存精,由此及彼、由表及里,进一步认清其本质,从而有利于准确判断是否符合立案条件、需要立案侦查。

(二)有利于保证立案的质量。初查既是立案的前提,也是立案后侦查工作甚至贪污贿赂犯罪诉讼活动全过程的基础,事关反贪侦查的成败。实践表明,初查效率和质量的好坏,直接影响立案侦查的准确性和成功率。初查工作做得好,收集的证据可靠,立案的质量就高,案件就容易突破。否则,初查工作不扎实,证据基础不牢,就会影响初查的成效甚至导致全案失败或者发生错案。因此,认真、扎实、细致做好初查工作,对于保证案件侦查活动顺利进行具有重要作用。

(三)有利于保障无辜的人不受刑事追究。对于报案、控告、举报的材料,经过调查如果认为符合立案条件的,应及时依法立案侦查。如果发现报案、控告、举报失实的,依法不予立案侦查;如果因初查活动对被控告人、被举报人造成不良影响的,应及时向有关部门澄清事实;如果发现诬告陷害的,应认真细致地深入调查核实,必要时依法追究报案、控告、举报人的法律责任。因此,经过初查把关,真正做到不枉不纵,使犯罪人及时受到法律应有的追究,使无罪者切实得到保护。

四、贪污贿赂犯罪案件初查的原则

从某种意义讲,一条案件线索能否成案,一条有侦查价值的线索能否使用成功,乃至在立案后能否顺利查清全案事实等,都取决于初查工作是否扎实、全面细致。做好初查工作,不仅要依法进行,而且要讲究初查的方法和艺术。要保证初查工作顺利进行,实现初查的目的和任务,应当遵循以下原则:

(一)依法初查原则。根据修改后的刑事诉讼法第一百一十条、《人民检察院刑事诉讼规则》及《人民检察院直接受理侦查案件初查工作规定(试行)》等规定,反贪侦查部门对举报中心移交的举报线索进行审查后,认为需要初查的,应当报检察长或检察委员会决定。从程序上讲,初查活动是否开展以及采取什么样的措施和手段,都应严格依法进行,做到客观、公正,严禁玩忽职守、滥用职权、徇私枉法。

(二)分工初查原则。根据《人民检察院刑事诉讼规则》第一百六十九条、第一百七十条等有关规定,初查由反贪侦查部门负责。在刑罚执行和监管活动中发现的应当由人民检察院直接立案侦查的案件线索,由监所检察部门负责初查。其中,对于重大、复杂的案件线索,监所检察部门如果认为有必要,也可以商请反贪侦查部门协助初查;必要时,也可以报检察长批准后,移送反贪侦查部门初查,监所检察部门予以配合。与此同时,对于各级人民检察院来说,实行初查分工,按照检察机关直接立案侦查案件分级管辖的规定确定。上级人民检察院在必要时,可以直接初查或者组织、指挥、参与下级人民检察院的初查,可以将下级人民检察院管辖的案件线索指定辖区内其他人民检察院初查,也可以将本院管辖的案件线索交由下级人民检察院初查;下级人民检察院认为案情重大、复杂,需要由上级人民检察院初查的案件线索,可以提请移送上级人民检察院初查。

(三)重点初查原则。初查不同于侦查,根本的目的和任务在于判明是否符合立案条件、需要立案侦查。在初查阶段应当突出重点,按照初查的目的和任务的要求,对线索中经过分析认为涉及最有成案价值的问题及时进行调查,调查活动不能面面俱到。需要注意的是,在对案件线索进行分析判断时,应对整条线索是否成案的前景进行全面分析,采取初查的措施和手段要做到统筹兼顾,对于先查什么、后查什么等都应制定预案、心中有数,防止只及一点、不顾全局。

(四)秘密初查原则。由于贪污贿赂犯罪的特殊性,以及初查结果的不确定性,无论案件线索是成案还是不成案,对反贪侦查工作和被查对象都将产生一定的影响。从这一角度讲,初查一般应当秘密进行。秘密进行初查,有利于对初步调查对象、初查意图以及初查内容进行保密,从而达到初查的目的。因为在初查阶段,由于案件信息不对称,反贪侦查部门与被查对象之间处于相互隐蔽、相互保密的状态,对案件线索的分析判断及其是否构成犯罪等都处于或然性状态,如果初查的计划、意图、措施等过早被暴露,就将会造成不可挽回的损失,比如遭受来自多方的说情干扰,被调查对象的串供、毁证、匿赃甚至潜逃等反调查对抗,以致使反贪侦查部门处于被动。同样地,如果控告、举报失实或诬告,一旦进行公开初查,也将会对被调查对象造成不良影响,并给贪污贿赂犯罪侦查工作带来不该有的被动。总之,初查活动一般应当秘密进行,包括初查的对象、内容、方法、时间等内容都应保密,并严格控制知情范围。如果需要公开进行初查或者接触初查对象的,应当经检察长批准,从而掌握初查工作的主动权。

(五)其他原则。比如在初查阶段,由于对于案件线索的具体情况不明,在初查期间不能使用限制被调查对象的人身、财产权利的措施和手段,而只能采取询问、查询、勘验、检查、鉴定、调取证据材料等不限制被查对象人身、财产权利的措施,确实依法保障人权。比如,由于初查阶段强调的是采用非强制性手段,因此对于被调查人的控制是比较有限的,一旦开展初查活动的消息被泄露,就有可能使被调查人在心理上发生突变,甚至出现自杀或者逃跑等事件。因此,在初查时,应当严格执行办案安全防范制度,同步制定安全防范预案,防止发生重大办案安全事故。

五、贪污贿赂犯罪案件初查的方式方法

初查的方法多种多样,并且因案而异。从初查的主体角度讲,贪污贿赂犯罪案件线索的初查方式,可分为自行调查、联合调查和委托调查。首先,自行调查。这是指检察机关反贪侦查部门直接派员进行调查。其次,联合调查。这是指检察机关反贪侦查部门根据侦查指挥机制的原理和要求,与上级检察机关共同调查。再次,委托调查。这是指根据侦查协调机制的原理和要求,采取委托的方式由承办案件以外的其他检察机关进行调查,或者要求有关行政执法部门提供相应的材料。根据《人民检察院刑事诉讼规则》第一百七十五条等有关规定,对案件进行初查的人民检察院可以委托其他人民检察院协助调查有关事项,委托协助调查应当提供初查审批表,并列明协助调查事项及有关要求。接受委托的人民检察院,应当按照协助调查请求提供协助;对协助调查事项有争议的,应当提请双方共同的上级人民检察院协调解决。同时,侦查实践中还可以采用以下一些具体的初查方法:

(一)化装调查法或者秘密调查法。化装调查,是指侦查人员假扮成与被调查对象有关的人员接近被调查对象,开展调查工作。这既有利于调查,又不会被调查对象察觉,达到掩盖其真实身份的目的。比如,侦查人员在调查某中央国有企业副总经理收受回扣一案时,为查明被调查对象是否收受回扣以及收受多少回扣的事实,化装成业务推销人员进行现场调查,期间被调查人果然提出收取回扣一事,使调查人员从中获取关键性的证据,最后达到初查的目的。

(二)以案隐案法或称声东击西法。以案隐案,是指侦查人员以查甲案为名,深入发案单位进行调查,实质是调查乙案,目的是为掩盖初查的真实意图。比如,侦查人员在调查某国有单位私分国有资产一案时,需要对该单位的账目进行检查核实。为不暴露真实意图,反贪侦查部门以调查该单位一业务员涉嫌贪污问题为名进行查账,在被调查对象没有察觉的情况下,查清其私分公款的账目处理情况,从中获取了关键证据,最终查清私分国有资产一案的全部事实。

(三)长期经营法。长期经营,是指反贪侦查部门对某一案件线索进行调查的过程中,由于遇有被调查人或重要证人一时难以找到,或者调查时机不成熟等情况,而采取长期观察的方法,待条件成熟后再开展调查。无论从策略上还是效果上讲,实践中运用长期经营法,一般都能达到预期目的。

当然,贪污贿赂犯罪案件初查的方法很多,但应注意根据案件的性质及具体案情等实际,选择相应的有针对性的方法和手段,保证初查任务的顺利完成。

六、贪污贿赂犯罪案件初查的程序和要求

根据案件管辖的有关规定,受理报案、控告、举报和犯罪人自首的材料后,应当按照刑事诉讼法第一百一十条等规定,迅速进行必要的调查,以便判明是否需要立案侦查。在此,应当重点把握初查的部门、任务、内容及初查结果的处理等环节。

(一)贪污贿赂犯罪案件初查的部门。

根据《人民检察院刑事诉讼规则》等有关规定,反贪侦查部门对举报中心移交的举报线索进行审查后,认为有犯罪事实需要初查的,应当报经检察长批准或者检察委员会决定后,由侦查部门负责进行。但对性质不明、难以归口处理的举报线索,可以由举报中心进行初核。这就是说,检察机关反贪侦查部门负责贪污贿赂犯罪案件线索的初查。其中,举报中心具体负责对性质不明、如不进行必要的调查就难以确定管辖的案件线索进行初核;反贪侦查部门负责对贪污贿赂犯罪案件线索的初查。这里,举报中心的初核和反贪侦查部门的初查,两者之间有着严格的区别:一是初查的任务不同。反贪侦查部门的初查,是通过收集初步证据,查清是否有贪污贿赂犯罪的发生,从而为是否决定立案侦查服务。举报中心的初核,是为了查明案件线索的性质,确定由哪个部门管辖,以便进行案件分流或移送有管辖权的机关。二是初查的范围不同。反贪侦查部门的初查,主要围绕证据展开,对涉案的相关单位进行调查核实,还可以找有关证人谈话取证。举报中心的初核,主要围绕案件线索涉及发案单位的性质、被举报人的职务等进行,一般情况下可以找控告人、举报人核实情况,或者到工商、纪委等部门了解被举报人所在单位的性质、被举报人的职务等,但不接触发案单位、证人和被举报人。三是初查的方式不同。反贪侦查部门的初查,大多以调查为主,获取初步的证据,就达到初查的目的。举报中心的初核,大多以书面审查为主,以必要的调查为辅,从而辨明是否有犯罪事实并需要追究刑事责任,最终确定案件线索的管辖权以及案件线索的分流、移送等。

(二)贪污贿赂犯罪案件初查的任务、内容和要求。

1.贪污贿赂犯罪案件初查的任务。根据《人民检察院刑事诉讼规则》等有关规定,初查的任务主要是对举报材料和其他案件线索进行初步调查核实,收集必要的证据,判明是否有犯罪事实并需要立案侦查。

2.贪污贿赂犯罪案件初查的内容。完成初查的任务,应当围绕是否有贪污贿赂犯罪事实,并需要追究刑事责任进行调查获取初步的证据。具体地说,初查的内容主要有:

(1)调查被控告人、被举报人的基本情况。包括被控告人、被举报人所在单位权力运行是否规范,管理是否有序,生产经营活动是否正常,以及被控告人、被举报人的个人及其家庭情况,比如年龄、住址、籍贯、文化程度、简要经历、任职情况、工作权限等。

(2)调查被控告、被举报事实的基本情况。包括线索材料所反映的问题是否属实,是否符合贪污贿赂犯罪构成的条件,被控告人或被举报人是否属于国家工作人员,有否利用职务便利,是否达到了构成贪污贿赂犯罪的程度,是否具有依法不追究刑事责任的情形等。具体地说,比如贪污罪案中涉及的工程项目,被伪造的账目或合同,被涂改的票据以及涉案款项的性质、来源和去向等;贿赂罪案中行贿人的供述,相关证人证言,谋取好处的性质,比如是否正当,以及相应的证据等情况。

3. 贪污贿赂犯罪案件初查的要求。根据《人民检察院刑事诉讼规则》等有关规定,初查应在规定的期限内进行,并做好报备工作。具体地说,应当把握以下环节和方面:

(1) 及时制定初查工作方案。根据《人民检察院刑事诉讼规则》第一百七十一条等有关规定,检察长或者检察委员会决定初查的,承办人员应当制作初查工作方案,经侦查部门负责人审核后,报检察长审批。初查工作方案的内容,应当包括以下方面:一是初查的目的、方向和计划调查的问题;二是初查的人员配备、分工及组织领导;三是初查的时间、步骤、方法和措施;四是初查的安全防范预案;五是办案风险评估及应对措施。

(2) 实行初查时限及其催办制度。根据《人民检察院刑事诉讼规则》第一百六十五条等有关规定,反贪侦查部门接到举报中心移送的举报材料后,应当在 3 个月以内将处理情况回复举报中心;下级人民检察院接到上级人民检察院移送的举报材料后,应当在 3 个月以内将处理情况回复上级人民检察院举报中心。情况复杂逾期不能办结的,报检察长批准,可以适当延长办理期限。

(3) 实行要案线索的分级备案管理制度。所谓要案线索,是指依法由人民检察院直接立案侦查的县、处级以上干部犯罪的案件线索。根据《人民检察院刑事诉讼规则》第一百六十三条和第一百六十四条以及要案线索报备制度等有关规定,对于直接受理的要案线索,实行以下分级备案的管理制度。一是县、处级干部的要案线索,一律报省级人民检察院举报中心备案。其中,涉嫌犯罪数额特别巨大或者犯罪后果特别严重的,层报最高人民检察院举报中心备案。二是厅、局级以上干部的要案线索,一律报最高人民检察院举报中心备案。三是对于要案线索,应当逐案填写要案线索备案表进行备案。备案应当在受理后 7 日以内办理;情况紧急的,应当在备案之前及时报告。四是接到备案的上级人民检察院举报中心,对备案材料应当及时审查,如果有不同意见,应当在 10 日以内,将审查意见通知报送备案的下级人民检察院。

（三）贪污贿赂犯罪案件初查终结的处理。

根据刑事诉讼法第一百一十条及《人民检察院刑事诉讼规则》第一百七十六条等有关规定，反贪侦查部门对举报线索初查终结后，应当制作审查结论报告，提出处理意见，并报检察长决定。

1.提请批准立案侦查。侦查部门对举报线索初查后，认为有犯罪事实需要追究刑事责任的，应当制作审查报告，提请批准立案侦查，报检察长决定。

2.提请批准不予立案及后续处理。经初查后，对具有下列情形之一的，提请批准不予立案。这些情形包括：一是具有刑事诉讼法第十五条规定情形之一的；二是认为没有犯罪事实的；三是事实或者证据尚不符合立案条件的。对于检察长决定不立案的案件，凡违反党纪和行政纪律的，应移交被调查人的主管机关处理；凡违反行政法规需要行政处罚的，应移送行政执法部门处理。对于属于错告的，如果对被控告人、被举报人造成不良影响的，应当自作出决定之日起1个月以内向其所在单位或者有关部门通报初查结论，澄清事实。对于属于诬告陷害的，应当移送有关部门处理。

3.做好初查结论报告。根据《人民检察院刑事诉讼规则》第一百七十七条等有关规定，对上级人民检察院交办、指定管辖或者按照规定应当向上级人民检察院备案的案件线索，应当在初查终结后10日以内向上级人民检察院报告初查结论。上级人民检察院认为处理不当的，应当在收到备案材料后10日以内通知下级人民检察院纠正。

4.答复及举报中心监督。根据刑事诉讼法及《人民检察院刑事诉讼规则》等有关规定，对于作出不立案决定的举报线索，举报中心应当进行审查，认为不立案决定错误的，应当提出意见报检察长决定。如果符合立案条件的，应当立案侦查。举报中心审查不立案举报线索，应当在收到侦查部门决定不予立案回复文书之日起1个月以内办结；情况复杂，逾期不能办结的，经举报中心负责人批准，可以延长2个月。反贪侦查部门对决定不予立案的举报线索，应当在1个月以内退回举报中心。需要指出的是，对于实名举报，经初查决定不立案的，侦查部门应当制作不立案通知书，写明案由和案件来源、决定不立案的理由和法律依据，连同举报材料和调查材料，自作出不立案决定之日起 10 日以内移送本院举报中心，由举报中心答复举报人。必要时可以由举报中心与侦查部门共同答复。对于其他机关或者部门移送的案件线索，经初查决定不立案的，反贪侦查部门应当制作不立案通知书，写明案由和案件来源、决定不立案的理由和法律依据，自作出不立案决定之日起 10 日以内送达移送案件线索的单位。

5.立卷归档。根据《人民检察院刑事诉讼规则》第一百八十一条等有关规定，初查终结后，相关材料应当立卷归档。对于哪些材料入卷，哪些材料不卷，应当按照法律规定，结合案件实际进行。对于立案进入侦查程序的，则对作为诉讼证据以外的其他材料应当归入侦查内卷。

（四）初查阶段向立案阶段的转换及后续措施。

侦查实践表明，立案侦查是建立在初查基础之上的。初查环节的工作好坏，直接对立案的质量以及后续侦查活动产生影响。从某种意义讲，立案侦查实际是对初查环节收集的相关信息、资料等证据材料的审查和深化。对于经过初查、认为符合立案条件的，在初查终结前期，就要做好向侦查转换的准备。除了报请立案侦查或者不予立案的手续，还应当重视对有潜逃可能的被调查人进行监控，防止其出逃；对重要的或关键性的证据材料应当进一步固定，同时应当从有利于突破案件的角度，迅速从初查阶段的重点调查转向对全案可能涉嫌犯罪事实进行侦查的谋划布局。由于贪污贿赂犯罪具体罪种以及同一犯罪的个案情形各异，在初查阶段向侦查转换的过程中，采用的措施和方法应当因案而异。侦查实践中，应当注意把握初查向立案转换的时机、方式和紧急措施等问题。特别是应当注意，既要防止初查不到位，在证据材料不足的情形下立案，就可能使案件的侦查陷入僵局，同时又要防止初查过度，证据材料的收集已经足够，但对是否立案仍然忧虑不决，以致被涉案人员发现或者工作中泄露初查秘密等，对案件的查办同样带来损失。司法实践中，一定要注意防止以上两种倾向，保证反贪侦查工作健康深入发展。

第十七章　贪污贿赂犯罪立案

第一节　贪污贿赂犯罪立案的概念及其意义

一、贪污贿赂犯罪立案的概念

立案,是办理贪污贿赂犯罪案件一个必须经过的诉讼程序,是刑事诉讼活动开始的标志,也是通过司法程序将贪污贿赂犯罪分子绳之以法、遏制和预防贪污贿赂犯罪活动滋生蔓延不可缺少的重要措施和手段。所谓反贪侦查中的立案,是指根据刑事诉讼法第一百零七条、第一百一十条及《人民检察院刑事诉讼规则》第一百八十三条等规定,人民检察院依照管辖范围,对自行发现或者对于报案、控告、举报和自首的材料进行审查后,认为有犯罪事实需要追究刑事责任时,决定交付侦查的一种诉讼活动。

二、贪污贿赂犯罪立案的主要特点

(一)立案的任务和对象。按照刑事诉讼法第一百零七条、第一百一十条等规定,立案阶段的任务就是接受并审查报案、控告、举报和自首等材料,判明是否有犯罪事实需要追究刑事责任,决定是否立案。同时,立案的对象即贪污贿赂犯罪案件和贪污贿赂犯罪嫌疑人。

(二)立案的性质。反贪侦查中的立案,目的是通过启动侦查程序,查清贪污贿赂犯罪嫌疑人的犯罪事实,并将其交付审判。从决定立案到交付审判的全过程,都应按照刑事诉讼法进行。从性质上讲,整个过程均属刑事诉讼活动。

(三)立案的地位。按照刑事诉讼法有关规定,刑事诉讼程序由立案、侦查、起诉、审判、执行及特殊程序等几个阶段组成,其中以立案为标志,将报案、控告、举报和自首的材料线索,通过决定立案的程序进入侦查阶段。从性质上讲,立案属于刑事诉讼中一个独立的诉讼阶段,具体包括:接受报案、控告、举报和自首的材料,审查这些材料,判明是否符合立案条件和标准,决定是否立案等内容。这表明,立案的地位主要体现为它的独立诉讼阶段特性。

三、贪污贿赂犯罪立案的意义

(一)立案是反贪侦查活动的开始和必经程序。检察机关在反贪侦查中,对任何贪污贿赂犯罪行为的追究,都必须通过立案程序,才能将案件进入刑事诉讼的轨道。唯有如此,才能促使侦查、起诉等诉讼活动有法可依。否则,如果没有立案程序,就没有整个刑事诉讼的过程,也就没有对贪污贿赂犯罪的刑事追究。

(二)准确及时立案有利于迅速揭露、证实和惩罚贪污贿赂犯罪。对于每一宗贪污贿赂犯罪具体案件来说,立案是对贪污贿赂犯罪嫌疑人是否有罪作出判断,既为后续的侦查指明调查收集证据的方向,也为对犯罪嫌疑人的侦查、起诉等打下基础。因此,只有及时启动立案程序,才能保证及时、准确打击贪污贿赂犯罪活动。

(三)准确及时立案有利于保护国家工作人员合法权益不受侵犯。通过立案前的审查,决定对不具有犯罪事实或者依法不应当追究刑事责任的被控告人、被举报人不予立案。这就能够在刑事诉讼活动的入口,设立一道保护屏障,依法保护国家工作人员人身、财产等合法权益不受非法追究,从而避免和防止错案发生。

(四)正确及时立案有利于遏制和预防贪污贿赂犯罪滋生蔓延。通过立案侦查,使司法机关及时发现经济社会发展各个阶段贪污贿赂犯罪的新情况新动向,研究分析贪污贿赂犯罪的发案规律和特点,从而向党委、政府或者发案单位提出检察建议和审判建议,进一步推进惩治和预防腐败体系建设及完善,不断提升惩治和预防贪污贿赂犯罪科学化水平,有力推动党风廉政建设和反腐败斗争健康深入发展。

第二节　贪污贿赂犯罪立案的条件和标准

一、贪污贿赂犯罪立案的条件

贪污贿赂犯罪立案,是指检察机关依照法律规定的管辖范围,对报案、控告、举报及犯罪人自首等材料进行审查,认为有贪污贿赂犯罪事实需要追究刑事责任时,依法决定交付侦查的一种司法活动。立案是刑事诉讼的启动阶段,目的是对贪污贿赂犯罪进行刑事追究。通过侦查、起诉和审判活动,揭露和证实贪污贿赂犯罪,查获贪污贿赂犯罪行为人,使贪污贿赂犯罪者受到应有的法制惩处。

立案条件亦称立案理由,直接决定立案是否成立。刑事诉讼法第一百一十条规定,人民检察院对于报案、控告、举报和自首的材料,应当按照立案管辖范围,迅速进行审查。认为有犯罪事实需要追究刑事责任的时候,应当立案;认为没有犯罪事实,或者犯罪事实显著轻微,不需要追究刑事责任的时候,不予立案。根据这一规定,贪污贿赂犯罪的立案必须同时具备以下两个条件:一是有贪污贿赂犯罪事实存在。这是指立案追究的必须是依照刑法规定构成贪污贿赂犯罪的行为。对不构成贪污贿赂犯罪的行为,不应当立案。这里的贪污贿赂犯罪行为,包括已经发生、正在发生或处于预备阶段等几种犯罪形态。在立案时,应划清罪与非罪的界限,切不可将错误行为或者一般违法行为当做犯罪立案追究。认为有贪污贿赂犯罪事实存在,要有足够的证据,但不要求查明用以证明贪污贿赂犯罪的一切情况和犯罪人的全部证据材料。在立案这一刑事诉讼的起始阶段,不能要求具备这样的材料,这是符合刑事诉讼规律的,因为全案事实真相需要凭借立案后的侦查或者审查起诉阶段去收集。二是需要追究刑事责任。这是指对已经发生的贪污贿赂犯罪行为,依法必须追究刑事责任。没有犯罪事实或法律规定不须追究刑事责任的,就不应立案。刑事诉讼法第十五条规定,对于情节显著轻微、危害不大,不认为是犯罪的;犯罪已过法定追诉时效期限的;经特赦令免除刑罚的;根据其他法律法令规定免予追究刑事责任的;刑法规定告诉才处理的犯罪、没有告诉或者撤回告诉的;犯罪嫌疑人或被告人死亡的等六种情形,不追究刑事责任。凡具有上述六种情形之一的,检察机关应不予立案;已经立案侦查的,应当及时撤销案件。

二、贪污贿赂犯罪立案的标准

立案标准,是衡量或决定是否立案的一种尺度,也是罪与非罪的临界线。越过这个临界线,就构成犯罪。否则,就不构成犯罪。检察机关根据经济社会发展的实际,按照刑法、刑事诉讼法以及其他有关法律规定,并结合司法实践经验,依照数额加情节的方法规定了贪污贿赂犯罪案件的立案标准。这里的数额,是以运用度量方法测试评估财产内容为标志,针对贪利性、渎职性的贪污贿赂犯罪都具有现实意义。这里的情节,是针对贪污贿赂犯罪社会危害性和行为人主观恶性程度等各种情节,综合考虑刑法规定的定罪情节来决定的,符合贪污贿赂犯罪的性质和特点,也符合查处和惩治贪污贿赂犯罪的刑事政策要求,具有一定的科学合理性,对于检察机关运用法律武器与国家公职人员的贪污贿赂犯罪活动作斗争、推动反腐败斗争健康深入开展等具有重要意义。需要指出的是,立案标准中的具体数额标准,将随着经济社会发展而变化,但是在法律没有被修改以前,这些具体的数额标准是检察机关依法查办贪污贿赂犯罪案件的依据,也是衡量检察机关严格规范公正执法的重要标志。具体如下:

(一)贪污案的立案标准:个人贪污数额 5000 元以上或者虽不满 5000 元,但情节较重。

(二)挪用公款案的立案标准:挪用公款归个人使用进行非法活动而数额在 5000 元以上的或者挪用公款归个人使用进行营利活动而数额在 1 万元以上的或者挪用公款归个人使用超过 3 个月未还而数额在 1 万元以上的。

(三)受贿案的立案标准:个人受贿数额 5000 元以上或者虽不满 5000 元,但情节较重。

(四)利用影响力受贿案的立案标准:目前尚没有明确,有待于进一步研究确定。

(五)单位受贿案的立案标准:单位受贿数额 10 万元以上或者虽不满 10 万元但具有其他严重情节。

(六)行贿案的立案标准:行贿数额 1 万元以上或者虽不满 1 万元但具有其他严重情节。

(七)对单位行贿案的立案标准:个人行贿数额 10 万元以上、单位行贿数在 20 万元以上或者虽不满上述数额但具有其他严重情节。

(八)介绍贿赂案的立案标准:介绍个人向国家工作人员行贿、数额 1 万元以上或者介绍单位向国家工作人员行贿、数额虽不满上述数额但具有其他严重情节。

（九）单位行贿案的立案标准：单位行贿数额 10 万元以上或者虽不满 10 万元但具有其他严重情节。

（十）巨额财产来源不明案的立案标准：数额 10 万元以上。

（十一）隐瞒境外存款案的立案标准：数额 10 万元以上。

（十二）私分国有资产案的立案标准：数额 10 万元以上。

（十三）私分罚没财物案的立案标准：数额 10 万元以上。

第三节　贪污贿赂犯罪立案的方式和立案手续及其审批

一、贪污贿赂犯罪立案的方式

由于贪污贿赂犯罪的具体个案情况不同，如有的犯罪嫌疑人明确，有的则犯罪事实明确。在审查这些案件线索材料并作出立案侦查决定时，立案方式是由贪污贿赂犯罪的具体个案情况所决定的。一般来说，既可以"由人查事"，也可以"由事查人"。这表明，贪污贿赂犯罪立案的方式有以人立案和以事立案两种。在此，应予重视的是，如果采用以事立案的方式，则应防止大立大撤现象发生。

（一）以人立案。这是指对贪污贿赂犯罪嫌疑人明确，而犯罪事实不明的案件决定立案的方式。这种方式，适用于贪污贿赂犯罪事实及其犯罪结果没有自行暴露的案件。这类案件的特点：一是犯罪嫌疑人清楚，但贪污贿赂犯罪事实包括犯罪数额或犯罪情节，除了符合立案条件，其余不清楚；二是由于贪污贿赂犯罪事实不明，在立案前的审查包括必要调查的工作量大、时间长，初查成案率低；三是查处这类案件，采用以人立案的方式进行；四是实践中大量的案件采取这种方式立案。

（二）以事立案。这是指对贪污贿赂犯罪事实比较明确，但犯罪嫌疑人不明的案件决定立案的方式。这种方式，适用于贪污贿赂犯罪事实及其犯罪结果自行暴露的案件。这类案件的特点：一是贪污贿赂犯罪线索比较明确，但犯罪嫌疑人不明；二是由于贪污贿赂犯罪事实比较明确，在立案前的审查等工作量相对较小、时间较短，有的没有初查期，成案率相对要高；三是查处这类案件采用以事立案的方式进行。

二、贪污贿赂犯罪立案手续及其审批制度

根据《人民检察院刑事诉讼规则》第一百八十三条、第一百八十四条等规定,检察机关对直接受理贪污贿赂犯罪案件的材料,经过书面审查和初步调查,认为犯罪嫌疑人或被告人的犯罪事实已达到法律规定的立案标准,需要追究刑事责任的,应当制作立案报告书,经检察长批准后予以立案。凡决定立案的,应当注意把握以下事项:

(一)制作立案文书。承办人员应当制作《立案报告书》,报经检察长批准后予以立案。

(二)立案报备及审查。首先,在决定立案之日起 3 日以内,应当将立案备案登记表、提请立案报告和立案决定书一并报送上一级人民检察院备案。其次,上一级人民检察院应当审查下级人民检察院报送的备案材料,并在收到备案材料之日起 30 日以内,提出是否同意下级人民检察院立案的审查意见。认为下级人民检察院的立案决定错误的,应当在报经检察长或者检察委员会决定后,书面通知下级人民检察院纠正。上一级人民检察院也可以直接作出决定,通知下级人民检察院执行。再次,下级人民检察院应当执行上一级人民检察院的决定,并在收到上一级人民检察院的书面通知或者决定之日起 10 日以内将执行情况向上一级人民检察院报告。下级人民检察院对上一级人民检察院的决定有异议的,可以在执行的同时向上一级人民检察院报告。

(三)决定不立案及告知和复议。首先,对决定不予立案的,如果是被害人控告的,应当制作不立案通知书,写明案由和案件来源、决定不立案的原因和法律依据,由反贪侦查部门在 15 日以内送达控告人,同时告知本院控告检察部门。控告人如果不服,可以在收到不立案通知书后.10 日以内申请复议。其次,对不立案的复议,由人民检察院控告检察部门受理。控告检察部门应当根据事实和法律进行审查,并可以要求控告人、申诉人提供有关材料,认为需要侦查部门说明不立案理由的,应当及时将案件移送侦查监督部门办理。再次,认为被举报人的行为未构成犯罪,决定不予立案,但需要追究其党纪、政纪责任的,应当移送有管辖权的主管机关处理。

(四)特殊人员涉案通报的程序及处理。根据《人民检察院刑事诉讼规则》第一百八十五条、第一百三十二条等规定,应当把握以下几个方面:首先,担任县级以上人民代表大会代表涉嫌贪污贿赂犯罪依法决定立案的,决定立案的人民检察院应当立即向该代表所属的人民代表大会主席团或者常务委员会通报。其次,对担任上级人民代表大会代表因涉嫌贪污贿赂犯罪依法决定立案的,决定立案的人民检察院应当立即通过层报向该代表所属人民代表大会通报。再次,对担任下级人民代表大会代表因涉嫌贪污贿赂犯罪依法决定立案的,决定立案的人民检察院可以直接向该代表所属的人民代表大会主席团或者常务委员会通报。第四,对担任乡、民族乡、镇的人民代表大会代表因涉嫌贪污贿赂犯罪依法决定立案的,决定立案的县级人民检察院可以向乡、民族乡、镇的人民代表大会通报。第五,对担任两级以上人民代表大会代表因涉嫌贪污贿赂犯罪依法决定立案的,决定立案的人民检察院应当分别按照上述规定通报。第六,对担任办案单位所在省、市、县或者区以外的其他地区人民代表大会代表因涉嫌贪污贿赂犯罪依法决定立案的,决定立案的人民检察院应当委托该代表所属的人民代表大会同级的人民检察院通报;对担任两级以上人民代表大会代表因涉嫌贪污贿赂犯罪依法决定立案的,决定立案的人民检察院应当分别委托该代表所属的人民代表大会同级的人民检察院通报。此外,对于县级以上领导干部或者知名人士因涉嫌贪污贿赂犯罪依法决定立案的,决定立案的人民检察院应当按照规定依法向有关部门通报。

第四节　贪污贿赂犯罪立案初期的侦查措施及运用

一、贪污贿赂犯罪立案初期紧急侦查措施与案情分析判断

首先,应当及时把握和运用立案最初的紧急侦查措施。这是随着立案审查的开始而进行的,具体是指检察机关反贪侦查部门在接到报案、举报、控告、犯罪人自首的材料后,为及时发现和收集贪污贿赂犯罪的物证书证、犯罪痕迹、赃款赃物乃至捕获犯罪嫌疑人而采取的紧急措施。最初的侦查措施,应当根据具体个案情况确定。比如贪污案件,在询问举报人、有关知情人后,通常还采用扣押与案件有关的账册、单据、文件资料的措施,防止犯罪嫌疑人干扰或者阻碍侦查。最初侦查措施所获得的有关案件情况和资料,是进行案情分析、提出侦查判断、确定侦查方向的重要依据。在反贪侦

查工作中,反贪部门及其工作人员应当根据具体个案的特点,及时采取必要的紧急措施,保证侦查活动顺利进行。

其次,应当注重对案情的分析判断。立案初期的案情分析判断,主要解决案件的性质即罪与非罪、此罪与彼罪的问题。同时,应当加强分析贪污贿赂犯罪实施情况,包括对犯罪时间、处所、作案工具、犯罪手段以及犯罪活动过程等。对贪污贿赂犯罪案情的判断,具体逻辑过程是通过调查和最初的侦查措施,研究贪污贿赂犯罪的结果,从认识上恢复贪污贿赂犯罪实施过程的原状,以确定案件的性质和实施犯罪的有关情况。由于贪污贿赂犯罪案件的复杂性,以及反贪侦查部门受理案件材料的局限性,对贪污贿赂犯罪案件的认识有一个逐渐深化的过程。在侦查终结前的各个侦查环节,通过采取各种侦查措施,不断取得贪污贿赂犯罪案件的新情况、新线索和新证据,对案情的分析判断也将随着侦查工作的进展而不断深入,从而适应案情变化的实际要求,指导落实并调整各项侦查措施,直至案件全面侦破。对案情分析判断所凭借的最初依据,是立案初期获得的报案、控告、举报的材料以及经过审查核实的勘查、搜查和调查询问等有关材料。对案情的分析判断,应当运用正确的指导思想和具体方法,还应符合形式逻辑的思维规则。由于运用最初的侦查措施获得的证据材料,无论是口头陈述或是痕迹、作为证据包括物证、书证的物品,往往会受到诸如勘查和搜查等侦查行为的局限性、当事人记忆力的消退、物质的销蚀灭失以及人为因素的干扰,如人际关系的疏密程度、当事人素质、犯罪人故意干扰等因素方面的影响。因此,分析判断案情时,应当运用辩证唯物论的思想武器,从事物的发生发展及其变化中去研究犯罪事件的原貌,认识犯罪事件的真相,并注意善于运用辩证逻辑,客观全面地抓住事物的本质特征,而不能主观武断,只看其表面现象。

二、制订侦查计划

侦查计划,是指对具体案件侦查活动的全面规划,是组织和指导侦查活动的依据,也是侦查活动的行动指南。侦查计划实质是调取证据的行动方案。制订侦查计划时,应当做到:一是有助于全面调查案件的犯罪事实,全面收集证据,不致发生遗漏,从而保证侦查质量;二是有助于正确安排各项调查工作、落实调查任务,协调各项侦查措施,保证有条不紊地开展调查活动;三是有助于针对待查问题,系统地提出深入查证的方法和措施,保证侦查工作的彻底性;四是在全面查核犯罪事实和证据的基础上,有助于判明案件性质,揭示犯罪后果。总之,制订侦查计划时应注意两个问题:

首先,制订的方法。侦查计划不是简单地将侦查活动按照先后顺序作出某种安排,而是根据已掌握的事实材料和线索,在全面细致地分析判断案情的基础上,按照侦查的一般规律和具体个案特点,提出侦查任务、目标、策略和步骤,选用适当的侦查方法和侦查手段。因此,制订侦查计划时,一定要讲究方法。侦查计划要有针对性,其范围限于与本案有关的犯罪事实和犯罪过程。如果侦查中发现与本案无关的犯罪行为或犯罪人,即应另行立案侦查。具体制订时应把握三个问题:一是侦查计划应当根据立案报告制订。也就是说,要根据立案所掌握的情况进行全面细致的审查,吃透案情,对案件繁简程度以及需要侦查的各个方面、环节等因素认真加以研究分析。既要把握重点,又要做到点面结合,统筹兼顾。在此基础上作出具体的推断、安排。只有这样,制订出的计划才能符合具体个案实际。二是注意时机的适时性。侦查计划如果制订过早,由于案情材料缺乏,虚拟推断过多,就将不切实际,没有明确的侦查方向和重点,盲目性也大。侦查计划若制订过迟,就会丧失对侦查的指导意义。因此,侦查计划的制订一般应选择在通过立案前审查和最初侦查措施的运用,初步判明案件性质,获得足以确定侦查方向、侦查范围的材料之时。这是制定全案侦查计划一个比较适宜的时机。三是注意侦查计划执行的稳定性及其适当调整。侦查计划一经审定,就要严格实施,不能无故放弃。但由于贪污贿赂犯罪情况复杂,侦查计划的执行过程实质是斗智斗勇的过程。侦查中的各种情况随时可能发生变化,因此最详尽的侦查计划也不可能将每一个工作步骤都完全固定下来。这就要求根据侦查活动逐渐深入而出现的新情况新问题,及时补充或修改既定的侦查计划,必要时可以就某项重要问题制订专项计划,以保证全案侦查工作的顺利进行。

其次,侦查计划的内容。侦查计划的内容主要包括:应查明的问题和应追查的线索,侦查方法、步骤、措施、时间、注意事项、参与侦查人员的职责分工等。总的来说,侦查计划要有特定性,要从案件的具体情节出发,能反映案件的特点。通常归纳为以下几个方面:一是立案根据。简要叙述事件发生发展的情况及其造成的损失、后果。主要证明对报案、控告、举报等事实情节的审查或勘查的结果,用以表明确有应予追究刑事责任的贪污贿赂犯罪事实存在。二是对案情的分析判断。列举对应查明的主要问题即主要事实情节所作的初步分析判断。如赃款赃物去向、犯罪人去向及犯罪实施过程的推断等。对此推断,应以调查或勘查材料为依据,并考虑各种实际可能性。三是侦查的任务和措施。在对案情分析判断的基础上,根据侦查方向、范围和针对每一种分析判断,列举应当查明的问题,以及为查明某个问题所采取的方法、措施,并注明完成各项措施的步骤和时间。这里,特别要注意的是,根据刑事诉讼法的新要求,在侦查取证过程中,应当提出注意收集定性证据、量刑证据、证明违法所得证据、证明取证合法性证据、证明侦查程序合法性证据以及羁押必要性证据等,形成有利于揭露和证实贪污贿赂犯罪的证据链条。四是侦查力量的组织与分工。对一些复杂的或跨地区的案件,应当注意侦查力量的组织和分工问题。对各地区、各侦查部门和各项专门工作,都应明确规定配合协作的办法,还要明确规定特殊情况下的工作纪律以及汇报、检查制度,以及注明参与侦查人员的注意事项。

三、立案初期侦查措施的运用

侦查计划制订后,就要马上转入侦查实施阶段。侦查措施的运用实质上是一个重要的侦查谋略和侦查方法问题,正确、有效地运用侦查措施,直接关系到侦查计划的准确实施、侦查活动的顺利和有效开展以及侦查目的的实现。实践表明,在贪污贿赂犯罪案件立案初期实施侦查行为,具体应采取以下措施:

(一)总体部署,重点突破。根据侦查计划的要求,立案初期侦查活动中的待查问题一般较多。因此,应因案制宜,在侦查力量的安排使用上做到总体部署、合理分工,不宜平均使用力量。一般来说,如有足够人力,可对所有待查的问题同时开展侦查、分头进行。但在绝大多数情况下,是不可能满足这种条件的。因此,实施侦查行为时就要考虑待查问题在侦查中的意义和作用大小、难易缓急程度等因素,根据先主后次、先易后难、先急后缓等原则掌握侦查主动权,逐个地查清待查问题,直至全案的最后侦破。需要指出的是,侦查初期对案件突破口的选择具有极为重要的意义。这往往事关能否及时查清全案、制服犯罪嫌疑人的关键问题。由于案件情况不同,每个案件均有各自的突破口,并且突破口的多少因案而异。因此,在侦查措施的运用过程中要充分了解和分析能反映犯罪事件本质特征的案情材料,并以此为依据,善于抓住侦查对象的薄弱环节,利用其弱点,击其虚处,以求重点突破。

（二）准确判断,措施得当,以快制胜。对案情的分析判断是否准确,选择措施是否得当,行动是否迅速,直接关系到侦查活动能否顺利进行,乃至全案侦查的成功与否。能否准确地判断,取决于侦查人员自身的业务水平和掌握案情材料的多寡。因此,分析判断要有足够的案情材料和认真细致的研究思考,还要具备正确运用侦查措施的实践经验。凡是自身业务能力强、实践经验丰富,并且掌握案情材料多而扎实,据此所作的判断也可靠、准确,侦查措施的运用也得当。反之不然。侦查实践中,要根据不同性质的各类贪污贿赂犯罪的规律和特点以及个案情况,从案情的实际出发,有的放矢地选择运用各种侦查措施和手段,充分发挥其在侦查中的实际效用。通常为查明某个问题,可能运用的侦查措施并非只有一种,这就需要选择那些把握性大、失误少、阻力小的侦查措施。同时,对已确定选用的措施如搜查或讯问等,在具体实施时要周密设计,尽可能做到对症下药,以保证取得最佳效果。实施各种侦查措施和手段,要始终贯穿以快制胜的谋略。在贪污贿赂犯罪侦查中,侦查与反侦查是一场智慧的较量,并自始至终贯穿于侦查的全过程。案情似军情,瞬息万变。侦查过程中随时都可能出现某些令人莫测的情况。如果侦查人员不能把握时机和速度,就有可能丧失侦查主动权,使侦查工作处于被动,甚至造成不应有的损失。因此,这要求一切侦查活动,从拟定工作方案到部署分工以及实施各项侦查措施,都要迅速、以快制胜。既不能被大量案件线索所困惑,也不能在非原则性、非关键性的问题上争论不休。对关键性问题如侦查范围的确定等,要及时进行研究,不能争论不休、久拖不决或者优柔寡断、行动迟缓,以致贻误战机,给犯罪嫌疑人逃匿、毁证、串供或行凶、自杀以机会,造成侦查工作的被动。当然,强调行动速度、以快制胜,不等于草率盲目、轻举妄动,随意采取各种侦查措施。否则,将会欲速则不达,反受其害。

（三）侦技结合,深查细究。侦技结合是指讯问、勘验、检查、辨认、搜查、侦查实验等侦查措施与刑事技术手段,以及侦查信息化技术、现代化侦查装备的综合运用。实践表明,侦查技术手段特别是侦查信息化技术既是依据法律程序对案件证据进行调取、收集以及对物证进行鉴定等手段,也是帮助侦查人员研究和查明相关案情的方法。技术手段与各种侦查措施的有机结合,具有重要意义。比如在侦查初期,通常利用各种技术手段包括手机话单分析,以及配合现场勘查、搜查,及时检验和鉴定痕迹物证、会计资料等书证,搜集电子数码痕迹,为侦查提供或者拓展线索;在侦查过程及至侦查的最后阶段,利用技术手段可以排除或肯定嫌疑线索,缩小侦查范围,并为破案提供证据。同时,通过各种侦查措施和技术手段所取得的大量案情材料,既可能有侦查价值的,也有侦查价值不明显的,还有的与案件可能根本无关的。对此,应当认真进行分析甄别、去芜存菁,使已经取得的案情材料体现侦查价值,并注意从中寻找、发现新的案情线索,再依据这些线索深查细究,做到既不放过任何涉嫌贪污贿赂犯罪的重大嫌疑线索和犯罪嫌疑人,也决不冤枉好人,切实保护涉案人及至每一个公民的合法权益。

第十八章　贪污贿赂犯罪侦查措施

第一节　贪污贿赂犯罪侦查措施的特点和意义

一、贪污贿赂犯罪侦查措施的概念

贪污贿赂犯罪侦查措施,是实现贪污贿赂犯罪侦查目的的根本手段和途径,在保证及时有效查处贪污贿赂犯罪活动、完成法律赋予的职责任务中居于重要的地位。实践表明,离开了贪污贿赂犯罪侦查措施,收集证据、查清贪污贿赂犯罪事实以及查获犯罪嫌疑人等都无从谈起。顾名思义,所谓贪污贿赂犯罪侦查措施,就是侦查贪污贿赂犯罪所采取的措施。贪污贿赂犯罪侦查措施通常也称侦查行为,是指人民检察院在贪污贿赂犯罪侦查的过程中,为了收集证据,查清犯罪事实,查获犯罪嫌疑人,依照法律规定进行调查活动所采取的措施。

从上述定义可见,贪污贿赂犯罪侦查措施的使用主体是检察机关。贪污贿赂犯罪侦查措施的种类,包括控制人身自由权利的强制性措施、控制财产性权利的强制性措施和控制隐私权、通讯自由权的强制性措施。贪污贿赂犯罪侦查措施的价值在于实现侦查目的,通过运用侦查措施收集证据,实现查明贪污贿赂犯罪事实、查获贪污贿赂犯罪嫌疑人的侦查目的。从这个意义讲,贪污贿赂犯罪侦查措施是查办贪污贿赂犯罪案件最重要的因素,也是实现贪污贿赂犯罪侦查目的的途径和桥梁。

二、贪污贿赂犯罪侦查措施的主要特点

(一)贪污贿赂犯罪侦查措施的强制性。贪污贿赂犯罪侦查措施是实现贪污贿赂犯罪侦查目的的重要手段,以国家强制力作保证。在贪污贿赂

犯罪侦查活动中,检察机关依职权适用侦查措施,对于侦查对象来说只能"忍受",不能对抗侦查措施。如采取强制措施,限制或短时剥夺贪污贿赂犯罪嫌疑人的人身自由,这是不以犯罪嫌疑人的意志为转移的,这里的限制或者短时剥夺体现的就是国家权力的强迫性。从性质上讲,贪污贿赂犯罪侦查措施的强制性由贪污贿赂犯罪侦查机关与贪污贿赂犯罪之间的对抗关系所决定。贪污贿赂犯罪行为人实施犯罪后,往往会采取各种手段毁灭或伪造证据、制造假象,甚至威胁打击证人和办案人员,竭力逃避法律的制裁。贪污贿赂犯罪侦查机关肩负打击贪污贿赂犯罪、消除政治毒瘤的使命,与贪污贿赂犯罪分子必将斗智斗勇,并且这种对抗是激烈的。为了取得对抗的成功,及时发现犯罪、有效收集和固定证据,准确缉捕嫌犯,在这种情况下采用侦查措施,将不可避免对个人权利造成侵犯,但对这种侵犯是国家所允许的,并以强制力作保障,否则就无法实现侦查目的。

(二)贪污贿赂犯罪侦查措施的法定性。从实践看,贪污贿赂犯罪侦查措施在保障侦查目的顺利实现的同时,存在限制、侵犯相对人权利的可能。侦查行为越是要求通过强制手段实施,侵犯相对人私生活领域权利的可能性也越大。这就引申出一个命题,即政府运用强制性权力对公民生活的干涉,如果对此不可预见或者不可避免,就将对公民产生最大的妨碍和侵害。为避免因贪污贿赂犯罪侦查措施的滥用而导致相对人权利成为牺牲品,就应明确贪污贿赂犯罪侦查措施及其行使的边界,而这种边界员法律规定,这就是贪污贿赂犯罪侦查措施的法定性。具体要求:一是措施种类的法定。贪污贿赂犯罪侦查机关不能随意创设侦查措施,不得使用法律没有规定的侦查措施。二是适用主体的法定。按照法律规定,贪污贿赂犯罪侦查措施是由特定机关即检察机关使用,法律没有明确授权的机关不得适用贪污贿赂犯罪侦查措施。三是适用对象的法定。对具体的犯罪嫌疑人适用哪种侦查措施,应符合法律规定。四是适用程序的法定。适用任何一种贪污贿赂犯罪侦查措施,都要按照法律规定的程序进行。检察机关在贪污贿赂犯罪侦查中适用侦查措施,应当按照刑事诉讼法等有关规定进行,符合贪污贿赂犯罪侦查措施的适用条件、程序、期限等要求,切实防止随意性、程序不合法、对象不准确、扩大使用范围、超过法定强度等违法行为。

(三)贪污贿赂犯罪侦查措施的整体性。按照系统论的观点,贪污贿赂犯罪侦查措施是一个有机整体,每一项具体的贪污贿赂犯罪侦查措施各有其特殊功能,并且侦查措施整体功能大于部分功能之和。在具体的制度安排时,对于贪污贿赂犯罪侦查措施的配置不应孤立也不应将其简单组合或者机械相加。这就要求,对职务侦查措施进行制度设计时需要考虑它的完整性、系统性,比如包括获取线索的措施、依法审查和初步调查的措施以及收集证据、防止串供翻供、毁灭证据和控制贪污贿赂犯罪嫌疑人、控制赃款赃物等措施。只有从整体上进行系统考虑,保证贪污贿赂犯罪侦查措施的最佳配置和优化组合,才能形成侦查措施资源合力,适应贪污贿赂犯罪侦查的需要。

(四)贪污贿赂犯罪侦查措施的有效性。从侦查的功能和目的讲,贪污贿赂犯罪侦查措施的有效性,集中体现在全面收集和固定证据、清犯罪事实、查缉犯罪嫌疑人方面。侦查实践表明,由于贪污贿赂犯罪侦查的特殊性,要求侦查措施能及时解决侦查中遇到的特定问题,为实现侦查目的铺路搭桥。就侦查与反侦查而言,侦查人员与贪污贿赂犯罪嫌疑人的目的互相冲突、互相排斥并水火不容,侦查与反侦查双方对是非的评价标准、评价态度也截然不同,通常处于势不两立的对抗状态。这决定了侦查对抗中充满侦查与反侦查、调查与反调查、揭露与反揭露、查缉与反查缉的激烈斗争。贪污贿赂犯罪侦查措施的设计,就要围绕侦查与反侦查的特点规律进行,使侦查机关提高制服对手、侦破犯罪的水平,实现侦查的及时性和有效性。

三、贪污贿赂犯罪侦查措施的意义和作用

实践表明,贪污贿赂犯罪侦查工作是一项政策性、谋略性和时效性都很强的复杂活动,也是一场斗智斗勇的较量,这是由贪污贿赂犯罪的法律特性所决定的。由于贪污贿赂犯罪是国家公职人员利用手中的国家事务或者社会事务管理权力实施的犯罪行为,犯罪人具有特殊的身份,手中握有一定的公共权力,拥有一定的社会地位,并且心中十分清楚一旦被查处就意味着本人政治地位、经济利益乃至政治前途都将随之消失的严重后果,因而对检察机关的侦查活动将竭力加以阻拦和干扰,这既倍增侦查工作的难度,也预示着贪污贿赂犯罪侦查与反侦查之间的斗争必将呈现既尖锐又复杂的演化态势。检察机关采取侦查措施开展贪污贿赂犯罪侦查活动的目的,是为了侦破贪污贿赂犯罪案件,及时有效地揭露、遏制和预防贪污贿赂犯罪。在贪污贿赂犯罪侦查过程中,检察机关一旦离开了侦查措施,收集证据、查清贪污贿赂犯罪事实以及查获贪污贿赂犯罪行为人都将无从谈起。这说明,贪污贿赂犯罪侦查措施对于保证及时侦查贪污贿赂犯罪、完成侦查任务等居于核心地位,发挥着极其重要的作用。

第二节　刑事调查

一、刑事调查的概念及其种类

（一）刑事调查的概念。刑事调查是一种特殊的调查研究工作,也是贪污贿赂犯罪侦查的一项业务基础。它是指反贪侦查部门在同贪污贿赂犯罪作斗争的过程中,依据国家法律规定,采用公开与秘密相结合的方式,对贪污贿赂犯罪以及与之相关的人、事、物进行调查,获取贪污贿赂犯罪动态趋势信息和能够证实犯罪嫌疑人或者被告人有罪或无罪、罪重或罪轻的证人证言、物证、书证等有关证据材料的活动,包括初查和侦查活动。

（二）刑事调查的种类。一般地说,刑事调查可分为贪污贿赂犯罪态势调查、举报线索和刑嫌调查、个案调查和专案调查。

1.贪污贿赂犯罪态势调查。这是指反贪侦查部门为了对贪污贿赂犯罪进行动向研究分析,了解和掌握贪污贿赂犯罪的一般规律和特点,确定相应的侦查与预防对策,而对贪污贿赂犯罪活动情况所进行的调查。这种调查涉及战略决策问题,首要任务是调查贪污贿赂犯罪的动态趋势,包括犯罪数量、类别、发案重点领域、犯罪人群、作案手段和方式方法,以及造成的危害后果等内容。通过调查,从中找出贪污贿赂犯罪活动的规律、特点和趋势,从战略上、整体上建立并强化有效查处、打击和预防贪污贿赂犯罪机制。

2.举报线索和刑嫌调查。这是刑事调查工作中最常见的、也是难度最大的一项调查工作。它是指对个人和单位报案、举报、控告等所涉有关贪污贿赂犯罪嫌疑线索的调查,或者对贪污贿赂犯罪嫌疑人的调查。这种调查,需要通过多种渠道、运用多种措施获取有关贪污贿赂犯罪的情报资料。从实践看,一些重要的案件线索或材料,往往需要采取秘密调查手段,通过反复深入的调查才能弄清或获取。

3.个案调查和专案调查。这是指对已经立案的贪污贿赂犯罪活动所进行的调查,主要包括对犯罪嫌疑人及其犯罪事实和证据的调查与获取。由贪污贿赂犯罪的特殊性所决定,这类案件从立案侦查开始,一般都有明确的嫌疑对象。因此,贪污贿赂犯罪的个案调查,侧重点在于广泛收集证据,查明犯罪事实。其调查方法多种多样,并且侧重于公开性、任意性手段,比如讯问犯罪嫌疑人、询问证人、鉴定等,同时也有一些强制性措施比如搜查等。对于一些重大、复杂或者涉案人员多的贪污贿赂犯罪案件,反贪侦查部门认为必要时,可以决定进行专案调查。实行专案侦查,由办案组织方按照专案侦查的方式和要求,根据侦查工作的实际需要,从本级侦查人才库、辖区内各级人民检察院抽调侦查骨干,或者整建制调集若干下级人民检察院反贪污贿赂部门的侦查力量,开展侦查工作。

二、刑事调查的基本原则和方法

(一)刑事调查基本原则。

1.客观真实原则。实践表明,刑事调查所得的证据材料,是分析判断案情的客观依据和基础。这些证据材料是否真实可靠,直接关系判断案情和整个侦查活动的客观性和准确性。因此,侦查人员在刑事调查中,态度一定要客观,既要善于引导调查对象反映与案件有关的事实和情节,教育他们提供真实情况,又不能将自己的主观想象强加给他们,或者向调查对象透露任何已掌握的案件线索材料,或者谈及侦查人员对案件的看法,诱使对方根据自己的需要提供情况。侦查人员在提问题时,决不能表露自己的倾向性,言谈举止一定要尽量避免让对方获得某种"暗示"。调查记录要按照法律要求客观地反映陈述的内容,对证据材料不能凭侦查人员自己的好恶进行取舍。

2.全面细致原则。刑事调查过程中,往往会遇到一些错综复杂的情况。调查活动既有顺利的时候,也有困难的时候。为发现与扩大线索,查清事实经过,凡是应该调查的单位、个人或者有关事项,不论阻力多大、工作多艰苦,均要进行全面细致的调查。一旦发现有价值的线索,就要顺线直追。侦查实践中,有些贪污贿赂犯罪分子奸诈、狡猾,往往会采取隐蔽、躲藏、制造假象、混淆视线、流窜转移或者栽赃陷害等手段逃避打击。因此,侦查人员一定要全面了解案件情况,认真弄清案件事实真相,防止被假象所蒙蔽。同时,侦查人员还要强化保密意识,依法做好各项保密工作。

3.其他原则。比如,依照法定程序原则等等。

(二)刑事调查方法。

从侦查实践看,刑事调查的方法很多。除普遍调查与重点调查、临时调查与经常调查相结合外,还有以下两种方法:

1.公开调查。这是指反贪侦查部门为了解与贪污贿赂犯罪有关的情况,以公开的身份直接询问调查对象的调查活动。在多数情况下,侦查人员的意图可以向调查对象公开,但具体内容在案件尚未侦结之前,通常要嘱咐其保守秘密,以利于侦查工作的开展。公开调查,可以采取自行调查、联合调查和委托调查的形式。调查过程中,根据个案情况不同,对有关单位和个人可以灵活采取个别访问、询问等不同的方式进行,并根据需要制作调查记录。如果侦查过程中遇到某些专门性技术问题,需要专访有关专家的,那么应当及时向有关专家请教或者依法聘请有关专家进行鉴定。对于专家提出的看法和意见,不管是对认定案件事实有利还是不利,都应当制作正式的调查记录,有的需要他们出具鉴定意见书的应及时提出,由他们进行鉴定、提出意见,形成鉴定意见书,存档备查。需要注意的是,在案件线索的初查阶段,按照有关规定,一般不能接触被初查对象。如确需接触的,应当按照有关程序报经检察长审批。

2.秘密调查。这是指侦查人员在不暴露自己身份或者意图的前提下,针对具体案件的犯罪嫌疑人或者与犯罪嫌疑人关系密切的知情人,就案件有关情况所进行的调查活动,包括使用特情、耳目搜集犯罪情报、外线跟踪监视、秘密化妆侦查、秘密潜伏守候、秘密搜查取证、秘密辨认识别、秘密逮捕突审等手段。由于贪污贿赂犯罪的特殊性和复杂性,对这类犯罪的侦查尤其是在初查阶段以及立案后的侦查初期,单纯采用公开侦查措施容易打草惊蛇,引发犯罪嫌疑人之间串供、毁灭罪证甚至携款潜逃,并且倘若立案有误,采取公开调查就可能会造成一些消极的影响。在这种情况下,采取秘密调查和侦查措施,往往能获得意外的成功。侦查实践中,秘密调查和侦查活动通常从以下几个途径入手:

(1)从外围或侧面入手,迂回取证。即由外到内,由远到近,由上而下,循序渐进,秘密调查,获取证据。具体地说,侦查人员以相关身份作掩护,直接与嫌疑对象或其亲友接触,相机了解情况;或者旁敲侧击,观察反应;或者通过谈话,使对方在无意中吐露某些问题的真相,为采取其他侦查措施获取证据提供依据。

(2)以公开调查作掩护,秘密获取证据材料。为隐蔽调查意图,不惊动嫌疑人,达到攻其不备的目的,在案件初查阶段可以与审计、税务甚至公安、监察等单位紧密配合,暂不暴露检察人员身份,用以迷惑当事人,分散其注意力,或者形似查他案、实是查其案,使其产生错觉,从而获取有价值的证据材料。

(3)利用知情人巧取证据。在案件初查或者立案侦查初期,采取挖出来、打进去、分化瓦解等策略,利用行贿人、同案人以及其关系密切的人或者特情、耳目提供情况,采取秘密办法巧取证据。比如侦查人员不露面,在有关单位配合下物色可靠人员从侧面了解情况。侦查实践表明,当前一些贪污贿赂犯罪嫌疑人,往往养有一些情人。如能提高利用其情人的水平,比如通过控制其情人,并利用其情人知情多的特点,加强对其思想工作,从中获取真实可靠的情况。采取这些秘密调查的方法,应当注意为物色人员选定适当的方法,明确了解情况的深度和广度,以便适可而止、进退有序,不致暴露。在调查方法上,则要尽量做到平和自然,比如借口做某事,对嫌疑对象的行为及其有关场所进行暗中观察,伺机发现案件情况。

(4)化装调查,获取证据。侦查人员经过化装,直接与嫌疑对象接触,做"局内人",伺机发现可疑的人和事。化装的原则,通常是因地制宜,适应环境。化装时一定要尽力做到"身心"、"表里"、"内外"一致的伪装,着力在外表、言语、身份等方面下功夫。首先,外表化装,通常包括:衣服、鞋帽等应适应身份和环境;携带物品、工具的种类、式样、色调等应符合身份,并随季节和地区特点选换衣服,以免引起注意。其次,言语化装,通常包括:学会使用掩护身份的职业行话,学会运用某些流行口语等。再次,身份化装,通常包括:要有适合所化装身份的动作、神情,要掌握所化装身份的行业基本知识,通晓行情,懂"生意经"。

(5)将调查对象秘密邀约特定地点了解情况。这种方法,主要适用于某些举报人、知情人,可以采用公开和秘密两种方式相结合的方法进行调查,比如公开身份、不暴露意图,借口访问、暗中调查,发现疑点。此外,还可以运用跟踪、守候等方法。

（6）网络调查。随着现代科技特别是信息数码技术快速发展,网络调查应当成为贪污贿赂犯罪侦查的一种重要调查方式,以及提升侦查能力的重要措施和途径。所谓网络调查,主要是指利用互联网的平台,针对贪污贿赂犯罪查处和预防问题进行调查的方法。这是建立在互联网基础上,借助于互联网的特性实现反贪侦查的调查目的及特定目标的一种手段。具体地说,网络调查可以采取以下方法:一是宏观调查。针对贪污贿赂犯罪等腐败现象,进行网络面的腐败程度、舆情反映等调查,为制定查处和预防贪污贿赂犯罪、推动反腐败斗争决策及政策制定等提供基础参考。二是案件线索调查。当前,"网络反腐"蹿红,这一现象为网络调查开辟了新的视野。针对网络反映的腐败线索和问题,可以结合实际掌握的举报、控告、检举、揭发等材料,选择有可查性的线索进行调查,从而拓宽案件线索渠道。三是具体案件或者个案调查。针对特定的案件及被调查人或者犯罪嫌疑人,运用各种网络工具,收集与案件相关的网络资料或者电子数据,推动初查或者侦查工作。四是网络调查工具及有效运用。当前,网络调查的工具很多,如果选择得当并运用自如,必将大大提升网络调查的能力和水平。比如取证分析软件,文件系统检查软件,密码破解软件,手机取证分析软件,电子邮件分析软件,一比一硬盘拷贝机等等。从总体讲,由于网络调查是一项新生事物,目前应用的水平还比较低。从长远看,反贪侦查部门应当建立预设目标,从目前逐渐了解掌握向熟练运用迈进,不断提高网络调查或者侦查水平。

三、刑事调查材料的研究处理及其应注意的问题

（一）调查材料的分析、研究与处理。

侦查人员对调查结果要客观全面地进行评断。调查结果,可能是肯定的,也可能是否定的;同一个调查材料中,有些事实可能客观地反映了事物的真实情况,但有些材料可能是编造出来的。不管这些材料是否迎合侦查人员的心理,侦查人员都应当对所调查材料持客观的态度,全面进行分析,结合其他方面掌握的有关情况,综合评断调查材料的真实可靠性,以及对侦查工作的价值,并合理地加以运用。

（二）调查中应当注意的问题。

1.调查工作的政策性和策略性很强。调查活动成败与否,直接关系到能否成功侦破贪污贿赂罪案。调查前,要认真做好准备工作,加强对整个调

查工作的计划性,制定预案,明确需要解决的问题。最好拟定一份比较详细的调查提纲,并熟记提纲所列的要点,以便谈话时有目的地进行引导,争取通过一次性谈话解决问题。因为三番五次找人调查,既延误时日,又容易引起对方的反感,甚至造成泄密。同时,随着时间的流逝,知情人对所知事实的印象将变得淡漠,最终影响调查的效果。在物证书证的调取过程中,侦查人员还应根据实际需要进行拍照、录像、复印和复制。对于涉及国家秘密的证据材料,应当严格保守秘密。

2.充分掌握被调查对象的有关情况。实践表明,只有做到知己知彼,才能百战不殆。在刑事调查中,由于调查对象不同,其性别、年龄、职业、爱好和觉悟程度也各不相同。并且有的与案件并无牵连,有的与案件则有某种利害关系;有的与嫌疑人关系密切,就可能有意为其包庇;也有的在思想上存在顾虑,因而虽然知情也不愿意吐露真相等。侦查人员对调查对象的情况和特点,应当事先有所了解,以便预先谋划对策。要善于一边谈话,一边揣测对方的心理状态,有针对性地启发引导。对与犯罪事件关系密切的人,比如犯罪嫌疑人的家属和知情者,应当着重进行思想教育和政策教育。对证人或者受害人的询问,如果发现他们的陈述相互之间有矛盾,应当在适当时候指出,令其解释,以利于查明事实真相。当对方开始吐露真情时,侦查人员不要轻易提问,更不能喜形于色,或者赶忙作记录,以免引起对方的顾虑,产生思想反复,欲言又止。

3.调查工作尤其诸如化妆调查等秘密调查必须加强保密措施。在调查过程中,应当特别注意安排好掩护、接应人员,以免暴露。调查前,应当熟练掌握化妆身份的言语、外表特点以及行为特征,还应注意采用秘密调查与公开调查、秘密照相、秘密录音、秘密搜查等措施、技术手段相结合,注意在调查中对侦查计谋的运用,努力提高调查的质量、效率和效果。

4.反贪侦查中的刑事调查,包括立案前初查和立案侦查。对于立案前初查和立案侦查,均有公开和秘密两种方式。侦查实践中,应当根据个案情况加以选择运用。开展刑事调查,应当注意严格依法进行。立案前初查,不得使用限制人身自由的强制措施,也禁止使用限制财产的相关措施,同时避免"以侦代查"等问题发生。特别是要把握好初查的度,既不能初查不到位,就匆忙决定立案,以致给后续侦查活动带来不必要的麻烦,又不能初查过度,应当及时立案的,由于犹豫不决而没有及时立案,最终丢失侦查良机,同时还会浪费侦查资源,甚至给侦查工作造成被动。

第三节　强制措施

一、贪污贿赂犯罪侦查强制措施的法律特征及适用原则

(一)贪污贿赂犯罪侦查强制措施的概念。

刑事诉讼法第六章、《人民检察院刑事诉讼规则》第六章专门规定了强制措施,这是针对普通刑事侦查而言。贪污贿赂犯罪侦查中的强制措施,简称为贪污贿赂犯罪侦查强制措施,是保障贪污贿赂犯罪侦查活动顺利进行的重要手段,对于防止贪污贿赂犯罪嫌疑人逃匿、毁灭罪证、串供等妨碍侦查活动现象的发生,具有十分重要的意义。由此可见,所谓贪污贿赂犯罪侦查强制措施,是指人民检察院在贪污贿赂犯罪侦查活动中,为了保障贪污贿赂犯罪侦查工作的顺利进行,防止贪污贿赂犯罪嫌疑人继续实施危害社会或者妨碍侦查活动的行为,依法对犯罪嫌疑人采取的暂时限制或者剥夺其人身自由的方法和手段。

(二)贪污贿赂犯罪侦查强制措施的法律特征。

从贪污贿赂犯罪侦查强制措施的定义可以看出,贪污贿赂犯罪侦查强制措施及适用,主要具有以下一些特征:

1.强制措施的法定性。根据刑事诉讼法有关规定,贪污贿赂犯罪侦查强制措施的法定性,主要表现在强制措施的种类、适用主体、适用对象、适用条件及适用程序五个方面的法定上。一是强制措施的种类。按照刑事诉讼法规定,强制措施包括拘传、取保候审、监视居住、拘留、逮捕五种。二是强制措施的使用主体。在贪污贿赂犯罪侦查中,唯有人民检察院才有权决定对贪污贿赂犯罪嫌疑人采取强制措施。三是强制措施的适用对象。按照刑事诉讼法规定,强制措施只能适用于贪污贿赂犯罪嫌疑人。四是强制措施的适用条件。人民检察院决定对贪污贿赂犯罪嫌疑人采取强制措施,必须按照刑事诉讼法所规定的条件,对符合法定的五种强制措施中相对应条件的犯罪嫌疑人进行适用。五是适用强制措施的程序要求。人民检察院在决定采用强制措施时,应按照刑事诉讼法关于强制措施的适用条件、程序、期

限等规定进行,否则就违法适用并将承担相应的法律责任。

2.强制措施的强制性。强制措施以国家强制力为后盾,其强制力具有预置性。检察机关在贪污贿赂犯罪侦查过程中适用强制措施时,主要根据贪污贿赂犯罪案件的具体情况及侦查需要,无须征得贪污贿赂犯罪嫌疑人的同意。强制措施适用的直接法律后果,即对贪污贿赂犯罪嫌疑人的人身自由进行不同程度的限制甚至直接暂时的剥夺。

3.强制措施的保障性。从功能和目的讲,强制措施具有控制犯罪嫌疑人、促进案件及时突破等作用。适用强制措施,主要是为了保障贪污贿赂犯罪侦查活动顺利进行,而不是对贪污贿赂犯罪嫌疑人所作的实体处理。从这种意义讲,强制措施的适用对贪污贿赂犯罪侦查活动的顺利开展具有保障作用。

4.强制措施的临时性。根据刑事诉讼法规定,五种强制措施均规定了相应的期限,一旦期限届满就必须依法解除相应的强制措施。对于期限未满的,根据案情的变化和侦查需要也可以变更强制措施。同时,当强制措施期限届满或者妨碍侦查活动顺利进行的因素消失,比如在贪污贿赂犯罪侦查终结后或者在侦查过程中发现不应当追究贪污贿赂犯罪嫌疑人刑事责任的时候,就应及时依法撤销、变更或解除强制措施。

(三)贪污贿赂犯罪侦查强制措施的适用原则。

贪污贿赂犯罪侦查强制措施,是在一定程度上限制或者短时剥夺犯罪嫌疑人人身自由的强制手段,从某种意义讲是一柄双刃剑。适用得当,对贪污贿赂犯罪侦查工作将起到有力的保障和促进作用;适用不当,不仅影响贪污贿赂犯罪侦查工作的顺利进行,而且还将对贪污贿赂犯罪嫌疑人及其他诉讼参与人的合法权益造成损害。要保证依法准确适用强制措施,需要着力把握以下原则:

1.合法性原则。人民检察院决定对贪污贿赂犯罪嫌疑人采取强制措施时,应当控制适用对象,掌握适用具体强制措施的条件,严格依照法定程序办理适用强制措施的法律手续,决不能违法变通或者越权行事。

2.及时性原则。强制措施是贪污贿赂犯罪侦查中的重要手段,对于及时突破案件具有重要的作用。人民检察院在贪污贿赂犯罪侦查的过程中,凡是认为需要采取强制措施的,就应立即决定采取,切不可给反侦查活动留下机会,以免延误时机,对侦查活动带来被动甚至造成不应有的损失。

3.比例性原则。人民检察院决定对贪污贿赂犯罪嫌疑人适用强制措施时,适用强制措施的种类、强制程度应当与贪污贿赂犯罪嫌疑人涉嫌罪行轻重、妨碍侦查活动顺利进行的可能性大小以及侦查破案需要等相适应,根据适用对象的情况采取相应的强制措施,该逮捕的捕,该取保候审的不能采取拘留、逮捕措施。

4.灵活性原则。人民检察院在贪污贿赂犯罪侦查过程中,应当突破传统观念,对于适用强制措施、适用哪一种强制措施都应分析评估,根据案件具体情况和侦查需要对强制措施适用的时机、地点、方法等方面进行综合考虑,灵活掌握运用。随着侦查活动的进展情况,还应注意对强制措施进行必要的变更。

(四)贪污贿赂犯罪侦查强制措施的意义和作用。

贪污贿赂犯罪侦查强制措施,是同贪污贿赂犯罪作斗争的重要手段。依法准确采用强制措施,对于保障和促进贪污贿赂犯罪侦查工作顺利进行具有重要的现实意义。

1.有利于掌控侦查与反侦查的主动权。依法准确采用强制措施,主要目的是有效控制贪污贿赂犯罪嫌疑人,防止贪污贿赂犯罪嫌疑人自杀、逃跑、逃避侦查,以及进行串供毁证、匿证匿赃、伪造证据、干扰证人作证等妨碍侦查的活动发生,对于侦查部门及时全面收集证据、查明案件事实和阻防反侦查等具有重要作用。

2.有利于营造侦查环境。依法准确采用强制措施,可以改变侦查情势,甚至打破侦查僵局,实现"侦查情势"彼消我长,既可以打消贪污贿赂犯罪嫌疑人的侥幸、对抗心理,促其供认犯罪事实,也可以有针对性地分化瓦解贪污贿赂犯罪嫌疑人共犯的攻守同盟,有利于各个击破,迅速查清全案。

3.有利于发动人民群众参与同贪污贿赂犯罪作斗争。依法准确采用强制措施,既向社会及广大人民群众昭示党和政府、司法机关严肃查办贪污贿赂犯罪的决心,调动人民群众同贪污贿赂犯罪作斗争的积极性,并打消证人及相关涉案人员提供证言或者相关案件资料的顾虑,促使相关涉案人员或者证人主动如实作证,也有利于防止贪污贿赂犯罪嫌疑人继续危害社会,有力维护国家利益、公共利益和人民权益。

二、拘传

（一）拘传的概念和适用对象。

拘传，是指人民检察院在贪污贿赂犯罪侦查中，对未被拘留、逮捕的贪污贿赂犯罪嫌疑人，依法强制其到指定地点接受讯问的一种强制措施。拘传是强制措施中最轻微的一种。根据刑事诉讼法第六十四条、第一百一十七条规定，人民检察院根据案件情况，对犯罪嫌疑人可以拘传。由于被拘留、逮捕的贪污贿赂犯罪嫌疑人已在羁押场所而没有拘传的必要，拘传措施的适用对象是没有被拘留、逮捕的贪污贿赂犯罪嫌疑人，包括被采取取保候审、监视居住措施的犯罪嫌疑人。拘传不必以传唤为前提。只要是侦查需要，人民检察院反贪侦查部门在未经传唤的情况下，也可以对犯罪嫌疑人直接采取拘传措施。

（二）拘传的程序。

1.拘传的批准。根据《人民检察院刑事诉讼规则》等有关规定，人民检察院对贪污贿赂犯罪嫌疑人采取拘传措施，应当经检察长批准，并签发拘传证。侦查实践中，一般由侦查人员提出意见、反侦部门负责人审核，报请检察长批准。同时，对于决定采取拘传措施的，还应依法履行有关许可、报告手续。具体地说，根据《中华人民共和国全国人民代表大会和地方各级人民代表大会代表法》第三十条规定，对担任县级以上各级人民代表大会代表的犯罪嫌疑人采取拘传措施的，应当经该级人民代表大会主席团或者人民代表大会常务委员会许可。对担任乡、民族乡、镇的人民代表大会代表的犯罪嫌疑人采取拘传措施的，应当立即向该代表所在的乡、民族乡、镇的人民代表大会报告。

2.拘传的执行。执行拘传可以由检察人员或者司法警察进行，但执行拘传的人员不得少于2人。拘传时，检察人员或者司法警察应当向被拘传的贪污贿赂犯罪嫌疑人出示拘传证。如果贪污贿赂犯罪嫌疑人抗拒拘传，或者在拘传途中有逃跑可能的，可以对其使用手铐、警绳等械具，强制到案。

3.拘传的时限和间隔。根据刑事诉讼法第一百一十七条第二款规定，具体要把握以下几点：

（1）拘传持续的时间。根据刑事诉讼法第一百一十七条第二款以及《人民检察院刑事诉讼规则》第八十条第二款等规定，拘传持续的时间分为两类:一是 12 小时。即一般情况下拘传持续的时间不得超过 12 小时。二是 24 小时。即案情特别重大、复杂,需要采取拘留、逮捕措施的,拘传持续的时间不得超过 24 小时。据此,拘传的持续时间从以往的 12 小时延长至 24 小时,但对适用 24 小时的拘传持续时间是有条件的,具体应把握以下几点:一是案情特别重大、复杂;二是对犯罪嫌疑人需要采取拘留、逮捕措施但尚未拘留、逮捕;三是拘传后,对犯罪嫌疑人需要采取拘留、逮捕措施。

(2)拘传持续的时间计算。根据《人民检察院刑事诉讼规则》第八十条第一款等有关规定,拘传持续的时间从犯罪嫌疑人到案时开始计算。这表明,拘传持续的时间不是从检察人员对犯罪嫌疑人宣布拘传时起算,也不是从侦查人员对犯罪嫌疑人开始讯问时起算。贪污贿赂犯罪嫌疑人到案后,承办案件的检察人员应当责令其在拘传证上填写到案时间,并在拘传证上签名或者盖章,然后对犯罪嫌疑人立即讯问。讯问结束后,应当责令犯罪嫌疑人在拘传证上填写讯问结束时间。犯罪嫌疑人拒绝填写的,检察人员应当在拘传证上注明,必要时还应在讯问笔录上记明。

(3)连续拘传的间隔时间。刑事诉讼法第一百一十七条第三款及《人民检察院刑事诉讼规则》第八十条第二款规定,两次拘传间隔时间一般不得少于 12 小时,不得以连续拘传的方式变相拘禁犯罪嫌疑人。这说明,连续拘传将会产生变相拘禁犯罪嫌疑人的法律后果。如果这种拘禁的后果严重,将会涉及违法甚至犯罪责任的追究。需要指出的是,拘传持续的时间不得超过 12 小时或者 24 小时,是指每次拘传持续的时间,而不是拘传累计持续的时间。由于法律未对拘传的次数进行限制,人民检察院反贪侦查部门在侦查期限内,根据侦查需要可以多次拘传贪污贿赂犯罪嫌疑人,只要每次拘传持续的时间不超过 12 小时或者 24 小时,并且两次拘传的间隔为 12 小时以上的,就不属于以连续拘传的形式变相拘禁犯罪嫌疑人,不管累计时间有多长,都是符合法律有关规定的。

4.拘传的到案地点。根据《人民检察院刑事诉讼规则》第八十一条等有关规定,人民检察院拘传犯罪嫌疑人,应当在犯罪嫌疑人所在市、县内的地点进行。犯罪嫌疑人的工作单位与居住地不在同一市、县的,拘传应当在犯罪嫌疑人工作单位所在的市、县进行;特殊情况下,也可以在犯罪嫌疑人户籍地或者居住地所在的市、县内进行。这里的特殊情况,主要是指案件由犯罪嫌疑人户籍地或者居住地所在的市、县人民检察院办理的,犯罪嫌疑人不是国家工作人员、没有工作单位的,在犯罪嫌疑人户籍地、居住地拘传更有利于办案,或者更有利于保障犯罪嫌疑人合法权益的等情况。这里的市,是指不设区的市,即县级市。在设区的市拘传犯罪嫌疑人,一般应在区的范围内进行,特殊情况下可以跨区进行,但不能跨县进行。由于拘传只能在犯罪嫌疑人所在市、县内的地点进行,因此承办案件的人民检察院与犯罪嫌疑人如果不在同一市、县,承办案件的人民检察院在拘传犯罪嫌疑人时,应与犯罪嫌疑人所在市、县的人民检察院联系,以便在当地指定拘传的到案地点。实践中,一般将犯罪嫌疑人拘传到其所在市、县的人民检察院进行讯问。

5.拘传后的处理。根据《人民检察院刑事诉讼规则》第八十二条等有关规定,人民检察院对犯罪嫌疑人拘传后的处理分三种情况:一是对于被拘传的犯罪嫌疑人需要变更强制措施的,应当经检察长或者检察委员会决定,在拘传期限内办理变更手续。二是对于拘传连续时间为 24 小时的犯罪嫌疑人,一般在讯问结束或者拘传连续时间接近 24 小时的时候,应当及时办理决定拘留或者逮捕措施的手续。三是在拘传期间内决定不采取其他强制措施的,拘传期限届满应当结束使用拘传措施,立即释放犯罪嫌疑人。

(三)拘传适用中需要注意的问题。

1.注重做好拘传前的准备。由于拘传连续的时间短,为了保证拘传的准确性以及执行的顺利、到位,侦查人员在拘传前应当对犯罪嫌疑人的身份、住址、工作地点等核实准确,摸清其行动规律,选好拘传的时机和方式。同时,选好讯问人员,做好讯问前的各项准备工作,并制定拘传后的讯问预案、拟采取的后续措施等。对于被拘传人是人大代表的,应当依法履行必要的报经许可或报告程序。

2.保证拘传执行安全。拘传执行过程,往往可能发生犯罪嫌疑人拒绝配合、拒传、自伤、自杀或者伤害侦查人员等事件。侦查人员对此应予以重视,加强防范,确保拘传执行过程的办案安全。执行拘传时,执行人员不得少于 2 人,必要时可以对犯罪嫌疑人使用戒具,同时注意选用安全防范设施齐全的交通工具,保证对犯罪嫌疑人押解途中的安全,防止发生意外。

3.加强对拘传期间犯罪嫌疑人的人权保护。刑事诉讼法第一百一十七条第三款规定"拘传犯罪嫌疑人,应当保证犯罪嫌疑人的饮食和必要的休息时间"的内容。这要求检察机关拘传贪污贿赂犯罪嫌疑人后,应当依法对贪污贿赂犯罪嫌疑人饮食和休息方面作出适当安排,加强对贪污贿赂犯罪嫌疑人的人权保障。由于犯罪嫌疑人被拘传的持续时间延长为 24 小时,在此期间还需给予饮食和休息时间的安排。同时,侦查人员也应向负责讯问录音录像的技术人员提出做好录像备查,否则发生涉嫌违法争议时,就无法辩解也无法确认其中真假,最终将影响案件的认定和处理。

4.依法履行告知义务。根据刑事诉讼法第三十三条及《人民检察院刑事诉讼规则》等有关规定,犯罪嫌疑人在被侦查机关第一次讯问或者采取强制措施之日起,有权委托辩护人。侦查机关在第一次讯问犯罪嫌疑人或者对犯罪嫌疑人采取强制措施时,应当依法告知犯罪嫌疑人有权委托辩护人。检察机关决定对贪污贿赂犯罪嫌疑人采取拘传措施之日起,应当履行向犯罪嫌疑人上述告知义务,并将告知情况记明笔录。

三、取保候审

(一)取保候审的概念和适用对象。

取保候审,是指人民检察院在贪污贿赂犯罪侦查中,为了保障侦查活动的顺利进行,依法责令贪污贿赂犯罪嫌疑人提供保证人或者交纳保证金,以保证不逃避或者妨碍侦查,并随传随到的一种强制措施。根据刑事诉讼法第六十五条、《人民检察院刑事诉讼规则》第八十三条等有关规定,取保候审由人民检察院决定,并由公安机关执行。对具有下列情形之一的犯罪嫌疑人、被告人,可以取保候审:一是可能判处管制、拘役或者独立适用附加刑的;二是可能判处有期徒刑以上刑罚,采取取保候审不致发生社会危险性的;三是患有严重疾病、生活不能自理,怀孕或者正在哺乳自己婴儿的妇女,采取取保候审不致发生社会危险性的;四是羁押期限届满,案件尚未办结,需要采取取保候审措施的。

需要注意的是,应当对适用取保候审的禁止性规定,以及"可能判处有期徒刑以上刑罚,采取取保候审不致发生社会危险性"予以准确把握。其中,"采取取保候审不致发生社会危险性",是适用取保候审的关键情形之一。一般认为,这里的"社会危险性"包括两方面内容:一是犯罪嫌疑人可能实施逃跑、自杀、干扰证人作证、毁灭、伪造证据等妨碍侦查活动的行为;二是犯罪嫌疑人可能实施新的犯罪行为。对于犯罪嫌疑人是否发生社会危险性,通常根据犯罪嫌疑人诸如犯罪性质、后果、动机、主观恶性、认罪悔罪态度、一贯表现等情况,以及案件证据收集、检察机关已经查证的事实等情况进行综合分析判断。对严重危害社会治安秩序和安宁或者具有其他犯罪性质恶劣、情节严重等情形的犯罪嫌疑人,则不得取保候审。

(二)取保候审的方式。

根据刑事诉讼法第六十六条、《人民检察院刑事诉讼规则》第九十三条至第九十六条等规定,人民检察院决定对犯罪嫌疑人取保候审,应当责令犯罪嫌疑人提出保证人或者交纳保证金。可见,取保候审有两种方式:一是保证人保证;二是保证金担保。对于二者可以选择适用,但只能选择适用其中一种方式,就是说对同一犯罪嫌疑人适用取保候审,保证人保证和保证金担保两者不能并用。侦查实践中,可以根据贪污贿赂犯罪案件情况和犯罪嫌疑人的实际选择适用其中一种。

1.保证人保证。保证人保证,是指人民检察院决定对犯罪嫌疑人取保候审时,责令犯罪嫌疑人提出保证人,并由保证人向人民检察院出具书面保证材料,保证犯罪嫌疑人不逃避或者妨碍侦查,并随传随到的一种保证方式。在此,需要把握以下两点:

(1)保证人担保及保证人的条件。根据《人民检察院刑事诉讼规则》第八十七条等规定,对符合取保候审条件,具有下列情形之一的犯罪嫌疑人,人民检察院决定取保候审时,可以责令其提供 1 至 2 名保证人:一是无力交纳保证金的;二是系未成年人或者已满七十五周岁的人;三是其他不宜收取保证金的。同时,根据刑事诉讼法第六十七条等规定,保证人必须符合以下条件:一是与本案无牵连;二是有能力履行保证义务;三是享有政治权利,人身自由未受到限制;四是有固定的住处和收入。对于保证人是否符合条件,须经人民检察院审查决定。由于保证人是保证责任的承担者,必须以保证人自愿为前提。对此,《人民检察院刑事诉讼规则》第九十五条等有关规定指出:采取保证人保证方式的,如果保证人在取保候审期间不愿继续担保或者丧失担保条件的,人民检察院在收到保证人不愿继续担保的申请或者发现其丧失担保条件后的 3 日以内,责令犯罪嫌疑人重新提出保证人或者变更为保证金担保方式,并将变更情况通知公安机关。

(2)保证人的义务和不履行义务的法律后果。根据刑事诉讼法第六十八条、《人民检察院刑事诉讼规则》第八十九条等规定,保证人应当履行以下义务:一是监督被保证人遵守刑事诉讼法第六十九条的规定;二是发现被保证人可能发生或者已经发生违反刑事诉讼法第六十九条规定的行为的,应当及时向执行机关报告。被保证人有违反刑事诉讼法第六十九条规定的行为,保证人未履行保证义务的,对保证人处以罚款,构成犯罪的,依法追究刑事责任。同时,保证人保证承担义务后,应在取保候审保证书上签名或者盖章。根据《人民检察院刑事诉讼规则》第九十八条等规定,人民检察院发现保证人没有履行刑事诉讼法第六十八条规定的义务的,应当通知公安机关,要求公安机关对保证人作出罚款决定。构成犯罪的,依法追究保证人的刑事责任。

2.保证金保证。保证金保证,是指人民检察院决定对犯罪嫌疑人采取取保候审时,责令犯罪嫌疑人交纳一定数额的金钱,以保证本人不逃避或者妨碍侦查,并随传随到的一种保证方式。

(1)保证金的形式和数额。保证金,应以人民币的形式交纳。除了人民币之外,其他货币以及有价证券、贵重物品等都不能作为保证金交纳。从侦查实践看,保证金的起点数额为1000元,对最高限额未作规定。根据刑事诉讼法第七十条、《人民检察院刑事诉讼规则》第九十条等规定,人民检察院可以根据犯罪嫌疑人的社会危险性,案件的性质、情节、危害后果,可能判处刑罚的轻重,犯罪嫌疑人的经济状况等,责令犯罪嫌疑人交纳1000元以上的保证金,对于未成年犯罪嫌疑人可以责令交纳500元以上的保证金。

(2)保证金的收取和保管。根据刑事诉讼法第七十条、《人民检察院刑事诉讼规则》第九十三条、第九十四条及第九十六条等规定,以保证金方式担保的,应当同时告知犯罪嫌疑人一次性将保证金存入公安机关指定银行的专门账户。人民检察院核实保证金已经交纳到公安机关指定银行的凭证后,应当将银行出具的凭证及其他有关材料与执行取保候审通知书一并送交公安机关。对于采取保证金担保方式的,被取保候审人拒绝交纳保证金或者交纳保证金不足决定数额时,人民检察院应当作出变更取保候审措施、变更保证方式,或者变更保证金数额的决定,并将变更情况通知公安机关。

(三)取保候审的程序。

1.取保候审的决定。人民检察院在反贪侦查中,决定对犯罪嫌疑人取保候审时,通常有两种情况:一是根据案件情况直接主动作出决定;二是犯罪嫌疑人及其法定代理人、近亲属和委托的辩护人申请取保候审,人民检察院经审查后作出决定。对于人民检察院决定取保候审的,首先须经由办案人员提出意见,侦查部门负责人审核,然后报经检察长决定。对于犯罪嫌疑人及其法定代理人、近亲属和委托的辩护人申请取保候审的,人民检察院应当在3日以内作出是否同意的答复。同意对犯罪嫌疑人取保候审的,按上述程序办理。不同意对犯罪嫌疑人取保候审的,应当告知申请人,并说明不同意的理由。人民检察院决定对犯罪嫌疑人取保候审后,办案人员应当向被取保候审的犯罪嫌疑人宣读取保候审决定书,由犯罪嫌疑人签名、捺指印或者盖章,并责令犯罪嫌疑人遵守刑事诉讼法第六十九条规定,告知其违反规定应负的法律责任;以保证金方式担保的,应同时告知犯罪嫌疑人到负责执行的公安机关指定的银行一次性交纳保证金。根据《中华人民共和国全国人民代表大会和地方各级人民代表大会代表法》第三十二条规定,对担任县级以上各级人民代表大会代表的犯罪嫌疑人采取取保候审的,应当经该级人民代表大会主席团或者人民代表大会常务委员会许可。对担任乡、民族乡、镇的人民代表大会代表的犯罪嫌疑人采取取保候审的,应当立即向该代表所在的乡、民族乡、镇的人民代表大会报告。

2.取保候审的执行。根据刑事诉讼法第六十五条及《人民检察院刑事诉讼规则》第九十二条等有关规定,人民检察院决定对犯罪嫌疑人取保候审的,应当制作取保候审决定书,载明取保候审的期间、担保方式、被取保候审人应当履行的义务和应当遵守的规定,并交由公安机关执行。人民检察院向犯罪嫌疑人宣布取保候审决定后,应当将执行取保候审通知书送达公安机关执行,并告知公安机关在执行期间拟批准犯罪嫌疑人离开所居住的市、县的,应当征得人民检察院同意。以保证人方式担保的,应当将取保候审保证书同时送达公安机关。公安机关在执行期间向人民检察院征询是否同意批准犯罪嫌疑人离开所居住的市、县时,人民检察院应当根据案件的具体情况及时作出决定,并通知公安机关。对于以保证人方式担保的,应当将取保候审保证书、保证人基本情况的材料等同时送达执行机关。对公安机关的执行情况,人民检察院应当注意及时了解,加强监督。

3.候审人应遵守的规定以及违反规定的后果。根据刑事诉讼法第六十

九条规定,需要把握以下几个方面:

(1)被取保候审的犯罪嫌疑人应当遵守的规定。这主要包括:一是未经执行机关批准不得离开所居住的市、县;二是住址、工作单位和联系方式发生变动的,在24小时以内向执行机关报告;三是在传讯的时候及时到案;四是不得以任何形式干扰证人作证;五是不得毁灭、伪造证据或者串供。人民检察院可以根据案件情况,责令被取保候审的犯罪嫌疑人遵守以下一项或者多项规定:一是不得进入特定的场所;二是不得与特定的人员会见;三是不得进行特定的活动;四是将护照等出入境证件、驾驶证件交执行机关保存。这主要是为了通过控制被取保候审人的活动,防止或者阻止被取保候审人进行反侦查活动等。

(2)被取保候审人违反规定后的转捕问题。根据刑事诉讼法第六十九条第四款规定,对于违反取保候审规定,需要予以逮捕的,可以对犯罪嫌疑人先行拘留。拘留由人民检察院决定,交由公安机关执行。

(3)被取保候审人违反规定的法律后果。首先,根据刑事诉讼法第六十九条第三款和第七十一条规定,被取保候审人违反上述规定的,已交纳保证金的,没收部分或者全部保证金,并且区别情形,责令犯罪嫌疑人具结悔过、重新交纳保证金、提出保证人或者监视居住、予以逮捕。犯罪嫌疑人在取保候审期间未违反刑事诉讼法第六十九条规定的,取保候审结束的时候,凭解除取保候审的通知或者有关法律文书到银行领取退还的保证金。其次,根据《人民检察院刑事诉讼规则》第一百条等规定,犯罪嫌疑人违反取保候审规定,具有下列行为之一的,人民检察院应当对犯罪嫌疑人予以逮捕:一是故意实施新的犯罪的;二是企图自杀、逃跑,逃避侦查、审查起诉的;三是实施毁灭、伪造证据,串供或者干扰证人作证,足以影响侦查、审查起诉工作正常进行的;四是对被害人、证人、举报人、控告人及其他人员实施打击报复的。同时,犯罪嫌疑人违反取保候审规定,有下列行为之一的,人民检察院可以对犯罪嫌疑人予以逮捕:一是未经批准,擅自离开所居住的市、县,造成严重后果,或者两次未经批准,擅自离开所居住的市、县的;二是经传讯不到案,造成严重后果,或者经两次传讯不到案的;三是住址、工作单位和联系方式发生变动,未在24小时以内向公安机关报告,造成严重后果的;四是违反规定进入特定场所、与特定人员会见或者通信、从事特定活动,严重妨碍诉讼程序正常进行的。需要对上述犯罪嫌疑人予以逮捕的,可以先行拘留;已交纳保证金的,同时书面通知公安机关没收保证金。

4.取保候审的期限。根据刑事诉讼法第七十七条等规定,人民检察院决定对犯罪嫌疑人取保候审,最长不得超过 12 个月。这表明,人民检察院在反贪侦查阶段对贪污贿赂犯罪嫌疑人采取取保候审措施的最长期限为 12 个月。

5.取保候审的解除、撤销和变更。根据刑事诉讼法第七十七条、第九十四条等规定,犯罪嫌疑人被取保候审后,对于发现不应当追究刑事责任或者取保候审期限届满的,应当及时解除取保候审。解除取保候审应当及时通知被取保候审人和有关单位。人民检察院发现对犯罪嫌疑人采取取保候审措施不当的,应当及时撤销或者变更。对于犯罪嫌疑人及其法定代理人、近亲属和委托的辩护人认为取保候审超过法定期限,向人民检察院提出解除取保候审申请的,人民检察院应当在 3 日内审查决定。经审查认为超过法定期限的,经检察长批准后,解除取保候审;经审查未超过法定期限的,书面答复申请人。人民检察院解除、撤销和变更取保候审,与决定采取取保候审措施的程序相同。

(四)取保候审适用中应注意的问题。

1.取保候审期间不得中断对案件的侦查。取保候审是保障侦查工作顺利进行的一种暂时性措施,不是对案件及犯罪嫌疑人的终局处理。取保候审的期限虽不短,但这不意味着侦查工作可以放慢甚至搁置。在取保候审期间,应抓紧对案件的侦查。取保候审期限届满,案件仍不能侦查终结的,要及时解除取保候审。各级人民检察院特别是上级人民检察院要加强经常性监督检查,防止和纠正“保而不侦”、“一保了之”及“久保不结”等问题发生,尤其是要坚决杜绝把取保候审作为办“人情案”、“关系案”、“下台阶案”的手段等错误做法。

2.严格执行取保候审由公安机关执行的规定。无论是保证人担保还是保证金担保,都要按照法律规定交由公安机关执行。特别是对保证金的收取和保管,一律由公安机关负责。人民检察院不能在决定取保候审后自行收取保证金、自行执行。决定对犯罪嫌疑人取保候审后,应及时向公安机关送达执行取保候审通知书和其他相关法律文书,以便公安机关及时执行。

3.防止因取保候审不当影响侦查工作顺利进行。侦查实践中,由于适用取保候审不当,以致有的犯罪嫌疑人在被取保候审后潜逃,有的大肆进行毁灭、伪造证据、串供、干扰证人作证等妨碍侦查活动,给侦查取证活动造成被动,有的影响案件的正常侦查及认定处理,甚至导致撤案、不起诉。这要求在决定适用或者变更、解除、撤销取保候审措施时,应全面正确地分析把握犯罪嫌疑人被取保候审是否发生社会危险性的核心要件。如果认为可能发生社会危险性的,就不能轻易适用取保候审。对于这一点,侦查实践中应当予以重点把握。

4.依法履行告知义务。根据刑事诉讼法第三十三条等有关规定,犯罪嫌疑人在被侦查机关第一次讯问或者采取强制措施之日起,有权委托辩护人。侦查机关在第一次讯问犯罪嫌疑人或者对犯罪嫌疑人采取强制措施时,应当依法告知犯罪嫌疑人有权委托辩护人。检察机关决定对贪污贿赂犯罪嫌疑人采取取保候审措施之日起,应当履行向犯罪嫌疑人上述告知义务,并将告知情况记明笔录。

四、监视居住

(一)监视居住的概念和适用对象。

监视居住,是指人民检察院在贪污贿赂犯罪侦查中,为了保障侦查活动顺利进行,责令犯罪嫌疑人未经批准不得离开住处或者指定居所,并对其行动进行监视的一种强制措施。根据刑事诉讼法第七十二条等规定,监视居住与取保候审两者的适用条件,由修改前的合而为一进行了分别规定。从修改后的规定看,两者之间是有区别的。人民检察院对于符合逮捕条件,有下列情形之一的犯罪嫌疑人,可以监视居住:一是患有严重疾病、生活不能自理的。二是怀孕或者正在哺乳自己婴儿的妇女。三是系生活不能自理的人的唯一扶养人。四是因为案件的特殊情况或者办理案件的需要,采取监视居住措施更为适宜的。五是羁押期限届满,案件尚未办结,需要采取监视居住措施的。六是对于符合取保候审条件,但犯罪嫌疑人不能提出保证人,也不交纳保证金的。

(二)监视居住的程序。

1.监视居住的决定。根据刑事诉讼法第七十二条及《人民检察院刑事诉讼规则》第一百一十一条等有关规定,人民检察院决定对犯罪嫌疑人采取监视居住的,应由办案人员提出意见,反贪侦查部门负责人审核,报经检察长决定。对于担任各级人大代表的犯罪嫌疑人决定采取监视居住的,根据《中华人民共和国全国人民代表大会和地方各级人民代表大会法》第三十二条规定,应向该代表所属的人民代表大会主席团或者常务委员会履行必要的许可或者报告程序,具体要求与对人大代表采取取保候审措施的程序相同。人民检察院决定对犯罪嫌疑人监视居住的,办案人员应当向被监视居住的犯罪嫌疑人宣读监视居住决定书,由犯罪嫌疑人签名或者盖章,并责令犯罪嫌疑人遵守刑事诉讼法第五十七条的规定,告知其违反规定应负的法律责任。

2.监视居住的执行。

(1)监视居住的报批。根据刑事诉讼法第七十二条、《人民检察院刑事诉讼规则》第一百一十条、第一百一十一条等规定,对犯罪嫌疑人采取监视居住,应当由办案人员提出意见,部门负责人审核,检察长决定。需要对涉嫌特别重大贿赂犯罪的犯罪嫌疑人采取指定居所监视居住的,由办案人员提出意见,经部门负责人审核,报检察长审批后,连同案卷材料一并报上一级人民检察院反贪侦查部门审查。对于下级人民检察院报请指定居所监视居住的案件,上一级人民检察院应当在收到案卷材料后及时作出是否批准的决定。上一级人民检察院批准指定居所监视居住的,应当将指定居所监视居住决定书连同案卷材料一并交由下级人民检察院通知同级公安机关执行。下级人民检察院应当将执行回执报上一级人民检察院。需要指出的是,根据《人民检察院刑事诉讼规则》第一百一十一条第四款规定,这里的"指定居所监视居住决定书",应当由批准的该上一级人民检察院出具。同时,对于上一级人民检察院不予批准指定居所监视居住的,则应当将不予批准指定监视居住决定书送达下级人民检察院,并说明不予批准的理由。

(2)监视居住的居所确定。人民检察院决定对犯罪嫌疑人监视居住的,应当核实犯罪嫌疑人的住处,在犯罪嫌疑人的住处执行。犯罪嫌疑人没有固定住处的,可以在指定的居所执行。需要注意的是,这里所指犯罪嫌疑人,只要符合没有固定住处的条件,就可以为其指定居所,而不受所涉案件是否重大的影响。同时,对于特别重大贿赂犯罪,如在该犯罪嫌疑人住处执行可能有碍侦查的,经上一级人民检察院反贪侦查部门批准,可以在指定的居所执行。这里的"特别重大贿赂犯罪",是指具有以下三种情形之一:一是涉嫌犯罪数额 50 万以上,犯罪情节恶劣。按照有关部门负责人的解释,这里的涉嫌犯罪数额是指经过举报、初查等掌握的可能涉嫌的数额,而不是指查证属实的数额。二是有重大社会影响的案件。这里的重大社会影响,包括当地社会或者全国关注的案件,涉及当地主要党政领导干部的案件,以及因地方官员受贿而引发严重环境污染等其他重大影响的案件。三是涉及国家重大利益的案件。国家利益涉及经济的、政治的、文化的、社会的、生态文明的等各个领域和方面,具有广泛性。比如,统治者利益、国民利益;物质利益、精神利益;眼前利益、长远利益;等等。2011 年 9 月 6 日中国政府发表的《中国的和平发展》白皮书中,对中国的核心利益进行了界定,认为主要包括国家主权,国家安全,领土完整,国家统一,中国宪法确立的国家政治制度和社会大局稳定,经济社会可持续发展的基本保障❶等六大部分。侦查实践中,可以据此予以把握。同时,对于涉及窝案串案的,也可从涉及国家重大利益的角度予以探索适用。这里的"有碍侦查",主要是指具有下列情形之一的:一是可能毁灭、伪造证据,干扰证人作证或者串供的;二是可能自杀或者逃跑的;三是可能导致同案犯逃避侦查的;四是在住处执行监视居住可能导致犯罪嫌疑人面临人身危险的;五是犯罪嫌疑人的家属或者其所在单位的人员与犯罪有牵连的;六是可能对举报人、控告人、证人及其他人员等实施打击报复的。这里的"指定的居所"是指同时具备以下三个条件的处所:一是具备正常的生活、休息条件;二是便于监视、管理;三是能够保证办案安全。但需要注意的是,采取指定居所监视居住的,不得在看守所、拘留所、监狱等羁押、监管场所以及留置室、讯问室等专门的办案场所、办公区域执行。

(3)监视居住决定书的宣布及有关事项告知。根据《人民检察院刑事诉讼规则》第一百一十三条、第一百一十五条等规定,对于指定居所监视居住的,人民检察院应当向监视居住的犯罪嫌疑人宣读监视居住决定书,由犯罪嫌疑人签名、捺指印或者盖章,并责令犯罪嫌疑人遵守刑事诉讼法第七十

---

❶ 参见中国新闻网 2011 年 9 月 6 日。

五条的规定,告知其违反规定应负的法律责任。同时,不得要求被监视居住人支付费用。

(4)监视居住措施交由公安机关执行。根据《人民检察院刑事诉讼规则》第一百一十五条规定,人民检察院核实犯罪嫌疑人住处或者为其指定居所后,应当制作监视居住执行通知书,将有关法律文书和案由、犯罪嫌疑人基本情况材料,送交监视居住地的公安机关执行,必要时人民检察院可以协助公安机关执行。需要指出的是,这里的"监视居住执行通知书",由承办案件的人民检察院制作并出具。同时,人民检察院应当告知公安机关,如在执行期间公安机关拟批准犯罪嫌疑人离开执行监视居住的处所、会见他人或者通信的,批准前应当征得人民检察院同意。公安机关在执行监视居住期间,向人民检察院征询是否同意批准犯罪嫌疑人离开执行监视居住的处所、会见他人或者通信时,人民检察院应当根据案件的具体情况决定是否同意。此外,人民检察院可以根据案件的具体情况,商请公安机关对被监视居住的犯罪嫌疑人采取电子监控、不定期检查等监视方法,对其遵守监视居住规定的情况进行监督,并且在侦查期间还可以商请公安机关对其通信进行监控。

(5)指定居所监视居住的通知。根据《人民检察院刑事诉讼规则》第一百一十四条规定,对犯罪嫌疑人决定在指定的居所执行监视居住的,除无法通知或者通知可能有碍侦查的情形以外,人民检察院应当把监视居住的原因和执行的处所,在执行监视居住后24小时以内,通知被监视居住人的家属。如果无法通知,侦查人员应当向检察长立即报告,并将原因写明附卷。无法通知的情形消除后,应当立即通知其家属。这里的"无法通知"情形,主要包括:一是被监视居住人无家属的;二是与其家属无法取得联系的;三是受自然灾害等不可抗力阻碍的。无法通知的情形消失以后,应当立即通知被监视居住人的家属。

3.监视居住措施适用的监督。根据刑事诉讼法第七十六条、《人民检察院刑事诉讼规则》第一百一十二条、第一百一十八条至第一百二十条等规定,应当注意把握以下几个环节和方面:

(1)反贪侦查部门进行必要性的自行审查。对于特别重大贿赂犯罪案件决定指定居所监视居住的,人民检察院侦查部门应当自决定指定居所监视居住之日起,每2个月对指定居所监视居住的必要性进行审查。没有必要继续指定居所监视居住,或者案件已经办结的,应当解除指定居所监视居住或者变更强制措施。

(2)变更的申请及违法控告和举报的处理。首先,根据《人民检察院刑事诉讼规则》第一百一十二条第二款、第三款规定,犯罪嫌疑人及其法定代理人、近亲属或者辩护人认为不再具备指定居所监视居住条件的,有权向人民检察院申请变更强制措施。人民检察院应当在3日以内作出决定。经审查,认为不需要继续指定居所监视居住的,应当解除指定居所监视居住或者变更强制措施;认为需要继续指定居所监视居住的,应当答复申请人并说明理由。如果解除指定居所监视居住或者变更强制措施的,下级人民检察院反贪侦查部门应当报送上一级人民检察院备案。其次,根据《人民检察院刑事诉讼规则》第一百一十九条规定,被指定居所监视居住人及其法定代理人、近亲属或者辩护人认为侦查机关、人民法院的指定居所监视居住决定存在违法情形,提出控告或者举报的,人民检察院应当受理,并报送或者移送本规则第一百一十八条规定的承担监督职责的部门办理。需要明确的是,这里的监督承办部门,是上一级人民检察院侦查监督部门。这里,上一级人民检察院侦查监督部门可以要求下级反贪侦查部门提供指定居所监视居住决定书和相关案件材料。经审查,发现存在不符合指定居所监视居住的适用条件的、未按法定程序履行批准手续的或者在决定过程中有其他违反刑事诉讼法规定的行为的等违法情形的,应当及时通知纠正。

(3)执行活动的监督。根据《人民检察院刑事诉讼规则》第一百二十条等规定,执行活动的监督主要涉及两个方面。首先,对于指定居所监视居住的执行活动,由人民检察院监所检察部门针对其执行活动是否合法实行依法监督。如果发现在执行指定居所监视居住后24小时以内没有通知被监视居住人的家属的,在羁押场所、专门的办案场所执行监视居住的,为被监视居住人通风报信、私自传递信件、物品的,对被监视居住人刑讯逼供、体罚、虐待或者变相体罚、虐待的,有其他侵犯被监视居住人合法权利或者其他违法行为等违法情形的,应当及时提出纠正意见。其次,被监视居住人及其法定代理人、近亲属或者辩护人对于本院反贪侦查部门或者侦查人员存在上述违法情形提出控告的,人民检察院控告检察部门应当受理并及时移送监所检察部门处理。

4.被监视居住人应当遵守的规定以及违反规定的法律后果。根据刑事诉讼法第七十五条、《人民检察院刑事诉讼规则》第一百二十一条等规定，被监视居住人应当遵守以下规定：一是未经执行机关批准不得离开执行监视居住的处所；二是未经执行机关批准不得会见他人或者通信；三是在传讯的时候及时到案；四是不得以任何形式干扰证人作证；五是不得毁灭、伪造证据或者串供；六是将护照等出入境证件、驾驶证件交执行机关保存。对于被监视居住人违反规定，具有下列情形之一的，应当采取逮捕措施。这些情形包括：一是故意实施新的犯罪行为的；二是企图自杀、逃跑，逃避侦查、审查起诉的；三是实施毁灭、伪造证据或者串供、干扰证人作证行为，足以影响侦查、审查起诉工作正常进行的；四是对被害人、证人、举报人、控告人及其他人员实施打击报复的。同时，对于具有下列情形之一的，可以采取逮捕措施。这些情形包括：一是未经批准，擅自离开执行监视居住的处所，造成严重后果，或者两次未经批准，擅自离开执行监视居住的处所的；二是未经批准，擅自会见他人或者通信，造成严重后果，或者两次未经批准，擅自会见他人或者通信的；三是经传讯不到案，造成严重后果，或者经两次传讯不到案的。需要对上述犯罪嫌疑人予以逮捕的，可以先行拘留。

5.监视居住的期限及刑期的折抵。根据刑事诉讼法第七十七条、《人民检察院刑事诉讼规则》第一百二十二条等规定，人民检察院对犯罪嫌疑人监视居住的最长期限不得超过6个月。在监视居住期间，不得中断对案件的侦查。需要进一步指出的是，根据刑事诉讼法第七十四条规定，指定居所监视居住的期限应当折抵刑期。在折抵刑期的计算中分两种情形：一是犯罪分子被判处管制的，监视居住一日折抵刑期一日；二是犯罪分子被判处拘役、有期徒刑的，监视居住二日折抵刑期一日。

6.监视居住的解除、撤销和变更。根据刑事诉讼法第七十七条、第九十四条以及《人民检察院刑事诉讼规则》第一百二十四条至第一百二十八条等规定，犯罪嫌疑人被监视居住后，对于监视居住期限届满或者发现不应当追究刑事责任的，应当解除或者撤销监视居住。解除或者撤销监视居住，应当由办案人员提出意见，反贪侦查部门负责人审核，检察长决定。解除或者撤销监视居住的决定，应当通知执行机关，并将解除或者撤销监视居住的决定书送达犯罪嫌疑人。对于犯罪嫌疑人及其法定代理人、近亲属或者辩护人认为监视居住法定期限届满,向人民检察院提出解除监视居住要求的,人民检察院应当在3日以内审查决定。经审查,认为法定期限届满的,经检察长批准后,解除监视居住;经审查,未超过法定期限的,书面答复申请人。

(三)监视居住适用中应注意的问题。

1.加强防范被监视居住人的反侦查活动。随着现代通讯技术日益发达,电话、手机、互联网等电子工具和技术应用十分广泛,而被监视居住人往往与其家人共同居住,加之负责执行的公安机关因受警力有限等条件限制,难以实行对被监视居住人的对外联络等反侦查活动的有效监视和控制。因此,2012年修改后的刑事诉讼法第七十六条增加规定,明确执行机关对被监视居住的犯罪嫌疑人可以采取电子监控、不定期检查等监视方法对其遵守监视居住情况进行监督;在侦查期间,可以对被监视居住的犯罪嫌疑人的通信进行监控。这从一定程度上强化了对被监视居住人的监视和控制。但由于对这些管控措施和手段的使用尚不熟练,因此尚需一定的磨合期。对此,实践中应予以重视。无论是公安机关还是反贪侦查部门,都应进一步加强学习、培训和实战演练,尽快提升适应能力和水平。

2.正确理解和严格执行监视居住由公安机关执行的规定。根据刑事诉讼法第七十二条、《人民检察院刑事诉讼规则》第一百一十五条等规定,监视居住由公安机关执行,必要时人民检察院可以协助公安机关执行。侦查实践中,由于公安机关因警力不足等因素,往往可能出现公安机关主动要求人民检察院协助执行,或者人民检察院根据案件情况,认为需要协助公安机关执行的情形。但遇到这些情形时,在应对上都应当依法进行,不能违反法律规定。否则,这就有可能对收集获取的证据因存在执法瑕疵,而影响证据材料的证明力,同时也可能使侦查人员因违法采取监视居住,而受到侦查纪律乃至法律责任的追究。

3.加强研究指定居所监视居住措施的适用问题。

根据刑事诉讼法第七十三条及《人民检察院刑事诉讼规则》第一百一十条、第一百一十一条至第一百二十八条等规定,人民检察院在贪污贿赂犯罪侦查的过程中,对于特别重大贿赂犯罪的犯罪嫌疑人,在住处执行可能有碍侦查的,经上一级人民检察院反贪侦查部门批准,可以在指定的居所执行。

但是,不得在看守所、拘留所、监狱等羁押、监管场所以及留置室、讯问室等专门的办案场所和办公区域执行。这是2012年修改的刑事诉讼法的一种新情况,也是检察机关在贪污贿赂犯罪侦查中面临的一项重大而紧迫的现实课题。从功能和作用讲,法律规定的指定居所监视居住措施,其主要功能是替代羁押,实行对犯罪嫌疑人的全方位及全天候监控,同时也体现侦查活动的人性化。这是国际社会的一种发展趋势。从世界范围看,一些法治发达国家在侦查程序中,经常使用相关限制人身自由的替代羁押措施。比如意大利的住地逮捕,芬兰的出行禁令,德国的延期执行逮捕令中的限制外出及电子监视或者称为电子镣铐,英国及美国的附条件保释中的专人看管和限制外出等。但这些措施与我国修改后的《刑事诉讼法》相比,指定居所监视居住的措施相对于欧美国家,从名称上将更为贴切,从功能和作用上也更积极、主动。

对于反贪侦查规则来说,如果使用这一措施得当,就必将有利于提高侦查能力和突破案件的水平。但在具体使用时,应当遵循善用、慎用的原则,既要善于使用,也即积极、灵活地使用,防止惧用、怕用,同时也要慎重使用,切实防止由于该措施的滥用而侵犯犯罪嫌疑人的合法权益。具体地说,就是要做到:一是采取短时使用的方法。针对行贿的或者受贿的犯罪嫌疑人,通常可采用2至3天或者3至5天的监视居住时间。必要时,反贪侦查部门可以商请公安机关对被监视居住人的通信进行监控。实践证明,在2至3天或者3至5天内,被监视居住人供述的问题基本能够解决,不需要更长的时间。一旦其供认自己的犯罪事实,也即口供突破后,就可以解除其监视居住的措施,也可以将这一措施变更为取保候审。这既能达到及时有效突破案件的目的,又能减轻监视人员、监视费用等方面带来的压力。二是坚持监视居住与讯问取供相分离的原则。根据中央政法委有关文件规定,讯问一律在办案场所进行,严禁在办公场所或者宾馆、酒店、招待所等其他场所进行。这要求,在监视居住的居所特别是指定监视居住的居所,比如宾馆、酒店、招待所等场所,必须禁止讯问。对犯罪嫌疑人的讯问,应当将其安全押送到人民检察院办案工作区讯问室进行。当然,从现有规定看,如果在犯罪嫌疑人住处监视居住的,在其住处讯问如不妨碍侦查的,可以在其住处讯问。三是实行多次使用的策略。反贪侦查部门应当加强动态监控,一旦发现犯罪嫌疑人被解除监视居住措施后,由于多种因素比如行贿人受到受贿人家属或者辩护律师的恐吓、利诱、胁迫，或者受贿人心理发生供认动摇等，以致在口供上发生翻供、串供等变化，最终将影响案件事实的认定和处理的，根据侦查的需要，也可以对行贿人或者受贿人再次甚至多次采用指定居所监视居住的措施。四是务必确保办案安全。这是采用指定居所监视居住措施的一个重要原则和前提，实践中必须严格把握。换言之，应当做到既严格依法办案，又规范公正文明执法，绝不能让被监视居住人逃跑，更要杜绝发生被监视居住人自杀、自残等重大办案安全事故。侦查实践中，必须加强严格监管和动态掌控。

总的来说，2012年修改的刑事诉讼法规定了指定居所的监视居住措施，但对其正确、规范和安全适用也提出了新课题。反贪侦查部门应当从实行侦查思路和侦查模式战略性调整的高度，及时转变传统的侦查观念，打开新的侦查思路，根据案件的具体情况和侦查的实际需要，采取短时性、多次性、监视与讯问相分离等方式，积极灵活地适用指定居所监视居住措施。侦查实践充分证明，指定居所监视居住的措施如果运用得好，就将为推进侦查办案工作顺利开展，以及有力保障犯罪嫌疑人的人权等发挥积极的作用。但需进一步指出的是，由于指定居所监视居住措施的适用是一种新生事物，尚需一定的实践磨合。笔者在此提出一些初步的设想，希望与研究反贪侦查理论的专家、实务界广大同仁一起探讨，以期协力促进该措施的依法运用并取得实效，进一步提升反贪侦查能力和法治化水平。

4.依法履行告知义务。根据刑事诉讼法第三十三条等有关规定，"犯罪嫌疑人在被侦查机关第一次讯问或者采取强制措施之日起，有权委托辩护人"。这要求侦查机关在第一次讯问犯罪嫌疑人或者对犯罪嫌疑人采取强制措施时，应当依法告知犯罪嫌疑人有权委托辩护人。因此，检察机关在决定对贪污贿赂犯罪嫌疑人采取监视居住措施之日起，应当履行向犯罪嫌疑人上述告知义务，并将告知情况记明笔录。

五、拘留

(一)拘留的概念和适用对象。

拘留，是指人民检察院在反贪侦查中遇到紧急情况，为了保障侦查活动的顺利进行，对于符合法定条件的贪污贿赂犯罪嫌疑人，依法采取暂时剥夺其人身自由的一种强制措施。在反贪侦查中，依法正确适用拘留措施，既可以有效防止犯罪嫌疑人逃跑、自杀、毁灭、伪造证据、串供等妨碍侦查的行为发生,也可以极大地对犯罪嫌疑人的侥幸心理产生震慑,瓦解犯罪嫌疑人拒供的心理防线,有利于迅速及时收集证据材料,快速突破犯罪嫌疑人供述,提高侦查效率和质量,掌握侦查工作主动权。根据刑事诉讼法第八十条、第一百六十三条及《人民检察院刑事诉讼规则》第一百二十九条等规定,人民检察院在反贪侦查中,对有以下情形之一的犯罪嫌疑人,可以决定拘留:一是犯罪后企图自杀、逃跑或者在逃的;二是有毁灭、伪造证据或者串供可能的。从严厉程度讲,拘留仅次于逮捕。人民检察院决定对犯罪嫌疑人实行拘留,意味着犯罪嫌疑人在一定时间以内被羁押,人身自由被暂时剥夺。

(二)拘留的程序。

1.拘留的决定。根据刑事诉讼法第八十条及《人民检察院刑事诉讼规则》第一百三十条等有关规定,人民检察院拘留犯罪嫌疑人,首先由办案人员提出意见,反贪侦查部门负责人审核,报经检察长决定。根据《中华人民共和国全国人民代表大会和地方各级人民代表大会代表法》第三十二条规定,担任县级以上各级人民代表大会代表的犯罪嫌疑人因现行犯被人民检察院拘留的,人民检察院应当立即向该代表所属的人民代表大会主席团或者常务委员会报告;因为其他情形需要拘留的,人民检察院应当报请该代表所属的人民代表大会主席团或者常务委员会许可。对担任乡、民族乡、镇的人民代表大会代表的犯罪嫌疑人采取拘留措施的,应当立即向该代表所在的乡、民族乡、镇的人民代表大会报告。具体程序如下:一是拘留担任本级人民代表大会代表的犯罪嫌疑人,直接向本级人民代表大会主席团或者常务委员会报告或者报请许可。二是拘留担任上级人民代表大会代表的犯罪嫌疑人,应当立即层报该代表所属的人民代表大会同级的人民检察院报告或者报请许可。三是拘留担任下级人民代表大会代表的犯罪嫌疑人,可以直接向该代表所属的人民代表大会主席团或者常务委员会报告或者报请许可,也可以委托该代表所属的人民代表大会同级的人民检察院报告或者报请许可。四是拘留担任乡、民族乡、镇的人民代表大会代表的犯罪嫌疑人,由县级人民检察院向该代表所在的乡、民族乡、镇的人民代表大会报告。五是拘留担任办案单位所在省、市、县(区)以外的其他地区人民代表大会代表的犯罪嫌疑人,应当委托该代表所属的人民代表大会同级的人民检察院报告或者报请许可。担任两级以上人民代表大会代表的,应当分别委托该代表所属的人民代表大会同级的人民检察院报告或者报请许可。此外,根据1996年7月8日中共中央政法委《关于对政协委员采取刑事拘留、逮捕强制措施应当向所在政协党组通报情况的通知》等规定,人民检察院拘留担任政协委员的犯罪嫌疑人,应当在拘留前向该委员所属的政协党组通报情况;情况紧急的,可以同时或者事后及时通报。

2.拘留的执行。根据刑事诉讼法第一百六十三条及《人民检察院刑事诉讼规则》第一百三十一条等规定,人民检察院作出拘留决定后,应当将有关法律文书和案由、犯罪嫌疑人基本情况的材料送交同级公安机关执行。必要时,人民检察院可以协助公安机关执行。拘留后,应当立即将被拘留人送看守所羁押,至迟不得超过24小时。

3.拘留后的通知和讯问。根据刑事诉讼法第一百六十四条及《人民检察院刑事诉讼规则》第一百三十三条、第一百三十四条等规定,其通知和讯问的规定如下:首先,限时通知。对犯罪嫌疑人拘留后,除无法通知的以外,人民检察院应当在24小时以内,通知被拘留人的家属。无法通知的,应当向检察长报告,并将原因写明附卷。无法通知的情形消除后,应当立即通知其家属。这里的无法通知,主要包括被拘留人无家属的,与其家属无法取得联系的,受自然灾害等不可抗力阻碍等情形。其次,限时讯问。对被拘留的犯罪嫌疑人,应当在拘留后的24小时以内进行讯问。及时讯问,不仅是严格依法办案的体现,而且也是同贪污贿赂犯罪分子作斗争的策略需要。在拘留之初,犯罪嫌疑人往往处于惊慌失措之时,还来不及"设防"对付讯问,很容易被抓住矛盾,乘隙进攻;其关系人对赃物、罪证也都还来不及处理。一旦有所突破,就容易取得赃证,以揭露犯罪和证实犯罪。对被拘留人的供述,应当指派专人及时查证,必要时应当及时到犯罪嫌疑人住处或者窝藏地点收取或者搜查有关赃物、罪证。

4.拘留后的处理。根据刑事诉讼法第一百六十四条、第一百六十五条及《人民检察院刑事诉讼规则》第一百三十五条等规定,人民检察院对被拘留的犯罪嫌疑人,应当根据具体情况分别作如下处理:一是对被拘留的犯罪嫌疑人,发现不应当拘留的,应当立即释放;二是对需要继续侦查,依法可以取保候审或者监视居住的,应当按照有关规定办理取保候审或者监视居住手续。三是对被拘留的犯罪嫌疑人,需要逮捕的,按照有关规定办理逮捕手续;决定不予逮捕的,应当及时变更强制措施。

5.拘留后的羁押期限。根据刑事诉讼法第一百六十五条及《人民检察院刑事诉讼规则》第一百三十六条等规定,人民检察院拘留犯罪嫌疑人的羁押期限为 14 日,特殊情况下可以延长 1 至 3 日。这表明,人民检察院拘留犯罪嫌疑人的羁押期限,最长为 17 日。这个时间包括侦查部门和侦查监督部门可以使用的总时间。根据《人民检察院刑事诉讼规则》第三百二十九条等规定,人民检察院对贪污贿赂犯罪侦查的案件,需要逮捕犯罪嫌疑人,如果犯罪嫌疑人已被拘留的,下级人民检察院侦查部门应当在拘留后 7 日以内报上一级人民检察院审查逮捕。上一级人民检察院应当在收到报请逮捕书后 7 日以内,作出是否逮捕的决定。特殊情况下,决定逮捕的时间可以延长 1 日至 3 日。犯罪嫌疑人未被拘留的,上一级人民检察院应当在收到报请逮捕书后 15 日以内作出是否逮捕决定,重大、复杂的案件,不得超过 20 日。报送案卷材料、送达法律文书的路途时间,计算在上一级人民检察院审查逮捕期限以内,而不计算在反贪侦查环节。

(三)拘留适用中应注意的问题。

1.正确把握适用拘留的条件和时机。在反贪侦查中,拘留措施是保证侦查工作顺利进行的重要手段。依法正确适时采取拘留措施,既可以有效保障侦查活动的顺利进行,也可以有力促进侦查工作向纵深发展。但如果适用拘留措施的决定不当,比如出现不应当拘留而拘留的情形,就会严重侵犯当事人的合法权益。如果采取拘留措施的时机不当,也可能对侦查工作产生不利影响。侦查实践证明,正确把握适用拘留的条件和时机十分重要,这是促进案件成功办,并且从小案办成大案的一条重要经验。反之,如果不敢依法及时果断适用拘留措施,就可能成为许多案件查办不成功、出现侦查僵局,甚至导致侦查失败的重要原因。这要求,反贪侦查部门在适用拘留措施时,应正确把握适用的条件和时机:首先,要严格把握拘留的法定条件。充分考虑拘留的侦查破案策略功能,把是否适用拘留上升到侦查策略的高度进行研究和把握,防止因不敢及时、大胆适用拘留而错失侦查良机。其次,要考虑拘留措施对突破案件、推动侦查工作的必要性。充分研究实行拘留后突破案件的把握性,把拘留的风险降到最低限度,防止因错误拘留而侵犯当事人的合法权益,以及出现国家赔偿,造成工作被动。再次,要研究侦查风险决策问题。通常情况下,反贪侦查部门应当按照"先找证据后抓人、没有证据不立案"的原则,把初查工作做扎实,待收集一定的证据并达到立案的标准时,再考虑找人或者拘留的问题。但在某些情况下,比如由于情况紧急,根据已经获取的证据基本能够确信犯罪嫌疑人有犯罪事实,并经过对犯罪嫌疑人及全案情况的分析判断,认为拘留后突破口供、侦破全案的把握比较大时,就应果断决定拘留,充分利用拘留后的有利时机,抓紧统筹对犯罪嫌疑人口供的突破和外围取证工作。在这种情况下,决定拘留后即使案件不能深入查处,也不会发生刑事赔偿。反之,如果不及时拘留,案件就可能查否。总之,应当解放思想,强化风险决策意识,突破传统观念,提升风险决策能力和水平,适应新形势下侦查办案的新要求。

2.严格执行拘留的程序规定。刑事诉讼法对拘留的决定、执行、期限以及拘留后的通知和讯问等程序都作了明确规定。人民检察院在反贪侦查中适用拘留,比如拘留由公安机关执行、对担任人大代表的犯罪嫌疑人采取拘留的许可或者报告手续的履行、犯罪嫌疑人接受首次讯问的告知等,都应当严格依法而不得违反,切实保证侦查办案的质量。

3.加强研究犯罪嫌疑人拘留后送押制度的侦查破案功能。侦查实践表明,人民检察院决定对犯罪嫌疑人实行拘留的时间,大多是在首次讯问环节。根据刑事诉讼法第八十三条规定,拘留后,应当立即将被拘留人送看守所羁押,至迟不得超过 24 小时。根据刑事诉讼法第一百一十七条规定,传唤、拘传持续的时间不得超过 12 小时;案情特别重大、复杂,需要拘留、逮捕措施的,传唤、拘传持续的时间不得超过 24 小时。同时,根据《人民检察院刑事诉讼规则》第一百九十六条第二款规定,不得以讯问为目的将犯罪嫌疑人提押出所进行讯问。另据刑事诉讼法第一百一十七条规定,拘传持续的时间不得超过 12 小时,特殊情况下最长不得超过 24 小时。根据刑事诉讼法第三十七条规定,辩护律师持律师执业证书、律师事务所证明和委托书或者法律援助公函要求会见在押的犯罪嫌疑人、被告人的,看守所应当及时安排会见,至迟不得超过 48 小时。对于这些规定,应当将科学统筹利用上述所及办案的时间研究透、运用好,从而有利于进一步提升侦查破案的能力和水平。

4.依法履行告知义务。根据刑事诉讼法第三十三条等有关规定,"犯罪嫌疑人在被侦查机关第一次讯问或者采取强制措施之日起,有权委托辩护人。"这要求,反贪侦查部门在第一次讯问犯罪嫌疑人或者对犯罪嫌疑人采取强制措施时,应当依法告知犯罪嫌疑人有权委托辩护人。因此,检察机关在决定对贪污贿赂犯罪嫌疑人采取拘留措施之日起,应当履行向犯罪嫌疑人上述告知义务,并将告知情况记明笔录。

六、逮捕

（一）逮捕的概念和适用对象。

逮捕,是指人民检察院为了保障贪污贿赂犯罪侦查活动的顺利进行,对符合法定条件的犯罪嫌疑人依法采取在较长时间内剥夺其人身自由的一种强制措施。根据刑事诉讼法第六十九条、第七十九条及《人民检察院刑事诉讼规则》第一百三十九条等规定,逮捕的适用对象有三种情形:一是有证据证明有犯罪事实,可能判处徒刑以上刑罚的犯罪嫌疑人,采取取保候审、监视居住等方法尚不足以防止发生社会危险性的应当予以逮捕;二是对有证据证明有犯罪事实,可能判处 10 年有期徒刑以上刑罚的,或者可能判处徒刑以上刑罚,曾经故意犯罪或者身份不明的犯罪嫌疑人,应当予以逮捕;三是刑事诉讼法第六十九条规定的被取保候审、监视居住的犯罪嫌疑人违反取保候审、监视居住规定,情节严重的,可以予以逮捕。

1.刑事诉讼法第七十九条第一款规定的逮捕条件。即对有证据证明有犯罪事实,可能判处徒刑以上刑罚的犯罪嫌疑人,采取取保候审尚不足以防止发生下列社会危险性的,应当予以逮捕。这些情形包括:一是可能实施新的犯罪的,即犯罪嫌疑人多次作案、连续作案、流窜作案,其主观恶性、犯罪习性表明其可能实施新的犯罪,以及有一定证据证明犯罪嫌疑人已经开始策划、预备实施犯罪的;二是有危害国家安全、公共安全或者社会秩序的现实危险的,即有一定证据证明或者有迹象表明犯罪嫌疑人在案发前或者案发后正在积极策划、组织或者预备实施危害国家安全、公共安全或者社会秩序的重大违法犯罪行为的;三是可能毁灭、伪造证据,干扰证人作证或者串供的,即有一定证据证明或者有迹象表明犯罪嫌疑人在归案前或者归案后,已经着手实施或者企图实施毁灭、伪造证据,干扰证人作证或者串供行为的;四是有一定证据证明或者有迹象表明犯罪嫌疑人可能对被害人、举报人、控告人实施打击报复的；五是企图自杀或者逃跑的，即犯罪嫌疑人归案前或者归案后曾经自杀，或者有一定证据证明或者有迹象表明犯罪嫌疑人试图自杀或者逃跑的。同时，这里的"有证据证明有犯罪事实"，是指同时具备下列情形：一是有证据证明发生了犯罪事实；二是有证据证明该犯罪事实是犯罪嫌疑人实施的；三是证明犯罪嫌疑人实施犯罪行为的证据已经查证属实的。其中，这里的犯罪事实，既可以是单一犯罪行为的事实，也可以是数个犯罪行为中任何一个犯罪行为的事实。同时，根据《人民检察院刑事诉讼规则》第一百四十二条规定，对实施多个犯罪行为或者共同犯罪案件的犯罪嫌疑人，符合法定的逮捕条件，并具有有证据证明犯有数罪中的一罪的，有证据证明实施多次犯罪中的一次犯罪的，共同犯罪中已有证据证明有犯罪事实的犯罪嫌疑人等情形之一的，应当决定逮捕。侦查实践中，具体以某一犯罪事实或者全案事实提请决定逮捕，需要认真研究和把握。

2.刑事诉讼法第七十九条第二款规定特殊情形的逮捕。按照刑事诉讼法及《人民检察院刑事诉讼规则》第一百四十条等规定，对于这种情形的逮捕条件，应注意把握以下几个方面：一是重罪逮捕。即有证据证明有犯罪事实，可能判处10年有期徒刑以上刑罚的犯罪嫌疑人，应当决定逮捕。需要注意的是，这里"可能判处10年有期徒刑以上刑罚"这种量刑的判断具有不确定性，将随着案情的发展而变化。但在具体把握时，应当结合刑法规定的法定刑进行，比如最高法定刑在10年有期徒刑以下的，就不予以适用；最高法定刑在10年有期徒刑以上的，应当根据构罪要件的具体情形进行判断。二是前科逮捕。对于有证据证明有犯罪事实，可能判处徒刑以上刑罚，犯罪嫌疑人曾经故意犯罪。这里，需要具备以下两方面的要素：首先，犯罪嫌疑人所犯罪行可能判处徒刑以上刑罚；其次，犯罪嫌疑人有故意犯罪的前科。这主要是结合犯罪嫌疑人的主观恶性以及社会危险性等方面进行考量。三是身份不明的逮捕。对于有证据证明有犯罪事实，可能判处徒刑以上刑罚，犯罪嫌疑人不讲真实姓名、住址，身份不明。这里，需要具备以下两方面的要素：首先，犯罪嫌疑人所犯罪行可能判处徒刑以上刑罚；其次，犯罪嫌疑人身份不明。在这种情形下，为了防止犯罪嫌疑人逃匿甚至实施新的犯罪等，决定对犯罪嫌疑人适用逮捕措施是完全必要的。

3.刑事诉讼法第七十九条第三款规定的逮捕条件。适用时应当把握以下两个方面:首先,违反刑事诉讼法第六十九条及《人民检察院刑事诉讼规则》第一百条规定的,应当或者可以逮捕。其次,违反刑事诉讼法第七十五条及《人民检察院刑事诉讼规则》第一百二十一条规定的,应当或者可以逮捕。

(二)逮捕的程序。

1.决定逮捕的需上提一级。根据《人民检察院刑事诉讼规则》第三百二十七条规定,省级以下不含省级的人民检察院立案侦查的贪污贿赂犯罪案件,以及监所、林业等派出人民检察院立案侦查的贪污贿赂犯罪案件,需要逮捕犯罪嫌疑人的,应当报请上一级人民检察院审查决定。

2.决定逮捕特殊犯罪嫌疑人的许可及通报程序。需要逮捕担任各级人民代表大会代表的犯罪嫌疑人的,下级人民检察院侦查部门应当按照规定报请许可,在获得许可后,向上一级人民检察院报请逮捕。具体程序如下:第一,根据《中华人民共和国全国人民代表大会和地方各级人民代表大会代表法》第三十二条等规定,人民检察院对担任本级人民代表大会代表的贪污贿赂犯罪嫌疑人决定逮捕,应当报请本级人民代表大会主席团或者常务委员会许可。报请许可手续的办理由反贪侦查部门负责。第二,对担任上级人民代表大会代表的犯罪嫌疑人决定逮捕,应当层报该代表所属的人民代表大会同级的人民检察院报请许可。第三,对担任下级人民代表大会代表的犯罪嫌疑人决定逮捕,可以直接报请该代表所属的人民代表大会主席团或者常务委员会许可,也可以委托该代表所属的人民代表大会同级的人民检察院报请许可;对担任乡、民族乡、镇的人民代表大会代表的犯罪嫌疑人决定逮捕,由县级人民检察院报告乡、民族乡、镇的人民代表大会。第四,对担任两级以上的人民代表大会代表的犯罪嫌疑人决定逮捕,分别依照以上规定报请许可。第五,对担任办案单位所在省、市、县(区)以外的其他地区人民代表大会代表的犯罪嫌疑人决定逮捕,应当委托该代表所属的人民代表大会同级的人民检察院报请许可;担任两级以上人民代表大会代表的,应当分别委托该代表所属的人民代表大会同级的人民检察院报请许可。第六,根据1996年7月8日中央政法委《关于对政协委员采取刑事拘留、逮捕强制措施应当向所在政协党组通报情况的通知》要求,人民检察院在逮捕担任政协委员的犯罪嫌疑人之前,应当向该委员所属的政协党组通报情况;情况紧急的,可同时或者事后及时通报。

3.报请逮捕的证据材料及对犯罪嫌疑人及其辩护律师告知的要求。根据《人民检察院刑事诉讼规则》第三百二十八条规定,下级人民检察院报请审查逮捕的案件,由反贪侦查部门制作报请逮捕书,报本级院检察长或者检察委员会审批后,连同案卷材料、讯问犯罪嫌疑人录音、录像一并报上一级人民检察院审查,报请逮捕时应当说明犯罪嫌疑人的社会危险性并附相关证据材料。反贪侦查部门报请审查逮捕时,应当同时将报请情况告知犯罪嫌疑人及其辩护律师。

4.讯问录音录像资料的移送和审查要求。根据《人民检察院刑事诉讼规则》第三百一十条、第三百一十一条等规定,人民检察院立案侦查的贪污贿赂犯罪案件,反贪侦查部门在移送或者报请审查逮捕时,应当向侦查监督部门移送全部讯问犯罪嫌疑人的录音、录像。未移送或移送不全的,侦查监督部门应当要求侦查部门补充移送。经要求,仍未移送或者未全部移送的,侦查监督部门应当将案件退回侦查部门。侦查监督部门审查逮捕时,对取证合法性或者讯问笔录真实性等产生疑问的,可以审查相关的录音、录像;对于重大、疑难、复杂的案件,必要时可以审查全部录音、录像。经审查,发现反贪侦查部门讯问不规范,讯问过程存在违法行为,录音、录像内容与讯问笔录不一致等情形的,应当逐一列明并向反贪侦查部门书面提出,要求侦查机关予以纠正、补正或者书面作出合理解释。发现讯问笔录与讯问犯罪嫌疑人录音、录像内容有重大实质性差异的,或者反贪侦查部门不能补正或者作出合理解释的,该讯问笔录不能作为批准逮捕或者决定逮捕的依据。

5.报请逮捕的审查决定时间。根据《人民检察院刑事诉讼规则》第三百二十九条规定,犯罪嫌疑人已被拘留的,下级人民检察院侦查部门应当在拘留后7日以内报上一级人民检察院审查逮捕。上一级人民检察院应当在收到报请逮捕书后7日以内作出是否逮捕的决定,特殊情况下,决定逮捕的时间可以延长1日至3日。犯罪嫌疑人未被拘留的,上一级人民检察院应当在收到报请逮捕书后15日以内作出是否逮捕决定,重大、复杂的案件,不得超过20日。报送案卷材料、送达法律文书的路途时间,计算在上一级人民检察院审查逮捕期限以内。

6.逮捕的执行及限时讯问。根据《人民检察院刑事诉讼规则》有关规定,逮捕的执行由反贪侦查部门通知公安机关执行,必要时人民检察院可以协助执行。决定逮捕后,应当立即将被逮捕人送看守所羁押。对被逮捕的犯罪嫌疑人,人民检察院反贪侦查部门应当在逮捕后 24 小时以内进行讯问。

7.逮捕执行后的及时通知。对于犯罪嫌疑人被逮捕后,人民检察院反贪侦查部门应当把逮捕的原因和羁押的处所,在 24 小时以内通知被逮捕人的家属。对于无法通知的,在无法通知的情形消除后,应当立即通知其家属。

8.逮捕或者不予逮捕不当的处理。根据《人民检察院刑事诉讼规则》等规定,对于逮捕不当的处理,主要包括以下情形:首先,人民检察院在发现不应当逮捕的时候,应当立即释放犯罪嫌疑人或者变更强制措施,并向上一级人民检察院报告。对已被释放或者变更为其他强制措施的犯罪嫌疑人,又发现需要逮捕的,应当重新报请审查逮捕。其次,对被逮捕的犯罪嫌疑人,作出逮捕决定的人民检察院发现不应当逮捕的,应当撤销逮捕决定,并通知下级人民检察院送达同级公安机关执行,同时向下级人民检察院说明撤销逮捕的理由。再次,下级人民检察院认为上一级人民检察院作出的不予逮捕决定有错误的,应当在收到不予逮捕决定书后 5 日以内,报请上一级人民检察院重新审查,但是必须将已被拘留的犯罪嫌疑人立即释放,或者变更为其他强制措施。上一级人民检察院侦查监督部门在收到报请重新审查逮捕意见书和案卷材料后,应当另行指派办案人员审查,在 7 日以内作出是否变更的决定。此外,对于人民检察院立案侦查的贪污贿赂犯罪案件,反贪侦查部门应当将决定、变更、撤销逮捕措施的情况,书面通知本院监所检察部门。

9.最高人民检察院、省级人民检察院的逮捕程序。根据《人民检察院刑事诉讼规则》等规定,具体程序如下:首先,对于最高人民检察院、省级人民检察院立案侦查的贪污贿赂犯罪案件,需要逮捕犯罪嫌疑人的,由反贪侦查部门填写逮捕犯罪嫌疑人意见书,连同案卷材料、讯问犯罪嫌疑人录音、录像一并移送本院侦查监督部门审查。犯罪嫌疑人已被拘留的,侦查部门应当在拘留后 7 日以内将案件移送本院侦查监督部门审查。其次,最高人民检察院、省级人民检察院立案侦查的贪污贿赂犯罪案件,逮捕犯罪嫌疑人后,应当立即将被逮捕人送看守所羁押。除无法通知的以外,反贪侦查部门应当把逮捕的原因和羁押的处所,在24小时以内通知被逮捕人的家属。对于无法通知的,在无法通知的情形消除后,应当立即通知其家属。同时,对被逮捕的犯罪嫌疑人,反贪侦查部门应当在逮捕后24小时以内进行讯问。发现不应当逮捕的,应当经检察长批准,撤销逮捕决定或者变更为其他强制措施,并通知公安机关执行,同时通知侦查监督部门。对被释放或者被变更逮捕措施的犯罪嫌疑人,又发现需要逮捕的,应当重新移送审查逮捕。对已经作出不予逮捕的决定,又发现需要逮捕犯罪嫌疑人的,应当重新办理逮捕手续。

(三)逮捕适用中应注意的问题。

1.严格执行人民检察院审查决定逮捕上提一级的规定。对于反贪侦查工作来说,侦查监督是对反贪侦查活动实行监督的第一监督链,也是反贪侦查中获取的证据材料向反贪侦查部门以外的部门第一次公开透露。对此,反贪侦查部门应当充分认识到,审查决定逮捕环节对于保证办案质量的重要性,并高度重视侦查监督部门在审查决定逮捕中提出的补充完善证据意见,自觉虚心地接受侦查监督部门的制约、监督和指导。就具体程序而言,反贪侦查部门应当按照逮捕上提一级的规定和要求,做好提请报捕的各项工作。

2.认真落实审查决定逮捕的期限、执行及分歧协调等规定。首先,反贪侦查部门认为需要对犯罪嫌疑人进行逮捕的,应当在拘留后的7日以内按照要求将案件及时移送侦查监督部门审查。其次,对经检察长或者检察委员会决定逮捕的案件,侦查监督部门将逮捕决定书连同案卷材料、讯问犯罪嫌疑人录音、录像送交反贪侦查部门后,反贪侦查部门应当及时通知公安机关执行,必要时可以协助执行。再次,反贪侦查部门移送审查逮捕的犯罪嫌疑人,经检察长或者检察委员会决定不予逮捕的,侦查监督部门将不予逮捕的决定连同案卷材料、讯问犯罪嫌疑人录音、录像移交反贪侦查部门后,如果犯罪嫌疑人已被拘留的,反侦查部门应当通知公安机关立即释放。最后,侦查监督部门认为反贪侦查部门对应当逮捕而未移送审查逮捕,并向反贪侦查部门提出移送审查逮捕犯罪嫌疑人的建议的,反贪侦查部门应当认真研究。如果两者之间有分歧的,可以报请检察长提交检察委员会决定。

3.加强逮捕后的后续侦查。逮捕是保障侦查工作顺利进行的一项重要手段,而不是对犯罪嫌疑人的最终处理。犯罪嫌疑人被逮捕后,大量的后续侦查工作需要完成。比如,对逮捕时案件证据体系中不完善的方面,特别是对在逮捕前收集难度较大的证据材料,需要在逮捕后进一步收集、固定和完善。对于已经收集的案件证据材料,需要进行梳理、归类及深化,发现证据的瑕疵,应当及时做好补正工作;对于发现有非法证据的,应当重新进行取证,防止非法证据被排除等情形发生。从实践看,以上这些工作是否到位,将直接影响案件事实的认定处理和办案质量。总之,应当围绕全案的侦查任务谋划、部署后续侦查工作,把侦查活动推向深入,最终查清全案事实,完成侦查任务,使贪污贿赂犯罪分子受到法律应有的制裁。

第四节 讯问犯罪嫌疑人

一、讯问贪污贿赂犯罪嫌疑人的概念和任务

讯问贪污贿赂犯罪嫌疑人,是指人民检察院侦查人员为查明和证实贪污贿赂犯罪事实,依照刑事诉讼法有关规定,对犯罪嫌疑人进行审问的一种侦查行为。贪污贿赂犯罪嫌疑人既是刑事诉讼的主体,享有诉讼权利和负有诉讼义务,又是证据的重要来源,还可能是适用刑罚的对象。因此,讯问贪污贿赂犯罪嫌疑人,是侦查活动的重要内容。根据刑事诉讼法等有关规定,侦查过程中搜集的犯罪证据和确认的犯罪行为,一般需要通过讯问贪污贿赂犯罪嫌疑人,进一步查清和证实。贪污贿赂犯罪嫌疑人本人对是否有犯罪行为,以及他所实施的犯罪活动最清楚。人民检察院对贪污贿赂犯罪特别是贿赂犯罪的侦查,主要以言词证据为主,只有通过讯问贪污贿赂犯罪嫌疑人,才能查清贪污贿赂犯罪嫌疑人的犯罪动机、目的、手段和详细情节,并从中发现和查获侦查中没有掌握的其他犯罪证据。总之,讯问贪污贿赂犯罪嫌疑人的主要目的:一是查明犯罪事实、具体情节,扩大收集证据的线索,发现新的犯罪分子;二是听取贪污贿赂犯罪嫌疑人的申辩,以保证无罪的人和其他不应当追究的人不受刑事追究。为实现上述目的,讯问贪污贿赂犯罪嫌疑人时应当遵循重证据、重调查研究、不轻信口供、严禁逼供信等基本原则,严格依法办案。讯问贪污贿赂犯罪嫌疑人的具体任务,主要体现在以下五个方面:

（一）审清犯罪嫌疑人全部犯罪事实挤清余犯。

贪污贿赂犯罪事实是案件赖以存在的基础，也是依法追究贪污贿赂犯罪嫌疑人刑事责任的前提和依据。而犯罪事实总是通过作案的时间、地点、手段和后果表现出来，同时又与犯罪动机、目的相联系。然而，查明贪污贿赂犯罪事实，不是一件轻而易举的事情。由于贪污贿赂犯罪是一种智能型犯罪，作案分子反侦查能力较强，实施犯罪后往往采取种种狡猾抵赖的手段，加之工作中的疏忽大意或者经验不足等原因，未搞清全部事实，材料证据收集不全，甚至收集了与犯罪事实不相符的错误或者虚假的材料等，更增加了讯问的难度。因此，侦查人员讯问犯罪嫌疑人时，一定要把每个犯罪嫌疑人的作案时间、地点、对象、手段、经过和造成的后果，以及与此相联系的犯罪目的和动机，审问得一清二楚，并从犯罪嫌疑人经历、犯罪次数和犯罪方法以及熟练程度等方面综合分析犯罪的特点和规律，从而查实嫌疑人的犯罪事实，或者为侦查人员收集其他证据提供线索，指明侦查方向。此外，在审清现案的基础上，应注意查清犯罪嫌疑人是否有其他罪行。实践表明，有的犯罪分子往往实施了多种犯罪行为。如收受贿赂、实施了徇私舞弊行为。讯问前，侦查人员往往只掌握犯罪嫌疑人的一种犯罪活动，或者仅掌握了犯罪嫌疑人其他犯罪活动的一些线索。这就需要通过讯问犯罪嫌疑人，在查清已知案件情况的基础上，注意发现疑点，利用同案犯之间或供词中的矛盾，或者利用已知其他的犯罪线索，进一步追问和深挖其他犯罪，挤清余罪，扩大战果。如对贪污贿赂犯罪嫌疑人的讯问，要注意发现与其交织的玩忽职守罪、徇私枉法罪等其他犯罪。应当指出，在深挖犯罪线索和扩大战果的时候要实事求是，要从客观情况出发，在注重调查研究的基础上，做到有根据地深追细问、审清挤透，绝不能盲目地乱讯乱追，甚至片面轻信犯罪嫌疑人的口供。

（二）追查同案犯及其犯罪的组织联系。

当前，贪污贿赂犯罪案件中有许多是共同犯罪案件。在讯问这类案件的犯罪嫌疑人时，要注意发现和查清同案中其他责任人的犯罪事实。侦查初期，有些犯罪嫌疑人的责任往往不易分清，从而容易漏掉犯罪人；或者由于犯罪嫌疑人之间采取"丢卒保车"的方法，使主要犯罪人未能被反贪侦查部门列入侦查视野。这就要求侦查人员通过讯问犯罪嫌疑人，细致地追查作案参与人各自的行为、手段、动机、目的和危害后果等,以分清责任,追查同案犯。应当指出的是,讯问过程中犯罪嫌疑人对其所知的其他犯罪分子进行举报,或者无意中暴露出其他犯罪线索,侦查人员要认真地进行分析、判断,防止犯罪嫌疑人虚构事实、陷害他人,或者为推卸自己的罪责而嫁祸他人。

(三)保障无罪的人不受到刑事追究。

这是刑事讯问的一项根本任务。贪污贿赂犯罪案件较之普通刑事案件要错综复杂得多。而侦查活动往往是根据有限的举报等材料进行的。由于这些有关材料通常比较粗糙或者未经筛选而去伪存真,某种程度上难以完全反映案件真实、全面的情况,加上制定的侦查计划不一定完全符合实际情况,侦查的方法、策略和措施也不一定完全恰当,因此在侦查初期对案情的全面把握是有困难的。而通过讯问犯罪嫌疑人特别是侦查初期的讯问,不论是犯罪嫌疑人如实坦白还是犯罪嫌疑人进行辩解,都会供出一些与案件有关的人和事。侦查人员就可以从中发现新的情况和新的查证线索,从而重新确定侦查范围和目标,调整侦查计划、方法、策略和措施。当然,被讯问的犯罪嫌疑人应当说绝大多数是犯罪分子,但也不排除因工作疏忽或错误等因素的影响,其中确实有无罪的,或者虽然有罪但依法不应追究刑事责任。因此,侦查人员要坚持严格依法办案,讯问犯罪嫌疑人时既要听取犯罪嫌疑人有罪供述,也要听取其无罪辩解,并认真与其他有关证据进行核对,进一步分析证人证言、勘验检查笔录、搜查扣押的物证、书证等可靠性,判断、鉴别其真伪。同时要注意发现侦查工作中是否存在疏忽和错误,如发生错拘错捕的,应当及时纠正。犯罪嫌疑人被羁押的,应当依法立即释放,并做好善后工作。这样,既能全面查清案件事实,彻底制服犯罪嫌疑人;又能防止冤假错案的发生,保障无罪的人不受刑事追究。

(四)收集资料并研究贪污贿赂犯罪的特点和规律。

通过全面细致地讯问犯罪嫌疑人的作案目的、动机、手段和方法,以及走上犯罪道路的原因及其过程等,不仅能收集、积累大量的贪污贿赂犯罪资料,而且可以从中研究犯罪活动的特点、规律,以便丰富斗争经验,制订有针对性地打击和防范这类犯罪的策略和措施。

(五)教育和挽救腐败分子。

这也是刑事讯问的一项重要任务。讯问活动既是与犯罪分子面对面的斗智斗勇,又是对其进行教育、挽救的重要手段。讯问中,无论对重大甚至特大贪污贿赂犯罪案件或者情节一般的犯罪案件,都要对犯罪嫌疑人进行认罪服法、悔过自新教育。针对每一个犯罪人的不同罪行,结合他们的思想状况和心理特点,以及走上犯罪道路的根源等实际情况,深入地进行法制和政策教育,引导他们彻底坦白交代自己的罪行,悔过自新,争取重新做人。

二、讯问贪污贿赂犯罪嫌疑人的心理学知识

(一)人的心理现象。

讯问贪污贿赂犯罪嫌疑人,应当首先加强研究讯问的对象。贪污贿赂犯罪案件的对象是国家公职人员,确切地说是国家公职人员中的腐败分子。由于国家公职人员首先体现出的是人,因此具备人的所有特征。这就提出研究人的心理的任务。人是什么?人依次是生物、动物、最高级的生物、最高级的高等动物,是世界上最复杂、最有灵性、最有理性的高级动物。人之所以为人,最根本的是因为人有"心理"。心理是人与一般动物的最根本区别。人的心理现象是宇宙间最复杂的现象之一,但又不为人们所最熟悉。一个正常、健康的人时刻都产生心理现象,并能自我意识到发生的这一切,如看到颜色、听到声音、尝到味道,在内心中产生高兴、愉快、满意、幸福及痛苦、忧愁、悔恨、内疚等复杂的体验。这些复杂的精神现象,就是心理学所称"心理现象"。心理学是研究人的心理现象具体内容的发生、发展、形成过程,它将心理现象分为"心理过程"、"个性心理"和"心理状态",其中:首先,心理过程。包括:一是认识过程,如感觉、知觉如视、听、嗅、触觉;二是情感过程,如情绪、情感;三是意志过程,如意识、思维、想象、记忆。其次,个性心理。包括:一是个性倾向性或者称为个性的动力结构,如需要、动机、兴趣、信念、世界观;二是个性心理特征,如能力、气质、性格;三是心理状态。心理状态是心理活动的背景性内容,不同于心理过程,也不同于个性心理,情绪状态也不同于情绪。主要包括:一是注意。注意活动本身不包括影响一个人的感知觉、记忆、思维等,也就是对一个人的认知水平和效果有很大的影响;二是情绪状态,包括激情、心境、应激等。以上心理现象,三者之间的关系是互相联系的,其中:心理过程是个性心理的表现;个性心理是心理过程的内化和积淀的产物;个性是静态的,相对稳定,心理过程则是动态的,因外部环境的变化而发生变化。心理状态受个性与外部环境的影响,同时也心理活动和个性心理的影响因素。

（二）人类最重要的心理现象。

这主要反映在心理学研究的对象上,具体包括：

1.感觉。人脑对直接作用于感官的事物的个别属性的反映,如"看到"、"听到"、"尝到"、"闻到"、"触摸到",就是视觉、听觉、味觉、嗅觉、肤觉等各种感觉。

2.知觉。人脑对作用于人体感觉器官的事物整体属性的反映,比感觉更复杂一些,分为空间知觉、时间知觉和运动知觉以及错觉、幻觉等特殊知觉。

3.记忆。人脑对过去感知觉过的事物、经验的反映,比感觉和知觉更为复杂的心理过程,如能认出过去看过的电影、电视或书等。

4.思维。思维是一种更高级的心理过程,是人脑对事物的本质属性进行概括与间接地反映,如写一篇文章、进行某项技术革新、设计某项工程方案等,思维的过程是通过分析、综合、比较、抽象、概括及具体化等环节而进行的,思维的形式通过概念、判断、推理体现出来,思维分为动作思维、形象思维、抽象思维、非形式逻辑思维、形式逻辑思维等。其中,研究"人"实质上就是研究普遍心理,是总任务;研究"我"就是研究个体及个体心理,是具体的、重要的任务。由于人的心理源自大脑,研究心理归根到底是研究大脑。由于大脑的作用,人的活动具有目的性如没有无缘无故的爱、意识性如由个体的意识决定、自觉性如个体自觉行动。

（三）人的气质特征。

现代心理学研究表明,气质体现人典型的、稳定的心理特点,有什么样的气质,就有什么样的性格。这里的气质分为 4 种类型:一是胆汁质(兴奋型)。直率、热情、精力旺盛、情绪易于冲动、心境变换剧烈等。二是多血质(活泼型)。活泼、好动、敏感、反应迅速、喜欢与人交往、注意力容易转移、兴趣容易变换等。以上两种是外向型的。三是黏液质(安静型)。安静、稳重、反应缓慢、沉默寡言、情绪不易外露,注意稳定但又难于转移,善于忍耐等。四是抑郁质(抑制型)。孤僻、行动迟缓、体验深刻、善于觉察别人不易觉察到的细小事物等。以上两种是内向型的。这是古代用体液来解释人的气质类型的所谓气质学说,在日常生活中能观察到这四种气质类型的典型代表,被许多学者所采纳,一直沿用到现在。现代心理学把气质理解为人典型的、稳定的心理特点,人的气质类型可通过一些方法来测定,实践中属于单一气质类型的人少,大多数人是混合型,介于各类型之间,如胆汁—多血质,多血—黏液质等。以上四种人格、气质特征,是心理学角度的划分,在审讯实践中由于受多种因素的影响,有的时候是不明显的,这与讯问的环境、气氛、侦查人员与犯罪嫌疑人接触时间的长短、审讯的力度和强度等因素都有关系。但总体上说,我们了解了对手的气质特征,就有利于在审讯中做到对症下药。对不同气质的犯罪嫌疑人采取不同的讯问策略和方法。比如,审讯抑郁质(抑制型)的犯罪嫌疑人,既要充分注意不能着急,理解这类犯罪嫌疑人行动的迟钝,因为这类人天生如此,当然可以采用反其道而为之的方法,打开他的嘴促其供述,最大程度从快突破案件。

(四)贪污贿赂犯罪行为人侧写。

侧写,即对罪犯心理轮廓的勾画,实质是一种调查工具。其起源于19世纪40年代,与贪污贿赂犯罪心理学及审讯心理学等都紧密相关。早在19世纪40年代,美国战略情报局要求精神病学家威廉·兰格侧写阿道夫·希特勒的心理。第二次世界大战后,英国精神病学家利昂内尔·哈瓦特在英国皇家空军工作,侧写一串纳粹高阶战犯可能表现出的行为特征,希望从一群被俘的士兵和飞行员中找出他们。19世纪后期的欧洲,由于社会矛盾日趋尖锐,犯罪率急剧上升。研究犯罪行为原因、心理机制、犯罪者的人格特征,从而提供预防和控制犯罪的途径成了当时十分重要的课题。犯罪心理学,就是在这样的时代背景下逐渐形成为一门专门的学科。1872年,德国精神病学家K.埃宾出版了世界上第一本从精神病态角度研究犯罪人的专著《犯罪心理学纲要》。1889年,奥地利检察官和犯罪学家H.格罗斯出版了《犯罪心理学》,着重研究犯罪者的人格。这两部专著的问世,标志着犯罪心理学的诞生。19世纪50年代,美国精神病学家布鲁赛尔精确侧写了恐怖分子攻击纽约的不寻常心理状态。19世纪80年代中期,英国的大卫·康特博士与其同事创立"调查心理学",开始尝试采用科学的观点研究犯罪心理。

1.导致犯罪的变态人格类型。1940年德国精神病学家K.施奈德出版的《精神病质的人格》,具体分析了各种异常人格与犯罪行为的联系。导致犯罪的异常人格类型,主要有以下几种:(1)意志薄弱型。这种人对外界的诱惑缺乏抵抗力,易受外人引诱而去犯罪。(2)情感缺乏型。这种人缺乏羞耻、怜悯、同情、名誉感、良心等高尚情感,具有冷酷、无耻的人格特征。(3)爆发型。这种人稍受外界刺激,便会暴怒,用暴力手段攻击他人。(4)激奋型。这种人很容易激动兴奋,做事不谨慎、无耐心,很容易与人发生纠纷。(5)自我显示型。这种人有强烈的虚荣心,处处想表现自己,不顾场合和方法。(6)偏执型。这种人顽固地坚持违背社会规范的错误观点和信仰,并付之于行动。(7)情绪易变型。这种人喜怒无常,情绪一日多变,难以捉摸。(8)软弱型。这种人缺乏人格的尊严,经受不了外界的压力,常违心地屈服于他人,做自己明知不该做的事情。(9)自卑型。这种人极度自卑,否定自己的能力和知识经验,认为自己无法像正常人那样生活,只能依靠他人,或采取非法手段来谋生。(10)忧郁型。这种人整日情绪低沉消极,遇到任何事情都看成是不利于自己的事,并以此支配自己的行动。

2.贪污贿赂犯罪分子的心理表现。归结起来,大体有:一是欲望膨胀心理,即权力欲。二是同化心理,即有事找关系、找金钱开道。三是被迫心理,即被上级敲诈。四是补偿心理,即贡献大、回报少。五是侥幸心理,即自以为发现不了。六是习惯心理,即习惯成自然,不收钱难受等。这些是笔者近年来研究的初步归纳。

3.贪污贿赂犯罪行为的心理特征。归结起来,大体有:一是先知先觉,即事先预谋或者反侦查、隐蔽或者转移赃款。二是后知后觉,即开始没有反应过来,干了腐败的事如收了钱而后怕。三是不知不觉,即"温水中的青蛙",慢慢被热水烫死。

4.贪污贿赂犯罪分子实施犯罪后的心理表现。从心理学角度分析,贪污贿赂犯罪分子实施犯罪活动后,将会产生以下心理活动:一是贪污贿赂犯罪行为人对实施犯罪后的心理活动进行体验、回忆、思考总结;二是思考逃避打击的方式方法;三是思考被揭露后的反侦查、反审讯对策;四是总结以往的作案经验,预谋新的犯罪。

(五)贪污贿赂犯罪分子的反讯问心理及演变轨迹。

反讯问是有意识、有目的的行为，是一种普遍现象。所谓反讯问，是指贪污贿赂犯罪嫌疑人为隐瞒案情事实真相、逃避或减轻罪责，掩盖、否定或歪曲客观事实、抗拒、阻碍讯问的各种方法。这不仅直接影响讯问进程，而且严重妨碍侦查任务的顺利完成。

1.贪污贿赂犯罪分子供述与否的心理冲突。西方古典刑法认为，人是理性的、意志自由的与趋利避害的动物。因此，犯罪分子是否供述，需要进行利害的权衡。如果利大于弊，则供述；反之，则不供。但是在供与不供之间，心理上将产生冲突，具体有以下几种：一是双避冲突。一个人面临两种事件的影响或者威胁，但无法同时避免，从而在内心发生冲突。如既想避开侦查人员的追问，又想避开被拘禁。二是趋避冲突。一个人所追求的事件中，同时又有他想避免的事由，从而产生内心冲突。如"只要你如实供述犯罪，你妻儿的安全就会得到保护"。这里，如实供述是犯罪嫌疑人不愿意的，但妻儿安全的保护又是犯罪嫌疑人所期待的，从而就有冲突。三是双趋避冲突。一个人同时追求两个事件，但又无法同时得到满足，从而内心产生冲突。如某人又想贪污受贿，又想不受法律制裁。所谓"鱼与熊掌要兼得"。以上三种冲突，往往出现混合冲突，很少有单纯一种的。

2.贪污贿赂犯罪分子供与拒供的心理原因——态度。据统计，美国的犯罪嫌疑人大概占犯罪嫌疑人总数的50%—60%属于自愿供述或者自白，但中国查处的案件中几乎是100%。供与不供主要取决于犯罪嫌疑人的态度。所谓态度，是指个体对某一特定事物、观念或者他人稳固的心理倾向，这由认知、情感和行为倾向组成。就讯问来说，认知部分是指犯罪嫌疑人对外部对象包括侦查人员已经收集的证据、相关的法律知识和对自己罪行能否发现等内容的心理印象，是态度等基础；情感部分，是指犯罪嫌疑人对侦查人员、侦查活动及其过程的肯定或者否定的评价，以及由此引发的情绪情感，是态度的核心和关键；行为倾向部分，是指犯罪嫌疑人对侦查人员及其侦查活动的反应，具有准备性质，主要表现为供述或者拒绝供述，但不等于外显行为。归结起来，犯罪嫌疑人对态度目标即供述所带来的利益与代价的评估，就是决定是否供述的认知基础。对犯罪嫌疑人认知评价的因素，主要有外部的利害关系和犯罪嫌疑人自身的强度。其中，外部的利害关系有：一是对犯罪嫌疑人不利的事实和证据是否充分。如果其认为充分，供述的可能性就大,否则就小。二是供述后能否得到减轻处罚的可能性及幅度。这个问题,在西方国家,只要犯罪嫌疑人供述,可以进行诉辩交易、减轻处罚等好处,因此吸引力大。但在我国,往往是有口头承诺的行为但没有实际兑现的结果,直至犯罪嫌疑人被判入狱后才发觉被侦查人员欺骗,以致社会上有种说法叫"坦白从宽,牢底坐穿;抗拒从严,回家过年"。三是讯问场所与讯问过程给犯罪嫌疑人的压力大小。讯问场所简单、讯问过程枯燥,压力就大,就容易给犯罪嫌疑人造成与外界隔绝的错觉和失去控制力的真切感觉,在心理上产生孤独无助,这有利于促使其与侦查人员合作。四是犯罪嫌疑人本人保守秘密的强度,即犯罪嫌疑人本人的强度。心理学研究表明,一个人要完全保守秘密不向任何人透露是极其困难的,因为人都有说真话的本能。绝大多数人即使知道本人的秘密被他人知道后对自己带来很大的不利,但还是会向自己信任甚至不认识的人透露。因此,如果犯罪嫌疑人拒绝供述,绝不透露,就会给自己带来许多的压力,并随着压力增大而会寻找宣泄的渠道。如果了解掌握了这个规律特点,促使犯罪嫌疑人供述就很有把握了。

3.讯问的心理变化及轨迹。犯罪心理学和审讯心理学研究表明,贪污贿赂犯罪嫌疑人从接受审讯开始到交代全部犯罪事实,其反讯问心理变化经历,一般呈现出恐惧、侥幸(抵赖、狡辩、诡辩)、抗拒、戒备(相持)、认罪、翻供等规律。

(1)恐惧心理。恐惧,是犯罪嫌疑人预料到将受法律制裁而产生的情绪。因为被传唤或采取强制措施,失去人身自由,心里平衡被打破,心里感到十分惊恐害怕,不知所措,孤独感油然而生。恐惧心理的外部表现形态:一是面部表情。表现为:精神恍惚,眼神发呆,脸色苍白,脸部肌肉紧张,语言上表现为问一句答一句,答非所问,语无伦次,说话含糊,结结巴巴,语不成句。二是身体器官。作出的反应:快速眨眼,手脚运动失控,双手搓动、紧握或放松,身体肌肉抽搐等。这种恐惧心理,大多是在初审过程中的外部表现。这些外部的表现,因案件的性质不同、被告人的个人素质不同,表现程度也有所不同。

(2)侥幸心理。犯罪嫌疑人的侥幸心理,出于其自己的本能。侥幸心理产生的原因:一是贪污贿赂犯罪不像其他一般刑事犯罪分子,在犯罪现场,当场被抓获或当场被查获赃物、物证,因此他们自恃作案手段诡秘,迷信攻守同盟,同时寄希望于上级的庇护及关系网的干预,企图蒙混过关。另一种原因:侦查人员在初审中暴露了情绪弱点和讯问意图,在讯问过程中策略不当,促使犯罪嫌疑人产生侥幸心理,其中抵赖罪行,是这种心理的主要表现。抵赖罪行,可分为全部或部分抵赖两种。抵赖的策略是避重就轻、无理狡辩,根据出示证据的多少供述问题,或者无证不供等。在侥幸心理支配下,犯罪嫌疑人总是向着有利于自己的方向去思考,在讯问中表现为:沉默寡言,喜怒无常,时有自言自语或声明无罪,信奉祸从口出,少说为佳的信条;或者态度粗暴、大喊大叫,进行反攻,公开顶撞,公然喊冤叫屈;想方设法逃避罪责;或怀疑狡辩,神经过敏,疑神疑鬼,形成讯问中的心理障碍。

(3)抗拒心理。抗拒心理,是出于人类的防卫本能。抗拒心理,大多是在罪行已被揭露并难免受到惩处,或者惧怕牵连家人亲属,为减轻罪责所产生的自认为拒不供述就无法定案,交代了反而受到严惩;还有,对侦查人员个人评价所产生的抗拒心理,如因为有损他的自尊心或提出带有刺激性的问话而抗供。主要表现为:蛮横不讲理、装疯卖傻、横眉竖眼、气焰嚣张;破口大骂,拒不回答问话;闭口不言,以示对抗,国家工作人员特别是身居要职的贪污贿赂犯罪嫌疑人,大多持这种心理,往往极为傲慢,指责一切,把"官风"带到讯问中。

(4)戒备心理。戒备心理,是犯罪嫌疑人为防止罪行暴露的一种心理防线。在讯问过程中,由于畏罪而本能地防御,对讯问人员保持高度的警觉和戒备。犯罪嫌疑人存在戒备心理的原因和表现:一是唯恐罪行被揭露,对侦查人员的一切言行都抱有戒心,常揣摩可能发生的信号,想办法来对付。对侦查人员的提问,字斟句酌,用心琢磨;疑神疑鬼,草木皆兵;常产生幻觉,感到四周都是早已布置好的陷阱;对问话,不立即作出反应,犹豫不决比较明显,不及早交代罪行;常以试探、搪塞、推诿方式进行抵赖。二是怀疑侦查人员,是否真正相信自己的供述和作出公正的结论。在讯问接触中,犯罪嫌疑人对侦查人员的言谈、举止、态度、提问方法,对他进行教育的内容,都非常认真观察、听取,进行对比、分析,判断侦查人员的政策水平、工作方法、工作作风和品格,希望能进行正确的估计。在这种情况下,讯问人的一言一行,对犯罪嫌疑人都具有十分重要的影响。

（5）认罪心理。认罪心理是经过若干个阶段后，犯罪嫌疑人处于觉醒阶段，心理逐渐崩溃，经过与侦查人员的试探甚至讨价还价式地回答问题，认为彻底完了，没有别的奢望了，不交代已经没用了，最终产生寻求轻判的心理，并且一旦把全部问题都交代清楚了，反而觉得轻松，把压在心头的石头放下。这个阶段的心理十分复杂。有的想早点交代算了，反正人被抓进来是出不去了，早交代早解脱。有的想过早交代，就太便宜检察院了，一旦出去会被人笑为软骨头等。

（6）翻供——认罪反复心理。犯罪嫌疑人认罪以后，还会出现一些反复。特别是两个"证据规定"施行以来，一些地方反映，翻供现象增多。犯罪嫌疑人、被告人往往以刑讯逼供为理由进行翻供，有的案件甚至被成功翻供，最终判了无罪或者撤销了案件；有的案件被判无罪后，经检察院抗诉后又改回有罪了；等等。这里的影响因素也是比较复杂的，有些翻供的案件，其背后有推手、背景复杂。

总之，以上这些阶段的心理变化，是一个连续的过程，但不是自动的连续，需要靠审讯来完成。同时，在任何一个时期犯罪嫌疑人所作的供述或者拒供行为，都可能因某些因素比如问话方式不当等影响而突然停止，有的甚至会回到最初的状态。针对以上几个心理活动阶段，侦查讯问的主要任务是有的放矢地实行审讯，促使犯罪嫌疑人改变态度，积极供述，认罪服法。

三、讯问贪污贿赂犯罪嫌疑人的策略和方法

（一）讯问犯罪嫌疑人的策略。

这是指贪污贿赂犯罪侦查中，讯问人员依法进行讯问所采取的原则和手段。它是政策、方法和斗争艺术等方面的综合运用，是与贪污贿赂犯罪活动作斗争的智慧与才华的集中体现，是确保完成讯问任务不可缺少的手段。实践中常用的策略有如下几种：

1.政策攻心。这是指讯问人员运用辩证唯物主义基本原理，以党和国家的政策、法律为武器，针对犯罪嫌疑人的抗拒、对立、侥幸、畏罪等心理变化特点，促使其彻底坦白的一种讯问手段。政策攻心是贯穿讯问工作全过程的基本策略，其主要方法是对犯罪嫌疑人进行形势、政策、法律和前途教育，讲明党和国家的政策与法律，指出其唯一出路就是低头认罪、悔过自新，发挥政策攻心的震慑力和感召作用。运用政策攻心策略，要因人而异。犯罪嫌疑人走上犯罪道路的原因很复杂,其接受讯问的态度、应付讯问的对策受到多方面因素的影响。如有的沉默不语;有的吵闹鸣冤;有的避重就轻,"丢卒保车";有的假供、伪供或反复翻供;有的嫁祸于人。他们中有的思想反动,顽固抵抗;有的怕受惩罚,拒不认罪;有的严重悲观,听天由命,不愿交代;有的自恃手段高明,以为自有足够的反侦查经验,侥幸心强,拒不交代;有的因身居高位,社会关系复杂,靠山硬,企图蒙混过关;有的怕连累子女亲属或他人,不敢认罪等等。讯问中,要做到有的放矢,避免不切实际的空洞而重复宣讲"坦白从宽、抗拒从严"或者孤立、片面地进行某一方面教育的做法。要根据案情实际和犯罪嫌疑人的内心动机和个性特点,分析利弊,晓之以理、动之以情,带有启发性、震慑性和可信性乃至人情味。要根据讯问进度把握时机,及时调整攻心策略,以达到预期目的。

2.选择时机,正确使用证据。这是一种常用的重要讯问策略。它是指针对犯罪嫌疑人假供、拒供等情形,适时地出示能证明犯罪嫌疑人犯罪的证据,揭穿其谎言,突破其思想防线,打破其侥幸心理,以瓦解其对抗思想,迫使其承认自己全部或主要犯罪事实的讯问手段。正确使用证据的目的,在于揭穿犯罪嫌疑人的狡猾伎俩,打击其嚣张气焰,摧毁其顽固立场,以突破一点、牵出一面,打破僵局,最终制服犯罪嫌疑人甚至扩大战果。运用证据策略中的证据必须确凿可靠。运用时要选择有利时机,适当出示,并力争用最少量的证据达到预期目的,而不可全盘托出,让犯罪嫌疑人摸清底细,以免造成被动。为此,讯问人员首先要研究分析犯罪嫌疑人的思想斗争情况,判断其思想上有否开始转变、是否出现交代罪行的内心动机,进而把握使用证据的最佳时机,出其不意、攻其不备,以突破全案。使用证据要注意辅之以其他策略,综合运用。常用的主要有三种方法:一是直接出示证据。主要针对犯罪嫌疑人态度蛮横、气焰嚣张、拒不认罪等情形,击败其顽固心理。二是暗示证据。针对犯罪嫌疑人认罪与否犹豫不决的情况,促使其坚定坦白交代罪行的决心。三是连续恰当地使用证据。针对某些案件不连续出示就难以突破全案的情形,依照先次后主、由浅入深直至触及核心的原则,适当地连续出示证据,不给犯罪嫌疑人以喘息机会,迫使其认罪服法。

3.善于运用矛盾。这是指根据犯罪嫌疑人虚构或编造事实或情节,准确把握其供词间及其与同案犯供词之间的种种矛盾,揭穿犯罪嫌疑人的谎言和狡辩,结合攻心策略,分化瓦解其顽固对抗思想,迫使其交代和认罪服法的一种讯问手段。犯罪分子为掩盖罪行、推卸罪责而逃避惩罚,往往会歪曲事实、虚构情节,并进行假供、串供等用以对付讯问。这时的假供,有的事先精心编造、有的临时应急。由于其违背客观事实,无论如何狡诈,供词中都会出现一些破绽和矛盾。讯问时,要把握暴露出的问题,善于利用其中的矛盾,战胜罪犯。可利用的矛盾,主要有:一是供词之间的矛盾;二是供词与客观事实包括现场情况、自然条件、风俗人情、科学原理、规章制度等之间的矛盾;三是供词与其他证据、同案犯供述之间的矛盾等。运用矛盾时,要注意分析犯罪嫌疑人口供真伪及假供的动机、目的,区分矛盾与非矛盾、有意识与无意识的问题,并选择最佳时机有计划、有步骤地利用矛盾,迫使犯罪嫌疑人转变态度、交代罪行。犯罪嫌疑人通常惯用攻守同盟伎俩,并迷信于此而拒不交代。对"一对一"、相互间有利害关系、共同犯罪分子订立攻守同盟等情形,通常难以突破犯罪嫌疑人的口供。这就要求加强研究对攻守同盟的特点、规律及其相应对策,提高审讯突破能力。

4.出其不意,重点突破。这是指在犯罪嫌疑人毫无思想准备或准备不足的情况下,运用确凿证据突然主动出击,直接提出核心问题,使其措手不及,从而打开缺口,迫使其坦白交代的手段。运用这一策略,关键是选择突破口。选择突破口要有明确的方向和目的。突破口可以是人或事,也可以是某一事实中的某一情节,或者同案犯中的某一犯罪嫌疑人等。贪污贿赂犯罪分子虽然反侦查能力强,但在犯罪全过程中,必定会留有其防守不力或疏忽的薄弱环节,必然会留下这样那样的痕迹物证等蛛丝马迹。讯问人员要认真分析,选准突破口。常见的薄弱环节有以下几种。一是难以掩盖的犯罪事实,如贪污贿赂的实物多、数额巨大等。二是犯罪嫌疑人心理上难以自控的环节,如对某些犯罪事实和重要情节顾虑大,供与拒供的内心矛盾重重,惊恐不安等。三是实施犯罪后,犯罪嫌疑人在情理上不能自圆其说,如对行为后果解释不合逻辑,自身供述前后矛盾或者同案犯之间供述矛盾等。四是共同犯罪案件中,有些同案犯之间因某种利害关系而矛盾重重。讯问人员应在全面分析案情的基础上,善于抓住这些薄弱环节,选准突破口,出其不意,攻其不备,各个击破。由于不同案件,其突破口不同;同一案件,在不同阶段也有不同的突破口,实践中要充分注意这一点。

5.侧面迂回。这是指在案件证据掌握不多或证据尚不确凿的情况下,讯问时不急于莽然触及实质问题,而要由远及近、由表及里、由次到主、由现象到本质,或者因势利导、循序渐进,以麻痹犯罪嫌疑人,使其供出与案件有重要联系的事实,为全案侦破创造条件的一种讯问手段。这是一种诱敌深入的策略,主要针对某些重大案犯预计一时难以供出主要罪行,而证据又少、证明力弱的情况所采取的对策。运用侧面迂回的策略,首先要充分做好讯问前的准备,有计划、有目的地讯问。讯问要具体,逻辑性要强,并尽可能合乎自然,创造一个内紧外松的环境。既要注意不让犯罪嫌疑人摸到讯问的意图或底细,又不能让犯罪嫌疑人供述偏离讯问目的。要使犯罪嫌疑人无意中陷入既无法回缩又难以摆脱的困境,从而束手就擒、认罪服法。

(二)讯问贪污贿赂犯罪嫌疑人的方法。

讯问贪污贿赂犯罪嫌疑人是一项政策性、法律性乃至技巧性均很强的工作,是一场面对面的尖锐又复杂的攻心斗智。在这严峻复杂的斗争面前,大多数犯罪嫌疑人企图从审讯人员的态度、言行举止中探测意图,捉摸底细,对抗审讯。审讯人员则利用身处主动的地位施计用策,设法消除犯罪嫌疑人的种种侥幸心理,迫使其作出真实供述。讯问犯罪嫌疑人,通常分三个阶段:

1.讯问前的准备。主要应把握以下三个环节:

一是讯问力量的准备。讯问力量是讯问工作的主体,也是讯问成败的决定因素。根据刑事诉讼法第一百一十六条规定,讯问的时候侦查人员不得少于2人。同时,根据《人民检察院刑事诉讼规则》第一百九十二条及第三十二条规定,这里的侦查人员应当属于具有助理检察员以上法律资格的检察人员。根据侦查讯问需要,必要时应酌情增加侦查人数。讯问人数主要是根据具体个案特点进行确定。对于那些重大、特大或者复杂、疑难的案件,或者犯罪嫌疑人身份特殊的案件,一般应指派法律政策水平和讯问能力较高的讯问人员,或者反贪侦查部门的负责人或者检察长亲自参加讯问。讯问人员确定后,应明确分工、各负其责。其中,讯问人员是具体个案讯问的组织者和执行者,负责讯问工作;协助人员是讯问人员的助手,协助其做好讯问准备,编制讯问计划,参加协助讯问;书记员负责记录,讯问中应当听清主审人员提问的含义,迅速领会发问意图,认真听取和记录犯罪嫌疑人的供述和辩解。记录必须准确、完整,避免遗漏、错误。特别是要防止以复制电子文本的方式,将上一次讯问的笔录一复了之,一字不改等不负责的做法。主审人员及协助人员应当加强对书记员记录的审查和监督。此外,讯问中遇到申请回避或讯问聋哑、语言不通或女犯罪嫌疑人等情况,均应依法进行。

二是分析和掌握犯罪嫌疑人的心理状态,有针对性地选择和运用正确的讯问策略和方法。首先,分析和掌握犯罪嫌疑人的社会经历和个性特点。犯罪嫌疑人的处世态度、生活习惯、嗜好、道德品质、职业特长和生活作风等个性心理特征,是其长期的教育环境、社会和家庭生活环境以及所从事的职业环境等因素的综合影响下逐渐形成的,并且经常会表现在社会生活实践中,呈现其较为稳定的精神面貌和心理素质等固有特征。了解和掌握犯罪嫌疑人的个性心理特征,有利于判断其实施犯罪的心理活动,以采取相应的对策。其次,分析和掌握犯罪嫌疑人逮捕、拘留后的心理状态。犯罪嫌疑人被拘捕后的心态十分复杂。有的愿认罪服法,坦白交代;有的存有侥幸心理,能瞒则瞒;有的存畏罪心理,不敢坦白;有的存对抗心理,拒绝交代,"不到黄河心不死",不在确凿证据面前不轻易认罪;有的自恃反侦查经验丰富,顽固到底,拒不认罪等等。总之,犯罪嫌疑人的个性心理特征和个人意识,往往决定了其在拘留逮捕以后的认罪态度;而犯罪嫌疑人在拘留逮捕以后的心理活动,又往往反映了他的个性心理特征和个人意识。审讯人员应当从两方面结合起来进行研究,掌握犯罪嫌疑人心理活动的特点,以便采取有效的、恰当的讯问策略和方法。

三是制订讯问计划。讯问计划是组织和指导讯问活动的依据,也是讯问活动的全盘规划和行动指南。主要包括以下内容:简要案情及证据现状;讯问所要达到的目的和要求;讯问的重点、方法和步骤;需要讯问、核实的各个罪行和事实情节,预测犯罪嫌疑人的回答及其具体对策;预计应予使用证据的若干情况及出示时间、时机,使用证据的顺序和具体作法;列出需要调查的问题等等。讯问计划一般有总计划和补充性计划两种。前者根据个案不同而确定的对全案全盘的讯问计划;后者是在总计划指导下,针对讯问中遇到的新问题所作的调整性补充计划。制订讯问计划应充分考虑个案特点,对讯问过程中遇到的事先没能估测的新情况,应及时予以调整、补充。

侦查阶段讯问犯罪嫌疑人时所掌握的证据材料往往不充分,主要凭借初查获取的线索材料进行分析、判断,讯问时应综合考虑这种实际。

2.讯问活动的实施。这个阶段主要分三步进行:

一是初讯,即第一次讯问。除已拘留、逮捕的犯罪嫌疑人必须在拘捕后24小时内进行讯问外,法律没有对初讯作时间上的限制。但由于犯罪嫌疑人刚发觉自己的罪行败露,心理往往失去平衡,思想上惊慌混乱,一时束手无策,来不及考虑对策,这就要求及时抓住时机进行初讯,有利于及时获取犯罪证据、线索,查缉同案犯,扩大战果,也有利于及时发现冤假错案。初讯内容一般分四部分:

第一,要查明犯罪嫌疑人的基本情况,包括姓名、出生年月日、籍贯、身份证号码、民族、职业、文化程度、工作单位及职务、住所、家庭情况、社会经历、是否属于人大代表、政协委员等。

第二,要告知犯罪嫌疑人在侦查阶段的诉讼权利,有权自行辩护或委托律师辩护;告知犯罪嫌疑人如实供述自己罪行可以依法从宽处理的法律规定,这是促进犯罪嫌疑人主动交代自己罪行的一项重要刑事政策,对于及时突破案件具有重要作用;还要告知犯罪嫌疑人将对讯问进行全程同步录音、录像,告知情况应当在录音、录像中予以反映,并记明笔录。

第三,要讯问犯罪嫌疑人是否有犯罪行为,让他陈述有罪的事实或者无罪的辩解,应当允许其连贯陈述。然后向其提出问题,对提出的反证要认真查核。讯问时要注意掌握主动权,随时纠正犯罪嫌疑人供述方向,防止其故意转移话题或答非所问。不要胡乱发问或打断其供述,以免暴露讯问意图。对犯罪嫌疑人的无罪辩解,要特别注意保持冷静、认真细听,切不可动怒或横加指责。即使纯属谎言,也要让其把话说完。一旦发现错拘错捕,要立即报告,依法予以纠正。犯罪嫌疑人对侦查人员的提问,应当如实回答。但是对与本案无关的问题,有拒绝回答的权利。

第四,要按计划讯问,及时查核供词。在犯罪嫌疑人承认有罪并作出初步供述后,应抓住初讯的有利时机,有目的有计划地深挖细究,力求查清主要犯罪事实和情节,为下一步重点突破创造条件。犯罪嫌疑人供述的动机错综复杂,有坦白、承认的供词;有虚假、错误或翻供的供词。对此要注意分析研究其供述动机,及时查明核实。讯问时,对犯罪嫌疑人提出的辩解要认真查核。严禁刑讯逼供和以威胁、引诱、欺骗以及其他非法的方法获取供述。这里,需要特别指出的是,根据《人民检察院刑事诉讼规则》第一百九十六条第二款规定,对于已经羁押在看守所的犯罪嫌疑人,不得以讯问为目的,将犯罪嫌疑人提押出所进行讯问。

二是复讯。这是指初讯后直至终讯前的一切活动。这是整个讯问工作的最重要阶段,其任务十分繁重。既要查清全案事实,追查同案犯及其组织联系,又要重点查明犯罪嫌疑人的主要犯罪事实和情节,寻找新的犯罪线索和侦查思路,加快侦查进程。复讯可能有多次甚至十几次、几十次地与犯罪嫌疑人进行较量,讯问人员应根据个案特点,按复讯提纲或计划正确运用各种策略和方法,迫使犯罪嫌疑人如实交代。经过多次"讯问——侦查——讯问"的反复,使侦查向纵深发展,扩大战果,完成全案侦查任务。

三是终讯。也称结案前讯问或结束讯问。这是指复讯后到侦查终结前的最后一次讯问。终讯具有全面性、系统性的特点,其任务主要有三:首先是要全面核实证据,确保办案质量。其次是要针对犯罪嫌疑人不彻底甚至拒绝交代的情况,进行政策攻心,促使其认罪服法。倘若其顽固不化,则记录在案,为以后的诉讼活动提供有关认罪态度的证据。再次是要查明犯罪嫌疑人对所犯罪行的补充或申辩,如果申辩合理,则不能草率结案,必要时需继续侦查,直到查清为止。终讯一般采取先全面后重点的方法,即先让犯罪嫌疑人交代全部罪行,尔后有重点有选择地提问,责令其逐一作答。终讯内容主要有四方面:犯罪事实、情节是否清楚;证据是否确实、充分;定性是否正确;法律手续是否完备。对一些重大、疑难或意见分歧较大的案件,终讯时要写终讯报告。其内容主要包括:犯罪嫌疑人的基本情况;拘留、逮捕的理由和依据;犯罪嫌疑人的犯罪事实、情节及认罪态度;根据案件的具体情况和有关法律规定提出终结讯问和处理意见。如果原逮捕或立案时所列犯罪嫌疑人的全部或部分犯罪事实被否定或者某些情节有重大变化,或者根据当前条件难以澄清等,均应在报告中写明讯问查证的结果及讯问人员的意见,连同案卷材料报领导审批。

3.讯问笔录和录音、录像资料的制作。讯问笔录是指讯问时向犯罪嫌疑人提问和犯罪嫌疑人的供述或辩解的客观文字记录。讯问时要作好笔录,它是反映整个讯问活动的书面文件,是一种重要证据。同时,根据刑事诉讼法第一百二十一条规定,侦查人员在讯问犯罪嫌疑人的时候,可以对讯问过程进行录音录像;对于可能判处无期徒刑、死刑的案件或者其他重大犯罪案件,应当对讯问过程进行录音或者录像。录音或者录像应当全程进行,保持完整性。根据最高人民检察院关于讯问贪污贿赂犯罪嫌疑人实行全程同步录音录像等有关规定,讯问贪污贿赂犯罪嫌疑人,不论案件大小、情节轻重等,一律实行全程同步录音录像,这既有利于防止讯问人员违法办案,有利于保障犯罪嫌疑人或被告人的人身权利和其他合法权益,也有利于防止犯罪嫌疑人或被告人翻供。制作记录时,应注意以下几个问题:一是记录人员在讯问前,必须全面熟悉案情,尤其涉及专有名词、业务术语、有关数字、主要人名、地名、方言俗语、不常见的事物名称、有关科学技术知识,以及每次讯问的基本内容的重点、意图和方法等,都要十分熟悉甚至背记。二是记录时应实事求是,抓住重点,高度集中注意力,将听、想、写三者结合起来。讯问人员的提问和犯罪嫌疑人的供述或辩解,均应准确无误地记录下来,应当忠实原话,能用原话包括方言土语的尽量不要改用普通话记录。尤其对供述的重要事实和情节,要不失原意、全面详细地记录。对诸如作案动机、目的、时间、地点、手段、方法、过程、后果及其与犯罪有关的人和事,一定要记录清楚。对犯罪嫌疑人思想混乱而胡言乱语或气焰嚣张的,则要中止讯问或暂停记录。讯问速度要与记录速度相适应。讯问中,犯罪嫌疑人在供述或申辩中反映心理活动的面部表情、动作比划及带有感情色彩的语言,如哭、笑、吵、闹、低头思索、沉默不语、出汗、发抖等现象,均应真实记录。三是讯问笔录必须条理清晰,详细具体,语句通顺,字迹端正。记录字迹不能潦草,并防止引起歧义的错别字和不应有的省略,包括提问的随意简略。对供词中的方言土语和物品名称的简称要用普通话加以注释。笔录涂改太多的应重新抄正。记录时使用的笔墨、纸要规范。四是讯问人员必须与记录人员密切配合,讯与记应当协调。做到讯问速度与记录速度相适应。如出于策略上的原因,讯问节奏过快而难以记录的,可先用备用纸记下要点,尔后选择适当时机重新讯问,作必要补充。五是讯问笔录应严格依法制作。讯问结束时,应当将笔录交犯罪嫌疑人核对。对无阅读能力的,则向其宣读。对记录有遗漏或错误的地方,允许其实充或改正。犯罪嫌疑人核对无误后,由其写上"以上笔录我已看过或者读给我听过,与我说的一样"等内容,再签名或盖章,并在涂改处和签名上捺好右手食指指印,捺好骑缝印。对拒绝签名或盖章的,应在笔录上注明。被告人要求书写供述的,应予允许,但不能代替讯问笔录,讯问仍须进行。六是能用计算机记录的,尽量用计算机进行记录,核对事项如上。但需要注意的是,书记员记录时必须防止复制上一次讯问笔录并一字不改的做法,同时在犯罪嫌疑人核对笔录时,如果犯罪嫌疑人有修改的,应当保持修改的文本包括修改的标注等,以便日后调查审核等之用。七是实行全程录音录像。根据刑事诉讼法第一百二十一条规定和最高人民检察院有关规定,对讯问过程进行全程录音录像,并保持录音录像资料的完整性。

(三)讯问犯罪嫌疑人应注意的事项。

1.讯问人员的工作作风等要求。从实践看,讯问人员应做到以下要求:一是严肃认真。讯问人员的态度和作风,应始终做到严肃认真,使犯罪嫌疑人感到讯问人员代表国家机关执法如山,凛不可犯。这有利于打消其耍花招、作假供、蒙混过关的企图。讯问人员在讯问时应专心提问和认真细听、记录,不可心不在焉,无精打采,有气无力或粗心大意、马虎从事。举止要庄重、要注意警容风纪,问话要规范,不能用暗语、黑话或有伤风化的言语。二是沉着老练。讯问时要始终保持清醒头脑,仪表严整,提问文明,不能耍态度、感情用事,说过头话或不文明粗话甚至"动手动脚"。对犯罪嫌疑人坦白供认的,不要喜形于色;对其拒供或诡辩的,也不要发怒或暴跳如雷,应让其把话说完。实践中,有些老奸巨猾的罪犯常常利用讯问人员的弱点,故意刺激或挑逗,使讯问人员丧失理智,以便刺探讯问意图,摸清已掌握的证据底细,从而采取相应的反侦查对策。三是实事求是、依法办案。根据刑事诉讼法第五十条及《人民检察院刑事诉讼规则》第一百八十七条等规定,讯问时不得强迫任何人证实自己有罪。这里的"不得强迫任何人证实自己有罪",主要内容是:犯罪嫌疑人如果对侦查人员的提问不愿意回答,那么侦查人员不能采用刑讯逼供和以威胁、引诱、欺骗以及其他非法方法进行强迫,但可以采取法律允许的方法和措施,让他把话说出来。因此在讯问时,无论犯罪嫌疑人作有罪供述或者无罪的辩解,都应实事求是,不能先入为主,主观臆断,无中生有,甚至歪曲或夸大事实;不能采取诱、骗、逼等手段,对其逼供信或许愿"打包票"等。要保障犯罪嫌疑人作无罪或罪轻申辩的权利。讯问中,犯罪嫌疑人有使用本民族语言的权利。对于不通晓当地通用文字的犯罪嫌疑人,应为其翻译。在少数民族聚居或多民族杂居的地区,应使用当地通用的语言进行讯问。四是不卑不亢,秉公执法。贪污贿赂犯罪嫌疑人往往拥有一定的地位或权力,有的甚至身居高位。讯问人员在讯问时要不卑不亢,论理论法,秉公执法,不因其身居高位要职而产生畏难心理甚至作某些迁就,以致影响讯问效果。

2.加强对犯罪嫌疑人诉讼权利和其他合法权益的保障。在贪污贿赂犯罪侦查中,侦查人员应按照刑事诉讼法第三十三条至第四十七条、《人民检察院刑事诉讼规则》第三十六条至第六十条等规定,加强对犯罪嫌疑人的人权保障,做好以下几个方面工作:

第一,反贪侦查部门在第一次开始讯问犯罪嫌疑人或者对其采取强制措施的时候,应当告知犯罪嫌疑人有权委托辩护人,并告知其如果经济困难或者其他原因没有聘请辩护人的,可以申请法律援助。对于属于刑事诉讼法第三十四条规定需要法律援助情形的,应当告知犯罪嫌疑人有权获得法律援助。告知可以采取口头或者书面方式。口头告知的,应当记入笔录,由被告知人签名;书面告知的,应当将送达回执入卷。

第二,反贪侦查部门立案侦查的贪污贿赂犯罪案件,在押的或者被指定居所监视居住的犯罪嫌疑人提出委托辩护人要求的,反贪侦查部门应当及时向其监护人、近亲属或者其指定的人员转达其要求,并记录在案。但需要注意的是,在侦查期间,犯罪嫌疑人只能委托律师作为辩护人。除了不属于依法被剥夺、限制人身自由的或者处于缓刑、假释考验期间或者刑罚尚未执行完毕的或者无行为能力或者限制行为能力的犯罪嫌疑人近亲属或者监护人。对于这类犯罪嫌疑人的近亲属或者监护人,犯罪嫌疑人可以委托其担任辩护人。同时,一名辩护人不得为两名以上的同案犯罪嫌疑人辩护,不得为两名以上的未同案处理但实施的犯罪相互关联的犯罪嫌疑人辩护。

第三,对于特别重大贿赂犯罪案件以外的贪污贿赂犯罪案件,辩护律师持律师执业证书、律师事务所证明和委托书或者法律援助公函,要求会见在押的犯罪嫌疑人、被告人的,看守所应当及时安排会见,至迟不得超过48小时。律师会见在押的犯罪嫌疑人,可以了解有关案件情况,提供法律咨询等。辩护律师会见犯罪嫌疑人、被告人时不被监听。辩护律师会见被监视居住的犯罪嫌疑人、被告人，按照上述规定进行。

第四，对于特别重大贿赂犯罪案件，在侦查期间辩护律师会见在押的犯罪嫌疑人，应当经侦查机关许可。对于这类案件，人民检察院反贪侦查部门应当事先通知看守所，以便于看守所事先做好相应准备。这里的"特别重大贿赂犯罪案件"，《人民检察院刑事诉讼规则》第四十五条第二款作了明确规定，即涉嫌贿赂犯罪数额在 50 万元以上，犯罪情节恶劣的；或者有重大社会影响的；或者涉及国家重大利益的。实践中，应当据此把好关。

第五，辩护人在侦查过程中，收集到有关犯罪嫌疑人不在犯罪现场、未达到刑事责任年龄、属于依法不负刑事责任的精神病人的证据，告知人民检察院的，反贪侦查部门应当及时进行审查。辩护人在侦查过程中向检察机关提出要求听取其意见的，检察机关案件管理部门应当及时联系反贪侦查部门，对听取意见作出安排。辩护人提出书面意见的，检察机关案件管理部门应当及时移送反贪侦查部门。对于辩护人提出的意见，反贪侦查部门应当认真研究，并予以有针对性的解决。

第六，辩护人、诉讼代理人认为人民检察院及其工作人员阻碍其依法行使诉讼权利的行为之一的，可以向同级或者上一级人民检察院申诉或者控告。检察机关控告检察部门应当接受并依法办理，反贪侦查部门应当予以配合。这些与反贪侦查工作有关的阻碍辩护人、诉讼代理人依法行使诉讼权利的行为包括：一是对辩护人、诉讼代理人提出的回避要求不予受理，或者对不予回避决定不服的复议申请不予受理的；二是未依法告知犯罪嫌疑人、被告人有权委托辩护人的；三是未转达在押的或者被监视居住的犯罪嫌疑人、被告人委托辩护人的要求的；四是应当通知而不通知法律援助机构为符合条件的犯罪嫌疑人、被告人或者被申请强制医疗的人指派律师提供辩护或者法律援助的；五是在规定时间内不受理、不答复辩护人提出的变更强制措施申请或者解除强制措施要求的；六是未依法告知辩护律师犯罪嫌疑人涉嫌的罪名和案件有关情况的；七是其他阻碍辩护人、诉讼代理人依法行使诉讼权利的。同时，辩护人、诉讼代理人认为其依法行使诉讼权利受到阻碍向人民检察院申诉或者控告的，人民检察院应当在受理后 10 日以内进行审查，情况属实的，经检察长决定，通知本院反贪侦查部门、下级人民检察院予以纠正，并将处理情况书面答复提出申诉或者控告的辩护人、诉讼代理人。

第七,辩护律师在侦查期间,告知检察机关反贪侦查等部门其委托人或者其他人员准备实施、正在实施危害国家安全、公共安全以及严重危及他人人身安全犯罪的,反贪侦查部门应当接受并立即移送有关机关依法处理。同时,反贪侦查部门应当为反映有关情况的辩护律师保密。

第八,人民检察院反贪侦查部门发现辩护人有帮助犯罪嫌疑人、被告人隐匿、毁灭、伪造证据或者串供,或者威胁、引诱证人作伪证以及其他干扰司法机关诉讼活动的行为,可能涉嫌犯罪的,经检察长批准,应当按照下列规定办理:首先,涉嫌犯罪属于公安机关管辖的,应当将辩护人涉嫌犯罪的线索或者证据材料移送同级公安机关按照有关规定处理。其次,涉嫌犯罪属于人民检察院管辖的,应当报请上一级人民检察院立案侦查,或者由上一级人民检察院指定其他人民检察院立案侦查。上一级人民检察院不得指定办理辩护人所承办案件的人民检察院的下级人民检察院立案侦查。再次,辩护人是律师的,被指定管辖的人民检察院应当在立案侦查的同时,书面通知其所在的律师事务所或者所属的律师协会。

3.保证讯问活动的质量,防止在侦查环节出现非法证据排除问题。根据刑事诉讼法第五十四条至第五十八条、《人民检察院刑事诉讼规则》第六十五条等规定,对于讯问过程中获取的犯罪嫌疑人供述,以下几种情形不能作为定案的根据:一是采用刑讯逼供等非法方法收集的犯罪嫌疑人供述。这里的刑讯逼供,是指使用肉刑或者变相使用肉刑,使犯罪嫌疑人在肉体或者精神上遭受剧烈疼痛或者痛苦以逼取供述的行为。这里的其他非法方法,是指违法程度和对犯罪嫌疑人的强迫程度与刑讯逼供或者暴力、威胁相当而迫使其违背意愿供述的方法。二是讯问笔录没有经被告人核对确认的。三是讯问聋、哑人,应当提供通晓聋、哑手势的人员而未提供的。四是讯问不通晓当地通用语言、文字的被告人,应当提供翻译人员而未提供的。同时,对于讯问笔录有瑕疵,不能补正或者作出合理解释的,不得作为定案的根据。这些瑕疵证据主要包括讯问笔录填写的讯问时间、讯问人、记录人、法定代理人等有误或者存在矛盾的;讯问人没有签名的;首次讯问笔录没有记录告知被讯问人相关权利和法律规定的。对此,侦查实践中应当注意防止讯问中出现上述情形,使所获取的犯罪嫌疑人供述被作为非法证据排除。

第五节 询 问

一、询问的概念和任务

询问,又称询问证人、被害人,是指人民检察院反贪侦查部门依法向证人、被害人调查了解案情的一种侦查行为。询问的主要任务是了解与贪污贿赂犯罪有关的信息,取得可以作为证据的言词证明材料,并核实其他证据,证明犯罪嫌疑人有罪或无罪、罪重或罪轻,以及与案件有关的其他事实与情节,进而查清与案件有关的全部事实,包括犯罪嫌疑人潜逃的信息,比如犯罪嫌疑人潜逃的,侦查人员通过询问而了解犯罪嫌疑人出逃前后的蛛丝马迹,对于确定出逃方向及落脚点等具有引导作用。根据刑事诉讼法第一百二十二条至第一百二十五条、《人民检察院刑事诉讼规则》第二百零三条至第二百零八条等规定,由于证人、被害人的诉讼权利、义务以及证人证言、被害人陈述的法律效力基本一致,对被害人进行询问调查的程序和方法与询问证人大同小异,因此,这里重点讨论对证人的询问。

贪污贿赂犯罪侦查中的证人,是指了解并予提供贪污贿赂犯罪案件真实情况或有关物证、书证的自然人。贪污贿赂犯罪侦查中的被害人,是指因受贪污贿赂犯罪行为侵害的人,包括自然人和法人。需要指出的是,从理论上讲,传统观点认为贪污贿赂犯罪没有被害人。但第 58 届联合国大会通过的《联合国反腐败公约》明确指出,要确保因腐败行为而受到损害的实体换人员获得赔偿,并在第 34 条、第 35 条作了专门规定。这说明,贪污贿赂犯罪没有被害人的传统观点受到了挑战。随着联合国反腐败公约的生效实施,将会在加强反腐败国际合作中逐渐形成对贪污贿赂犯罪等腐败行为存在被害人问题的共识。

二、询问证人的程序和要求

侦查人员询问证人,必须遵照刑事诉讼法第一百二十二条至第一百二十五条、《人民检察院刑事诉讼规则》第二百零三条至第二百零八条等规定的程序,保证一切了解案件情况的人客观、充分地提供证言。

(一)询问前的准备。

在询问证人前,办案人员应当首先研究案情,界定待询问证人范围,了解证人的身份、职业,证人与犯罪嫌疑人的关系,证人的性格特征及心理状态,制定询问预案,研究证人可能提供什么情况、证明什么问题,做到心中有数。这是拟定询问提纲,有计划、有目的进行询问的前提。这样做有利于减少重复询问次数,避免无的放矢,确保取证效率。

(二)选择询问的地点、时间及要求。

确定询问证人的地点,尽可能考虑使证人的学习或工作不受影响,这容易制造宽松的询问环境,促使其如实作证。根据刑事诉讼法第一百二十二条、《人民检察院刑事诉讼规则》第二百零五条规定,询问证人可以在现场进行,也可以到证人所在单位、住处或者证人提出的地点进行。必要时,也可以通知证人到人民检察院提供证言。到证人提出的地点进行询问的,应当在笔录中记明。据此,在一般情况下,案件在侦查阶段,侦查人员可以到证人的住处或者学习、工作的单位或证人提出的其他适当的地点等进行询问。对询问时间的确定,应尽可能有助于给证人创造提供真实证言的良好条件和气氛,防止直接或间接给证人造成不必要的精神压力。如果不是遇到如拖延时间就有可能失去重要证据,或者发生新的犯罪等紧急情况,一般不能在夜间进行询问。同时,需要注意的是,对于在现场询问证人的,应当出示工作证件。到证人所在单位、住处或者证人提出的地点询问证人,应当出示人民检察院的证明文件。

(三)询问证人应个别进行。

实践证明,实行个别询问有利于查清事实真相,也有利于对证人证言之间相互印证、以鉴别真伪。侦查实践中,为查清某个案件事实,往往需要几个、几十个甚至上百个证人证明。为防止证人之间互相影响,并避免证人受到某些与案件有利害关系的人的压力或者暗示的影响,在询问前及询问中应当避免证人之间相互接触。对于一案有两个以上的证人时,应根据案情需要确定询问次序,单独询问每一个证人,防止和避免把几个证人集中在一起,采用座谈或开讨论会的方法进行询问,以免证人之间相互影响,同时为消除证人顾虑,应避开无关人员在场,以保证证人证言的客观真实性。询问证人时,侦查人员不得少于2人。

(四)询问时应实行告知制度及与之相关的要求。

根据刑事诉讼法第一百二十三条、《人民检察院刑事诉讼规则》第二百零六条等规定,应当按照以下方法和要求进行:首先,询问证人时,侦查人员应当问明证人的基本情况以及与当事人的关系,并且告知证人应当如实提供证据、证言和故意作伪证或者隐匿罪证应当承担的法律责任。其次,询问过程中,应当保证证人有客观地、充分地提供证言的条件,使证人认真考虑并正确对待自己的证言,防止作伪证。对证人作证要为其保守秘密。除特殊情况外,反贪侦查部门可以吸收证人协助调查。再次,询问时,一般应先让证人就他所知道的情况进行连续的详细叙述。侦查人员对证人的叙述应当耐心、仔细地听取,然后进行询问,问明证人所叙述事实的来源,再根据他的叙述结合案件中应当判明的事实和有关情节,有针对性地向证人提问。第四,询问证人时,侦查人员不得作任何提示性的发问,也不得暗示证人怎样回答,或者作同意或不同意的表示,不得向证人泄露案情,不得采用羁押、暴力、威胁、引诱、欺骗以及其他非法方法获取证言。

(五)询问时应采用通俗易懂的语言。

侦查人员询问时使用的语言,应尽可能适应证人的文化知识水平,以免其听不懂或者不理解询问的内容,而影响其提供真实的证言。询问不满18岁的未成年证人,除了应当使用他容易理解的语言文字和表达方式外,还应尽可能地在他习惯的环境如家里或学校、有家长或老师在场的情况下进行。必要时,可以让老师或家长协助询问。这样做,有利于避免或者减轻紧张气氛,使其如实提供证言。询问聋、哑的证人,应有通晓聋、哑人手势的人作翻译,并且将这种情况记入笔录。

(六)询问时侦查人员可为证人回忆事实提供必要的帮助。

这方面的情况比较复杂,具体应在不得向证人泄露案情这一原则的前提下,可以灵活运用相应的策略和方法。比如,在证人视觉正常的情况下,可以用出示物证、照片或者到现场询问和积极联想的方法,帮助证人回忆起被忘记的或者记不清的事实。询问证人的同时,要将有助于查明案件的证言材料保存下来,这是进一步核实证言以及印证其他已查明证据是否真实的重要依据。侦查人员可以采取做笔录或者进行录音、录像的方法,对一些重要证人的陈述等进行全面如实记录。但如果在询问时需要录音录像的,应当事先征得证人的同意。

（七）询问时遇到拒绝作证或者作伪证情况的处理。

侦查人员对于拒绝作证或作伪证的证人，询问时首先要查明其目的和意图，分清故意作伪证隐匿罪证、包庇罪犯、陷害他人或者因误解法律，没有认识到犯罪嫌疑人的犯罪行为等原因，而不如实作证或拒绝作证；或者由于某些因素影响而不敢如实作证，比如畏惧犯罪嫌疑人报复；或者证人与犯罪嫌疑人是亲属、朋友关系等。侦查人员应当根据证人的具体情况进行具体分析，有针对性使证人转变态度、如实作证。

（八）制作询问笔录。

证人证言是一种重要的证据。询问证人必须制作询问笔录，把证人所提供的证言客观准确地记录下来。询问笔录的内容包括：询问的时间、地点；制作笔录人参加询问的每个人的姓名、职务；证人的姓名、性别、年龄、职业、住址和工作单位以及与犯罪嫌疑人的关系；证言的详细内容，一般采用侦查人员提问和证人回答的方式记录。证人的陈述，应用第一人称加以记录，力求详细具体，字迹清晰端正。笔录制成后，应交由证人阅读，对没有阅读能力的应当向其宣读。如果证人认为记载有错误或者有遗漏时，应允许其改正或补充。笔录核对无误后，证人应在笔录上签名、盖章，如有添改，还应在添改处签名、盖章，询问的侦查人员也应在笔录上签名。

三、询问证人的策略和方法

根据证据学原理，证人证言是经过证人意识选择后的信息再现，无论是主观上还是客观上都将受到某些因素诸如个人感知、认识能力以及个人社会阅历和生活经验、对某一事物的关注程度等影响，或者受未成年人、老年人、病人及受挫委屈、精神压抑等生理机能和精神状况的影响，或者受个人气质包括个性、特点和品行的影响，或者受时空变化的影响，以及担心受到打击报复等心理影响等，这决定了证人证言不一定都真实，甚至可能还存在作伪证的情况，从而给侦查工作带来很多困难，最终还可能产生放纵犯罪或冤枉无辜的后果。要有效防止虚假证言对案件查办的影响及危害，确保证据的真实性，离不开正确、科学的策略和方法。同时，由于贪污贿赂犯罪嫌疑人都是国家工作人员尤其有的是领导干部甚至高级领导干部，证人作证的思想压力大，对此类案件证人的询问难度相对较大。这要求，侦查人员必须具备比较高的询问策略和艺术。比如善于做证人的思想工作，及时有效地帮助证人克服作证上的心理障碍,建立并强化询问的心理势能,促使证人客观、充分地作证。

(一)深入分析研究不同证人的作证特点。

由于证人自身素质、知情程度以及与贪污贿赂犯罪嫌疑人关系密切程度等不同,证人作证心理是千差万别的。贪污贿赂犯罪案件的证人主要有犯罪嫌疑人家属、与案件有牵连的人、其他知情人等几种。一是犯罪嫌疑人家属。这类证人大多知道内情,有的还是共犯或协助犯罪嫌疑人进行窝藏、毁证等活动,因而为开脱犯罪嫌疑人的罪责就会竭力避重就轻或庇护甚至作假证或拒绝作证。二是与案件有牵连的人,是指与犯罪嫌疑人的犯罪行为有直接或间接牵连、一般牵连等纵向或横向联系的证人,包括上级、同事、部门间的业务联系人员等,量大面广,情况复杂。有的因老领导老部下关系、上下级关系或者参与违法犯罪活动等原因,形成与犯罪嫌疑人直接或间接的牵连,从而竭力为犯罪嫌疑人辩护,甚至设置障碍阻挠办案工作。三是其他知情人或者关系密切的人。这是指上述二者之外的其他所有知情人,包括部分或全部犯罪活动的现场目击者以及从他人那里得知案情的人,以及情人等关系密切的人等。这些证人中,有的如实作证,有的作伪证或拒绝作证。侦查实践中,应当针对不同证人的心理特点,采取相应的对策。

(二)有针对性选择适应证人心理特征的询问地点和方式。

根据刑事诉讼法第一百二十二条规定,侦查人员询问证人,可以在现场,可以到证人的所在单位或者住处或者证人提出的地点进行。在必要的时候,可以通知证人到人民检察院提供证言。由此可以看出,侦查人员对于询问证人的地点可以根据案件侦查需要进行选择。同时,通知证人作证的方式可以是直接通知,也可以是通过证人所在单位或者近亲属通知。通常情况下,侦查人员应先和证人本人取得联系,告诉有几种方式,让其自己自由选择。从实践看,证人一般不愿让司法工作人员到其单位去找他,也不愿意将其证人的身份向社会公开。就收集证据的有效性而言,侦查人员可以按照证人选择的地点、方式找其作证。在这种情况下,证人如果不如实作证,就可以直接告诉其将通过其所在单位、家庭其他成员做其工作。要让证人感觉到,如果其如实作证,就对其有利;如果不如实作证,侦查人员将反复寻找、通知,就将对其造成不利的影响。只要将这些利害关系说清楚,证人一般都会做正确选择。

（三）建立并强化询问势能促使"问题证人"如实作证。

所谓"问题证人"，是指那些有过错的甚至因违法犯罪被拘押的人，对这类证人也称之污点证人，但我国尚未建立污点证人制度。反贪侦查实践表明，这类污点证人大多是行贿人。有效查处受贿犯罪，很重要的一个途径就是控制行贿人，并采取一些策略性的询问方法和技巧，促使其交代行贿事实，推动全案的突破。这是长期侦查实践积累的一条重要经验。侦查实践中对这些证人，要取得其配合并获取证言，可以采用建立并强化询问势能，实质是通过兑现政策等途径对证人心理施压的力度或者力量，比如对犯了错误但证人所在单位尚未掌握的，可以向其讲明政策使其如实作证，对于一般性的错误则建议其所在单位给予批评教育；如果证人有违法犯罪行为，则告诉其只要态度端正、如实作证，并且违法犯罪情节轻微、危害后果比较轻的，则告诉其在处罚上可以依法从轻、减轻或免除刑罚；如果在押或者被劳改的证人能够如实作证，有的还有立功表现的，则在处理时可作为减轻处罚的依据。总之，通过对"问题证人"讲清以上道理，给其造成不如实作证就过不了关的心理压力，促使其及时如实作证。同时，对于"问题证人"所提供的证言应当严格审查，辨别其真伪。

（四）注重通过询问证人的途径获取再生证据。

侦查实践中，由于贪污贿赂犯罪嫌疑人反侦查能力强，其在作案前、作案时、作案后或者在案发后都将进行反侦查活动，比如在立案后有的犯罪嫌疑人利用其亲属、亲友或者被其收买的办案人员、看守人员进行串供、捎带口信、写条子、打电话、订立攻守同盟、转移证据等反侦查行为。这些反侦查行为都围绕否定贪污贿赂犯罪的事实展开，也就不可避免地与贪污贿赂犯罪事实之间存在各种各样的内在联系，并且往往隐含着大量的犯罪信息。从侦查实践看，对于参与反侦查活动的人一般都可以作为新的证人，对于其所反映的贪污贿赂犯罪事实痕迹、现象、证言等，也都可以作为证明贪污贿赂犯罪的证据。通常将这类证据称为再生证据。这类再生证据，对于及时揭露和证实贪污贿赂犯罪、控制和防范反侦查活动等具有重要作用，侦查实践中应当重视对这类证据资料的收集、固定和运用。

（五）科学灵活运用询问证人与促其提交书面证言的方法。

通常情况下,证人应当向侦查人员口头陈述其所了解的贪污贿赂犯罪事实,便于侦查人员对证人进行询问,了解案情,及时作出判断,迅速查明案情。但侦查实践中,在证人口头陈述的基础上,也可以采用由证人将其所了解的犯罪事实,亲笔写成书面材料交侦查人员的方式。在某些情况下,采用这种方式收集的证言,可能比侦查人员制作的询问笔录具有更强的说服力,还可以缓解证人因询问产生的紧张情绪,减轻心理压力,帮助证人回忆案件事实,提供更为可靠的证言。至于什么时候采用侦查人员询问的方式、什么时候可以由证人亲笔书写证词,主要视案件事实情况以及询问当时的实际情形而定,不可每案必具、千篇一律、机械执法。

四、询问证人需要注意的问题

(一)明确证人的资格和条件。

证人是有严格规定的资格和条件的,不是任何人都可以作证人。刑事诉讼法第六十条规定:"凡是知道案件情况的人,都有作证的义务。生理上、精神上有缺陷或者年幼,能辨别是非、能正确表达的人,不能做证人。"根据这一规定,侦查人员在询问证人前,首要的任务是应当弄清哪些人可以作为本案的证人。

1.证人知道案件情况的两种情形。一是证人是在刑事诉讼活动开始前知道案件情况的人。对于某个人,是否可以作为证人,这是客观存在的,并由案件事实本身所决定。只有"知道案件情况的人"才能作证人,如果不了解情况或者是在刑事诉讼开始之后通过诉讼活动、公开案情后了解案件情况的,不能作证人。二是证人也可能是在刑事诉讼活动开始后犯罪嫌疑人实施反侦查活动过程中知道案件情况的人。在刑事诉讼活动开始之后,犯罪嫌疑人由于受趋利避害心理的支配,势必进行一系列的反侦查活动,使贪污贿赂犯罪案件情况向原本不知情的人员扩散,比如通过一定的渠道进行串供、串证,订立攻守同盟,使原本不知案件情况的人在犯罪嫌疑人反侦查活动中知道了一些案件的情况。对于这类人,也可以成为本案的证人。

2.法律规定的三种人不能作证人。根据刑事诉讼法第六十条第二款规定,不能作证人的情形有三种:一是生理有缺陷不能辨别是非、不能正确表达的人;二是精神上有缺陷不能辨别是非、不能正确表达的人;三是年幼不能辨别是非、不能正确表达的人。从这三种情形看,作为证人的一个必要条件是能辨别是非、能正确表达。这表明,能不能辨别是非和正确表达是能不能作为证人的关键。对于生理上、精神上有缺陷或者年幼的人的情况,要作具体分析。侦查实践中,有的人虽然眼睛看不见,但其听觉的功能是正常的,并能辨别是非、正确表达他所听到的情况,那么其可以就他所听到的情况作证;有的人虽然耳聋听不见,但其视觉的功能正常并能辨别是非、正确表达他所看到的情况,那么其可以就他所看到的情况作证;有的人虽然精神上有缺陷,但其在精神正常的情况下能辨别是非、正确表达他所见所闻的情况,那么其也可以就其所知道的情况作证;有的人虽然年幼,但其是该案件的重要知情者,亲自耳闻或者目睹过案件事实的某些重要情况,并能无误地加以叙述,只要其能辨别是非、正确表达,也可以作证。总之,具体情况应具体分析,不能一概而论。

3.证人应限于自然人,单位不具备证人的自然条件。实践表明,只有自然人对案件情况具有观察、感知、记忆、表达的能力,机关、团体、企业事业单位不具备自然人的上述能力,因此不能以单位整体名义对具体案件情况进行表达,而只能以机关、团体、企业事业单位的工作人员或者负责人的自然人身份进行作证。对于单位或法人出具的有关案件涉及的事实材料,比如行为人家庭出身、个人成份、社会关系、出生年月、个人经历、表现等,属于单位证明材料等,可以作为证据使用,但这与单位作为证人的法律地位是不同的。

4.证人不可以任意的指定、更换或代替。根据法律规定,证人是知道案件事实情况的人。因此,证人是特定的,不能被随意指定或者为其他人所更换、代替。除法律规定的特殊情况外,凡是知道案件情况的人都有作证的义务。对于公安机关、检察机关、审判机关的工作人员以及翻译人员、鉴定人,如果他们在没有参与本案工作之前就了解案件情况,则应作为证人参加诉讼,而不应承担办理本案的工作,这是由证人不可更替的特性所决定的。

5.共同犯罪中的同案犯罪嫌疑人不能互为证人。根据刑事证据制度及原理,由于我国刑事诉讼中犯罪嫌疑人、被告人与证人的诉讼地位不同,其各自享有的权利也不同,并负有不同的义务。在共同犯罪中,同案犯罪嫌疑人、被告人的诉讼地位始终是犯罪嫌疑人、被告人,共同犯罪中的各犯罪嫌疑人供述涉及同案其他犯罪嫌疑人的犯罪事实,在性质上仍然属于犯罪嫌疑人供述,不能嬗变为证人证言。由于犯罪嫌疑人、被告人供述及证人证言是独立的证据,同案犯罪嫌疑人、被告人供述虽然不属于证人证言,但同样具有证据效力,并不影响其作为证据对案件的证明作用。但需要指出的一点是,在对共同犯罪案件的侦查及审理过程中,如果在本案审判前有的同案被告人已经作出处理,则不论其是否受到刑事处罚,由于已经不是本案的同案被告人,其法律身份已经发生变化,因此在本案审理中对本案所有其他被告人是可以提供证人证言的。

(二)依法尊重和保障证人的权利。

根据刑事诉讼法第六十一条至第六十三条、《人民检察院刑事诉讼规则》第七十六条、第七十七条等规定,侦查人员在询问证人过程中,应当注意保障证人的权利,这些权利包括:一是证人有使用本民族语言文字提供证言的权利。二是证人对侦查、起诉、审判人员侵犯其诉讼权利或人身侮辱的行为,有权提出控告。三是证人有权要求阅读或向其宣读自己所作证言笔录的权利。如果发现记录有遗漏或差错的,有权申请补充或更正,也有权要求自己书写证言。四是证人在侦查阶段不愿公开自己的姓名时,有权向司法机关提出为其保密。五是证人因履行作证义务而支出的交通、住宿、就餐等费用,应当予以补助。对证人作证的补助,列入司法机关业务经费,由同级政府财政予以保障。有工作单位的证人作证,所在单位不得克扣或者变相克扣其工资、奖金及其他福利待遇。六是证人有被保护的权利。根据刑事诉讼法第六十二条规定,在贪污贿赂犯罪侦查过程中,证人、被害人等认为由于在诉讼中作证,本人或者其近亲属的人身安全面临危险的,可以向人民检察院请求予以保护。第六十一条规定:“对证人及其近亲属进行威胁、侮辱、殴打或者打击报复,构成犯罪的,依法追究刑事责任;尚不够刑事处罚的,依法给予治安管理处罚。”人民检察院在反贪侦查中应当依法采取一项或者多项保护措施,有关单位和个人应当配合。这些措施包括:一是不公开真实姓名、住址和工作单位等个人信息;二是建议法庭采取不暴露外貌、真实声音等出庭作证措施;三是禁止特定的人员接触证人及其近亲属;四是对人身和住宅采取专门性保护措施;五是其他必要的保护措施。人民检察院依法决定不公开证人的真实姓名、住址和工作单位等个人信息的,可以在起诉书、询问笔录等法律文书、证据材料中使用化名代替证人、鉴定人、被害的个人信息。但是应当另行书面说明使用化名的情况并标明密级。依法采取保护措施,可以要求有关单位和个人予以配合。对证人及其近亲属进行威胁、侮辱、殴打或者打击报复,构成犯罪或者应当给予治安管理处罚的,应当移送公安机关处理;情节轻微的,予以批评教育、训诫。对于证人在侦查阶段因履行作证义务而支出的交通、住宿、就餐等费用,人民检察院应当给予补助。总之,侦查实践中,反贪侦查部门及办案人员对此应当依法予以落实。

（三）坚持依法规范文明询问。

严格依法规范文明询问,是保证所取证人证言合法性的前提,也是反贪侦查工作的内在要求。根据刑事诉讼法第五十四条至第五十八条等规定,询问过程中应当加强监管,切实防止出现非法证人证言或者因证人证言有瑕疵而不能作为定案根据的情形。这些情形主要包括:一是采用羁押、暴力、威胁、引诱、欺骗以及其他非法方法获取的证人证言。二是证人处于明显醉酒、麻醉品中毒或者精神药物麻醉状态,以致不能正确表达时所提供的。三是根据一般生活经验判断符合事实除外的证人猜测性、评论性、推断性的证言。四是询问证人没有个别进行。五是书面证言没有经证人核对确认。六是询问聋、哑人,应当提供通晓聋、哑手势的人员而未提供。七是询问不通晓当地通用语言、文字的证人,应当提供翻译人员而未提供。八是证人证言的收集程序、方式有瑕疵,但不能补正或者作出合理解释的,具体包括:询问笔录没有填写询问人、记录人、法定代理人姓名以及询问的起止时间、地点的;询问地点不符合规定的;询问笔录没有记录告知证人有关作证的权利义务和法律责任的;询问笔录反映出在同一时段,同一询问人员询问不同证人的。九是经人民法院通知,证人没有正当理由拒绝出庭或者出庭后拒绝作证,法庭对其证言的真实性无法确认的,该证人证言不得作为定案的根据。

（四）保证询问证人的办案安全。

根据刑事诉讼法第五十四条等规定,采用羁押、暴力、威胁等非法方法收集证人证言、被害人陈述,应当予以排除。严禁对证人采取任何强制措施。在反贪侦查过程中,应当加强社会主义法治理念教育,建立严格、规范、公正、文明执法的制度和程序,保证收集证人证言、被害人陈述的质量和证明力。特别需要指出的是,对于证人特别是通知到人民检察院办案工作区询问的证人,应当加强安全防范,保证证人在办案工作区的安全,特别是要防止证人在办案工作区自杀、自残。比如,两年前某地发生一起证人在办案工作区自杀事件。由于证人是女性又是证人,以致被看管的侦查人员所疏忽。这位证人以上卫生间为理由,利用这个机会,最终从承办案件的人民检察院办公楼 6 楼跳下身亡。这表明,侦查人员不仅要重视讯问犯罪嫌疑人过程中的办案安全防范,同时对通知证人到人民检察院办案工作区谈话的,也要重视其人身安全防范问题。具体地说,侦查人员既要全面了解分析证人是否有涉案可能,也要加强思想工作,制定预案,防止证人在接受询问调查过程中发生思想突变,诱发证人自杀、自残事件,确保证人安全、取证质量和办案效果。

第六节　勘验检查侦查实验和辨认

一、勘验检查侦查实验和辨认的概念及任务

（一）勘验检查的概念和任务。勘验、检查,是指侦查人员对于与犯罪有关的场所、物品、人身、尸体等亲临现场进行查看、了解和检验,从中发现和固定犯罪活动遗留下的各种痕迹、物品的侦查措施。根据刑事诉讼法第一百二十六条规定,侦查人员对于与犯罪有关的场所、物品、人身、尸体应当进行勘验或者检查。在必要的时候,可以指派或者聘请具有专门知识的人,在侦查人员的主持下进行勘验、检查。根据《人民检察院刑事诉讼规则》第二百零九条规定,检察人员对于与犯罪有关的场所、物品、人身、尸体应当进行勘验或者检查。在必要的时候,可以指派检察技术人员或者聘请其他具有专门知识的人,在检察人员的主持下进行勘验、检查。勘验、检查的主要任务,是收集与犯罪有关的痕迹和物品,判明案件性质,研究了解犯罪分子实施犯罪的情况及犯罪分子的个体特点,确定侦查方向和范围。以上这些是针对所有刑事犯罪而言。对于反贪侦查来说,侦查过程中也涉及对涉案场所、物品、人身、尸体等勘验和检查,以查明与案件有关的事实。根据《人民检察院刑事诉讼规则》第二百一十三条、第二百一十四条规定,为了确定被害人、犯罪嫌疑人的某些特征、伤害情况或者生理状态,人民检察院可以

对人身进行检查,可以提取指纹信息,采集血液、尿液等生物样本。必要时,可以指派、聘请法医或者医师进行人身检查。采集血液等生物样本应当由医师进行。犯罪嫌疑人如果拒绝检查,检察人员认为必要的时候,可以强制检查。检查妇女的身体,应当由女工作人员或者医师进行。人身检查不得采用损害被检查人生命、健康或贬低其名誉或人格的方法。在人身检查过程中知悉的被检查人的个人隐私,检察人员应当保密。

（二）侦查实验的概念和任务。所谓侦查实验,是指侦查人员为了查明案情比如确定和判明有关的某些事实或行为在某种情况下能否发生或如何发生,而按原有条件实验性地重演的侦查措施。根据刑事诉讼法第一百三十三条规定,为了查明案情,在必要的时候,经公安机关负责人批准,可以进行侦查实验。根据《人民检察院刑事诉讼规则》第二百一十六条规定,为了查明案情,在必要的时候,经检察长批准,可以进行侦查实验。这表明,在反贪侦查中需要进行侦查实验的,由检察长批准。同时,还应注意的是,进行侦查实验,禁止一切足以造成危险、侮辱人格或者有伤风化的行为。侦查实验的任务,主要是通过侦查实验,获取相关的数据、情况等证据材料,进一步查明案情。

（三）辨认的概念和任务。根据《人民检察院刑事诉讼规则》第二百五十七条至第二百六十二条等规定,所谓辨认,是指在侦查人员的主持下,由证人、被害人甚至犯罪嫌疑人及其他有关人员对犯罪嫌疑人以及与案件有关的物品、尸体或场所进行识别、指认的活动。辨认的任务,主要是明确辨认涉案的物品、尸体或者场所等侦查客体与案件的关系,验证和判断相关犯罪嫌疑人供述和辩解、证人证言及被害人陈述的可信性及真伪,为审查和缉获犯罪嫌疑人提供依据。

二、勘验的程序和要求

（一）现场勘验前的准备。人民检察院反贪侦查部门需要组织现场勘验的,应准备好人民检察院的证明文件,组织力量赶赴现场,及时了解和掌握现场情况。根据现场的情况,确定勘验的范围和顺序,制定勘验方案,对勘验人员进行分工。勘验人员,一般由负责侦查破案的负责人、侦查人员及技术员等组成,根据侦查需要可以邀请有关专业人员参加,同时还应邀请两名与案件无关的公民作见证人,但案件的当事人及其亲属、司法人员不能充当见证人。

（二）保护现场。对于贪污贿赂犯罪来说，虽然这类犯罪与普通刑事犯罪相比没有明确的犯罪现场，但也有一些留有犯罪现场的案件，比如贪污犯罪案件中的监守自盗、赃款赃物的埋藏点，或者有的犯罪嫌疑人自杀或者因病死亡的现场等。所谓保护现场，是指案件发生后，对犯罪现场进行警戒封锁，使犯罪现场保持案件发生或者发现时的状态。根据刑事诉讼法第一百二十七条规定，任何单位和个人，都有义务保护犯罪现场。人民检察院反贪侦查部门办案人员进行勘验时，在到达现场后，应当首先做好保护现场的工作，具体包括以下几个方面：一是划定保护范围；二是布置警戒，不许任何人进入现场；三是保全易于消失损坏的痕迹、物证；四是对遇到的紧急情况应果断采取紧急措施。比如，当前少数贪污贿赂犯罪嫌疑人被控制到案后，为逃脱法律制裁或者为隐瞒有关涉案人员的犯罪事实，往往可能在检察机关办案工作区自杀、自残等，从而都留有一些现场。对于这些现场留下的相关痕迹需要进行勘验，以查明犯罪嫌疑人自杀、自残的原因及办案人员的责任。

（三）现场勘验的实施。现场勘验可分为实地勘验和现场访问两部分。首先，实地勘验。侦查人员进入现场后进行实地观察，了解现场的原始状态，并将勘验情况予以记录，然后按照以下顺序进行勘验：一是初步勘验，或叫静态勘验。这是指在不变动现场物体位置和状态的情况下进行的勘验活动。其特点是通过眼看、耳听、鼻嗅等，对犯罪现场因犯罪行为所引起的一切变化情况进行观察研究，以便查明现场每个物体的具体位置状态，有无明显的痕迹以及各个物体和痕迹之间的相互关系。必要时，可以向事主或有关人员了解每个物体原来的位置和状态，以及变动、变化情况。二是详细勘验，或叫动态勘验。这是指在翻转移动物体的情况下，对现场有关部位和物体全面细致地进行勘验。这是在初步勘验的基础上进行的，其主要特点是利用各种技术手段和光线角度，对现场有关物体进行多方面的翻转移动勘验。三是根据现场实际及侦查需要，可以进行临场实验。实质上，临场实验就是侦查实验的一种。临场实验是指在现场勘验的过程中，为了验证与案件有关的某一事实或现象在某种条件下能否发生或存在，将该事实或现象参照案件原有条件加以演示的活动。其次，现场访问。现场访问的对象主要是知情人。侦查人员到达现场后,应立即组织力量寻找知道案件情况的人员进行访问,重点是关于案件或事件发生的情况、被害人的有关情况及被害程度以及案发前后是否有可疑人、可疑事、可疑物和哪些人对案件有利害关系、对案件或事实的看法等。由于不同的案件性质不同,因此访问的重点应有所不同。比如贪污犯罪案件中的监守自盗,现场访问的重点是财物被盗的时间、地点及发现被盗的时间、过程,财物的管理人员,哪些人有条件接触财物等。侦查人员在现场访问时,应注意选择适当的访问地点,提问时要简明、准确,对被询问人的陈述要耐心听取,以便获取客观、有效的证据材料。

(四)制作勘验记录。勘验记录主要分前言即基本情况、主体、结尾三部分。首先,前言部分。这主要包括案由及勘验情况,如接到报案的时间、报案人或当事人的姓名、职业、住址;案件发生或发现的时间、地点和经过;现场见证人的姓名、职业和住址;现场保护人员的姓名、职业、到达现场的时间和保护现场中发现的情况及保护的措施;现场勘查的负责人及负责现场勘验的侦查人员姓名、职务;勘验的范围、顺序、时间及天气、光线、温度等。其次,主体部分。这主要包括勘验所见,如现场地址、方法和周围环境;现场全貌;现场中心地点的情况;现场有关物品变动、变化情况;各种犯罪痕迹物品的位置、数量、特征及分布状况;现场所见的反常现象等。再次,结尾部分。这主要包括附记和签名,如现场拍照、录像、绘图的种类和数量,现场提取物品的种类、名称及数量,现场指挥人员、勘验人员及见证人签名,勘验日期等,并由参加勘验的人和见证人签名或者盖章。

三、检查的程序和要求

根据刑事诉讼法等有关规定,检查包括物证、书证的检验,尸体的检查和人身即活体的检查,具体如下:

(一)物证、书证的检验。物证、书证检验,是指侦查人员对侦查过程中已经收集的物品、痕迹和书面文字材料进行检查和验证,以确定该物品、痕迹和书面文字材料与案件事实之间的关系的侦查措施。物证、书证只有经过检验,才能确定该物证、书证与案件之间的联系,以及对认定案件事实的证明作用。侦查人员对于收集到的物证、书证,应进行认真细致的检查,以便确定物证、书证与该案事实的关系。查看物证的特征时,应注意物证与案件有关的特征,比如单据上涂改的痕迹、受贿的贵重物品,为他人谋利的签批文件等。如果对物证的特征并不了解,则可以聘请有专门知识的人进行鉴定。检验物证、书证,应制作检验笔录,详细记载物证的特征,比如物品的材料、形状、尺寸、体积、重量、颜色、商标、号码,痕迹的位置大小、形状、性质等,并由参加物证、书证检验的人员和见证人在笔录上签名或者盖章。

(二)尸体检查。贪污贿赂犯罪侦查过程中,往往会遇到有的犯罪嫌疑人或知情人可能被杀人灭口、有的犯罪嫌疑人可能自杀身亡、有的因突发重病死亡以及有的甚至因违法办案,比如采用刑讯逼供手段导致犯罪嫌疑人死亡等情况。侦查人员在遇到这种情况时,应立即封锁现场,并聘请公安机关等有权威的部门对尸体进行检查。尸体检查是通过尸表检验和尸体解剖的检验,以确定或判断死亡的时间和原因,致死的工具和手段、方法等,从而为查明案情、明确责任提供根据。根据《人民检察院刑事诉讼规则》第二百零九条、第二百一十二条等规定,检察人员对于与犯罪有关的尸体应当进行检查。在必要的时候,可以指派检察技术人员或者聘请其他具有专门知识的人,在检察人员的主持下进行检查。决定解剖死因不明的尸体时,应当通知死者家属到场,并让其在解剖通知书上签名或盖章,死者家属无正当理由拒不到现场或者拒绝签名、盖章的,不影响解剖进行,但应当在解剖通知书上注明。对于身份不明的尸体,无法通知家属的,应当记明笔录。首先,在检验尸体前,应先查看尸体位置、尸体衣着和附着物情况以及尸体周围的痕迹等。其次,有步骤地检验尸表包括尸体各个部分的一般特征,查看尸体的变化和姿态。如果不能查明死亡的原因,或对死亡原因有怀疑时应依法由法医或医师对尸体全部或局部解剖。再次,在尸体检验过程中,应严格遵守有关法律规定,注意尊重群众的风俗习惯,不允许任意破坏尸体外貌的完整性。最后,检验尸体的一切情况,应详细写成笔录,由侦查人员、法医和解剖医生等签名或盖章。

(三)人身检查。人身检查,是指侦查人员为了确定被害人、犯罪嫌疑人人身的某些特征、伤害状况或生理状况,依法对其人身进行检查的侦查措施。根据刑事诉讼法第一百三十条、第一百三十一条等规定,检察机关侦查人员对人身的检查,主要是为了确定被害人、犯罪嫌疑人的某些特征、伤害情况或者生理状态,可以提取被检查对象的指纹信息,采集血液、尿液等生物样本。人身检查由侦查人员进行,必要时可以在侦查人员的主持下聘请法医或医师进行,检查时不得有侮辱被害人、犯罪嫌疑人的人格及其他合法权益的行为。对犯罪嫌疑人进行人身检查时,犯罪嫌疑人如果拒绝检查,侦查人员认为必要的时候,可以强制检查。但对被害人的人身检查,应当征得本人同意,不得强制进行。检查妇女的身体,应当由女工作人员或者医师进行。人身检查的情况应制作笔录,详细记载检查的结果,并由参加检查的人员和见证人签名或盖章。

四、侦查实验的程序和要求

为了顺利突破案件,反贪侦查部门应当重视运用侦查实验措施。比如,行贿人交代这样的事实,即用一个什么样的袋子,包装多少张百元面值的现金送给受贿人。这种情形下,如果受贿人翻供,就可以采用这个袋子进行实验,证明这个袋子能装多少百元面值的现金,用以同行贿人的交代进行核实。比如,受贿人交代曾经使用小轿车运送受贿的现金。侦查人员在查明采用什么品牌的轿车运送的情况下,可以采用同样品牌的轿车进行实验,测算一车能装多少现金,然后按照运送几车的实际,计算出受贿人收受了多少贿赂等。这里,应当把握以下几点:

(一)侦查实验的批准。根据《人民检察院刑事诉讼规则》第二百一十六条规定,为了查明案情,在必要的时候,经检察长批准,可以进行侦查实验。

(二)侦查实验的条件和要求。进行侦查实验,应当保证其科学性、准确性和客观性。这要求,注意实验的环境与条件应尽可能与原条件相同或者接近,对同一情形可以重复实验。进行侦查试验,禁止一切足以造成危险、侮辱人格或者有伤风化的行为。

(三)侦查实验的见证。侦查试验,应由侦查人员进行,并邀请见证人在场。在必要的时候,可以聘请专业人员参加,也可以要求犯罪嫌疑人、被害人、证人参加。

(四)侦查实验笔录制作。侦查实验,应当制作笔录,记明侦查实验的条件、经过和结果,由参加侦查实验的侦查人员、见证人及其他有关人员签名或者盖章。必要时,可以对侦查实验录音、录像。

五、辨认的程序和要求

辨认作为一种侦查措施，在贪污贿赂犯罪侦查实践中时常使用。按照有关规定，辨认包括对人的辨认、对物的辨认、对尸体的辨认、对场所的辨认等。其中，对人的辨认包括：对活体的辨认、对照片的辨认、对录像的辨认、对声音的辨认等。侦查人员应充分认识辨认措施在贪污贿赂犯罪侦查中的作用以及使用的程序和要求，依法自觉地应用于侦查活动之中。比如，侦查人员了解到行贿人往受贿人的家中送钱时，碰见了陌生人。如果经调查发现，这位陌生人为受贿人的邻居，则可以采用对人或照片的辨认方法予以确认。又如，侦查人员采用刑讯逼供的非法方法，对贪污贿赂犯罪嫌疑人进行讯问，并造成严重后果。对犯罪嫌疑人实施刑讯手段的侦查办案人员，如果查不清楚，也可以采用组织辨认的方法进行辨认，以确定刑讯行为实施者以及获取犯罪嫌疑人供述的合法性等。此外，对于受贿犯罪案件中的贿赂对象，也可以组织对行贿的包装物的辨认、对行贿的贵重物品的辨认、对行贿地点和场所的辨认等，从而有利于查明案情。对于辨认的运用，应当把握以下几个方面：

（一）辨认的准备。在辨认前，应当向辨认人详细询问被辨认人或者被辨认物的具体特征，禁止辨认人员见到被辨认人或被辨认物，并应当告知辨认人有意作假辨认应负的法律责任。如果有几名辨认人对同一被辨认人或同一物品进行辨认时，应当由每名辨认人单独进行，必要的时候可以由见证人在场。

（二）辨认的批准及组织。根据《人民检察院刑事诉讼规则》第二百五十七条至第二百五十九条、第二百六十二条等规定，对犯罪嫌疑人进行辨认，应当经检察长批准。辨认应当在检察人员的主持下进行，主持辨认的检察人员不得少于2人，并可以商请公安机关参加或者协助。

（三）辨认的原则和要求。根据《人民检察院刑事诉讼规则》第二百六十条等规定，注意把握以下几点：一是混杂辨认的原则。在辨认时，应当将辨认对象混杂在其他对象中，不得给辨认人任何暗示。二是辨认的数量原则。首先，对于犯罪嫌疑人、被害人的辨认，被辨认的人数为5到10人。如果是照片，则要求5到10张。其次，对于物品的辨认，同类物品不得少于5件。如果是照片，不得少于5张。三是辨认的保密原则。对犯罪嫌疑人的辨认,辨认人不愿公开进行时,可以在不暴露辨认人的情况下进行,并应当为其保守秘密。

(四)辨认笔录制作。根据《人民检察院刑事诉讼规则》第二百六十一条规定,辨认的情况,应当制作笔录。辨认笔录的内容主要包括:一是辨认的时间、地点和条件;二是辨认人的姓名、性别、年龄、工作单位、职业和住址;三是辨认对象的具体情况,如被辨认人的姓名、性别、年龄、职业、住址;被辨认物品的种类、型号、形状、数量等;四是辨认结果及其根据,即认定同一、不同一或者相似,认定的根据是什么;五是混杂辨认客体如人或物的具体情况;六是参加辨认的人员包括主持辨认的侦查人员、辨认人、被辨认人、见证人等,应当在笔录上签名或者盖章。

六、应当注意勘验、检查、侦查实验、辨认笔录的效力

这里,需要特别注意的是,侦查实践中应当保证勘验、检查、侦查实验、辨认笔录的质量和证据证明力。

(一)勘验、检查笔录的效力。对于勘验、检查笔录,如果存在明显不符合法律、有关规定的情形,又不能作出合理解释或者说明的,或者在勘验、检查过程中提取、扣押的物证、书证,未附笔录或者清单,不能证明物证、书证来源的,均不得作为定案的根据。对此,在侦查实践中应当予以注意并防止和避免。

(二)侦查实验笔录的效力。对于侦查实验笔录如果有瑕疵,即侦查实验的条件与事件发生时的条件有明显差异,或者存在影响实验结论科学性的其他情形的,侦查实验笔录不得作为定案的根据。对此,在侦查实践中应当予以注意并防止和避免。

(三)辨认笔录的效力。根据刑事诉讼法等规定,辨认笔录如果有瑕疵,则不得作为定案的根据。这里的瑕疵,主要包括以下情形:一是辨认不是在侦查人员主持下进行的;二是辨认前使辨认人见到辨认对象的;三是辨认活动没有个别进行的;四是辨认对象没有混杂在具有类似特征的其他对象中,或者供辨认的对象数量不符合规定的;五是辨认中给辨认人明显暗示或者明显有指认嫌疑的;六是违反有关规定、不能确定辨认笔录真实性的其他情形。对此,侦查实践中应当重视,并予以有效防止和避免。

第七节　搜　查

一、搜查的概念和任务

（一）搜查的概念。搜查，是指为发现和收集犯罪证据，在一定的时间、地点对犯罪嫌疑人及可能隐藏罪犯或罪证的人身、物品、住所和其他有关场所进行搜索检查的一种强制性侦查行为。实践表明，搜查是反贪侦查中收集证据不可缺少的措施和手段。

（二）搜查的任务。根据刑事诉讼法第一百三十四条至第一百三十八条、《人民检察院刑事诉讼规则》第二百一十九条至第二百二十三条等规定，人民检察院反贪侦查部门有权要求有关单位和个人交出能够证明犯罪嫌疑人有罪或者无罪的证据。据此，搜查的主要任务包括：

1.收集已知证据，发现未知证据，拓展证据来源渠道。侦查实践表明，通过搜查可以促使证据持有人交出证据或者直接获取证据。根据刑事诉讼法第一百三十五条规定，任何单位和个人，有义务按照人民检察院等要求，交出可以证明犯罪嫌疑人有罪、无罪或者罪轻的物证、书证、视听资料、电子数据等证据。如果拒绝交出，可以强制搜取。通过搜查获取的证据，既有助于对本案的侦查，也可能为查清其他犯罪案件提供证据或线索。

2.防止证据的自然消失和人为毁灭破坏和伪造转移。在反贪侦查过程中，无论对犯罪嫌疑人是否采取强制措施，只要发现有犯罪证据或与案件有关的物品、文件等都应及时进行搜查，以保证罪证或对案件有关的物品、文件等证据材料不因自然或人为的原因遭受毁损或者转移，以保障侦查活动顺利进行。

3.查获犯罪嫌疑人。对于贪污贿赂犯罪嫌疑人没有到案或在逃的，通过搜查可以从中发现线索，用以确定犯罪嫌疑人的出逃方向和落脚点，以及对犯罪嫌疑人进行围捕的过程中进行搜索和查寻，或者对犯罪嫌疑人潜回本地的时候通过搜查将其捕获。

（三）搜查的分类。根据缓急程度、搜查次数、对象的类别和数量、目标的可靠性等特征，搜查大体可从以下角度进行分类：

1.根据个案对搜查时间要求的缓急程度，可分为正常搜查和应急搜查，其中应急搜查是在紧急情况下进行的搜查活动。

2.根据搜查对象是否已被搜查的情况,分为初次搜查和重复搜查,其中重复搜查是根据案情需要所进行的一种补救性搜查活动。

3.根据搜查对象多少,分为单处搜查和多处搜查。

4.根据搜查目标的可靠程度,分为可能性搜查和确定性搜查。

5.根据搜查对象的类别,分为处所搜查和人身搜查,前者包括住宅搜查和室外搜查。

由于贪污贿赂犯罪的主体、侵害客体、案发时间以及作案手段、反侦查能力等方面均具有特殊性,对这类案件采取搜查措施与对普通刑事犯罪案件的搜查相比要困难很多,这就要求加强研究适应贪污贿赂犯罪规律要求、能够破解侦查难点的搜查对策,不断提高依法搜查的水平,以及时有效地查处贪污贿赂犯罪活动。

二、搜查的程序和要求

(一)搜查前的准备。

搜查前的准备,主要做好以下几个方面的工作:

1.确定搜查目的及重点。搜查前,首先应明确搜查目的是寻找书证、赃物等罪证还是查获犯罪人,并据此确定搜查重点及搜查方式方法,有针对性地进行搜查。一般地说,搜查的主要目的在于获取赃款、赃物或者刑讯逼供的作案工具等物证及书证,并从中寻找、深挖新的线索,为突破全案、扩大侦查成果创造条件。实践表明,搜查的目的和重点取决于个案情况。对不同案件的搜查,有不同的目的和重点,实践中应视实际情况而定。比如侦查贪污、贿赂、巨额财产来源不明等贪污贿赂犯罪案件,搜查的重点一般应放在账据和文书等票证、证件、物品等方面,包括往来账册、单据、发票等账据;与案情有关的各种批文、许可文件、订货单、书信、电报、合同书、协议书等文书;人民币、外币、汇票、现金支票、股票等票证;空白的发票、支票、介绍信、工资单及伪造的各种证件、赃款包括银行存款、赃物等证件和物品。侦查刑讯逼供、徇私舞弊等渎职侵权犯罪案件,搜查的重点一般应放在刑讯工具、订立攻守同盟等串供的通信、刑讯或者徇私等赃证等证据材料。

2.研究掌握被搜查对象的情况。被搜查对象包括被搜查的人和处所。搜查前,一般应当做好以下工作:一是认真分析研究被搜查人的基本情况,包括思想状况、性别、年龄、职业、文化程度、生活方式、作息时间、生活规律、业余爱好、社会关系,以及家庭人员、年龄、职业、居住状况乃至关系密切的亲友等基本情况;二是较为全面地了解被搜查处所的周围环境、出入口、门窗位置、内部结构、家具陈设、室内地窖、地下室及其他可能藏匿赃物的地方或者隐匿作案工具等情况。通过研究分析,判断其罪证去向,确定搜查重点、搜查方法等,避免搜查中的慌乱和盲目。

3.制定搜查方案。这是保证搜查工作有目的、有秩序、有步骤进行的前提。搜查方案的主要内容,包括:搜查目的、重点、搜查的时间、地点、力量组织与分工、搜查方法与顺序、搜查中可能遇到的各种情况及其对策等。

4.做好物质准备。搜查前,应根据案件的性质和搜查的目的,准备好必要的器材、工具,如照相摄像器材、照明工具、测量测试工具、发现不可见痕迹的紫光灯、搜查窥镜以及枪支、械具等。

(二)常用搜查的方法。

侦查实践中,搜查的方法有多种,这里主要介绍以下几种:

1.住宅搜查。这是指侦查人员依法对贪污贿赂犯罪嫌疑人及其他可能隐蔽罪证或罪犯的嫌疑人住宅包括住所和办公室等进行搜查。贪污贿赂犯罪个案情况千差万别,罪犯对赃证或者作案工具等隐藏的处所选择及其隐藏方法也各异,并往往与职务、罪犯年龄及经验等因素密切相关。搜查时,要将重点搜查与细目搜查结合起来,既要突出重点,又要全面细致,还要将一般检查与利用技术手段检测结合起来,将搜查与查问结合起来,力争做到破案取赃,提高侦查效率。具体地说,应仔细搜查地板、墙壁、隔墙、砖地、天花板、阁楼、门槛、门孔、门锁、烟筒、炉底、通风气孔、窗台、床铺、桌椅、橱柜、钟表、缸罐、花盆、花瓶、书籍、画框或轴、灯具、电器、空心筒杆、枕头、被褥、衣帽、鞋袜、餐巾、碗筷、楼道消防箱以及办公室的桌子抽屉、文件柜等处所,并注意发现可能隐藏罪犯或罪证的秘密处所,必要时采取一定的技术手段。检查地板,要注意其缝隙中是否有泥垢,钉帽是否发亮或有无裂缺小口;检查砖地,可视泥缝是否稀松,砖块有无隆起等;检查天花板,可以使用搜查窥镜直接伸入天花板的缝隙,察看有否赃款赃物隐藏在天花板上;检查墙壁有无夹墙、夹壁,可用小锤敲击,听有无声哑声;检查墙壁开关箱、消防箱,可察看箱盖有无新的旋凿起痕、盖边墙灰有无脱落、墙纸边角有无破裂、翘起等;

检查箱柜是否有夹层,可测量其内外长、宽、高或深度,视其是否比较悬殊;检查钢铸件,可用敲击法或请专门人员用Y射线探伤仪检测其有无空层;检查灯具,可看灯罩上有无新近指印等;检查画幅,可放到阳光或直射强灯光下照射,视裱纸里边有无隐藏单据、存单等;检查窗台,要注意其台面是否平滑、有否异常凹凸或裂缝等。

2.室外搜查,也称露天场所搜查。这是指侦查人员对犯罪嫌疑人以及可能隐藏罪犯或罪证的嫌疑人住宅庭院、天井、阳台、屋顶、屋檐、城市住宅的公用场所、农村的宅基地、菜园、粪坑及其办公室外围等露天场所的搜查。室外搜查是住宅搜查的延续。它可与住宅搜查同时并进,也可单独进行。由于室外搜查的范围广、目标难确定,搜查时较住宅搜查的难度大。因此,室外搜查的目的、重点范围的确定至关重要。搜查时,应事先了解并熟悉地形,在确定搜查范围和重点的基础上,分段划片地重点进行。对其范围之内的草丛、树林、草堆、柴垛、坑洼、厕所、畜圈、水井、建筑物等处均应仔细搜查,注意其有无变动的痕迹,如现场周围有否新的翻动痕迹,有否变动的堆放物和建筑物等。对可疑之处,应重点搜查。

3.人身搜查。这是指为查获罪证而对犯罪嫌疑人及其可能隐藏罪证的嫌疑人人身进行搜索检查的一种侦查行为。搜查前,首先确定专人负责执行搜查,若干人负责警戒和监视。对已行拘捕者,则将其戴上械具后再搜查。搜查时,侦查人员站在被搜查人身后,令其举起双手,从上至下进行。先查其有否携带凶器、毒药及其他可供行凶、自杀的物品、器具,尔后仔细搜查其内外衣裤口袋、腰带、衣领、衣服卷边、补丁、鞋袜夹层、帽子及头发、天然窍孔等可供藏匿罪证的部位。对其随身携带的物品如钢笔、手表、眼镜、金戒指、香烟、钱包、记事本、纸张等,均应取下并放在适当位置交专人检查或待后检查。搜查时,可借助有关仪器及其技术。对女性人身搜查,由女侦查人员执行,被邀请的见证人也限于女性。搜查时,无关人员不得在场。有些犯罪分子一旦预感罪行败露,往往会铤而走险,这就要提高警惕,加强防范,以防意外事故发生。

需要指出的是,无论是采用哪一种搜查方法,当侦查人员在执行拘留、逮捕时遇有紧急情况的,可以实行无证搜查。即根据《人民检察院刑事诉讼规则》第二百二十四条规定,在执行逮捕、拘留的时候,遇有紧急情况,不另用搜查证也可以进行搜查。这里的紧急情况主要包括：一是可能随身携带凶器的；二是可能隐藏爆炸、剧毒等危险物品的；三是可能隐匿、毁弃、转移犯罪证据的；四是可能隐匿其他犯罪嫌疑人的；五是其他紧急情况。同时，要注意的是，在搜查结束后，搜查人员应当在24小时内向检察长报告，及时补办有关手续。侦查实践中，这类情况经常发生，侦查人员应当依法把握和灵活运用。

（三）制作搜查笔录。

搜查笔录是证实犯罪的文字依据，也是搜查成果，其主要内容包括：搜查单位、执行搜查人员的姓名；搜查根据；见证人姓名、住址或工作单位；被搜查人姓名、职业住址；被搜查范围和搜查过程；搜查起止时间；搜查中发现或提取的物证、痕迹及其发现的地点等有关情况。对搜查中获取的有关物品需要扣押的，应填写《扣押物品清单》，写明扣押物品的名称、数量特征。搜查笔录和扣押清单应让见证人、被搜查人阅读，如遇有不识字的则向其宣读，然后由侦查人员、见证人、被搜查人或其家属签名或盖章。若被搜查人在逃或其家属不在场或拒绝签名时，应在笔录上注明。扣押物品清单一式二份，一份由被搜查人留存，一份附卷在案。

三、搜查应注意的问题

（一）侦查人员应具备的心理素质。

侦查实践表明，搜查需要一种沉静、超然、稳定的心理态势。搜查的技巧取决于侦查人员在具体环境中正确地判断方向。从心理学角度分析，人类个体对未知领域往往存在一种模糊、动摇的心理。该心理投射到行为上，就造成行为的举措不当，反映在搜查中就是其不能确定某个罪证的准确存在，因而容易产生犹豫、浮躁的心理，尤其在初查时已触动案犯或搜查未能及时展开之时。由于受上述心态支配，就会导致搜查的马虎、粗略，甚至错失机会。因此，侦查人员应当沉着应战。

1.要有克服困难的决心和坚韧不拔、不达目的决不罢休的毅力。不能遇干扰而退却，也不能受恶劣环境影响而失去信心。

2.要有高度的责任感和艰苦细致的工作作风。把搜查看成对人民、对法律和事实负责，全神贯注地做好搜查的每道工序，善于质疑、析疑、查疑，对任何可疑之物均应认真研究，从中找出答案。

3.要有丰富的逻辑思维能力和想象能力。藏匿罪证或罪犯的手法无奇不有,如只凭一般的办法去对待,可能收不到好的效果的。要把科学知识和法律专业知识有机结合起来,把认识与解决矛盾的普遍性同矛盾的特殊性有机结合起来,把逻辑思维和个人想象力有机结合起来。只有这样,才能应付各种复杂多变的环境,完成搜查任务,达到预期目的。

(二)严格依照法定程序。

1.搜查的组织。搜查时,应在侦查人员的主持下进行,可以组织司法警察参加。必要的时候,可以指派检察技术人员参加或者邀请当地公安机关、有关单位协助进行。执行搜查的检察人员不得少于2人。

2.搜查的批准及告知。搜查时,首先应向被搜查人或其家属出示由检察长签发的搜查证,并注意必须有被搜查人或者他的家属、邻居和其他见证人在场,并且对被搜查人或者他的家属说明阻碍搜查、妨碍公务应负的法律责任。

3.无证搜查。根据《人民检察院刑事诉讼规则》第二百二十四条规定,在执行逮捕、拘留的时候,遇有紧急情况的,不另用搜查证也可以进行搜查。但在搜查结束后,搜查人员应当在24小时内向检察长报告,及时补办有关手续。笔者将其称之为"无证搜查"。这些紧急情况包括:一是犯罪嫌疑人可能随身携带凶器的;二是犯罪嫌疑人可能隐藏爆炸、剧毒等危险物品的;三是犯罪嫌疑人可能隐匿、毁弃、转移犯罪证据的;四是犯罪嫌疑人可能隐匿其他犯罪嫌疑人的;五是其他紧急情况。

4.搜查的阻力排除和纪律要求。搜查的时候如遇有阻碍,可依法采取相关的措施和手段进行强制搜查。对以暴力、威胁方法阻碍搜查的,应予制止或者由司法警察将其带离现场;对其中构成犯罪的,应追究肇事者的刑事责任。同时,在搜查的过程中,侦查人员应当履行法律程序,遵守纪律,讲究职业道德,听从指挥,文明搜查。搜查物品要轻拿轻放,不属赃物的要放回原处,不得无故毁坏搜查现场的物品,严禁"抄家式"搜查。不得擅自扩大搜查对象和范围。对人身的搜查,不得有污辱人格或有伤风化的行为。对搜查中发现与案件有关的痕迹,应及时加以固定和提取;对可能作为证据使用的各种物品、文件及各种违禁品,应予扣押。对于查获的重要书证、物证、视听资料、电子数据及其放置、存储地点应当拍照,并且用文字说明有关情况,必要的时候可以录像。对贪污贿赂犯罪嫌疑人的住所或办公室内搜获的那些使用过的、纸面模糊不清的复写纸等物品均应予提取,并作必要的技术鉴定。实践表明,这些物品对寻找突破口往往具有重要意义。

5.应当保证搜查的质量和所获证据材料的证明力。根据刑事诉讼法第五十四条及《人民检察院刑事诉讼规则》第六十六条等规定,在搜查过程中提取、扣押的物证、书证,未附笔录或者清单,不能证明物证、书证来源的,不得作为定案的根据。在这种情形下,这类搜查成果可能将被作为非法证据而排除。对此,侦查实践中应当予以重视防止和避免。

(三)注意做好思想教育工作。

实践表明,被搜查人一般对搜查者都有抵触情绪,并由于被搜查人往往轻视侦查人员的能力,盲目自信或不能正确认识抗拒或主动交出罪证的利害关系等影响,往往还存在侥幸心理而相对抗。这会影响搜查工作的及时完成。侦查人员应注意讲究方法,因势利导,耐心做好被搜查者的思想工作,力争使被搜查者思想转化,主动提供罪证,提高搜查效率。

(四)做好对被搜查人及其家属的动态监控。

搜查与被搜查是一种心理对抗、情绪对抗和智力较量的活动。周密审慎地监视控制搜查现场的局势,是保证搜查顺利进行并取得成果的关键之一。

1.搜查时应当全面、细致、及时,并指派专人严密注视搜查现场的动向。重点是要对被搜查人及其家属实行专人专职定向监控。必要时,可直接将他们集中到一个房间并不经许可不得随意走动,也不可随意接触物品。在深夜,更不可让其靠近电闸刀、电插座、电灯开关之类的物品,以防变故。如果疏于防范而给对方可乘之机,就可能导致搜查的失败。如对有些案件的搜查,犯罪嫌疑人家属会借口外出,通风报信,转移赃物;有的会改变物品的放置位置,迷惑搜查人员;有的会直接从藏匿地点将赃款存折转移到自己身上;有的会将导线塞入电插座引起短路,使搜查现场停电,从而阻碍搜查的顺利进行。

2.加强对未成年孩子的看管。侦查实践中,往往遇到被搜查人利用未成年人年幼无知、不引人注目的特点,授意其外出通风报信,转移赃款赃物等情况,对此应当予以重视。

3.加强对被搜查人感情变化的监控。这十分重要,切不可忽视。侦查中要注意被搜查人的情绪神态、动作行为、心理指向等情感变化,运用犯罪心理学原理进行分析,揭示其内心世界的所指所想,从中发现问题、判断问题,确定搜查目标。一般地说,罪证是犯罪分子作案的集中表现。每一个犯罪人在作案后,都会把罪证藏在自己认为最保险的地方,随着罪证被发现的危险性增加,被搜查人会出现一种强烈的情绪反应。或全身发抖、脸色苍白;或目光痴呆、面额发汗;或手忙脚乱或不自然,时而紧握拳、时而直跺脚等。对此,侦查人员要密切注视,并仔细搜查。反之,被搜查人从提心吊胆转为心情平静,则说明搜查目标未找中或已过场,侦查人员应引起重视。此外,要注意加强安全防范。侦查实践中,常会遇到有的犯罪嫌疑人被侦查人员从人民检察院办案工作区带至其家进行搜查。在这个过程中,如果侦查人员经验不足,就有可能发生犯罪嫌疑人自杀等重大办案安全事故。比如某省一基层院反贪部门侦查人员,将一犯罪嫌疑人带至其在15层的商品房进行搜查。由于侦查人员打不开犯罪嫌疑人家的门锁,该犯罪嫌疑人要求由自己打开。在房门被打开的瞬间,犯罪嫌疑人迅速进入房间,并将房门反锁。侦查人员见状十分着急,虽然经过十几分钟的思想工作,但终归无效,其间犯罪嫌疑人从自家15层楼往下跳,当场身亡,酿成重大办案安全事故,给侦查工作带来了严重的负面后果,教训深刻。对此,应予以吸取教训并提高警惕。

(五)搜查须及时。

侦查实践表明,搜查必须及时进行,宜早不宜迟,宜快不宜慢。贪污贿赂犯罪案件的特殊性和复杂性,要求侦查人员选择搜查的时机要准、行动要快,以掌握侦查主动权。

1.对重大、特大案件立案同时须适时进行搜查,掌握罪证。

2.对犯罪嫌疑人狡猾抵赖、拒不供罪的,要及时搜查。这类嫌疑人被拘捕后,往往持侥幸心理和抵触情绪,自认为其行踪诡秘而不易被发现或者自认为无据可查,企图蒙混过关,拒不交代,并千方百计地为侦查设置阻碍。及时搜查、获取罪证,有利于突破防线,使犯罪分子就范。

3.对案情复杂、作案手段诡秘的贪污贿赂犯罪案件及时搜查,可达到迅雷不及掩耳之功效,对于认定犯罪、突破全案关系极大。

4.根据反腐败斗争形势的发展变化,侦查人员一定要强化破案取赃的新观念,尽可能做到在对案件有所突破的基础上迅速起获赃证,提高破案取赃水平,有效适应新形势要求。

此外,侦查人员还要注意,在到本辖区以外执行搜查任务时,应当携带搜查证、本人的工作证以及载有主要案情、搜查目的、要求等内容的公函,并及时与当地检察机关取得联系,以寻求配合。当地检察机关应当积极配合,协助执行搜查。

第八节　调取查封扣押物证书证视听资料电子数据及查询冻结

一、调取查封扣押物证书证视听资料电子数据及查询冻结的概念和任务

(一)调取、查封、扣押物证、书证、视听资料、电子数据的概念和任务。

调取、查封、扣押物证、书证、视听资料、电子数据,是指人民检察院反贪侦查部门及其工作人员凭借法定手续,向有关单位和个人调取或者强行收集、扣留、封存可以证明犯罪嫌疑人有罪或者无罪的物证、书证、视听资料、电子数据等各种证据材料的一种侦查行为。侦查实践中,调取、查封、扣押物证、书证、视听资料、电子数据等有关证据材料的工作是正常性的。侦查人员调取、查封、扣押贪污贿赂犯罪案件的涉案物证、书证、视听资料、电子数据,可以采取刑事调查的一般方法。调取、查封、扣押物证、书证和视听资料、电子数据的主要任务,就是防止可以证明犯罪嫌疑人有罪或无罪、罪重或罪轻的物品、文件和视听资料、电子数据发生毁灭、灭失或被隐藏等现象,使依法调取、查封、扣押的物证、书证和视听资料、电子数据在认定事实,揭露、证实犯罪以及保障无罪的人不受刑事追究等方面发挥重要的证明作用。

(二)查封、冻结存款、汇款、债券、股票、基金份额等财产的概念和任务。

根据刑事诉讼法第一百四十二条及《人民检察院刑事诉讼规则》第二百四十一条至第二百四十六条等规定,根据侦查犯罪的需要,可以依照规定查询、冻结犯罪嫌疑人的存款、汇款、债券、股票、基金份额等财产,可以要求

有关单位和个人配合。由此可见,所谓查询、冻结存款、汇款、基金份额等财产,是指人民检察院根据侦查贪污贿赂犯罪的需要,依法查询、冻结犯罪嫌疑人的存款、汇款、债券、股票、基金份额等财产或者与案件有关单位的存款、汇款、债券、股票、基金份额等财产的一种侦查措施。这里的查询,是指调查、询问。这里的冻结,是指不允许与犯罪嫌疑人有存款或汇款、债券、股票、基金份额等财产业务关系的银行或其他金融机构、邮电部门支付犯罪嫌疑人的存款或汇款、债券、股票、基金份额等财产。这里的犯罪嫌疑人存款、汇款、债券、股票、基金份额等财产,除了以犯罪嫌疑人名字进行的存款或者汇出、汇入的款项外,还应包括只要有证据证明是犯罪嫌疑人的存款、汇款、债券、股票、基金份额等财产,而不管其以真名还是假名、化名、亲友名称或者以转交方式进行的存款、汇款、债券、股票、基金份额等财产。这里的存款、汇款、债券、股票、基金份额等财产,包括个人和单位的存款、汇款、债券、股票、基金份额等财产。对存款、汇款、债券、股票、基金份额等财产的查询、冻结,是贪污贿赂犯罪侦查中经常涉及的一种侦查行为。查询、冻结的主要任务,是查询发现犯罪嫌疑人的赃款等,核实和固定证据,揭露、证实贪污贿赂犯罪,并发现新的犯罪线索,挽回国家经济损失等。

二、调取查封扣押物证书证和视听资料电子数据的程序和要求

(一)调取、查封和扣押的法律依据。

根据刑事诉讼法第五十二条、《人民检察院刑事诉讼规则》第二百三十一条等规定,人民检察院有权向有关单位和个人调取证据。有关单位和个人应当如实提供证据。根据刑事诉讼法第五十二条规定,行政机关在行政执法和查办案件过程中收集的物证、书证、视听资料、电子数据等证据材料,在刑事诉讼中可以作为证据使用。根据刑事诉讼法第一百三十九条规定,在侦查活动中发现的可用以证明犯罪嫌疑人有罪或者无罪的各种财物、文件,应当查封、扣押;与案件无关的财物、文件,不得查封、扣押。对于查封、扣押的财物、文件,要妥善保管或者封存,不得使用、调换或者损毁。根据上述规定,侦查人员可以凭人民检察院的证明文件,向有关单位和个人调取能够证明犯罪嫌疑人有罪或者无罪以及犯罪情节轻重的证据材料,并且可以根据需要拍照、录像、复印和复制。

(二)扣押的范围和获取扣押物的途径。

扣押物证、书证和视听资料、电子数据,是指依法强制扣留与案件有关的单位或个人的物证、书证和视听资料、电子数据等各种财物、文件和其他物品的一种侦查行为。扣押的目的在于保全证据。其范围取决于贪污贿赂犯罪的个案情况,一般包括如下几个方面。一是可以证明犯罪嫌疑人或被告人有罪或无罪、罪重或罪轻的物证、书证和视听资料、电子数据等各种财物、文件和其他物品。二是能为侦破贪污贿赂犯罪案件提供线索或揭露其他犯罪事实的物证、书证和视听资料、电子数据等各种财物、文件和其他物品。三是能表明赃款、赃物或作案工具等去向的物证、书证和视听资料、电子数据等各种财物、文件和其他物品。四是侦查人员认为可疑的物证、书证和视听资料、电子数据等各种财物、文件和其他物品,又不能立即证明是否与案件有关的,如实践中常会搜查到一些只记有简单的阿拉伯数字或者英文字母的纸片、布块等,它们既可能代表着案犯同伙或与案情有牵连的人,也可能是银行账号、发票号码、赃款赃物数量的标记等。侦查实践中,从上述这些纸片、布块等物品的字迹中发现突破口的已不鲜见。五是不管是否与案件有关的明令规定的违禁物品。贪污贿赂犯罪侦查中的被扣押物,是根据贪污贿赂犯罪个案特征,从通过运用多种侦查行为发现的或由有关部门、个人提供的信息中获得的。其获取的具体途径通常有:一是通过勘验、检查发现的;二是通过对犯罪嫌疑人及可能隐藏罪证的人的人身检查获取的;三是通过对犯罪嫌疑人、与案件有牵连的人的住宅、办公场所以及其他可能藏匿罪证的场所进行搜查或索取而获得的;四是有关机关、国有企事业单位、团体和个人或犯罪嫌疑人家属送交反贪侦查部门的;五是通过对犯罪嫌疑人往来邮件电报、银行存款的控制而获取的;等等。

(三)调取的证据材料应当是原物或者原件。

根据刑事诉讼法及《人民检察院刑事诉讼规则》第二百三十三条、第二百三十四条等规定,这里应当把握以下几点:首先,调取物证应当调取原物。原物不便搬运、保存,或者依法应当返还被害人,或者因保密工作需要不能调取原物的,可以将原物封存,并拍照、录像。对原物拍照或者录像应当足以反映原物的外形、内容。其次,调取书证、视听资料应当调取原件。取得原件确有困难或者因保密需要不能调取原件的,可以调取副本或者复制件。再次,调取书证、视听资料的副本、复制件和物证的照片、录像的,应当书面记明不能调取原件、原物的原因,制作过程和原件、原物存放地点,并由制作人员和原书证、视听资料、物证持有人签名或者盖章。最后,在侦查活动中发现的可以证明犯罪嫌疑人有罪、无罪或者犯罪情节轻重的各种财物和文件,应当查封或者扣押;与案件无关的,不得查封或者扣押。但不能立即查明是否与案件有关的可疑的财物和文件,也可以查封或者扣押,但应当及时审查。经查明确实与案件无关的,应当在3日以内解除查封或者予以退还。对于持有人拒绝交出应当查封、扣押的财物和文件的,可以强制查封、扣押。同时,对于犯罪嫌疑人、被告人到案时随身携带的物品需要扣押的,依法办理。对于与案件无关的个人用品,应当逐件登记,并随案移交或者退还其家属。

(四)加强规范特定物的查封和扣押。

根据《人民检察院刑事诉讼规则》第二百三十六条至第二百三十八条等规定,这里应当着重把握以下几点:

1.查封、扣押财物和文件。对于查封、扣押的财物和文件,检察人员应当会同在场见证人和被查封、扣押物品持有人查点清楚,当场开列查封、扣押清单一式四份,注明查封、扣押物品的名称、型号、规格、数量、质量、颜色、新旧程度、包装等主要特征,由检察人员、见证人和持有人签名或者盖章,一份交给文件、资料和其他物品持有人,一份交被查封、扣押文件、资料和其他物品保管人,一份附卷,一份保存。持有人拒绝签名、盖章或者不在场的,应当在清单上记明。

2.查封、扣押外币、金银珠宝、文物、名贵字画以及其他不易辨别真伪的贵重物品。对此,应当在拍照或者录像后当场密封,由检察人员、见证人和被扣押物品持有人在密封材料上签名或者盖章,根据办案需要,及时委托具有资质的部门出具鉴定报告。启封时应当有见证人或者持有人在场,并且签名或者盖章。

3.查封、扣押存折、信用卡、有价证券等支付凭证和具有一定特征能够证明案情的现金。对此,应当注明特征、编号、种类、面值、张数、金额等,由检察人员、见证人和被扣押物品持有人在密封材料上签名或者盖章。启封时,应当有见证人或者持有人在场并签名或者盖章。

4.查封、扣押易损毁、灭失、变质以及其他不宜长期保存的物品。对此,应当用笔录、绘图、拍照、录像等方法加以保全后进行封存,或者经检察长批准后,委托有关部门变卖、拍卖。变卖、拍卖的价款暂予保存,待诉讼终结后一并处理。

5.查封的不动产和置于该不动产上不宜移动的设施、家具和其他相关财物,以及涉案的车辆、船舶、航空器和大型机械、设备等财物。对此,必要时可以扣押其权利证书,经拍照或者录像后原地封存,并开具查封清单一式四份,注明相关财物的详细地址和相关特征,同时注明已经拍照或者录像及其权利证书已被扣押,由检察人员、见证人和持有人签名或者盖章。持有人拒绝签名、盖章或者不在场的,应当在清单上注明。对于以上查封的不动产和置于该不动产上不宜移动的设施、家具和其他相关财物,以及涉案的车辆、船舶、航空器和大型机械、设备等财物。对此,应当在保证侦查活动正常进行的同时,尽量不影响有关当事人的正常生活和生产经营活动。必要时,可以将被查封的财物交持有人或者其近亲属保管,并书面告知保管人对被查封的财物应当妥善保管,不得转移、变卖、毁损、出租、抵押、赠予等。人民检察院应当依法及时将查封决定书副本送达不动产、生产设备或者车辆、船舶、航空器等财物的登记、管理部门,告知其在查封期间禁止办理抵押、转让、出售等权属关系变更、转移登记手续。

6.扣押的犯罪嫌疑人的邮件、电报或者电子邮件。对此,应当经检察长批准,通知邮电部门或者网络服务单位将有关的邮件、电报或者电子邮件检交扣押。对不需要继续扣押的时候,应当立即通知邮电部门或者网络服务单位。对于可以作为证据使用的录音、录像带、电子数据存储介质,应当记明案由、对象、内容,录取、复制的时间、地点、规格、类别、应用长度、文件格式及长度等,妥为保管,并制作清单,随案移送。

7.查封的单位的涉密电子设备、文件等物品。对此,应当在拍照或者录像后当场密封,由检察人员、见证人、单位有关负责人签名或者盖章。启封时应当有见证人、单位有关负责人在场并签名或者盖章。对于有关人员拒绝按照前款有关规定签名或者盖章的,人民检察院应当在相关文书上注明。

8.查封、扣押、冻结的合法与非法混合财产及处理。对于犯罪嫌疑人使用违法所得与合法收入共同购置的不可分割的财产,可以先行查封、扣押、冻结。对无法分割退还的财产,应当在结案后予以拍卖、变卖,对不属于违法所得的部分予以退还。

（五）管辖区域以外地区调取、查封、扣押证据材料。

根据《人民检察院刑事诉讼规则》第二百三十二条、第二百三十五条等规定,主要把握以下几点:首先,加强异地调取证据的协作配合。需要向本辖区以外的有关单位和个人调取物证、书证等证据材料的,办案人员应当携带工作证、人民检察院的证明文件和有关法律文书,与当地人民检察院联系,当地人民检察院应当予以协助。必要时,可以向证据所在地的人民检察院发函调取证据。调取证据的函件,应当注明取证对象的具体内容和确切地址。协助的人民检察院应当在收到函件后 1 个月内,将调查结果送达请求的人民检察院。其次,加强异地查封、扣押财物和文件的协助办理。需要查封、扣押的财物和文件不在本辖区的,办理案件的人民检察院,应当依照有关法律及有关规定,持相关法律文书及简要案情等说明材料,商请被查封、扣押财物和文件所在地的人民检察院协助执行。被请求协助的人民检察院有异议的,可以与办理案件的人民检察院进行协商,必要时,报请共同的上级人民检察院决定。同时,对调取的有关证据,侦查人员应及时予以甄别、筛选,服务于反贪侦查工作。

（六）扣押与案件有关的财物、文件及处理。

根据刑事诉讼法第一百三十九条和第一百四十三条、《人民检察院刑事诉讼规则》第二百四十条等规定,与案件无关的各种财物、文件,不得查封、扣押。对于查封、扣押的财物、文件,经查明确实与案件无关的,应当在 3 日以内解除查封、扣押,退还原主。这表明,对于在勘验、搜查中发现可以证明犯罪嫌疑人有罪或者无罪的各种文件、资料和其他物品,必须是能够证明犯罪嫌疑人有罪或者无罪。对这些财物、文件,如果遇有持有人拒绝交出应当扣押的财物、文件资料和其他物品的,可以强制扣押。但是,如果属于同案件无关的财物、文件,则不得扣押。如果已经扣押,应当尽快发还。实践中通常遇到这样的情况,即发现的物品同案件是否有关一时确定不下来的,则应当先予扣押,待查清后再作处理,以免使案件证据甚至是重要证据灭失。在勘验、搜查中如果发现违禁品,则虽同本案无关也应扣押,并及时交有关部门处理。

三、扣押犯罪嫌疑人的邮件、电报

根据刑事诉讼法第一百四十一条规定,侦查人员认为需要扣押犯罪嫌疑人的邮件、电报的时候,经人民检察院批准,即可通知邮电机关将有关的邮件、电报检交扣押。不需要继续扣押的时候,应即通知邮电机关。这表明,人民检察院在贪污贿赂犯罪侦查中根据侦查的需要,可以扣押犯罪嫌疑人的邮件、电报或者电子邮件。扣押的范围仅限于犯罪嫌疑人发出或寄交犯罪嫌疑人的。扣押前,侦查人员应依法填写《扣押犯罪嫌疑人邮件、邮包、电报、电子邮件通知书》,经检察长批准,通知邮电部门或者网络服务机构将有关邮件或者电子邮件送检扣押。通知时,应注明犯罪嫌疑人的姓名及曾用名、化名,工作单位、家庭住址或网址等基本情况,必要时依法查阅邮电部门的邮政业务档案或者网络服务机构的网上业务档案。需要摘录、复印或复制与案件有关的档案内容时,可以摘录、复印或复制,并请邮电部门或网络服务机构加盖业务章,注明查阅日期,以作摘录或复印、复制材料的来源证明。对于不需要继续扣押的时候,应当立即通知邮电等相关部门。对于扣押的邮件、电报或者电子邮件,人民检察院应当指派专人妥善保管。根据刑事诉讼法第一百四十三条规定,经查明确实与案件无关的,应当在3日以内解除查封、扣押,予以退还。

四、查询、冻结犯罪嫌疑人涉案财产的程序和要求

(一)查询、冻结个人的存款、汇款、债券、股票、基金份额等财产的程序和要求。

1.查询、冻结个人的存款、汇款、债券、股票、基金份额等财产的途径。实践表明,对此可以通过追缴的存折进行查询,也可以用犯罪嫌疑人的名字及其家属的名字进行拉网式查询,还可以通过获取存款密码进行查询或者根据有关线索查询。具体地说,可以采取以下措施和途径进行:一是通过搜查,查获犯罪嫌疑人的存款、汇款、债券、股票、基金份额等财产的线索;二是通过查看犯罪嫌疑人及其家属的信件、笔记本、日记和写有数字、密码、代号、记录本发现存款等财产的线索;三是通过对犯罪嫌疑人及其家属子女的讯问和询问发现线索,因为犯罪嫌疑人及其家属、子女往往是存款、取款等财产的经办人,对赃款的去向比较清楚,对此可以通过讯问、询问谋略进行政策攻心,促使其交待赃款去向;四是通过调查有关知情人发现线索,比如

犯罪嫌疑人与其家属的同事、邻居等有特殊关系的人,可能知道存款等财产的地方和方位;五是从分析犯罪嫌疑人的存款等财产的方位发现线索,由于当前各类银行星罗棋布,金融网点多,并且资本市场中的各种金融产品及金融衍生品不断增多,即可根据金融机构信誉的高低、利率的高低、风险的大小、服务态度的好坏、与犯罪嫌疑人居家的远近以及犯罪嫌疑人的个性特点分析其赃款存于哪个银行等。

2.犯罪嫌疑人的存款、汇款、债券、股票、基金份额等涉案财产范围。根据《人民检察院刑事诉讼规则》第二百四十五条等规定,对于犯罪嫌疑人的存款、汇款、债券、股票、基金份额等财产,必须与案件有关。这里,既包括以犯罪嫌疑人名字进行的存款和汇款等财产,也包括将涉嫌的赃款以其假名、代名或家属、亲友名义实行的存款、汇款等财产;既包括存进、汇入的款,也包括取出、汇出的款;既包括查询时落户在犯罪嫌疑人账户上的款,也包括在一定时期内犯罪嫌疑人账户上款的存进、取出的整个流动状态。

3.查询的批准程序。根据《人民检察院刑事诉讼规则》第二百四十三条等规定,侦查人员根据侦查犯罪的需要,要向银行或者其他金融机构、邮电部门查询或者要求冻结存款、汇款、债券、股票、基金份额等财产的,应当经检察长批准,分别制作《查询犯罪嫌疑人存款、汇款、债券、股票、基金份额通知书》和《冻结犯罪嫌疑人存款、汇款、债券、股票、基金份额通知书》等侦查法律文书,通知银行或者其他金融机构、邮电部门执行。

4.防止重复冻结及与案件无关财产的处理。根据刑事诉讼法第一百四十二条、《人民检察院刑事诉讼规则》第二百四十三条等规定,对于犯罪嫌疑人的存款、汇款、债券、股票、基金份额等财产已被冻结的,不得重复冻结。但人民检察院侦查部门可以要求相关的银行或者其他金融机构、邮电部门在解除冻结或者作出实体处理前,应当通知人民检察院。对于查封、冻结的存款、汇款、债券、股票、基金份额等财产,经查明确实与案件无关的,应当在3日以内解除查封、冻结,予以退还。

(二)查询、冻结单位的存款、汇款、债券、股票、基金份额等财产的程序和要求。

1.确定与案件有关的单位存款、汇款、债券、股票、基金份额等财产。实践表明,有的属于犯罪嫌疑人的存款、汇款、债券、股票、基金份额等财产,如单位犯罪中的存款、汇款、债券、股票、基金份额等财产,通过单位转账等方式成为犯罪嫌疑人的财产;有些不属于犯罪嫌疑人的存款、汇款、债券、股票、基金份额等财产,但与案件有关,如贪污、挪用公款、私分国有资产等犯罪案件中涉及的存款、汇款、债券、股票、基金份额等财产,依法需要查询、冻结。

2.查询、冻结的配合。根据刑事诉讼法第一百四十二条第一款、《人民检察院刑事诉讼规则》第二百四十一条等规定,人民检察院根据侦查贪污贿赂犯罪案件的需要,向银行查询国有企业事业单位、国家机关、人民团体与案件有关的银行存款或者查询有关的会计凭证、账簿等资料时,可以要求有关单位或者个人配合。

3.冻结手续的办理。人民检察院侦查部门根据侦查犯罪的需要,要冻结企业事业单位、机关、团体与案件有关的银行存款、汇款、债券、股票、基金份额等财产的,必须出具人民检察院《协助冻结通知书》及侦查人员的工作证或执行公务证明,经银行行长签字后,银行应立即凭此通知书并按应冻结资金的性质,冻结当日单位银行账户上的同额存款、汇款以及债券、股票、基金份额等财产。被冻结款项在冻结期内如需解除的,人民检察院应当制作《解除冻结存款通知书》,送达银行执行。

(三)查询、冻结单位和个人的存款、汇款、债券、股票、基金份额等财产的处理。

根据《人民检察院刑事诉讼规则》第二百四十四条、第二百四十五条等规定,应当把握以下几个方面:首先,扣押、冻结债券、股票、基金份额等财产,应当书面告知当事人或者其法定代理人、委托代理人有权申请出售。其次,对于被扣押、冻结的债券、股票、基金份额等财产,在扣押、冻结期间权利人申请出售,经审查认为不损害国家利益、被害人利益,不影响诉讼正常进行的,以及扣押、冻结的汇票、本票、支票的有效期即将届满的,经检察长批准,可以在案件办结前依法出售或者变现,所得价款由检察机关指定专门的银行账户保管,并及时告知当事人或者其近亲属。再次,对于冻结的存款、汇款、债券、股票、基金份额等财产,经查明确实与案件无关的,应当在 3 日以内解除冻结,并通知被冻结存款、汇款、债券、股票、基金份额等财产的所有人。

五、调取查封扣押物证书证视听资料电子数据和查封冻结应注意的问题

（一）严格依照审批程序调取、查封、扣押、查封、冻结。

根据《人民检察院刑事诉讼规则》第二百三十五条、第二百四十二条等规定，人民检察院查封、扣押财物和文件，以及查封、冻结涉案财产的，应当经检察长批准，由2名以上检察人员执行。对此，侦查实践中应当严格遵守。

（二）调取、查封、扣押的物证、书证和视听资料保管。

侦查实践中，大多数都是案件中的证据，因此不得丢失、损坏、使用或调换，以免影响它的证据作用。调取、查封、扣押的各种财物、文件如果有危害国家安全的内容，或者是淫秽图片、黄色书刊，应当有专人保管，不得传抄扩散，以免造成不良影响。对涉及国家秘密、商业秘密和个人隐私的证据，应当保密。

（三）严格限制对邮件和电报的查封、扣押。

由于扣押邮件和电报直接限制了公民的通讯自由，因此，2012年修改的刑事诉讼法第一百四十一条对其作了严格的限制，"侦查人员认为需要扣押邮件、电报的时候"才能扣押。所谓需要扣押的时候，是指：一是犯罪嫌疑人可利用邮件、电报，与同案人或其他知情人联系；二是邮件、电报可能成为证明犯罪嫌疑人有罪、无罪的重要证据；三是犯罪嫌疑人可能利用邮件、电报进行新的犯罪活动；四是其他认为需要扣押邮件、电报的时候。如果没有发现有上述情形的，不能扣押。

第九节　鉴　定

一、鉴定的概念和任务

所谓鉴定，又称为司法鉴定，是指人民检察院为了查明案情，在诉讼活动中鉴定人运用科学技术或者专门知识对诉讼涉及的专门性问题进行鉴别和判断并提供鉴定意见的活动。贪污贿赂犯罪侦查中对运用一般方法无法解决的某些专门性问题，经检察长批准，即可进行鉴定。鉴定意见，是一种重要的刑事诉讼证据，通常起着证实某一案件事实的性质以及有关人员刑

事责任等方面的作用。对某些贪污贿赂犯罪案件而言,鉴定意见是决定立案侦查与否以及审查或鉴别其他证据真伪的重要证据。鉴定的主要任务是对案件一些专门性问题进行科学鉴别,以便及时收集证据,准确揭露犯罪,正确认定案件事实。比如,实践中有的犯罪嫌疑人收受的贿赂如字画可能是赝品,有的犯罪嫌疑人甚至在被立案后装疯卖傻等,因此无论是对字画等财物或者对犯罪嫌疑人是否精神病人等,就涉及鉴定问题。

二、鉴定的程序和要求

鉴定意见具有很强的专业性、科学性和可靠性。根据刑事诉讼法第一百四十四条至第一百四十七条以及2005年全国人大常委会《关于司法鉴定管理问题的决定》等规定,贪污贿赂犯罪侦查中涉及对某类专门性问题的鉴定时,一般按照以下步骤进行:

(一)确定待鉴定的专门性问题指派或者聘请鉴定人。

凡关系到立案、定性、犯罪嫌疑人或被告人责任大小等专门性问题的,均可提起鉴定。实施鉴定,应由检察长批准,由检察机关技术部门具有鉴定资格的人员进行。必要时,可聘请其他具有鉴定资格的人进行。聘请检察机关以外的有关专家、技术人员担任鉴定人的,应当认真审查鉴定机构和鉴定人是否具有合法的资质、决定指派聘请的鉴定人在本案中是否存在应当回避而未回避的情形等。对符合鉴定人条件的,要按照法定程序办理指派、聘请手续,确定鉴定人。聘请检察机关以外的有关专家、技术人员担任鉴定人的,应征得鉴定人及其所在单位的同意。聘请的鉴定人应当与本案无利害关系。需要指出的是,对于鉴定人的资格和条件,应当按照2005年全国人大常委会《关于司法鉴定管理问题的决定》第四条规定,具备下列条件之一:一是具有与所申请从事的司法鉴定业务相关的高级专业技术职称;二是具有与所申请从事的司法鉴定业务相关的专业执业资格或者高等院校相关专业本科以上学历,从事相关工作五年以上;三是具有与所申请从事的司法鉴定业务相关工作十年以上经历,具有较强的专业技能;四是因故意犯罪或者职务过失犯罪受过刑事处罚的,受过开除公职处分的,以及被撤销鉴定人登记的人员,不得从事司法鉴定业务。

(二)提供检材和比对样本等原始材料。

根据《人民检察院刑事诉讼规则》第二百四十九条等规定,侦查人员应当为鉴定人进行鉴定提供必要条件,及时向鉴定人送交有关检材和比对样本等待鉴的尸体、人身、文件、物品、痕迹、账簿、凭证及其他材料。对于提供的鉴定材料,应注意其可靠性和全面性等问题,按照法律规定对检材的来源、取得、保管、送检等严格把关。在提取、扣押检材时,提取笔录、扣押物品清单等侦查文书中应详细记载,确保一致。提供的检材应保证数量的充足及其来源、取得、保管的可靠,以及送检程序合法。

(三)明确告知鉴定要求。

侦查人员在提供检材和对比样本后,向鉴定人介绍与鉴定有关的情况,明确提出要求鉴定解决的问题,还应告知鉴定人有查阅案卷和有关资料的权利,有向犯罪嫌疑人或被告人、被害人、证人提出与鉴定有关问题的权利。鉴定人要根据事实和有关科学技术知识,实事求是地作出鉴定,不能受任何其他因素干扰。如果故意作虚假鉴定的,应负相应的法律责任。侦查人员不能干涉鉴定人的正常鉴定活动,如作有关的暗示或强迫鉴定人作出适合个人意志的某种鉴定意见。

(四)告知鉴定人依法制作鉴定意见。

鉴定人进行鉴定后,应出具鉴定意见、检验报告,同时附上鉴定机构和鉴定人的资质证明,并且签名或者盖章。多个鉴定人的鉴定意见不一致的,应当在鉴定意见上写明分歧的内容和理由,并且分别签名或者盖章。一般而言,鉴定意见的内容因鉴定要求不同而异。通常包括:委托鉴定的单位和人员、要求鉴定的问题、提供的检材和对比样本等原始材料、鉴定人的基本情况包括姓名、年龄、工作单位、职务或职称等、鉴定地点及鉴定起止时间、作出鉴定意见的科学依据包括提供检材的依据、就侦查人员提出的其他有关问题所作的答复、鉴定人签名或盖章等。如有几个鉴定人,并且意见有分歧的,应当在鉴定意见上写明分歧的内容和理由,分别签名或者盖章。

(五)鉴定意见的告知及重新鉴定。

根据《人民检察院刑事诉讼规则》第二百五十三条至第二百五十六条等规定,应当把握以下几点:首先,用作证据的鉴定意见,人民检察院办案部门应当告知犯罪嫌疑人、被害人;被害人死亡或者没有诉讼行为能力的,应当告知其法定代理人、近亲属或诉讼代理人。其次,犯罪嫌疑人、被害人或被害人的法定代理人、近亲属、诉讼代理人提出申请,经检察长批准,可以补充鉴定或者重新鉴定,鉴定费用由请求方承担,但原鉴定违反法定程序的,由人民检察院承担。犯罪嫌疑人的辩护人或者近亲属以犯罪嫌疑人有患精神病可能而申请对犯罪嫌疑人进行鉴定的,鉴定费用由请求方承担。再次,人民检察院决定重新鉴定的,应当另行指派或者聘请鉴定人。对犯罪嫌疑人作精神病鉴定的期间不计入羁押期限和办案期限。对于因鉴定时间较长、办案期限届满仍不能终结的案件,自期限届满之日起,应当依法释放被羁押的犯罪嫌疑人或者变更强制措施。

三、贪污贿赂犯罪侦查中常用的几种鉴定

贪污贿赂犯罪侦查中经常涉及一些专门性问题需要进行专门的鉴定,比如贿赂犯罪中涉及的字画真伪的鉴别,贪污犯罪、私分国有资产罪中涉案资产性质的鉴定等。这决定了对侦查中涉及专门性问题鉴定的种类很多。这里,主要介绍以下几种:

(一)司法会计学鉴定。

司法会计学鉴定,是指司法机关指派或聘请精通会计学专业知识的人员,依法运用会计专门方法对贪污贿赂犯罪案件涉及的财务事实进行科学的鉴别和判断,以查明犯罪事实是否确已发生和存在,犯罪行为是否为犯罪嫌疑人所为而做出具有法律效力的书面结论的诉讼活动。司法会计学鉴定是侦查贪污贿赂犯罪案件的一种重要侦查技术手段,它在审查、搜查、搜集会计资料鉴别各种证据,为侦查工作提供线索、确定侦查方向,揭露和证实贪污贿赂犯罪活动以及提出相应的检察建议、预防犯罪等方面,都有着极为重要的作用。司法会计学鉴定的对象是贪污贿赂犯罪侦查中需要进行专门技术鉴定的、反映经济业务和财产物资收支活动的有关会计资料、文件和物品,包括会计凭证、会计账簿、会计报表和其他会计资料,以及有关的现金、财产物资和票证等。进行鉴定时,要遵循客观、专业、独立、合法的原则。一是客观性,就是要求鉴定活动必须忠于事实,客观、真实地反映事物的本来面目,基此所作的鉴定意见必须明确具体、客观和肯定。二是专业性,就是要求鉴定时必须采用专门的会计技术手段和方法。三是独立性,就是要求鉴定时必须依法独立行使职权,秉公办事,不受任何机关、团体和个人的意志所左右。四是合法性,就是要求司法会计学鉴定应严格依法进行,包括鉴定人、鉴定对象、鉴定程序和具体方法均应符合法律规定。司法会计学鉴定的方法主要有二：一是财产物资清查法。清查的主要对象包括资金运用各科目所反映的发案单位的流动资产和固定资产；清查的具体内容根据个案所涉及的案情实际来确定，一般包括对实物资金的清查、对货币资金的清查和对结算资金的清查。二是检验会计资料法。检验会计资料的对象包括会计凭证、会计账簿、会计报表和其他会计资料。检验会计资料的目的在于查明会计资料是否真实、正确，是否合理合法，有否错弊现象。由于检验会计资料的专业性很强，对此将单列一节进行专门介绍。

（二）文书鉴定。

文书鉴定，也称文件鉴定、文件检验或文检，是指司法机关指派或聘请有关人员运用文字学、语言学、生理学、心理学、物理学、化学等有关学科原理和技术手段，对文书物证进行检验、分析和判断，为揭露和证实犯罪提供线索和依据的一种侦查技术和司法鉴定活动。文书鉴定是一项技术性很强又非常细致的工作，其范围较广。贪污贿赂犯罪侦查中常用的有笔迹鉴定和文书技术鉴定，包括伪造文书鉴定、损坏与变造文书鉴定、印刷文书以及图章印文鉴定等。

1.笔迹鉴定。笔迹的实质是一种书写习惯。所谓书写习惯，是指人们在日常的学习和实践活动中巩固下来的，用书写文字表达思想的活动规律。它包括人的书写活动习惯和思维活动习惯。书写习惯是经过长期的学习和书写练习而逐渐形成的，是一种生理和心理上形成的动力定型。其具体表现为"识字"、"传写"和"表达"三个过程。一个人一旦形成了书写动力定型并成为习惯，人为地改变这种习惯是比较困难的，这便是书写习惯的稳定性，也即书写习惯总和的再现性或称书写惰性。同时，每个人的书写习惯因其自身生理上、心理上及其他客观条件等影响，而各具其本人的特点，这便是书写习惯的特殊性，包括笔迹、内容和格式等三个方面的特殊性：一是笔迹，即书写动作习惯，如书法水平、字体和字的写法、笔顺、搭配、比例、运筹以及书写压力、错别字、标点符号及其符号的特征；二是内容，即书面语言，如别字、不合规范的构词、惯用语、古旧语、古旧词及行业术语等其他特征；三是格式，即文字布局，如字行方向和形态、字行间隔、字行与格线及字行与页边的关系、行间间隔均匀程度、书写格式等特征。书写习惯的稳定性和特殊性，为笔迹鉴定提供前提条件和客观依据。笔迹鉴定的基本原理，就是体现书写习惯形成的本质与现象、稳定与变化、普遍性与特殊性等几对矛盾的总和运动规律。笔迹鉴定的对象是各种书写文件上的笔迹，比较检验法是其基本方法，并一般分样本收集、初步检验和分析比较、综合评断鉴定三个步骤进行。通过对检材的笔迹特征与嫌疑人书写样本材料的笔迹特征的分析和比较，以确定相比较的笔迹是否同一人的笔迹。在不同的条件下，笔迹鉴定结果可以证明：一是多起案件的物证笔迹是否为一人笔迹，一起案件的物证笔迹是否为多人的笔迹、是何人的笔迹，以证明文件的添写、伪造事实；二是文件物证笔迹与可疑人信件或登记表格笔迹是否为一人笔迹，以发现和掌握侦查对象；三是文件物证笔迹与嫌疑人或被告人的样本笔迹是否为同一人笔迹，以认定文件物证的书写人或澄清嫌疑。

2.伪造文书鉴定。伪造文书，是指犯罪分子利用有关技术手段把整个文书加以伪造，以实现其犯罪目的。其形式主要有二：一是虚构有关事实，按一般文书格式伪造没有真实文书作依据的假文书；二是按照真实文件作蓝本，采取印刷、复印、描绘等方法进行伪造。伪造时，通常采用模仿他人笔迹、签名、伪造空白格式纸、保护花纹符、伪造图章等手段。对伪造文书的鉴定，一般采取肉眼直接观察法或借助仪器法，即借助放大镜、显微镜、紫外线灯、红外线灯及照相技术进行观察鉴别，或者利用化学分析方法鉴别物质材料的差异来确定是否伪造。具体地说，从文书的格式、内容以及文书的载体即文书物质材料两个方面考虑，认真审查其内容、格式、图案、花纹、线条、文字的形体、结构、规格和排列位置，暗记特征的位置和形状，以及纸张的质量如质地、色泽、厚薄等，油墨、颜料的色泽、浓淡程度等各方面的特征，与真实文书样本进行比较，以辨其真伪，作出正确的鉴定意见。

3.损坏与变造文书鉴定。损坏与变造文书，是指犯罪分子利用有关技术方法损毁、破坏或修改真实文书的部分内容，使原件的原意发生变化，以达到其实施犯罪的目的。损坏、变造文书的手段很多，且情况复杂。常见损坏手段有烧毁、撕毁、浸泡等。对这类文书，可运用各种理化检验手段进行整复，使其显现不易看见的文字内容，以确定文件内容，揭露其损坏事实。常见的变造手段有擦刮、消蚀、添写、挖补接贴等。一是对被擦刮而变造的文书鉴定，可借用放大镜、显微镜等仪器，检查文书纸张表面有否遭损坏割断、揉乱；或用侧光、透光等方法检查其表面光泽度有否消失、发暗，纸张有否变薄;或滴入酒精、汽油等挥发性强的液体,视其渗透快慢等情况;或用其他化学试剂强化并显现擦刮过的字迹、残迹物质等,从而确定该文书是否被变造。二是对被消蚀而变造的文书鉴定,可采取在斜度光照下用肉眼直接观察,尔后通过过滤色镜检验或者用紫外线照相、分色照相、对比照相以及化学试剂如5%五倍子酸酒精或10%鞣酸酒精等,运用原件残留痕迹显现等方法分析研究,并进行观察或者采用透光、侧光以及紫外线、红外线的方法进行检验,审查其文书整体是否规范、整齐,纸张纤维的方向、纸张的质地及其线条、花纹以及文书整体的笔迹特征等是否一致。如得出相反的结论,则说明送检文书已经挖补接贴而被伪造。三是对被添写而变造的文书鉴定,主要是从书写习惯上观察,采用笔迹鉴定的原理和方法进行。如经添写、改写的文书,其文字大小不符、间隔不匀称、位置不适当、文字形体不一致以及文字色调、光泽不同、笔画粗细不一、文书背面渗透墨水等特征。在用肉眼直接观察不明显时,可借助放大镜、显微镜观察或紫外线、红外线、光谱分析等方法进行检验。在伪造、损坏、变造文书鉴定中,使用化学鉴定方法必须慎重,要注意保护文书物证原貌,避免遭受损坏。

4.印刷文书鉴定。印刷文书检验的对象,包括采用传统的印刷技术印刷和打字机打印、复印机复印、计算机打印的文件等。在不同条件下,通过检验可以证明:文件物证的印刷方法,是何单位、哪台机器印刷;利用文件物证与印刷样本或有关票样比较鉴别,能证明文件物证是否用可疑的铅字、印版、打字机、油印机、复印机或号码机等印刷;可疑的证件、票据、图章是否为伪造。

5.图章印文鉴定。这是文书技术鉴定中的一种特殊鉴定形式。图章,也称印章,是指刻有机关、团体、企业事业单位名称的公章或者个人姓名的私章以及各种专用章如财务专用章、合同专用章等。印文是指印章的印面盖印出来的痕迹。它是许多公私文书的形式要件之一,是文书真实性的一个重要凭证。司法实践中,犯罪分子通常有伪造或者利用图章印文进行贪污贿赂犯罪活动,并且常用于证件、票证、单据等文书上,其常用手法有雕刻法、单字拼合法、漏印法、部分伪造法和描绘复印等几种。对采用雕刻法伪造图章印文的,如伪造手段拙劣,则容易鉴别;对伪造手段较为高明的,则需借助印文样本进行比较鉴别。对采取单字拼合法和漏印法伪造图章印文的,则可采用笔迹鉴定的原理和方法进行比较鉴别。对采取局部伪造图章印文的,则可采用肉眼直接观察法或印文样本对比法进行甄别。对采取描绘复印法伪造图章印文的,则采取印文样本比较法进行鉴别。

(三)电子数据鉴定。

电子数据是2012年修改的刑事诉讼法第四十八条增加规定的证据种类。电子数据主要包括电子邮件、电子数据交换、网上聊天记录、网络博客、手机短信、电子签名、域名等。随着贪污贿赂犯罪侦查深入开展,贪污贿赂犯罪手段进一步技术化、信息化,同时这类犯罪活动也将在网络虚拟社会不同程度留下一些电子痕迹。及时收集这些电子痕迹,对于有效侦查突破贪污贿赂犯罪案件具有重要作用。侦查实践中,对于收集电子数据的过程以及审查鉴定电子数据,应当注意把握以下几个环节和方面:

1.应充分认识电子数据对于侦查贪污贿赂犯罪的重要性。从实践看,人们对于发生在现实空间的涉及公民人身、财产或者居所等其他利益的侦查活动,既敏感又引人注目,但对于发生在虚拟空间的资料数据等权利的关注,却往往并不十分敏感。这主要是因为公民人身、财产或者居所等具有与人类之间与生俱来的密切关系,故而备受关注,而对于虚拟空间的隐私权利等反应显得有些迟钝。但是,随着人类社会在自然科学技术方面的快速进步,尤其随着网络技术的快速发展而升级换代,虚拟空间为犯罪以及侦查提供了可能,有些犯罪甚至在虚拟空间发生,有的借助虚拟空间作为手段来完成犯罪。从侦查贪污贿赂犯罪的实践看,通过利用虚拟空间查缉犯罪嫌疑人等案例已不鲜见,诸如采用查询电子信息资料以及实行网络侦查等措施,对于及时有效侦破贪污贿赂犯罪具有常规手段所不能及的效用,因而备受侦查部门青睐。

2.依法收集电子数据。一是确保电子数据的来源、调取以及出示等程序和环节的合法。依法制作、储存、传递、收集、出示电子证据,对电子数据的取证人、制作人、持有人、见证人均应签名或者盖章。载明该电子数据形成的时间、地点、对象、制作人、制作过程及设备等情况。二是保证证据形式的合法。对于电子数据的存储磁盘、存储光盘等可移动存储介质,除了特殊情况,应随案移送,同时打印相关说明的纸质材料,以便对电子数据的固定和运用。在案件侦查终结后移送审查起诉时,要注意将电子数据的可移动存储介质与其说明情况的纸质打印件一并移送。三是保证电子数据内容的真实性以及与案件事实的关联性。对于收集、制作的电子数据,不能进行剪裁、拼凑、篡改、添加等伪造、变造处理。应注意收集、制作的电子数据与案件其他证据有关联并且能够相印证。对电子数据有疑问的,应当进行鉴定。

3.依法审查电子数据的合证据性。一是审查电子数据相关内容是否得到当事人确认。由于电子数据制作主体具有隐蔽性,并且电子数据的存在形式通常都是以计算机内部一系列0—1的代码及其逻辑运算形式存在,加上这些代码经过转化器转换之后的表现形式多种多样,因此对电子数据相关内容的确认十分重要,是该数据能否作为证据被采用的基础和前提条件。二是审查电子数据的内容有无增减、编辑等情形,特别是 IP 地址或者 QQ 记录、网页提取等是否经过专门技术人员或者鉴定机构的鉴定。由于电子数据具有很强的改动性、变动性,对于没有经过专业鉴定的电子数据是不能作为定案的证据的。

总之,按照电子数据的特质以及成为证据的特性和要求,收集、提取、固定以及审查运用比如在法庭上出示等都应进一步规范,并把好审查关,确保电子数据的证据效力。

四、鉴定意见的审查和鉴别

鉴定意见是侦查、起诉和审判等诉讼活动中不可缺少的一种重要证据。做好鉴定意见的审查和鉴别,有利于保证办案质量。由于当前贪污贿赂犯罪侦查中涉及的鉴定问题比较复杂,鉴定人进行鉴定时因主观或客观条件的限制,以及某些专门性问题在科学上尚无定论等因素影响,难免会作出一些不全面、不准确甚至错误的鉴定意见。因此,侦查人员必须尊重事实,尊重科学,对鉴定意见进行认真细致的审查和鉴别,正确地理解、评价和把握其准确性和证明效力,还要合理地使用鉴定意见,既不能贬低其证据价值,也不能夸大其作用。在综合分析鉴定意见时,可从以下几方面入手:

(一)审查鉴定的程序、方法及检材。

审查鉴定的程序、方法、分析过程是否符合本专业的检验鉴定规程和技术方法要求,审查检材的充分性和可靠性以及检材在提取、包装、运送等过程是否具有合法性。

(二)审查鉴定人的法定资格及鉴定意见的形式要件。

审查鉴定意见的形式要件是否完备,是否注明提起鉴定的事由、鉴定委托人、鉴定机构、鉴定要求、鉴定过程、检验方法、鉴定文书的日期等相关内容,是否由鉴定机构加盖鉴定专用章并由鉴定人签名盖章。

(三)审查鉴定意见是否明确。

审查鉴定所依据的案件事实是否清楚,作出的鉴定意见是否符合有关法律特征和逻辑原理,鉴定意见与案件其他证据有无矛盾,鉴定时使用的方法是否科学,作出鉴定的依据是否充分和符合客观实际,审查鉴定意见与案件待证事实有无关联,审查鉴定意见与其他证据之间是否有矛盾,鉴定意见与检验笔录及相关照片是否有矛盾,审查鉴定人有否作出违反常规的鉴定意见,评断鉴定意见的证据意义,即对查明和证实案件事实有无实际作用及其证明效力的强弱程度等。

(四)依法告知和补充鉴定。

首先,侦查部门应当履行告知义务。根据刑事诉讼法第一百四十六条规定,侦查机关应当将用作证据的鉴定意见告知犯罪嫌疑人、被害人。如果犯罪嫌疑人、被害人提出申请,可以补充鉴定或者重新鉴定。这要求,犯罪嫌疑人、被害人如果对鉴定意见有异议的,侦查部门该解释的进行合理的解释,该补充鉴定或者重新鉴定的及时进行补充鉴定或者重新鉴定,确保鉴定意见与其他证据的关联性和证明力。其次,侦查人员应当认真及时审查鉴定意见。在审查中,侦查人员如果发现鉴定意见明显不符合案情实际或者错误时,应及时提出补充鉴定或重新鉴定的意见,报检察长批准后进行补充鉴定或者重新鉴定。检察长可以直接决定进行补充鉴定或者重新鉴定,直至获取正确的鉴定意见为止。如果发现某一问题有多种不同的鉴定意见时,应当进行全面分析比较,找出比较准确的鉴定意见。复核鉴定或重新鉴定时,应由法律规定有复核鉴定或重新鉴定资格的机构及其富有经验的鉴定人担任。

(五)鉴定意见发生争议的解决及鉴定人的出庭作证。

按照2005年全国人大常委会《关于司法鉴定管理问题的决定》第九条规定,在诉讼中对法医类鉴定、物证类鉴定、声像资料鉴定,以及根据诉讼需要,由国务院司法行政部门商最高人民法院、最高人民检察院确定的其他应当对鉴定人和鉴定机构实行登记管理的鉴定事项发生争议,需要鉴定的,应当委托列入鉴定人名册的鉴定人进行鉴定。鉴定人从事司法鉴定业务,由所在的鉴定机构统一接受委托。鉴定人和鉴定机构应当在鉴定人和鉴定机构名册注明的业务范围内从事司法鉴定业务。同时,根据刑事诉讼法第一百八十七条及《关于司法鉴定管理问题的决定》第十一条规定,公诉人、当事人或者辩护人、诉讼代理人对鉴定意见有异议,人民法院认为鉴定人有必要出庭的,鉴定人应当出庭作证。经人民法院依法通知,鉴定人拒不出庭作证的,鉴定意见不得作为定案的根据。

第十节　检验会计资料

一、检验会计资料的概念和任务

贪污贿赂犯罪侦查中,往往涉及对会计资料的收集和提取等问题。比如,对于侦查实践中遇到的国有企业、公司改制中涉及资产被侵吞等问题,就需要由专门的会计师事务所等专业机构对这些会计资料进行检验,分析认定资产的性质、流向等问题。实践表明,检验会计资料对于及时侦查贪污贿赂犯罪案件具有重要作用。所谓检验会计资料,是指人民检察院在侦查贪污贿赂犯罪案件过程中,为了查明、揭露和证实贪污贿赂犯罪事实,对案件中涉及的财政、财务和会计等专门性问题指派或者聘请具有专门知识的人员进行检查和甄别,以确定会计资料的实际状况,为查明犯罪事实提供依据的专门性活动。检验会计资料是发现、揭露和证实犯罪的一种技术手段,主要任务是运用专门性的会计方法和技术,对案件中涉及专门性的会计资料进行科学鉴别,以便正确认定案件性质、及时收集证据,准确揭露和证实犯罪。

二、贪污贿赂犯罪活动反映在会计资料上的常见作案手法

会计资料,是指反映账务情况的各种原始记录材料,包括会计凭证、会计账簿、会计报表以及其他资料。它反映着一个单位、一个部门一定期间和时日的全部经营状况和财务状况,是经济活动的历史记录和证据。实践表明,贪污贿赂犯罪的智能化、技术化程度日趋提高,反映在会计资料上的作案手段很多,主要表现在会计凭证、会计账簿、会计报表及实物保管等方面,尤以前两者居多,并且作案手段和花样不断翻新。

（一）会计凭证上的作案手法。

1.原始凭证方面。主要有：窃取空白凭证，或利用作废凭证如收据、支票、汇票冒领款物；伪造单据，模仿签字，偷盖印章，虚增开支、少报收入，虚列债权债务、谎报发进货；涂改单据凭证，冒领款物，或"大头小尾"开"鸳鸯单"，多报费用支出，少报收入或隐瞒不报；伪造凭证，虚造往来账目或者白条，或一票多用，重复报支；或者利用复写、变造存根联、入账联冒领款物；或撕毁单据凭证，如收到现金或发出商品材料，或盘点物资或签发支票，购取商品或将销售收款记录卡、领发料单、支票等单据或存根撕毁或匿藏，以期侵吞公款公物。

2.记账凭证方面。主要有：利用编制的记账凭证搞乱账目。如将收入或收益记入应付账户、暂存账户，伺机提现或转出；利用结转过账时编制的记账凭证，随意调节费用、成本和收入、利润及库存商品，以及不如实或隐瞒登记或多附、少附有关原始凭证，伺机作案。

（二）会计账簿上的作案手法。

1.在总分类账和明细分类账方面。主要有：造假账，设置明暗两本账，或乱记账户、故意记错账户，伺机挪用、有意删改或制造混账；虚设账户，隐匿购销交易；任意篡改账目或涂改其中记录内容和数字；在原有账户虚列内容、金额或销毁、隐匿账簿、账页。

2.在日记账方面。主要有：在现金日记账上，将现金收入拖期入账或不入账、或少入账、或多记重记支出、少记余额、涂改账目；在银行日记账上，模糊存入数或提取数，出借或出租银行账户，为其他单位或个人套取现金或转账，从中牟利；设明暗两本账，如现金日记账、银行日记账、进销贷日记账、总分类账等，伺机作案。

（三）会计报表上的作案手法。

贪污贿赂犯罪在会计报表上的作案手法，主要表现为虚列项目和余额，虚增成本、虚报利润等。需要指出的是，随着会计信息系统已经完成由手工操作到电算化的过渡，数据处理的过程集中到由计算机按人们设计好的程序自动完成，会计信息无纸化使会计信息形态发生了很大变化，形成缺乏纸质的业务轨迹、输出结果以及存储介质的脆弱性等情态，这就进一步促使会计资料检验随之发生变化。据有关资料表明，在会计电算化系统下，手工操作系统存在的舞弊行为不仅仍然存在,而且其舞弊手法更加隐蔽,造成的损失也更惊人。如美国早从 20 世纪 50 年代以来,利用计算机进行舞弊的案件就逐年上升,并且平均每年造成的损失超 130 万美元。进入 21 世纪,美国仅在财务舞弊方面,如在 2001 年至 2002 年间利用计算机进行系列财务舞弊,致使股市回调,科技及电信股泡沫破裂。从实践看,计算机舞弊的手法主要可归纳为:篡改输入、篡改文件、篡改程序、非法操作、篡改输出等类型。因此,这就从客观上要求会计资料检验的方法和手段必须进行适应性调整。否则,如果会计资料检验手法不能适应这种变化,那就很难及时有效地查处利用计算机舞弊手法进行的贪污贿赂犯罪。

三、检验会计资料的程序和要求

(一)做好准备工作。

1.组织检验力量。检验人员由侦查部门依法指派或聘请,根据工作量大小、工作繁简程度等情况,确定检验人员数量,并按其业务能力进行分工和调整。需要聘请会计师的,应征得其所在单位同意。聘请的会计师应与本案无利害关系。

2.收集检材。首先要了解被查单位经营性质、经营规模、经营方式、经营范围或职能活动范围等生产经营或业务活动的基本情况,查询被查单位的组织机构和管理人员情况;了解被查单位有否制订规章制度或建立财务会计制度等内部管理制度,以及涉案人员的社会阅历、平时表现、工作职责和范围、家庭经济收支状况等基本情况。在了解上述情况的基础上,发现和收集与贪污贿赂犯罪有关的线索和各种会计资料、文件,包括各种会计账簿、凭证、会计报表、统计报表及涉案的经济合同、协议通讯或记录资料。必要时,应及时对其查封。执行查封的侦查人员应持检察机关的有关证明文件。检验结束后,要及时解封或退还。

3.制订检验计划。在认真研究分析已掌握的案情及对检材初步审查的基础上,根据个案实际制订计划、确定进度,以指导检验工作的顺利开展。检验计划的主要内容包括:被查单位及被查人的基本概况、检验目的、任务、对象及其范围、检验重点内容、方法、检验进程即日程安排、检验人员具体分工、完成时间等。检验计划可随案情变化而调整。

(二)组织实施。

这是检验会计资料的关键环节与技巧所在。检验应当在检察人员主持下进行。

1.拟定调查提纲,检验被查单位内部各项控制制度的完善程度和优劣状况,以查其薄弱环节。制定时,应针对管理混乱、漏洞多、问题严重的薄弱环节及遭受侵害后可能存在的特定形态等情况,按内部控制程序逐一列出待查问题,进行调查、检验。拟定调查提纲,要注意全面性、周密性和保密性。

2.审查检材可靠性,查验问题性质。通过机械核对,为验证会计资料是否正确、真实和完整,提供认定依据,以核对原始凭证与记账凭证、实体资产账存数与实存数、总分类账与明细账等。对查验中发现的错弊,必须调整和验证错弊项目,以审查核算会计资料能否真实、正确、完整地反映被查单位的经济活动和财务状况,从中找出问题症结,判明其属于一般错误或实施犯罪后留下的舞弊痕迹。

3.寻找疑点,追踪检查和深挖。对已经发现的线索,必须跟踪追查,以查明事实真相,并为深挖犯罪创造条件。检验人员对检验中发现的任何疑点都应审慎地、有耐性地追查,不能有丝毫的松懈和忽视。

4.注意检验措施与其他侦查措施的有机衔接。通过询问知情人、证人或讯问犯罪嫌疑人或被告人,或采取文检技术手段,或结合检验工作等,分析他们所供情况的真实性。通过对外部有关单位的调查,核实有关疑点、矛盾,以此判明案件的真实情况,为保证检验结论的客观性提供证据材料。

(三)结束检验。

在各个项目检验或专项检验完成时,应汇集查证获取的各种会计资料和检验工作记录,进行分类整理和定性定量分析,写成检验笔录。详细写明检验经过、对象、内容以及能证明贪污贿赂犯罪的事实和检验结论,由参加检验的人员签字。检验结束后,对能够证明犯罪事实的会计资料,应予提取。提取时,提供会计资料单位的负责人和主管人必须签字,加盖公章,并由案件承办人员认定。必要时,也可进行司法会计鉴定。对不能提取的,应当采取有效措施如采用拍照或录像、复印、复制等方法进行固定。

需要指出的是,当前审计部门已普遍推进审计检验软件化,可以充分利用软件工具提高检验效率、准确率以及突破案件的能力。

四、检验会计资料的主要方法和技术手段

（一）检验会计资料的主要方法。

检验会计资料的方法，主要有以下几种：

1.详查法。这是指对重大可疑项目实施周密详细检验的一种方法。详查法不能面面俱到、主次不分，而是要集中力量对重要的可疑问题进行检验，必要时还应聘请有关专家参加。

2.抽查法。这是指按随机原则对有关项目部分地抽查验证，以此推断全部项目错弊情况的一种方法。它既可抽查出纳现金收付凭证和财产物资中主要材料的收付凭证，也可抽调某些月份或季度中的资料。抽查法省时省力，但易遗漏事实，检验时要把握抽查样本的数量和质量。对内部控制不完善、制度执行又松懈的单位，其弊端容易发生，不适宜采用抽查法，以免遗漏罪证。

3.顺查法。这是按照经济业务活动和财务收支活动的顺序依法进行检验的一种方法。具体作法是：根据记账程序，从审核原始凭证开始，进而核对、检查记账凭证，再根据凭证核对、检验日记账、总分类账、明细分类账，尔后用账簿核对会计报表，以确定会计报表中的财务指标及其反映的经济活动是否正确和合法。顺查法便于验证资料、获取证据，其结果精确率较高。但该法费时费力，抓不住重点，还会使检验人员的视野、思路受到不同程度的影响和干扰。实践中，应当注意与逆查法交替使用，取长补短。

4.逆查法。这是按照经济活动、财务收支和会计处理的相反程序进行检验的一种方法。具体作法是：从审查会计报表开始，以会计报表核对账簿，再根据账簿进行核对、审查记账凭证和原始凭证。实践中通常采用部分逆查法，以突出重点，提高效率。逆查法的观察面和分析面均较广，并能有效地发现线索，查清事实，获取证据。但该法容易顾大失小、忽视细节检验，而有些细节恰恰可能是个案侦查的突破口所在。因此，不能单打一，而要根据个案实际，综合运用各种基本方法和技术手法。

（二）检验会计资料的主要技术手段。

检验会计资料的技术手段，是指检验会计资料时所运用的具体措施。实践中运用较多的有以下10种：

1.核对。这是指用复核或核对的手段进行查对的具体方法。复核是将被检单位提供的会计资料或已检查的事实进行核实。核对则是将一种会计资料与另一种相关联的会计资料进行查对。核对法是检验会计资料的最基本方法，其内容包括账表核对、账账核对和账实核对。通过复核或核对，可找出差错，并确认其故意或过失的性质，从而分析有关账目有否弄虚作假触犯刑律的行为，以及行为人的责任。

2.审阅。这是指仔细审查会计资料的具体方法。其内容主要有：审阅会计报表，注意其中有关指标的对应关系及表与表之间的关系是否衔接，从中发现侦查线索；审阅资金平衡表，注意平衡表各部分金额的对应关系，审查流动资金与专项资金的差额是否正常、流动资金内部之间各项目的相互关系是否正常；审阅利润表，重点是在产品销售利润上，主要视其利润总额的构成及利润计划的完成情况；审阅利润分配情况，视其是否按规定分配；审阅会计账簿，主要审查总账、各种明细分类账及现金日记账、银行存款日记账；对总账、各种明细分类账的审查，主要是了解其经济业务内容，分析其是否合法、合理。对现金日记账、银行存款日记账的审查，主要查其收支数额较大的事项，以及月终、月初收支的变化，查看支出是否异常。

3.验总。包括横加验总和直加验总，是指对被查单位计算及其汇总计算数字的正确性进行验证的具体方法。

4.验证。是指运用各种检验方法和技术手段，反复核实已查处的疑点和弊端，并予以分析判断，以确定所查问题所属性质的具体方法。验证的实质在于查证会计记录的真实性。

5.查询。这是指根据检验发现的疑点、线索及需要进一步证实的问题，通过调查、询问的方式，向有关单位或人员了解，以弄清问题，获取证据的具体方法，包括面询和函调两种。面询是直接找有关人员询问调查。面询时要有的放矢，明确待查问题、调查对象及其方法等问题。函调是以发信函形式向有关单位了解核对经济业务和财务收支情况，多用于与外地单位往来账目，如核对欠账、购销业务等。函调要有重点或侧重面，内容应简明扼要，必要时可多次发函催询。

6.盘点。这是指对实体资产如固定资产、货币资金、有价证券等，通过实地盘点来查核其实存数的具体方法。通过盘点，将其结果与有关会计资料比较，查明短缺、损坏等情况。

7.检视和调节。检视是指在检验时,通过对周围环境、书信往来、证件及其实物的观察,分析透视,鉴别真伪,以发现和查找新的线索的具体方法。调节是指为验证某一会计资料的数据是否正确,而对有关会计资料予以调整,尔后进行验证的具体方法。如企业银行存款日记账与银行的对账单不符,可编制余额调节表来核对。

8.比较分析。分析是指通过可比数据的比较来分析增减变化是否合理,以判断会计资料是否正确、财务收支和经济业务活动有否错弊问题的具体方法。这是常用的一种检验会计资料技术手段。如企业的环境没有多大变化,而产品成本比上期大增,就应对成本进行检查、分析,把货币形态反映的综合指标分解为各种具体因素;比较则是将了解后的各种因素与可比数字进行对比。比较分析法有绝对比较和相对比较两种。绝对比较,是直接以数量、单价和金额进行比较。通过对增减数字大小的比较,判断其合理性,或列出近期内有关数据,比较有关项目的增减情况,必要时进一步检验凭证。相对比较,是利用事先计算出的有关数据百分比和比率进行比较分析,为不能直接对比的指标找到共同的参照系数予以比较。

9.跟踪分析。这是指根据资金运动轨迹,检验、查证会计资料处理的来龙去脉是否正常,以发现问题和疑点的具体办法。这种方法是根据复式记账原理,利用账户之间的对应关系和金额上的恒等关系,查明有关问题或线索。

10.控制计算法。这是指以可靠的或测定的数据来检验会计资料是否正确真实的具体方法。如以产核销、以耗计产、以定额消耗验证实际消耗。运用控制计算法,要注意了解和掌握有关生产技术常识。

第十一节　技术侦查

一、技术侦查的概念和任务

技术侦查,是刑事犯罪侦查中一项在国际社会普遍使用的、重要而有效的侦查措施。就贪污贿赂犯罪侦查来说,在我国现行刑事诉讼法修改以前,人民检察院在侦查贪污贿赂犯罪过程中,往往根据有关政策对其中有关的措施和手段通过有关部门进行使用,但在性质上尚属政策层面的授权和规制。2012年修改后的刑事诉讼法首次从法律上规定了公安机关和司法机关使用技术侦查措施,该法第一百四十八条至第一百五十二条、《人民检察院刑事诉讼规则》第二百六十三条至第二百六十七条等,规定了技术侦查措施及其使用的程序和要求。这表明了侦查机关在侦查刑事犯罪包括贪污贿赂犯罪过程中使用技术侦查措施的法制化和规范化,是我国刑事侦查和贪污贿赂犯罪侦查乃至刑事诉讼制度的一大进步,对于依法规范侦查活动、保障犯罪嫌疑人的合法权益以及推进社会主义法治国家建设等都具有重要意义。所谓技术侦查,是指公安机关和检察机关运用现代科技设备和特殊的侦查方法秘密收集证据、查明犯罪事实和查获犯罪嫌疑人的侦查措施的总称。技术侦查措施往往包括麦克风侦听、电话侦听、窥视监控、邮件检查、外线侦查等。同时,随着网络技术的快速发展,以及根据刑事犯罪往往普遍利用网络技术的实际,目前对于有关网络方面的一些侦查技术手段,也被纳入技术侦查措施的范畴。技术侦查具有秘密性、技术性、直接性和强制性等特点,对于快速获取贪污贿赂犯罪嫌疑人实施贪污贿赂犯罪活动的证据、查获犯罪嫌疑人的去向等具有重要作用。根据技术侦查的法律性质及侦查学的特性,技术侦查的主要任务如下:一是秘密收集犯罪证据;二是查明犯罪事实;三是查获犯罪嫌疑人;四是拓展发现犯罪线索渠道。

二、贪污贿赂犯罪侦查中使用技术侦查措施的意义和作用

根据《联合国反腐败公约》第50条第1款规定,为有效地打击腐败,各缔约国均应当在其本国法律制度基本原则许可的范围内并根据本国法律规定的条件在其力所能及的情况下采取必要措施,允许其主管机关在其领域内酌情使用控制下交付和在其认为适当时使用诸如电子或者其他监视形式和特工行动等其他特殊侦查手段,并允许法庭采信由这些手段产生的证据。从中可以看出,国际社会对于侦查贪污贿赂犯罪,是允许使用电子或其他形式监视措施的。这里的电子监视,主要是指为了侦查犯罪,利用窃听装置技术、红外线望远镜、红外线摄像、电子计算技术设备等监控或听取他人在办公、住所等场所的谈话,或对特定人、物或场所进行监视或进行秘密拍照或录像等侦查方法。就我国而言,这类措施被称作技术侦查措施,主要包括上述所及麦克风侦听、电话侦听、窥视监控、邮件检查、外线侦查以及网络侦查技术等,并规定了严格审批的程序。从实践看,检察机关在贪污贿赂犯罪侦

查过程中使用技术侦查措施完全有必要。这次刑事诉讼法修改,顺应了打击贪污贿赂犯罪等腐败活动的国际化趋势及司法实践的需求,具有重要意义。

(一)使用技术侦查措施有利于遏制和预防贪污贿赂犯罪。

1.贪污贿赂犯罪的特殊性导致查办案件的难度增大。贪污贿赂犯罪是一类利用职务便利实施的智能型、隐蔽型犯罪,以职务活动作掩护,没有直接被害人,加上证据单一,侦查此类案件存在发现难、取证难、固证难等突出问题,难度远远大于侦查普通刑事犯罪。尤其是贿赂犯罪活动往往是在行贿人与受贿人"一对一"的情况下进行,犯罪活动的线索很难被发现,认定犯罪的证据主要是行贿、受贿双方的言词证据,查处的难度更大。目前,检察机关查办的贪污贿赂犯罪案件中贿赂犯罪所占比例约占45%。这类案件的侦查难度,决定了检察机关迫切需要技术侦查手段支持。

2.贪污贿赂犯罪发展态势对侦查工作提出了严峻挑战。随着现代科技快速发展,贪污贿赂犯罪活动日益呈现高技术化、信息化、智能化以及跨省市、跨国境乃至有组织化等态势,犯罪手段更趋隐蔽、狡诈,犯罪分子采用潜逃、串供、毁证、洗钱、转移赃款赃物等反侦查手段的能力不断增强。但检察机关侦查贪污贿赂犯罪的措施没有明显变化,仍然单一、落后,绝大多数依靠"一张嘴、一支笔、两条腿"的传统调查方法,难以适应侦查工作的现实需要。实践中对有的案件,侦查人员一接触犯罪嫌疑人或相关涉案人,与之有关人员即闻风而逃,有的甚至逃往国境外,相关涉案人不知下落的更多。其中一个重要原因,就是缺乏及时发现犯罪嫌疑人潜逃线索的手段,对其潜逃后又缺乏有效的追缉措施。

3.查办贪污贿赂犯罪的干扰阻力大。贪污贿赂犯罪嫌疑人往往具有一定的职务和一定范围的影响力,有较广泛的社会关系。对这类犯罪的调查往往会受到来自多方面的干扰,尤其基层检察机关的执法环境更为复杂。检察机关在开展询问、查询、调取证据材料等调查活动时,往往伴随着打听案情、说情、打招呼以及有关涉案人员不配合调查甚至阻挠调查、泄露办案信息等干扰办案活动,严重阻碍了办案顺利进行。这表明,当前仅依靠传统调查手段就无法适应日趋复杂的侦查工作需要,从法律上规定检察机关使用技术侦查措施,符合提升检察机关的侦查能力、满足侦查贪污贿赂犯罪的实际需要等实际。

（二）使用技术侦查措施有利于实现控制犯罪与保障人权相平衡。

贪污贿赂犯罪破坏国家机器正常运转和国家政策实施，扰乱社会秩序，破坏资源合理配置，影响公平正义，侵蚀社会文化道德，破坏社会和谐稳定。依照法律规定，检察机关负责对贪污贿赂犯罪的查办。根据"国家尊重和保障人权"的宪法精神以及修改后的刑事诉讼法将"尊重和保障人权"入法，要求把打击犯罪与保障人权有机结合起来，这是宪法和法律对检察执法办案的根本要求。从实践看，检察机关使用技术侦查手段查办贪污贿赂犯罪，有利于提高及时查处和控制犯罪能力，及时准确获取犯罪证据，减少因侦查手段不足而借用"双规"、"两指"措施变相拘禁甚至搞刑讯逼供等侵犯人权现象发生，有利于加强对犯罪嫌疑人人权的保障，也是修复被破坏的国家和社会利益、复归社会公众权利，实现控制犯罪与保障人权相平衡的需要，符合宪法关于保障人权的精神。

（三）使用技术侦查措施有利于坚持"党内不能使用技术侦查"原则。

"党内一律不准搞侦听、搞技术侦查"，这是我们党的一条重要政治原则，任何时候都不能违反。从实践看，这是根据技术侦查手段的特殊性，明确规定绝对不能把技术侦查手段用于处理党内违反纪律、犯有错误或严重错误的人，以及不能用于处理人民内部矛盾的方面。检察机关侦查的贪污贿赂犯罪，是共产党员利用职务便利进行犯罪，是严重腐败行为，直接危及党的执政地位巩固和执政使命实现，与党内违反纪律、犯有错误或严重错误的行为有质的区别，从根本上讲是一政治斗争，不属于人民内部矛盾。检察机关依法履行职责，做好查处和预防贪污贿赂犯罪，客观上需要使用相应的技术侦查措施。同时，检察机关在侦查贪污贿赂犯罪过程中使用技术侦查措施，按照严密的报批制度和程序并进行严格控制，这在特定范围是公开的，与党内搞技术侦查完全是两码事。因此，依法使用技术侦查措施有利于把党内事务与对国家公职人员的贪污贿赂犯罪侦查相分离，保证严格依法侦查和惩治贪污贿赂犯罪。

（四）使用技术侦查措施有利于履行国际公约义务。

根据《联合国反腐败公约》第 50 条第 1 款规定，为有效地打击腐败，各缔约国均应当在其本国法律制度基本原则许可的范围内并根据本国法律规定的条件在其力所能及的情况下采取必要措施,允许其主管机关在其领域内认为适当时,使用诸如电子或者其他监视形式等其他特殊侦查手段,并允许法庭采信由这些手段产生的证据。这充分表明,查处腐败案件、打击腐败活动,需要采用一些非常规的包括监听通讯、开拆邮件、电子及互联网监控等特殊侦查措施,这既是基于腐败犯罪的特殊性对查处贪污贿赂犯罪案件的规律性要求,也是适应国际合作、共同打击腐败活动的需要。同时中国作为公约的主要缔约国之一,履行公约规定是一项已予承诺的义务。

(五)使用技术侦查措施也是借鉴国际经验的重要体现。

从各国看,为有效控制犯罪,许多国家都从立法上赋予司法机关电信侦控、电子监听等技术侦查措施。如美国1968年《综合犯罪控制与街道安全法》第3条规定,对于贿赂罪、金融诈骗罪、有组织犯罪等严重犯罪案件,可以采取秘密监听和录音录像的侦查措施。日本《关于犯罪侦查中监听通讯的法律》第3条规定,检察官或者司法警员认为有充分理由足以怀疑将进行犯罪的通讯时,依据令状对与犯罪相关联的通讯进行监听。2001年《俄罗斯联邦刑事诉讼法典》第186条第1款规定:"如果有足够的理由认为,犯罪嫌疑人、刑事被告人和其他人的电话和其他谈话可能含有对刑事案件有意义的内容,则在严重犯罪和特别严重犯罪案件中允许监听和录音。"

(六)使用技术侦查措施有利于提升侦查能力。

新中国成立以来特别是改革开放30多年来,检察机关严格依法侦查、加大查处案件力度,查处了一批有影响、有震动的贪污贿赂犯罪大案要案,其中对部分案件使用了技术侦查措施,并围绕技术侦查措施的运用,探索形成用于抓捕犯罪嫌疑人、获取证据等许多成功方法,积累了宝贵经验,包括防止滥用技术侦查措施、保障侦查对象合法权益的经验,进一步促进贪污贿赂犯罪"由供到证"到"由证到供"等传统侦查理念和侦查模式的转变,为提高侦查水平、确保依法使用技术侦查措施提供了坚实的实践基础。

三、技术侦查措施使用的程序和要求

根据刑事诉讼法第一百四十八条至第一百五十二条、《人民检察院刑事诉讼规则》第二百六十三条至第二百六十七条等规定,检察机关在侦查贪污贿赂犯罪过程中使用技术侦查措施,应当把握以下几个方面:

(一)适用案件的范围。

根据刑事诉讼法第一百四十八条及《人民检察院刑事诉讼规则》第二百六十三条等规定,人民检察院在立案后,对于以下案件及犯罪嫌疑人、被告人可以使用技术侦查措施:一是重大的贪污、贿赂犯罪案件;二是利用职权实施的严重侵犯公民人身权利的重大犯罪案件;三是追捕被通缉或者被批准、决定逮捕的在逃的犯罪嫌疑人、被告人。这里的重大贪污、贿赂犯罪案件,笔者认为宜根据犯罪数额与法定刑两个参数进行综合考虑的方法进行确定。具体地说,宜以犯罪金额在 5 万元以上、法定刑在 5 年以上为准。这样规定,比较符合当前我国经济社会发展及腐败现象依然严峻的实际。但是,根据《人民检察院刑事诉讼规则》第二百六十三条规定,这里的重大贪污、贿赂犯罪案件是指涉案数额 10 万元以上的案件。侦查实践中,应当根据这一规定予以掌握。

　　(二)技术侦查措施的种类。

　　根据刑事诉讼法第一百四十九条等规定,对于人民检察院提出采取技术侦查措施的,批准决定机关应当根据侦查犯罪的需要,确定采取技术侦查措施的种类和适用对象。这表明,检察机关使用技术侦查措施的种类,由相关批准机关决定。具体的技术侦查措施主要包括麦克风侦听、电话侦听、窥视监控、邮件检查、外线侦查以及网络侦查技术❶等。

　　(三)技术侦查措施的批准及有效期。

　　根据刑事诉讼法第一百四十八条、《人民检察院刑事诉讼规则》第二百六十四条等规定,检察机关对于立案后的贪污贿赂犯罪案件,根据侦查的需要,经过严格的批准手续,可以采取技术侦查措施,按照规定交由公安机关等有关机关执行。对于追捕被通缉或者被批准、决定逮捕的在逃的犯罪嫌疑人、被告人,经过批准,可以采取追捕所必需的技术侦查措施。这表明,对于后者适用技术侦查措施的种类,应当与追捕相适应,为追捕服务。根据追捕的需要,确定具体的技术侦查措施种类。同时,根据刑事诉讼法第一百四十九条及《人民检察院刑事诉讼规则》第二百六十五条规定,人民检察院采取技术侦查措施,应当根据侦查犯罪的需要,确定采取技术侦查措施的种类

---

❶　参见詹复亮:《新刑事诉讼法与职务犯罪侦查适用》,中国检察出版社 2012 年版,第 193 页。

和适用对象,按照有关规定报请批准。批准决定自签发之日起 3 个月以内有效。对于不需要继续采取技术侦查措施的,应当及时解除;对于复杂、疑难案件,期限届满仍有必要继续采取技术侦查措施的,应当在期限届满前10 日以内,制作呈请延长技术侦查措施期限报告书,写明延长的期限及理由,经过原批准机关批准,有效期可以延长,每次不得超过 3 个月。同时,对于采取技术侦查措施收集的材料作为证据使用的,批准采取技术侦查措施的法律决定文书应当附卷,辩护律师可以依法查阅、摘抄、复制。

(四)技术侦查措施获取材料的制作要求及保密用途。

根据刑事诉讼法第一百五十条第三款、《人民检察院刑事诉讼规则》第二百六十六条等规定,应当把握以下几点:首先,采取技术侦查措施收集的物证、书证及其他证据材料,侦查人员应当制作相应的说明材料,写明获取证据的时间、地点、数量、特征以及采取技术侦查措施的批准机关、种类等,并签名和盖章。其次,对于使用技术侦查措施获取的证据材料,如果可能危及特定人员的人身安全、涉及国家秘密或者公开后可能暴露侦查秘密或者严重损害商业秘密、个人隐私的,应当采取不暴露有关人员身份、技术方法等保护措施。在必要的时候,可以建议不在法庭上质证,由审判人员在庭外对证据进行核实。再次,采取技术侦查措施获取的材料,只能用于对犯罪的侦查、起诉和审判,不得用于其他用途。

第十二节　控制通缉和追捕

一、控制、通缉及追捕的概念和任务

控制、通缉和追捕,是当前打击和防止贪污贿赂犯罪嫌疑人潜逃特别是逃往国境外的重要侦查措施,也是贪污贿赂犯罪侦查中常用的侦查措施。所谓控制、通缉和追捕,是指依法对重要涉案人或已经潜逃的犯罪嫌疑人实施监视、布控、查缉,以防止其串供、潜逃或将其潜逃后缉捕归案的侦查措施。控制、通缉和追捕的主要任务,就是对重要涉案人进行有效控制和对潜逃的犯罪嫌疑人实施通缉抓捕,保障追诉犯罪活动顺利进行,保证犯罪分子受到法律应有的制裁,维护法律权威。

二、控制、通缉及追捕的程序和要求

（一）控制。

1.确定控制对象。这些对象主要包括潜逃的犯罪嫌疑人和重要涉案人，包括同案犯、案件重要关系人等。

2.批准。侦查人员将实施控制的对象、原因、理由、具体措施等内容以书面报告报请检察长或上级检察机关批准。

3.选定控制措施。可以通过技术侦查手段及公安派出所、被控对象所在单位或者主要协助调查人员配合等方式，由侦查人员根据具体情况选定。

4.实施控制。办理必要的手续如填写使用技术侦查手段审批表、边控对象表或者组织适当人员、联系相关部门及人员等实施控制。

5.准确判断、果断决定。对有明显迹象或证据证明可能发生串供、毁灭证据、潜逃，或可能导致侦查程序难以顺利进行的，侦查人员应当机立断，迅速报请控制。

6.控制措施要有针对性。要根据具体案情需要，不能盲目进行或滥用措施，以免草率行动、打草惊蛇。

7.措施要有较强的可操作性。一旦实施控制措施，具体步骤要落实到位，保持动态跟踪。要及时收集、整理和分析相关信息，结合其他相关情报进行综合分析，准确判断把握侦查情势，及时采取相应的控制措施。

（二）通缉。

1.通缉的含义及方式。所谓通缉，是指为缉捕在逃犯而通报一定地区的公安机关、检察机关和公民协同缉拿的侦查行为，主要途径和方式有发全国通缉令、网络通缉、国际红色通报即俗称"红色通缉令"、专项通缉行动等。根据刑事诉讼法第一百五十三条、《人民检察院刑事诉讼规则》第二百六十八条至第二百七十三条等规定，应当逮捕的犯罪嫌疑人如果在逃，公安机关可以发布通缉令，采取有效措施，追捕归案。各级公安机关在自己管辖的地区以内，可以直接发布通缉令，超出自己管辖的地区，应当报请有权决定的上级机关发布。

2.批准或者决定。贪污贿赂犯罪侦查中，对应当逮捕的犯罪嫌疑人如果在逃，或者已被逮捕的犯罪嫌疑人脱逃的，经检察长批准，可以通缉。凡在检察机关所在辖区内的，可直接决定通缉；凡在辖区外通缉犯罪嫌疑人的,则由有决定权的上级检察机关决定。

3.通知公安机关发布通缉令。根据《人民检察院刑事诉讼规则》第270条规定,人民检察院应当将通缉通知书和通缉对象的照片、身份、特征、案情简况送达公安机关,由公安机关发布通缉令,追捕归案。侦查实践表明,在贪污贿赂犯罪侦查中,遇到犯罪人或者某个重大犯罪嫌疑分子在审查过程中突然逃跑;或者侦查工作已经成熟,但由于控制不严,正待逮捕或正待传讯的重大嫌疑分子突然逃离;或者在讯问、解送或关押过程中乘机逃匿等情形时,应及时采取通缉措施。凡决定通缉的,侦查人员应当将检察机关的通缉决定书和通缉犯的照片、身份、特征、案情简况送达公安机关,由公安机关发布通缉令,追捕归案。通缉令,是通报缉拿罪犯的一种法律文书,它只适宜于重大案件中的主犯或要犯。对于在逃的重大犯罪嫌疑分子,也可以通报缉拿,但需要严格掌握,不能轻易使用通缉令的形式。对特别重大的案件,通缉令可使用传真设备或通过新闻媒介。通缉令一般可以张贴,以获取广大群众的协助。侦查部门应与公安机关积极配合,及时检查监督通缉的执行情况。

4.犯罪嫌疑人出逃国(境)外的处理。根据《人民检察院刑事诉讼规则》第二百七十一条规定,为防止犯罪嫌疑人等涉案人员逃往境外,需要在边防口岸采取边控措施的,人民检察院应当按照有关规定制作边控对象通知书,商请公安机关办理边控手续。同时,根据该规则第二百七十三条规定,对于应当逮捕的犯罪嫌疑人,发现潜逃出境的,应及时采取有效措施,通过各种渠道,追捕归案。如果潜逃出境,可以按照有关规定层报最高人民检察院商请国际刑警组织中国国家中心局,特别是逃往国际刑警组织成员国或者地区的,向逃犯所在国家或地区发布"红色通缉令",请求有关方面协助,或者通过其他法律规定的途径进行追捕。

5.通缉后的处理。通缉令发布后,人民检察院应当及时了解通缉的执行情况。对于被通缉的贪污贿赂犯罪嫌疑人捕获归案后,人民检察院应及时通知有关公安机关撤销通缉令。在此过程中,应当注意保密工作,并依法办案。

(三)追捕。

1.对犯罪嫌疑人潜逃的确定、报告和备案。凡传讯犯罪嫌疑人而不到案,又无法确定其所在位置时,即可判断潜逃事实已经发生,确定其为追捕对象,并及时报告检察长,制定追捕方案,实施追捕行动,同时根据最高人民检察院有关规定层报备案。对潜逃出境的,要实行"一案一卡一报"制度,及时层报最高人民检察院,同时及时向外事部门通报备案。

2.分析查找追捕对象潜逃的方向和位置。关键是根据案情和侦查掌握的信息,确定其是否潜逃境外。

3.采取缉捕行动。一是发布追捕令,实施通缉措施。追捕令分为境内通缉令、网络通缉、边境口岸控制以及国际刑警组织"红色通缉令"等。二是加强信息跟踪与通报。要及时分析实施通缉措施而反馈、收集的信息,并向发布通缉令、实施边境口岸控制的部门及时通报。三是寻踪追缉。通过通缉措施和追踪信息分析,发现追捕对象的行踪和位置后,追捕人员应当缩小行动范围,在相关的部门和检察机关配合下跟踪追缉。对已明确逃往国外的,除上报最高人民检察院备案外,要及时全面细致地收集涉嫌犯罪的证据,尤其是同案犯的证据、犯罪嫌疑人个人基本情况、国籍身份资料等,以备日后引渡或司法协助时使用。四是发现目标、实施围捕。一旦发现追捕对象藏匿之处,就应迅速组织人员,在当地检察机关和公安机关配合下进行围捕,同时协调公安机关做好羁押、羁解等后续工作。

4.抓住时机,加强协作。一方面,追捕工作对时机的要求很高,可谓瞬息万变,追捕人员要善于抓住时机。另一方面,追捕工作往往涉及众多环节,离不开公安机关等其他机关或者部门的配合支持,这要求加强协作,协同作战,增强追捕工作的互动作用和实际效果。

5.追捕的方式和措施。这是指为了发现和抓获追捕对象,依法对追捕对象采取的各种查缉手段和方法技巧等,上文已有论述。通常有以下几种:

一是全国通缉。这是指办案单位经层报最高人民检察院商请公安部协助,以布告令方式向全国公布追捕对象,并对其实施缉捕的侦查措施。随着电子技术迅猛发展,全国通缉可以利用互网络平台。对于需在全国范围通缉的,办案单位应填写相应表格,办理审批手续。

二是网络通缉,即上网通缉。这是指检察机关请求公安机关协助,通过专用的电子通缉网络将追捕对象相应资料上网公布,一旦被发现举报,即由公安机关实施逮捕的侦查措施。网络通缉方便快捷,是追捕中运用最广泛的措施。

三是通报。这是指检察机关请求公安机关协助，以书面文书形式将通缉资料寄发相关公安机关，由接收地公安机关采取相应行动的侦查措施。通报，往往是不可缺少的侦查措施。对由公安机关协助的追捕行动，检察机关应及时将追捕对象的重要情况通知公安机关，以提高追捕的有效性。

四是追捕协查。这是指检察机关之间为了缉拿追捕对象进行的侦查协作行为。协查既可以发函，也可以派员，是通缉措施以外运用较为广泛的追捕措施。追捕协查，应办理相关法律手续，并需要公安机关协作配合。

五是边境口岸控制，即边控。这是指通过相关法律手续，请求公安边防部门在某些区域或全国范围的边境口岸对追捕对象实施控制，一旦发现其出境即予拘留的侦查措施。边控，能够截获追捕对象的外逃，既有事先的预防性也有事后的补救性，是目前世界上绝大多数国家均有使用的措施。

六是边境协查。这是指侦查人员掌握了追捕对象在某些边境地区的行踪信息后，为防止其外逃并尽快将其抓获而发函或派员到边境地区，请求当地检察机关协助实施追捕的侦查措施。边境协查通常由当地公安机关、武警部队配合实施，在我国西南、西北、东北等地区使用较多。

七是"红色通缉令"，即红色通报。这是指为了查找潜逃出境的追捕对象，由国际刑警组织中国国家中心局局长和国际刑警组织总秘书长签发，向所有国际刑警组织成员国发布，成员国可以据此实施逮捕或为引渡而拘留被通缉者的国际警务合作项目及措施。红色通缉，关键是发现追捕对象的逃往国或地区，以启动引渡程序或采取其他相应措施。

八是劝返。劝返是境外缉捕实践中形成的一项行之有效的措施。通过对潜逃出境的犯罪嫌疑人或者其亲友进行思想上的动员、劝说，使潜逃境外的犯罪嫌疑人回到国内自首。在采取劝返措施的过程中，承办案件的人民检察院反贪侦查部门，如果需要为犯罪嫌疑人办理回国证件或者必要时需与犯罪嫌疑人直接接触时，应当层报最高人民检察院审查同意后，再商请外交部通过驻外使领馆进行协助配合。

九是港澳台协查。这是指为了缉捕追捕对象，依照一定法律程序通过境内的港澳协查机构，由港澳台有关执法机关协助查缉追捕对象的侦查措施。实施港澳台协查，可以核查或查找追捕对象是否居住港澳台及与追捕对象有关的其他事项。

十是专项追捕行动,即集中行动和打击。这是指在一定时间或一定区域范围内,检察机关统一组织指挥,集中力量追缉、查找、捕获在逃犯罪嫌疑人的侦查措施。专项追捕行动需要多部门的配合协作,可以在不同范围或不同时间段进行,由于追捕力量集中与行动周密,见效快、成效大。

（四）境外缉捕。

境外缉捕作为缉捕的一种特殊情形,应把握以下两个方面:

首先,境外缉捕的概念和任务。境外缉捕是指通过特定的程序和途径,将潜逃境外的追捕对象予以缉捕归案的国际(或区际)司法协助行动,具有司法和行政双重属性,必须坚持国家主权原则、依条约依法办理原则、相互对等原则,主要任务是将潜逃出境的追捕对象缉捕归案、接受国家法律惩处。由于案件的跨国因素,境外缉捕的参办单位随之增加,缉捕也变得更为困难和复杂。对此,要重视收集追捕对象在境内的犯罪事实、证据、国籍资料、个人基本情况等证据资料,为实施引渡、司法协助等做准备。

其次,境外缉捕的程序和要求。目前,我国对于境外缉捕没有统一规定,大多依据某部门的内部规则、条例、办法或意见,结合侦查实践,境外缉捕要把握以下几个环节和要求:一是境内调查。由立案侦查的检察机关负责收集境外追捕对象在境内的犯罪事实及相关证据,并将所有证据和法律文书翻译为被请求通用的语言文字,并作相应的公证。二是境内协作。主要有:国际刑警中国国家中心局通过其国际刑警组织查找追捕对象在国外的情况,通过外交途径向有关国家提出引渡犯罪嫌疑人的请求,通过双边警务合作或检务合作渠道,境内检察机关或公安机关向有关国家对应部门提出协助请求,以及境内相应机关作出必要的承诺和必要的说明等。三是谈判与交涉。在与境外相应机关取得联系并初步同意协助后,中国外交部或司法部牵头,由境内检察机关或公安机关工作人员出面与被请求国家机关就缉捕追捕对象进行磋商、谈判。这是复杂的执法交往过程,通常需要往返多次进行交涉,关键是要善于运用双边引渡条约、双边或多边司法协助条约、双边检务或警务合作协议(或备忘录)、双方合作先例、国际惯例、国际公约等,与被请求方达成协助的共识,就具体法律、程序问题进行充分沟通和谅解。四是实施缉捕与交还。根据谈判与交涉达成的协助共识和意向,被请求国依据一定规约,通常先行拘捕犯罪嫌疑人,然后再由被请求国司法机关或行政机关对我方提供证据和事实材料进行审查同意后,再将追捕对象交还我方。

第十三节　追赃和违法所得没收

一、追缴赃款赃物的概念和任务

追缴赃款赃物,既是获取贪污贿赂犯罪证据的重要环节,又是扩大办案效果的必要措施,应当贯穿于侦查破案的全过程。所谓追缴赃款赃物,是指检察机关在贪污贿赂犯罪侦查过程中,为了避免和防止国家利益受到损失,以及不让犯罪分子得到任何利益,利用侦查职能将贪污贿赂犯罪所得予以追回、剥夺的侦查措施。追缴赃款赃物的主要任务,就是将贪污贿赂犯罪所涉赃款赃物追回到案,用以揭露和证实犯罪,以及降低犯罪收益、提高犯罪成本。这是侦查贪污贿赂犯罪的重要一环,也是取得侦查办案法律效果、政治效果和社会效果有机统一的要求。

二、追缴赃款赃物的原则

(一)依法追赃。

反贪侦查部门在追赃过程中,应当贯彻执行刑法规定的罪责自负、不株连无辜的原则,以及民事法律的有关规定,维护被害人、犯罪嫌疑人或被告人家属及其他公民的合法权益。追缴赃款赃物时,绝对不能借用、挪用、调换、截留、坐支或拖欠,甚至私分,更不允许贪赃枉法。对不属赃款赃物之列的,不得任意扣押、追缴;对犯罪所得的一切财物,应予追缴,并制作《收缴赃款赃物通知书》,分别交被收缴人和附卷备查。对应予追缴不得退还或无法退还的,应依照有关规定上缴国库;对违禁品、淫秽物品、供犯罪所用的本人财物和其他非法所得的财物,应予没收,并制作《没收款物决定书》,填写《没收款物清单》一式两份,分别交给被没收人和附卷备查。同时,不得以任何形式为经济纠纷当事人追款讨款;不得滥用职权,随意冻结企业包括大中型企业和小微企业的流动资金,逼迫企业还债。

(二)积极追缴。

凡是在犯罪嫌疑人或被告人控制之下的赃款赃物,应无条件追回;如果已不在其控制之下的,则在最大程度上设法追回;对于涉及监护人、继承人、善意或恶意占有人等权益的应严格依法执行。

（三）迅速及时。

贪污贿赂犯罪嫌疑人一旦发现自己的罪行露出端倪,便会藏匿、转移赃款赃物。追缴赃款赃物,若错过时机,就会给侦查工作造成被动,对挽回国家或集体的经济损失也带来困难。一般地说,立案初期就应注意控制赃款赃物的去向,以防其灭失。对犯罪嫌疑人或被告人已交待去向的,起赃要快,防止节外生枝;对犯罪嫌疑人或被告人的财产、转到外单位和个人或存入银行的赃款,查封、扣押要快,防止变卖转移、挂失提取;对存入国外银行或携款潜逃的,应结合其他侦查行为,采取相应措施。

三、追缴赃款赃物的途径和方法

从实践看,追缴赃款赃物的途径和方法主要有以下几方面:

（一）加强对犯罪嫌疑人或被告人的审讯,弄清赃款赃物去向进行追缴。

犯罪嫌疑人或被告人作案后,除个人挥霍享受外,大部分赃款赃物是在极其保密的情况下精心藏匿,或打洞、挖坑、拆墙;或伪造假姓名托亲朋好友存入银行;或变换手段抵债、外借;或转给他人合伙经商,买地造房;或直接转移存入国外银行等。加强审讯,运用谋略,以政策攻心,使其端正态度,坦白交代。这是一项十分艰难的工作,侦查审讯人员要慎重应变,根据犯罪嫌疑人或被告人不同的心理特点及案情、性质等个性特征,采取相应措施,迫其就范。

（二）通过搜查、扣押、查询、冻结等措施获取赃款赃物。

这是一条重要途径。侦查人员应根据贪污贿赂犯罪个案的特点及犯罪嫌疑人或被告人的有关情况,认真分析研究赃款赃物的去向,然后采取相应措施。扣押时,对邮件、电子邮件等证据要注意扣押,从中分析获取赃款赃物去向。冻结是在查明赃款去向时采用的侦查措施,是追缴赃款、保全证据的一种有效办法。

（三）通过犯罪嫌疑人或被告人的家属、亲友以及关系密切的人追缴赃款赃物。

犯罪嫌疑人或被告人作案后,通常有相当部分赃款用于家庭建设和个人挥霍上。侦查中应根据犯罪嫌疑人或被告人近亲属的不同心态,采取相应对策。如有的认为是合法收入,不愿退出;有的认为既然犯罪嫌疑人或被告人犯了罪,退与不退均要判刑,不如不退;个别的以从轻处罚为前提进行退款,与司法机关讨价还价等。对此,侦查人员应认真做好耐心细致的思想工作,讲明政策,结合案例进行法制宣传,促使他们端正态度,积极配合退赃。对于犯罪嫌疑人或被告人委托他人如亲友等藏匿或以他人名义存入银行,归案后又闭口不谈、矢口否认,并与他们订立攻守同盟的,侦查人员要深入研究案情,注意对犯罪嫌疑人周围与其较亲近的人员进行调查摸底,从全方位、多层次的角度弄清赃款赃物去向。

追缴赃款赃物,应当注意案内、案外的一并追缴;对主流赃款和数额较小的支流赃款也要一并追缴。同时,应当将缉捕等措施与追赃结合起来,以获取最佳的社会效果。

四、犯罪嫌疑人、被告人逃匿、死亡案件的违法所得没收

根据刑事诉讼法第二百八十条至第二百八十三条以及《人民检察院刑事诉讼规则》第五百二十三条至第五百三十八条等规定,对于重大贪污贿赂犯罪嫌疑人、被告人逃匿、死亡案件的违法所得,应依法予以没收。这是根据贪污贿赂犯罪日益智能化、复杂化等新特点新趋势,为有力适应打击贪污贿赂犯罪的实际而从立法上进行规制的,对于有效遏制和预防贪污贿赂犯罪等腐败现象具有积极的作用。具体应当把握以下几个环节:

(一)没收的对象及条件。

根据刑事诉讼法第二百八十条、《人民检察院刑事诉讼规则》第五百二十三条等规定,对于重大贪污贿赂犯罪犯罪案件,犯罪嫌疑人、被告人潜逃,在通缉一年后不能到案,或者犯罪嫌疑人、被告人死亡,依照刑法规定应当追缴的该犯罪嫌疑人、被告人违法所得及其他涉案财产。从这一规定可见,符合刑事诉讼法第二百八十条规定的没收情形,主要有以下几个条件:一是重大贪污贿赂犯罪案件;二是犯罪嫌疑人、被告人潜逃;三是犯罪嫌疑人、被告人潜逃超过一年或者死亡;四是没收犯罪嫌疑人、被告人违法所得及其他涉案财产,有刑法上的依据。同时,对于犯罪嫌疑人、被告人死亡,依照刑法规定应当追缴其违法所得及其他涉案财产的,人民检察院也可以向人民法院提出没收违法所得的申请。犯罪嫌疑人实施犯罪行为所取得的财物及其

孳息,以及犯罪嫌疑人非法持有的违禁品、供犯罪所用的本人财物,应当认定为其违法所得及其他涉案财产。

(二)违法所得没收程序调查的启动。

根据《人民检察院刑事诉讼规则》第五百三十三条等规定,应当把握以下几点:首先,对于立案侦查的重大贪污贿赂犯罪案件,犯罪嫌疑人逃匿或者犯罪嫌疑人死亡而撤销案件,符合刑事诉讼法第二百八十条第一款规定条件的,反贪侦查部门应当启动违法所得没收程序进行调查。其次,反贪侦查部门进行调查,应当查明犯罪嫌疑人涉嫌的犯罪事实,犯罪嫌疑人逃匿、被通缉或者死亡的情况,以及犯罪嫌疑人的违法所得及其他涉案财产的情况,并可以对违法所得及其他涉案财产依法进行查封、扣押、查询、冻结。再次,反贪侦查部门认为符合刑事诉讼法第二百八十条第一款规定条件的,应当写出没收违法所得意见书,连同案卷材料一并移送有管辖权的人民检察院反贪侦查部门,并由有管辖权的人民检察院反贪侦查部门移送本院公诉部门。这里,涉及案件侦查后的移送,应当按照案件管辖的规定进行。第四,公诉部门对没收违法所得意见书进行审查,作出是否提出没收违法所得申请的决定,具体程序按照有关规定办理。

(三)没收申请的提出。

根据刑事诉讼法第二百八十条、《人民检察院刑事诉讼规则》第五百二十四条、第五百三十四条等规定,对于人民检察院认为需要对犯罪嫌疑人、被告人违法所得及其他涉案财产予以没收的,可以向人民法院提出没收违法所得的申请。没收所得的申请应当提供与犯罪事实、违法所得相关的证据材料,并列明财产的种类、数量、所在地及查封、扣押、冻结的情况。人民法院在必要的时候,可以查封、扣押、冻结申请没收的财产。反贪侦查部门向检察机关公诉部门移送没收违法所得意见书,经公诉部门审查后,由与有管辖权的中级人民法院相对应的检察机关制作没收违法所得申请书,向有管辖权的中级人民法院提出申请。没收违法所得申请书的主要内容包括:一是犯罪嫌疑人、被告人的基本情况,包括姓名、性别、出生年月日、出生地、户籍地、身份证号码、民族、文化程度、职业、工作单位及职务、住址等;二是案由及案件来源;三是犯罪嫌疑人、被告人的犯罪事实;四是犯罪嫌疑人、被告人逃匿、被通缉或者死亡的情况;五是犯罪嫌疑人、被告人的违法所得及其他涉案财产的种类、数量、所在地及查封、扣押、冻结的情况;六是犯罪嫌疑人、被告人近亲属和其他利害关系人的姓名、住址、联系方式及其要求等情况;七是提出没收违法所得申请的理由和法律依据。同时,需要进一步明确的是,在人民检察院审查起诉过程中,犯罪嫌疑人死亡,或者贪污贿赂犯罪、恐怖活动犯罪等重大犯罪案件的犯罪嫌疑人逃匿,在通缉1年后不能到案,依照刑法规定应当追缴其违法所得及其他涉案财产的,人民检察院可以直接提出没收违法所得的申请。如果人民法院在审理案件过程中,被告人死亡而裁定终止审理,或者被告人脱逃而裁定中止审理,人民检察院可以依法另行向人民法院提出没收违法所得的申请。

(四)没收申请的审理。

根据刑事诉讼法第二百八十一条等规定,没收违法所得及其他涉案财产的申请,由犯罪地或者犯罪嫌疑人、被告人居住地的中级人民法院组成合议庭进行审理。人民法院受理没收违法所得的申请后,应当发出公告。公告期间为6个月。犯罪嫌疑人、被告人的近亲属和其他利害关系人有权申请参加诉讼,也可以委托诉讼代理人参加诉讼。人民法院在公告期满后对没收违法所得的申请进行审理。利害关系人参加诉讼的,人民法院应当开庭审理。

(五)没收申请的裁定及处理。

根据刑事诉讼法第二百八十二条等规定,人民法院经审理,对于经查证属于违法所得的财产,除依法返还被害人的以外,应当裁定予以没收;对于不能认定是违法所得的,应当裁定解除查封、扣押、冻结措施。对于人民法院依法作出的裁定,犯罪嫌疑人、被告人的近亲属和其他利害关系人或者人民检察院可以提出上诉、抗诉。

(六)没收申请的终止审理及救济。

根据刑事诉讼法第二百八十三条、《人民检察院刑事诉讼规则》第五百三十七条等规定,在人民法院审理过程中,在逃的犯罪嫌疑人、被告人自动投案或者被抓获的,人民法院按照刑事诉讼法第二百八十一条第一款的规定终止审理的。人民检察院应当将案卷退回反贪侦查部门处理。对于没收犯罪嫌疑人、被告人财产确有错误的,应当予以返还或者赔偿。

(七)犯罪嫌疑人、被告人违法所得没收应注意的问题。

刑事诉讼法明确规定，对犯罪嫌疑人、被告人逃匿、死亡案件违法所得予以没收，这是打击和预防贪污贿赂犯罪的一项重大制度创新，对于有效遏制和预防贪污贿赂犯罪等腐败现象具有重要的现实意义。由于贪污贿赂犯罪属于贪利性贪污贿赂犯罪，犯罪分子实施犯罪的重要目的是为了非法获利。如果加强对犯罪分子涉案财产的监控及没收，就从贪污贿赂犯罪活动的"后门"堵住了涉案财产的入口，对于降低犯罪收益、提高犯罪成本以及遏制和防范腐败发生等都将发挥重要作用。但是，由于这项制度是全新的，在实际操作中将会遇到许多意想不到的问题，尤其是涉及公民财产权利，如果处理不当，就将会侵害公民的合法财产权利。对此，检察机关、审判机关都应予以高度重视，做到严格依法、公正、慎重，切实防止因执法不当损害公民的合法财产权利，甚至引发新的矛盾，或者由案件的查处而发生群体性事件，最终严重影响社会和谐稳定。

第十九章 贪污贿赂犯罪侦查终结及其处理

第一节 贪污贿赂犯罪侦查终结概述

一、贪污贿赂犯罪侦查终结的概念和任务

侦查终结,顾名思义是结束案件的侦查,是检察机关对贪污贿赂犯罪案件经过一系列侦查活动,根据已经查明的事实、证据和有关法律规定,足以对案件作出起诉、不起诉或撤销案件的结论而终结侦查的诉讼活动。根据刑事诉讼法第一百六十六条等规定,贪污贿赂犯罪案件经过侦查完成了证据收集工作,获取足以证实犯罪的证据时,或者经过侦查没有查获证实犯罪的足够证据,或者查明犯罪情节显著轻微不认为是犯罪而没有继续侦查必要的,就可以终结侦查。侦查终结是侦查阶段的最后一项程序,实质是对个案侦查工作的总结,其主要任务是对案件事实作出正确结论,依法提出起诉、不起诉的意见,或者依法作出撤销案件的决定。因此,切实把握侦查终结的质量,不仅有利于保证案件质量,防止漏掉犯罪人、漏掉罪行以及冤枉无辜,也有利于检验贪污贿赂犯罪侦查工作的好坏,及时总结侦查工作的经验教训,不断提高侦查水平和能力。

二、贪污贿赂犯罪侦查终结的条件

根据刑事诉讼法第一百六十条、《人民检察院刑事诉讼规则》第六十三条等规定,凡是对贪污贿赂犯罪案件侦查终结的,必须同时具备以下几个条件,缺一不可。

（一）犯罪事实已经查清。

这是终结侦查的前提。所谓案件事实，是指贪污贿赂犯罪嫌疑人有罪或无罪、罪重或罪轻的事实和情节，具体包括犯罪时间、地点、目的、手段、情节、作案过程、危害程度及犯罪嫌疑人的社会阅历、职业、职务、前科情况、认罪态度、有无从重包括数罪并罚或者从轻包括减轻、免除处罚的情节以及犯罪嫌疑人知道的其他情况等事实已经全部查清，不存在漏罪、漏犯情况。如果已获取的案情材料尚有疑点、矛盾或者未予查清的线索，就需继续深入侦查，搞清全案，而不能终结侦查。

（二）证据确实、充分。

这是指案件的证据材料经过反复核对无误，证据之间能够相互印证，并形成一个完整的证明体系，各种矛盾和疑点足以排除，确认犯罪嫌疑人有罪或无罪、罪重或罪轻的确实、充分证据。根据刑事诉讼法第五十三条、《人民检察院刑事诉讼规则》第六十三条等规定，所谓证据确实、充分，应当符合以下条件：

1. 定罪量刑的事实都有证据证明。证据经过反复检验、核实无误，来源清楚，证据与犯罪事实之间有明确的内在联系，吻合一致。

2. 据以定案的证据均经法定程序查证属实。每一个环节或者每一条罪行均有足够证据证明，并且这些证据都是按照法定程序收集和认定的。

3. 综合全案证据，对所认定事实已排除合理怀疑。全案各种证据形成了相互联系、印证的一个有机整体，无论从正面或反面均能经得起事实的检验。如果证据不足以证实犯罪事实或者与犯罪事实之间没有内在联系，或者证据之间尚有疑点、矛盾，没有排除合理怀疑，这说明证据尚不扎实、不充分，而不符合侦查终结的条件，也就不能终结侦查。

（三）结论准确。

所谓结论，是指犯罪嫌疑人有罪、无罪或者犯什么罪、应如何处理等情况的判断，这以已经查清的全部案情事实为依据。

（四）法律手续完备。

法律手续，包括侦查所用的各种法律文书、工作文书，比如报捕、批捕等法律手续完备。这是依法办案的依据。这既反映侦查人员依法履行职责收集证据，以及收集证据途径、方法的合法性和所取证据的有效性，又约束侦查人员防止发生违法乱纪活动或者非法取证行为,确保全案证据的客观真实性,防止枉纵错漏。

三、妨碍侦查终结的因素

妨碍侦查终结的因素,是指在侦查期间由于某些因素或事实的存在,而不能终结侦查的情形。妨碍侦查终结的情形,大体表现为以下三种情形:

(一)不具备或不完全具备侦查终结的条件。

这就是说,案件证据的收集尚不符合案件事实已经查清、证据确实充分、结论准确、法律手续完备等要求。

(二)终止侦查。

这是指在立案侦查期间,发现不应追究刑事责任,而不需要或者没有必要继续侦查的,则不再侦查的情况。根据刑事诉讼法第一百六十一条等规定,"在侦查过程中,发现不应对犯罪嫌疑人追究刑事责任的,应当撤销案件;犯罪嫌疑人已被逮捕的,应当立即释放,发给释放证明,并且通知原批准逮捕的人民检察院。"这里的"不应对犯罪嫌疑人追究刑事责任",主要是指刑事诉讼法第十五条规定的 6 种情形,这也是终止侦查的原因,主要包括:发现情节显著轻微、危害不大,不认为是犯罪的;犯罪已过追诉时效期限的;犯罪嫌疑人、被告人死亡的以及其他法律规定免予追究刑事责任的;等等。如果在侦查中发现的,应终止侦查;如果在侦查终结时发现的,应依法撤销案件。对于共同贪污贿赂犯罪案件中某个嫌疑人如具有上述情形之一的,在处理上也参照执行。

(三)其他情形。

这里,主要是指在立案侦查期间,遇到犯罪嫌疑人以下情形:一是因长期潜逃等原因而下落不明,采取追捕措施仍不能缉拿归案;二是犯罪嫌疑人患有精神疾病及其他严重疾病不能承受讯问;三是有其他原因无法继续侦查的情况,丧失诉讼行为能力的等。对于这些情形的出现,在《人民检察院刑事诉讼规则》尚未修改之前,以中止侦查的方式进行处理。待妨碍侦查的因素消失后,侦查条件即行恢复,继续依法进行侦查。比如下落不明的犯罪嫌疑人已被缉拿归案或者已得知其下落线索的,以及患有严重疾病的犯罪嫌疑人病情好转并能适应受讯的,就应及时依法恢复侦查。但是,《人民检察院刑事诉讼规则》修改后,取消了中止侦查。其主要理由是中止侦查属于刑事诉讼程序,在法律没有规定的情况下,不能由司法机关通过司法解释自行设置和规定。❶ 在这种情况下,表明了上述这些情形已经不是妨碍侦查终结的因素,也即决定是否侦查终结,不必考虑上述三种情形。那么,对于上述三种情形如何处理,主要可以采用以下措施和方法:一是对因长期潜逃等原因而下落不明,采取追捕措施仍不能缉拿归案的,可以启动对犯罪嫌疑人的违法所得没收申请程序,首先对其犯罪所得予以没收。二是对犯罪嫌疑人患有精神疾病及其他严重疾病不能承受讯问的,则通过变更强制措施或者延长办案期限等方法予以解决。三是对有其他原因无法继续侦查或者丧失诉讼行为能力的,则应当视具体情况,按照具体情况具体处理的原则进行处理。

四、贪污贿赂犯罪侦查终结需要做好的几项工作

(一)听取辩护律师的意见。

根据刑事诉讼法第一百五十九条、《人民检察院刑事诉讼规则》第二百八十八条等规定,应当把握以下几点:首先,在案件侦查过程中,犯罪嫌疑人委托辩护律师的,检察人员可以听取辩护律师的意见。其次,辩护律师要求当面提出意见的,检察人员应当听取意见,并制作笔录附卷。辩护律师提出书面意见的,应当附卷。再次,案件侦查终结移送审查起诉时,人民检察院应当同时将案件移送情况告知犯罪嫌疑人及其辩护律师。这些规定是对犯罪嫌疑人诉讼权利保障的体现,反贪侦查中应当认真执行,确保法律精神落到实处。同时"兼听则明",有利于反贪侦查部门更加全面依法研究、把握和决定对案件的最终处理。

(二)全面收集审查证据。

侦查工作的任务在于收集和审查认定或否定犯罪事实的证据。案件质量好坏,在某种意义讲是以证据是否确实、充分为标准。这要求从立案侦查开始到起诉前的全过程,都应十分重视证据的收集。收集证据要客观全面、符合法定要求,而且手续完备,防止出现侦查终结时证据不全面或者不具备证明条件等问题。在侦查终结前,对已收集到的证据应进行一次再审查,以

---

❶ 参见孙谦主编:《〈人民检察院刑事诉讼规则(试行)〉理解与适用》,中国检察出版社2013年版,第227—228页。

查明证据的真伪、审查证据与犯罪事实之间的关系以及该证据所能证明的问题;对传闻、道听途说的证据材料,应当重点审查其来源以及对案件事实是否有证明力;对人证与物证之间、犯罪嫌疑人供述与证人证言之间如发现矛盾的,应当及时核实、弄清原因;对各种笔录、结论的正确性与合法性也应当加强审查。如果发现问题,应当迅速查实或重新勘查、鉴定,从而为侦查终结做好证据材料准备。

(三)实事求是、扎实细致地认定犯罪事实。

在对案件事实的认定和处理过程中,对某些尚不能证实的犯罪事实,或者认为认定的证据不充分的,应进一步查证核实。对经过努力仍不能证实的犯罪行为,不能作为犯罪事实处理。认定犯罪事实时,还应同时确认对其予以惩罚的法律依据。定性要准确,量刑要公正,这就要求既要弄清其行为是否构成犯罪或者罪行轻微可以不起诉的情况,也要弄清其所具有减轻和从重的情节。对犯罪嫌疑人或同案犯在逃的,应当组织力量追捕归案,着力做到不漏掉任何一个犯罪人。

(四)注意深挖余罪。

案件侦查终结时,要力促犯罪嫌疑人揭发其他犯罪行为,以扩大战果。追赃工作应贯穿侦查活动的始终,而并非只在侦查终结时才进行。侦查终结时,应当重视对赃款赃物的追缴,尽可能挽回国家和人民的损失。对收缴的赃款赃物要及时登记,填写收据;对不易保管的,要及时妥善处理;对相关非法所得,应注意依法扣留并作出处理,不使犯罪人得到任何好处。

(五)注重犯罪预防。

案件经查证核实并确认已经构成犯罪、应当依法惩处时,侦查工作即行终结。这时的工作重点,就是要转到研究对案件的处理上来。比如制作侦查文书、办理侦查终结法律手续,研究对赃证和扣押物品的处理;对侦查活动中发现的可能将诱发犯罪或有利于不法分子实施犯罪的因素、条件,应提出相应的检察建议,并采取相关综合治理、预防贪污贿赂犯罪的措施,进一步扩大办案效果。

五、贪污贿赂犯罪侦查文书制作

(一)侦查文书的概念、特性和意义。

1.侦查文书的概念。侦查文书,是指检察机关反贪侦查部门在对贪污贿赂犯罪案件的侦查中,依法制作和使用的具有法律效力或法律意义的非规范性文件。它客观地记录和反映了贪污贿赂犯罪侦查过程及其结果,是检察机关为实现侦查职能,对国家公职人员贪污贿赂犯罪实施法律监督的一种文字形式,也是我国法律文书的一个重要组成部分。

2.侦查文书的特性。侦查文书除了具有法律文书的一般特点,还具有自身的特性:一是强制性。侦查文书不是法律规范,但它必须处处体现和运用法律,是国家权力的具体化,具有法定的强制力。二是法律性。这主要体现在侦查文书制作的合法性和适用法律的严肃性两个方面。它是检察机关依法行使侦查职能的一种形式,也是维护公民合法权益的一种工具,还是侦查人员在贪污贿赂犯罪侦查中秉公执法、坚持在法律面前人人平等的客观记录。侦查文书的制作权由国家法律赋予,侦查文书应当依照法定程序和手续进行制作,其运用法律所作的结论具有法律效力或法律意义。这种法律效力或意义体现国家的强制力和法律的约束力,具有权威性。三是客观性。这主要体现在三个方面:首先,准确揭示案件本来面貌;其次,全面阐述案件事实的各个侧面;再次,确切表述案件关键部分的事实。四是稳定性和专一性。侦查文书的稳定性取决于其自身的特性和功能,并体现在两个方面:首先,文书内容的稳定性。一经制作的文书内容,不允许任意改动,即使有疏漏或谬误非更改不可,也只能经过一定法律程序依法更正。其次,格式的规范性。根据法律规定和实践需要,侦查文书的内容是依照一定格式来表述的。这既为制作侦查文书提供依据,便于制作、查阅和保管,也保证了侦查文书的正确性、完整性和有效性。侦查文书的专一性,是指其文字及其表达的含义必须专一,不能出现任何含糊或有歧义的现象。侦查文书是根据贪污贿赂犯罪侦查的客观需要,针对特定案件和特定的个人依法制作。只有保证侦查文书的专一性,才能有效地将文书付诸实施,不因语意有歧义而影响文书的严肃性和法律效力。

3.侦查文书的意义。这是由检察机关的性质、任务、职权以及在侦查活动中的地位所决定的。一是实现侦查职能的重要工具和武器。侦查文书是反映贪污贿赂犯罪侦查活动过程的记载工具,也是复查案件、总结侦查工作经验不可缺少的基础材料,还是宣传法制、教育群众,揭露和惩罚国家公职人员贪污贿赂犯罪,深入推进反腐败斗争的有力武器。二是实现侦查职能的依据和凭证。某种意义讲,离开侦查文书,侦查职能就无法实现。如逮捕证、拘留证等是逮捕或拘留犯罪嫌疑人的凭证;立案决定书是侦查活动开始的依据。如果离开这些文书,侦查活动就无法开展,侦查职能更无从实现。三是办案质量的集中反映和考核干部的重要尺度。侦查文书是整个侦查活动的忠实记录。制作侦查文书是整个办案过程中的一个重要环节。办案质量不高,必然会反映到侦查文书中;办案质量较高,但不善于精心制作侦查文书,也会对侦查质量带来不良的影响,实质上这也是办案质量不高的表现。同时,侦查文书是侦查人员各种素质综合运用的结果。只有具备一定的政治、业务和文化素质,才能制作好各种侦查文书。因此,每一份文书的质量都不同程度反映侦查人员的政治、业务素质和文化水平。当然,这也可以作为考察反贪侦查部门及侦查干警的一个重要尺度。

(二)侦查文书的种类。

检察机关的贪污贿赂犯罪侦查文书,由最高人民检察院按照"依法适用、统一完整"的原则依法规定。这类文书的种类,将随着我国经济社会发展和民主法治建设进程加快,以及刑事司法制度的完善和侦查实践需要而完全有必要作相应调整。2012年修改后的刑事诉讼法,对反贪侦查等刑事诉讼程序进行了重大改革。为适应修改后的刑事诉讼法新要求,最高人民检察院对检察环节涉及刑事诉讼中的侦查文书等法律文书和工作文书进行了调整。据初步统计,涉及贪污贿赂犯罪侦查的法律文书由刑事诉讼法2012年修正前的50余种,增加到目前的130多种。按照调整后的这些侦查文书功用不同,大体可将这些文书分为以下八类。

1.立案文书。这是指检察机关反贪侦查部门依法审查和处理由本院接受的控告、检举或犯罪人自首等案件材料所制作的文书。包括:立案请示、立案报告、立案决定书、补充立案决定书、不立案决定书、不立案通知书、要求说明立案理由通知书、要求说明不立案理由通知书、不立案理由审查意见通知书、立案理由审查意见通知书,通知撤销案件书,移送案件通知书,答复举报人通知书,指定管辖决定书,交办案件决定书,提请批准直接受理书、批准直接受理决定书、不批准直接受理决定书等等。

2.回避文书。这是指检察机关反贪侦查部门在贪污贿赂犯罪的侦查中,涉及法律规定的回避事项所制作的文书。主要包括:回避决定书,回避复议决定书等等。

3.侦查文书。这是指检察机关对已立案的案件,依法对犯罪嫌疑人或被告人的贪污贿赂犯罪活动进行侦查时所使用的文书。主要包括:传唤通知书,提讯、提解证,犯罪嫌疑人诉讼权利义务告知书,证人诉讼权利义务告知书,询问通知书,调取证据通知书,勘查证,勘验检查笔录,搜查证,查封通知书,协助查封通知书,解除查封通知书,扣押通知书,解除扣押通知书,退还、返还查封、扣押、调取财物、文件通知书,处理查封、扣押财物、文件决定书,移送查封、扣押财物、文件决定书,扣押邮件、电报决定书,解除扣押邮件、电报通知书,查询犯罪嫌疑人存款、汇款、股票、债券、基金份额通知书,协助查询犯罪嫌疑人存款、汇款、股票、债券、基金份额通知书,冻结犯罪嫌疑人存款、汇款、股票、债券、基金份额通知书,解除冻结犯罪嫌疑人存款、汇款、股票、债券、基金份额通知书,协助冻结犯罪嫌疑人存款、汇款、股票、债券、基金份额通知书,鉴定聘请书,委托勘验书,委托鉴定书,鉴定意见通知书,复验、复查通知书,终止对犯罪嫌疑人侦查决定书,采取技术侦查措施申请书,采取技术侦查措施决定书,采取技术侦查措施通知书,解除技术侦查措施决定书,延长技术侦查措施期限申请书,延长技术侦查措施期限通知书,调取技术侦查证据材料通知书,通缉通知书等等。

4.强制措施文书。这是指检察机关在侦查贪污贿赂犯罪案件中,根据犯罪嫌疑人或被告人的犯罪性质、情节及其社会危害程度等情况,依法对其采取相应强制措施时所作的文书。主要包括:拘传证,取保候审决定书、取保候审执行通知书、被取保候审人义务告知书、保证书、解除取保候审决定书、解除取保候审通知定书,监视居住决定书、监视居住执行通知书、指定居所监视居住通知书、被监视居住人义务告知书、解除监视居住决定书,拘留决定书、拘留通知书、拘留人大代表报告书,报请许可采取强制措施报告书,报请逮捕书、逮捕通知书、报请重新审查逮捕意见书、批准逮捕决定书、逮捕决定书、应当逮捕犯罪嫌疑人建议书、撤销逮捕决定书或通知书、撤销逮捕决定书、撤销逮捕通知书、不批准逮捕决定书、不予逮捕决定书、撤销不予逮捕决定书、维持不予逮捕决定通知书、撤销不批准逮捕决定通知书,提请批准延长侦查羁押期限报告书、批准延长侦查羁押期限决定书、延长侦查羁押期限决定、通知书、延长侦查羁押期限决定书、延长侦查羁押期限通知书、不批准延长侦查羁押期限决定书,重新计算侦查羁押期限决定、通知书,重新计算侦查羁押期限决定书、重新计算侦查羁押期限通知书,撤销纠正违法意见决定书,核准追诉决定书、不予核准追诉决定书,羁押必要性审查建议书等等。

5.侦查终结文书。这类文书是指在贪污贿赂犯罪案件侦查终结后,检察机关根据犯罪嫌疑人是否构成犯罪,应否追究刑事责任等情况,对犯罪嫌疑人作出不同处理的各种文书。主要包括:侦查终结报告,起诉意见书,不起诉意见书,撤销案件决定书等等。

6.证据文书。这是指检察机关在侦查贪污贿赂犯罪案件中,涉及证据材料有关事项所制作的文书。主要包括:纠正非法取证意见书、提供证据收集合法性说明通知书、提请有关人员出庭意见书等等。

7.辩护与代理文书。这是指检察机关在侦查贪污贿赂犯罪案件中,涉及犯罪嫌疑人及其辩护人、诉讼代理人有关辩护与代理事项而制作的文书。主要包括:侦查阶段委托辩护人或者申请法律援助告知书、提供法律援助通知书,辩护律师会见犯罪嫌疑人应当经过许可通知书、辩护律师可以不经许可会见犯罪嫌疑人通知书、许可会见犯罪嫌疑人决定书、不许可会见犯罪嫌疑人决定书,批准律师以外的辩护人与犯罪嫌疑人会见和通信或者查阅案卷材料决定书、不批准律师以外的辩护人与犯罪嫌疑人会见和通信或者查阅案卷材料决定书,调取证据通知书,不予调取、收集证据决定书,许可辩护律师收集案件材料决定书、不许可辩护律师收集案件材料决定书,委托诉讼代理人告知书,纠正阻碍辩护人或者诉讼代理人依法行使诉讼权利通知书,辩护人或者诉讼代理人申诉或者控告答复书等等。

8.其他通用文书。这是指检察机关在侦查贪污贿赂犯罪案件过程中各环节均可使用的文书。主要包括:决定释放通知书、送达回证、备案表等等。

此外,还有工作文书。侦查实践中要全面深入学习把握。

(三)侦查文书的制作要求。

侦查文书,不同于其他法律文书。它是检察机关在侦查贪污贿赂犯罪案件中,反映办案过程的重要文件,要求格式规范,程序完备,制作时应做到以下几点:

1.格式规范,结构严谨,叙议得当。一是格式规范。侦查文书有严格的程式,制作时必须做到格式规范。二是结构严谨,这是指叙事简明准确,层次清晰紧凑。在制作时,侦查文书中的事实与论证、论证与引用的法律条款的组织、剪裁和衔接要紧密严实。三是叙议得当,这是指叙述和议论得当,还要把握篇章结构。所谓叙述,就是把人物的经历或事件的发展过程表达出来的一种方式。叙议得当,就是指主次分明,重点突出,并具有个案的特点,切不可主罪次罪不分、平行罗列,详略不当、该舍不舍,平铺直叙。所谓议论,就是用论据证明论点的过程和方法。议论要严密、有力,要力求公正、切忌偏颇;要据实而论、依法论理,周密严谨、无懈可击。

2.事实清楚,定性准确,适用法律得当。案件事实是制作侦查文书的基础和根据,它决定着案件的定性及处理。制作侦查文书,应当全面、客观、准确地把作案时间、地点、情节、手段、动机、目的及前因后果、情节变化、人物关系及其地位等案件事实逐一阐明清楚。案件定性是处理的前提。它是案件事实的本质所在。认定案件的性质时,要准确无误地把握案件事实,分清罪与非罪、此罪与彼罪、故意与过失以及从重、加重或从轻、减轻等情节,为准确适用法律条款作准备。适用法律得当,是指适用法律时应与侦查文书中的案件事实相应,使认定的事实和所适用的法律之间确有内在的本质联系,真正做到以事实为根据、以法律为准绳,切实避免冤假错案的发生。

3.文字精练、确切,术语稳定,文理通顺。侦查文书中使用的文字要求准确具体、简练明白。所用术语要稳定、文理要通顺。侦查文书大量使用准确语词,这是保障其在侦查贪污贿赂犯罪案件、实现侦查职能活动中充分发挥应有作用。当然,在某些情况下侦查文书不可能、也不应该完全排斥模糊词语的运用。实践证明,模糊词语在侦查文书中的使用并不少见。如"立案报告"或"勘验报告"的报案情况,因为证据灭失、事实暂未彻底查清或为举报人保密等情况,都需要用模糊词语。如"×日凌晨×时许"、"根据群众举报"等。当然,为提高侦查文书的准确性,实践中应当尽可能地多用确切语,并有限制使用模糊词语。

第二节　贪污贿赂犯罪侦查羁押期限及其法律限制

一、羁押期限及其延长

羁押期限是指从犯罪嫌疑人被拘留或者逮捕到侦查终结之间的期限。

侦查羁押期限的法律限制,是针对侦查中犯罪嫌疑人被羁押的情形而言,其目的在于促使侦查部门迅速实行侦查,及时查获和惩罚犯罪嫌疑人,从而减少和避免久押不决等现象,切实保障犯罪嫌疑人的人身自由权利。根据刑事诉讼法第一百五十四条至第一百五十七条、《人民检察院刑事诉讼规则》第二百七十四条至第二百八十五条等规定,犯罪嫌疑人被逮捕后的侦查羁押期限有两种。

(一)一般羁押期限。

根据刑事诉讼法第一百五十四条、《人民检察院刑事诉讼规则》第二百七十四条规定,对犯罪嫌疑人逮捕后的侦查羁押期限不得超过2个月。案情复杂、期限届满不能终结的案件,可以经上一级人民检察院批准延长1个月。这就是说,在一般情况下,犯罪嫌疑人逮捕后的侦查羁押期限为2个月。如果案情复杂、期限届满不能终结的案件,而符合延长羁押条件又确需延长羁押期限的,根据有关规定,侦查部门应当在期满7日前,制作《延长羁押期限意见书》,经上一级人民检察院批准延长1个月。

(二)特殊羁押期限。

根据刑事诉讼法第一百五十五条至第一百五十七条、《人民检察院刑事诉讼规则》第二百七十五条至第二百八十五条等规定,主要包括以下四种情形:

1.羁押期限没作具体规定的情形。根据刑事诉讼法第一百五十五条、《人民检察院刑事诉讼规则》第二百八十条等规定,因为特殊原因,在较长时间内不宜交付审判的特别重大复杂的案件,由最高人民检察院报请全国人民代表大会常务委员会批准延期审理。但在侦查实践中,这种情形很少遇到。

2.羁押期限为5个月。根据刑事诉讼法第一百五十六条、《人民检察院刑事诉讼规则》第二百七十五条等规定,"对于交通十分不便的边远地区的重大复杂案件,重大的犯罪集团案件,流窜作案的重大复杂案件,犯罪涉及面广、取证困难的重大复杂案件",在刑事诉讼法第一百五十四条规定的期限即3个月届满不能侦查终结的,经省级人民检察院决定,可以延长2个月。同时,对于省级人民检察院立案侦查的贪污贿赂犯罪案件,如有上述情形的,可以直接决定延长2个月。

3.羁押期限为 7 个月。根据刑事诉讼法第一百五十七条、《人民检察院刑事诉讼规则》第二百七十六条等规定,对犯罪嫌疑人可能判处 10 年有期徒刑以上刑罚,依照刑事诉讼法第一百五十六条规定延长期限届满,仍不能侦查终结的,经省级人民检察院批准或者决定,可以再延长 2 个月。同时,省级人民检察院立案侦查的案件,如有上述情形的,可以直接决定再延长 2 个月。

4.不计入原有侦查羁押期限。这些情形包括:一是根据刑事诉讼法第一百四十七条规定,对犯罪嫌疑人作精神病鉴定的期间,不计入羁押期限;二是根据刑事诉讼法第一百五十八条、《人民检察院刑事诉讼规则》第二百八十一条等规定,在侦查期间,发现犯罪嫌疑人另有重要罪行的,自发现之日起依照刑事诉讼法第一百五十四条规定,重新计算羁押期限。这里的"另有重要罪行",是指与逮捕时的罪行不同种的重大犯罪和同种的影响罪名认定、量刑档次的重大犯罪。对此,须重新计算侦查羁押期限。犯罪嫌疑人不讲真实姓名、地址,身份不明的,应当对其身份进行调查,侦查羁押期限自查清其身份之日起计算,但是不得停止对其犯罪行为的侦查取证等等。

(三)羁押期限的其他规定。

1.最高人民检察院立案侦查案件的羁押期限延长。对此,根据《人民检察院刑事诉讼规则》第二百七十七条规定,最高人民检察院直接受理立案侦查的案件,依照刑事诉讼法的规定需要延长侦查羁押期限的,直接决定延长侦查羁押期限。

2.不能限期侦查终结案件的处理。根据《人民检察院刑事诉讼规则》第二百八十四条、第三百零一条规定,人民检察院直接受理立案侦查的案件,不能在法定侦查羁押期限内侦查终结的,应当依法释放犯罪嫌疑人或者变更强制措施。这里的办案期限,主要包括两种情形:一是 2 年的期限。主要是指人民检察院立案侦查的贪污贿赂犯罪案件,对犯罪嫌疑人没有采取取保候审、监视居住、拘留或者逮捕措施的,反贪侦查部门应当在立案后 2 年以内提出移送审查起诉、移送审查不起诉或者撤销案件的意见。二是 1 年的期限。对犯罪嫌疑人采取取保候审、监视居住、拘留或者逮捕措施的,反贪侦查部门应当在解除或者撤销强制措施后 1 年以内提出移送审查起诉、移送审查不起诉或者撤销案件的意见。

3.延长羁押期限的办理要求。根据《人民检察院刑事诉讼规则》第二百七十八条规定,人民检察院立案侦查的贪污贿赂犯罪案件,反贪侦查部门认为需要延长侦查羁押期限的,应当在侦查羁押期限届满7日前,向本院侦查监督部门移送延长侦查羁押期限的意见书,以及写明案件的主要案情、延长侦查羁押期限的具体理由等有关材料。

二、羁押期限的中断

从侦查实践看,羁押期限的中断主要有以下几种情形:

(一)侦查管辖发生变化的案件。在案件移送有管辖权的办案机关后,羁押期限即行中断,并从改变后的办案机关收案之日起重新计算。

(二)依法对被羁押的正在接受侦查的犯罪嫌疑人变更强制措施,改为取保候审或者监视居住的案件。对于这类案件,从改变之日起羁押期限即行中断。

(三)依法需要对在押犯罪嫌疑人进行精神病鉴定的案件。对于这类案件,从决定鉴定之日起羁押期限即行中断,鉴定期限不计入羁押期限。

(四)侦查终结前发现犯罪嫌疑人另有重要罪行依法需要侦查的案件。对这类案件,如需要重新计算羁押期限,则由侦查部门报请检察长决定后,原羁押期限即行中断。

三、超期限羁押的监督和制约

(一)重新计算侦查羁押期限的批准。对此,应由反贪侦查部门提出意见,由本院侦查监督部门审查,提出是否同意的意见,报检察长决定。

(二)强制措施的变更。如上文所述,案件如果不能在法定期限内侦查终结的,应当依法释放犯罪嫌疑人或者变更强制措施。

(三)超期羁押的监督。

1.加强对羁押的动态监督。根据刑事诉讼法第九十三条、《人民检察院刑事诉讼规则》第六百一十六条、第六百一十七条等规定,犯罪嫌疑人、被告人被逮捕后,人民检察院仍应当对羁押的必要性进行审查。经审查认为不需要继续羁押的,应当建议予以释放或者变更强制措施,具体由侦查监督部门负责。

2.加强对超期羁押的同步监督。承办案件的本院监所检察部门发现羁押超期限的,应当提出纠正意见,报告检察长。凡决定延长羁押期限或者重新计算侦查羁押期限的,侦查监督部门应当同时书面告知本院监所检察部门。

第三节　贪污贿赂犯罪侦查终结及处理

一、侦查终结报告的制作

侦查终结报告,是反贪侦查部门及其工作人员对侦查中获得的案件材料、证据,经过认真细致地研究分析,对案件事实作出明确结论后,终结侦查,提出案件处理意见的一种法律文书。它是侦查部门对案件侦查的工作总结。根据刑事诉讼法第一百六十条、《人民检察院刑事诉讼规则》第二百八十六条等规定,人民检察院经过侦查,认为犯罪事实清楚,证据确实、充分,依法应当追究刑事责任的案件,应当写出侦查终结报告,并且制作起诉意见书。对于犯罪情节轻微依照刑法规定不需要判处刑罚或者免除刑罚的案件,应当写出侦查终结报告,并且制作不起诉意见书。侦查终结报告和起诉意见书或者不起诉意见书由侦查部门负责人审核,检察长批准。据此,结束侦查活动。

二、侦查终结的处理

刑事诉讼法第一百六十六条规定:"人民检察院侦查终结的案件,应当作出提起公诉、不起诉或者撤销案件的决定。"第九十九条第二款规定:"如果是国家财产、集体财产遭受损失的,人民检察院在提起公诉的时候,可以提起附带民事诉讼。"第一百条规定,附带民事诉讼原告人或者人民检察院可以依照民事诉讼法的规定,申请人民法院采取保全措施。根据上述规定和《人民检察院刑事诉讼规则》第二百八十七条规定,提出起诉意见或者不起诉意见的,反贪侦查部门应当将起诉意见书或者不起诉意见书,查封、扣押、冻结的犯罪嫌疑人的财物及其孳息、文件清单以及对查封、扣押、冻结的涉案款物的处理意见和其他案卷材料,一并移送本院公诉部门审查。国家或者集体财产遭受损失的,在提出提起公诉意见的同时,可以提出提起附带民事诉讼的意见。可见,贪污贿赂犯罪案件侦查终结后,反贪侦查部门应当提出起诉、不起诉或撤案的处理意见移送本院公诉部门审查。对国家或集体财产遭受损失的,在提出起诉意见的同时可以提出附带民事诉讼,并可以申请人民法院对有关财产采取保全措施。根据刑事诉讼法第一百六十六条等规定,贪污贿赂犯罪案件侦查终

结后,可以作出以下三种处理决定:

(一)提出起诉的意见。

根据刑事诉讼法第一百七十二条规定:"人民检察院认为犯罪嫌疑人的犯罪事实已经查清,证据确实、充分,依法应当追究刑事责任的,应当作出起诉决定,按照审判管辖的规定,向人民法院提起公诉,并将案卷材料、证据移送人民法院。"根据这一规定,符合起诉的条件有二:一是犯罪嫌疑人的犯罪事实已经查清,证据确实、充分。这是起诉的证据根据。二是犯罪嫌疑人的犯罪行为依法应当追究刑事责任。这是起诉的法律依据。上述两者必须同具备,缺一不可。据此,经过侦查认为犯罪事实清楚,证据确实、充分,依法应当追究刑事责任的案件,侦查部门应依法提出起诉的意见,并制作《起诉意见书》,填写《案件移送登记表》,连同《侦查终结报告》及其他案卷材料,一并移送本院公诉部门审查。公诉部门审查后认为犯罪嫌疑人的犯罪事实已经查清,证据确实、充分,依法应当追究刑事责任的,应当作出起诉决定,报经检察长或者检察委员会决定后,按照审判管辖的规定,向人民法院提起公诉,并将案卷材料、证据移送人民法院。

(二)提出不起诉的意见。

不起诉是人民检察院对侦查终结的贪污贿赂犯罪案件审查后,认为符合法律规定终止刑事诉讼的条件而作出不将犯罪嫌疑人交付审判的决定,从而终止刑事诉讼的活动。这里包括两种情形:一是存疑不起诉。根据刑事诉讼法第一百七十一条第四款规定:"对于补充侦查的案件,人民检察院仍然认为证据不足的,不符合起诉条件的,可以作出不起诉的决定。"对于此种情形,由于考虑到其证据不足而作出的不起诉,因此通常称为存疑不起诉。如果在案件事实查清后,依法仍然可以追诉。二是相对不起诉。根据刑事诉讼法第一百七十三条第二款规定:"对于犯罪情节轻微,依照刑法规定不需要判处刑罚或者免除刑罚的,人民检察院可以作出不起诉决定。"这里的"犯罪情节轻微,依照刑法规定不需要判处刑罚",是指凡符合刑法总则与分则规定的相对应情形的有关情况;这里的"应当免除刑罚的"主要指刑法规定的有关"应当或可以免除刑罚"的情形,比如对预备犯、中止犯等可依法予以免除刑罚。由于此种情形,在性质上属于检察机关对案件处理的自由裁量,因此通常称为相对不起诉。由于检察机关具有对轻微案件处理的自由裁量，并且在作出处理后就不能再处理，所以从某种意义讲人民检察院对案件也有一定的实体处分权。总之，反贪侦查部门认为犯罪嫌疑人的犯罪情节轻微，依照刑法规定不需要判处刑罚或者免除刑罚的，或者证据不足的，由侦查人员制作侦查终结报告，同时制作不起诉意见书，连同《案件移送登记表》及案卷材料，一并移送本院公诉部门审查，并报上级检察机关批准。对于根据刑事诉讼法第一百七十三条第二款规定作出的不起诉决定，被不起诉人如果不服，可以自收到决定书后 7 日以内向人民检察院申诉。人民检察院应当作出复查决定，通知被不起诉的人。

（三）作出撤销案件的决定。

1. 审查决定撤案。根据刑事诉讼法第一百六十一条规定，"在侦查过程中，发现不应对犯罪嫌疑人追究刑事责任的，应当撤销案件；犯罪嫌疑人已被逮捕的，应当立即释放，发给释放证明，并通知原批准逮捕的人民检察院"。同时，根据《人民检察院刑事诉讼规则》第二百九十条规定，人民检察院在侦查过程中或者侦查终结后，发现具有下列情形之一的，反贪侦查部门应当制作拟撤销案件意见书，报请检察长或者检察委员会决定。这些情形主要包括：一是具有刑事诉讼法第十五条规定情形之一的。具体包括情节显著轻微、危害不大，不认为是犯罪的；犯罪已过追诉时效期限的；经特赦令免除刑罚的；依照刑法告诉才处理的犯罪，没有告诉或撤回告诉的；犯罪嫌疑人、被告人死亡的；其他法律、法令规定免予追究刑事责任的。二是没有犯罪事实的，或者依照刑法规定不负刑事责任或者不是犯罪的。三是虽有犯罪事实，但不是犯罪嫌疑人所为的。四是对于共同犯罪的案件，如有符合以上情形的犯罪嫌疑人，也应当撤销对该犯罪嫌疑人的立案。

2. 撤案的报批。根据《人民检察院刑事诉讼规则》第二百九十一条规定，应当把握以下几点：首先，检察长或者检察委员会决定撤销案件的，反贪侦查部门应当将撤销案件意见书连同本案全部案卷材料，在法定期限届满 7 日前报上一级人民检察院审查；重大、复杂案件在法定期限届满 10 日前报上一级人民检察院审查。其次，对于共同犯罪案件，应当将处理同案犯罪嫌疑人的有关法律文书以及案件事实、证据材料复印件等，一并报送上一级人民检察院。再次，上一级人民检察院反贪侦查部门应当对案件事实、证据和适用法律进行全面审查，必要时可以讯问犯罪嫌疑人。最后，上一级人民检察院反贪侦查部门经审查后,应当提出是否同意撤销案件的意见,报请检察长或者检察委员会决定。人民检察院决定撤销案件的,应当告知控告人、举报人,听取其意见并记明笔录。

3.撤案的审查。根据《人民检察院刑事诉讼规则》第二百九十二条规定,应当把握以下几点:首先,上一级人民检察院审查下级人民检察院报送的拟撤销案件,应当于收到案件后 7 日以内批复;重大、复杂案件,应当于收到案件后 10 日以内批复下级人民检察院。情况紧急或者因其他特殊原因不能按时送达的,可以先行通知下级人民检察院执行。其次,上一级人民检察院同意撤销案件的,下级人民检察院应当作出撤销案件决定,并制作撤销案件决定书。上一级人民检察院不同意撤销案件的,下级人民检察院应当执行上一级人民检察院的决定。再次,报请上一级人民检察院审查期间,犯罪嫌疑人羁押期限届满的,应当依法释放犯罪嫌疑人或者变更强制措施。

4.撤案决定的送达及涉案款物处理。根据《人民检察院刑事诉讼规则》第二百九十四条、第二百九十五条规定,应当把握以下几点:首先,撤销案件的决定,应当分别送达犯罪嫌疑人所在单位和犯罪嫌疑人。犯罪嫌疑人死亡的,应当送达犯罪嫌疑人原所在单位。如果犯罪嫌疑人在押,应当制作决定释放通知书,通知公安机关依法释放。其次,人民检察院作出撤销案件决定的,反贪侦查部门应当在 30 日以内对犯罪嫌疑人的违法所得作出处理,并制作查封、扣押、冻结款物的处理报告,详细列明每一项款物的来源、去向并附有关法律文书复印件,报检察长审核后存入案卷,并在撤销案件决定书中写明对查封、扣押、冻结的涉案款物的处理结果。情况特殊的,经检察长决定,可以延长 30 日。

5.违法所得的处理。根据《人民检察院刑事诉讼规则》第二百九十六条至第二百九十九条规定,人民检察院撤销案件时,对犯罪嫌疑人的违法所得应当区分不同情形作出相应处理。具体把握以下几点:

(1)因犯罪嫌疑人死亡而撤销案件,依照刑法规定应当追缴其违法所得及其他涉案财产的,按照犯罪嫌疑人死亡而启动违法所得没收申请程序的规定实行程序转换,由追究犯罪嫌疑人的形式责任转换到没收其违法所得的程序上来。反贪侦查部门应当依法及时开展违法所得没收程序调查,查明犯罪嫌疑人涉嫌的犯罪事实,犯罪嫌疑人逃匿、被通缉或者死亡的情况,以及犯罪嫌疑人的违法所得及其他涉案财产的情况,并可以对违法所得及其他涉案财产依法进行查封、扣押、查询、冻结。然后,具体按照修改后的刑事诉讼法及《人民检察院刑事诉讼规则》等有关规定办理。

（2）因其他原因撤销案件,对于查封、扣押、冻结的犯罪嫌疑人违法所得及其他涉案财产需要没收的,应当提出检察建议,移送有关主管机关处理。

（3）对于冻结的犯罪嫌疑人存款、汇款、债券、股票、基金份额等财产需要返还被害人的,可以通知金融机构返还被害人;对于查封、扣押的犯罪嫌疑人的违法所得及其他涉案财产需要返还被害人的,直接决定返还被害人。

（4）人民检察院申请人民法院裁定处理犯罪嫌疑人涉案财产的,应当向人民法院移送有关案件材料。

（5）人民检察院撤销案件时,对查封、扣押、冻结的犯罪嫌疑人的涉案财产需要返还犯罪嫌疑人的,应当解除查封、扣押或者书面通知有关金融机构解除冻结,返还犯罪嫌疑人或者其合法继承人。

（6）查封、扣押、冻结的款物,除依法应当返还被害人或者经查明确实与案件无关的以外,不得在诉讼程序终结之前处理。除了法律和有关规定另有规定外。

（7）处理查封、扣押、冻结的涉案款物,应当由反贪侦查部门提出意见,报请检察长决定。负责保管涉案款物的管理部门会同反贪侦查部门办理相关的处理手续。人民检察院向其他机关移送的案件需要随案移送扣押、冻结的涉案款物的,也应按此规定办理。

6.撤案后的重新立案。根据《人民检察院刑事诉讼规则》第三百零二条规定,对于人民检察院立案侦查的贪污贿赂犯罪案件,在撤销案件以后,又发现新的事实或者证据,认为有犯罪事实需要追究刑事责任的,可以重新立案侦查。

三、上级人民检察院侦查终结案件的处理

根据《人民检察院刑事诉讼规则》第二百八十九条规定,应当把握以下几点:首先,上级人民检察院侦查终结的案件,依照刑事诉讼法的规定应当由下级人民检察院提起公诉或者不起诉的,应当将有关决定、侦查终结报告连同案卷材料、证据移送下级人民检察院,由下级人民检察院按照上级人民检察院有关决定交侦查部门制作起诉意见书或者不起诉意见书,移送本院公诉部门审查。其次,下级人民检察院公诉部门认为应当对案件补充侦查的,可以退回本院侦查部门补充侦查,上级人民检察院侦查部门应当协助。再次,下级人民检察院认为上级人民检察院的决定有错误的,可以向上级人民检察院提请复议,上级人民检察院维持原决定的,下级人民检察院应当执行。

四、同案犯的处理

根据《人民检察院刑事诉讼规则》第三百条规定,应当把握以下几点:首先,人民检察院立案侦查的共同贪污贿赂犯罪案件,如果同案犯罪嫌疑人在逃,但在案犯罪嫌疑人犯罪事实清楚,证据确实、充分的,对在案犯罪嫌疑人应当根据有关规定分别移送审查起诉或者移送审查不起诉。其次,由于同案犯罪嫌疑人在逃,在案犯罪嫌疑人的犯罪事实无法查清的,对在案犯罪嫌疑人应当根据案件的不同情况,分别报请延长侦查羁押期限、变更强制措施或者解除强制措施。

五、检察建议

检察建议,是指检察机关在履行法律监督职能过程中,根据发现的问题对有关机关、人民团体、国有企业事业单位或其他社会组织,有针对性地提出整改意见、建议和措施,并予以监督落实的一种具有一般监督性质的非诉讼活动。根据贪污贿赂犯罪侦查实际,可以提出以下检察建议:

(一)提出由有关部门处理的建议。反贪侦查部门对办案中发现有贪污贿赂违法行为,但尚未构成犯罪的国家公职人员,可以建议有关部门给予必要的教育或者处理;对于采取暴力、威胁、引诱、欺骗以及说情等方式干扰侦查活动的人员,应当把有关材料转送其所在单位或者上报主管部门,建议给予必要的教育或者处理;情节严重、构成犯罪的,应当依法立案、追究其刑事责任。

(二)提出对涉案违法所得处理的建议。反贪侦查部门对撤案后,检察机关查封、冻结或者扣押的犯罪嫌疑人违法所得需要没收的,应当提出检察建议,移送主管机关处理;需要返还被害人的,可以直接决定返还被害人。

(三)提出预防犯罪加强和创新社会管理的建议。反贪侦查部门在办案中,结合具体案件,围绕查找国家机关管理、国有企业事业单位管理、人民团体以及社会管理中的制度缺陷和漏洞等,认真分析研究贪污贿赂犯罪案件发生的原因、特点、规律以及危害社会的潜在风险等问题,从贪污贿赂犯罪预防等专业的角度,提出有针对性的防范建议,既深入推进党风廉政建设和反腐败斗争,同时也为党政机关、国有企业事业单位、人民团体以及社会组织加强和完善社会管理制度、推进社会管理创新,为实现全面建成小康社会的奋斗目标,实现中华民族伟大复兴的中国梦发挥积极的建议和作用。

第一版后记

《贪污贿赂犯罪及其侦查实务》即将付梓，我想借此写几句，聊以备忘。

贪污贿赂犯罪是腐败现象的最严重表现，是当代中国社会的一个顽疾，也是现代文明的毒瘤和世界性难题。在中国现代化进程中，有不少人因贪欲而走向人民的对立，成为人民的罪人，其中不乏曾为国家经济腾飞、社会发展进步作出过贡献甚至重大贡献的有为之士。他们在案发前大多是国家权力的执掌者与运用者，执政为民的推行者与实践者，并且绝大多数根本不缺生活所需，有的物质生活条件还十分优越。但他们最终经不起物质的诱惑，似飞蛾扑火，成了金钱拜物教的殉葬品。这当中，还有一些人不仅因贪欲毁了个人前程，而且妻离子散，家破人亡，累及亲朋。

坚决反对腐败，不断提高拒腐防变能力，有效遏制和预防贪污贿赂犯罪等腐败现象，是中国共产党长期执政必须解决的历史性课题。自改革开放初期参加工作，我从事反贪实务工作和贪污贿赂犯罪理论研究近20年，从1993年出版我国第一部贪污贿赂犯罪侦查理论专著《贪污贿赂犯罪侦查理论与实践》至今，屈指已十多年。由于一直工作在反贪等司法工作一线，办理过各类刑事案件近千起，对于办案特别是办理贪污贿赂犯罪案件包括立案侦查、提起公诉等业务活动有着独特而深刻的实践体验，也有着一种研究的冲动和责任感，希望为新的历史时期党风廉政建设尽一份绵薄之力。

《贪污贿赂犯罪及其侦查实务》一书，就是在这种想法中开始酝酿的，从2000年着手写作到出版历时5年多。全书从实体和程序两个层面，按照刑事法理论、现行法律规定、最新司法解释以及司法实践经验，对贪污贿赂犯罪及其侦查实务进行了较为系统的归纳探讨。这是我作为一名司法工作者和理论爱好者十几年来实践体验和贪污贿赂犯罪理论研究的一个小结。写作过程中,我参阅了国内外有关著作,吸收了相关学科研究成果,鉴于篇幅所限未能逐一注明,尤其是对贪污贿赂犯罪的有关史料,研究参考了刘光显、张泗汉先生主编的《贪污贿赂的认定与处理》等资料,谨此向有关作者和出版单位深表谢忱。

特别需要一提的是,我衷心感谢最高人民检察院反贪污贿赂总局王建明局长在百忙之中欣然为本书拨冗写序,以及给予我的关爱、支持和帮助,感谢人民出版社法律编辑室主任李春林、责任编辑李媛媛同志的大力支持和辛勤劳动!

最后,我还衷心感谢我所尊敬的领导,感谢所有一直关心、支持我的师长、同事和好友,感谢父母的培养和弟妹的关爱,也感谢妻子多年来对我的默默奉献。

由于此书是我公开出版的专著中跨越时间最长的一部,其中可能存在思维上的某些不连贯性,加之目前工作繁杂,有的问题研究不深,书中浅陋和讹误在所难免,恳请有关专家、学者和广大同仁、读者批评指正。

詹复亮

丙戌年夏谨识于北京

责任编辑:李春林　李媛媛

装帧设计:周涛勇

责任校对:孟　蕾

图书在版编目(CIP)数据

贪污贿赂犯罪及其侦查实务(第二版)/詹复亮 著.

　-北京:人民出版社,2013.9

ISBN 978－7－01－012219－9

Ⅰ.①贪…　Ⅱ.①詹…　Ⅲ.①贪污贿赂罪-刑事侦查-研究-中国

　Ⅳ.①D924.392.4

中国版本图书馆 CIP 数据核字(2013)第 121109 号

贪污贿赂犯罪及其侦查实务

TANWU HUILU FANZUI JIQI ZHENCHA SHIWU

(第二版)

詹复亮　著

人民出版社 出版发行

(100706　北京市东城区隆福寺街 99 号)

北京新魏印刷厂印刷　　新华书店经销

2013 年 9 月第 2 版　2013 年 9 月北京第 2 次印刷

开本:710 毫米×1000 毫米 1/16　印张:39.75

字数:610 千字　印数:0,001-4,000 册

ISBN 978－7－01－012219－9　定价:90.00 元

邮购地址 100706　北京市东城区隆福寺街 99 号

人民东方图书销售中心　电话 (010)65250042　65289539